遂昌年鉴

（2021）

遂昌县党史和地方志研究室　编

方志出版社
Publishing House of Local Records

图书在版编目（CIP）数据

遂昌年鉴. 2021 / 遂昌县党史和地方志研究室编. —
北京：方志出版社，2021.12
ISBN 978-7-5144-5230-3

Ⅰ. ①遂… Ⅱ. ①遂… Ⅲ. ①遂昌县—2021—年鉴
Ⅳ. ①Z525.54

中国版本图书馆CIP数据核字（2021）第272032号

责任编辑：罗　滔
责任校对：刘玉霞
责任印制：梅中英
出 版 者：方志出版社
地　　址：北京市朝阳区潘家园东里９号（国家方志馆4层）
邮　　编：100021
网　　址：http://www.zgfzcb.cn
发　　行：方志出版社图书营销中心（010-67110500）
印　　刷：丽水市新时代教育印刷有限公司
开　　本：889毫米×1194毫米　1/16
印　　张：13
字　　数：742千字
版　　次：2021年12月第1版
印　　次：2021年12月第1次印刷
定　　价：198.00元

《遂昌年鉴》编纂委员会

主　　任：李　锋

副 主 任：顾奕滨　苏中山

成员单位：县委办公室　县政府办公室　县委组织部　县委宣传部
县发改局　县财政局　县统计局　县档案馆

《遂昌年鉴》编辑部

主　　编：肖陈明

副 主 编：华金芽　潘伟平

执行主编：王　兴

责任编辑：戴崇山

编　　务：翁　婕　邓洪香

图片提供：章建辉

排　　版：王丽娟

编辑说明

一、《遂昌年鉴》是中共遂昌县委员会、遂昌县人民政府主办，遂昌县党史和地方志研究室编纂的年度资料性文献，集资料、信息、知识于一体，旨在如实记载遂昌县政治、经济、文化、社会、生态建设等各方面情况，为各级党政机关、研究部门和社会各界了解、研究、宣传遂昌，提供比较全面、翔实、系统的信息资料，并为遂昌县逐年积累历史资料。

二、《遂昌年鉴（2021）》（以下简称本年鉴）以马克思列宁主义、毛泽东思想、邓小平理论、“三个代表”重要思想、科学发展观、习近平新时代中国特色社会主义思想为指导，坚持辩证唯物主义和历史唯物主义的立场、观点和方法，紧紧围绕遂昌县委、县政府中心工作，全面、真实、准确地记述2020年遂昌县政治、经济、文化、社会、生态建设各方面的情况。

三、本年鉴框架由卷首、正文、卷尾3个部分组成。除特载、专记、附录收录综合性文章外，其余采用类目、分目、条目3个层级记录，以条目为主，部分内容增设次分目、附。卷首设特载、专记、大事记、机构名录、县情概览5个类目，正文设中共遂昌县委员会等23个类目，卷尾设社会新闻、人物·先进、附录3个类目。全书约750千字。

四、本年鉴所载内容由遂昌县各部门、各单位指定专人撰写和提供，经供稿单位审核后由《遂昌年鉴》编辑部定稿，具有权威性。收录范围以遂昌县行政区划为界，收录时间原则上以2020年1月1日至12月31日为限。全书力求体现时代特点，突出地方特色。

五、本年鉴采用的各项数据均由供稿单位提供，凡遇到数据来源、统计方法有疑或口径不一的，以统计部门数据为准。根据图书出版要求，文中“亩”“公里”“公斤”分别换算成“公顷（平方米）”“千米”“千克”，个别情况例外。根据行文需要，本年鉴对单位名称采用全称和简称并用的方法，第一次出现采用全称，之后使用简称。

六、本年鉴供稿人员的姓名，附在所提供文字的后面。部分单位稿件由编辑人员整理完成的，统一署单位名称。特载、大事记和附录不署名。县情概览等综合性内容，由《遂昌年鉴》编辑部汇编成稿。

遂昌县城远眺(2020年)　　章建辉 摄

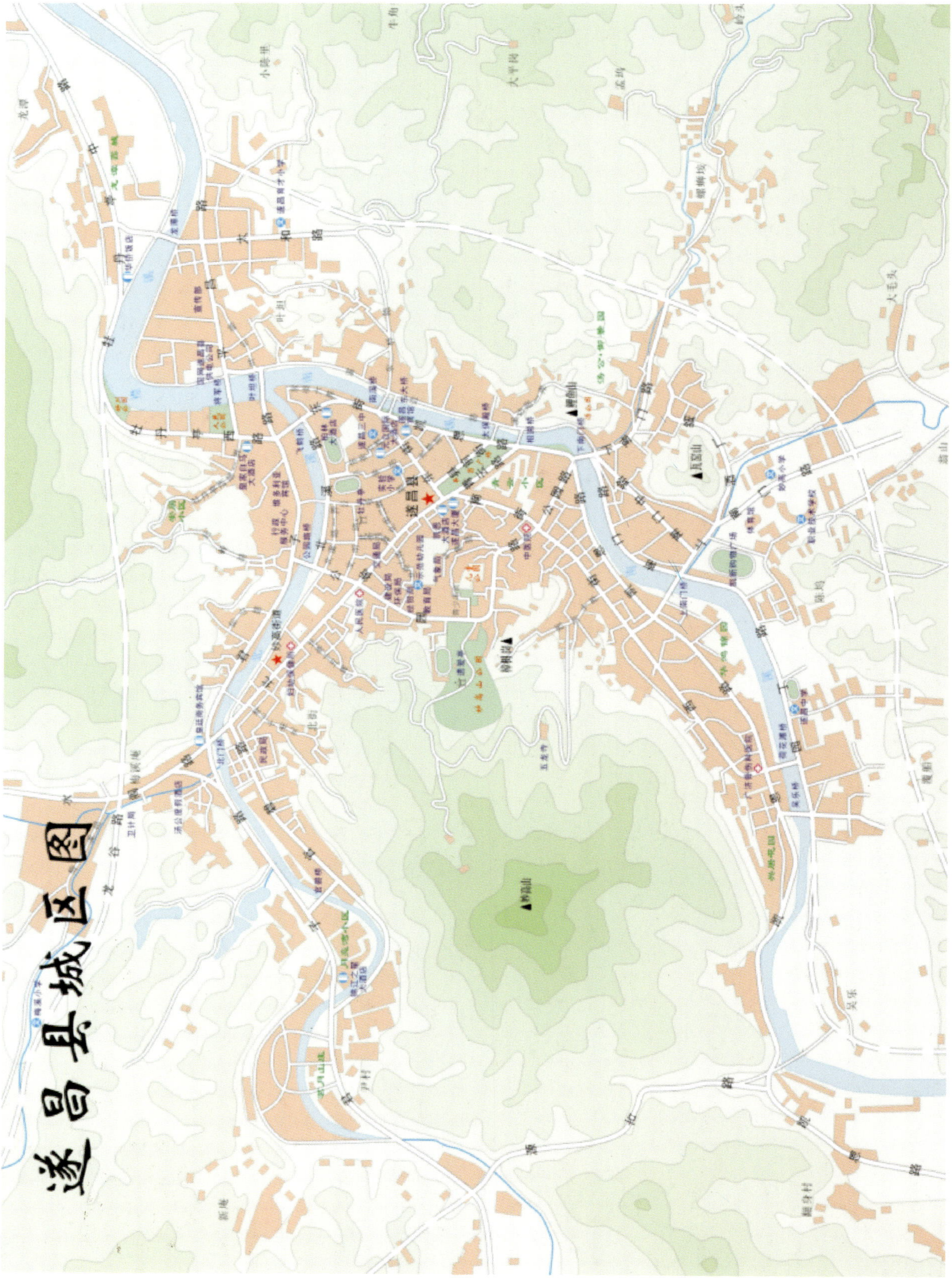
遂昌县城区图

遂昌县

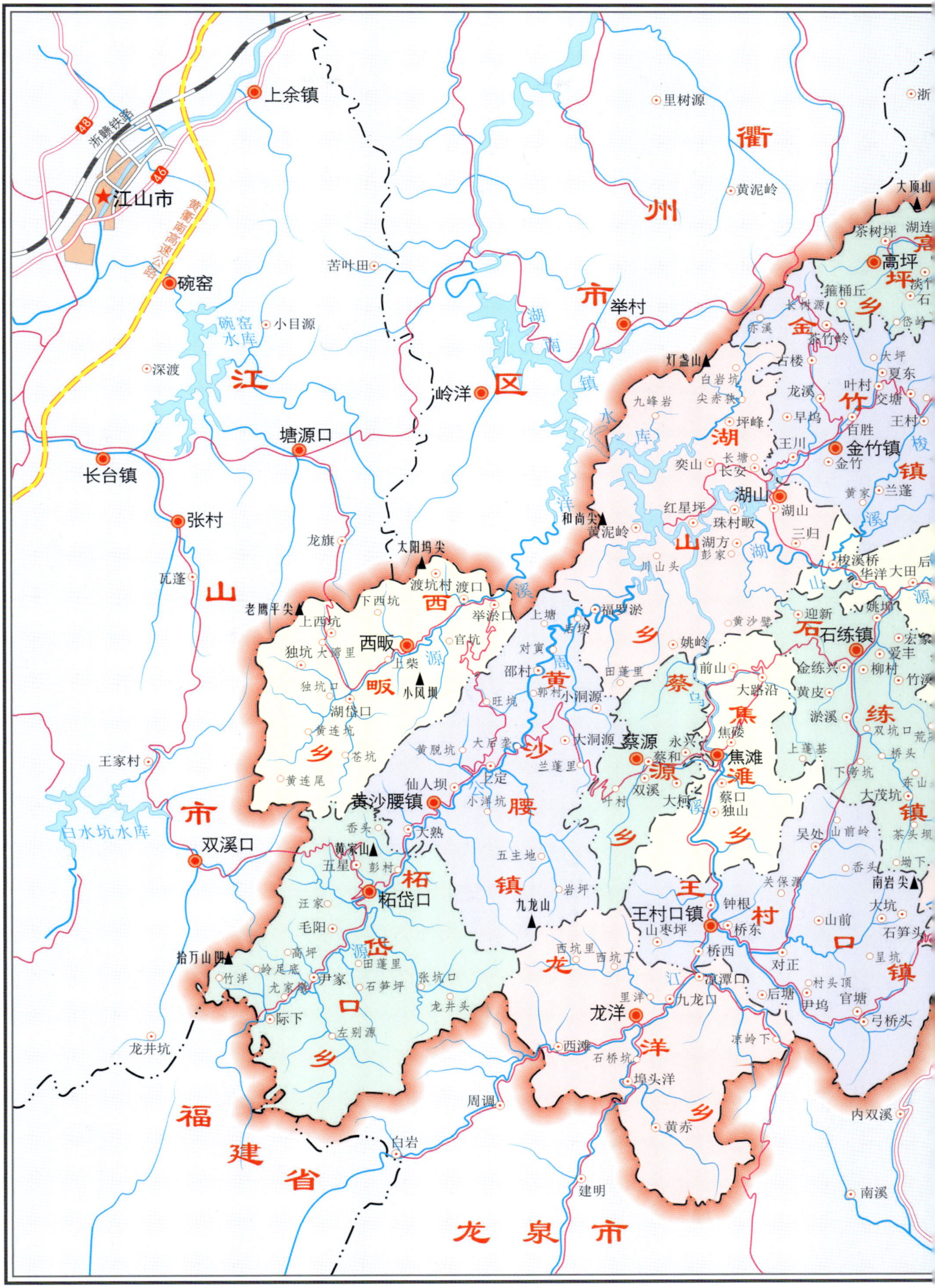

上余镇
浙赣铁路
江山市
黄衢南高速公路
碗窑
碗窑水库
小目源
深渡
江
山
市
苦叶田
岭洋
区
塘源口
长台镇
张村
龙旗
瓦蓬
王家村
白水坑水库
双溪口
里树源
衢
州
黄泥岭
市
举村
湖南镇
水库
洋溪
太阳坞尖
老鹰平尖
渡坑村
渡口
下西坑
上西坑
西畈
独坑
大湾里
上柴
小凤坝
独坑口
湖岱口
黄连坑
苍坑
黄连尾
西
畈
乡
举淤口
官坑
源
仙人坝
黄沙腰镇
香头
大熟
黄家山
五星
彭村
柘岱口
汪家
毛阳
高坪
抬万山阴
竹洋
岭足底
尤家
尹家
田蓬里
石笋坪
张坑口
际下
左别源
龙井头
柘
岱
口
乡
龙井坑
福
建
省
周调
白岩
龙
泉
市
建明
上塘
后坪
福罗淤
对寅
邵村
郭村
小洞源
大洞源
旺坑
黄脱坑
大后垄
上定
小洋坑
兰蓬里
黄
沙
腰
镇
五主地
岩坪
九龙山
灯盏山
白岩坑
九峰岩
尖赤坑
坪峰
奕山
长塘
长安
红星坪
和尚尖
黄泥岭
珠村畈
湖方
彭家
川山头
湖
山
乡
黄沙壁
姚岭
前山
田蓬里
蔡源
蔡和
永兴
焦滩
大路沿
焦
滩
乡
蔡
源
乡
叶村
双溪
大柯
蔡口
独山
王村口镇
山枣坪
钟根
桥东
桥西
关保源
王
村
口
镇
西坑里
西坑下
里洋
九龙口
深潭口
龙洋
西滩
石桥坑
凉岭下
埠头洋
黄赤
龙
洋
乡
浙
大顶山
茶树坪
湖连
高坪
箍桶丘
高
坪
乡
长树源
赤溪
茶竹岭
金
古楼
龙溪
旱坞
王川
叶村
夏东
交塘
百胜
金竹镇
金竹
王村
竹
镇
黄家
兰蓬
湖山
三归
梭溪桥
华洋
大田
迎新
石练镇
姚坞
金练兴
柳村
黄皮
淤溪
宏
爱丰
竹溪
双坑口
桥头
下考坑
大茂坑
石
练
镇
吴处
山前岭
香头
南岩尖
大坑
山前
石笋头
对正
后塘
村头顶
尹坞
官塘
弓桥头
内双溪
南溪

政区图

审图号：浙S（2017）253号

4月27—30日，遂昌县第十六届人民代表大会第四次会议在汤显祖大剧院召开

4月25—28日，政协第九届遂昌县委员会第四次会议在汤显祖大剧院召开

9月27日，衢宁铁路全线建成开通，遂昌火车站投入运营

7月23日，遂昌县政府和阿里云计算有限公司签署共建未来科创岛合作协议

10月25日，“湖山论剑”——长三角“双创”人才高峰论坛暨“天工之城”引智大会召开

11月25日，“开源生长·杭向遂昌”阿里云创峰会遂昌专场暨2020遂昌数字生态产业峰会在杭州举行

1. 应村小学“儿童之家”
2. 石练镇淤溪村“耕读书吧”
3. 妙高街道东峰村开展畲语培训
4. 三仁畲族乡“春泥计划”志愿服务队

1. 驰援武汉
2. 勇士凯旋
3. 最美逆行护士受表彰
4. 战疫宣誓

2020年，遂昌县以快速、果断、严密的措施，掀起新冠肺炎疫情防控人民战争，构筑起抵御疫情蔓延的坚强防线，确保县域范围内未出现确诊和疑似病例

4月30日，全省首家基层社会治理“信用村”在蔡源乡蔡和村揭牌

12月，遂昌县“信用村”治理举措获评2020年度中国十大社会治理创新典范

3月5日，遂昌县举行2020年首批28个重大项目集中签约开工仪式

11月30日，遂昌县举行2020年第二批47个重大项目集中开工仪式

遂昌县金属制品产业创新服务综合体展厅

关雎文化园之夜

云峰中心学校新校区

原创儿童音乐剧《不要留我一个人在角落》剧照

躬耕书院音乐筑梦班学员在2020上海书展“浙江馆”开馆仪式上演出

三仁畲族乡社会矛盾纠纷调处化解中心

“一户一策一干部”结对帮扶石练镇低收入农户

云峰街道龙口村农户春耕人鸟和谐

妙高街道源口村生态河道

完成“五化”改造的府前中心市场

南尖岩景区“天空之境”项目

新路湾镇桐川水库

高坪乡金谷飘香

大柘镇雨后茶山

节前市场年味浓浓

县府广场休闲娱乐

目 录

特 载

专 记

大 事 记

2020 年遂昌县主要机构及负责人名录

县情概览

中共遂昌县委员会

遂昌县人民代表大会

遂昌县人民政府

政协遂昌县委员会

纪检·监察

民主党派·群众团体

法治·军事

资源·环保

农业·水利·气象

工业·商贸

金 融

财政·税务

交 通

邮政·通信

科技·传媒

教 育

卫 生

文化・旅游・体育

综合监管

市场监督管理

城乡建设

社会民生

街道·乡镇

社会新闻

人物·先进

附 录

特 载

中共遂昌县委工作报告

奋力建设山区县跨越式发展“重要窗口”
开启高水平全面建设社会主义现代化新征程

——在县委十五届十次全体（扩大）会议上的报告

中共遂昌县委书记 张壮雄

（2021年1月15日）

同志们：

这次全会的主要任务是：以习近平新时代中国特色社会主义思想为指导，深入学习贯彻党的十九届五中全会精神和省委十四届八次全会、市委四届九次全会精神，听取县委常委会工作报告，审议通过《中共遂昌县委关于制定遂昌县国民经济和社会发展第十四个五年规划和二〇三五年远景目标的建议》，进一步动员全县上下创新实践“绿水青山就是金山银山”理念，奋力建设山区县跨越式发展“重要窗口”，开启高水平全面建设社会主义现代化新征程。

下面，我代表县委常委会，向全会报告工作。

一、创新实践“绿水青山就是金山银山”理念，坚定不移推动县域高质量绿色发展

过去一年，县委常委会认真贯彻落实中央、省委、市委重大决策部署，牢固树立“绿水青山就是金山银山”发展理念，牢牢抓住高质量绿色发展的纲，综合运用“跨山统筹、创新引领、问海借力”三把“金钥匙”，深入推进“一城五区”生产力布局和“八大战役”，挥洒“遂昌之汗”、厉行“丽水之干”、担纲“丽水之赞”，县域经济社会发展取得一系列新成效。

*（一）坚持以走前列对冲疫情压力，大战大考尽显遂昌担当。*我们以发展战略的确定性应对宏观形势的不确定性，一手抓防疫、一手抓发展，认真做好“六稳”工作，落实“六保”任务。从“绝对忠诚、绝对负责、绝对领先、绝对过硬”的政治高度，第一时间提出“四个为战”策略，扎紧“精密智控+全员自控”网，主动请缨开展全省首个团体预约献血，派出4名医护人员驰援遭受疫情突袭的武汉，2名医护人员驰援丽水集中救治点，成为全省11个无疫县（市、区）之一。推进复工复产和疫情防控“两手抓、两不误”，528名“驻企服务员”进企帮办，2200名“红色跑小二”入村服务，全市率先实现省市县重点项目、规模以上工业企业、农业龙头企业、旅游景区100%复工复产。专班化运作推进“争先创优”行动，开展“最佳实践”，举行总投资295亿元的项目集中开工仪式，528国道遂昌段、遂江线先后开工，衢宁铁路正式开通，遂昌人民圆了铁路梦。大战大考面前，我们深入弘扬践行“浙西南革命精神”，四套班子率先垂范，党员干

部全员上阵，带动全民参与，全县一盘棋、拧成一股绳，交出了“两手硬、两战赢”高分报表。10月21日，省委书记袁家军把遂昌作为全省26个加快发展县调研的第一站，对我们“山海协作”、村社换届、信访及产业生态构建等工作给予肯定，并寄予深切期望，极大地激发了全县上下干事创业的巨大热情。

（二）坚持以育新机增强赶超动力，创新创造活力竞相迸发。我们努力在危机中育新机、于变局中开新局，奋力开辟高质量绿色发展新赛道，举全县之力推进“天工之城—数字绿谷”建设，成功与阿里云公司签署合作协议，集中签约网易、海康威视、千寻位置、英国HOLOVIS、加拿大庞巴迪等11家头部型企业，与中信集团达成整体开发运营合作意向，推进环湖绿道、阿里云创新中心、网易联合创新中心等项目建设，举办“阿里云创峰会·遂昌专场暨2020遂昌数字生态产业峰会”等高层次活动，开启数字化、生态化时代新一轮淘金行动，朝着万物开源的繁荣图景大踏步前行。加快推动“三创”融合发展，新增两家省级“众创空间”和“星创天地”，中国航天科工集团增材制造技术创新中心落户遂昌，在上海建立两个“科创飞地”“人才飞地”。持续强化人才支撑，全面落实“人才新政22条”，实现354项人才事项一网通办，在德国和英国建立海外引才联络站，全年引进各类人才1530名，是2019年引才数的305%。2020年，遂昌县入选省级数字经济创新发展试验区、省级数字生活新服务样板县创建名单，县域数字经济发展影响力指数在26个加快发展县中名列前茅。

（三）坚持以促转型激发发展活力，产业革新步伐持续加快。我们以平台“二次创业”积蓄发展新动能，启动省级经济开发区创建，与省智能制造专家委员会合作推动传统产业数字化改造，以浙江元立集团为代表的金属制品产业链创新链不断完善，培育专精特新企业20家，宇恒电池获第二批国家级专精特新“小巨人”企业称号，遂昌县金属制品特色产业基地列入国家“火炬特色产业基地”名单，县工业园区获评全省2个国家“绿色产业示范基地”之一。遂昌县获评全省淘汰落后产能和“腾笼换鸟”工作考核先进县。我们始终把招商引资作为“一号工程”，坚持“一把手招商”，全年签约项目38个、合同投资额110.55亿元，其中亿元以上项目19个，10亿元以上项目3个。高水平谋划建设遂松乡村振兴区，与松阳县签订全方位战略合作协议，新建“600+”绿色基地1900公顷，认定2家省级农业龙头企业，遂昌县跻身省级农业绿色发展先行县。着力推动旅游业转型，“天工之城”入选全省首批山地休闲度假发展试点单位，遂昌县获评全国县域旅游综合实力百强县，入选全省首批文旅产业融合试验区。

（四）坚持以创特色彰显生态魅力，城乡人居环境优化提升。我们坚持让绿色成为遂昌发展最动人的色彩，完成第二轮中央环保督察迎检和整改任务，启动九龙山国家级自然保护区扩区工程，推进仙侠湖环境综合整治，开展城区环境整治“百日攻坚”，PM2.5浓度均值下降至21微克/立方米，县域3个地表水省控以上断面水质达标率100%，乌溪江等3条河流被评为省级“美丽河湖”，获“美丽浙江”建设考核优秀县和“五水共治”大禹鼎，入选中国最具绿意百佳县市、浙江省第二批清新空气示范区。积极探索生态产品价值实现机制，设立“两山基金”，成立“两山银行”，争取到国家开发银行15亿元“两山”项目授信。全力推进新型城镇化建设，启动有史以来规模最大的城市更新项目，古院社区入选全省“未来社区”试点创建名单。发布《未来乡村建设导则》，启动3个“未来乡村”试点建设。大力推进“大搬快聚富民安居”工程，深入开展“一户多宅”清理整治，全年完成签约搬迁10258人、拆除“一户多宅”2238宗，规划复垦面积69.83万平方米。

（五）坚持以抓改革提升治理能力，全面小康成色更足更亮。我们持续推动改革成果转化为治理效能，推进“最多跑一次”改革向纵深发展，扎实开展35项惠企利民“一件事”协同高效办理，部门间“最多跑一次”364个事项平台上线率100%。全市率先建成并投入使用产业政策网上兑现平台，为企业发放（减免）各类金融支持和财政补贴9.6亿元。完善工业园区体制机制，深化国有企业市场化改革，国投集团首次获得AA评级。办好民生实事，公共场所服务大提升取得初步成效，70周岁以上老年人刷脸免费乘坐往返城乡客运班车，云峰中心学校、梅溪幼儿园投入使用，入选集成创新综合医改省级试点县，获评省农村文化礼堂建设示范县。推进县乡村三级矛调中心建设，在全国率先探索“个人债务重整”制度，“信用村治理举措”获评2020年度中国十大社会治理创新典范。全面落实“一户一策一干部”精准结对帮扶，深化遂昌—通江东西部扶贫协作和对口支援。启动全国自然灾害综合风险普查试点，入选全省“县乡一体、条抓块统”改革试点建议名单，成功夺取全省首批一星“平安金鼎”，荣获2020年度全面小康百佳示范县市。

*（六）坚持以强党建保持政治定力，全面从严治党纵深推进。*我们一以贯之全面从严治党，始终把学懂弄通做实习近平新时代中国特色社会主义思想作为最大的政治任务，县委十五届九次全会深入学习习近平总书记考察浙江时重要讲话精神，全力推动上级决策部署在遂昌落地落实。县委充分发挥总揽全局、协调各方作用，放手支持县人大、县政府、县政协履行职责，不断加强宣传、统战、党管武装等工作。锻造新时代“挺进师”，创新研发运用“天工系统”，推出事业单位“编制银行”，实施县管领导干部“三考合一”积分考核机制，开展涉企部门中层干部跨单位交流，打造与建设“重要窗口”相适应的干部队伍。积极营造“为担当者担当、为干事者撑腰”的环境，干部容错裁定工作列入全市唯一省级试点。全县209个村（社区）又好又稳完成了村社组织换届选举。实施新一轮“整乡推进、整县提升”行动，集中打造党建示范强村20个。扎实开展扶贫领域集中整治，创新推行乡村廉情“吹哨人”机制，切实解决群众身边的不正之风和腐败问题。全力做好省委巡视回访检查反馈意见整改，高质高效完成24家单位、56个村（社）党组织县委巡察工作。建立政治生态量化评价体系，常态化、清单化、可视化推动政治监督，清廉遂昌建设成效明显。

2020年是“十三五”规划收官之年。五年来我们创新实践“绿水青山就是金山银山”理念，坚持一张蓝图绘到底，一任接着一任干，一以贯之抓落实，坚定不移推动县域高质量绿色发展。一是找准定位，战略布局更加优化。我们打开视域、创新思维、放大格局，擘画了天工之城、未来都市区、有机更新区、生态工业区、红绿融合区、乡村富民区“一城五区”生产力布局，绘就一幅新时代“遂昌山居赋”。二是锁定目标，战略路径更加清晰。我们牢牢锁定“迈向全省26县第一梯队、全市第一阵营”目标，坚定走好产业、城市、乡村、文化、社会“五个转型”的科学路径，沿着高质量绿色发展新路大踏步前行。三是唯实唯先，战略举措更加扎实。我们掀起工业复兴、科技赋能、大搬快聚、城市更新、乡村振兴、生态提质、招商引智、交通建设“八大战役”，将士齐心、奋力拼搏，推动各项战役取得显著成果。经过五年接续奋斗，遂昌县“十三五”主要目标任务圆满完成，为开启高水平全面建设社会主义现代化新征程奠定了坚实基础。

回望过去，我们一路走来，鼓足干事劲头，紧扣上级决策部署和县委既定战略，敢于变不可能为可能，变可能为现实，干成了一批大事要事，解决了一批急事难事，具有遂昌特色的高质量绿色发展之路越走越宽。我们一路走来，保持争先势头，紧贴“干在实处、走在前列、勇立潮头”的要求，努力推动各项工作全面过硬、各条战线齐头并进、各个领域争先创优，经济社会发展取得丰硕成果，县域综合实力显著增强。我们一路走来，瞄准群众所期盼，紧握群众满意度重要标尺，倾力回应群众期待，持续增强民生福祉，决战脱贫攻坚、决胜全面小康取得决定性成就，群众安全感、获得感、幸福感和尊荣感全面提升。

回望过去，我们深深地感悟到，唯有历经艰辛方晓成绩和殊荣来之不易，这凝结着县四套班子坚持不懈、团结拼搏的信念和意志，凝结着广大党员干部担当实干、奋勇争先的心血和汗水，凝结着全县人民追逐梦想、永不言弃的激情和执着，我们敬佩逆风而行、向阳而生的每一个人，每个人都很了不起！在此，我代表县委，对全县干部群众的辛勤努力致以最崇高的敬意和最诚挚的感谢！

回望过去，我们深深地感悟到，只有正视发展中存在的问题才能找准前进的方向：比如县域经济发展总量不大、质量不高，产业创新能力不强，城镇化水平落后，交通基础设施短板明显，教育、医疗、养老、文化等高品质公共服务供给不足，整体智治水平有待提升，全面从严治党责任传导不够有力。对于这些问题，我们要采取有效措施，努力予以解决，加快补齐短板。

二、坚定扛起新发展阶段山区跨越式发展的新使命新任务，开启高水平推进社会主义现代化建设新征程

“十四五”时期是开启社会主义现代化建设新征程的第一个五年，也是抢抓机遇、加快实现山区跨越式发展的关键时期，制定好“十四五”规划建议，事关遂昌长远发展，事关遂昌未来前景，具有重大战略意义。下面，我就建议稿起草情况向全会作个说明。

（一）关于建议稿的起草原则。县委对“十四五”规划建议起草工作高度重视，深入学习贯彻中央、省委、市委对“十四五”规划的建议，坚持政治引领、系统谋划、开门问策、集思广益，组织起草小组在深入研究、广泛讨论基础上，起草《中共遂昌县委关于制定遂昌县国民经济和社会发展第十四个五年规划和二〇三五年远景目标的建议》，经过多轮修改并征求各方面意见后，提交县委全会进行审议。在建议稿起草过程中，我们始终坚持“万物开源”的理念，突出体现了以下原则：

1. 系统观念。准确把握、深刻理解系统观念和系统方法，持续深化对高质量绿色发展的规律性认识，用长远眼光观察新形势，分析新问题，更加注重整体谋划、协同推进、综合集成，努力推动更高质量、更有效率、更加公平、更可持续、更为安全的发展。

2. 开放意识。坚持站在云端看遂昌、放眼全局开新局，打开山门、打开心门、打开脑门，强化开放意识，敞开开放胸怀，加快开放步伐，以更大格局、更远目标、更高追求去谋划新发展，推动实现借梯登高、借船出海，努力创造一个更加美丽灿烂的遂昌新情境。

3. 创新思维。始终把创新作为最持续、最长久的竞争力，一体推动发展理念、发展思路、发展方式、发展举措的全方位深层次创新，在重要领域和关键环节谋划推出一批具有突破性、引领性、撬动性、标志性的重大战略抓手，奋力推进遂昌高质量发展、竞争力提升、现代化建设。

4. 前瞻理念。既立足当下，推动“十三五”以来各项工作有机衔接、有序推进，又着眼长远，以战略视野、超前意识抢抓机遇，以前瞻思考、超常举措谋变图强，设定“用尽全力跳起来摘桃子”的指标体系、工作体系、政策体系和评价体系，构筑平行世界里遂昌未来发展的新优势。

5. 求是精神。全面落实上级要求、立足遂昌实际、回应群众期盼，彰显脚踏实地、实事求是的实干担当，注重将近期工作、中期目标、远期愿景一体贯通，一件一件抓落实，一年一年接着干，确保谋一件、干一件、成一件，积小胜为大胜，不断向着既定目标迈进。

（二）关于“十四五”发展的总体要求。高举习近平新时代中国特色社会主义思想伟大旗帜，深入贯彻党的十九大和十九届二中、三中、四中、五中全会精神，统筹推进“五位一体”总体布局，协调推进“四个全面”战略布局，围绕忠实践行“八八战略”、奋力打造“重要窗口”主题主线，坚定不移走创新实践“绿水青山就是金山银山”理念发展道路，聚焦迈向全省26县第一梯队、全市第一阵营的目标，以“浙西南革命精神”注魂、赋能、立根，坚持产业、城市、乡村、文化、社会“五个转型”发展路径，深入推进“一城五区”生产力布局，接续实施“八大战役”，打造山区县跨越式发展的“重要窗口”，努力成为山区人民的美好家园、全省人民的向往之地，奋力开启高水平全面建设社会主义现代化的新征程。

（三）关于推进跨越式发展的关键路径。我们要牢固树立“发展阶段不可逾越，发展阶梯可以跨越”“没有实现加快发展也是一种风险，没有追求实现加快跨越式发展的意识、决心和胆略更是极端危险”的理念，自觉站位新发展阶段，坚定贯彻新发展理念，主动融入新发展格局，注重从五个方面推进山区跨越式发展：

1. 以创新引领跨越，打造山区发展的“新增长极”。浪潮之巅，创新为上。要强化思维创新、模式创新、路径创新，以创新培育新增长点，以创新催生新动能，高举高打构建山区发展的内生动力系统。一是从旧观念到新理念的跨越。落后的背后往往隐藏着观念上的差距和痼疾。要以生成性学习持续推动思想解放，锤炼时时处处破旧立新的勇气和能力，从安于现状、因循守旧、封闭狭隘、难以作为、畏首畏尾的思想桎梏中彻底解放出来，不断冲破思维瓶颈、冲刷观念误区，真正向解放思想要红利，用思想解放增活力。二是从原生态到数字化的跨越。数字化是实现换道超越的桥和船。要抢抓数字化、生态化时代风口，深入探索自然生态与数字生态跨界融合，加快数字化进程从简单“触网”向整体“上云”递进，走好山区县最美生态、绿色科技、数字经济、向往生活深度融合的跨越式发展新路径。三是从可量化到显性化的跨越。绿水青山与金山银山是相互作用、相互促进的发展共同体。要以更实举措驱动生态产品价值实现，强化 GEP 核算成果运用，形成绿水青山价值倍增、高效转化和充分释放的生动局面，切实把 GEP 更多更好更快更直接地转化为 GDP。

2. 以变革驱动跨越，打开“两山”转化的多元通道。县域要实现跨越式发展，产业必须先实现跨越式发展。我们要始终围绕构建现代化生态经济体系，大力推动产业数字化、数字产业化，促进生态产业革新裂变，不断打开“两山”转化新通道。一是加快农业向现代化迈进。对遂昌来说，农业发展的出路在精品化、绿色化、品牌化、智慧化。要跳出农业限制，以工业化方式发展农业，以产业化思维经营农业，以数字化手段赋能农业，加快构建现代农业产业体系，全面提高农业质量、综合效益和品牌竞争力。二是加快工业向集群化升级。没有实力雄厚的生态工业，县域发展就挺不起脊梁。要以高质量的数字赋能、科技赋能、人才赋能、资本赋能加速工业复兴，以主导产业为核心推动集群化发展，加快形成分工合理、上下衔接、左右配套、有效耦合、特色鲜明的产业链条和产业集群。三是加快旅游向升级版进阶。旅游是拓宽“两山”转化通道的有效路径。要以差异化、社群化、精准化的策略，有效破解遂昌旅游“观光有余、休闲不足”的窘境，大力发展户外生活、运动、休闲，不断激活隐藏在山水间、小巷里、舌尖上的旅游基因，让遂昌成为游客常来常往、常来常想、常来常新的“诗和远方”。

3. 以协作助推跨越，探索实践开放发展的有效方法。作茧的蚕，看不到茧以外的大千世界。我们要持续用好开放协同关键一招，以开放的姿态寻求协作，以高效的协作推动发展，为追赶超越注入强劲动能。一是大力推进“山海协作”升级版。“山海协作”是破解区域发展不平衡不充分问题的重要途径。要念好新时代“山海经”，更加注重协作机制、方式、平台的创新升级，把“山海协作”平台打造成为项目孵化的摇篮、人才集聚的高地、成果转化的桥梁，架设起向“海”发展的大通道。二是大力推动高端要素循环。城市有界，市场无疆。要全面参与区域分工协作，打通与长三角全方位、多层次、立体式的交流通道，畅通要素循环、交通循环、产业循环、市场循环、创新循环，促进资本和技术、数据、人才、项目、服务等各类要素畅通其流、汇聚融合，实现优势资源的“乘数效应”。三是大力促进投资和消费。没有投资和消费的高增长拉动，就没有县域发展的快节奏。要更好地在扩大投资和促进消费的战略结合点上发力，不断稳固总量、激活增量，增强供给面与需求面之间的黏合度和韧性，推动投资结构优化、消费市场优化、服务体系优化。

4. 以统筹加快跨越，建设全省人民的“向往之地”。善弈者谋势，善谋者致远。要以一体化、协同化、差异化思维，在更大时空范围内统筹城乡发展、生态建设、资源开发、设施配套，推动生产力由散到聚、以聚促变。一是以人口集聚推进新型城镇化。城镇化是现代化的必由之路，现代化归根结底就是人的现代化。要始终坚持战略挺进与战略收缩并举、外延拓展与内涵提升并重、人口集聚与产业发展并进，以城市能级提升、政策撬动引领为着力点，有力推进乡村化向城镇化转型，提高新型城镇化的质量和水平。二是以山水为笔绘就全域大花园。遂昌的山水是大自然的慷慨馈赠。要增强生态优先、绿色发展的核心战略定力，深入推进大花园建设行动，构建“一户一处景、一村一幅画、一镇一天地”的大美格局，高水平绘好新时代“遂昌山居赋”。三是以解构重构打造城市新场景。有了美丽城市，才能安放美好生活。要更加注重城市形态整体打造，既追求高水平的可视环境，又注重深层次的内涵特质，在“解构—重构”的交替式上升中不断刷新城市颜值、增强城市功能，让城市空间更加舒朗精致，让城市内质更加智能智慧。

5. 以智治聚力跨越，营造干事和创业的浓厚氛围。从“事”向“制”“治”“智”转变，是实现治理现代化的关键。我们要围绕“整体智治”，致力在感知、响应、专业、协同、高效上形成完整闭环，加快实现治理提质增效。一是下好县乡协同一盘棋。县乡联动不畅是县域治理一大短板，也是造成“降格落实、悬空落实”的重要原因。要推动“县乡一体、条抓块统”改革试点，明晰县乡功能、厘清县乡界面、统筹县乡资源，促进“条”的专业化管理和“块”的综合性治理集合集成，提高县乡协同作战能力。二是增强干事创业新本领。舒舒服服成就不了大事业，按部就班实现不了大跨越。要始终保持“坐着议事、跑着干事、躺着也要谋事”的工作热情和创业冲动，在思维方式、知识结构、工作模式等方面开展立体式锻造和全方位重塑，以超长续航能力，答好跨越式发展的时代命题。三是奏响干群一心“大合唱”。要坚持团结群众、发动群众、引导群众、带领群众，团结一切可以团结的力量，凝聚一切可以凝聚的智慧，激发一切可以激发的活力，真正做到同一个理念、同一个目标、同一个步调，凝聚起披荆斩棘、乘风破浪、一往无前的磅礴伟力。

（四）打造一批具有鲜明遂昌辨识度的标志性发展成果。为进一步明确“十四五”发展的目标任务，凸显地域特点、彰显遂昌特色，我们在研究提出“六个新”发展目标和“一城五区”生产力布局基础上，提出着力打造具有鲜明遂昌辨识度的“八个一”标志性发展成果，具体包括：一谷，即“天工之城•数字绿谷”，要推动更多市场主体、数字人才、发展要素集聚遂昌，确保“天工之城”建设“一年见变化、三年大变样、五年成典范”；一园，就是“山海协作”产业园，要导入优势资源、强化产业合作，把“山海协作”产业园打造成县域发展的强劲引擎；一城，就是当代山水城市典范，要围绕“千年古城、未来社区”的定位，打造集绿色人居、城市美学、智慧生活为一体的当代山水城市典范；一村，就是花园数字乡村，要以数字赋能新时代美丽乡村建设，着力构建“寻得到乡愁、看得到未来”的现代版田园乡村梦；一山，就是江南秘境九龙山，要深化科普、研学、户外基地建设，打造生态环境高地，引领带动全域生态文明建设；一地，就是“《牡丹亭》原创圣地”，要持续擦亮汤显祖文化金名片，实现传统文化与当代艺术有机融合、相互促进；一路，就是衢丽铁路，要以最大力度、最快速度推进项目建设，加快实现“与杭同城”；一带，就是健康休闲产业带，要坚持串点成线、串珠成链，推进农旅融合、文旅融合、体旅融合，着力打造以现代生态农业、户外休闲运动、红色经典旅游为重点的产业带。

三、全面落实牵一发而动全身的重大举措、重大平台、重大改革和重大工程，奋力建设山区县跨越式发展“重要窗口”

谋实干好“十四五”，要围绕“一城五区”生产力布局和“八大战役”，突出改革突破争先、服务提质争先、风险防控争先，坚持抓纲带目、纲举目张，全方位推动遂昌跨越式发展。县委建议稿已作出具体部署，接下来要抢抓宝贵时间窗口，重点围绕十个方面发力落实：

（一）全力建设“天工之城—数字绿谷”。数字变革是驱动山区县跨越式发展的首要战略。我们要把握新经济分布式发展趋势，以数字化引领、撬动、赋能现代化，构建“生态+”“文化+”“数字+”相互促进的数字生态产业体系，率先走出一条山区创新驱动发展之路。要建强创新平台，加快培育“2+3+1”创新体系，举全县之力推进“天工之城—数字绿谷”建设，坚持市场化导向，尽快建设阿里云创新中心、网易联合创新中心、海康威视联合创新实验室等以应用场景创新为主导的重大项目，打造数字产业加速平台、数字人才培训平台、数字户外集聚平台，成为绿色创新第二空间、数字人才培训工场、山地休闲向往之地。要壮大创新主体，推动创新链产业链精准适配，培育一批国家高新技术企业、省级科技型中小企业和高企研发中心，导入更多的头部型、创新型企业投资项目，培育发展软件开发、数字应用、数字服务等产业，勾勒生态经济、数字经济、分时经济有机融合的发展图景，高水平创成省级数字经济创新发展试验区。要深入推进“产学研用金、才政介美云”有效联动，大力引聚各类人才、创客群体、创新团队，切实筑牢高质量发展的人才支撑。

（二）加速推动生态工业全面复兴。工业化是现代化不可逾越的阶段。过去遂昌依靠工业“五朵金花”闪耀处州大地，当下遂昌依然要靠生态工业走向美好未来。我们要全力打好工业复兴“第一战役”，打造“一区三片”发展格局，推进生态工业绿色化、数字化、集群化、现代化发展。要坚持数字赋能手段，以绿色产业示范基地建设为载体，实施“传统制造业智能化改造三年行动”，推进“省小微企业园建设提升重点县”建设，推动工业园区从单一生产区向多元生态区、创新区发展，创成省级经济开发区。要加快新旧动能转换，深化“亩均论英雄”改革，加强空间整合、园区集聚、整治倒逼，全面推进铸造、竹制品、精细化工等行业提质增效，深入推进“凤凰行动”“雄鹰行动”“雏鹰行动”，加快培育一批“专精特新”企业和“隐形冠军”企业，推动企业上市和并购重组。把招商引资作为培育新兴动能的根本途径，全力引育智能装备制造、新材料、生命健康等新兴产业，形成更具核心竞争力的现代化产业集群。

（三）深化生态产品价值实现机制改革。生态始终是遂昌最鲜明的标识和最靓丽的窗口。进入新发展阶段，我们要把生态底色擦得更亮、把发展底线抬得更高，加快从天生丽质向治理提质、从生态颜值向经济价值、从产品直供向模式提供转变，加快形成全产业美丽生态经济。要按照生态文明建设先行示范要求，做好全域环境综合治理，全面拓展生态产品价值市场化、产业化的实现路径，推进碳汇资源价值转化，全域开展 GEP 核算评估，培育生态产品交易市场，全面运行“两山银行”，充分利用“两山基金”，全力争取仙侠湖流域生态环境导向的开发模式（EOD）试点，精雕细琢打造大花园“耀眼明珠”，积极构建以“生态+”为显著特征的现代化生态经济体系，高水平建成全省首批大花园示范县。

（四）全面推进以县城为主体的新型城镇化。城镇化是衡量现代化程度的重要标志，也是当前遂昌亟须破解的突出短板。我们要坚定不移推进以人为核心的新型城镇化，重塑新型城乡关系，提升城乡融合水平，推动县域经济向城市经济升级。要深入推进以县城为主体的新型城镇化建设，推动“产城人”向“人城产”转变，全面加快人口向县城集聚，统筹推进“大搬快聚”和异地搬迁，确保“应搬尽搬”，力争“十四五”期末城镇化率达到全省平均水平。要提升中心城区能级，未来都市区重点围绕“五大组团”，以可持续发展为导向、“三化九场景”为标准来推进“未来社区”建设；有机更新区重点围绕“三大聚落”，以城市解构、人口疏解、功能转移来重塑和激活内城空间，打造山水城一体、跨越现代与未来的山水城市典范。要推进城乡融合改革，畅通“两进两回”，打通农民下山进城、产业上山发展的双向通道，优化城乡人口和生产力布局。

（五）创新建设新时代花园数字乡村。农业农村数字化转型是顺应时代变革的必然趋势。我们要推进新时代花园数字乡村建设，兴起乡村的业、塑好乡村的形、留住乡村的魂、补上乡村的缺、唤回乡村的人、用活乡村的数，加速美丽乡村向“花园数字乡村”迭代演进。要以深化“千万工程”牵引新时代乡村建设，全域建成新时代美丽乡村，做强中心村、特色村，创成部省共建乡村振兴特色发展示范区。要为乡村插上“数字翅膀”，以应用场景创新为主导推动数字农业发展、数字乡村治理、数字乡村服务，推进茶叶健康农业产业园和数字茶叶创业园建设，加快布局5G网络，推动农村电商进化与迭代，争创省级数字乡村试点，全域建设“信用村”“信用社区”。要打造旅游业发展升级版，聚焦研学、旅居、团建、会议四大精品游，主动融入浙西南生态旅游带、瓯江山水诗路建设，培育“互联网+户外”运动休闲产业，全力建设长三角户外休闲运动目的地。

（六）深入推动跨山统筹实现协同发展。跨山统筹是“穷在山上、困在路上、弱在散上”问题的破解之道。我们要主动融入新发展格局，既做好市域内统筹联动发展，也要全面融入长江经济带和长三角一体化发展。要坚决落实市委“一带三区”发展布局，加强遂松两地在空间统筹、产业集聚、创新协同、生态环保、公共服务等领域协作，携手推进遂松乡村振兴区全方位战略合作。要深入推进融入长三角、接轨大上海“六大行动”，发挥上海“飞地”更大作用，深化与上海虹口、绍兴上虞等地的友好合作。要深化打造“山海协作”升级版，主动承接诸暨、南湖、象山等结对县市的赋能助力，谋划建设更多科创、产业、人才“飞地”，参与共建生态补偿特别合作区，合力推动协同制造、协同创新、协同发展，不断提升山海协作效能，打造“大循环+双循环”的山区经济发展典范。

（七）积极构建外畅内联的综合交通网络。千古百业兴，先行在交通。我们要精准谋划和强力推动一批重大项目，积极扩大有效投资，大力促进交通、城建、水利、能源、新基建等现代化基础设施建设，以项目落地见效来支撑现代化建设。要围绕谋求“与杭同城”、畅享“高铁时代”，积极争取高速铁路、城际铁路、通用机场等项目，推进衢丽铁路（遂昌段）建设，加快融入杭州“一小时交通圈”。主动对接“义甬舟开放大通道”西延，充分发挥衢宁铁路货运功能，谋划建设“义新欧”中欧班列集货点。建设县域“快进慢游”交通体系，打造“六纵两横十连”公路网，推进G528、S324等大型国省道项目建设，谋划建设现代轨道交通，优化提升“四好农村路”，构建通江达海、综合立体的交通运输网络。

（八）加快形成“县乡一体、条抓块统”运行机制。“县乡一体、条抓块统”是省委部署“十四五”期间一项重大改革，是推进基层治理体系和治理能力现代化的关键之举。要持续深化“最多跑一次”改革，推动县乡一体运行、系统集成、整体联动，加快形成整体智治新格局。要全面推进“县乡一体、条抓块统”改革，构建集成化的综合指挥体系、明晰化的县乡权责体系、模块化的乡镇职能体系、数字化的应用支撑体系、一体化的综合执法体系、立体化的管理考评体系，迭代升级基层治理“四平台”，推进基层治理“一件事”综合集成，推动部门工作重心和力量下沉，实现从“碎片治理”到“整体智治”的转变。要深化“最佳在地政府”建设，全面启动“城市大脑”建设，以“客户经理”思维打造深化“三服务”2.0版，运用“天工系统”推进“一网智治”，实现党政机关数字化转型。

（九）紧紧聚焦共同富裕增进民生福祉。群众对美好生活的向往就是我们的奋斗目标。要坚持以人民为中心的发展思想，着力保障和改善民生，促进人的全面发展和社会全面进步，扎实推动共同富裕。要深入弘扬践行“浙西南革命精神”，推进文明城市创建，精心开展庆祝建党100周年活动，发展现代文化产业，深度打造汤显祖文化品牌。要深入实施教育提质行动，创建全国义务教育优质均衡县，高标准打响“学在遂昌”品牌。要全力做好疫情防控常态化，深入开展爱国卫生运动，加快人民医院迁建工程建设，深化省“三医联动”“六医统筹”集成改革试点。要努力探索推动共同富裕新路径，做好巩固拓展脱贫攻坚成果同乡村振兴有效衔接，大力发展城市经济，多渠道增加城乡居民财产性收入，实施村级集体经济巩固提升行动计划，持续发展壮大扶贫产业，有力促进低收入群众持续稳定增收。

（十）坚定不移加强和改善党的全面领导。加强党的建设是做好一切工作的根本保障。我们要以党的建设为统领，增强“四个意识”、坚定“四个自信”、做到“两个维护”，确保中央、省委、市委决策部署有效落实。要全面贯彻新时代党的组织路线，深入实施“组织力提升工程”，做好“开门七件事”，推进“两个担当”良性互动，把基层党组织建设成为可堪领导现代化建设的坚强战斗堡垒。要以“32字标准”锻造新时代“挺进师”，深化一线扎根长效机制，不断提升领导干部防范化解重大风险能力和现代化建设能力。始终坚持全面从严的主基调，锲而不舍落实中央八项规定精神，坚决查处重点领域和群众身边腐败问题，完善“四责协同”机制，深化“四项监督”融合贯通，强化数智监督，统筹推进清廉单元建设，全面、整体、高质量推进清廉遂昌建设，不断巩固和发展风清气正的政治生态。

奋斗开启新征程，实干赢得新未来。让我们更加紧密地团结在以习近平同志为核心的党中央周围，保持奋进者姿态、激发创造性张力，以更加坚定的决心、更加昂扬的斗志、更加旺盛的干劲全面厉行“丽水之干”，精致绘就一幅“繁花似锦、繁星闪烁，创新涌动、人才涌流，万物开源、万象更新”的崭新画卷，奋力把遂昌建设成为山区县跨越式发展的“重要窗口”，成为山区人民的美好家园、全省人民的向往之地！

遂昌县人大常委会工作报告

——在遂昌县第十六届人民代表大会第五次会议上

遂昌县人大常委会主任　尹建中

（2021年2月28日）

各位代表：

我受县第十六届人民代表大会常务委员会的委托，向大会报告工作，请予审议。

2020年的主要工作

2020年，是全面建成小康社会和“十三五”规划收官之年，是新中国历史上极不平凡的一年。一年来，面对错综复杂的国际形势、艰巨繁重的改革发展稳定任务，特别是新冠肺炎疫情严重冲击，在中共遂昌县委的坚强领导下，县人大常委会高举习近平新时代中国特色社会主义思想伟大旗帜，坚持党的领导、人民当家作主、依法治国有机统一，紧紧围绕中央和省、市、县委重大决策部署，依法行使宪法和法律赋予的各项职权，为统筹全县新冠肺炎疫情防控和经济社会发展，高水平全面建成小康社会作出了积极贡献。全年共召开常委会会议11次、主任会议15次，听取和审议专项工作报告27项，组织视察3次，作出决议、决定14项，依法任免国家机关工作人员55人次，圆满完成了县十六届人大四次会议确定的目标任务。

一、围绕政治建设，毫不动摇坚定政治立场

始终把政治建设摆在首位，严守党的政治纪律和政治规矩，坚持用习近平新时代中国特色社会主义思想武装头脑、指导实践、推动工作。

强化政治思想学习，走深走实。县人大常委会不断强化思想理论武装，始终把学懂弄通做实习近平新时代中国特色社会主义思想作为重大政治任务，立足新时代人大工作的定位和特点，不断增强“四个意识”、坚定“四个自信”、做到“两个维护”，全面系统开展学习，推动政治学习制度化和常态化，做到学深悟透、走深走实。及时通过中心组学习会、主任会议、常委会会议等方式，深入学习贯彻习近平总书记关于坚持和完善人民代表大会制度的重要思想、习近平总书记考察浙江重要讲话精神、习近平法治思想、《习近平谈治国理政》第三卷以及省、市、县委全会精神。通过学习，我们持续激发工作干劲，确保上级的决策部署在人大工作中得到全面落实。

强化党委决策落实，实干实效。自觉把人大工作融入县委工作大局，围绕县委工作部署，明确工作重点，确定工作思路，使人大各项工作与县委同心、同步、同声，全力推进县委决策的落实。紧扣“一城五区”生产力布局和“八大战役”，常委会主要领导担任城市更新工作总顾问，班子成员主动担纲“八大战役”督察长、重点项目总指挥、政策处理指挥长，推动项目破难攻坚。围绕打好精准脱贫攻坚战，做好低收入农户“一户一策一干部”结对帮扶工作。把好村级换届的法律政策关，助推村级换届选举工作，为村级换届保驾护航。

强化人大制度宣传，自觉自信。创新做好新时代人大宣传工作，把人大宣传工作纳入党委宣传工作总体部署。促成县委党校把习近平总书记关于坚持和完善人民代表大会制度的重要思想、人大制度理论等内容纳入主体班次教学。县人大常委会办公室联合县委宣传部研究出台了《关于加强和改进新时代人大宣传工作的意见》，在县级媒体开设“人民与权力”专题栏目，加大新闻宣传报道力度。4月，“遂昌人大”微信公众号正式上线，进一步拓宽宣传渠道，构建了广播、电视、网站、微信公众号等多平台相互呼应的人大宣传工作新格局，全方位展示人民代表大会制度作为根本政治制度的优越

性，充分发挥人大宣传在展示人大制度优越性“重要窗口”中的引领作用。

二、围绕工作重心，助力实现“两手抓、两战赢”

面对突如其来的疫情，县人大常委会紧扣“六稳六保”任务，按照省委“两手硬、两战赢”目标要求，迅速行动，举措有力，以高质量高效率的履职行权，依法保障全县疫情防控和经济社会发展。

全力以赴参与疫情防控工作。县人大常委会领导带领各工委深入联系乡镇、社区和企业，开展疫情防控督导，对返遂人员台账建立、防疫宣传、卡口设置、值班值守等工作进行督查，认真纠正防控工作中存在的问题，及时向疫情防控领导小组报告进展情况。向全县各级人大代表发出《联合防疫倡议书》，倡议各级人大代表提高政治站位，立足工作岗位，主动担当作为，在全县上下营造全面防疫的浓厚社会氛围。

不遗余力助推企业复工复产。常委会领导带队前往联系企业指导疫情防控和复工复产工作，收集企业的诉求、意见和建议，帮助企业与相关部门对接，竭力解决企业在疫情防控和复工复产中遇到的困难，为推进企业的疫情防控和正常运转提供重要保障。持续关注民营企业发展，推进中小企业公共服务平台建设，推动政府减负降费、税收优惠政策落细落实。优化营商环境，帮助民营企业破解融资难、融资贵、融资慢等发展瓶颈。助推民营企业共克时艰、共渡难关。助推政府全面做好“六稳”工作，落实“六保”任务。

凝心聚力汇集疫情防控力量。按照省、市人大关于疫情防控工作部署，常委会领导深入调研，专题听取和审议了县政府关于新冠肺炎疫情防控和复工复产工作情况的报告，对落实情况进行满意度测评，对健全重大疫情防控机制、加强公共卫生应急管理以及助推企业复工复产提出了意见，全力推动县域经济社会又好又快发展。

三、围绕岗位职责，助推高质量绿色发展

县人大常委会深刻把握新形势下人大工作的新任务、新要求，全面对标对表人大在建设“重要窗口”中的目标任务，依法履职，开拓进取，为遂昌实现高质量绿色发展贡献人大力量。

有效监督，决胜高水平全面小康社会建设。聚焦精准监督，围绕县委工作中心，精心选题、精准施策、紧盯不放，助推遂昌县决胜高水平全面建成小康社会。强化财政预算执行监督，做好国企运行和改革情况的监督，统筹部署数字经济、工业平台的监督工作。开展“八大战役”督察，启动遂昌县农村饮用水专项资金使用绩效跟踪监督，对脱贫攻坚工作落实情况进行督查。专题听取全县科技创新平台建设、一户多宅清理整治工作、建筑垃圾（弃渣）运输管理、美丽城镇建设、畜牧业发展、移民后期扶持工作等情况的报告。

聚焦发展，力促“一城五区”生产力布局。坚持把审议决定重大事项与全县经济社会发展紧密结合起来，在县十六届人大四次会议上作出了《关于加快推进“一城五区”生产力布局、奋力谱写高质量绿色发展新篇章的决定》，通过法定程序把县委的决策部署转化为全县人民的共同意志和自觉行动。加强对政府（国企）重大投资项目的审查和监督，制定了政府（国企）重大投资项目监督工作方案，每季度开展监督调研，助推项目建设。跟踪监督县政府落实县人大常委会关于国有资产管理、数字经济发展情况等审议意见落实情况。围绕生态文明建设先行示范精准发力，听取和审议县政府环境状况和环境保护目标完成情况的报告，全面建立乡镇生态环境状况报告制度，并要求环保部门加强数据监测。

精准发力，聚智谋划新阶段发展目标。高度重视“十四五”规划和“二〇三五远景目标”编制工作，积极开展“六个重大”“八个专题”调研，听取和审议县政府《关于遂昌县“十三五”规划纲要执行与“十四五”规划纲要编制情况的报告》，围绕“一城五区”和“八大战役”要求，提出了意见和建议，要求做好与县域空间规划及各规划之间的衔接，把握好时间节点，高质量编制规划纲要和专项规划，确保谋一件、干一件、成一件。

四、围绕法治示范，推动县域治理现代化

深入贯彻习近平法治思想，坚持党的领导、人民当家作主和依法治国有机统一，依法行使法定职权，助力社会和谐进步。

促进社会公平正义。开展法院民商事审判工作监督，督促县法院进一步做好诉讼便民服务、提高庭审把控能力。开展县检察院部分员额检察官履职评议工作，有力推动县人大常委会任命的检察官依法履职、公正执法，自觉接受人大监督。加强对司法机关日常工作监督，督促公检法司机关执行重要文件、重要案件和重大事项每月按时向人大常委会报备制度。扎实开展规范性文件网上审查备案，提高规范性文件备案审查工作水平，对县政府报备的10件规范性文件开展网上备案审查。做好人大信访工作，受理群众来信来访67件次，促成问题解决。

创新加强社会治理。认真做好法律法规贯彻落实，配合省、市人大开展公共文化服务保障“一法一条例”及《中华人民共和国动物防疫法》《中华人民共和国大气污染防治法》《浙江省学前教育条例》《浙江省华侨权益保护条例》《浙江省食品小作坊小餐饮店小食杂店和食品摊贩管理规定》等法律法规执法检查。落实省人大关于省市县三级人大联动开展社会矛盾纠纷调处化解“最多跑一地”改革专项监督工作要求，县人大常委会制定专项监督工作方案，常委会领导带领各工委到重点部门、各乡镇街道开展调研，并组织开展专题视察，出台视察意见，交县政府及相关职能部门办理。“最多跑一地”改革专项监督工作得到了省人大常委会领导的充分肯定。

配合做好立法调研。根据省人大要求，做好《关于全面禁止非法交易和食用野生动物的决定》《浙江省非机动车管理条例》《浙江省生活垃圾管理条例》等5部法律、法规草案的意见征集工作，提出意见20余条，2条被省人大采用；组织相关部门对《丽水市文明行为促进条例》《丽水市城市犬类管理规定》《丽水市烟花爆竹销售燃放管理规定》草案进行座谈讨论，提出立法意见6条。

依法行使任免职权。坚持党管干部和人大依法任免相统一。做好任前法律知识考试，开展任职表态发言、颁发任命书、宪法宣誓等工作，落实“应宣尽宣”的要求，持续推动“一府一委两院”及政府部门落实宪法宣誓制度，增强选举任命干部的宪法观念和法治意识。2020年，全县参加宪法宣誓人数累计543人次。

五、围绕人民中心，充分发挥代表主体作用

县人大常委会坚持人民主体地位，支持和保障代表依法履职，密切代表和人民群众的联系，充分发挥代表凝心聚力作用，不断夯实人大工作基础。

进一步规范代表联络站建设。将代表联络站建成为“学习之家”“履职之所”“服务之地”，县人大常委会坚持从制度规范化、活动多样化、成效可视化要求，不断推进代表联络站规范化建设。打造代表联络站实体+网络的“双延伸”工作机制，拓展代表联络站实体和网络功能。认真落实《浙江省街道人大工作条例》，县人大常委会听取了人大街道工委工作汇报，交办了工作清单，成立街道议政会，任命12名人大街道工委委员，推选产生了99名议政员。全县人大代表联络站共开展活动190余次，代表1928人次参加活动，接待选民1537人次。

进一步发挥代表履职效能。组织开展“最多跑一地”改革、助力建设“一城五区”、打赢“八大战役”、推动大花园示范县建设等主题活动，推动重点改革、重点项目落地落实。首次召开列席人大常委会代表座谈会，听取代表意见建议，进一步拓宽代表参与县人大常委会工作的渠道。深入实施代表法，保障代表的知情权、参与权、表达权和监督权，通过开展走访活动，邀请县人大代表列席常委会会议、参加视察调研和旁听庭审活动等，增强代表履职自觉性，激发代表工作热情。与龙游人大开展跨区域合作监督治水，打造两地人大合作监督治水的新标杆、新模式。

进一步加大建议办理力度。规范建议、批评和意见办理工作，修订出台《遂昌县人民代表大会代表建议、批评和意见办理规定》和《遂昌县人民代

表大会常务委员会代表口头建议办理规定》，扎实推进建议办理工作“一把手责任制”规范化、程序化、具体化。县十六届人大四次会议收到的137件代表建议，办理过程满意率100%，办理结果满意率100%，建议落实率52%，通过完善“三个率”工作机制，保障代表建议办理落地落实。

进一步加大民生项目保障力度。完善乡镇民生实事项目“三上三下”工作制度，积极争取财政支持。从2020年开始，县财政每年安排500万元专项资金，保障乡镇（街道）民生实事项目的实施。

六、围绕能力提升，扎实推进“两支队伍”建设

始终把自身建设摆在重要位置来抓，着力加强常委会组成人员及人大机关干部两支队伍建设，强基固本，担当担责，以自身建设新成效推动人大工作新发展。

坚持旗帜引领，党建水平再提高。县人大常委会党组发挥领导核心作用，抓好中央和省、市、县委重要决策部署的贯彻落实，落实党对人大工作的领导制度，规范党组议事决策程序，充分发挥党组织的战斗堡垒作用。2020年1月设立了县人大常委会机关党组，进一步夯实了人大机关党的政治、思想、组织、作风建设基础。

完善制度建设，工作环境再优化。健全人大与“一府一委两院”沟通协调机制，提高常委会履职行权系统化、制度化、规范化水平。全面落实机关各项制度，进一步完善机关党建、机关干部学习和考勤等制度，着力强长板、补短板，让各项制度内化于心，外化于行，落地见效。

抓好队伍建设，干部素质再提升。落实“更专更精”要求，充实部分专家、律师担任专门委员会专家咨询组成员，进一步发挥专门委员会优势。加强人大工作力量，用好编制银行，人大机关增加了事业编制1人。加强专业能力建设，坚持现场培训和视频培训相结合，组织参加各类学习培训，着力打造与“重要窗口”建设相匹配的人大干部队伍。

各位代表，县人大常委会过去一年所取得的工作成绩，是县委正确领导的结果，是全体代表、县人大常委会全体组成人员辛勤工作的结果，是“一府一委两院”密切配合的结果，是乡镇（街道）人大共同努力的结果，是全县人民和社会各界大力支持的结果。我谨代表县十六届人大常委会，向大家表示衷心的感谢！

看到成绩的同时，我们也清醒地认识到还存在问题和不足，主要是：对“一府一委两院”的监督体系还不够完善，监督实效需进一步提升；代表联系人民群众的途径还不够丰富，代表作用发挥需进一步激发；与新时代人大工作相适应的手段方法还不够多，“数字人大”工作水平需进一步提高；在新时代对人大制度和人大工作的宣传还不够，人民代表大会制度的优越性发挥需进一步加强。对于这些问题，我们将高度重视，认真听取全体代表和各方面意见，采取有效措施，切实加以解决。

2021年的主要任务

2021年是中国共产党成立100周年，是开启全面建设社会主义现代化国家新征程和“十四五”规划开局之年。我们立足新发展阶段，贯彻新发展理念，构建新发展格局，人大工作必须要有新担当新作为。今年县人大常委会工作的指导思想是：高举习近平新时代中国特色社会主义思想伟大旗帜，全面贯彻党的十九大和十九届二中、三中、四中、五中全会精神，深入学习贯彻习近平法治思想和习近平总书记关于坚持和完善人民代表大会制度重要思想、习近平总书记考察浙江时的重要讲话精神，深入贯彻落实中央和省、市、县委全会精神，依法履职，实干担当，助力“一城五区”生产力布局、打赢“八大战役”，为奋力建设山区县跨越式发展“重要窗口”，开启高水平全面建设社会主义现代化新征程贡献人大智慧和力量。

根据上述指导思想，今年县人大常委会工作的主要任务是：

一、立足新阶段新征程，加强党的建设，坚定党对人大工作的绝对领导。

进入新阶段，走上新征程，县人大常委会更要把政治建设摆在首位，努力提高政治判断力、政治领悟力、政治执行力，以实际行动带头做到“两个维护”，把坚决贯彻习近平总书记关于坚持和完善人民代表大会制度的重要思想、习近平对地方人大及其常委会工作作出的重要指示作为重大政治责任，按照党中央关于人大工作的要求，紧紧围绕省委、市委、县委关于加强和改进新时代人大工作的决策部署，围绕“一城五区”生产力布局，决战决胜“八大战役”，创造性地做好人大各项工作。要切实提高政治能力，在大局下、全局中想问题、做工作，要把讲政治的要求体现在忠实履行好宪法和法律赋予的决定权、监督权、任免权等具体业务工作上，真正把坚持党的领导、人民当家作主、依法治国三者有机统一起来。以政治建设为统领，把政治标准贯穿于县人大常委会及其机关党的思想、组织、作风、纪律、制度建设的全过程，不断坚定政治信仰，增强政治本领，净化政治生态，引导机关党员为人大工作创新发展贡献更多的智慧力量，主动将党建工作凝聚的思想共识转化为推动县人大常委会依法履职的强大动力。

二、立足新任务新目标，完善监督制度，切实提升依法监督的效能效力。

聚焦县委中心工作和重大民生关切，用足用好法定监督方式，精准履行监督职责。加强经济工作监督。认真履行法定监督职能，加强对财政预算执行、审计整改和专项资金使用绩效的监督，提高公共财政资金的使用效率；强化计划执行监督，促进计划全面完成；强化重大项目监督，对新增和续建项目实施过程进行跟踪监督；更加关注工业经济发展，对政府推进工业平台数字化建设、工业项目招商、工业平台运行绩效等进行监督；认真审查国土空间规划（2020—2035年），做好国有资产管理、国资公司运营专项监督。加强民生事业监督。以促进民生改善为本，围绕生态环保、美丽乡村、文化教育、城市建设、公共服务、基层治理等民生事项开展监督。听取城市管理、垃圾分类、食品安全、农业产业发展、老旧小区加装电梯等工作报告，审查环境状况和环境保护目标完成情况报告。开展社区建设、养老服务体系建设、公共卫生服务体系建设等专项工作调研，开展部门工作评议。深化民生实事“三上三下”工作机制，通过工作评议、专题调研、视察调查、议案建议督办等形式，督促和支持“一府两院”及时回应群众关切，全力办好民生实事，不断提高公共服务的整体水平，努力让人民群众过上更美好的生活。加强法律法规监督。持续推进法治建设，深入开展普法宣传，落实《监督司法工作办法》，加强对公、检、法、司的工作监督和法律监督，促进依法行政、公正司法，维护社会和谐稳定。听取县政府2020年度法治政府建设工作报告，听取关于法治宣传教育第七个五年规划落实情况报告，作出加强法治宣传教育第八个五年规划决议，听取县公安局刑事侦查工作报告，开展《浙江省劳动保障监察条例》落实情况执法检查。加强规范性文件网上备案审查工作，开展县法院、县检察院规范性文件网上备案审查工作。

三、立足新特征新要求，提升履职能力，持续激发代表意识和代表活力。

开展好人大换届工作。学习贯彻新修改的选举法，认真落实中央、省、市关于换届选举的部署要求，加强换届前的调研指导；对标换届要求，开展换届试点工作，从严格选举标准、规范选举程序和严肃换届纪律等方面着手，认真把好人大代表“入口关”，确保选举程序合法依规，代表履职真心为民。做好新当选代表的培训工作，提高代表履职能力。规范好代表履职。深化列席常委会会议代表座谈机制，完善常委会组成人员联系代表制度。积极推进代表向原选举单位报告履职情况，自觉接受监督。规范代表活动经费管理，分级完善和逐步提高代表活动经费标准。运行好代表联络站。完成规范化代表联络站建设，优化代表联络站“双延伸”工作机制，进一步发挥代表联络站平台作用，确定好活动主题，通过调研、视察、走访和考察学习等形式开展代表活动。办理好代表建议。完善代表建议办理工作制度，做好意见建议的督办和反馈，确保代表建议落到实处，切实提高代表履职的积极性。

四、立足新使命新格局，建设两个机关，不断提高基层人大工作水平。

坚持以习近平新时代中国特色社会主义思想为指导，牢固树立强烈的责任意识和担当精神，尽职尽责、恪尽职守、敢于和善于监督，树立人大干部的良好形象。教育引导常委会组成人员加强对习近平总书记关于坚持和完善人民代表大会制度的重要思想的学习、研究和宣传。加强人大常委会机构设置和干部队伍建设，配齐配好社会建设专（工）委组成人员。深入贯彻落实全省数字化改革大会和全省人大数字化改革工作推进会精神，推动数字化人大改革，发挥数字力量提升人大工作水平，着力打造数字人大、智慧人大，助推“天工之城·数字绿谷”建设。充分利用各类宣传阵地，加大对人大制度和人大工作的宣传力度，全方位、多角度唱出人大制度好声音、讲出人大工作好故事、写出代表履职好新闻，持续营造好向人民负责、受人民监督的人大工作氛围。

各位代表，美好蓝图已经绘就，光荣使命催人奋进。让我们更加紧密地团结在以习近平同志为核心的党中央周围，在中共遂昌县委坚强领导下，聚焦迈向全省加快发展“26县”第一梯队、全市第一阵营的目标，牢守为民之心、务实担当作为，为建设山区县跨越式发展“重要窗口”、开启高水平全面建设社会主义现代化新征程贡献人大力量，以优异成绩庆祝中国共产党成立100周年！

政府工作报告

——在遂昌县第十六届人民代表大会第五次会议上

遂昌县人民政府县长　胡　刚

（2021年2月28日）

各位代表：

现在，我代表县人民政府向大会报告工作，请予审议，并请县政协委员和其他列席人员提出意见。

一、2020年主要工作和“十三五”发展成就

2020年极不平凡。一年来，县政府认真贯彻落实上级党委政府和县委的重大决策部署，高举“丽水之干”行动旗帜，加快建设“一城五区”，全力攻坚“八大战役”，奋力开创高质量绿色发展新局面，决胜全面建成小康社会取得决定性成就。2020年，全县生产总值增长3.4%，一般公共预算收入增长4.3%，城乡居民收入分别增长4.5%和7.3%。

（一）坚持人民至上，交出战疫高分报表。面对突如其来的新冠肺炎疫情，县政府围绕“两手抓、两战赢”目标，第一时间实施“四个各自为战”策略，落实专班专办、联防联控机制，开展全省首个团体预约献血，4名医护人员驰援武汉。建立主动发现、闭环监管体系，冷链食品排查追溯有力有效，牢牢守住“无疫县”成果。做好“六稳”工作，全面落实“六保”任务兑现企业“五减”“两直”补助、降本减负资金共11.9亿元，发放其他各类救助资金6911万元。以非常之功推进“争先创优”行动，在全市率先实现省市县重点项目、规上工业企业、农业龙头企业、旅游景区100%复工复产，全市唯一、历史性突破实现3个项目列入省重大产业项目名单。

（二）强化创新驱动，发展潜能加速释放。完成固定资产投资43.7亿元，增长8.1%。加快“天工之城”变化成型，推进仙侠湖库区环境整治，减少暂养网箱10万平方米、浮动设施6600平方米、各类船舶160余艘；以市场化为导向招引数字经济头部企业，与阿里云、网易、海康威视、千寻位置等12家企业签约，入选首批省级数字经济创新发展试验区、省级数字生活新服务样板县创建名单；启动配套设施建设，网易联合创新中心、仙侠湖会展中心、环湖绿道、湖山水厂等项目迅速推进。衢宁铁路建成通车，连直线三期、天然气“县县通”等工程完工，大桥至洋浩公路、新客运中心、清水源水库等项目加快推进，528国道、遂江线等70个重大项目集中开工，新开工项目总投资288.2亿元。创建省级众创空间、星创天地各1家，中国航天科工集团增材制造技术创新中心落户遂昌。新增国家高新技术企业8家、省科技型中小企业21家、高企研发中心1家、企业研究院1家；全社会研发经费支出占生产总值比重1.5%；引进各类人才1530人，增长205%。新增7个国家标准、2个“浙江制造”团体标准。向上争取各类补助和债券资金共31亿元；国有企业市场化改革成效明显，首次发行国有公司债券10亿元，在全省率先争取到国家开发银行22亿元“生态产品价值实现”融资授信；化解隐性债务及债券还本付息超7亿元；创历史新高新增建设用地计划指标371.84公顷，位居全市第一，完成建设用地复垦69.78公顷，全省领先，盘活存量建设用地28.8公顷，完成城镇低效用地再开发19.13公顷。

（三）深化问海借力，生态工业加快转型。全面推动工业平台“二次创业”，设立全市首个“双招双引”基金，深入实施工业复兴提速战、智能制造攻坚战，实现规上工业增加值34.4亿元、增长4.2%，新兴产业增加值、高新技术产业增加值增幅分别居全市第一、第二，分区共竞（第二档）考核

排名第一。建成金属制品产业创新服务综合体，金属制品产业集群公共服务平台获评省级优秀，金属制品特色产业基地列入国家火炬特色产业基地名单；入围省级小微企业园建设提升重点县，化工园区通过省级评定，工业园区获评全国首批绿色产业示范基地。招引生态工业项目25个，合同投资额54亿元，2020年落地项目20个；汇金环保、平昌矿业三期等11个重大工业项目竣工，圣邦精密制造、鸿业建材等10个重大项目开工；实施数字化工厂项目8个、云化工业App项目4个。遂昌—诸暨山海协作产业园企业孵化中心竣工，已入驻企业10家。建立全市首个上海“科创飞地”和“人才飞地”，建成南湖“消薄飞地”和诸暨“产业飞地”一期。签约总部经济项目20个，新增规上企业14家；培育“专精特新”企业20家、专精特新“小巨人”企业1家、省级单项冠军企业2家；整治“低散乱”30家，淘汰落后产能5家，荣获淘汰落后产能和“腾笼换鸟”工作省级先进。

（四）突出进退并举，乡村振兴扎实推进。健康农业提质增效，全县实现农林牧渔业增加值12.3亿元，增长2.6%。新建“遂昌600”绿色有机农林产品基地1933公顷，实现“丽水山耕”农产品销售额11.6亿元。“遂昌龙谷茶”“遂昌土蜂蜜”通过国家地理标志认证，获评国家电子商务进农村综合示范县，入选全国农药减量增效试点县，培育省级农业龙头企业2家。“农产品‘触网’迸发乡村新活力”入选全省乡村振兴十大模式。美丽乡村迭代升级，发布《未来乡村建设导则》，大力推进3个未来乡村、4个精品示范村、5个“山海协作”乡村振兴示范村、17个特色精品村建设，58个新时代美丽乡村、24个花园乡村通过验收。秸秆综合利用率达95.2%。农旅融合深度推进，建成AAAA级景区镇1个、AAA级景区村2个、省级休闲乡村1个，新增乡村精品酒店2家、精品民宿3家，红星坪温泉度假酒店获评全市首个金鼎级特色文化主题饭店，遂昌健康养生之旅入围国家级休闲农业和乡村旅游精品景点线路，王村口镇入选新型城镇化标准化国家试点，“天工之城”入选全省首批山地休闲度假发展试点单位，入围全国县域旅游综合实力百强县和全省文旅产业融合试验区。在全国率先探索“个人债务重整”制度，“信用村治理”获“中国十大社会治理创新典范”。

（五）优化功能布局，城市能级阔步提升。投入城市建设资金19亿元，增长50.6%。城市路网不断完善，完成城南大道一二期、平昌路渡船头段边坡治理等项目，推进北门至月亮湾道路拓宽、龙谷路三期、吴乐畈区块市政道路等工程，开工建设后江路网二期。城市功能不断提升，古院社区入选全省“未来社区”试点，完成市政供水管网延伸、火车站市政配套、建材市场等项目，新增公共停车位425个、公交站点5个，加快推进飞鹤家园、市民服务中心、二都街大桥、天然气小区入户等项目，开工建设源口社区中心，古院梅溪、金岸区块安置房和后江立体停车场等项目，征收南街、古院后江区块房屋23万平方米。城市环境持续改善，建成荷花滩公园、鼓山公园、瓯江支流绿道主线等项目；强力推进环境综合整治专项行动，较好完成第二轮中央环保督察信访交办件整改工作，石材园区整治和管控提效明显，上江、大桥、二都街等重点区域整治到位；完成上江区块雨污分流、3个小区零直排和污水处理厂提标改造等项目，垃圾焚烧发电一体化项目点火测试，建成省级高标准垃圾分类示范小区1个、示范单位20个，城区生活垃圾无害化处理率达100%；跻身中国净水百佳县市，居全国第四、全省第一。

（六）坚持优质均衡，民生事业协调发展。完成云峰中心学校扩建，梅溪幼儿园投入使用，遂昌三中和实验小学迁建顺利推进，义务教育质量监测成绩全市前列。加快推进人民医院迁建，完成妙高中心卫生院改扩建工程，统筹推进“三大省级改革试点”，建立浙大二院全科与健康管理中心遂昌分中心，中医院与浙大邵逸夫医院开展合作共建，县域和基层就诊率实现双提升；基本医疗保险参保率达99.6%，“浙丽保”参保率全市第一，资助参保率和医疗救助落实率100%。举办线上“班春劝农”典礼，承办中国（浙江）首届畲族文化创意产品设计展演和2020浙江省生态运动会。全面打赢脱贫攻坚战，全县低收入农户人均可支配收入12673元，增长17.7%，居全市第一、全省26个山区县第二。扎实推进村集体经济巩固提升，有152个行政村实现总收入20万元且经营性收入10万元以上。全力推进“大搬快聚富民安居”工程和危旧房改造，搬迁农户4338人，改造危旧房666户。建成34个农村饮用水项目，受益人口3.8万人。开工建设殡仪馆和公墓迁建工程、北界和黄沙腰中心敬老院迁建工程。建成儿童之家9家、乡镇级居家养老服务照料中心6家。发放各类残疾人补贴1830.5万元。

各位代表！2020年主要目标任务的完成，标志着“十三五”发展胜利收官。五年来，我们毫不放松加强政治建设，深入学习贯彻习近平新时代中国特色社会主义思想，在上级党委政府和县委的正确领导下，在县人大和县政协的监督支持下，奋力开辟“绿水青山就是金山银山”新境界，经济社会发展取得一系列新成就，地区生产总值从86.24亿元增长至130.81亿元，年均增长7.4%，一般公共预算收入从7.1亿元增加到11.4亿元，年均增长9.9%，城乡居民收入分别从33997元、14196元提高到50425元、22264元，年均分别增长8.2%、9.4%。

五年来，我们坚持高质量绿色发展，综合实力不断增强。农林牧渔业增加值年均增长3.3%，旅游综合收入增至127.3亿元，新增规上企业61家，培育亿元企业16家，规模以上工业增加值从23.3亿元增至34.4亿元，高新技术产业增加值占比提高到25.5%，三次产业结构调整为9.3∶35.8∶54.9。列入省级可持续发展创新示范区建设单位、全省县域高质量发展十大优秀案例，连续两年获评全国绿色发展百强县。

五年来，我们坚持高品质城乡建设，区域发展更加协调。累计投入城市建设资金72.6亿元，城市更新和东城产城融合加速推进，未来都市区拉开框架。完成棚户区改造2331户27.9万平方米，新增城市道路53.3千米、城市绿地55.7公顷，城市建成区拓展至14平方千米；累计投入11.8亿元，建成27个异地安置小区，搬迁群众13033人，常住人口城镇化率预计55%；累计投入交通项目建设资金44.8亿元，建成省道30.8千米、农村联网公路63.4千米，完成国道、省道和“四好农村路”修缮661.2千米。获评省级小城镇环境综合整治优秀县，创成全市首个省级美丽乡村示范县、全省首批全域旅游示范县，入选第一批部省共建乡村振兴先行创建县。

五年来，我们坚持高标准环境治理，生态文明成效显著。坚决打好污染防治攻坚战，深化“五水共治”，创成3条省级美丽河道，各交界断面、饮用水源地水质达标率100%；全县森林覆盖率提升到83.59%，PM2.5年均浓度降至21微克/立方米，空气优良率100%，危废无害化处置率100%；坚持不懈推进主城区、东城新区、仙侠湖等重点区域环境综合整治，高质量推进中央生态环保督察问题整改。连续三年获美丽浙江建设考核优胜县，两次夺得“大禹鼎”，创成国家生态文明建设示范县。

五年来，我们坚持高起点改革创新，发展优势逐步彰显。以系统集成、协同高效改革破题，全面推动各领域改革落地见效。大力推进“标准地”“无差别受理”“全域一证通办”等改革，扎实开展35项“一件事”协同高效办理，353个高频事项实现部门间“最多跑一次”，2498项政务服务事项网上办理，企业投资项目全流程审批“最多80天”，在全市率先建成产业政策网上兑现平台，创新出台健康农业、生态工业、现代服务业、人才招引政策，入选中国营商环境百强示范县。完成政府系统机构改革，深化工业园区体制机制调整和国有企业市场化改革，政府效能和国企活力显著增强。全力推进生态产品价值转化，建立全市首个亿元生态价值转化基金，完成全国首笔公共机构会议碳中和交易，入选全省首批大花园示范县建设单位和GEP核算试点县。

五年来，我们坚持高水平全面小康，民生福祉加快提升。持续加大民生事业投入，完成民生支出162.6亿元，年均增长11%。加快教育现代化建设步伐，累计投入40.6亿元，新建学校9所，新增各类学位4170个，创成国家级农村职成教示范县、省教育基本现代化县，等级幼儿园覆盖率100%。全面深化综合医改，持续推进县域医共体建设，医疗卫生健康服务体系不断健全；“双下沉、两提升”深入推进，区域医学共享中心覆盖率100%，创成国家卫生县城，实现省级卫生乡镇全覆盖。持续打响文化品牌，“班春劝农”入选联合国教科文组织非遗名录，汤显祖文化“走出去”列入全省对外开放重大举措，建成132家农村文化礼堂，城市文化综合体投入使用，人均体育场地面积2.7平方米。社会保障水平持续提升，农村低保提高到850元/月；基本实现日间养老照料中心服务全覆盖，累计发放残疾人各类补贴7356万元；新增城镇就业1.3万人，城镇登记失业率控制在3%以内；全县村集体经济总收入达9937万元，年均增长14.2%；不断加大扶贫投入，低收入农户人均可支配收入年均增长17.5%；基本实现城乡同质饮水；累计投入7626万元，改造危旧房5799户。扫黑除恶专项斗争取得显著成效，全省首创“一格一警”工作模式，全县社会治安持续好转，平安综合满意度全省第一，各类安全生产事故逐年递减，成功夺取全省首批一星平安金鼎。

五年来，我们聚焦“两强三提高”，全面加强经济发展、市场监管、社会管理、公共服务、生态环境保护，全方位提升政府治理能力。持续推进依法行政，不断完善政府权力清单和责任清单，2020年度法治政府建设考核全市第二，获评法治浙江建设先进单位；自觉接受各方监督，共向县人大报备规范性文件227件，办理人大建议787件、政协提案656件。坚持“整体智治”理念，创新用好天工智能化管理平台，加快推进政府数字化转型，以横向协调、上下贯通、层层落实、闭环管理的责任链条，系统化抓落实、创造性破难题，推动政府治理由“事后管理、多头管理”向“过程治理、协同治理”转变。坚决落实全面从严治党和意识形态工作主体责任，严格执行中央八项规定精神及其实施细则，大力压减非刚性、非重点项目支出，三公经费年均下降10.4%。

各位代表，“十三五”发展成绩来之不易，这是上级党委、政府和县委坚强领导的结果，是全县人民奋力拼搏的结果，是县人大、县政协和社会各界鼎力支持的结果。在此，我代表县人民政府，向奋斗在各领域的广大干部群众、人大代表、政协委员、驻遂部队、民主党派、工商联、人民团体、社会各界人士、在遂昌投资者和建设者，以及所有关心支持遂昌发展的朋友们，表示衷心的感谢和崇高的敬意！

在总结成绩的同时，我们也清醒认识到存在的问题和困难，主要是：缺乏具有区域竞争力的特色产业集群，产业链不完善，传统产业数字化、智能化改造步伐不快，新兴产业、高新技术产业占比不高；项目审批、落地、建设仍需加快，大项目、好项目依然较少，县域经济发展动能仍然不足；个别“十三五”规划指标未能达到预期；新型城镇化发展水平不高，城乡建设存在不少短板，县城集聚功能和辐射带动效应还不够强，乡村差序化发展进程偏慢，城镇化率提升不快；重大交通基础设施建设相对滞后，教育、医疗、养老、文化等基本公共服务与群众期盼仍有差距；干部专业化抓执行、抓推进、抓落实能力不强，少数政府工作人员的服务意识、责任意识、担当意识不够。对于这些问题，我们将高度重视，采取有效措施切实加以解决。

二、“十四五”时期的奋斗目标和主要任务

“十四五”时期是遂昌县实现“换道超越”的关键期，也是遂昌县发展处于大有可为、大有作为的战略机遇期。根据中共遂昌县委《关于制定遂昌县国民经济和社会发展第十四个五年规划和二〇三五年远景目标的建议》，县政府编制了《遂昌县国民经济和社会发展第十四个五年规划和二〇三五年远景目标纲要》，提请大会审议。经本次大会批准后，县政府将认真组织实施。

“十四五”发展的指导思想是：高举习近平新时代中国特色社会主义思想伟大旗帜，深入贯彻党的十九大和十九届二中、三中、四中、五中全会精神，统筹推进“五位一体”总体布局，协调推进“四个全面”战略布局，围绕忠实践行“八八战略”和奋力打造“重要窗口”主题主线，坚定不移走创新

实践“绿水青山就是金山银山”理念发展道路，聚焦迈向全省26县第一梯队、全市第一阵营目标，以“浙西南革命精神”注魂赋能立根，坚持产业、城市、乡村、文化、社会“五个转型”发展路径，深入推进“一城五区”生产力布局，接续实施“八大战役”，打造山区县跨越式发展“重要窗口”，努力成为“山区人民的美好家园、全省人民的向往之地”，奋力开启高水平全面建设社会主义现代化的新征程。

“十四五”时期遂昌县经济社会发展主要预期目标为：在高质量发展前提下实现适度的高速度增长，到2025年，地区生产总值、人均生产总值分别达到200亿元左右和10万元左右；实现GDP（生产总值）和GEP（生态系统生产总值）“两个较快增长”，生态产品价值实现率48%以上；全社会研发经费支出占生产总值比重达到2.8%，数字经济增加值占GDP比重达到50%；城乡居民收入年均增长7.2%和10%，收入倍差缩小到2倍以内；常住人口城镇化率达到70%；人均预期寿命达到81.5岁。努力推动综合实力实现新跃迁、换道超越展现新动力、城乡统筹迈上新台阶、生态文明步入新阶段、县域治理取得新成效、民生福祉达到新水平，为2035年基本实现生产总值、人均生产总值、居民人均可支配收入比2025年翻一番，与全省、全市同步基本实现高水平现代化打下坚实基础。

实现上述目标，我们必须牢固树立“没有加快发展也是一种风险，没有追求实现跨越式发展的意识、决心和胆略更是极端危险”理念，继续保持战略定力，坚持系统观念、开放意识、创新思维、前瞻理念和求是精神，深入贯彻新发展理念，探索构建新发展格局，秉持跨越性思维，系统谋划事关遂昌长远发展的空间、平台、动能和路径。

（一）聚焦数字经济，培育换道超越新引擎。建成“天工之城·数字绿谷”。按照“一年见变化、三年大变样、五年成典范”发展目标，坚持市场化导向，深化与阿里云、网易、海康威视等数字经济头部企业战略合作，大力引聚数字经济人才团队、创客群体、中小微创新企业，积极构建“生态+文化+数字+”相互促进的数字生态产业体系，加快培育软件开发、数字应用、数字服务产业，打造绿色创新第二空间、数字人才培训工场、山地休闲向往之地。

加快实现产业数字化转型。主动参与浙西南科创中心建设，积极构建“2+3+1”协同创新体系，大力推动数字经济促进生态产品价值转化，探索山区县最美生态、绿色科技、数字经济、向往生活深度融合的跨越式发展新路径。力争到2025年，引进数字经济项目50个，培育数字经济规模以上企业12家以上，高企研发中心、企业研究院、企业技术中心、重点实验室等研发机构20家。

全面布局数字经济新基建。加快人工智能、云计算、物联网等新技术基础设施建设，以“基建+场景”一体化推进新技术融合创新应用。深入实施三网融合，推进城乡宽带网络升级提速，加快城市服务智能感知和传统公共基础设施数字化、网络化和智能化改造。2025年实现5G网络行政村全覆盖。

（二）践行“两山”理念，打造生态文明新优势。严守生态安全底线。严格落实“三线一单”要求，统筹山水林田湖生态系统保护和修复，持续打好污染防治攻坚战，推进全域土地综合整治，实施九龙山国家级自然保护区扩面工程，全面提升水环境、空气和土壤质量。到2025年，各交界断面、饮用水源地水质保持100%达标，PM 2.5年均浓度降至每立方米18微克以下，空气质量指数优良率达100%，创成“无废城市”，生态环境质量保持全国前列。

提升生态文明魅力。深度参与衢丽花园城市群建设，创成一批大花园“耀眼明珠”，有机贯通美丽乡村、美丽城镇和美丽县城；创新生态文明制度建设，加强生态文化保护传承，提高全社会生态文明素养；深入开展生态文明示范创建，打造高水平生态文明建设样板区和最佳实践地，建成诗画浙江大花园最美核心区县级样板。

加快生态价值转化。大力推进生态经济化、经济生态化，打造具有鲜明遂昌辨识度“八个一”标志性发展成果；全面拓展生态产品价值市场化、产业化实现路径，推进碳汇资源价值转化，全域开展

GEP 核算评估，培育生态产品交易市场；运行“两山银行”，充分利用“两山基金”，鼓励和引导社会资本投入绿色生态产业，建设一批引领性、标杆性生态价值转化项目。争创中国碳中和先行示范县。

（三）厚植跃升动能，构建生态产业新体系。聚力发展高精尖生态工业。全面构建现代生态工业体系，以“集群化、绿色化、数字化、现代化”为方向，全力引育高端装备制造、新材料、生命健康等新兴产业。加快工业平台“二次创业”，建设国家绿色产业示范基地，全面深化生态工业智能化改造，新建小微企业园 6 个以上，每年盘活存量和新增工业用地 1000 亩以上。到 2025 年基本形成“一区三片”发展新格局，形成金属制品 200 亿级、新材料及生命健康 100 亿级产业集群，高新技术企业达到 50 家以上， 产业平台产能规模实现翻番，迈向全市生态工业发展第一阵营。

提质发展高效益现代农业。以数字农业为导向大力实施乡村产业“十业万亿”培育工程，推动农业规模化、数字化、品牌化发展，乡村产业数字化实现度达到 80%。大力提升农产品精深加工水平，新增省级农业龙头企业 5 家；加快实施农业“机器换人”，加大“遂昌龙谷”“遂蜜 1766”“遂昌牡丹亭”等县域品牌培育力度，布局一批乡村产业示范带、山地精品农业示范园，打造“康养 600”小镇和高能级农业科创平台，探索山地现代农业发展，争创全国农村一、二、三产融合发展先导区。

转型发展高品位全域旅游。主动融入浙西南生态旅游带、“瓯江山水”诗路文化带建设，聚焦研学、旅居、团建、会议四大精品游，全面打造旅游业发展升级版。培育体验式、参与性、场景化旅游新业态，建成综合性农旅融合示范区，建立全域覆盖、业态丰富、配套完善的户外运动产业体系，形成集运动体验、体育竞技、保健康复等一体化的体旅融合新模式，建设长三角户外休闲运动目的地。

（四）畅通循环路径，深度融入发展新格局。构建交通路网新格局。以前瞻眼光谋划重大交通项目，完成百亿交通基础设施投资，高等级公路占比接近 20%。优先发展对外综合交通，开工建设衢丽铁路衢松段，加快推进义金龙城际铁路、缙云至江山高速、义龙高速、通用机场等项目前期，建成 528 国道、遂江线等重大交通项目，加速城乡客运一体化步伐，加快融入杭州“一小时交通圈”，努力实现与杭同城。

构建城乡融合新格局。围绕“千年古城未来社区”定位，投入城市建设资金 150 亿元，精细化确立城市空间框架、品质化完善城市服务功能、智慧化提升城市管理水平，带动城市经济集束增长。以山区特色的新型城镇化之路牵引乡村全面振兴，突出“大搬快聚”和“两进两回”两条主线，加快推进乡村差序发展、补齐农村领域突出短板；以可持续发展为导向，高品质打造“未来村庄”，高质量建设“四好农村路”，全面加快城乡融合发展。

构建区域合作新格局。加快融入长三角一体化发展和海西经济区建设，全方位深化与上海合作交流，全面实现与杭州数字经济、金义商贸物流等产业联动；持续深化与诸暨、南湖、象山等地“山海协作”，探索联合招商、共同开发、利税共享等机制，积极对接大湾区等高能级平台，高质量共建以先进制造业为主的“产业飞地”，高水平建设遂松乡村振兴示范区，打造“大循环+双循环”的山区经济发展典范。

（五）紧盯民生需求，创造共同富裕新生活。打响“学在遂昌”品牌。进一步提升优质教育资源覆盖面，加快现代化学校建设，大力发展“互联网+”教育，积极推进集团化办学，建设城乡教育共同体，高质量打造未来社区教育场景；推动普通高中高质高效、职业教育产教融合，不断完善终身学习和继续教育服务体系。创成全国义务教育优质均衡发展县、学前教育优质普惠县。

加快建设健康遂昌。深化县域医共体建设，打造“双下沉两提升”升级版，有效扩容优质医疗资源；推动公立医院转型升级，加快县级强院和乡镇卫生院标准化建设；推进中医药传承创新发展，优化家庭医生签约服务，千人执业医师数 4.3 人；健全应急管理机制和服务网络，提升公共卫生综合保障水平；完善食品安全风险分析框架体系，实现食源性疾病监测、学校“阳光厨房”和智慧餐饮建设全覆盖。

大力发展文体事业。推进汤显祖文化资源转化和文化体育产业体系建设，深化汤莎文化交流，打造地方参与国际人文交流样板；加快传承活化传统文化，实施文化遗址、传统村落、非物质文化遗产保护利用工程；构建便捷惠民的公共文化体育设施网络，建成博物馆、非遗馆、城市书房、体育小康村等一批惠民工程。到2025年，人均体育场地面积达到2.9平方米，实现文化产业增加值10亿元。

持续提升保障水平。逐年提高最低生活保障标准，健全“1+8+X”大救助体系；落实新一轮养老服务设施布局规划，全面改造农村中心敬老院，实现乡镇级居家养老服务中心全覆盖；加强职业技能和实用技术培训，精准帮扶低收入农户就业，实现零就业家庭动态清零；落实全民医保待遇，提升大病保险、慢病报销、医疗救助水平；健全返贫监测帮扶机制，持续壮大村集体经济。

深入创新社会治理。完善“个人债务重整”制度，加快信用体系建设，全面打响“信用遂昌”品牌，创成首批“省级信用县”。推进数字化应急管理体系建设，构建平战一体、全域多维大数据应急管理体制。充分发挥行政、司法、仲裁、人民调解联动作用，健全多元化社会矛盾纠纷化解机制。推动基层组织和城乡社区建设，实施社区建设高质量发展三年行动计划。加强平安遂昌建设，防范化解金融风险；健全公共安全体系，推进扫黑除恶常态化，强化安全生产管理，确保社会总体和谐稳定。

三、2021年主要工作

2021年是建党100周年和“十四五”规划开局之年，做好今年政府各项工作，对于“十四五”发展意义重大。根据县委经济工作会议精神，建议2021年全县经济社会发展主要预期目标为：地区生产总值增长8.5%以上；规上工业、服务业增加值分别增长12%以上和8%以上；全社会研发经费支出占生产总值比重达到1.7%；一般公共预算收入增长8.5%以上，城乡居民收入与经济增长基本同步；各项约束性指标达到国家要求。

为实现上述目标，我们要重点抓好以下六方面工作：

（一）以全域联动为抓手，常态化坚守疫情防控底线。按照“依法、科学、精准”原则，全面压实属地、部门、单位、个人四方责任。深化运用“源头查控+硬核隔离+精密智控”机制，坚决守好“小门”，拧紧安全之阀；突出工作强链，构建全面系统、科学完善的组织架构、政策体系、工作标准和评价体系；突出传播断链，坚持“人、物、地、活动”并防，严格落实健康管理、冷链物防、物资储备、疫苗接种、防控宣传措施；突出协同联动，建立健全社会预警体系和联防联控机制，扎实补齐农村疫情防控短板，加强基层传染病诊室建设，提高“哨点”能力；突出三级网格分片包干，深入开展爱国卫生运动，继续交出疫情防控高分报表。

（二）以创新赋能为引领，集约化推进重大项目建设。聚力“天工之城”建设。完成环湖绿道、会展中心、西山驿主体工程、温泉水厂等项目；建成无人机巡查智慧系统；实施污水处理厂、牌坊门市政道路、湖山老街改造、仙侠湖码头、金竹溪库尾综合整治等工程；开工Holovis数字文创中心、晶盛机电研发培训中心、白坛下精品温泉度假酒店等项目。阿里云创中心和网易联创中心投入运营。筹建海康威视联合创新实验室、千寻位置技术成果转化中心。

提升科技赋能水平。举办阿里云天池大赛、开源产业论坛、湖山论剑等系列活动。发挥金属制品产业创新服务综合体作用，引入武汉大学金属制品研究中心。推进知识产权金融创新和一站式服务试点。继续打造“众创空间、孵化器、加速器、产业园”孵化链条，省级孵化器入驻企业20家以上，新增国家高新技术企业6家、高企研发中心2家、省科技型中小企业19家，完成县校合作项目25个以上，实现高新技术产业增加值9.5亿元。

强力推进项目攻坚。全年安排项目307个、计划投资86.5亿元，其中，城市建设16.5亿元、交通8.1亿元、水利3.3亿元、文旅教育10.2亿元、工业基础设施16.2亿元；实施重点项目43个、年度计划投资33.5亿元。推进528国道、遂江线、清水源水库、乌溪江周公源湖山源治理等项目，完成大桥至洋浩公路、外庄至高碧街道路等项目，力争开工衢丽铁路衢松段，确保义龙高速、215省道、311省道等重大项目前期取得实质性进展，开展全域土地综合整治，推进抽水蓄能、成屏二级水库扩容项目前期。确保固定资产投资增长10%以上，民间投资和制造业投资分别增长12%、16%以上。

（三）以“双招双引”为航向，专业化推动平台二次创业。拓宽工业复兴新路径。开展“双招双引”大会战，精准绘制思维导图，用好“双招双引”基金实行“补链、强链、延链”招商，打造“基金+项目+园区”一体化生态链。坚持“一把手”招商，大力培养专业化招商队伍，持续推进中介招商、推介招商、以商招商，有效扩大税源渠道。打造“山海协作”升级版，研究出台“人才飞地”政策，发挥“天工之城•数字绿谷”和上海“飞地”等平台窗口作用，加快创新成果转化落地。全年完成招商引资100亿元以上，力争亿元以上项目18个，其中20亿元以上项目1个、10亿元以上项目2个，完成“绿谷精英”项目4个，新引进各类人才1500人。

激发园区创业新活力。围绕“产城融合、宜居宜业”目标，推进工业复兴提速战三年行动和开发区提质扩能，创成省级经济开发区。推进化工园区优化升级，提升精细化工研发平台创新能力。实施智慧园区建设，打造数字化示范小微企业园。启动滨水城市客厅建设，建成渡客公寓。大力推进低效用地再开发，重点整合上江、大桥、毛田等老园区企业，破解用地指标短缺、发展空间受限等难题。

迈出产业转型新步伐。以数字化赋能产业整合提升，深化实施传统制造业改造提升2.0版，推进生态工业智能化改造三年攻坚战，推广“互联网+”“机器人+”等专项行动，开展第二批试点企业申报数字化工厂、云化工业App试点，完成机器换人30台，创成省、市级企业技术中心各2家。深化“亩均论英雄”改革，规上工业亩均增加值和税收分别达到90万元、20万元。推进精细化工、铸造行业专项整治提升，完成“低散乱”整治30家、清洁生产验收15家。深入实施“雄鹰行动”“凤凰行动”“雏鹰行动”，培育隐形冠军企业2家、专精特新企业20家、专精特新“小巨人”企业1家，新增规模以上企业12家以上、亿元企业6家。

（四）以能级提升为主线，组团化加快城市扩容提质。着力重塑老城形象。开展国土空间总体规划编制，完成三溪口、西门和南街安置区块修建性详细规划；完成南街城市更新区块房屋拆除、市政路网及配套工程项目前期，推进乌溪江小区、青云小区等5个老旧小区改造提升，推进太和路、平昌路等14条道路改造，完成南溪、龙谷路、鼓山公园等城市“微改造”项目，加快三溪口区块建设，开工建设原教师进修学校区块和龙谷路三期安置房、腾龙区块道路等项目，启动新区块城市更新年度计划。

大力推进新城建设。推进“五大组团”协同发展，完成后江公园、立体停车场、未来都市区亮化等项目，推进源口、月亮湾社区中心和古院梅溪安置房、后江路网二期等项目，开工建设古院未来社区、党校迁建、后江路网三期、梅溪路网一期、吴突头至高碧街道路改造、110千伏古院变等项目。实施龙板山区块及连直线一、二期景观绿化，完成大桥至洋浩连接线和小金线改造，推进龙板山、洋浩区块市政道路建设。

持续完善城市功能。提升公共交通能力，建成智慧停车系统，新增公共停车位970个、城市道路6.2千米，新客运中心投入运营。新建天然气管道15.7千米，新增城市供水管网8千米，开展三墩桥区块综合整治、松阴溪流域综合治理等项目。垃圾分类提质扩面，实现分类覆盖面95%以上，垃圾焚烧发电一体化项目投入运营。进一步落实房地产市场调控机制和扶持建筑业持续健康发展措施。

（五）以迭代升级为牵引，差序化实施乡村振兴战略。大力发展现代农业。坚守粮食安全底线，坚决制止耕地“非农化非粮化”。高质量对标欧盟肥药管控，建立农产品质量安全追溯体系，建成“遂昌600”绿色有机农林产品基地15万公顷，加快提升茶叶、笋竹传统产业，推进遂昌长粽、杂交稻制种、番薯干、中蜂、中药材等特色产业品牌化、集约化发展。实施茶产业转型升级扶持政策，推进大柘数字茶业创业园建设。建成浙江箬叶市场和农产品电商公共服务中心，加快“互联网+”农产品出村进城、数字农业工厂建设。全年农林牧渔业增加值增长3.3%。

加快转型旅游产业。计划投资8.2亿元，推进湖山温泉养生岛、湖山香炉岗温泉、湖山赛艇俱乐部、兰台居文化园等项目；谋划大柘万亩茶园山地户外运动基地、天池酒店、文创体验村等项目；举办仙侠湖山地半程马拉松、定向运动、自行车越野等大型赛事。创成全省首批大花园示范县，全力争创国家级全域旅游示范区。

提升美丽乡村品位。推进大田村、蕉川村、湖山村“未来村庄”建设，高品质构筑“花园数字乡村”，举办乡村“活化”设计大赛，创建1条红绿融合乡村振兴示范带、48个新时代美丽乡村、23个花园乡村、1个“丽水山居”综合体示范项目。开展美丽城镇建设行动，创成1个省级样板、5个达标乡镇。擦亮洁净乡村底色，新建15个垃圾分类村、2个省级示范村、1个示范乡镇，农村生活垃圾分类覆盖率95%以上。开展乱占耕地建房整治行动，扎实推进厕所革命，高水平提升人居环境。

*（六）以共建共享为遵循，多元化丰富民生服务供给。*加大社会事业投入。实施教育提质行动，启动全省“数据驱动教育教学改进”试点，实施初高中一体化办学改革，建设腾龙小学、后江幼儿园，完成实验小学和遂昌三中迁建工程。全面推进健康遂昌建设，加快人民医院迁建，健全医共体协同发展和资源共享模式；进一步完善“省属县用”卫生人才试点长效机制，深化中医院与浙大邵逸夫医院合作共建，深入实施“三医联动”“六医统筹”等省级改革试点；成立浙西南精准医学基因研究转化应用中心。推进城市社区规模优化调整，加快社区中心建设，提升社区服务功能。深入实施文化基因解码工程，推进文明实践平台和智慧文化礼堂提质扩面，提升改造全民健身中心，开工遂昌博物馆；办好汤显祖文化系列活动，落实“一周一活动、一月一赛事”，进一步推动文体活动蓬勃开展。

提升民生保障水平。“大搬快聚富民安居”工程致力应搬尽搬，加快腾龙三期和云峰古亭小区建设，谋划推出新安置地块，全年签约搬迁7000人以上。巩固脱贫攻坚成果，低收入农户人均可支配收入增长15%以上。进一步发展壮大县、乡两级强村公司，提升消薄项目收益水平，确保总收入20万元且经营性收入超过10万元的行政村占比达90%。提升3个乡镇集中供水工程，改善3.3万人饮水条件。扎实推进殡仪馆和公墓、北界和黄沙腰中心敬老院迁建工程，新建乡镇级居家养老服务中心4家、“儿童之家”6家。提高最低生活保障标准，全面落实残疾人各项保障政策。落实基本医疗保险和全民健康补充医疗保险制度，深化医保支付方式、医疗服务价格和药品集中带量采购改革。全面实施70岁以上老人刷脸免费乘坐往返城乡客运班车。进一步做好外事、港澳台侨、民族宗教、人民武装、人防、档案、气象、慈善等工作。

维护社会和谐稳定。聚焦更高水平“平安遂昌”建设，进一步推进“最多跑一地”改革，强化社会矛盾纠纷调处化解中心规范化建设，继续推行信访代办制，完善人民调解、行政调解、司法调解联动工作机制。加快推进信用村建设，充分发挥村民自治、村规民约、社区公约作用，推动基层社会治理现代化。持续推进安全生产综合治理三年行动，全面加强城乡消防安全。严格落实企业食品安全主体责任，加强和创新餐饮食品安全社会管理，乡镇（街道）食安办均达三星级以上。开展“五进五促”活动，制止餐饮浪费行为。坚决做好重点时段维稳安保工作，确保经济社会发展平稳有序。

四、全面提高政府治理现代化水平

全面完成2020年和“十四五”任务，对政府工作提出了全新要求。县政府将进一步加强政治判断力、领悟力和执行力，坚决把上级党委、政府和县委决策部署落到实处，深入践行“整体智治、唯实唯先”理念，围绕“为民务实清廉”总要求，做到改革突破争先、服务提质争先、风险防控争先，不断提升治理效能，持续激发市场活力和社会创造力。

综合集成抓法治。以全国法治政府示范县创建为牵引，加强政府法治体系建设。严格落实重大行政决策法定程序，推进“大综合、一体化”行政执法改革，强化行政执法公示、执法全过程记录、重大执法决定法制审核制度，实现整体政府监管体系全覆盖和行政执法体系全闭环。构建适应山区实际的公共法律服务体系，深入推进基层合法性审查全覆盖，提升基层治理法治化水平。坚持法定职责必有为，进一步完善政府权力清单和责任清单，严格规范行政行为。自觉接受人大、政协、监察、司法和社会监督，高质量办理代表建议和委员提案。

系统闭环抓落实。紧扣指标、工作、政策、评价四大体系，颗粒化梳理、结构化配置，表格化清单式落实上级党委、政府和县委各项决策部署，多维度、多领域推动政府工作持续升级、迭代发展。树立“用钱必问效，无效必问责”理念，完善系统谋划、专班运作、比学赶超、奖优罚劣机制，倒逼政府系统强化绩效意识。以“钉钉子”“绣花匠”精神抓执行、抓推进、抓落实，持续提高政府工作绩效，确保工作干一件、成一件。

数字牵引抓改革。全面对接并落实全省数字化改革“1+5+2”工作体系，推进“县乡一体、条抓块统”改革，加快城市大脑建设，拓展天工智能化管理平台，重点推进“天工之城·数字绿谷”、数字园区、数字乡村、城市管理、未来社区五大领域应用场景建设，推进数字政府、数字经济和数字社会综合应用。推广用好“浙里办”“浙政钉”，实现一般政务服务100%“网上办”“掌上办”；深化资源要素市场化配置，推进“两进两回”城乡融合改革，构建“亲清”政商关系，打造政务和营商环境最佳县。

锲而不舍抓廉政。坚决落实全面从严治党和意识形态工作主体责任，严格落实中央八项规定精神及其实施细则，坚决防止“四风”问题反弹，及时整治群众反映强烈的突出问题。坚持政府过好紧日子，大力压减非刚性、非重点项目支出，集中财力办大事实事要事；严肃财经纪律，不断提升政府系统风险管控意识。健全正向激励、容错纠错和尽职免责等机制，倡导忠诚老实、朴实务实、扎实履职的工作作风。

各位代表，起跑决定后势，开局关系全局。让我们更加紧密地团结在以习近平同志为核心的党中央周围，在上级党委、政府和县委坚强领导下，保持奋进者姿态、激发创造性张力，以高标准的“丽水之干”推进遂昌高质量绿色发展，为奋力打造山区县跨越式发展“重要窗口”而不懈奋斗！

名词解释

六保：即保居民就业、保基本民生、保市场主体、保粮食能源安全、保产业链供应链稳定、保基层运转。

五减：即减租、减息、减税、减费、减支。

两直：新增财政资金直达市县基层、直接惠企利民，简称“两直”，是党中央统筹推进疫情防控和经济社会发展作出的重大决策部署。

众创空间：对把握互联网环境下创新创业特点和需求，通过市场化机制、专业化服务和资本化途径构建的低成本、便利化、全要素、开放式的新型创业服务平台的统称。

二次创业：2020年4月17日，丽水市生态工业发展大会指出，丽水撤地设市以来，通过工业平台“一次开发”解决了工业经济“从无到有”的基本问题，开辟了新世纪工业化发展道路。开展工业平台“二次创业”要解决的是丽水工业经济“从有到好、从好到优、从优到强”的高阶问题，为的是开辟丽水新时代生态工业高质量发展新路径，实现产业向价值链中高端跃升。

专精特新“小巨人”企业：指“专精特新”中小企业中的佼佼者，是专注于细分市场、创新能力强、市场占有率高、掌握关键核心技术、质量效益优的排头兵企业。

标准地：指在城镇开发边界内具备供地条件的

区域，对新建工业项目先行完成区域评价、先行设定控制指标，实现项目动工开发所必需的通水、通电、通路、土地平整等基本条件的可出让的国有建设用地。

GEP核算：即生态系统生产总值，旨在建立一套与国内生产总值（GDP）相对应、能够衡量生态良好的统计与核算体系。

县域医共体：即县域医疗服务共同体，是指以县级医院为龙头，整合县乡医疗卫生资源，实施集团化运营管理。

三大省级改革试点：指医疗卫生人才“省属县用”试点、“三医联动、六医统筹”集成改革试点、高血压糖尿病全周期健康管理推进分级诊疗改革试点。

重要窗口：习近平总书记赋予浙江“努力成为新时代全面展示中国特色社会主义制度优越性的重要窗口”新目标、新定位。

五位一体：经济建设、政治建设、文化建设、社会建设、生态文明建设。

四个全面：全面建设社会主义现代化国家、全面深化改革、全面依法治国、全面从严治党。

八八战略：进一步发挥八个方面的优势、推进八个方面的举措。

五个转型：以科技创新赋能产业转型、以人才集聚赋能城市转型、以差序发展赋能乡村转型、以红绿融合赋能文化转型、以现代治理赋能社会转型。

一城五区：天工之城、未来都市区、有机更新区、生态工业区、红绿融合区、乡村富民区。

八大战役：即工业复兴提速战、科技赋能突破战、大搬快聚攻坚战、城市更新大会战、乡村振兴特色战、招商引智精准战、生态提质持久战、交通建设阵地战。

“2+3+1”协同创新体系：“两中心”即上海创新中心、杭州丽水数字大厦；“三基地”即嘉兴科技城、诸暨经济开发区两个“飞地”产业园和遂昌诸暨“山海协作”产业园；“一平台”即以“天工之城”为核心的丽水(遂昌)创新平台。

三网融合：指电信网、广播电视网和计算机通信网的相互渗透、互相兼容、并逐步整合成为全世界统一的信息通信网络。

三线一单：生态保护红线、环境质量底线、资源利用上线和生态环境准入清单，是推进生态环境保护精细化管理、强化国土空间环境管控、推进绿色发展高质量发展的一项重要工作。

两山银行：并非真正意义上的银行，而是借鉴银行分散式输入、集中式输出模式，把碎片化的生态资源进行规模化的收储、专业化的整合、市场化的运作，把生态资源转化为优质的资产包，从而实现“两山”正规优质高效的转化。

双循环：中共中央政治局常委会会议提出要“深化供给侧结构性改革，充分发挥我国超大规模市场优势和内需潜力，构建国内国际双循环相互促进的新发展格局”。习近平总书记多次强调要“逐步形成以国内大循环为主体、国内国际双循环相互促进的新发展格局”。

无废城市：是以新发展理念为引领，通过推动形成绿色发展方式和生活方式，持续推进固体废物源头减量和资源化利用，最大限度减少填埋量，将固体废物环境影响降至最低的城市发展模式，也是一种先进的城市管理理念。

双下沉、两提升：双下沉是指人才下沉、资源下沉，两提升是指服务能力提升、服务效率提升。

八个一：一谷（天工之城—数字绿谷）、一园（“山海协作”产业园）、一城（当代山水城市典范）、一村（花园数字乡村）、一山（江南秘境九龙山）、一地（牡丹亭原创圣地）、一路（衢丽铁路）、一带（健康休闲产业带）。

十业万亿：通过十业（做实现代种植业、做强现代养殖业、拓展农产品加工业、振兴乡土特色产业、优化乡村商贸流通业、壮大农资农机产业、做精乡村休闲旅游业、加快发展乡村信息产业、加快发展综合服务业、提升乡村资源环保产业），到2022年底，全省农业增加值年增长率达到2%左右，乡村产业总产值达到2.1万亿元。

一区三片：一区指遂昌经济开发区；三片指城东片新兴产业引领区、城西片传统产业提升区、石练片三产融合试验区。

“1+8+X”大救助体系：“1”就是按智慧救助的要求，建好用好省社会救助信息平台；“8”就是低保、特困、受灾、医疗、教育、住房、就业、临时救助等基本救助；“X”为多元社会力量参与。

孵化器：在企业创办初期提供资金、管理等便利，旨在对高新技术成果、科技型企业和创业企业进行孵化，以推动合作和交流，使企业“做大”的机构。

双招双引：指招商引资、招才引智。

三医联动：指深化“医疗、医保、医药”联动改革。

省属县用：指省级编制部门核准一定的专用编制给省级医院，根据县级医疗卫生服务需求，省级医院派出中、高级卫生专技专家至县级医院，实现“编制在省里、工作在县里”。省属县用是浙江省“双下沉、两提升”的创新举措。

两进两回：指科技进乡村、资金进乡村和青年回农村、乡贤回农村。

五进五促：“进机关、进行业、进村镇、进校园、进家庭”，“促文明新风、促放心消费、促规范提升、促粮食节约、促厨余垃圾管理”。

整体智治：是指依托数字技术的精细化需求识别、整体性处理、统一性产出和有效性回应的公共治理体系。含三个关键元素：政府数字化转型、整体化的治理实践、精准高效的需求回应。

县乡一体、条抓块统：全省以党建为统领，以数字化转型为动力，着重从机构职能体系、干部力量体系的供给侧发力，运用矩阵式管理方式，通过加载属地管理、整体智治、综合指挥、村社赋能等措施，把条的专业性管理和块的综合性治理集合集成起来的基层管理新模式。

“1+5+2”工作体系：“1”一体化智能化公共数据平台；“5”党政机关整体智治、数字政府、数字经济、数字社会、数字法治，“2”即数字化改革的理论体系和制度规范体系。

政协遂昌县常委会工作报告

——在政协第九届遂昌县委员会第五次会议上

遂昌县政协主席　华治武

（2021年2月27日）

各位委员、同志们：

我代表政协第九届遂昌县委员会常务委员会向大会报告工作，请各位委员审议，请会议列席人员提出意见。

一、2020年工作回顾

2020年，是高水平全面建成小康社会和“十三五”规划收官之年，更是极不平凡的一年。面对突如其来的新冠肺炎疫情和严峻复杂形势，县委团结带领全县人民，凝心聚力、攻坚克难，疫情常态化防控取得重大胜利，“十三五”规划总体完成，发展新动能加速形成，为“十四五”山区县跨越式发展奠定了坚实基础。一年来，县政协常委会贯彻落实县委重大决策部署，突出重点，体现特点，在特殊年份展现了特殊作为，主要体现在三个方面。

*（一）高举旗帜，同心向党，政治立场更加坚定。*县政协常委会始终将提高政治站位放在各项工作首位，持之以恒自觉加强。

自觉接受县委的领导，加强政协系统党的建设。坚持在县委领导下履行职能，凡是县委召开的重要会议、作出的重大决策部署，县政协都在第一时间组织学习，认真贯彻落实。坚持重大问题向县委请示，重要工作、重要活动向县委报告。认真履行党组职责，发挥好把方向、管大局、保落实的领导作用，带领政协机关党组、机关党支部、各专委会工作支部，严格落实“三会一课”、民主生活会、组织生活会、谈心谈话等要求，确保党内生活规范化、制度化、经常化。

健全常态化的学习机制，夯实共同思想政治根基。始终把思想政治建设摆在首位，深入学习宣传贯彻党的十九届五中全会精神、习近平总书记考察浙江重要讲话精神等，驰而不息地用习近平新时代中国特色社会主义思想武装头脑，不断夯实团结奋斗的共同思想政治基础。邀请县纪委监委领导作党风廉政建设专题辅导，邀请县委宣传部领导作意识形态专题辅导。认真开展“我眼中的新遂昌”解放思想大讨论，邀请活动讲师团多位成员作专题宣讲，完成了具有政协特色的“十个一”活动。全年组织专题学习20余场次。聚焦“绿水青山就是金山银山”理念提出15周年，举办县政协读书会，推动政协委员担当使命、深入践行。

*（二）发挥优势，全力以赴，助力大考更显担当。*县政协常委会带领政协系统积极投身抗疫斗争，以自觉的责任担当、务实的工作作风、有力的防控举措，坚持奋战在疫情防控一线。

积极行动，展示政协作为。第一时间发出倡议，引导政协委员在各自岗位、所在界别为战疫发挥主力军作用。政协主席会议成员深入联系乡镇（街道）、村、企业指督导防疫工作。政协机关干部当好多家企业“跑小二”，驻企服务，听取意见，助力纾困，指导企业疫情防控和复工复产。开展“助力‘两战’遂昌政协喊你来答题！”线上活动，宣传防疫知识。引导发动政协委员参与无偿献血、捐款捐物、文艺创作等活动。

献智出力，精准助力助推。密切关注疫情防控形势动态，组织反映“战疫”类社情民意信息40多篇，内容涉及开展隔离人员心理健康教育、外卖卫生管理、企业复工复产、学生网课、医护人才储备等多方面，为党委、政府决策提供了重要借鉴。应对疫情所带来的产业链供应链“寒冬”，举办了“请你来协商·打赢工业复兴战 再创遂昌新辉煌”政协论坛，围绕疫情对工业经济带来的冲击，从产业体系、平台提升、招商引智、科技赋能、营商环境等方面建言，助推企业提振发展信心，发出了一手抓疫情防控、一手抓复工复产的最强音，系列调研报告获评丽水市政协系统2020年度优秀论文和调研成果一等奖，活动新闻报道《遂昌县委书记点赞“请你来协商”：好平台！》一文登上全国政协“政能量”榜。

（三）立足定位，创新发力，协商议政更加有效。县政协常委会充分发挥专门协商机构作用，建真言、谋良策、出实招，为县域高质量绿色发展汇智聚力。

请你来协商持续提质。“1+5+X”模式“请你来协商”平台运行高效，6次主要协商活动均有县委书记、县长或党委、政府分管领导参加。重点协商成效显著，围绕既有多层住宅加装电梯、亲水游步道建设、竹笋交易中心建设、培育街巷里弄文化等主题开展“请你来协商”活动，形成了一批有价值的协商成果。全会协商有力，委员认真讨论各项报告，24个大会发言得到多位党政领导批示。常委会协商深入，围绕提高企业科技创新能力、乡村振兴等进行充分协商，形成专题报告供决策参考。对口协商精准，围绕生态产品价值实现机制、进城农民就业、公共卫生应急体系建设等提出具体建议。坚持“数量适度、质量为要”理念，形成年度协商计划，由县委办、县府办、县政协办联合印发。

委员会客厅成果丰硕。充分发挥农村电商委员会客厅作用，开展保障疫情状态下“菜篮子”供应和农业生产资料流通、遂昌长粽产业推广、农产品销售电商精英沙龙等活动。扩大“朋友圈”，走出去“会客”，赴东西部扶贫协作城市四川通江，聚焦完善电商产业链延伸和市场化运作，针对人才缺失、信心缺乏、产品难卖、价格不高、渠道不畅等难题把脉开方，助力东西部扶贫协作，该创新做法得到省政协领导肯定。

一年来，在县委正确领导下，县政协常委会始终坚持人民政协性质定位，全面贯彻落实中央、省委、市委、县委政协工作会议精神，各项工作稳中有进、进中提质，取得了新进展、新成效。

（一）紧扣中心大局，汇聚改革发展合力。围绕抓住党政全局工作的重点、难点和民生领域中的热点、焦点，坚持建言和监督齐抓、联系和服务同步。

民主监督扎实有力。扎实开展“八大战役”专题督查，先后督查了交通建设阵地战、大搬快聚攻坚战、乡村振兴特色战、城市更新大会战，形成督查专报供党委、政府决策。围绕“高水平全面建成小康社会补短板”开展民主监督，县委领导在监督报告上批示要求落实。开展城乡生活垃圾分类处理和社会治理“最多跑一地”三级政协联动专项集体民主监督，助推有关问题解决。开展园区体制机制改革进一步跟踪督察，聚焦方案落实和体制改革深化，形成专题监督报告，县委领导肯定并批示要求有关工作跟进。结合“我为遂昌守一方”活动，就公安工作、县域治理现代化等开展专项视察。

联系服务细化落实。督导联系乡镇（街道）工作，深入指导复工复产、村社换届、扶贫攻坚、大搬快聚等重点工作。县政协主席会议成员担当古院未来社区区块指挥部指挥长，政协机关工作组圆满完成征迁任务。组织机关干部参与低收入农户“一户一策一干部”结对帮扶工作。开展“六送·两走进”送服务下乡活动，6支小分队统分结合，通过学习讲座、流动展览、现场咨询、知识竞答、发放宣传册等形式，将党的十九届五中全会精神、新时代文明实践新思想、法律法规等送村入户进车间，受到群众和企业的欢迎。

（二）用好履职载体，展现人民政协作为。充分发挥人民政协的独特优势，利用提案、调研、文史资料、反映社情民意信息等抓手，助推各项事业发展。

提案办理规范提升。深入开展提案质量双向评价，持续倒逼提案提、办双方同步提质，112件提案全部办复，其中67件提案被采纳，占59.8%；44件提案被部分采纳，占39.2%。开展双峰塔重建、“已征未用”土地管理、红色旅游升级、法治文化阵地建设等提案办理“回头看”，巩固办理成果。

调查研究精准深入。把助力“十四五”规划制定作为调研重点，组织政协系统紧扣“十四五”时期需要重视的相关问题开展调研，专题召开议政性常委会会议，就强化产业转型培育、加强重大基础设施建设等提出意见建议供县政府参考，《发扬基层协商民主襄助县域治理现代化》《“活退”并行振兴乡村》两篇调研报告被评为全市政协系统2020年度优秀论文和调研成果三等奖。

文史宣传成果丰硕。继续信息编撰遂昌记忆丛书，出版了《遂昌传统建筑》。反映社情民意再上新台阶，共编写社情民意信息稿125篇，被全国政协录用3篇，被省政协录用7篇，被市政协录用42篇，获2020年度全市政协反映社情民意信息工作一等奖。在《联谊报》和“学习强国”“同心苑”等省级以上平台刊发新闻30余篇。在全省政协主席暑期读书会暨市、县（市、区）政协工作经验交流会上，县政协作了主题为《把凝聚共识落到实处》的典型发言。

（三）抓好自身建设，提升政协履职效能。着眼自身建设基础性工程，扎实推进补漏补短和能力提升，为有效履行职能、充分发挥作用提供更加有力的保障。

制度机制更加完善。印发《县政协常委会工作报告重点工作任务分工》《遂昌县政协2020年度重点工作安排》，明确责任单位、完成时限，提高工作效能。协助县委出台《关于新时代加强和改进人民政协工作的实施意见》《中央、省委、市委、县委政协工作会议主要任务分工方案》，为新时代政协工作的重要部署和主要任务落地见效奠定了基础。完善政协常委会听取部门工作通报机制，全年共听取13次部门工作通报。

“两个薄弱”显著改善。召开政协基层工作座谈会，广泛听取各方面意见建议，探讨政协工作向基层延伸的形式。聚焦重点领域，发挥委员主体作用，在工业园区、文旅融合区、未来乡村等点位建立政协委员工作站4个。在县委关心支持下，增设提案委副主任，成立县政协协商服务保障中心，增加了事业编制。组建政协智库，把分散在各方面的智慧汇集起来，确保人民政协智力密集、人才荟萃的独特优势得到充分发挥。举办委员履职能力提升培训班，进一步提升政协委员履职水平。

各位委员、同志们，回顾过去一年，我县政协工作取得的成绩，是县委正确领导，县人大、县政府和社会各界大力支持的结果，是政协各参加单位和全体政协委员共同努力的结果，是县政协老领导老同志关心支持的结果。在此，我代表县政协常委会表示衷心的感谢，并致以崇高的敬意！

回顾一年来的工作，我们也清醒地认识到，与新时代党对人民政协的新要求相比，与人民群众对政协组织的期待相比，工作中还存在一些差距和不足。主要是：县政协基础工作薄弱、人员力量薄弱依然存在，协商民主制度机制还需进一步完善，政协委员履职能力水平还有待提高等。县政协常委会将高度重视，认真加以解决。

二、奋进“十四五”，为遂昌跨越式发展贡献政协智慧和力量

进入新发展阶段，政协工作使命更加光荣、任务更加艰巨。围绕“十四五”规划和二〇三五年远景目标，聚焦山区跨越式发展的新使命、新任务和县委重大部署，聚力打造山区县跨越式发展“重要窗口”，政协系统必须知责于心、担责于身、履责于行，在“十四五”规划落地中展示更大作为。

（一）以“忠”为先，打造政治共同体。坚持用习近平新时代中国特色社会主义思想统揽各项工作，充分运用习近平总书记关于加强和改进人民政协工作重要思想学习研讨成果，强化理论武装，加强政治建设，提高政治站位，全面推进政协党建工作。始终坚持在县委的领导下履行职能，带领政协系统强化凝心聚力第一线、决策咨询第一线、协商民主第一线、县域治理第一线定位，进一步树立政治共同体意识。

（二）以“质”为纲，提高政协辨识度。激发创造性张力，对标对表“重要窗口”建设要求，深入打造具有遂昌特色的政协工作品牌。持续巩固提升，继续深化“请你来协商·政协论坛”“农村电

商委员会客厅”“提案质量双向评价”“书香政协建设”等特色做法。继续创新探索，围绕发挥专门协商机构作用的制度机制、政协工作数字化转型的思路举措、政协工作向基层延伸的探索实践、强化委员责任担当的具体抓手等进行大胆尝试，努力让“十四五”政协系统的新样子更加鲜亮。

（三）以“实”为本，建好协商大平台。发挥专门协商机构特色优势和职能作用，不断健全知情明政机制、协商反馈机制、议政成果转化机制。依托“请你来协商”“政协委员会客厅”“政协智库”等平台，为党委、政府搭建协商平台，培育协商文化，统一认识，汇聚智慧，不断营造全社会共同参与政治协商工作的氛围。

（四）以“同”为基，增进最大共识度。坚决扛起把党的决策部署落实下去、把各方面智慧力量凝聚起来的政治责任，用好统一战线这个法宝，聚焦“十四五”规划和县委县政府重大战略部署，通过政协制度有效运行，最大限度调动一切积极力量和因素，增进思想认同，汇聚强大正能量，助力党委、政府做好协调关系、理顺情绪、化解矛盾的工作，让“十四五”规划部署转化为全县干部群众的思想共识和行动自觉。

三、2021 年重点工作安排

2021 年是实施“十四五”规划，开启全面建设社会主义现代化国家新征程的开局之年，是中国共产党成立 100 周年，做好政协工作，意义重大。县政协工作的总体要求是：深入学习贯彻习近平新时代中国特色社会主义思想，按照党的十九届五中全会和省委、市委、县委全会及经济工作会议决策部署，围绕忠实践行“八八战略”、奋力打造“重要窗口”主题主线，聚焦全省 26 县第一梯队、全市第一阵营的目标，高扬“丽水之干”奋斗旗帜，充分发挥专门协商机构作用，助力推进“一城五区”生产力布局，主动融入“八大战役”决胜战，在建设山区县跨越式发展“重要窗口”、开启高水平全面建设社会主义现代化新征程开好局起好步中展现政协担当作为。

（一）注重强学习重引领，持续增强政治定力。以“书香政协”提质为抓手，落实政协常委会、主席会、党组会集体学习制度，坚持全面系统学、结合实际学，读原著学原文，推动思想理论学习往深里走、往心里走、往实里走，做到学思用贯通、知信行统一。围绕庆祝建党 100 周年，以同心向党为主题，开展学党史、颂党恩、跟党走系列活动，引导各党派团体和各族各界人士深刻领悟中国共产党领导和中国特色社会主义制度的显著优势，夯实团结奋斗的共同思想政治基础。把加强创新理论武装放在突出重要位置，根据上级政协关于加强和改进凝聚共识工作要求，适时召开工作推进会，明确思路举措，健全制度机制，落实平台载体，推动凝聚共识职能落实落地。

（二）紧扣开好局起好步，持续增强协商推力。依托“请你来协商”和农村电商委员会客厅，发挥政协“重要阵地、重要平台、重要渠道”作用，坚持县委中心工作推进到哪里，政协履职就跟进到哪里，聚焦“十四五”开篇布局，围绕“一城五区”生产力布局，聚焦“八大战役”，精选课题，深入调研，充分论证，务实建言。突出产业、城市、乡村、文化、社会“五个转型”发展路径，就践行“双招双引”战略举措、打响千年古城品牌、建设现代化社区、提高乡镇卫生院传染病防治能力、“教共体”建设、科技创新人才队伍建设、珍贵树种产业发展、高标准农田利用管理、文化基因解码等课题开展专题调研。继续开展“八大战役”督查，助推相关工作。根据县委点题，举办好“相信・看见—天工之城・开源遂昌” 请你来协商政协论坛，助力“天工之城—数字绿谷”建设。围绕深入推进美丽大花园建设、努力打造美丽中国先行示范区开展三级政协联动专项集体民主监督。在省市政协的指导下，探索“民生议事堂”工作新模式，推动政协工作向基层进一步延伸。

（三）坚持系民情谋民利，持续增强民生助力。从群众最期盼的领域、从制约经济社会最突出的问题、从社会各界能够达成共识的环节做起，紧扣教育、卫生、养老、社会保障等民生问题，密切关注县域治理现代化、生态文明建设、群众增收致富等民生焦点，深入调研协商，全力服务助推，为党委政府决策提供有益参考。继续统筹开展“六送·两走进”活动。提高反映社情民意信息质量，配合做好“同心战疫”文史资料征集。

（四）坚持提素质优队伍，持续增强履职能力。适应加快跨越式发展的需要，加强专委会、界别建设，开展履职能力提升培训，打造胸怀大局、能力过硬、模范带头、形象良好的政协委员队伍，构建富有活力、运转规范、成效明显的政协工作新格局。坚持政治强、能力强、服务强、作风强要求，不断加强政协机关干部队伍建设。在县委领导下推进政协换届工作，对本届政协委员五年履职成效进行评估，开展“最美政协人”等评选表彰。按照有关规定，做好留任委员人选推荐。协助省政协开展换届工作调研，做好本届政协调查研究、创新案例、新闻宣传等履职情况总结，为政协事业高质量发展提供可复制、可推广的典型经验。

各位委员、同志们，一届政协委员，永结政协情缘。2020年是本届政协履职的最后一年，大家要倍加珍惜委员荣誉，敬终如始，不懈怠、不松劲、不停步，更加紧密地团结在以习近平同志为核心的党中央周围，在中共遂昌县委的坚强领导下，以饱满的政治热情和强烈的责任担当，助力推进“一城五区”生产力布局，主动融入“八大战役”，共育跨越式发展之树，为打造山区人民的美好家园、全省人民的向往之地，开启高水平全面建设社会主义现代化新征程作出政协应有的贡献。

专　记

全面建成小康社会取得决定性成就

【概况】“十三五”以来，面对错综复杂的外部环境和艰巨复杂的改革发展任务，中共遂昌县委、县政府高举习近平新时代中国特色社会主义思想伟大旗帜，践行“绿水青山就是金山银山”理念，挥洒“遂昌之汗”、厉行“丽水之干”、担纲“丽水之赞”，加快建设“一城五区”，全面打响“八大战役”，奋力开创高质量绿色发展新局面，全县经济社会发展取得良好成效，全面建成小康社会取得了决定性成就，为“十四五”时期全面开启山区县跨越式发展和高水平推进社会主义现代化建设新征程奠定了坚实基础。

【综合实力显著增强】“十三五”期间，遂昌县生产总值从2015年的86.24亿元，增长至2020年的130.8亿元，年均增长7.4%，迈上了百亿元台阶。人均生产总值突破6.7万元，一般公共预算收入年均增长9.9%。三次产业结构调整为9.3∶35.8∶54.9，新增规模以上企业61家，培育亿元企业16家。2020年，城镇居民和农村居民人均可支配收入分别达到50425元和22264元，年均增长8.2%和9.4%。遂昌县入选全国全面小康发展样本县，连续两年获评全国绿色发展百强县，上榜全省县域高质量发展十大优秀案例。

【创新驱动持续发力】高新技术产业增加值占规模以上工业增加值比重从2015年的12.6%提高到2020年的25.5%，R&D（研发投入）支出占GDP比重1.5%。至2020年，全县拥有高新技术企业27家、科技型中小企业102家、“浙江制造”企业2家、高企研发中心10家、企业研究院5家。成立全省首家生态经济知识产权保护服务中心。实现省级金属制品产业创新服务综合体、省级科技企业孵化器、省级科技园区培育、省级众创空间、省级星创天地等省级创新平台“零的突破”。荣获中国营商环境百强示范县，入选省级数字经济创新发展试验区，县工业园区获评国家绿色产业示范基地。

【城乡面貌蝶变提升】城市框架逐步拉开，实施城区有机更新，推动“多中心聚落式”发展。衢宁铁路建成通车，528国道新路湾至石练段开工。中心城市建成区拓展至14平方千米，建成27个异地安置小区，搬迁群众13033人，城镇化率达到55%。县城污水达标率和生活垃圾无害化处理率分别达到97.94%和100%。全力打造“千万工程”升级版，王村口镇入选全省首批AAAAA级景区镇，创建A级景区村94个，入选全国“美丽乡村标准化试点单位”。积极开展“未来乡村”试点，发布未来乡村建设标准，成功打造乡村振兴“遂昌样板”。获评省级小城镇环境综合整治优秀县，创成全市首个省级美丽乡村示范县、全省首批全域旅游示范县，入选第一批部省共建乡村振兴先行创建县。

【改革破题全面深化】大力推进“标准地”“无差别受理”“全域一证通办”改革，开展35项“一件事”协同高效办理，实现353个部门间“最多跑一次”高频事项，2498项政务服务事项网上办理，一般企业投资项目全流程审批“最多80天”。在全市率先建成产业政策网上兑现平台，创新出台健康农业、生态工业、现代服务业、人才招引等政策。研发运用“天工系统”，完成政府系统机构改革，深化工业园区体制机制调整，深化国有企业市场化改革，政府效能和国企活力显著增强。

【民生福祉和谐稳定】持续加大民生事业投入，“十三五”民生支出162.6亿元，年均增长11%。实现平安县创建“十五连贯”，夺取全省首批“一星平安金鼎”，创成省级无信访积案县。成屏一级水库取水工程、天然气“县县通”工程完工。创办丽水育才中学高中部，完成实验小学迁建、云峰中心学校扩建项目，创成浙江省教育基本现代化县、国家级农村职成教示范县。开展医疗卫生人才“省属县用”省级试点，创成国家卫生县城和省级卫生应急工作示范县。“班春劝农”作为“二十四节气”文化内容入选世界非物质文化遗产名录，汤显祖—莎士比亚文化国际交流列入全省对外开放十大新举措，好川遗址入选省级考古遗址公园，城市文化综合体投入使用。新冠肺炎疫情防控取得阶段性胜利。

【全域花园彰显魅力】生态产品价值实现机制试点建设加快推进，大田村成为全国首个GEP（生态系统生产总值）、GDP（地区生产总值）双核算村，成立“两山银行”，设立全市首个亿元生态价值转化产业基金，入选全省首批大花园示范建设单位和县级GEP核算试点县，完成全国首笔公共机构会议碳中和交易。坚持不懈推进主城区、东城新区、仙侠湖等重点区域环境综合整治。在全市率先创建国家生态文明建设示范县，两次夺得“五水共治”大禹鼎，县级饮用水源水质、各交界断面水质达标率100%，空气质量指数优良率100%，均名列全省第一，连续12年获得生态市建设考核优秀。

【目标任务基本完成】《遂昌县国民经济和社会发展第十三个五年规划纲要》确定的综合实力、创新驱动、社会发展、生态文明4大类29项指标，已经完成21项。受国内外环境变化特别是新冠肺炎疫情冲击、政策变化、统计口径变更等因素影响，旅游总收入、城市化率、新增专利授权数、每千名老人拥有养老床位数、单位GDP能耗5项指标完成情况与规划目标存在差距。固定资产投资总额五年累计、人才资源总量两项指标，期末和期初数据不可比。互联网普及率指标全省已不做统计。总的来看，“十三五”规划目标任务基本完成，高水平全面建成小康社会取得决定性成就，为开启高水平全面建设社会主义现代化新征程和全面展示中国特色社会主义制度优越性的重要窗口奠定了坚实基础。

遂昌县发展过程中也面临一些困难和问题，主要表现为：一是发展不平衡、不充分，县域经济总量不大、实力不强、质量不高，产业结构不优，特色产业集群缺乏，民间投资增长乏力，创新能力不强，城镇化进程相对落后；二是城乡基础设施短板明显，教育、医疗、养老、文化等高品质公共服务供给不足，交通基础设施仍然滞后，需大力补课赶趟；三是发展保障仍需加强，资金、土地、人才等要素仍是县域发展的最大制约，应急体系和应急能力建设有待加强。（县委办）

遂昌县“十三五”指标完成情况一览表

表1

类别	序号	指标名称	2015年	2020年目标值	2019年	2020年	年均增速	总体评价
综合实力	1	全县生产总值（亿元）	86.24	125	124.66	130.81	7.4	完成
	2	人均生产总值（元）	47240	66350	64959	—	—	预计完成

续表 1

类别	序号	指标名称	2015 年	2020 年目标值	2019 年	2020 年	年均增速	总体评价
综合实力	3	一般公共预算收入（亿元）	7.12	9	10.96	11.43	9.93	完成
	4	服务业增加值占 GDP 比重（%）	49.2	45	51.5	54.9	—	完成
	5	旅游总收入（亿元）	73.57	150	156.82	127.31	14.6	未完成
	6	城镇化率（%）	47.7	60	53.8	55*	—	未完成
	7	固定资产投资总额五年累计（亿元）	199.69	400	—	—	—	—
创新驱动	8	高新技术产业增加值占规上工业增加值比重（%）	12.6	15	20.35	25.5	—	完成
	9	研发经费支出占 GDP 比重（%）	0.79	1.5	1.29	1.5*	—	完成
	10	人才资源总量（万人）	3.7	5.4	4.28	4.65*	—	—
	11	互联网普及率（%）	60.8	70	—	—	—	—
	12	新增专利授权量（件）	136	360	218	252*		未完成
社会发展	13	城镇居民人均可支配收入（元）	33997	49950	48254	50425	8.2	完成
	14	农村居民人均可支配收入（元）	14196	21840	20749	22264	9.4	完成
	15	城镇居民登记失业率（%）	2.91	＜4	1.5	1.82	—	完成
	16	每千人医院床位数（床）	4	5.1	4.4	5.12	—	完成
	17	每千名老人拥有养老床（张）	32.3	50	40.16	40.2	—	未完成
	18	基本养老保险参保率（%）	79	95	95.71	98.94	—	完成
	19	城乡医疗保险参保率（%）	99	99	99.27	99.67	—	完成
	20	城镇保障性安居工程建设（万套）	0.6	完成上级下达任务	0.72	0.72	—	完成
	21	农村安全饮用水普及率（%）	98	99	99	99	—	完成
生态文明	22	耕地保有量（千公顷）	18.8	完成上级下达任务	19.12	19.12*	—	完成
	23	林木蓄积量（万立方米）	850	950	1256.46	—	—	完成
	24	城镇污水集中处理率（%）	88.02	90	97.8	97.94	—	完成
	25	森林覆盖率（%）	82.3	82.5	83.59	83.59	—	完成
	26	万元工业增加值用水量（立方米/万元）	34.18	完成上级下达任务	20.14	—	—	预计完成
	27	单位 GDP 二氧化碳排放量(吨/万元)	0.77	完成上级下达任务	0.72	—	—	预计完成
	28	单位 GDP 能耗（吨标煤/万元）	0.67	完成上级下达任务	0.58	—	—	预计未完成
	29	空气质量优良天数（天）	323	330	363	366	—	完成

说明：*为预计数

遂昌县第七次全国人口普查

【概况】根据《全国人口普查条例》和国务院的决定，遂昌县以2020年11月1日零时为标准时点进行第七次全国人口普查。在县委县政府、县第七次全国人口普查领导小组统的一领导和各乡镇（街道）人民政府的精心组织下，在全体普查对象的支持配合下，经过广大普查工作人员的艰苦努力，人口普查主要阶段任务圆满完成。

【前期准备】3月，印发《遂昌县人民政府关于开展第七次全国人口普查的通知》，成立遂昌县第七次全国人口普查领导小组，领导小组办公室设在县统计局。下设综合组、业务组、户口整顿组、数据处理组、执法组。5月，县、乡、村三级人口普查机构全部组建完成，保障人口普查各项工作顺利开展。

6月，制定《遂昌县第七次全国人口普查工作宣传方案》，营造良好的舆论氛围。8月，印发《关于做好遂昌县第七次全国人口普查指导员和普查员选聘工作的通知》，招聘教师、公安辅警、移动员工参与普查工作。共选聘“两员”总数1124人，其中指导员303人、普查员821人。

制定《遂昌县第七次全国人口普查户口整顿工作实施方案》。通过无户口人员清理整顿工作，全县共排查出无户口人员56人，落实户口30人，待定26人。通过户口未销人员和重复户口人员清理整顿工作，全县共注销死亡未销人员16人，排查疑似重户人员13人，依法注销重户人员5人。通过空挂人员清理整顿工作，动员26个集体户口内2000多名不符合挂靠人员办理户籍迁出手续。理清在册流动人口17068人，连续居住半年以上流动人口10615人，办理居住证4753张。对接卫生健康、民政等部门，获取人口信息近万条。对外籍婚嫁女数据人口进行比对，发现持证外籍婚嫁女信息26条和非持证外籍婚嫁女信息17条。利用“一标三实”系统标准地址展示功能，及时发现漏采、错编问题，为第七次全国人口普查入户登记打下坚实的数据基础。

8月18—20日，在妙高街道开展县级人口普查综合试点，试点工作模拟普查全流程，共调查520户1200多人，达到了试点目的。

严格按照地域原则、不重不漏原则、归属唯一原则和就近原则，划分普查区和普查小区，对每个普查小区实地勘查，作为入户访问登记依据。全县于8月底完成划区绘图工作，累计标绘60382个建筑物，划分普查区211个，普查小区982个。

【入户登记】10月11日，第七次全国人口普查进入入户摸底登记阶段。县人普办对摸底结果进行全面检查，将公安户籍、卫健、民政等基础信息与摸底结果进行核对，确保普查对象不重不漏。利用人口普查数据平台的灵活查询功能，对奇异值数据进行查询，将查询清单下发至各乡镇（街道）进行核实修订。将户籍人口、流动人口、出生人口、死亡人口等资料分解落实到普查员，在登记过程中开展数据比对，确保应登人员不漏。各乡镇（街道）将所有长短表数据复制出来，与掌握的户籍人口、出生人口、死亡人口等数据比对，发现不一致的，及时下发给普查员核实修改。11月1日零时，为第七次全国人口普查的标准时点。截至11月30日，全县1124名调查员共完成入户登记311703人。

12月中旬，全县顺利完成行职业编码工作，共完成编码11555条。

【普查成果】截至2020年11月1日零时，全县常住人口194385人，与2010年第六次全国人口普查190165人相比，10年增加4220人，增长2.22%，年平均增长率0.22%。全县共有家庭户78203户，集体户1690户，家庭户人口185106人，集体户人口9279人。平均每个家庭户人口2.37人，比第六次全国人口普查2.62人减少0.25人。

全县常住人口中，男性99820人，占51.4%；女性94565人，占48.6%。总人口性别比105.56，与2010年第六次全国人口普查相比上升0.91个百分点。全县常住人口中，0—14岁人口25597人，占13.17%；15—59岁人口115737人，占59.54%；60

岁及以上人口53051 人，占27.29%，其中65岁及以上人口37920人，占19.51%。与2010年第六次全国人口普查相比，0—14岁人口比重下降2.34个百分点，15—59岁人口比重下降6.32个百分点，60 岁及以上人口比重上升8.66个百分点，65岁及以上人口比重上升6.31个百分点。

全县常住人口中，拥有大学（大专以上）文化程度人口21293人；拥有高中（中专）文化程度人口26866人；拥有初中文化程度人口59911人；拥有小学文化程度人口63231人。与第六次全国人口普查相比，每10万人中拥有大学文化程度由5467人上升为10954人；拥有高中文化程度由11569人上升为13821人；拥有初中文化程度由30133人上升为30821人；拥有小学文化程度由36308人下降为32529人。有文盲人口10221人，与第六次全国人口普查相比，文盲率由11.61%下降为6.06%，下降了5.55个百分点。

全县常住人口中，居住在城镇106969人，占55.03%；居住在乡村87416人，占44.97%。与第六次全国人口普查相比，城镇人口增加31658人，乡村人口减少27438人，城镇人口比重上升了15.43个百分点。

第七次全国人口普查全面查清了遂昌县的人口数量、结构、分布情况，准确地反映了遂昌县当前人口变化趋势特征。10年来，城镇化进程得到较大发展，农民下乡脱贫、地质灾害搬迁和“大搬快聚富民安居”等工作成效显著；受教育程度有很大的提升，尤其是拥有大学文化程度人数翻倍增长，高学历劳动力资源增长较快。（统计局）

“天工之城”开发建设

【概况】“天工之城”得名源于《天工开物》，强调人与自然相协调，人力与自然力相配合。“天”指自然天成，“工”指人工之力，“开物”代表一种原创精神、创新精神。遂昌的愿景是将“天工之城”打造成研学、团建、会议、旅居目的地，成为全国“两山”转化的县域样板。

“天工之城”包含了大柘、石练、金竹、湖山四个乡镇，核心区在湖山乡，辐射周边王村口、三仁、高坪、焦滩、蔡源等乡镇。“天工之城”的范围是动态和可生长的。湖山核心区规划范围为30平方千米，重点打造范围267公顷，主要围绕湖山集镇的大湖面开展建设，包括龙珠岗、西山村、湖山集镇、牌坊门村、珠村畈。

【内涵定位】一座城市：“天工之城”首先是一座城市，按照城市标准规划、设计、打造。

两个定位：一是“第二空间”定位，即遂昌发展的新空间，这里将容纳新产业，发展新经济，打造成为适宜办公、度假、康养、生活的目的地，成为遂昌发展的另一个增长极。二是“未来之城”定位，这里展现最先进的治理理念、最智能的配套设施、最未来的生活方式，把湖泊、温泉、森林等资源转化为发展优势，打造绿色、融合、协调、创新、开放的“未来之城”。

三大高地：生态高地。严守生态保护红线、环境质量底线、资源利用上线“三条线”，创造最美生态，把“天工之城”建设成为“大森林”“大氧吧”“大花园”。创新高地。构建“风云星月”四大主题场景，突出开放性、国际化，推动“农创+文创+科创”深度融合，让创新创业创造创富成为“天工之城”最显著的标签。人才高地。以人才集聚促进产业集聚，实现人才从引进来到留下来。

四大主题场景：一是风谷。打造创新技术攻关地，建设科技孵化器、众创空间和星创天地。二是云巅。依托“湖山论剑”高端论坛，打造国际论坛和学术交流地。三是星河。打造大院名所悟道地和知识经济社区，引进高校院所共建产业研究院。四是月台。打造吸引科创文创的分时经济孕育地，开发分时度假、分时研发、分时培训。

【选址考量】自然条件。湖山区块拥有温泉、湖泊、森林、生态农业等丰富的旅游资源，“湖泊+温泉”资源组合在长三角地区具有唯一性。境内水域面积17平方千米，森林覆盖率84%。湖山的文化底蕴也非常深厚，“武十番”是昆曲十番的重要组成部分。还有丰富的物产，如龙珠岗蜜橘、黄泥岭土鸡、乌溪江有机鱼等。

地理因素。随着社会经济发展，县域发展不平衡问题日益凸显，中西部地区经济发展水平和基础配套设施相对滞后，好山好水好资源“养在深闺无人识”。为了破解区域发展不平衡问题，探索“两山”转化发展新路径，县委、县政府提出了“擘画一城五区生产力布局，打造天工之城”的战略性发展思路，通过打造“天工之城”，拉动中部、带动西部，实现区域的平衡发展。

【建设内容】生态修复。推进生态植被修复、面源污染治理、湖面整治、退耕退养、生态环保、生态湿地治理等项目。

空间拓展。编制湖山区块综合保护规划和各专项规划编制。推进环湖生态绿道、遂江线建设、未来乡村项目、湖山温泉水厂、污水处理系统等配套项目建设。招引一批亲水康养、休闲度假项目落地湖山区块。谋划龙珠岗、西山驿、西山科创园、第二空间体验区、茶产业小微园等一批生态价值转化项目。

产业发展。推动商业模式创新和社会治理模式创新，实现村民与游客，原住民与新住民的和谐共存。大力发展科创产业和“ABCD”四大数字经济产业，积极培育开源产业。打造音乐村、作家村、艺术村、综艺村、电竞村。建设共享农庄、田园综合体、多面体农场，打造定制农业，应用智能化温室大棚，加速农业现代化。

【实施主体】政府搭台。遂昌县于2019年成立“两山”转化发展中心，下设“天工之城”管理委员会办公室，全面统筹推进“天工之城”各项建设。已完成“天工之城”总体规划、控制性详细规划和城市设计，及湖山区块整体策划方案。2020年，召开12次领导小组会议，起草“天工之城”运行管理方案和“天工之城”财政体制机制。实现资金独立闭环运作，全面参与仙侠湖库区整治工作，建立长效管理机制。

企业唱戏。撬动社会资本全面参与“天工之城”的基础配套、分时平台建设，招引一批符合时代发展趋势和环境保护要求的产业项目落地。

【2020年实施项目】2020年，共谋划和启动“天工之城”项目20个，完成建设投入3.09亿元，其中环境治理类项目完成投资7843万元、基础设施类项目完成投资15574万元、产业功能类项目完成投资7499万元。

环湖绿道全线贯通，实施沥青路面浇筑。湖山污水处理厂完成EPC竞标，开展施工图编制。湖山温泉水厂管网工程开工，管理用房及地下汲水系统完成方案编制。未来乡村—牌坊门村和西山村项目完成施工图编制。未来乡村—集镇项目完成方案调整。网易联合创新中心、阿里云创新中心实施装修工程。“天工之城”会议中心完成工程招标。湖山库面应急保障基地（仙侠湖渡口项目）完成码头方案编制和游船询价，12月启动游船拼装。湖山农贸商业综合体完成方案评审。

全年接待企业考察64次，赴上海、杭州等地招商引资20余次。在湖山注册企业15家，注册资本1亿元以上。县政府和阿里云签署合作协议，让“最美生态”与“最强科技”碰撞融合。开展头部企业招引工作，与网易、海康威视、中信旅游、阿里巴巴商学院、千寻位置、加拿大庞巴迪、洲世旅游等企业签署战略合作协议。推动网易联创中心、信之旅科创中心、海康威视联创实验室、汽车城、水上运动中心等项目落地。已招引智税科技、润和物资贸易、网信科技、灵工信息科技4家企业入驻。

（潘瑜静）

衢宁铁路（遂昌段）建设

【概况】9月27日，衢（州）宁（德）铁路全线建成开通（客运），浙江省遂昌、松阳、龙泉、庆元和福建省松溪、政和、屏南、周宁8个县（市）结束不通铁路的历史。衢宁铁路北接沪昆、九景衢铁路，南连沿海铁路，是连接东南沿海到中西部内陆的运输大通道。铁路沿线山川秀美、峰峦起伏，分布着白水洋国家地质公园、龙游石窟、遂昌金矿国家矿山公园、鸳鸯溪等丰富的旅游资源，是一条典型的旅游通道。衢宁铁路的开通，不仅填补了浙西南、闽东北地区铁路网空白，对促进沿线旅游资源开发和生态资源优势转化、助力沿线群众脱贫致富都具有十分重要的意义。

便捷的铁路交通，改变了出行方式，搅活了旅游市场。从遂昌乘火车出发，可直达长三角区域内上海、杭州、南京、嘉兴、苏州等主要城市，向南可直达宁德、福州等东南沿海城市，向西可直达武昌、达州、重庆等华中、西南地区，向北可直达北京、天津、沧州、济南等华北地区。

【项目前期】2008年10月，国家发改委批复《中长期铁路网规划（2008年调整）》，将建设衢州至宁德铁路列入国家中长期铁路网规划。2013年11月30日，《新建衢州至宁德铁路项目建议书》获国家发改委批复。2014年9月30日，《新建衢州至宁德铁路项目可行性研究报告》获批复。2015年7月26日，《新建衢州至宁德铁路项目初步设计》获中国铁路总公司批复。衢宁铁路北起浙江省衢州市，途经衢州市经济集聚区、柯城、衢江、龙游和丽水市的遂昌、松阳、龙泉、庆元八个县（市、区）后进入福建省，终于宁德市，铁路等级为国铁Ⅰ级，单线（预留双线条件），电气化铁路，线路全长379.169千米，设计行车速度160千米/小时，项目投资概算274.11亿元，由铁路总公司和浙江、福建两省共同出资建设，建设工期60个月。

遂昌县于2010年启动衢宁铁路（遂昌段）前期工作。2012年5月，设立遂昌县衢宁铁路项目工作办公室。2013年7月，核准铁路办公室4名事业编制。11月，更名为遂昌县铁路工作办公室。2014年10月，成立遂昌县铁路工作委员会。2015年6月9日，成立遂昌县衢宁铁路项目指挥部。7月3日，时任县委书记杜兴林为遂昌县衢宁铁路项目指挥部入驻授牌。

2013年初，遂昌县委、县政府就《衢宁铁路工可报告遂昌站位方案》提出不同站位选址意见。3月，县铁路办公室委托武汉铁四院对衢宁铁路（遂昌段）线位走向及火车站站场进行研究。经两年多的对接，综合考虑线（站）位研究比选，2015年5月28日，县政府常务会议就衢宁铁路遂昌站位方案进行审议，建议选择大桥站位方案。6月9日，县委常委（扩大）会议就衢宁铁路遂昌站位方案进行最终决策，决定接受中国铁路总公司提出的大桥站位方案。

【遂昌段项目建设】衢宁铁路（遂昌段）线路自龙游南站（溪口）引出，跨龙丽高速公路至东侧与其并行，设北界会让站后，向东南以14.597千米隧道穿越常乐山，至妙高街道源坪村设遂昌站，再向南跨龙丽高速公路至西侧，与其并行至松阳。遂昌境内经北界镇、新路湾镇、妙高街道，线路总长24.729千米（路基长1.867千米，特大、大、中桥6座计2.036千米，隧道5座计20.826千米），另有斜井2座（樟坪、胡家）计2.348千米。境内主要构造物有北界隧道、北界会让站、常乐山隧道、遂昌站（货场）、遂昌站特大桥、大桥村大桥、庄山大桥、坞岭湾隧道、跨龙丽高速特大桥、横坞隧道等。预留二线起讫桩号DK64+950—DK67+000，长2.05千米。遂昌站货场位于遂昌站对面右侧，占地面积65345平方米，设牵出线1条，库台货物线和散装货物线各1条。设计年发送量22万吨，到达量28万吨。衢宁铁路（遂昌段）项目总投资20亿元，是遂昌有史以来投资最大的单体项目。

衢宁铁路（浙江段）建设资本金106.9亿元，中国铁路总公司承担60%（64.14亿元），浙江省出资40%（42.76亿元）。按照省方与沿线县（市区）出资比例（省铁70%，计29.932亿元，沿线县市级政府30%，计12.826亿元），遂昌县承担衢宁铁路（遂昌段）项目资本金15334.95万元，遂昌县城市建设发展有限公司为衢宁铁路（遂昌段）出资单位。

【2015 年开局之年】2015 年是衢宁铁路建设项目的开局之年。8 月 7 日，衢宁铁路（浙江段）项目业主——九景衢铁路浙江有限公司在南京市公共资源交易中心发布新建衢宁铁路（浙江段）站前工程招标公告。衢宁铁路（浙江段）正线全长 206.858 千米（衢州段 47.6784 千米，丽水段 159.1796 千米），初设批复造价 144.8705 亿元，沿线设龙游南、遂昌、松阳、龙泉、庆元 5 个中间站及 10 个会让站，有隧道 46 座总长 124.4 千米（11 千米以上隧道 4 座），有正线桥梁 86 座总长 28.65 千米，桥隧比占 74%，正线路基总长 53.8 千米。9 月 18 日完成衢宁铁路（浙江段）施工招标，遂昌县境内中标单位为中铁十二局集团有限公司，由衢宁铁路（浙江段）站前工程 2 标项目部负责承建。

9 月 25 日，衢宁铁路（遂昌段）征迁工作动员大会召开，全面部署土地征用、房屋征收、临时用地租用、坟墓迁移等政策处理工作。征迁工作涉及北界镇、新路湾镇、妙高街道 10 个行政村、41 个生产队、2400 余户。自征迁工作启动以来，县铁路项目指挥部和沿线乡镇（街道）紧紧围绕县委、县政府的决策部署，攻坚克难，紧盯目标谋对策、抢进度，征地工作成效显著。提前超额完成了市里下达的年度征迁工作任务，进度位于全市前列。

10 月 6 日，施工单位中铁十二局项目部入驻遂昌妙高街道金岸村信和机械厂。10 月 20 日，衢宁铁路（遂昌段）开工仪式在妙高街道金岸村的坞岭湾隧道出口举行，标志着主体工程正式开工建设。

【2016 年征迁之年】2016 年是衢宁铁路（遂昌段）项目建设征迁之年。5 月 5 日，召开衢宁铁路（遂昌段）房屋征迁工作动员会，23 名乡镇、部门抽调干部与县铁路项目指挥部干部组成土地、房屋征收队伍，设房屋征迁组、征地组、综合组。即日起全面启动政策宣传，深入拆迁户调查摸底，开展房屋测绘、评估等相关工作。仅用两个多月时间，完成 94 户 87 幢房屋征迁评估工作。房屋签约阶段，征迁组工作人员赶学比超，8 月 3 日完成首户签约。

在市铁路项目指挥部和九景衢铁路浙江有限公司支持下，遂昌县铁路项目指挥部奋力拼搏，合力攻坚，征地和拆迁工作取得突破，至 2016 年底，完成土地征收 32 公顷，安置地征收 4.2 公顷，临时用地交地面积 17.58 公顷，完成红线及环评线房屋签约 81 户 77 幢，签约率 87%。完成安置地选址、规划方案设计，并启动安置小区项目建设。为衢宁铁路（遂昌段）的顺利推进打下了坚实基础。

【2017 年建设之年】2017 年是衢宁铁路（遂昌段）项目建设关键之年。遂昌县将做好已征收房屋拆除和安置户选地工作列为“大抓投入、大干项目”首要任务，重点发起并打赢这两场攻坚战。参战干部大力弘扬苏村大救援精神和“护航 G20”精神，展示了遂昌铁军风采。房屋拆除攻坚战中，仅用 15 天就拆除各类房屋建筑 53 幢，拆除房屋面积 17298 平方米，红线范围内房屋签约、拆除率 100 %，为全线施工扫清了障碍。在迁建安置选地攻坚战中，应选地 56 户 76 宗，实际完成选地 53 户 69 宗，完成应选户数的 94.6%，较好地完成了选地和一站式建房审批工作。

这一年，铁路工程建设平稳、有序推进，全年完成投资 3.89 亿元。全线路基工程完成 98%，隧道工程完成 73%，桥涵工程完成 86%。完成了遂昌站站房设计，经县城市规划委员会和县政府常务会议审议确定，遂昌站站房建筑面积从 3000 平方米扩大到 4000 平方米，装修标准适当提高，充分展现遂昌地方文化元素。

【2018 年决战之年】2018 年是衢宁铁路（遂昌段）项目建设决战之年，也是站前工程收官之年。工程建设任务繁重，县铁路项目指挥部与中铁十二局 2 标项目部密切配合，将遇到的问题化解在一线，项目建设工作取得突破性进展。6 月 29 日，全长 14597 米的常乐山隧道以 3 毫米误差精准对接，提前 40 天成功实现贯通。这条隧道刷新了华东地区最长隧道纪录，成为浙江省第一长铁路隧道。

11 月 29 日，中国铁路总公司对衢宁铁路浙江段龙游南、遂昌、松阳、龙泉、庆元站站房及相关工程修改初步设计进行了批复。修改设计后，遂昌站站房按线侧下式布局，主要办理客、货运作业，其平面采用两台夹四线布置，站房设在线路右侧，货场设在线路左侧。旅客进出站流线采用地道“下进下出”。站房建筑面积3992平方米，平面按中部一层、两侧两层布局，最高聚集人数500人。同步建设办公综合楼、给水加压站、信号楼、10千伏配电所、污水处理、铁路自营停车场等配套设施。本次批复的修改后遂昌站初设概算8439万元，较原初设批复增加2654万元，按建设单位与地方政府签订的协议，遂昌县承担增加投资2242万元。遂昌火车站市政配套项目于12月10日开工，总用地面积11.61万平方米，建设内容包括道路工程（站前大道1365米，站前支一路268米，站前支二路536米，货运道路892米），桥梁工程（跨河桥梁11座，总长203米），河道改造和景观工程等。中标合同价9666万元，合同工期450天。

11月底，遂昌县承办丽水市第三届“衢宁铁路杯”运动会。衢宁铁路丽水段项目指挥部、九景衢铁路浙江有限公司、中铁电气化局项目部及丽水境内各标段项目指挥部等11支代表队、160余名运动员参加了比赛。遂昌县铁路项目指挥部获得团体总分第一名。

【2019年站房之年】2019年是站房建设、轨道铺设、“四电”工程施工的关键之年。这一年，项目建设快速推进，站前工程完成总投资计划99%，进入最后扫尾阶段。1月15日，中铁三局承建的铺架工程进入遂昌境内，遂昌段6座桥梁120片梁板仅用时2个月全部吊装到位。6月29日，遂昌站站房工程开工建设，至年底完成总形象进度70%，除钢结构外，站房主体结构全部结顶。12月2日，衢宁铁路（遂昌段）正式进入铺轨阶段，仅用了13天时间就完成了境内轨道铺设。

“四电”工程顺利推进，完成总进度60%。年度完成投资3.53亿元，项目开工以来累计完成投资13.42亿元。遂昌境内涉及的717户施工炮损补偿进入签约和补偿款拨付阶段，补偿资金410.8万元。

【2020年开通之年】2020年是衢宁铁路（遂昌段）项目建设决胜之年，也是衢宁铁路开通之年。春节前后，面对突如其来的新冠肺炎疫情，县铁路项目指挥部提前谋划协调，从复工方案制定到项目管理人员返岗，到施工队伍进场，一手抓疫情防控、一手抓复工复产。2月17日，中铁建站房1标承建的遂昌站房打响疫情复工第一枪，实现衢宁铁路（浙江段）率先复工，为其他标段复工复产起到示范带动作用。随后境内各项工程建设陆续跟上，为工程施工赢得了宝贵时间。

另一方面，遂昌县及时启动临时用地复垦、炮损补偿、压覆矿处置以及“小三改”工程建设，新路湾镇蕉川村、妙高街道苍畈村两块大面积水田复垦通过验收并交付使用。小马埠萤石矿压覆补偿协议顺利签订。列入实施的“小三改”项目基本完工。

五年多来，衢宁铁路（遂昌段）累计完成铁路红线征地40.14公顷。铁路及火车站市政配套项目累计征迁房屋102户，其中，迁建安置69户90个地块，货币安置33户。境内各项工程无障碍施工，未发生一起阻工事件。截至铁路开通前，地方市政配套工程项目形象进度达95%以上，基本具备与铁路同步建成投入使用条件。

9月27日，衢宁铁路全线开通运营，遂昌县正式跨入铁路时代。至12月31日共营运96天，遂昌站发送旅客86197人次（其中发送46394人次，到达39803人次），日均发送旅客898人次（其中发送483人次，到达415人次）。衢宁铁路的开通运营，为市民出行提供了极大方便，对促进遂昌县经济、社会发展作出了积极贡献，其产生的作用和效果将日益显现。（应玲玲）

新冠肺炎疫情防控

【概况】2019年底，湖北武汉爆发不明原因新型冠状病毒肺炎疫情，2020年初迅速波及全国。新冠肺炎疫情发生以来，遂昌县第一时间以最快速、最果断、最严密的措施，迅速掀起一场疫情防控人民战争，成功构筑起抵御疫情蔓延的坚强防线，确保了县域范围内未出现确诊和疑似病例。同时，遂昌县通过早部署、早谋划、出政策、抓落实，快速有序推动企业项目复工复产工作，确保了在最短时间恢复正常经济社会发展运行。在浙江省疫情风险评估“五色图”中，遂昌一直处于未发生疫情的绿色低风险县（市、区）行列。遂昌县在全市第一个实现省市县重点项目、规模以上工业企业、农业龙头企业、旅游景区100%复工复产。

【强力构建作战体系】1月19日，县卫生健康局召开疫情防控紧急会议，部署落实发热门诊、业务培训等工作。1月21日，县委副书记、县长胡刚组织召开全县新冠肺炎疫情防控工作部署会议。卫健系统全体干部职工取消休假，进入战时状态。

1月23日，浙江省启动重大公共突发卫生事件一级响应。遂昌县实施“三对一”工作机制：网格员、村干部、医护人员对一个重点对象。同日县际卡口设点。1月25日是农历大年初一，全省、全市新冠肺炎疫情防控视频会议结束后，遂昌县立即部署全县疫情防控工作，要求全民动员、全面管控、全时排查、全力保障、全员上岗，以对人民群众生命安全和身体健康高度负责的态度，全力做好打大仗、打硬仗的准备。1月26日成立遂昌县新冠肺炎疫情防控领导小组，县委书记和县长任双组长。领导小组下设办公室和综合协调、医疗救治、宣传教育、后勤保障、人员管控等10个工作组，从部门抽调50余名年轻干部充实到各工作组。落实各工作组、重点部门、乡镇（街道）职责，层层签订“军令状”。一项项工作机制陆续出台，一条条措施密集落实，不折不扣将上级各项要求部署执行到位。

【快速拉起防疫铁闸】遂昌在全市率先提出“乡自为战、村自为战、点自为战、人自为战”策略，全域管控、全时排查、全民动员。全县成立410支巡逻队，网格化排摸287121人次，参与志愿服务8000余人次，提供各类服务2万余次。

突发应急防控期间，遂昌县利用大数据、三大运营商（电信、移动、联通）、公安等部门技术手段，精准采集进遂返遂人员身份信息，及时反馈给乡镇、村、社区、单位，形成闭环管控，通过技术排摸3829人。做好舆情监测、风险评估、实验室检验、密切接触者追踪与医学观察、消毒、培训等工作。县卫生健康局出动应急人员410次，调查处置发热肺炎病例、密切接触者等对象170人，未发现新冠肺炎病例。对59家企业单位、69家学校幼儿园等人群聚集场所落实防控工作提供技术支持。

全县果断关闭集市、停运客运班车、取缔活禽和野生动物交易，对外地返遂人员实行隔离，实行文旅体场所全部关停。全县共设卡口482个，其中县际29个、乡际44个、村（社区）409个。

【保障应急物资供应】面对突发疫情，遂昌县沉着应对，通过对接生产企业、向上争取、接受社会捐赠、市场采购等渠道，保障应急物资供应充足。至3月23日，全县采购、发放普通口罩279250只、耳（额）温枪500把，调拨医用外科口罩31983只、医用口罩63449只、N95口罩1728只、医用防护服210件、普通防护服2164件。接收物资捐赠153.34万元、资金捐赠1398.87万元。县疾控中心实验室于1月29日正式启动新冠病毒核酸检测工作。

【全市率先复工复产】2月5日，县委、县政府开始研究项目复工和企业复产工作。2月7日，遂昌县发布《关于应对疫情支持企业共渡难关的二十条意见》，精准施策，重点做好企业金融信贷支持、税费减免、政务服务审批、用工、防疫物资调配等工作。2月10日起，县主要领导及职能部门负责人深入企业、项目工地开展深化“三服务”活动，全面掌握摸清复工复产可能遇到的问题和障碍。2月13日，县实验小学迁建工程正式复工，成为遂昌县第一批复工的项目之一。

遂昌县在“百名局长帮百企”的基础上，针对184家重点工业企业、商贸物流企业、农业重点企业和45个重点项目，组建“驻企服务员”队伍，共下派528名“驻企服务员”。“驻企服务员”帮助企业协调疫情防控、开复工准备、安全生产等问题 150 多项，指导帮扶 100 多家企业有序复工复产。

至 2 月 19 日，遂昌县在全市第一个实现重点项目、规模以上工业企业、农业龙头企业、旅游景区 100%复工复产。至 2 月 22 日，已开工复工企业 299 家、复工率 93%，到岗 11676 人、到岗率 76%，其中规模以上企业 74 家、开工率 100%，产能恢复情况全市领先。至 3 月 2 日，浙江省疫情防控响应等级从一级调整为二级。

2020 年，遂昌县通过减免、延缓、补助三大方式助力企业解决燃眉之急，加快资金兑现，全面落实“五减”工作，最大限度减少疫情对实体企业冲击。累计发放或减免稳岗就业、贷款、社保、租金及用水用电用气等金融支持和财政补贴 9.6 亿元。

【境外疫情输入防控】印发《关于做好境外疫情输入防控工作的通知》，对华人华侨、留学生、港澳台同胞进行排摸，健全境外人员信息清单。至 3 月 23 日，完成《浙江省海外侨胞健康信息预申报》系统境外人员 1123 人，其中华人华侨 767 人，境外旅居、留学等回国人员 315 人，港澳同胞 37 人，境外来浙留学工作等其他外籍人员 3 人，短期来浙商务旅行外籍人员 1 人。

发布《致海外侨胞的温馨提示》，建立劝导队伍，统一口径，正面引导，有针对性地开展劝导工作。对有意向回国人员安排医疗咨询专家进行一对一释疑解惑。组建海外微信 e 矩阵，成立 13 个侨胞联络互助团组，根据侨胞需求向 13 个互助组寄送援助物资。严格落实“点对点”受控接送和“应隔尽隔”硬管控措施，对境外返遂人员情况掌握、防控宣传、接机转运、落实管控形成闭环。2 月 15 日至 3 月 24 日，全县入境人员 48 人，均落实有效隔离。

【常态化疫情防控】3 月 23 日，浙江省重大公共卫生事件响应级别由二级调整为三级。4 月 29 日，全国疫情防控进入常态化阶段。遂昌县严格落实健康码准入“小门”机制，加强商区、厂区、校区、农贸市场等重点场所的防控措施，定期开展督查。严格落实医疗机构预检分诊工作制度，对进入人员实行“亮码+测温+戴口罩”管控。完善校园疫情防控方案和应急预案，开展各类培训和演练，确保遇到突发情况能稳妥快速处置。严格落实“日报告”“零报告”，加强跟踪管理和动态监测。

落实“应隔尽隔”和严格入境管理，确保 14 天集中隔离和 7 天日常监测管理到位。县隔离点设置在竹炭博物馆（100 间），配有 5 名工作人员，其中公安 2 人，医务人员 1 人，综合管理人员 2 人。确定汤公度假酒店（90 间房）为备用隔离点。

确定县人民医院为新冠肺炎救治定点医院，按要求准备 50 张救治床位和 5 张重症监护床位，组建呼吸、感染、重症医学等多学科组成的救治团队和重症救治后备医疗队。明确县中医院为新冠肺炎救治后备医院，县体育馆为方舱医院，委托专业机构设计方舱医院改造方案。

组建核酸检测机动队，完成 145 名医疗机构核酸检测采样人员培训。组建县级流行病学调查应急机动队，完成三个梯队建设，进行培训和演练。组建专业消杀队伍，负责疫点消毒处置及指导。组建疫情防控心理危机干预专家组，提供心理援助。

【《钱瓯遂昌》疫情防控报道】2 月 24 日，《遂昌“五大战术”迎战新冠肺炎疫情》《拧紧疫情防控“安全阀”，按下绿色发展“快进键”》《1500 名医护人员织密“防疫网”》《县疾控中心：严守“第一线”当好“守门人”》《县公安局：为遂昌守护好每一道平安防线》《疫情面前逆风前行，留观点里播撒温暖》。2 月 26 日，《遂昌举行新冠肺炎疫情防控应急演练》《用脚底板织起一张“疫情防护网”》《确保疫情防控到位，全力恢复经济社会发展》《“健康码”助推遂昌智能化防疫》。2 月 28 日，《46 名驻企健康指导员正式上岗》《线上线下送服务，科学统筹助发展》《文明上网也是阻击疫情的武器》。3 月 2 日，《小城抗疫勇担当，无偿献血见真情》《战“疫”路上的最美身姿》。3 月 4 日，《记者走访发现：仍以外卖形式为主，“一码一测一口罩”落实基本到位》《遂昌开启面向全国的“旅游惠民季”》。3月6日，《遂昌28个重大项目集中签约开工》《“红橙绿青蓝”五色志愿架起暖心彩虹桥》《我县启动“不见面招商”》。3月9日，《遂昌企业复工复产火力全开》《遂昌建立11个跨国互助组》。3月13日，《遂昌党员踊跃捐款支持战“疫”》。3月16日，《县人民医院医共体三管齐下战“疫”到底》。3月18日，《我县餐饮业重启，食堂人气渐复》。3月23日，《“惠企二十条”为企业减负超1.4亿元》。4月3日，《舌尖上防疫推动餐桌革命，公筷公勺渐成新“食尚”》。4月8日，《遂昌援鄂医护人员凯旋》《云上寄托哀思，清明更“清明”》《2020年一季度遂昌县身边好人榜（抗疫典型）》。4月26日，《减税降费助力遂昌企业按下复工复产“加速键”》。

大 事 记

1月

2日，新路湾镇双溪村建成子夏纪念馆，举办子夏文化论坛。子夏名卜商，是孔子的学生，列“孔门十哲”之一。

5日，2020中国·丽水竹产业创新发展高峰论坛在遂昌县举行。

8日，垵口乡小岩村至大柘镇车前村联网公路改建工程竣工验收，线路总长6.26千米。

10—11日，市侨联组织的“问海借力·侨商回家”活动走进遂昌，28位侨商到遂昌县考察投资环境和项目。

12日，遂昌县第五届美术双年展在县文化馆开展，展出油画、国画、水粉画、扎染、陶艺品等美术作品130余件。

15日，遂昌县城吴突头区块生态土地拍卖试点P（2019）49号地块在浙江省土地使用权网上交易系统挂牌出让。浙江凯兴旅游产业发展有限公司以总价4.36亿元、楼面价6069元/平方米竞得该地块。

20日，县疾控中心成立防控新冠肺炎疫情专项工作组，开展工作。

同日，全县“老年人心理关爱项目”在云峰街道社后村启动。全国共320个村列入“老年人心理关爱项目”首批实施村，云峰街道社后村上榜。

22日，遂昌县城集市日即日起取消。

24日，县卫生健康局紧急召回36名在读医学定向培养生和2名引进人才，驰援疫情防控一线。

28日，县人民医院重症医学科护士周欢欢紧急驰援武汉，为遂昌县首位援鄂医务人员。

是月，王村口镇被省文化和旅游厅公布为浙江省首批AAAAA级景区镇，并入选2020年度全省美丽城镇建设样板创建名单。

是月，遂昌县列入第二批浙江省可持续发展创新示范区建设和培育名单。

是月，省科技厅公布第三批浙江省产业创新服务综合体创建与培育名单，遂昌县金属制品产业创新服务综合体入围。

2月

2日起，遂昌县进入新冠肺炎疫情全民防控阶段，所有进入遂昌县人员一律劝返，县内人员一律不外出。

3日，遂昌县林剑锋、叶伟林两位医生奔赴丽水新冠肺炎集中治疗点支援。9日，县中医院护士戴乐梅驰援武汉。13日，县人民医院医生郑天宝、护士严丽娟驰援武汉。

7日，遂昌县发布《关于应对疫情支持企业共渡难关的二十条意见》，助企业解困。

10日，遂昌县四套班子主要领导深入企业、项目工地开展深化“三服务”活动，指导督查疫情防控工作。

13日，县实验小学迁建项目恢复施工。至19日，遂昌县所有在建项目100%复工，率全市之先。

19日，全面启用丽水健康码，疫情防控由封闭管理转向精密型智控。

25日，遂昌县在浙江荣凯科技发展股份有限公司组织新冠肺炎疫情防控应急演练。

3月

至1日，通过三批历时8天采血，遂昌县完成团体预约献血所有报名人员采血工作，成功采血1269人次，采血总量38万毫升。

至4日，全县恢复生产企业320家，开工率98%，74家规模以上企业100%复工。

5日，遂昌县举行重大项目集中签约暨开工仪式，总投资157亿元的28个重大项目集中签约、开工，2020年度计划投资31亿元。

18日，“战疫情、促发展、争当主力军”职工劳动竞赛月活动启动仪式在浙江白马休闲用品有限公司举行。

24日，全省“同心同行聚力扶贫”主题活动在遂昌县举行，向低收入农户开展“八送”服务。

29日，《遂昌畲族山歌选集（二）》举行首发式。收录红色畲歌、叙事歌、情歌、仪式歌、历史歌等五大类148首，共10万余字。

是月，2019年度浙江省“善治示范村”名单公布，遂昌县妙高街道东街村、新路湾镇新溪村等29个村入选。

是月，浙江省第八批历史文化村落保护利用重点村和一般村名单公布，遂昌县黄沙腰镇上定村入选重点村，金竹镇夏东村、蔡源乡双溪村等10个村入选一般村。

4月

3日，遂昌县首名援鄂医护人员周欢欢返遂。6日，护士戴乐梅完成援鄂任务返遂。15日，援鄂医护人员郑天宝和严丽娟返遂。

13日，遂昌县成立总规模1亿元的生态价值转化产业基金，是全市首个探索生态价值市场化的基金，首期到位资金3000万元。

同日，全县高三、初三学生正式开学复课。

16日，遂昌县召开第五届道德模范和提名者表彰会。遂昌县第五届道德模范共5人：包圣军（助人为乐）、何群文（见义勇为）、李文翱（诚实守信）、朱宗鹤（敬业奉献）、宁利平（孝老爱亲）。

30日，浙江省首家基层社会治理信用村揭牌仪式在遂昌县蔡源乡蔡和村举行。

同日，北界镇登埠水库竣工验收。该水库总投资1369万元，总库容26.58万立方米，是遂昌县重点水利、民生工程。

3月中旬至4月底，全县31家规模以上工业企业和11个省、市重点工程项目报名参加“职工劳动竞赛月”活动，开展164场劳动竞赛，参赛职工7345人，决出优胜班组111个、优胜个人660人。

是月，遂昌县被确定为全省“三医联动”“六医统筹”集成改革试点县，系丽水市唯一。

5月

1日，《小康》杂志社公布“2020中国最具绿意百佳县市”排行榜，遂昌县在测评的2657个县域行政单位中排名第18位。

“五一”假期，遂昌县各景区和乡村旅游点共接待游客53896人次。4家AAAA级景区共接待游客9534人次，“浙西川藏线”接待自驾游客12500人次，高坪万亩杜鹃林接待游客5000余人次。

10日，中国冶金报社发布2020年中国钢铁行业品牌榜，浙江元立集团获2020年“中国卓越钢铁企业品牌”“中国钢材市场优秀品牌（线螺类）”两项荣誉。

19日，湖山乡搭建2个5G基站并投入使用。

20日，遂昌县举办生态住区推介会，重点推出后江区块4宗、行政中心区块1宗、梅溪区块2宗共7宗新地块。本次推介会吸引30余家房企、80余名媒体单位参与。

22日，遂昌县首个天然气改造老旧小区——西州商贸城小区实现通气。

25日，全市首次不设脚本全实战防汛抢险综合演练在三仁畲族乡举行。

28日，县工业园区与中国航天科工集团增材制造技术创新中心签订共建浙南基地协议。

29日，柘岱口乡“柘里薯乡”省级星创天地项目开工建设。

是月，“遂昌龙谷茶”“遂昌土蜂蜜”入选2020年第一批农产品地理标志登记产品。

是月，王村口小学被授予“希望工程30年示范希望小学”称号，系丽水市唯一。

是月，遂昌县殡仪馆、公墓迁建工程成功列入政府专项债券清单，获得专项债券1亿元。

是月，遂昌县以微信小程序为载体发布全市首个“读地云”。

6月

5日，县文广旅体局与上海市虹口区文旅局通过线上视频连线方式举办云端签约仪式，签订文旅合作备忘录。

同日，《苏村醒了》赠书仪式在北界镇苏村村举行。该书记录了2016年“9·28”苏村山体滑坡自然灾害情况及灾后重建内容，作者为中国青年作家学会副主席俞宸亭。

同日，柘岱口乡完成29—31三类“柘岱口”商标注册，“柘岱口”商标将在茶叶、水果以及干果等产品范围内具有专项使用权。

至8日，遂昌县参与申领“企业码”的大小企业3445家，是全市唯一一个达到100%领码的县。

9日，遂昌县金属制品产业创新服务综合体正式开园，在综合体内举办2020浙江科技成果竞价（拍卖）会。

10日，南湖—遂昌山海协作“飞地”产业园一期工程项目举行竣工仪式。

同日，528国道新路湾至石练段改建工程房屋征迁工作全面启动，涉及5个乡镇（街道）共206户，需拆迁建筑面积4.3万平方米。

同日，中央、省、市、县20家媒体记者组成的采风团走进遂昌，开启“两山”路打卡之行。

11日，三仁畲族乡中心小学畲族山歌社和竹竿舞社应邀参与中央电视台《夕阳红》栏目录制。

17日，仙侠湖环湖绿道项目举行开工仪式。

22日，石练镇警务中心揭牌成立。

同日，云峰中心学校新校区正式启用，1288名学生、123名教职工开始新校区的学习与工作。

24日，焦滩乡为农水电站并网发电，该电站由焦滩乡五村抱团联建，每年可为各村增加集体经济收入十余万元。

同日，遂昌县人工增雨作业基地项目开工，位于湖山乡湖山村。

25日12时30分，《千年金矿遂昌端午行》特别节目进入中央电视台直播间，在央视新闻、央视官方微博、央视频、百家号、今日头条号等平台进行直播。

7月

1日，“遂昌新闻”App正式上线，以县融媒体中心报纸《遂阅》为主要内容。

同日，遂昌县举行2020年度第二批生态工业项目竣工开工签约仪式，涉及34个项目，总投资额60亿元。

7日，遂昌文旅（杭州）亲子研学资源推介会在杭州举行。

同日，云峰街道“连头矿地综合利用采矿权”通过浙江省矿业权网上交易系统公开拍卖，杭州兴峰石业公司以总价3.42亿元竞得，溢价率470%。

8日夜，遂昌县大部分乡镇出现暴雨，龙洋、柘岱口、王村口、焦滩、石练等乡镇出现大暴雨。8日20时至9日6时，全县平均降雨量67.4毫米。

11—12日，《山中青年》大型主题采访团到遂昌县，深入报道遂昌青年在“两山”理论指引下的创新创业事迹。

12日，528国道新路湾至石练段改建工程全面完成土地征收工作。征收土地面积约177公顷，签约生产队181个。

21日，遂昌县政府与中国移动丽水公司签署新基建（5G）战略合作协议。

28日，“万物开源・热建驱动”共同打造遂昌建联商贸有限公司暨遂昌县建投公司与杭州热联集团合作框架签约、揭牌仪式举行。

是月，“遂昌竹炭”地理标志产品入选第二批中欧地理标志协定保护产品名录。

是月，遂昌县通过国家卫生县城复审。三仁、垵口、黄沙腰、高坪、应村、蔡源、西畈7个乡镇被命名为国家卫生乡镇。

是月，遂昌县入围2020年电子商务进农村综合示范县名单（第一批）。

8月

5日，全市“大搬快聚富民安居”工程推进现场会在遂昌县召开。

7日，遂昌县生态经济知识产权保护服务中心揭牌，设在“天工之城”核心区。

8日，遂昌县健身排舞代表队参加浙江省第三届女子体育节，获得排舞甲组规定曲目一等奖、广场舞甲组规定曲目一等奖、广场舞自选曲目二等奖和广场舞全能一等奖。

11日，全市治水办（河长办）主任会议暨“污水零直排区”建设现场会在遂昌县举行。

12日，遂昌县第一届畲族语言大赛决赛在青少年宫举行。

15日，遂昌县首部原创儿童音乐剧《不要留我一个人在角落》在汤显祖大剧院上演。

16日，首届浙江技能大赛在宁波落幕，遂昌选手郑笑里获得茶艺项目组第五名的成绩，获“浙江省技术能手”“浙江青年岗位能手”“浙江省巾帼建功标兵”荣誉，取得茶艺项目国家职业资格。

同日，“盛世元音”中国昆曲艺术文化展在汤显祖纪念馆开展，时间持续到10月8日。

18日，云峰古亭小区、腾龙小区三期“大搬快聚”工程限价商品房开始按签选房。共有1435户搬迁户参加选房抽签，其中云峰古亭小区455户、腾龙小区三期980户，是遂昌易地搬迁历史上涉及面最广、规模最大、人数最多的一次。

27日，遂昌县自然资源行政执法队成立。

27—29日，高坪乡举办第二届中国花园论坛暨首届浙江乡村花园峰会。采用专家线下演讲、线上视频同步直播方式进行。

是月，遂昌县获2019年度美丽浙江建设考核优秀县（市、区）和“五水共治”大禹鼎。

9月

1日，梅溪幼儿园正式开园，是遂昌县继示范幼儿园之外的第二所公立幼儿园。

5日，“未来乡村”研讨会暨遂昌《未来乡村建设导则》发布会在杭州举行。

8日，遂昌县第十届中小学生、幼儿园“龙谷之声・文艺”比赛开始现场展演，全县300多名学生参加比赛。

18日，遂昌县“智能制造三年攻坚战”启动会召开。

同日，遂昌县第二届青少年科技嘉年华暨中小学生第七届“龙谷之光”科技节在青少年宫举行。

20日，“绿水青山・运动浙江”浙江省首届生态运动会（遂昌站）举行，活动在三个点位同时进行，分别是大柘万亩茶园自行车越野赛、王村口百里红军古道定向越野赛、云峰街道“绿水青山就是金山银山”骑游活动。

27日，衢宁铁路正式通车，遂昌站举行开通仪式，遂昌县进入铁路时代。

是月，2020中国民营企业500强榜单公布，浙江元立集团排名第321位。在2020中国民营企业制造业500强和浙江省民营企业100强榜单上，元立集团分别排名第180位和第42位。

是月，浙江佳禾竹业科技有限公司、浙江剑光生态农业科技开发有限公司入选2020省级骨干农业龙头企业名单。

是月，遂昌县各银行机构人民币存贷款余额达到411亿元，成为丽水市第四个存贷款余额400亿元以上的县。其中存款余额236亿元，贷款余额175亿元，两项增幅均居全市第一。

是月，中共遂昌支部旧址（遂昌革命纪念馆）管理员朱宗鹤获评“2020年最美诚信浙江人”。

是月，遂昌县自来水厂取水地由成屏二级水库切换为成屏一级水库工程正式通水。

是月，龙洋乡茶园村《用“情境乡村”建设新路径破解乡村活化难题》入选“世界旅游联盟旅游减贫案例100”名单。

是月，省文化和旅游厅主办的2020“天籁浙江印象诗路”朗诵大会（决赛）暨“云游兰亭”直播推广活动上，遂昌育才小学彭梓祺的朗诵作品《瓯江，在我血脉中奔跑》获青少年组第一名。

10月

9日，《钱瓯遂昌》报纸正式改名《遂阅》。

10日，2020年强村公司“消薄”项目大比拼活动在县农业农村局举行。

14日，2020年遂昌县“天工巧匠”制茶技能大赛举行，共36名选手参加比赛。同月举办“天工巧匠”竹篾编织技能大赛，23位民间竹篾编织师傅参加比赛。

21日，省委书记袁家军到遂昌县调研“山海协作”成果和产业转型升级情况，接待群众来访。

21日，王村口镇举行红军广场雕像开工暨捐赠仪式。

同日，遂昌县“坚决抵制餐饮浪费行动”启动仪式暨“食品安全月”宣传活动在平昌广场举行。

24日，2020年第37届遂昌畲族重阳歌会在县旅游集散中心举行。

25日，第九届“智汇丽水”人才科技峰会遂昌分会场活动之“湖山论剑”——长三角双创人才高峰论坛暨“天工之城”引智大会开幕。

28日，“微党课”浙江省青年宣讲团到遂昌县巡讲，8位宣讲员现身说法，为全县干部群众带来了8堂生动的微党课。

同日，2020中国（浙江）畲族文化创意产品设计展演在遂昌县举行终评会。

30日，县综合行政执法局仙侠湖中队揭牌。

31日，妙高街道在前山社区举办垃圾分类撤桶并点启动仪式。

11月

1日起，第七次全国人口普查登记工作全面展开，全县1099名普查工作人员走村入户，逐人逐项登记普查信息。

同日，“赋能·新时代创业·赢未来”——2020年遂昌县“天工巧匠”网络营销大赛启动。

5日，丽水市第十三届乡村文化艺术节在遂昌县举行。

9日，丽水市第15届原创歌曲大赛开幕，遂昌县选送的作品《春的守望》获创作、表演、辅导金奖，《小城大爱》获创作、表演、辅导铜奖。

10日，遂昌县举行垃圾分类宣传活动暨“撤桶并点”启动仪式。

同日，遂昌县“建设‘一城五区’、打赢‘八大战役’暨‘建设大花园最美核心枢纽’”综合艺术展在县文化馆开展，展出书法、美术、摄影、剪纸作品150幅。

11日，“红船杯”2020年浙江省共青团党团知识竞赛在长兴县落下帷幕，遂昌县代表队获得决赛一等奖。

12日，根据发布的《中国县域旅游竞争力报告2020》，遂昌县上榜“2020中国县域旅游发展潜力百强县市”。

13日，全省抗击新冠肺炎疫情表彰大会在杭州举行，遂昌县4名先进个人（郑天宝、戴乐梅、黄根寅、戴旭盛）、1个先进集体（浙江元立集团）受到表彰。

同日，《还有诗和远方·诗画浙江篇》研讨会在遂昌县召开。

同日，2020中国浙江畲族文化创意产品设计展演文创集市在古院人民公园举行。

19日，“相圃书房”举行亮灯仪式，正式对外开放。

20日，在北京举行的全国精神文明建设表彰大会上，遂昌县税务局、三仁畲族乡小忠村获“全国文明单位”“全国文明村”称号。

30日，遂昌县举行2020年第二批重大项目集中开工仪式。此次集中开工的项目共47个，总投资190.86亿元。

是月，王村口至南尖岩公路改建工程、金竹叶村至高坪岱岭农村道路改建工程先后完工。

是月，浙江凯恩电池公司入选全国第二批专精特新“小巨人”企业名单。凯恩集团总工程师陈万平获得“全国劳动模范”荣誉。

是月，遂昌县金属制品特色产业基地入选2020年第二批国家火炬特色产业基地名单。

是月，在第15届中国义乌文化和旅游产品交易博览会上，遂昌县选送的黑陶作品“中华朱雀”获工艺美术金奖。同月，在第13届中国义乌国际森林产品博览会上，遂昌县18个产品获金奖，26个产品获优质奖。

是月，县行政执法局对浙江某爆破工程有限公司未按规定采取有效防尘降尘措施，造成大气扬尘污染行为，予以罚款5.5万元处罚，系遂昌县首次对施工扬尘污染行为进行立案查处。

12月

4日，2020年丽水市青少年乒乓球锦标赛暨丽水市中小学生乒乓球校园联赛在县体育馆开赛，全市11支代表队266名乒乓球爱好者参加。

10日，龙游—遂昌两地人大合作监督治水倡议仪式在龙游县溪口镇举行。

11日，遂昌县生物多样性调查项目通过专家组验收。经全面调查，遂昌县共记录陆生维管植物191科864属2148种，其中国家重点保护野生植物24种；脊椎动物35目104科376种，其中国家一级重点保护动物5种、国家二级重点保护动物45种；陆生昆虫17目109科675种；大型真菌13目38科209种；底栖动物共鉴定28科79属99种。

至13日，遂昌县“浙丽保”参保人数158996人，参保率76.81%，全市排名第一。

同日，2020年浙江省珍稀濒危植物保护研讨会在遂昌县召开。

14日，遂昌县举行仙侠湖论剑暨“天工之城—数字绿谷”项目集中签约仪式，与海康威视、千寻位置、网易等11家头部企业正式签约。

18日，浙江省党政机关等公共机构碳中和工作启动仪式在高坪乡举行。省机关事务管理局与遂昌县政府签订2021年会议碳中和战略合作协议。

同日，县人民医院举行建院80周年庆典。

24日，2020遂昌县“天工巧匠”网络营销大赛闭幕，此次大赛吸引全国近600名选手参赛，经36天销售，总交易额达3900万元。

25日，双峰塔落成典礼举行。双峰塔建于遂昌县城土鼓山原址，设计7层，高47.95米，逐层设计了遂昌不同年代的历史介绍。重建工程于2017年底开工，历时3年。

是月，火车站通往云峰工业新区重要通道——洋浩至大桥公路连接线道路工程开工。

是月，遂昌县在上海外滩和国家“863”软件产业园建立2个“飞地”平台。

是月，遂昌县完成县城南溪、北溪和白马山林场自然资源确权登记发证。白马山林场与浙江茂润百草生物科技有限公司签订自然资源使用权流转合同，完成活权。

是月，遂昌县首次非公开发行公司债券10亿元，分为8亿元AAA债项及2亿元AA+两个品种。

是月，城东区块公交首末站工程完工。

是月，位于妙高街道金岸村的遂昌县城市生活垃圾收运及焚烧发电一体化项目提前点火。

2020年遂昌县主要机构及负责人名录

中共遂昌县委员会

书　记：张壮雄
副书记：胡　刚
　　　　罗运乾
常　委：周立民
　　　　许积标
　　　　顾奕滨
　　　　陈永军（至3月）
　　　　郭劲松
　　　　孙培莲
　　　　董光辉（挂职至11月）
　　　　陈　夙（挂职至7月）
　　　　梁　成
　　　　练如库（3月始）
　　　　李　宣（7月始）

遂昌县人大常委会

党组书记、主任：尹建中
副主任：鲁子钗
　　　　蓝献民
　　　　赵文明
　　　　张少啸
　　　　张仪辉
办公室主任：邵小根
代表工作委员会主任：廖陈尉
法制工作委员会主任：李丽春
财政经济工作委员会主任：郑俊良
农业与农村工作委员会主任：林延旺
城乡建设与环境资源工作委员会主任：罗仕军
教科文卫民族侨务工作委员会主任：杨　力

遂昌县人民政府

党组书记、县长：胡　刚
党组副书记、常务副县长：许积标
副县长：张春根
　　　　李建霞
　　　　陈积林
　　　　包　炜（至7月）
　　　　杨朝晖
　　　　谭国庆（5月始）
　　　　王向荣
　　　　董光辉（挂职至11月）
　　　　陈　夙（挂职至7月）

政协遂昌县委员会

党组书记、主席：华治武
副主席：林成高
　　　　马翔华

姜雄伟
潘堂根
周黎平
秘书长：尹渭彬
办公室主任：黄美丰
提案委员会主任：林延忠
委员工作委员会主任：徐成章（至4月）
李建平（4月始）
经济委员会主任：罗晓平
农业和农村委员会主任：雷先华
人口资源环境委员会主任：周松华
教育科技卫生体育委员会主任：章勇军
社会法制和民宗港澳台侨委员会主任：蓝方贤
文化文史和学习委员会主任：董小达

中共遂昌县纪律检查委员会 遂昌县监察委员会

纪委书记、监察委主任：陈永军（至3月）
练如库（3月始）
纪委副书记、监察委副主任：舒坚阳
郑水松（至9月）
鲁旭晖（11月始）
纪委常委：华俊锋
鲁旭晖（至11月）
毛长峰
徐　斌
监察委委员：鲁旭晖
华俊锋
鲍晓会
叶　波
派驻第一纪检组、第一监察组组长：詹建平
派驻第二纪检组、第二监察组组长：唐振根
派驻第三纪检组、第三监察组组长：毛惠红
派驻第四纪检组、第四监察组组长：王　微
派驻第五纪检组、第五监察组组长：杨　慧
派驻第六纪检组、第六监察组组长：余建飞
派驻县人民法院纪检监察组组长：黄彤兴
派驻县人民检察院纪检监察组组长：叶　波
派驻县委组织部纪检监察组组长：郑爱芽
派驻县公安局纪检监察组组长：范显洪

遂昌县人民法院

党组书记、院长：陈裕琨
副院长：张晓法
李红群
周惠平
政治处主任：王华根（至10月）
巫红梅（10月始）

遂昌县人民检察院

党组书记、检察长：叶珍华
副检察长：张桂旺
丁慧敏（至7月）
吴征峰
刘　悦（7月始）
政治处主任：李建青（至10月）
周欣洁（10月始）

县委工作部门

县委办公室

主　任：方建雄
副主任：李飞华（4月始）
廖承川
李上锋

组织部

部　长：顾奕滨
常务副部长：周黎平（至4月）

潘光明（4月始）
副部长：郑月娥
陈　永

宣传部
部　长：郭劲松
常务副部长：徐春球（至9月）
郑水松（9月始）
副部长：胡志忠
蓝培忠（4月始）

统一战线工作部
部　长：周立民
常务副部长：黄存贵
副部长：蓝水林
张志伟（4月始）

机构编制委员会
主　任：叶松华
副主任：雷奇峰
周珠凤

县委巡察工作办公室
主　任：鲁旭晖
副主任：张益熊

信访局
局　长：庾善彬
副局长：华宗新
张春生（至7月）
应水法
杨伟尔

政法委员会
书　记：罗运乾
副书记：许积标
陈积林
杨全俊（至9月）
周根旺（9月始）
李建华
鲍王富

县政府工作部门

县政府办公室
党组书记、主任：朱与滨
副主任：曹　昱
杨松长
张新华
叶君美
孟　波（9月始）
华新强
吴樟根

发展和改革局
党组书记、局长：潘光明（至4月）
雷伟东（4月始）
副局长：钟雪飞
尹伟平（至4月）
徐水江
刘伟良（4月始）

教育局
党组书记、局长：邱根松
副局长：龚彩云
毛立华
教育总督学：肖飞

经济商务局
党组书记、局长：巫惠祥
副局长：华　俊（至9月）
尹卫中
刘　萍（9月始）

科学技术局

党组书记、局长：杨　捷

副局长：周新颜

　　　　黄文法

公安局

党委书记、局长：陈积林

党委副书记：谢炳洪（至9月）

　　　　　　应事建（至9月）

　　　　　　吴华军（9月始）

　　　　　　姜文伟（9月始）

政治委员：谢炳洪（至9月）

　　　　　吴华军（9月始）

副局长：应事建（至9月）

　　　　姜文伟

　　　　张蕴铭（9月始）

　　　　周林剑（7月始）

　　　　翁昌慧（9月始）

　　　　潘敏鹏（至9月）

　　　　金存序

政治处主任：陈忠良（至9月）

　　　　　　邝剑飞（9月始）

财政局

党组书记、局长：金　飞（至4月）

　　　　　　　　张宗渭（4月始）

副局长：程昌文

　　　　方文初

　　　　王金品

总会计师：叶樟土

民政局

党组书记、局长：蓝一平

副局长：余仙青

　　　　徐建明

自然资源和规划局

党委书记、局长：王坚兵

副局长：周亚锋

　　　　朱爱军

　　　　陈团进

总规划师：王彩芳（至4月）

　　　　　曹　锋（4月始）

司法局

党组书记、局长：傅准卫

副局长：翁慧平

　　　　瞿成明

住房和城乡建设局

党组书记、局长：苏　欣（至7月）

　　　　　　　　叶名颉（9月起）

副局长：徐伟军（至9月）

　　　　张文豪

　　　　毛剑波（9月起）

　　　　黄清华（至4月）

总工程师：李君飞

交通运输局

党组书记、局长：章君剑

副局长：邱　晨

　　　　潘　勍

总工程师：张朝辉

专职副队长：朱建伟

水利局

党组书记、局长：叶名颉（至9月）

　　　　　　　　王朝辉（9月起）

副局长：毛剑波（至9月）

　　　　徐伟军（9月始）

　　　　张水明

总工程师：孟伟烽

文化和广电旅游体育局

党组书记、局长：叶孔贤

副局长：季国良（至9月）

　　　　许　艳
　　　　洪　斌
　　　　张腾海
文化市场综合执法队专职副队长：蓝培富

人力资源和社会保障局

党组书记、局长：雷伟东（至4月）
　　　　　　　　金　飞（4月始）
副局长：徐晓峰
　　　　叶会华

卫生健康局

党委书记、局长：吴华军（至9月）
　　　　　　　　徐春球（9月始）
副局长：秦丽君
　　　　华利颖
　　　　李新标
医管中心主任：叶水福

医疗保障局

党组书记、局长：朱立军
副局长：汤建雄
　　　　金忠平

应急管理局

党委书记、局长：周根旺（至9月）
　　　　潘敏鹏（9月始）
副局长：阮定豹
　　　　刘亦非
　　　　包志斌
总工程师：叶凌霄

农业农村局

局　长：王朝辉（至9月）
党组书记：李　泳（至9月）
党组书记、局长：周安涛（9月始）
副局长：叶丽娟
　　　　王肖波
　　　　汪樟英
总农艺师：朱金星

市场监督管理局

党组书记、局长：周世岳（至7月）
副局长：华　俊（9月始）
　　　　姜　敏（至9月）
　　　　尹新华
　　　　顾飞翔
　　　　王樟松
市场监管综合行政执法队专职副队长：祝雄鹰

综合行政执法局

党组书记、局长：华建平
副局长：雷根松
　　　　沈　强

退役军人事务局

党组书记、局长：孟晓明
副局长：周朝霞
　　　　朱柏成

审计局

党组书记、局长：罗铁明
副局长：叶根会
　　　　林延彬
总审计师：包宏敏

统计局

党组书记、局长：黄新园（至9月）
　　　　姜　敏（9月始）
副局长：张志伟（至4月）
　　　　邹丽景　（4月始）
总统计师：沈慧珠

市生态环境局遂昌分局

党组书记、局长：杜维涛
副局长：潘来根

孙顶旭
总工程师：林家成
生态环境保护综合行政执法队专职副队长：杨　弘

县级民主党派

中国民主促进会遂昌县总支部委员会
主　委：潘堂根
副主委：郑俊良
唐　巍

群众团体

总工会
党组书记、主席：钟月英
副主席：黄素云
刘卫军

共青团遂昌县委员会
书　记：李昌华
副书记：毕丹雯
朱建夏（11 月始）

妇女联合会
党组书记、主席：黄丽萍
副主席：吴素妤
吴丽芳

社会科学界联合会
主席：周淑赟

科学技术协会
党组书记：朱宜根
副主席：雷小德
吴永良

归国华侨联合会
主　席：李　波

工商业联合会（总商会）
执委会主席（会长）：谢旭峰
党组书记、常务副主席：程利贤
副会长：周小明

文学艺术界联合会
主　席：朱旭明
副主席：涂文卿

残疾人联合会
党组书记、理事长：曹　昱
副理事长：余雪峰
林素贞

红十字会
会长：李建霞
常务副会长：傅长贵
副会长：傅秉辉

计划生育协会
会　长：李建霞
副会长：吴华军（至 9 月）
徐春球（9 月始）

关心下一代工作委员会
名誉主任：顾奕滨
李建霞
主　任：包志华（至 6 月）
林成高（6 月始）
副主任：王炽耀
徐桂妹
陈杏生
专职副主任：毛水兰

中央、省、市和县双重管理部门

国网遂昌县供电公司
总经理： 周伟军
副总经理：苏 恺
徐 岗
胡建群
党委书记：陈晓春
纪委书记：余洪雷

丽水市住房公积金管理中心遂昌分中心
主 任：郑必强

国家税务总局遂昌县税务局
党委书记、局长：刘 云
副局长：张志德
翁永明
张坛火
葛伟敏
纪检组长：李木能

气象局
党组书记、局长：卢 钊
副局长：潘建新
许建义

浙江遂昌农村商业银行股份有限公司
党委书记、董事长：刘俊毅
行 长：王 峰
副行长：吴振宇
李晓波
监事长：潘立文

中国邮政集团有限公司浙江省遂昌县分公司
党委书记、总经理：潘伟杰
纪委书记、副总经理：邱耀祖
党委委员、市场部经理：徐璐敏

中国电信股份有限公司遂昌分公司
党委书记、总经理：戴 斐
纪检书记、副总经理：包肖波

中国移动通信集团浙江有限公司遂昌分公司
总经理：潘志恒
副总经理：杨兴力
邱维珍

中国联合网络通信有限公司遂昌县分公司
经 理：曹 玲
副经理：杨建欣

中国人民财产保险股份有限公司遂昌支公司
党组书记、总经理：王 亮
副总经理：陈 均

中国人寿保险股份有限公司遂昌县支公司
总经理：康逸兵
副总经理：高杭伟

烟草专卖局（丽水市烟草公司遂昌分公司）
局 长：蔡芳晖
副局长：骆建明
副经理：叶宏海

企事业单位

九龙山国家级自然保护区管理中心
党组书记、主任：吴建华
副主任：郑子洪
郑伟成

全面深化改革服务中心
主 任：廖承川
副主任：肖 靓
张俊雄

县委党校（电大）

校　长：顾奕滨

党委书记、常务副校长：徐土生

副校长：赵宏华

　　　　王俊杰

新经济与新社会组织工作委员会

书　记：郑月娥

副书记：潘　驰

台湾工作办公室

主　任：方建雄

副主任：涂三文（至4月）

　　　　潘建龙（4月始）

机关事务保障中心（县委、县政府接待办公室）

主　任：潘文华

副主任：毛淑景

　　　　王　辉

民族宗教事务局

局　长：蓝水林

社会主义精神文明办公室

主　任：徐根明

副主任：叶刚强

　　　　郑立盛

行政服务中心

党组书记、主任：范建文

副主任：上官献雄

　　　　罗峰云

移民工作中心

党组书记、主任：龚水伟

工业园区管理委员会

党工委书记、主任：张延洪

副主任：林　辉（至11月）

　　　　叶勇飞（11月始）

党工委副书记：翁　捷（4月始）

总工程师：罗　亮

公安局森林分局

局　长：金存序

教导员：俞根贤

老干部服务中心

主任：李建平（至4月）

　　　涂三文（4月始）

副局长：巫根成

　　　　程　昕

档案馆（党史和地方志研究室）

馆长、主任：肖陈明

副馆长：潘伟平

　　　　华金芽

县大数据和金融发展中心

主　任：张永庆

副主任：蒋国海

供销合作社联合社

党组书记、主任：朱建平

副主任：方一丰

　　　　李逢庆

融媒体中心

党组书记、主任：周安涛（至8月）

副主任：吴立忠

　　　　胡永军

　　　　杨　曦

总　编：李法贵

经济合作交流中心

党组书记、主任：徐玮珺

副主任：张文松
　　　　包丽卿

交通运输发展中心

主　任：廖美恩
党支部书记：程华良

畜牧兽医发展中心

主　任：曹建章（至4月）
　　　　朱日周（4月始）

人民医院

党委书记：巫智强
院　长：周小伟
副院长：卜文良
　　　　雷招媛
　　　　詹义星
纪委书记：汤红芳

中医院

党委书记：朱　政
院　长：张建生
副院长：阙建伟
　　　　张布明
　　　　徐光元
纪委书记：梁盛恒

遂昌中学

校　长：郑小斌
党委书记：雷永春
副校长：刘仁海
　　　　项土发
纪委书记：彭津涛

遂昌职业中专

党委书记、校长：徐晓平
副校长：郑建雄
　　　　雷志明
　　　　董志军
纪委书记：钟春明

国有资本投资运营集团有限责任公司

副董事长、总经理、党总支书记：邱小松

遂昌县经济投资发展有限公司

董事长、总经理、党支部书记：李宏方

遂昌县两山投资发展集团有限责任公司

董事长、总经理、党委书记：张文华（至11月）

遂昌县建设投资发展有限公司

董事长、总经理、党总支书记：程延根

遂昌县金融控股集团有限责任公司

董事长、总经理、党支部书记：朱　亮

街道·乡镇

妙高街道

党工委书记：陈海标
党工委副书记、主任：林　巍
人大工委主任：刘苏明
党工委副书记：叶宗林（4月始）
　　　　　　　吴群林（4月始）
党工委委员、副主任：彭智强（至9月）
党工委委员：雷仙华
　　　　　　吴群林（至4月）
　　　　　　黄文斌（4月始）
　　　　　　张　艳
　　　　　　毛新文（4月始）
　　　　　　应永军
　　　　　　谢斌峰（9月始）
人大工委副主任：王仙发
办事处副主任：郑富毅
　　　　　　　毛新文（至4月）

蔡　捷（4 月始）
宁云抗
雷　骁（9 月始）
陈　政（11 月始）

云峰街道

党工委书记：巫林富
党工委副书记、主任：张海锋
人大工委主任：柳启斌（至 9 月）
党工委副书记：李文富（4 月始）
江振军
党工委委员、副主任：吴锦雄（至 8 月）
罗伟锋（9 月始）
党工委委员：李卫东
留建丽（至 4 月）
涂文平（4 月始）
朱文宾（4 月始）
余俊杰（至 4 月）
蔡荣建（4 月始）
翁昌慧（至 9 月）
尹科军（11 月始）
人大工委副主任：何华根
办事处副主任：罗伟锋（至 9 月）
余俊杰（4 月始）
徐承蔚
毕樟兰（4 月始）
朱文宾（至 4 月）
王华根（10 月始）

大柘镇

党委书记：叶少磊
党委副书记、镇长：陈　锋
人大主席：吴子峰
党委副书记：罗根爱
党委委员：苏丽青
梅卫平
周振东（至 4 月）
黄建峰（4 月始）
黄雄伟（9 月始）
王　巍（4 月始）
潘　毅（至 11 月）
人大副主席：朱建明（5 月始）
副镇长：王成杰
周瑞禄（5 月始）
吴泽文（5 月始）
涂　潇
詹贵芳（5 月始）

石练镇

党委书记：吴志春
党委副书记、镇长：邱佳俊
人大主席：袁欣豪
党委副书记：范宏伟
翁　捷（至 4 月）
党委委员：包建斌
余月娇（至 4 月）
刘美萍（4 月始）
朱少华（9 月始）
尹科军（至 11 月）
人大副主席：赖晓东（5 月始）
副镇长：叶惠华
韩丽芳
雷周灵
蓝　骁（5 月始）

新路湾镇

党委书记：毛　洁
党委副书记、镇长：严育根
人大主席：刘金洪
党委副书记：童宣明
党委委员：潘忠平（至 4 月）
姜李强
雷丽英
赛　盛
人大副主席：涂文先
副镇长：曾会良

徐海波
秦红云（5月始）

北界镇

党委书记：林伟华
党委副书记、镇长：肖德富（至9月）
彭智强（9月始）
人大主席：林晓礼（5月始）
党委副书记：黄　华
党委委员：周世辉
郑　伟（至4月）
吴　晓（4月始）
方开和（至4月）
柳　雄（4月始）
蔡荣建（至4月）
吴仁伟
副镇长：周建军
雷　蕾（至11月）
涂育新

金竹镇

党委书记：向尉文
党委副书记、镇长：潘　俊
人大主席：黄建斐
党委副书记：苏　毅（4月始）
党委委员：项东军
苏　毅（至4月）
余月娇（4月始）
王海军（4月始）
曾春东（4月始）
徐民哲（9月始）
副镇长：余石伟
叶大明（4—11月）
江舒俊（9月始）

王村口镇

党委书记：斯　科（至6月）
姚路杨（7月始）
党委副书记、镇长：毛雄华
人大主席：胡敬柱
党委副书记：毛守飞（4月始）
党委委员：蒋云舞
朱雅青（9月始）
林　辉（4月始）
季国华
周祀飞
副镇长：毕樟兰（至4月）
徐　君
吴泽文（至4月）
张树英
周　斌（5月始）

黄沙腰镇

党委书记：葛海东（至9月）
毛　威（9月始）
党委副书记、镇长：毛　威
人大主席：涂　挺
党委副书记：叶富洪（4月始）
党委委员：郑颖明
柳　雄（至4月）
钟菊梅（4月始）
纪　律（至4月）
廖　敏（4月始）
曾文俊（9月始）
副镇长：雷晓威
何俊武（4月始）

三仁畲族乡

党委书记：张宗渭（至4月）
陈林军（4月始）
党委副书记、乡长：雷菊香
人大主席：叶　英（5月始）
党委副书记：叶　晟（至4月）
江　峰（4月始）
党委委员：刘跃良
叶勇飞（至11月）

周朱皓（4月始）
华伟东
马　巍（9月始）
副乡长：叶富洪（至4月）
叶巧君
张　洋（5月始）

湖山乡

党委书记：王修华
党委副书记、乡长：叶熙华
人大主席：谢法富
党委副书记：黄梦怡（至9月）
刘　锋（4月始）
党委委员：洪　涛（至4月）
余志远（4月始）
吴俊毅（至4月）
刘夏丹（4月始）
应　波
纪　律（4月始）
吴炜堃
副乡长：范　剑
李仕林
邓朝平（4月始）

垵口乡

党委书记：孟　波（至9月）
葛海东（9月始）
党委副书记、乡长：董美俊
人大主席：应文军
党委副书记：吴俊毅（4月始）
党委委员：巫红梅
周建峰
李衍森（至11月）
副乡长：黄邦海
巫相仕

濂竹乡

党委书记：李飞华（至9月）
黄梦怡（9月始）
党委副书记、乡长：叶　斐
人大主席：范桂林
党委副书记：叶宗林（至4月）
钟仙琴（4月始）
党委委员：赵文斌
林森松（4月始）
周　刚
副乡长：黄兴法
徐利军

应村乡

党委书记：张雪芬
党委副书记、乡长：刘伟良（至4月）
包育盛（9月始）
人大主席：叶　英（至4月）
林　涛（5月始）
党委副书记：方小飞
党委委员：涂文先（至9月）
朱瑞洪（9月始）
钟仙琴（至4月）
陈国梁（4月始）
周焕彪（至4月）
副乡长：徐子光
叶海波

高坪乡

党委书记：林庆雄
党委副书记、乡长：张伟武
人大主席：雷声亮
党委副书记：李文富（至4月）
方丽红（4月始）
党委委员：蔡　捷（至4月）
周　晶（4月始）
王　薇（9月始）
陈志勇
副乡长：朱智勇
蒋欢平

焦滩乡

党委书记：周　辛
党委副书记、乡长：洪尚富
人大主席：谢明富
党委副书记：项俊锋
党委委员：雷建明
　　　　　刘华香
　　　　　何伟平
副乡长：李作林

龙洋乡

党委书记：王　耀
党委副书记、乡长：周玲莉
人大主席：包育盛（至 9 月）
党委委员：李衍波
　　　　　刘美萍（至 4 月）
　　　　　何建辉（4 月始）
　　　　　卜洪斌
副乡长：叶裕和
　　　　周瑞禄（至 4 月）
　　　　季　杨（5 月始）

蔡源乡

党委书记：李　宗
党委副书记、乡长：包新飞
人大主席：谢名胜
党委副书记：周利香（至 9 月）
党委委员：范小忠
　　　　　周　楠（4 月始）
　　　　　张勇斌
副乡长：周勇锋
　　　　范晓军

西畈乡

党委书记：柳启斌（9 月始）
党委副书记、乡长：江志军
人大主席：傅聪花
党委委员：吴　晓（至 4 月）
　　　　　毛宗长（6 月始）
　　　　　钟秋阳（4 月始）
　　　　　曾春东（至 4 月）
　　　　　郑大伟（4 月始）
副乡长：叶高超（至 6 月）
　　　　尹伟锋（4 月始）

柘岱口乡

党委书记：陈林军（至 4 月）
　　　　　肖德富（9 月始）
党委副书记、乡长：王晶晶
人大主席：林晓礼（至 4 月）
　　　　　黄晓松（4 月始）
党委副书记：郑　伟（4 月始）
党委委员：叶高超（6 月始）
　　　　　张　良（4 月始）
　　　　　周济旺（4 月始）
副乡长：高　春
　　　　苏礼锋

县情概览

基本地情

【位置面积】遂昌县位于浙江省西南部，隶属于丽水市管辖。地理坐标为北纬28°13′—28°49′、东经118°41′—119°30′。县域总面积2539平方千米。县境极东至濂竹乡安门村黄长岗，极西至柘岱口乡际下村竹洋乌岗凹，极南至龙洋乡黄塔村大高山，极北至北界镇登埠村猪凹岭。东靠武义县和松阳县，南接龙泉市，西邻江山市和福建省浦城县，北毗衢江区、龙游县和婺城区。县政府驻地妙高街道，位于县境东部，海拔200米。遂昌县城距杭州城区226千米，距丽水市区96千米。衢宁铁路、龙丽高速公路和222省道、227省道穿境而过。

【地形地貌】遂昌县境内山地面积22.56万公顷、占县域总面积的88.85%，耕地面积1.91万公顷、占县域总面积的7.52%，水域面积0.59万公顷、占县域总面积的2.32%。遂昌县素有“九山半水半分田”的说法。县境地势西南高、东北低，由龙泉和福建浦城入境的仙霞岭山脉横贯南北，延展全境。境内有海拔千米以上山峰703座，其中1500米以上山峰39座。县境最高峰为九龙山主峰，海拔1724米，为浙江省第四高峰。白马山主峰海拔1621米，为浙江省第六高峰。

【水系流域】县境内有大小河流1467条，总长度2838千米，分属钱塘江、瓯江两大水系，遂昌县因此被称为“钱瓯之源”。县域西北部的乌溪江、洋溪源、周公源、湖山源和桃溪、官溪、桃源等，属钱塘江水系，流域面积1865平方千米，占县域面积的73.45%；县域东南部的南溪、北溪、濂溪等，属瓯江水系，流域面积674平方千米，占县域面积的26.55%。乌溪江为县级最大河流，由龙泉市住龙镇入境，经龙洋乡、王村口镇、焦滩乡、湖山乡，注入衢江区湖南镇水库。遂昌境内改称仙峡湖，水域面积17平方千米。

【气候特征】遂昌县气候属中亚热带季风气候，温暖湿润，雨量充沛，四季分明，具有明显的山地垂直气候带，小气候类型繁多。主要气候特征：春季天气多变，多强对流天气；初夏降水集中，梅雨期多大到暴雨，易发小流域洪灾和地质灾害；盛夏高温少雨，降雨形式多为午后局地性雷阵雨；夏秋季偶有台风影响；秋季多秋高气爽、连晴干燥；冬季寒冷少雨，时有冰冻，偶有降雪。

遂昌县主要气象灾害有台风、暴雨、高温、连阴雨、低温冷害、干旱、大风、冰雹等；次生灾害有地质灾害、小流域洪灾、农业气象灾害、森林火灾等。史料记载，自宋、元代以来，县域出现较大水灾68次，发生较重旱情59次，较大范围降冰雹26次。

遂昌县自1956年始有气象数据。县城多年平均气温17.1℃，年平均降水量1579毫米、平均雨日169天、平均日照1575小时，相对湿度78%。35℃以上高温日数平均26天，极端最高气温40.6℃（2003

年7月16日）。0℃以下低温日数平均29天，极端最低气温-9.9℃（1983年12月31日）。最大年降水量2206毫米（2010年），最少年降水量1039毫米（1978年），主要降水集中在3—9月，6月平均降雨量最多，12月平均降水量最少，一日最大降水量143毫米（2020年9月19日）。年平均霜期115天，无霜期251天，平均降雪日数7.8天，最多28天（1983—1984年），最少2天（1970—1971年）。县城最大积雪深度30.0厘米（1961年2月16日）。

由于县域地形地势差异大，气候差异显著。从沿溪河谷盆地到海拔800米的中高山地带，年平均气温约从17℃下降到14℃，极端最低气温约从-10℃下降到-16℃，年总降水量大约从1500毫米增加到2000毫米。这种雨热组合的垂直变化，形成县域内山地垂直气候带：低海拔地区温暖半干旱、中海拔地区温和半湿润、高海拔地区温凉湿润。

【2020年气象】2020年，县域平均气温比往年显著偏高，降水量偏多，日照偏少。1—3月气温异常偏暖。3月多强对流天气，发生6次局地暴雨，3月底出现春汛。5月29日进入梅雨期，至7月11日出梅，历时43天。5月30日、6月4—5日、6月30日、7月9日出现全域性暴雨，局部大暴雨。梅中有伏，6月12—18日天气晴热。

台汛期间，仅4号台风“黑格比”8月4日有外围影响，整个7月无台风影响。8月上旬至9月上旬多晴少雨，出现干旱。9月19—20日，全县普降暴雨至大暴雨，过程面雨量170.3毫米，最大站点垵口乡达221.6毫米，秋汛严重。10—12月，降水量比常年偏少近六成，10月6—16日、10月20日—11月19日、11月25日—12月13日阶段性出现长时间连晴天气，各地出现不同程度的秋冬旱。

年内有4次寒潮天气过程，分别出现在2月15—16日、3月27—29日、12月13—15日、12月29—31日。2月15日夜里到16日上午，山区出现较明显的降雪天气，12月14—19日，出现低温雨雪天气，12月29日夜里有小雨夹雪，山区有积雪，12月31日城区出现全年最低气温-5.2℃。

2020年，遂昌县城平均气温18.5℃，比常年偏高1.4℃，为1957年以来最高的一年。8月平均气温最高（29.2℃），12月平均气温最低（8.0℃），全年≤0℃低温日数10天，极端最低气温-5.2℃（12月31日），全年≥35℃高温日数54天，比常年偏多26.4天，极端最高气温39.0℃（8月14日）。年降水量1655.9毫米，比常年偏多76.8毫米，6月降水量最多（350.1毫米），10月降水量最少（19.1毫米）。全年雨日169天，6月、9月雨日最多，各22天，最少8天（10月），最长连续降雨日数15天，出现在9月1—14日，最长连续无降雨日数25天，出现在10月23日—11月16日。年暴雨日数3天（5月30日、6月30日、9月19日），一日最大降水量143.0毫米（9月19日）。年日照总时数1321.4小时，比常年偏少253.8小时。

政区与居民

【历史沿革】新石器时期，遂昌县域就有先民繁衍生息。三仁畲族乡好川遗址出土有石器、玉器、陶器、漆器等千余件，经鉴定，其上限为良渚文化晚期，下限为夏末商初，距今4200—3700年。县域在商、西周时为越地，春秋时为姑蔑，后属越，越亡属楚。秦、西汉时期，属会稽郡太末县。

东汉建安二十三年（218），孙权分太末县南部地始置遂昌县。三国·吴赤乌二年（239）更名平昌县。西晋太康元年（280）复称遂昌县。曾分别隶属会稽郡和东阳郡。隋开皇九年（589），撤遂昌县改属处州。唐武德年间（618—626）复置遂昌县，随后再度撤县，并入松阳县。景云二年（711）复置遂昌县。之后，遂昌县曾分别隶属括州、缙云郡、处州、处州路（府）等。民国期间隶属多次变更，抗日战争时期属浙江省第九区。中华人民共和国成立后，先隶属衢州专区，1955年改属金华专区，1963年起属丽水专区（地区、市）。遂昌是浙江省建县较早的县，迄今已有1800多年历史。

【行政区划】遂昌建县时，地域广阔，约含今县境全域和龙泉市、庆元县大部，以及金华市原汤溪县部分。史上隶属多次变更，县境迭有调整。1982 年遂昌、松阳两县分治后，始确定为今日之县域。

县境行政区划，唐始有记载，称乡、里，全县分为 4 个乡。北宋熙宁年间（1068—1077），全县划为 24 个都。明洪武年间（1368—1398），全县定为 4 乡 24 都 41 图 73 里 11 坊。清康熙年间（1662—1722），全县编为 22 都 40 图。雍正年间（1723—1735）改图为庄。乾隆年间（1736—1795），全县划为 5 乡 22 都 40 图 508 庄。宣统年间（1909—1911），全县划分为 10 个自治区。民国期间，行政区划调整频繁，1949 年前，全县分为 4 个区、29 个乡镇。中华人民共和国成立后复有多次调整，1958 年，松阳县并入遂昌县，全县划分为 12 个人民公社。1982 年松阳复县，遂昌县划分为 5 个区、1 个镇、26 个公社。1992 年撤区扩镇并乡，全县调整为 9 个镇、11 个乡。2010 年村规模调整，全县 391 个行政村调整为 203 个。2011 年妙高镇、云峰镇改称街道。2020 年撤并蔡源乡甚坑村、西畈乡渡坑村，全县辖 2 个街道、7 个镇、11 个乡、201 个行政村。

【遂昌县城】遂昌自建县以来，均以今妙高街道中心区为县城。城区西北枕妙高山麓，南、北两溪由西向东抱膝夹肩而过。古无城池，凭自然屏障为锁钥，建有四关门。明万历年间（1573—1620），筑有土城长数里。清康熙年间（1662—1722）重建四门城楼。1935 年重筑土城墙，长 2800 米，设有城门 4 处，后因建设而废。清末，城区面积只有 0.5 平方千米，以 4 个城门为界。1949 年，城区面积约 1 平方千米，东至龙潭电厂，南至眠牛山下，西至东岳庙，北至妙智堂。1990 年，城区面积扩展至 2.69 平方千米，东至水泥厂，南至南门畈，西至妙高山和古荡源，北至后岭。2020 年，遂昌县城建成区面积已拓展至 15.6 平方千米，开发建设了古院新城、吴乐畈区块，拓展了梅溪区块。

2020 年遂昌县乡镇（街道）及行政村一览表

表 2　　单位：个

乡镇（街道）	村数	所辖行政村
妙高街道	27	西街、南街、东街、北街、龙潭、北门、井东、含晖、金溪上江、黄庄、金岸、大桥、源坪、上南门、螺蛳垵、源口、仙岩七山头、古院、后江、东峰、新东、东红、庄山、余家、苍畈
云峰街道	17	社后、东亭、门阵、同心、隔溪、马头、范村、连头、龙口龙祥、下马、东姑、古亭、长濂、湖边、银都、洋浩
新路湾镇	12	新路湾、官溪、新双溪、新溪、远路口、三井、社杨、蕉川、大马埠小马埠、夹路畈、胡家
北界镇	9	北界、大谷岭、周村、淤弓、白水、王宅桥、苏村、登埠、王坞
大柘镇	12	车前、双溪新、柘溪上、柘溪下、新旦、大田、永安、北山、黄垵后垄、华洋、梭溪桥
石练镇	12	石练、姚埠、宏象、竹溪新、淤溪、黄皮、柳村、大茂坑、迎新金练兴、景新、爱丰
金竹镇	14	金竹、岭内、旱坞、王川、百胜、叶村、夏东、王村、交塘兰蓬、龙溪、古楼、茶竹岭、梭溪塘岭
王村口镇	13	桥东、桥西、钟根、山枣坪、山前、弓桥头、官塘、后塘、对正吴处、大坑、石笋头、尹坞
黄沙腰镇	7	黄沙腰、大洞源、大熟、邵村、上定、仙人坝、小洞源

续表 2

乡镇（街道）	村数	所辖行政村
三仁畲族乡	8	高碧街、小　忠、好　川、大　觉、坑　口、十三都、沙　口、排　前
濂竹乡	9	苏　旺、治岭头、黄　砝、刘　坑、千义坑、横　坑、柘　坑、瓦窑岗、大竹小岱
应村乡	9	东　源、西山头、桃　溪、应　村、天师砝、竹　溪、双　里、定　溪、高　棠
高坪乡	6	高坪新、石　坪、湖　连、茶树坪、箍桶丘、淡　竹
湖山乡	11	湖　山、三　归、湖　方、珠村畈、坪　峰、长　安、红星坪、黄泥岭、福罗淤 奕　山、姚　岭
焦滩乡	5	焦　碊、蔡　口、独　山、大路沿、前　山
蔡源乡	4	蔡　和、双　溪、大　柯、永　兴
西畈乡	6	举淤口、渡　口、西　畈、湖岱口、上西坑、独坑
柘岱口乡	5	柘岱口、毛　阳、尹　家、际　下、五　星
龙洋乡	6	凉潭口、九龙口、龙　洋、黄　赤、西　滩、埠头洋
垵口乡	9	根竹口、桂　洋、徐　村、葛　程、垵　口、大　山、乐山头、石　仓、小　岩

【人口】2020 年底，遂昌县户籍人口总户数 84852 户，总人口 229139 人。其中，男性 118153 人，占总人口数的 51.56%；女性 110986 人，占总人口数的 48.44%。全县有城镇居民 88222 人，占总人口数的 38.50%，有农村居民 140917 人，占总人口数 61.50%。

2020 年，全县出生 1511 人，出生率 6.58‰，其中男性 805 人、女性 706 人；死亡 1744 人，死亡率 7.60‰，其中男性 1047 人、女性 697 人。人口自然增长率-1.02‰，比 2019 年减少 1.17‰。

2020 年全县户籍变迁：省内迁入 221 人，省外迁入 285 人；迁往省内 1010 人，迁往省外 241 人。20 个乡镇（街道）中，常住人口超过 1 万人的有妙高街道、云峰街道、大柘镇。据第七次全国人口普查，妙高街道常住人口 93166 人，占全县常住人口 47.93%；云峰街道常住人口 19456 人，占全县常住人口 10.01%；大柘镇常住人口 11399 人，占全县常住人口 5.86%。其余各乡镇常住人口从高到低排序为：石练镇 9715 人、金竹镇 7946 人、三仁乡 7012 人、新路湾镇 6223 人、湖山乡 5655 人、北界镇 5361 人、王村口镇 4545 人、应村乡 4089 人、黄沙腰镇 3104 人、高坪乡 2843 人、垵口乡 2784 人、柘岱口乡 2558 人、龙洋乡 1875 人、濂竹乡 1816 人、西畈乡 1740 人、焦滩乡 1609 人、蔡源乡 1489 人。

【民族】县域居民以汉族为主，少数民族主要为畲族。共有畲族、蒙古族、回族、藏族、彝族、维吾尔族、壮族、苗族、布依族、朝鲜族、满族、土家族、侗族、瑶族、白族、哈尼族、傣族、黎族、佤族、傈僳族、拉祜族、水族、纳西族、景颇族、达斡尔族、仫佬族、布朗族、撒拉族、仡佬族、阿昌族、羌族、鄂温克族 32 个少数民族。2020 年第七次全国人口普查数据，全县常住人口中，有汉族人口 18.08 万人，占常住人口数的 93.01%。有畲族人口 1.23 万人，占常住人口数的 6.34%，占少数民族人口数的 90.59%。有其他少数民族人口 1279 人。另有未定族 17 人。少数民族人口占总人口数的 6.99%。

全县各乡镇（街道）均有畲民分布。三仁畲族乡为全省 18 个少数民族乡之一，2020 年有畲族人口 2044 人，占全乡总人口数的 24.31%，占全县畲族人口数的 16.60%。畲族人口在 2000 人以上的还有妙高街道和大柘镇，1000—1999 人的有石练镇和云峰街道，500—999人的有新路湾镇，其他乡镇畲族人口均在500人以下。全县有30个畲族村，分布在妙高街道、三仁畲族乡、石练镇、大柘镇、云峰街道、濂竹乡、新路湾镇。

随着社会经济融合发展，民族政策进一步落实，遂昌县跨省婚姻和跨国婚姻增多，县内少数民族人口比重上升，民族种类也在增多。

【姓氏】根据户籍统计，2020年遂昌县共有396个姓。其中，10000人以上有3个姓（周、张、吴）；5000人—9999人有12个姓（黄、叶、王、雷、李、刘、朱、罗、徐、陈、潘、郑）；1000人—4999人有35个姓；100人—999人有76个姓；不满100人有270个姓，其中不足10人有183个姓，仅1人有75个姓。排名前10大姓分别是：周姓12965人、张姓11363 人、吴姓10346人、黄姓9952人、叶姓9767人、王姓9266人、雷姓8937人、李姓6762人、刘姓6495人、朱姓6203人。

2020年遂昌县乡镇（街道）人口自然变动情况表

表3　　单位：人

乡镇（街道）	年末总人口	出生	死亡	自然增加	乡镇（街道）	年末总人口	出生	死亡	自然增加
妙高街道	67389	460	430	30	濂竹乡	3974	30	41	-11
云峰街道	23760	155	189	-34	应村乡	7799	44	53	-9
新路湾镇	11332	61	91	-30	高坪乡	5552	30	51	−21
北界镇	8647	39	86	-47	湖山乡	9401	72	70	2
金竹镇	13393	81	119	-38	蔡源乡	3260	21	20	1
大柘镇	14291	105	125	-20	焦滩乡	2839	16	23	-7
石练镇	12192	90	92	-2	龙洋乡	4108	21	23	-2
王村口镇	8602	52	70	−18	柘岱口乡	6060	43	46	−3
黄沙腰镇	7308	52	58	-6	西畈乡	4179	30	27	3
三仁畲族乡	8407	64	81	-17	垵口乡	6646	45	49	-4
全县合计						229139	1511	1745	-234

生态环境

【生态屏障地区】遂昌县是钱塘江、瓯江源头，是浙江省重要的生态屏障地区，是华东地区生物多样性关键区域之一，是国家重点生态功能区、国家生态文明建设示范县、中国天然氧吧。全县森林覆盖率83.59%，居全省前列，有重点公益林面积15.25万公顷，规模居全省第二。九龙山国家级自然保护区被誉为“生物基因库”，动植物资源丰富，有神秘的野人传说。遂昌国家森林公园是全国唯一以县名冠称的国家森林公园。

县域水质优良，出境水达标率100%，地表水质常年达到Ⅱ类以上。全县平均负氧离子含量9100个/立方厘米，高出世界清新空气标准6倍以上，属于特别清新类型。“山也清，水也清，人在山阴道上行，春云处处生”，400年前汤显祖笔下的诗句是遂昌县优越生态环境的生动写照。

【年度环境质量】2020年，遂昌县生态环境质量趋好，县域三个交接断面水质达标率100%，全县集中饮用水源水质达标率100%，跨行政区域河流交接断面水环境质量考核为优。环境空气优良天数（AQI≤100）比例达到100%，并列全省第一；PM2.5年度平均值为21微克每立方米，浓度比2019年下降8.7%，居全省第16位；空气环境质量综合指数2.47，全省排名第11位，全市第5位。生态环境质量公众满意度87.84，居全省各县（市、区）第二十二位。据《2019年浙江省生态文明建设年度评价结果公报》，遂昌县绿色发展指数79.55，全省排名第52位，全市排名第7位。

【水环境质量】遂昌县共有8个地表水常规监测断面，逢单月初进行监测；有3个交接断面，分别是与衢州市交界处乌溪江龙鼻头断面、与龙游县交界处灵山港北界断面、与松阳县交界处松荫溪大石断面，每月月初进行采样监测。

2020年监测结果：三个交界断面水质总体良好，均符合功能区要求。其中大石断面II、III类水天数分别占比95.8%和2.8%，与2019年相比，高锰酸盐指数、氨氮、总磷年均值分别下降35.0%、52.4%和47.1%。乌溪江水库龙鼻头断面I、II类水天数分别占比95.8%、4.0%，高锰酸盐指数和总磷年均值与2019年持平，氨氮比2019年下降32.9%。灵山港北界断面II、III类水天数分别占比92.5%、7.26%，与2019年相比，高锰酸盐指数上升15.2%，氨氮和总磷年均值分别下降22.2%、2.2%。在浙江省交接断面水质考核中，遂昌县连续8年获得优秀。

2020年，县城集中饮用水源地成屏二级水库水质良好稳定，年均值为I类水，与2019年相比，总磷年均值下降20%、其余指标持平。2020年，县境内河流地表水水质总体良好，类别为II类水，优于水环境功能区要求。

【空气环境质量】2020年，遂昌空气自动站共获得有效数据天数366天，县城大气环境质量状况良好。全年空气质量指数（AQI）处于Ⅰ、Ⅱ级，符合功能区要求366天，优良率100%。其中空气质量指数Ⅰ级（优）250天，占总监测天数的68.3%；Ⅱ级（良好）116天，占总监测天数的31.7%。影响环境空气质量的主要污染物为臭氧和PM2.5。

2020年，遂昌县降尘监测点位数2个，其中国控点位1个。全年城区降尘采集样本数24个，降尘值介于1.0—2.4吨/平方千米·月之间，其中国控点位年降尘量为1.7吨/平方千米·月，降尘量与2019年持平。

2020年采集降水样品95个，pH值介于4.47—6.44之间，年平均值为5.25；酸雨率82.1%，酸雨情况好转。

【声环境质量】2020年，遂昌县每季度对城区各环境噪声功能区进行监测。1类区（居民区）等效连续声级年均值53.8分贝；2类区（混合区）等效连续声级年均值56.6分贝；3类区（工业区）等效连续声级年均值59.3分贝；4类区（道路交通噪声）等效连续声级年均值63.1分贝，均符合声功能区标准要求。与2019年相比，1类区、2类区、3类区噪声分别上升6.8分贝、8.9分贝和3.5分贝，4类区噪声下降5分贝，均符合生活功能区要求。

遂昌资源

【水力资源】县域有市级河道1条松阴溪，遂昌境内长11千米，流经妙高街道进入松阳县。有县级河道乌溪江、周公源、桃溪、濂溪等16条，总长342千米。全县河道平均径流总量27.88亿立方米。

全县水域总面积59.15平方千米，占县域总面积的2.33%，水域类型以河流、山塘、水库为主，水资源总量27.88亿立方米。县域多年平均降水量44.7亿立方米，全县水力资源蕴藏量40万千瓦，可开发利用26.5万千瓦。至2020年底，全县共建成小水电站110座，总装机25.4万千瓦，占可开发量的95.47%。全年发电量5.6亿千瓦时。

遂昌县主要河流一览表

表 4

河流名称	河道长度（千米）	河道平均宽度（米）	水域面积（万平方米）	河流名称	河道长度（千米）	河道平均宽度（米）	水域面积（万平方米）
松阴溪	11	80	88.00	碧龙源	14	50	72.35
南　溪	32	50	158.85	独塬坑	8	25	19.78
北　溪	9	50	44.10	关　川	22	30	64.68
濂　溪	24	50	120.10	湖山源	12	35	43.26
桃　溪	35	40	141.44	柘　溪	29	45	132.53
官　溪	12	40	46.60	金竹溪	14	30	41.37
蕉　溪	29	25	72.20	周公源	51	70	360.08
桃　源	7	25	17.50	洋溪源	24	35	84.84
乌溪江	20	60	118.32	合　计	353	-	1626.00

遂昌县主要水电站一览表

表 5

电站名称	站　址	集雨面积（平方千米）	设计水头（米）	装机容量（千瓦）	投产年月
周公源一级电站	黄沙腰镇	162.0	108.4	25000	2009 年 3 月
周公源二级电站	黄沙腰镇	269.0	41.6	12600	2009 年 3 月
周公源三级电站	黄沙腰镇	336.4	50.3	16000	2009 年 5 月
蟠龙电站	焦滩乡	750.0	22.1	16000	2011 年 12 月
金竹电站	金竹镇	45.9	182.0	6400	2010 年 11 月
碧龙源电站	龙洋乡	137.8	108.4	12600	2005 年 7 月
成屏一级电站	妙高街道	185.0	58.0	13000	1989 年 9 月
成屏二级电站	妙高街道	215.0	34.0	7600	1966 年 5 月
大溪坝电站	王村口镇	463.0	23.9	10000	2013 年 7 月
应村电站	应村乡	118.3	213.7	32000	2004 年 8 月

【土地、矿藏资源】遂昌县人均占有陆地面积 1.11 公顷，为浙江省人均占有陆地面积的 4.7 倍。地貌以中山为主，间有低山、丘陵、山岗和谷地。山林面积占县域总面积的 88.85%，耕地面积占县域总面积的 7.52%，居民点、工矿、交通等用地面积占县域总面积的 1.31%，水域面积占 2.32%。县域 90%以上地面为植物或水面覆盖，生态环境优越。

县域土壤有黄壤、红壤、岩性土、潮土、水稻土 5 个土类、11 个亚类、34 个土属、70 个土种，有明显的分布范围。海拔 800 米以上主要是黄壤。黄壤、红壤分别占全县土壤面积 43%、48%，适宜发展林业生产和种植茶叶、水果。水稻土占 9%。岩性土、潮土等占0.25%。2020年，全县实际耕地面积1.91万公顷，基本农田实有面积1.38万公顷。

遂昌是浙江省矿藏资源相对丰富的县，区域成矿地质条件较好，有龙泉—遂昌重要金属成矿带和遂昌西部—江山重要萤石成矿带。已发现矿种30余种，矿床矿点百余处，主要有金、银、铅、锌、萤石、花岗岩等。遂昌金矿开采历史逾千年。遂昌县是浙江省黄金、白银、萤石、花岗岩主要产地。2020年，全县有矿山19家，其中金属类矿山2家、萤石类矿山13家、花岗岩建筑类矿山4家。

【农业资源】遂昌县历属传统农业地区，长期以来农民以种植粮食为主，稻谷为大宗产品，其次为玉米、番薯、马铃薯、豆类等。茶叶为遂昌县主要经济特产，大柘镇、石练镇、妙高街道为遂昌县主要茶叶产区。2020年全县茶园面积8453公顷，实现产值10.60亿元。遂昌县做大做强茶叶、竹产业、生态蔬菜、生态畜牧业、干水果五大主导产业，做精做优杂交水稻制种、中药材、山茶油、食用菌、甘薯五大特色产业。

遂昌县先后获称“中国竹炭之乡”“中国菊米之乡”“中国茶文化之乡”，被评为浙江省农业特色优势产业综合强县，是全省最大的杂交稻制种基地和无公害高山蔬菜主产区。

【林业资源】遂昌县森林资源丰富，是浙江省重点林区县，有林地面积22.13万公顷，占土地总面积的87.16%。县域森林覆盖率83.59%。有省级以上公益林15.25万公顷，占林地面积68.9%，建设规模居全省第二位。2020年，全县林木蓄积总量约1256万立方米，比2019年增加60万立方米。毛竹为遂昌县主要经济林种，全县有竹林面积21634公顷，应村乡、垵口乡、三仁畲族乡为主要毛竹林区。遂昌县有4个国有林场：牛头山林场、白马山林场、湖山林场、桂洋林场。2020年，遂昌县人民政府获“森林浙江”建设目标责任制考核优秀县。

【生物资源】遂昌是山区县，生态环境优越，生物资源丰富。2002年，国家林业局批准建立遂昌国家森林公园。根据历史资料和《2020年遂昌县生物多样性本底调查报告》，县域记录有维管束植物191科864属2148种，其中种子植物1935种、蕨类植物213种。记录有非维管束植物795种，其中苔藓427种、地衣159种、大型真菌209种。有国家一级保护植物3种（南方红豆杉、伯乐树、莼菜），国家二级保护植物19种。有名木3株，百年以上古树6851株。九龙山国家级自然保护区有全省最大的鹅掌楸，树龄200余年。

县域记录有陆生脊椎动物93科329种，其中哺乳动物48种、鸟类220种、两栖动物32种、爬行动物29种。记录有陆生昆虫109科675种、鱼类13科55种、底栖动物28科99种。有国家一级保护动物6种（黄腹角雉、白颈长尾雉、黑麂、云豹、金钱豹、穿山甲），国家二级保护动物45种。

遂昌县国家一、二级保护动物一览表

表6

序号	动物名称	保护级别	序号	动物名称	保护级别
1	云豹	一	7	短尾猴	二
2	金钱豹	一	8	猕猴	二
3	黑麂	一	9	水獭	二
4	黄腹角雉	一	10	大灵猫	二
5	白颈长尾雉	一	11	小灵猫	二
6	穿山甲	一	12	领鸺鹠	二

续表 6

序号	动物名称	保护级别	序号	动物名称	保护级别
13	草 鸮	二	33	雀 鹰	二
14	白 鹳	二	34	苍 鹰	二
15	鸢	二	35	雕 鸮	二
16	鹰 雕	二	36	长耳鸮	二
17	乌 雕	二	37	红脚隼	二
18	白腹山雕	二	38	红角鸮	二
19	蛇 雕	二	39	领角鸮	二
20	燕 隼	二	40	斑头鸺鹠	二
21	红 隼	二	41	兰翅八色鸫	二
22	勺 鸡	二	42	赤腹鹰	二
23	鬣 羚	二	43	松雀鹰	二
24	斑 羚	二	44	普通鵟	二
25	豺	二	45	毛脚鵟	二
26	金猫（原猫）	二	46	灰脸鵟鹰	二
27	河麂（獐）	二	47	大 鲵	二
28	黑 熊	二	48	虎纹蛙	二
29	青鼬（黄猴貂）	二	49	尖板曦箭蜓	二
30	白 鹇	二	50	中华虎凤蝶	二
31	凤头鹃隼	二	51	彩臂金龟	二
32	鸳 鸯	二			

遂昌县国家一、二级保护植物一览表

表 7

序号	植物名称	保护级别	序号	植物名称	保护级别
1	南方红豆杉	一	9	长序榆	二
2	伯乐树	一	10	榉 树	二
3	莼 菜	一	11	鹅掌楸	二
4	福建柏	二	12	厚朴	二
5	白豆杉	二	13	金钱松	二
6	榧 树	二	14	香 樟	二
7	长叶榧	二	15	闽 楠	二
8	九龙山榧	二	16	蛛网萼	二

续表 7

序号	植物名称	保护级别	序号	植物名称	保护级别
17	花榈木	二	22	连香树	二
18	毛红椿	二	23	羊角槭	二
19	香果树	二	24	野 菱	二
20	长柄双花木	二	22	野大豆	二

九龙山国家级自然保护区

【概况】遂昌县境内的九龙山属武夷山系仙霞岭山脉分支，呈西南—东北走向，主峰海拔 1724 米，为浙江省第四高峰，周围簇拥着 1500 米以上山峰 28 座。九龙山区山峦起伏，沟壑纵横，奇峰陡壁，巍峨逶迤，其九条山脉似蛟龙飞腾，多处溪谷分布有九个龙潭，故名九龙山。

九龙山国家级自然保护区位于县域西南部，总面积 5525 公顷，其中核心区面积 1531 公顷、缓冲区面积 1630 公顷、实验区面积 2364 公顷。另在保护区外围建有保护带 5136 公顷。九龙山国家级自然保护区有神秘的野人传说。

【物种】保护区内物种丰富、集中，地域连片。植被类型在华东具有一定代表性，是中亚热带东部地区大面积原生植被保存最好的地区之一，类型丰富，分为针叶林、针阔混交林、阔叶林、竹林、灌丛 5 个植被型组。保护区内记录发现种子植物 145 科 1348 种，其中南方红豆杉、伯乐树、莼菜为国家一级保护植物。优良的森林植被和生态环境为野生动物生存、栖息、繁衍提供了良好环境。九龙山保护区是中国特有、世界性受威胁物种黑麂的最大野生种群集中分布区，是世界性受威胁物种黄腹角雉的最重要栖息地、最集中分布地，对拯救、保护这两种珍稀濒危物种具有无可替代的地位。保护区内记录发现陆生脊椎动物 30 目 93 科 329 种，陆生昆虫 17 目 109 科 675 种，其中黑麂、黄腹角雉、白颈长尾雉、金钱豹、云豹、穿山甲为国家一级保护动物。

【景观】九龙山国家级自然保护区及周边生态旅游资源丰富，峰奇岩异，瀑飞潭碧，鸟语花香，夏无酷暑，富有地文景观、水域景观、生物景观、天象景观、人文旅游资源。有长达上千米的猴头杜鹃长廊，有神秘的“野人之谜”。分布有四洲兰、蔡相岩、十八罗汉、饭蒸坛、八仙钓台等景点。

【管理机构】1983 年 9 月，省政府批准建立浙江省九龙山自然保护区。2003 年 6 月，国务院批准升格为国家级自然保护区。2004 年 10 月，九龙山保护区被列为浙江生物多样性研究中心的研究基地，浙江省植物学会、动物学会、生态学会的研究基地。2019 年，浙江九龙山国家级自然保护区管理局更名为浙江九龙山国家级自然保护区管理中心。保护区下设 4 个保护站，分别是：黄沙腰镇方向的上廖坑保护站、岩坪保护站，龙洋乡方向的西坑里保护站，柘岱口乡方向的陈坑保护站。4 个保护站下设 9 个保护点和 4 个瞭望台。

遂昌物产

【竹炭】竹炭产品是居家健康生活必备之品，广泛应用于净化水质、空气，吸湿防汗，保鲜消臭，屏蔽电磁波等方面。遂昌县已经成为国内最大的竹炭生产、加工和出口基地，竹炭企业开发出两大系列七大品系 200 多种竹炭制品，拥有竹炭生产专利 22 个，建有中国竹炭博物馆。遂昌县被中国经济林协会命名为“中国竹炭之乡”，获评中国竹炭产业基地。2004 年，遂昌县制定《浙江省地方竹炭标准》。

2006年，“遂昌竹炭”获地理标志产品保护。2020年，遂昌竹炭入选中欧地理标志第二批保护名单。

【黑陶】遂昌黑陶传承远古良渚文化和好川文化元素，烧制技艺独特考究，具有黑、薄、光、纽等特点，被誉为“土与火的艺术，力与美的结晶”。遂昌黑陶品质细腻、精雕细镂、纯朴庄重、古色古香，有着独特的审美价值，作品多次获国家和省级金、银奖。遂昌县九龙工艺厂和华艺黑陶厂两家企业，年产各种规格黑陶工艺品万余件，产品批量出口欧美国家。遂昌县黑陶烧制技艺列入浙江省首批非物质文化遗产名录。2020年，遂昌黑陶作品《中华朱雀》获第15届中国义乌文博会金奖。

【烤薯】烤薯是遂昌县特产和传统名吃，以红心薯为原料，经多道传统工艺烤制而成。遂昌烤薯外观呈琥珀色，鸡心状，晶莹剔透，品味甜美，采用真空包装，历来有“薯干胜蜜枣”之说。遂昌烤薯加工历史悠久，黄沙腰镇、柘岱口乡有65%农户从事烤薯粗加工，15%农户家庭主要收入来源于此。“黄沙腰”烤薯是浙江省著名商标、浙江省名牌农产品。番薯条成为当地农民的“黄金条”。

【菊米】石练菊米是遂昌县特产、传统名优农产品，《增广本草纲目》有记载。石练菊米为小叶型长叶柄黄菊，经人工栽培而成，植株无毛，花蕾表面光洁，加工后清香四溢，沁人心脾，是天然、健康的保健饮品。元朝，遂昌石练一带农民就有采集野生菊蕾炒制后代茶饮的习俗。1996年，遂昌县引进加工企业，开始菊米栽培试验。“遂昌菊米”先后获中国浙江国际农业博览会金奖，中日韩第三届国际名茶评比特别奖等，遂昌被命名为“中国菊米之乡”。2018年，“遂昌菊米”获全国农产品地理标志。2020年，石练镇开建世界菊博园。

【冬笋】三仁畲族乡小忠村一带出产的冬笋，根尖头小，壳薄躯大，肉厚质白，鲜嫩味美，传说是龙身所化，有金壳玉肉之称，故名“龙藏”。龙藏冬笋曾为明、清朝廷之贡品，光绪版《遂昌县志》有载。20世纪五、六十年代，小忠村龙藏冬笋出口日本、新加坡，与金华火腿并列驰名。2014年，龙藏冬笋作为央视《舌尖上的中国》栏目首集食材，向全国推介，成为炙手可热的“明星产品”。龙藏冬笋与农家土鸡一起烧火锅，是遂昌县一道有名的美味佳肴。

【山茶油】山茶油被誉为“油中黄金”，为中国独有，历属皇家贡品。国际粮农组织首推山茶油为卫生保健植物食用油。遂昌县金竹镇，深山中有大片野生茶林，吸取自然雨露和山川精华生长，采其籽榨成的山茶油，色泽金黄，气味芳香，是真正纯天然、原生态食用油。“金竹山茶油”获评浙江省著名商标、浙江省优质农产品，通过农业农村部无公害农产品认证。

【长粽】又名长情粽、分享粽，是一种极富地方特色的粽子，粽子长度代表心意程度，寓意着“粽越长、情越深”。普通遂昌长粽长约20厘米，用4—10张野生箬叶包成，中间裹入猪肉、霉干菜、红枣等馅料。长度超过40厘米的又称“龙粽”。遂昌习俗，新女婿给丈母娘“送端午”、小孩过周岁都要包长粽，寓意“长长久久”“长命百岁”。遂昌长粽是富有特色的地方传统美食，代表了遂昌人民对美好姻缘和期盼团圆的外在表达。获评浙江十大农家特色小吃。2020年，遂昌长粽销量超200万根，产值近亿元。

【遂昌箬叶】遂昌县拥有丰富的箬竹资源，面积超过1300公顷。遂昌箬叶深绿光亮，叶片薄，又宽又大，气味清香，沁人心脾。1936年遂昌县就有箬叶收购记载，1966年全县箬叶收购量527吨。遂昌箬叶销往嘉兴、杭州、上海、南京等城市，出口新加坡、泰国等国家。嘉兴“五芳斋”粽子70%的箬叶来自遂昌。2018年，遂昌县成立箬叶产业协会。至2020年，全县有箬叶加工作坊46家，年产干箬叶4020吨，销售额1.25亿元。

【遂昌三叶青】民间称“金线吊葫芦”，是一种中药材，全县都有分布。小孩发热、腮腺炎、扁桃体炎等，用“金线吊葫芦”磨成糊服用，治疗效果明显。2012年，遂昌县在三仁畲族乡大觉村率先仿野生栽培三叶青3.3公顷，之后种植规模扩大。2015年，遂昌三叶青种植面积20多公顷。2018年，全县三叶青种植面积207公顷，年产量770吨，种植规模、产量、销售都居浙江省第一。2020年，“遂昌三叶青”被认定为浙江省特色农产品优势区，获评省道地药园和丽水市生态精品农产品。

【遂昌土蜂蜜】遂昌土蜂蜜是深山里放养的中华蜂酿的蜂蜜。遂昌是国家重点生态功能区，四季野花丰富，蜜源物质多，形成了适宜中蜂生存的特殊地理环境及自然条件。遂昌土蜂蜜色泽亮黄至琥珀色，浓稠油亮，口感清甜，极具营养价值。2016年遂昌县中蜂养殖量2万箱，产值1600万元。2020年，全县中蜂养殖户数2560户，可采蜂蜜养殖量超过4万箱，产值4000余万元。遂昌土蜂蜜是浙江省蜂产品十大名品，国家地理标志农产品。

【遂昌黄精】遂昌黄精是浙江省特色中药材。2010年开始，遂昌县开展野生黄精种源繁育。2019年全县黄精种植面积100余公顷。2020年，遂昌县“多花黄精优质种植繁育技术示范”项目得到政府资金支持。全县有从事黄精等中药材种植、加工的专业合作社和企业80多家，开发九制黄精、黄精片、黄精干、黄精代饮茶等产品，年生产、加工黄精及其产品560余吨，初步形成了产品多元化、生产组织化、产业链条化、营销品牌化的发展格局。

文化遗产

【概况】遂昌建县历史悠久，文化积淀丰厚，是瓯越文化的重要发源地。好川遗址是浙西南地区新石器时代文化遗址的代表。相传五代时期，名僧贯休曾在遂昌唐山隐居修行，传世《十六罗汉图》创作于遂昌。明万历年间（1573—1620），著名戏曲家汤显祖在遂昌任知县5年（1593—1598），辞官后酝酿创作了名著《牡丹亭》。1935年，刘英、粟裕率中国工农红军挺进师创建了以遂昌王村口为中心的浙西南游击根据地。

全县调查登记不可移动文物1064处，成功申报2处全国重点文物保护单位（好川遗址、独山石牌坊）、10处省级文物保护单位（30个点位）、73处县级文物保护单位、134处县级文物保护点。遂昌县有昆曲十番、茶灯戏、台阁、米塑、竹编画、茶园武术、黑陶烧制、剪纸等民间艺术和非物质文化遗产。成功申报国家级非物质文化遗产2项（昆曲十番、班春劝农）、省级非物质文化遗产9项、市级非物质文化遗产24项、县级非物质文化遗产49项。

21世纪以来，遂昌县恢复举办七月会、班春劝农等传统节庆，发现培养一大批民间艺人，建立起国家、省、市、县四级非遗名录保护体系。在弘扬民间优秀文化的同时，积极开展汤显祖文化、红色文化、好川文化和农耕文化的研究。遂昌县是中国民间文化艺术之乡、浙江省民族民间艺术之乡、中国旅游文化示范地、国家生态文明建设示范县。

【汤显祖文化】明万历二十一年至二十六年（1593—1598），汤显祖任遂昌知县。在任期间，他清正惠民，崇礼重教。创相圃书院，建尊经阁，劝农耕作，灭除虎患，贯索从教，纵囚观灯……写了大量题咏遂昌山水、赞扬遂昌民风的诗文，为遂昌留下丰富的文化遗产。汤显祖辞官归里后，遂昌百姓为其立生祠纪念。

1984年，遂昌县发起成立汤显祖研究会。1985年，民众捐资在妙高山建遗爱亭，举办纪念汤显祖435周年诞辰活动。1995年，遂昌汤显祖纪念馆建成开馆。2000年，中国汤显祖研究会首届年会在遂昌县举行。2004年，《汤显祖研究通讯》在遂昌创刊。2006年，中国汤显祖研究会驻会遂昌。遂昌县制订《遂昌县汤显祖文化发展规划》，依托“汤显祖世界文化名人、《牡丹亭》世界文化名著、昆曲世界文化遗产”三大文化品牌，着力打造汤显祖文化，坚持举办中国·遂昌汤显祖文化节、“班春劝农”典礼、汤公音乐节。2009年以来，遂昌县连续举办8届汤显祖文化节、2届汤公音乐节。2020年举办云上“班春劝农”典礼。

【好川文化】1997年，遂昌县三仁畲族乡好川村发现好川遗址。经考古发掘，现场清理面积4000多平方米，发掘墓葬80处，出土玉器、石器、陶器、漆器等1028件（组）。经考证属新石器时代，上限为良渚文化晚期，下限为夏末商初，距今4200—3700年。这在浙西南地区是首次发现，被评为1997年全国重大考古新发现提名奖。好川遗址文化面貌新颖独特，内涵丰富多彩，文化因素多元特点明显，考古学家将之命名为好川文化。好川文化是浙江省继河姆渡文化、良渚文化之后发现的又一个考古学文化。2013年，“好川遗址”被国务院核定为第七批全国重点文物保护单位。2018年6月列入浙江省第二批省级考古遗址公园。

【红色文化】遂昌是浙西南地区创建中国共产党组织最早、开展革命斗争历史最长的县。1927年1月遂昌县建立浙西南第一个中共组织；10月，成立浙西南第一个中共县委。1928年4月，创建浙西南第一支革命武装；7月，中国共产党领导遂昌农军举行武装暴动，打响浙西南革命武装斗争第一枪。

1935年5月，刘英、粟裕率领中国工农红军挺进师转战进入遂昌，建立以王村口为中心的浙西南游击根据地。1937年10月，粟裕部和遂昌县国民政府代表在遂昌门阵村举行国共合作抗日谈判，达成协议，浙西南三年游击战争胜利结束。之后，遂昌县成为浙江省抗日救亡运动的后方基地，掀起抗日救亡高潮。1941年“皖南事变”后，遂昌的中共组织转入山区和地下坚持斗争。解放战争时期，中共遂昌县委建立武装工作队。至1949年5月8日，遂昌县城解放，揭开历史新篇章。1988年5月，遂昌县被浙江省人民政府命名为“革命老根据地县”。

全县有革命遗址128处，其中省级文物保护单位6处、县级文物保护单位10处；省级爱国主义教育基地6处，市级爱国主义教育基地3处，县级爱国主义教育基地3处。

【畲族文化】遂昌县最早畲民于明正德年间（1506—1521）和嘉靖年间（1522—1566）从福建省罗源县迁入，徙居繁衍。2020年全县有畲族人口1.23万人。县域畲族居民以雷、蓝、钟3个姓为主，石练镇有少数顾姓畲民。全县现存有大田雷氏、高碧街蓝氏、井头坞钟氏等11个版本的畲家族谱。

山歌、舞蹈、编织是畲族传统文化艺术。遂昌县畲族居民至今保留着赛歌会、跳竹杠、彩带编织等技艺，以及畲族服饰、婚嫁习俗等。妙高街道井东村的畲族祖图绘制于明崇祯七年（1634），是国内发现最早的畲族祖图。

遂昌县三仁畲族乡中心小学一年一度举办“三月三畲族文化节”，畲族传统体育表演参加浙江省少数民族运动会，多次获奖。2018年，遂昌县畲族字带传承人蓝咏梅编织的畲族彩带获第二届中国少数民族工艺品设计制作大赛金奖。遂昌县制定全国首个畲族字带标准。2019年，丽水市首届原生态畲族山歌大赛在遂昌县举行。同年，三仁畲族乡好川村建成全县首个畲族文化展陈馆。至2020年，遂昌畲族重阳歌会已连续举办37届。

【全国重点文物保护单位】

好川遗址 见“好川文化”。

独山石牌坊 位于焦滩乡独山村，建于明隆庆三年（1569），时任遂昌知县池浴德为褒扬进士工部员外郎叶以蕃的父亲叶弘渊而建。牌坊全部用花岗石建造，三间四柱五楼，歇山顶构造，飞檐翘角蔚为壮观。脊顶有龙鱼纹饰，额坊浮雕龙凤瑞兽，工艺精湛。牌坊高8.40米，正楼龙门枋上中刻着“敕立”两大字，龙门枋下刻“洊膺天宠”四大字。左直署“封工部营膳司署员外郎事主事叶弘渊由子以蕃贵立”，右直署“隆庆三年三月吉日立”。独山石牌坊是浙江省保存最完好的明代石牌坊之一，具有较高的建筑研究价值。2019年10月，被国务院核定为第八批全国重点文物保护单位。

【国家级非物质文化遗产】

昆曲十番 十番是一种以多样乐器（通常为十种）为组合、集打击与吹奏于一体的民间音乐。相传汤显祖任遂昌知县期间，把昆曲传到遂昌，教会民众演奏（唱）昆曲十番，迄今400余年。清代和民国时期，遂昌昆曲十番班子流布城乡，主要在民间庙会、迎神时活动，中华人民共和国成立后一度沉寂。21世纪以来，遂昌民间发现昆曲十番传统工尺谱抄本，有曲牌132首，多以汤显祖的“临川四梦”为演奏（唱）内容，并有老艺人尚能演奏。遂昌县挖掘、传承该项文化遗产，成立昆曲十番队伍和传承基地。2008年，遂昌“昆曲十番”被国务院批准公布为国家级非物质文化遗产保护项目。

班春劝农 是遂昌县传统的迎春文化形式。古时，遂昌县令在春耕来临之际，下乡劝农耕作，举行赏花、鞭春仪式，颁布劝耕春令。汤显祖任遂昌知县期间，每年下乡班春、劝农，留下许多劝农诗文，并将“班春劝农”写入《牡丹亭》。遂昌县于2009年恢复举办“班春劝农”节，每年4月，活动在乡村田间举行。石练镇淤溪村建起班春劝农广场。活动分祭春、鞭春、开春三部分，四方群众和外地游客参与其中。2011年，遂昌“班春劝农”典礼被国务院批准公布为国家级非物质文化遗产保护项目。

风景名胜

【全域旅游】遂昌有“仙县”之称，自然人文景观交相辉映，旅游资源丰富。拥有“金木水火土”五行旅游资源：“金”是黄金之旅（遂昌金矿国家矿山公园）；“木”是森林元素（竹炭博物馆，南尖岩、神龙谷等景区）；“水”是水体旅游资源（湖泊、温泉、瀑布、漂流等）；“火”是众多红色遗存（中共浙西南第一个支部旧址、王村口挺进师革命遗址群、门阵国共和谈旧址等）；“土”是遂昌黑陶、土猪肉、烤薯等特色鲜明的原生态农产品和遍布全县的乡村休闲旅游。

遂昌县发展全域旅游，力推农旅融合，打造全景遂昌。成功创建4个AAAA级景区和一批AAA级景区，打响了高坪新村、长濂、大田、红星坪温泉度假村等一批特色乡村旅游品牌，兴起了诗里湖山、云上车前、洞源壹号、芷有一间、半岭等精品民宿。打响“生态之窗·康养遂昌”县域品牌，县域知名度和美誉度不断提升，先后获得中国最佳生态旅游县、中国旅游文化示范地、中国最美特色旅游小城、中国绿色名县、美丽中国十佳旅游县、中国十大县域旅游之星、中国十大特色休闲基地等荣誉。成为国家生态文明建设示范县，被确定为国家可持续发展实验区，入选国家级“两山理念”课题研究样本县和全国全面小康发展样本县。

【AAAA级景区】

南尖岩 南尖岩景区在王村口镇石笋头村，距县城50千米，海拔1140米。主要有天柱峰、神坛峰、千丈岩等多处奇峰异石构成的地貌景观，霞归瑶池、九级瀑布等构成的水体景观，竹海、古松、针阔混交林和各种野生动物构成的生物景观。景区空气清新，富含负氧离子，年均雾日约200天，云海、落日、长虹、雪景、雾凇、冰挂等天象景观层出不穷。独特的地形地貌，经历代劳动人民辛勤耕耘，造就了百余公顷高山梯田景观。南尖岩是联合国科教文组织授予的“国际摄影创作基地”。

神龙谷 垵口乡神龙谷景区处于万山丛中，距县城50千米。植被繁茂，绿荫蔽日，以深谷幽洞、绝壁飞瀑和高山台地为典型特征。从景区入口溯水而下，可观赏到壮观的神龙飞瀑，被誉为“中华第一高瀑”，水流经山崖倾泻而下，因山势阻挡形成三级，一级瀑高约60米、宽10米，二级瀑高约80米宽、18米，三级瀑高约120米、宽25米。一、二级之间还有落差约70米的跌水河段。瀑布水量常年稳定，雨水丰沛期尤为壮观。下游垵口乡大山村建有神龙谷漂流河段，长约3千米。

千佛山 石练镇千佛山景区原名飞石岭，距县城30千米，处于石王公路沿线。景区拥有迷人的山水风貌和大面积原始阔叶林。峡谷悠长清幽，林木茂密，清澈的山泉穿行其间，形成瀑、池、湖、潭、泉、涧。穿峡谷上行，溪回路转，高达300米的天然石佛——弥勒山陡然出现在眼前。裸露的岩石酷似佛像的头腹手足，尤其是弥勒头部颔首而笑，栩栩如生。山是一尊佛，佛是一座山，使人惊叹于大自然的神奇造化。山腰建有未来寺。千佛山景区被誉为“江南小九寨”。

遂昌金矿国家矿山公园 遂昌金矿国家矿山公园坐落在濂竹乡境内，距县城16千米。拥有国内开采规模最大、遗迹保存最完好的唐代金窟和明代金窟。古矿洞中保留有古代烧爆法遗迹，具有弥足珍贵的历史文化价值。遂昌金矿开采历史悠久，可以追溯到唐上元年间（674—676），迄今仍在开采和生产，被誉为“江南第一矿”。遂昌金矿生产与转型发展并行，建成矿山公园，有黄金博物馆、黄金冶炼观光、金窟探险游、上元茶楼等项目，以及黄金商业街、黄金大酒店等。矿山公园所在地奇峰秀水、林幽涧碧，是集旅游观光、休闲度假、求知探秘、商务会议为一体的唯一黄金景区。

【其他名胜景点】

中国竹炭博物馆 位于县城东5千米的上江竹炭园区，为国内首个展示炭文化专题的博物馆，为二层结构，设有炭文化历史展区、炭科学体验区、炭综合应用展区。另有竹炭特产购物街、炭缘客栈。

汤沐园森林温泉 位于县城西25千米的大柘镇大田村。中医养生池、鱼啄肤体快感池等50余个温泉池分建在丛林之中，可容千人沐浴。休闲区建有茶庄。大田村是省级农家乐特色村。

红星坪温泉度假村 位于县城西44千米的湖山乡红星坪村，乌溪江库区周边。度假村建有室内外大小温泉池16个，可容纳500余人泡洗温泉。山庄有游船，为客人畅游湖光山色提供服务。

汤显祖纪念馆 1995年4月建成。2006年和省级文物保护单位陈家大屋整合。整合后纪念馆占地面积2500平方米，馆舍环境优美，古朴雅致，陈列丰富，多个展区展示了汤显祖生平、在遂政教治绩以及艺术成就。纪念馆后花园建有仿古戏台，经常表演《牡丹亭》折子戏、“昆曲十番”等。纪念馆每年都会举办与汤显祖文化相关的艺术展览。

北斗崖 原名石姆岩，位于高坪乡，距县城60千米。景区是典型的丹霞地貌景观，山色绛红如朝阳，山形如柱、如塔、如堡、如钟、如动物，石笋平地拔起，陡峭突出。尤以石姆岩、寿星岩、金钟岩最为突出。主峰石姆岩矗立山巅，其形如柱，突兀峥嵘，体大壮观。山脚有缆车直达景区。

含晖洞 位于县城东4千米的三台山麓，系古代岩崩拥垒而成，分上、下两个石室。景区以古树奇石为特色，上百年的古树形态各异，挺拔苍翠，相传宋代道士章思濂在洞中成仙，故又名章仙洞。洞内宽敞可容百人，凉气袭人，泉水清冽。诸多文人墨客在含晖洞留下诗篇和墨迹。景区有三台寺、留仙亭、望城亭、石船亭、含晖胜境牌坊等景观。三台寺始建于南宋绍兴年间（1131—1162）。相传含晖洞与新路湾镇大马埠村百花洞相通，宋高宗赵构和明太祖朱元璋都曾避难于此。

“十八里翠”水利风景区 为国家级水利风景区，位于松阴溪（南溪）上游，依托逶迤曲折、碧波荡漾的十四都源溯游而上，面积70平方千米，包含成屏一、二级水库、神龙谷漂流和神龙飞瀑等优质风景资源。以“十八里翠”生态长廊为轴线，通过水工程、水景观、水文化、水资源与优越生态的串联开发，形成了集观光、休闲、娱乐、度假、自驾游为一体的水利风景旅游区。“十八里翠”以水域和水利工程为依托，以飞瀑、流泉、漂流、水库等水利景观为核心，利用生态河道将沿河的各类生态旅游资源进行串联，发挥水工程水景观的社会经济效益。景区森林覆盖率超过90%。

居民生活

【城镇居民生活】2020年，遂昌县城镇居民人均可支配收入50425元，比2019年增加2171元，增长4.5%。比全国平均水平高6591元，比全省平均水平低12274元，比全市平均水平高1893元。

受新冠肺炎疫情影响，城镇居民收入增长有所放缓。县委、县政府统筹推进疫情防控和经济社会发展，做好“六稳”“六保”工作，总体保持稳定，居民收入呈恢复增长态势。从居民收入构成看，城镇居民收入四项构成仍保持增长。其中，工资性收入是主要来源，2020年遂昌县城镇居民人均工资收入30171元，比2019年增长4.2%，占可支配收入比例60.0%，拉动收入增长2.5个百分点。经营性收入是增收的重要因素，人均经营净收入6740元，比2019年增长3.5%，主要原因是政府出台一系列针对个企、小微企业的免税降费措施，兑现奖励，降低经营成本，促进城镇居民经营性收入增长。财产性收入是增收的有力补充，人均财产净收入6557元，增长3.0%，主要原因是房屋出租收益增加，投资理财多元化，利息和红利收入稳定增长。政府出台惠民政策带动转移性收入快速增长，人均转移性净收入6957元，增长8.2%，包括城镇居民企业离退休人员养老金标准提高，最低保障标准上调。

2020年，遂昌县城镇居民人均生活消费支出33720元，比2019年减少157元，下降0.5%，主要原因是受疫情影响，居民消费行为受限，消费市场受到影响。其中，出行、教育、娱乐、医疗等方面消费受影响较大。具体生活消费支出情况如下：人均食品烟酒等消费支出9280元，比2019年增长0.1%；人均衣着消费支出3161元，增长4.4%。人均居住消费支出7994元，增长0.8%；人均生活用品及服务消费支出2738元，下降1.1%；人均交通通信消费支出3290元，下降0.9%；人均教育文化娱乐消费支出4142元，下降1.5%；人均医疗保健消费支出2371元，下降7.1%；人均其他商品和服务消费支出744元，下降7.2%。

【农村居民生活】2020年，遂昌县农村居民人均可支配收入22264元，比2019年增加1519元，增长7.3%。比全国平均水平高5133元，比全省平均水平低9666元，比全市平均水平低1373元。

农村居民收入增长受新冠肺炎疫情影响也有所放缓，但仍保持稳定增长。从农村居民收入四项构成看，工资性收入成为增收主动力，2020年遂昌县农村常住居民人均工资性收入12587元，比2019年增长6.9%，占可支配收入比例56.5%，拉动收入增长3.9个百分点，主要原因是县委、县政府出台政策措施，推进小城镇治理、特色小镇创建、新农村建设等，吸收农村劳动力，拉动农民工资性收入。人均经营性净收入6921元，增长6.3%，主要原因是产业发展逐步恢复，茶产业、中药材、中蜂养殖等产业均实现增产增值。人均财产性净收入802元，增长10.5%，主要原因是全面复工复产和出台产业扶持政策，县域企业经营效益转好，工程建设和集体建设项目顺利开展，陆续发放分红，加上投资理财环境利好，居民财产性收入有较大提高。人均转移性净收入1954元，增长12.4%，主要原因是复工复产后农村外出就业人员寄带回的收入增加，同时2020年养老金标准提高及提标，农村居民转移净收入稳步提高。

2020年，遂昌县农村居民人均生活消费支出17988元，比2019年增加359元，增长2.0%。农村地区消费类型和消费量与城镇不同，出行和文化娱乐受影响较大，总体消费支出仍保持增长趋势。具体生活消费支出情况如下：人均食品消费支出6126元，增长2.1%；人均衣着消费支出1658元，增长0.8%；人均居住消费支出4061元，增长3.3%；人均生活用品及服务消费支出1063元，增长6.2%；人均交通和通信消费支出1500元，下降1.5%；人均教育文化娱乐消费支出1661元，下降0.8%；人均医疗保健类消费支出1586元，增长3.5%；其他用品和消费支出333元，增长3.4%。

2020年遂昌县国民经济和社会发展统计公报

2020年是极不平凡的一年，面对新冠肺炎疫情带来的经济下行压力，遂昌县委、县政府始终围绕人民福祉提升和社会稳定各项事业，坚定不移抓落实，有效贯彻实施中央、省、市各项决策部署，将疫情防控与经济稳发展措施相衔接。全年经济稳中有进，人民生活稳步提升，社会事业稳中显好。

一、综合

2020年，遂昌县生产总值（GDP）为130.81亿元，按可比价格计算，比2019年增长了3.4%。其中，第一产业增加值12.18亿元，增长2.5%；第二产业增加值46.84亿元，增长0.4%；第三产业增加值71.78亿元，增长6.1%。三次产业增加值结构调整为9.3∶35.8∶54.9。

二、农业和农村建设

2020年，遂昌县实现农林牧渔业增加值12.30亿元，按可比价计算增长2.6%。实现农林牧渔业总产值19.19亿元，增长2.4%。分行业看，农业产值12.09亿元，增长1.2%；林业产值3.92亿元，下降8.0%；牧业产值2.69亿元，同比增长28.8%；渔业产值2815万元，增长6.0%；农林牧渔服务业产值2118万元，比2019年同期增长12.6%。

全年粮食播种面积10709公顷，比2019年增长2.9%；粮食总产量54503吨，增长2.5%。油菜籽播种面积571公顷，增长6.9%；蔬菜5196公顷，增长0.7%；中药材588公顷，与2019年基本持平；果用瓜139公顷，下降13.7%。

年末全县生猪存栏3.76万头，比2019年增长5%，年内生猪出栏 5.15万头，下降9.7%；全年肉类总产量4714 吨，下降18.6%。中蜂养殖量突破4万群。新增中药材规范化基地2个。建立省级旱粮百亩示范方1个、旱粮生产基地2个，玉米新品种展示示范1个面积285亩。

完成提升“丽水山耕”合作主体12个，新建海拔600米以上绿色有机农林产品基地2.61万亩，新培育旅游地商品25个，新培育旅游地商品主体15个，新建“丽水山耕”产品22个。

三、工业和建筑业

全年规模以上工业产值增长1.8%。规上工业主要行业呈现“四增三降”态势。其中，化工产品制造业产值增长20.5%；非金属矿物制品业产值增长19.0%；有色金属冶炼和压延加工业产值增长39.3%；计算机、通信和其他电子设备制造业产值增长6.1%；黑色金属冶炼和压延加工业产值下降5.8%；金属制品业产值下降7.5%；电力生产和供应业产值下降3.9%。规模以上工业增加值增长4.2%，高新技术产业增加值增长11.1%，战略性新兴产业增加值增长38.5%。建筑业增加值下降5.0%。建安工程投资增长8.6%。

四、固定资产投资和房地产业

全年固定资产投资增长8.1%。其中项目投资增长1.0%，房地产开发投资增长35.6%。工业投资下降2.3%，其中制造业投资增长19.3%。

交通投资增长34.0%，生态环保、城市更新和水利设施项目投资增长6.2%，高新技术产业投资下降11.3%，民间项目投资下降29.7%。

房地产开发投资增长35.6%；商品房销售面积21.94万平方米，增长4.2%；商品房销售额22.71亿元，增长27.1%。

五、国内贸易和对外经济

全县社会消费品零售总额65.85亿元，比2019年增长4.9%。其中，批发业和零售业商品销售额分别增长38.3%、5.3%，增幅分别居全市第一和第五；住宿业营业额下降5.5%；餐饮业营业额增长1.9%。实现进出口总额17.24亿元，比2019年增长41.0%；其中，出口总额15.93亿元，增长43.2%。

六、交通运输、邮电和旅游

交通运输、仓储和邮政业增加值3.84亿元，比2019年增长9.1%。完成邮政业务总量1.79亿元，电信业务收入1.48亿元。年末，全县固定电话用户1.62万户，移动电话用户21.02万户。

新建和改建农村公路115.8千米、安防工程5.3千米，路面维修76千米，新建农村港湾式停靠站55个、村级农村物流网点60个，提升改造渡口渡船9个，更新农村客车4辆，创建市“四好农村路”示范乡镇1个，创建美丽经济交通走廊8条共计75.1千米，创建美丽港口4个、美丽航道10千米。

全县农家乐村（点）86个、经营户（点）549户，有省级农家乐特色村（点）25个、市级农家乐特色村（点）26个，“丽水山居”农家乐综合体8个、精品民宿示范项目14个，创省级农家乐特色乡镇2个、市级农家乐特色乡镇1个、五星级农家乐户（点）5家、四星级经营户（点）14家。全县农家乐共有床位0.8万余个，餐位3.4万余个，从业人员0.8万余人。全年接待游客612.2万人次，综合收入68894.3万元，比2019年增长6.26%。

七、财政、金融

2020年实现财政总收入18.59亿元，比2019年下降2.3%；实现一般公共预算收入11.43亿元，增长4.3%。实现一般公共预算税收收入9.27亿元，增长2.3%。全年财政支出42.66亿元，下降15.2%。

2020年末，金融机构本外币存款余额244.00亿元，比年初增加50.53亿元；其中人民币存款243.50亿元，增长26.2%。金融机构本外币贷款余额185.81亿元，比年初增加41.49亿元；其中人民币贷款185.81亿元，增长28.7%。

八、教育和科学技术

2020年，遂昌中学高考普通类第一段纯文化上线人数181人；职业高中单考单招成绩提升，上线394人，上线率99.49%，本科上线29人，本科上线绝对人数全市第一；义务教育段六年级质量监测全市第一、初中段七年级综合指数位居全市第一、八年级全市第三、九年级全市第二；在省初中质量监测25项指标中，2项进入全省前10%、12项高于全省平均水平，10项指标达到全省平均水平。

全县有效注册商标3182件，地理标志证明商标2件，地理标志保护产品1件，发明专利110件，万人发明拥有量5.75件。

九、文化、体育和卫生

完成2个乡村图书分馆建设，提升2家农家书屋，送书下乡7000余册，启动开元酒店24小时城市书房建设。全年县图书馆到馆39469人次，借还书52059册次，借还人次18114次，阅览74974人次，电子书下载26494 册次。

全县共有各级各类医疗卫生机构144家。其中医院6家，乡镇卫生院（社区卫生服务中心）21家；诊所、卫生所、医务室113家。有执业及执业助理医生639人，卫生技术人员1299人，有床位数908张。

十、人口、人民生活和社会保障

2020年末，全县公安户籍人口229139人，其中男性人口118153人，女性人口110986人，分别占总人口的51.6%和48.4%。全年出生1511人，出生率6.58‰；死亡1744人，死亡率7.59‰；人口自然增长率-1.02‰，比2019年减少1.17个千分点。

完成低保调标机制改革，低保标准从770元/月·人提高至850元/月·人，增长10.4%；累计发放孤儿和困境儿童生活补助金145人160.8万元；福彩暖万家公益助学资助困难大学新生18名，资助金8000元/人。

“大搬快聚”专题线上招聘累计发布100家企业2190个岗位。发放灵活就业社保补贴313人次145.24万元。

2020年末，全县参加企业基本养老保险人数6.47万人，比2019年末增加3740人；参加失业保险人数2.46万人，增加5270人；参加工伤保险人数4.94万人，增加6862人。正常缴费企业职工基本养老保险退休人员月人均养老金2693.5元；城乡居民养老保险基础养老金最低标准180元。

十一、资源、环境和社会安全

2020年，龙鼻头、大石、灵山港3个跨行政区域交接断面水质综合评价优秀，出境水均达Ⅱ类以上；空气环境质量指数（AQI）优良率100%；PM 2.5均值下降至21微克/立方米。

2020年，全县共发生各类上报事故6起，死亡6人，与2019年相比，事故起数减少1起，下降

14.3%，死亡人数与2019年持平。事故指标占全年指标的100%。

发生生产经营性道路交通事故5起、死亡5人，与2019年相比，事故起数（6起）减少1起、下降16.7%，死亡人数均持平。工矿商贸企业事故1起，死亡1人，事故起数和死亡人数均持平。

全年较大及以上事故继续保持“零记录”。实现2012年11月以来连续98个月未发生较大事故，水上运输多年以来“零死亡”，未发生过有重大负面影响的事故。

2010年以来遂昌县获得的部分国家、省（部）级荣誉情况表

表8

荣誉称号	获得年份	荣誉称号	获得年份
中国绿色名县	2010	国家生态文明建设示范县	2018
中国竹炭产业基地	2010	全国绿色百强县	2018
全国休闲农业与乡村旅游示范县	2011	浙江省教育基本现代化县	2018
浙江省旅游经济强县	2011	国家农产品质量安全县	2018
浙江省生态县	2011	中国天然氧吧	2019
浙江省森林城市	2012	中国营商环境百佳示范县市	2019
国家生态文明建设示范县	2014	浙江省大花园典型示范建设单位	2019
中国电子商务发展百佳县	2014	中国最具绿意百佳县市	2019
浙江省园林城市	2014	中国净水百佳县市	2020
国家级生态县	2016	中国礼仪百佳县市	2020
浙江省美丽乡村示范县	2017	中国县域全生态百优榜	2020
国家卫生县城	2017	全国县域旅游综合实力百强县	2020
浙江省全域旅游示范县	2018	中国全面小康百佳示范县市	2020

中共遂昌县委员会

综 述

【概况】2020年是决胜全面建成小康社会、决战脱贫攻坚之年，中共遂昌县委以习近平新时代中国特色社会主义思想为指导，深入贯彻习近平总书记考察浙江重要讲话精神，全面落实中央、省委、市委各项决策部署，加快建设"一城五区"，全力攻坚"八大战役"，以高水平县域治理推进高质量绿色发展，全县经济社会发展取得了一系列新成效。

【学习宣传贯彻党的十九届五中全会精神】县委把学习好、宣传好、贯彻好党的十九届五中全会精神作为重要政治任务。召开全县领导干部会议传达学习全会精神，研究部署落实具体行动，强调要高水平高质量做好遂昌县"十四五"规划编制工作。将全会精神纳入2021年干部教育主体班次必学内容。县委领导带头到联系乡镇（街道）、部门宣讲全会精神，倾听群众意见建议。组建县级宣讲团赴农村、社区、机关、学校、企业开展宣讲活动，累计开展宣讲百余场，听众2万余人次。在电视、报纸、网站上开设专题专栏，跟踪报道全县学习宣传贯彻全会精神的具体举措和实际行动。及时转发中央、省级、市级主流媒体发布的重要报道和重点理论文章，深度解读剖析全会报道情况，扩大全会精神影响面。

【研究谋划山区县跨越式发展路径】10月，省委书记袁家军到遂昌县考察，对遂昌县"山海协作"升级版、村社换届、信访及产业生态构建工作给予肯定，全县上下把这份精神动力转化为推动发展的具体行动。县委深入研究谋划"十四五"推动山区县跨越发展新路径：围绕忠实践行"八八战略"、奋力打造"重要窗口"主题主线，坚定不移走创新实践"绿水青山就是金山银山"理念发展道路，聚焦迈向"全省山区26县第一梯队、全市第一阵营"的目标，以"浙西南革命精神"铸魂赋能立根，坚持产业、城市、乡村、文化、社会"五个转型"，深入推进"一城五区"生产力布局，全力攻坚"八大战役"，打造山区县跨越式发展"重要窗口"，努力成为浙江争创社会主义现代化先行省的"新增长极"，成为山区人民的美好家园、全省人民的向往之地，奋力开辟高水平全面建设社会主义现代化的新征程。

【发展创新经济】一是坚持创新制胜。全力推进"天工之城·数字绿谷"建设，与阿里云签署战略合作协议，集中签约网易、海康威视、邵逸夫医院、千寻位置、英国HOLOVIS、加拿大庞巴迪等11家企业与机构。研究制定"三创"融合政策，谋划项目76个，环湖绿道、阿里云创新中心、网易联合创新中心等项目稳步推进。举办"湖山论剑"——长三角双创人才高峰论坛，启动2020全国数字生态创新大赛，入选省级数字经济创新发展试验区、省级数字生活新服务样板县创建名单，县域数字经济发展影响力指数在26个加快发展县中名列前茅。成功创建省级众创空间"云策小院"、省级星创天地"金竹山海缘"，中国航天科工集团增材制造技术创新中心落户遂昌，建立两个上海“科创飞地”。

二是加快工业复兴。全面启动工业园区“二次创业”，推进省级经济开发区创建，与省智能制造专家委员会合作推动传统产业数字化改造，完成整治低散乱企业30家，淘汰落后产能企业5家，获评浙江省淘汰落后产能和“腾笼换鸟”工作考核先进县。金属制品产业创新服务综合体投入运营，金属制品特色产业基地列入国家火炬特色产业基地名单。培育专精特新企业20家，宇恒电池公司获第二批国家级专精特新“小巨人”企业称号。遂昌县工业园区被拟认定为国家级绿色产业示范基地，“山海协作”产业园企业孵化中心投入使用，产业园全年实现工业产值增长28.55%。

三是强化“双招双引”。坚持招商引资“一号工程”定位，坚持“一把手”招商，重点瞄准智能装备、医药健康、新材料等新兴产业，着力招引科技含量高、成长性强、发展潜力好的头部企业、顶尖团队、骨干项目。全年签约项目38个、合同投资额110.55亿元，其中亿元以上项目19个，10亿元以上项目3个。着力引才聚才，加速“人才新政22条”落地，推出“天工人才e键办”服务系统，实现354项人才事项一网通办，设立11所高校引才联络站，建立德国、英国海外引才联络站，全年引进各类人才1530名，是2019年引才数的3倍，其中博士3名、硕士47名。

【释放生态价值】一是生态底色擦得更亮。持续打好蓝天、碧水、净土保卫战，高标准完成第二轮中央环保督察迎检和整改任务，启动九龙山国家级自然保护区扩区工程，保护区面积从5525公顷扩大到12735公顷。推进仙侠湖库区综合整治，清理网箱面积20万平方米，整治船只370艘。开展城区环境整治百日攻坚行动，深化“污水零直排区”建设，空气质量指数优良率100%，PM2.5浓度均值21微克/立方米，县域3个地表水省控以上断面水质达标率100%。2020年，遂昌获美丽浙江建设考核优秀县和全省“五水共治”大禹鼎。

二是转化机制加快探索。积极探索生态产品价值实现机制，大田村完成全国首个村级GEP、GDP双核算，运营好生态价值转化基金，成立县级“两山银行”，争取到国家开发银行22亿元“两山”项目授信。

三是红绿深度融合发展。浙西南干部培训中心承接各类培训班次259个，培训13756人次。开展面向全国游客的“0578”旅游促销季活动，王村口镇入选全省首批AAAAA级景区镇，“天工之城”入选全省首批山地休闲度假发展试点单位，“浙西川藏线”入选长三角地区精品体育旅游项目，承办浙江省首届生态运动会（遂昌站）、百里红军古道定向越野赛、第九届浙江自行车联赛大柘茶园越野赛等体育赛事，遂昌县列入全省首批文旅产业融合试验区培育名单，入选2020年全国县域旅游综合实力百强县，全省首批文旅产业融合试验区。

【推进城乡建设】一是城市更新稳步推进。启动遂昌有史以来涉及征迁面积和户数规模最大的南街区块、古院未来社区区块开发利用项目。古院社区入选全省第二批“未来社区”试点创建名单，月亮湾社区中心、源口社区中心等项目有序推进。市民服务中心、殡仪馆搬迁、城市生活垃圾焚烧一体化等项目加快推进。完成县城及周边区域及道路两侧环境综合整治，新增停车位314个，增设非机动车泊位6000余个。积极探索“城市大脑”建设，打造全省县域新型智慧城市标杆。

二是美丽乡村迭代升级。高水平建设遂松乡村振兴聚落区，新建海拔600米以上绿色有机农林产品基地1900公顷，提升“丽水山耕”合作主体20个，农产品销售额11亿元，入选省级渔业健康养殖示范县培育创建名单、浙江省农作物秸秆全量化利用试点县。垃圾分类常态化推进，城区生活垃圾清运率、无害化处理率100%，农村生活垃圾分类覆盖率89%，资源化利用率91.2%，建成垃圾分类示范乡镇3个、省级高标准垃圾分类示范村6个。坚持乡村“活化”“退化”并举，持续推进“大搬快聚富民安居”和“一户多宅”清理整治，全年签约搬迁10258人，累计拆除“一户多宅”2238宗，腾龙小区三期、古亭小区项目加快推进。推进“未来乡村”建设，在湖山乡湖山村、大柘镇大田村、新路湾镇蕉川村启动试点，《未来乡村建设导则》正式发布。推进6个中国传统村落、6个省级美丽宜居示范村建设。《“标准化+”助推乡村振兴》入选2020浙江县域高质量发展典型案例，《遂昌农产品“触网”迸发乡村新活力》入选浙江省乡村振兴数字赋能模式。

三是重大项目加快实施。3月5日，总投资105亿元的23个重大项目集中开工。11月30日，第二批47个、总投资190亿元的重大项目集中开工，项目数与投资额均创历年之最。连直线三期、城南大道、火车站市政配套工程完工，清水源水库、飞鹤家园、大桥至洋浩公路工程等一批重点项目加快推进，衢宁铁路正式开通运营，结束了遂昌不通铁路的历史。开工建设528国道新路湾至石练段、遂江线。衢丽铁路基本完成建设方案研究，成屏二级水库扩容工程等重大项目前期有序推进。

【优化发展环境】一是坚持以改革增活力。全力推动“最多跑一次”改革向纵深发展，推进35项惠企利民“一件事”协同高效办理，部门间“最多跑一次”333个事项平台上线率100%。打造“赶街跑小二”、红色代办员、网格员等服务团队，编制40项民生事项代办清单，办理时限提速70%以上。研发应用天工智能管理系统，对重大项目和重点工作、重要指标进行数字化、标准化、可视化管理。推出事业单位“编制银行”，发放40名编制“贷款”。

二是坚持以改革强动力。树牢“客户经理”思维，企业投资项目审批全流程代办，深化“企业点单+中介跑单+政府买单”模式，县域企业投资项目审批获得感提升至98.2%。全面打造惠企政策兑现直通车，建成并投入使用产业政策网上兑现平台，落实减税降费等一系列惠企助企政策，为企业发放减免稳岗就业、贷款、社保、租金、用水用电用气等金融支持和财政补贴9.6亿元。完成新一轮工业园区体制机制改革，修订完善“亩均论英雄”综合评价办法，推动资源要素优化配置，深化标准地、区域评估、商事登记、证照分离等改革。

三是坚持以改革释红利。深入推进医疗卫生人才“省属县用”省级试点，探索“未来诊室”智慧健康计划，遂昌县被确定为“集成创新综合医改省级试点县”。推进医共体建设，连续2年获得“健康浙江”建设考核优秀等次，通过国家卫生县城复审。推进教育提质行动，云峰中心学校、梅溪幼儿园投入使用，遂昌三中、实验小学、人民医院等一批重大民生工程加快建设，深化集团化办学。扎实推进既有住宅加装电梯等“民生实事”项目。

【改善民生福祉】一是基层治理创新推进。全面推进县、乡、村三级矛盾纠纷调解中心建设，建成20个乡镇（街道）矛调中心、28个村（社）矛调服务站，努力实现矛盾纠纷化解“最多跑一地”。在全国率先推出个人债务重整制度，破解“执行难”困境，实现信用修复40例，省高级人民法院向全省推广该项工作。创成蔡源乡蔡和村全省首家基层社会治理信用村，实现乡村治理从“和为贵”到“信则兴”的提升。成立全省首家生态经济知识产权保护服务中心，开展实体化运作。

二是全面小康胜利建成。落实精准扶贫，探索“产业扶贫基地+农户抱团发展”模式，低收入农户人均可支配收入增长17.7%，增幅居全市第一。龙洋乡茶园村《用“情境乡村”建设新路径破解乡村活化难题》入选“世界旅游联盟旅游减贫案例”。全面落实“一户一策一干部”精准结对帮扶，按照“两不愁三保障”要求，抓好医疗保障、饮水安全、危旧房改造、公共基础设施建设等工作，全年完成34个农村饮用水达标提标项目建设，提标人口3.76万人，完成危房治理改造588户。巩固提升村集体经济，村集体经济总收入20万元且经营性收入10万元以上的村有152个，遂昌一南湖消薄“飞地”产业园一期项目竣工。深化东西部扶贫协作和对口支援，推动“输血式”扶贫向“造血式”扶贫转变。

三是社会大局平安稳定。坚持“两手抓、两手硬、两战赢”，全力防控新冠肺炎疫情，成为全省11个无疫情县（市、区）之一，在全市首先实现重点项目、规上企业、旅游景区100%复工复产。落实退役军人事务工作，重视离退休干部工作。深入推进扫黑除恶专项斗争，信访形势总体平稳，夺取全省首批“一星平安金鼎”，为全县改革发展稳定大局提供有力支撑。（县委办）

重要会议

【县委十五届八次全体（扩大）会议】1月10日上午，县委十五届八次全体（扩大）会议召开。深入学习贯彻习近平新时代中国特色社会主义思想和党的十九届四中全会精神，全面落实省委十四届六次全会、市委四届七次全会决策部署，回顾总结2019年工作，安排部署2020年任务，审议通过《中共遂昌县委关于高水平推进县域治理现代化奋力谱写高质量绿色发展新篇章的决定》。县委书记张壮雄代表县委常委会作工作报告，县委副书记、县长胡刚作工作部署。全会强调，要锚定新征程新目标，以县域治理现代化保障推进高质量绿色发展；要对标高水平高质量，以“五位一体”协同治理谱写富民强县新篇章；要突出敢担当能落实，以党的建设统领治理体系和治理能力现代化。

【“不忘初心、牢记使命”主题教育总结大会】1月10日下午，全县“不忘初心、牢记使命”主题教育总结大会召开。会议强调，要深入学习贯彻中央和省、市“不忘初心、牢记使命”主题教育总结大会精神，把“守初心、担使命”内化于心外化于形固化于制，把主题教育激发出来的强大干劲转化为全县上下积极投身“一城五区”建设、打赢“八大战役”、推进县域治理现代化的强大动力，奋力干出高质量绿色发展的新气势新速度新变化。县委书记张壮雄、市委第十五巡回指导组组长孙乐明出席会议并讲话。

【县委经济工作会议暨深化“三服务”工作会议】3月10日，县委召开经济工作会议暨深化“三服务”工作会议。县委书记张壮雄作题为《播撒创新引领发展新种子开启又好又快发展新征程》的讲话。县委副书记、县长胡刚作工作部署。会上，县工业园区、发改局、湖山乡、妙高街道、元立集团和恒宇电池公司作表态发言。会议宣读2019年度获省部级以上和市委市政府表彰的先进集体、省部级以上表彰的先进个人名单和部分县委县政府表彰文件。

【县委农村工作会议】5月25日，县委农村工作会议暨脱贫攻坚推进会召开。会议深入学习贯彻习近平总书记重要讲话精神，全面落实中央、省委、市委农村工作会议精神。会议强调，要高水平建设乡村振兴特色发展示范区，确保打赢脱贫攻坚战，与全省同步高水平全面建成小康社会。会议宣读了国家、省、市级先进表彰文件，向农业产业首席专家发放了聘书。各乡镇（街道）与县政府签订了脱贫攻坚责任状。县农业农村局、水利局、建设局、湖山乡及相关企业作交流发言。会议以“主会场+视频会议”形式召开。

【县委十五届九次全体（扩大）会议】8月14日上午，县委十五届九次全体（扩大）会议召开。全会深入学习贯彻习近平总书记考察浙江重要讲话精神，认真落实省委十四届七次全会、市委四届八次全会决策部署，总结2020年以来工作，安排部署下阶段任务。县委书记张壮雄代表县委常委会作工作报告。全会强调，要奋力建设展示自然生态、创新生态、社会生态、政治生态“四个重要窗口”，决胜高水平全面建成小康社会，并在此基础上开启现代化新征程。

【村（社）组织换届工作会议】10月13日，继全市村（社）组织换届工作视频会议后，遂昌县紧接着召开村（社）组织换届工作会议，第一时间贯彻落实上级会议精神，对下一步工作进行再动员、再部署。会议强调，要高标准高质量打好村（社）组织换届攻坚战，重点是要回答好“三个问题”：一是怎样看待这场村（社）组织换届攻坚战；二是如何打好这场村（社）组织换届攻坚战；三是以什么样的责任担当打好这场村（社）组织换届攻坚战。会议以视频的形式召开，妙高街道、三仁畲族乡、妙高街道北门村、大柘镇、湖山乡在会上作经验交流或表态发言。

【全县领导干部会议】1月10日，由市人大财经委副主任委员孙乐明带队的考核组到遂昌县，进行2019年度县级领导班子和领导干部年度考核。遂昌县召开全县领导干部会议，县委书记张壮雄作总结报告并个人述职，会议进行了民主测评（评议）和民主推荐。

5月30日，召开全县领导干部会议，传达学习全国两会精神，研究部署学习贯彻工作。

11月2日，召开全县领导干部会议，传达学习贯彻党的十九届五中全会精神。县委书记张壮雄主持并讲话，县委副书记、县长胡刚传达会议精神。

11月19日，召开全县领导干部会议，传达学习贯彻省委十四届八次全会精神。县委书记张壮雄主持并讲话，县委副书记、县长胡刚传达会议精神。

【县委常委会会议】1月17日，召开县委常委会会议，传达浙江省两会精神，听取县人大常委会、县政府、县政协、县人民法院、县人民检察院党组工作情况及履行党风廉政建设主体责任情况，有关县十六届人大四次会议、县政协九届四次会议事项汇报等。会议还听取了2019年政府民生实事项目完成情况及2020年民生实事候选项目情况、遂昌县2020年扩大有效投资计划汇报，审议《遂昌县2020年政府投资项目资金预算（草案）》《关于遂昌县2019年财政预算执行情况及2020年财政预算（草案）的报告》、遂昌县乡村振兴年度贡献人物名单、遂昌县第五届道德模范及提名人物名单等。

1月20日，召开县委常委会会议，传达市委经济工作会议精神。审议2019年度乡镇（街道）、部门年度考核结果，2020年度乡镇（街道）、部门目标责任考核办法。会议传达学习了十九届中央纪委四次全会、省纪委十四届五次全会、全国宣传部部长会议、全省宣传思想文化工作会议、全省统战部部长会议精神。

2月24日，召开县委常委会会议，传达了市委政法委全体（扩大）会议精神。传达学习中央、省委、市委相关会议精神。部署落实疫情防控和经济社会发展工作。

2月28日，召开县委常委会会议，听取“八大战役”指挥长对照各行动方案汇报进展情况及下步工作思路、“八大战役”督察长汇报督查情况，以及一季度经济形势分析预判报告，审议《“天工之城”运行管理方案》等。听取了事业单位改革情况汇报。

3月18日，召开县委常委会会议，传达学习陈希同志在全国组织部部长会议上的讲话精神，学习全省组织部部长会议、全省党校校长会议精神等。

4月3日，召开县委常委会会议，传达学习习近平总书记重要讲话精神和省委、市委会议精神，听取扶贫工作情况汇报，“八大战役”指挥长对照各行动方案汇报进展情况及下步工作思路、“八大战役”督察长汇报督查情况等。听取2020年政府（国企）投资项目进展情况汇报，传达学习全市宣传思想工作会议精神。

4月16日，召开县委常委会会议，听取了调整有关部门领导职数事宜情况汇报，县两会有关人事情况、公务员职级晋升工作汇报等。审议了《遂昌县2020年党风廉政建设和反腐败工作组织领导与责任分工（审议稿）》，传达学习了全市统战部长会议精神、全省组织部门学习贯彻习近平总书记考察浙江时重要讲话精神视频部署会精神。

4月30日，召开县委常委会会议，传达学习省委书记车俊在省委网信办考察时的讲话、省委网信委第二次全体会议和全省网信办主任会议精神，学习《许罗德同志在十四届省委第九轮巡视工作动员会上的讲话摘要》《胡海峰同志在四届市委第七轮巡察动员部署会讲话提纲》以及市委农村工作会议精神。

5月15日，召开县委常委会会议，传达学习中央全面深化改革委员会第十三次会议、中央政治局常务委员会会议精神，省委常委、省纪委书记、省监委主任许罗德在丽水调研时的讲话精神。会议还审议了《进一步加强检察机关法律监督工作的实施意见》。

5月22日，召开县委常委会会议，听取遂昌县脱贫攻坚和“消薄”工作情况、扶贫领域巡视整改回访检查有关问题整改情况汇报。与会人员学习了《中国共产党浙江省委员会农村工作实施办法》。

5月29日，召开县委常委会会议，传达学习省委常委、组织部部长黄建发，省政协副主席陈铁雄到遂昌调研时的讲话精神等。

6月19日上午，召开县委常委会（扩大）会议传达学习省委十四届七次全体（扩大）会议精神。

6月19日下午，召开县委常委会会议，听取县争先创优行动专班牵头单位负责人、相关部门负责人对5月指标落后情况的检视剖析和下一步工作目标举措，及2020年生态环保重点工作情况汇报。会议学习《中华人民共和国统计法》；听取进一步加强乡镇财政管理工作的汇报、人才政策、一二三产业政策实施情况汇报、信访积案化解工作汇报、第二季度平安综治维稳工作、巡视整改回头看方案情况汇报等。

7月3日，召开县委常委会会议，听取“八大战役”指挥长对照各行动方案汇报进展新情况及下步工作思路、八大督察长代表汇报督查新情况，《“天工之城”推动三创融合发展的实施意见》《加快集聚三创融合人才助力“天工之城”建设的实施意见》的汇报。会议传达学习了习近平总书记对防汛救灾工作的重要指示精神、中央全面深化改革委员会第十四次会议精神和省、市扶贫开发工作领导小组扩大会议精神等。

7月17日，召开县委常委会会议，传达学习省政协主席葛慧君和市委副书记、市长吴晓东到遂昌县调研讲话精神，传达学习省委十四届七次全会决议、决定和中央、省、市相关文件及会议精神。学习《中华人民共和国民法典》。会议还听取了安全生产半年工作汇报、遂昌县2020年扩大有效投资计划年中调整情况、进一步深化国企改革工作、全县公安工作情况汇报等。

7月31日，召开县委常委会会议，传达学习省委常委、宣传部部长朱国贤到遂昌调研讲话精神和市委书记胡海峰在遂昌县—阿里云计算有限公司合作签约仪式上的讲话精神，听取了上半年全县经济社会形势运行情况分析。

8月7日，召开县委常委会会议，传达学习贯彻市委四届八次全体（扩大）会议精神。

8月14日，召开县委常委会会议，传达全省迎接第二轮中央生态环境保护督察工作部署视频会议精神，审议了《遂昌县全面打赢低收入农户增收攻坚战行动方案》和《遂昌县生活垃圾治理攻坚实施方案》。

8月31日，召开县委常委会会议，传达学习高水平建设新时代美丽浙江推进大会精神，听取“八大战役”推进情况、迎接第二轮中央环保督察工作准备情况汇报等。会议审议了《遂昌县机关单位办公用房调整方案》《中共遂昌县委员会关于省委巡视回访检查反馈意见整改落实情况的报告》，传达学习了省委宣传部《关于遂昌县委意识形态工作责任制专项检查反馈问题整改落实情况回访检查的反馈意见》、市委对台工作领导小组会议精神和全市对台工作会议精神。

9月15日，召开县委常委会会议，传达学习习近平总书记在扎实推进长三角一体化发展座谈会上的讲话精神和全国抗击新冠肺炎疫情表彰大会精神。审议《遂昌县深化制造业企业资源要素优化配置改革的实施意见》《2019年度遂昌县“亩均论英雄”综合评价结果》《关于开展行政村规模调整优化的指导意见》，听取了2020年第三季度信访形势分析和积案化解情况、遂昌县2020年东西部扶贫协作工作推进情况、第三季度履行党风廉政建设“一岗双责”工作情况和第三季度意识形态“一岗双责”落实情况的汇报等。

9月25日，召开县委常委会会议，专题学习习近平总书记在科学家座谈会上的讲话精神，学习省委书记袁家军在省委党校秋季学期开学典礼上的讲话精神和调研杭州城西科创大走廊建设座谈会上的讲话精神。会议听取了秋冬季疫情防控工作汇报。

10月15日，召开县委常委会会议，传达学习习近平总书记在中央党校中青年干部培训班开班仪式上的重要讲话精神，审议《遂昌县容错裁定工作实施办法（试行）》，听取2020年1—3季度全县脱贫攻坚、“消薄”工作情况汇报，学习《浙江省关于进一步健全扶贫领域问题发现机制和压实工作责任的方案》。会议传达学习了全省、全市村（社区）组织换届工作会议精神，听取遂昌县农村乱占耕地建房问题专项整治工作情况汇报。

10月27日，召开县委常委会会议，传达学习习近平总书记对脱贫攻坚工作的重要指示精神、省委书记袁家军在丽水调研讲话精神，以及市委常委会会议精神。

10月30日，召开县委常委会会议，听取贯彻落实省委书记袁家军在丽水调研讲话精神情况、“八大战役”指挥长对照各行动方案汇报进展情况及下一步工作思路、“八大战役”督察长汇报督查情况等。会议还听取《遂昌县城区土地一级市场开发封闭运作管理办法》汇报。

11月16日，召开县委常委会会议，传达学习习近平总书记对“平安中国”建设重要指示精神，听取第三季度平安建设和社会稳定工作情况汇报、遂昌县老城区城市设计汇报。学习了中央组织部部长陈希在组织部门深入学习习近平总书记重要讲话精神贯彻落实新时代党的组织路线电视电话会议上的讲话精神、在组织部门深入贯彻落实《党政领导干部考核工作条例》电视电话会议上的讲话精神，学习了省委书记袁家军相关讲话精神。

11月30日，召开县委常委会会议，传达学习李克强总理在2020年全国大众创业万众创新活动周启动仪式上的讲话精神、省委书记袁家军在省委全面深化改革委员会第十一次会议上的讲话精神，听取“八大战役”指挥长对照行动方案汇报进展情况及下步工作思路、“八大战役”督察长代表汇报督查情况。学习了习近平总书记在中央全面依法治国工作会议上的讲话精神，传达学习十四届省委第十一轮巡视工作动员部署会、全市巡察工作会议暨四届市委第九轮巡察工作动员部署会精神等。会议审议了《中国共产党浙江遂昌历史（第二卷）》。

12月11日，召开县委常委会会议，传达学习副省长陈奕君赴遂昌调研时的讲话精神，审议《遂昌县“三线一单”生态环境分区管控方案》。会议传达学习了习近平总书记在全面推动长江经济带发展座谈会上的讲话精神，学习了全面推动长江经济带发展领导小组会议和省委常委会、市委常委会会议精神，学习了中央政治局常委会听取脱贫攻坚总结评估汇报会精神，审议了《中共遂昌县委全面深化党务公开工作实施方案》。

12月29日，召开县委常委会会议，传达学习中央经济工作会议、省委经济工作会议、市委四届九次全体（扩大）会议精神，听取“八大战役”工作和“县乡一体、条抓块统”改革试点工作汇报，审议《中共遂昌县委关于制定遂昌县国民经济和社会发展第十四个五年规划和二〇三五年远景目标的建议》，研究《湖山湖（遂昌段）生态环境保护总体实施方案》。会议学习了省委书记袁家军在全省深化“千万工程”建设新时代美丽乡村现场会上的讲话摘要。

【县委理论学习中心组会议】1月13日，县委理论学习中心组（扩大）学习会召开，邀请省民政厅副厅长江宇作《加强基层社会治理需重点突破的若干问题》专题辅导报告。

1月17日，县委理论学习中心组（扩大）学习会召开，学习省两会精神。

1月20日，县委理论学习中心组学习会学习全国宣传部部长会议和全省宣传思想工作会议精神。

2月24日，县委理论学习中心组（扩大）学习会召开，学习中央、省、市各级省统筹推进新冠肺炎疫情防控和经济社会发展工作会议精神。

2月28日，县委理论学习中心组（扩大）学习会召开，对“八大战役”攻坚行动专题研讨。

3月18日，县委理论学习中心组学习会讨论意识形态工作。

4月3日，县委理论学习中心组学习会学习习近平总书记在浙江考察时重要讲话精神。

4月20日，县委理论学习中心组（扩大）学习会召开，进行“发展、建设、稳定”专题研讨。

5月22日，县委理论学习中心组（扩大）学习会召开，听《战略思维与核心领导力》专题报告。

5月30日，县委理论学习中心组（扩大）学习会召开，学习全国两会精神。

6月12日，县委理论学习中心组（扩大）学习会召开，邀请省委党校副校长徐明华作《学习习近平考察浙江重要讲话，建设新时代“重要窗口”》专题辅导报告。

6月19日，县委理论学习中心组（扩大）学习会学习省委十七届四次全体（扩大）会议精神。

7月31日，县委理论学习中心组（扩大）学习会召开，学习省委常委、宣传部部长朱国贤赴遂昌调研时的讲话精神。

8月7日，县委理论学习中心组学习会召开，学习市委四届八次全体（扩大）会议精神。

8月31日，县委理论学习中心组学习会学习《习近平谈治国理政》第三卷。顾奕滨、练如库等县领导作交流发言。

9月15日，县委理论学习中心组（扩大）学习会召开，学习习近平总书记近期重要讲话、省委关于落实《中国共产党宣传工作条例》实施办法。

9月30日，县委理论学习中心组（扩大）学习会召开，听取《新基建背景下的数字化转型》专题报告。

10月15日，县委理论学习中心组学习会学习习近平总书记在中央党校中青年干部培训班开班式上的重要讲话精神。

10月27日，县委理论学习中心组（扩大）学习会召开，学习省委书记袁家军在丽水调研讲话精神。

11月2日，县委理论学习中心组（扩大）学习会召开，学习党的十九届五中全会精神。

11月9日，县委理论学习中心组学习会召开，学习党的十九届五中全会精神。

11月19日，县委理论学习中心组（扩大）学习会召开，学习省委十四届八次全会精神。

11月23日，县委理论学习中心组（扩大）学习会召开，邀请浙江大学光华法学院教授、博士生导师章剑生作《法治国家建设过程的难点与对策》专题辅导报告。

12月11日，县委理论学习中心组（扩大）学习会召开，邀请省委党校经济教研部主任、软科学研究所所长王祖强作《深刻解读“十四五”规划和2035年远景目标建议——学习贯彻中央和省委全会精神》主题报告。

12月23日，县委理论学习中心组（扩大）学习会召开，听取市委常委、丽水军分区司令员赵存志作《中国当前安全形势的分析与思考》专题讲座。

【其他会议】3月25日，十五届县委第九轮巡察工作动员部署会召开。主要任务是全面贯彻落实全国市县巡察工作推进会、市县巡察工作调研座谈会及中央、省委、市委有关巡视巡察工作部署要求，对十五届县委第九轮巡察工作进行动员部署，为高水平推进县域治理现代化，加快高质量绿色发展提供坚强政治保障。会议对十五届县委第九轮巡察工作进行了授权任职和任务分工。

4月16日，全县党建工作会议召开。会议深入学习贯彻习近平新时代中国特色社会主义思想和党的十九届四中全会精神，全面落实新时代党的建设新要求，进一步发挥党的组织、宣传、统战各方面优势，聚力锻造服务遂昌发展的新时代高质量绿色发展挺进师，为遂昌开启又好又快发展新征程提供坚强政治保证。

5月14日，县委全面深化改革委员会第二次会议召开。审议《遂昌县党委（党组）书记改革工作述职办法（试行）》《2020年遂昌县全面深化改革工作要点》，听取关于探索建立“个人债务重整制度”，加强县级社会矛盾纠纷调处化解中心规范化建设、推进矛盾纠纷化解“最多跑一地”，天工智能化管理平台研发运行等改革工作情况汇报。

5月22日，遂昌县加快高质量绿色发展系列培训班在汤显祖大剧院开班。县委书记张壮雄作开班动员讲话，省委党校干部教育学院院长金进喜介绍了办班情况，省委党校政治学教研部副主任刘力锐作《战略思维与核心领导力》专题讲座。全县副科以上领导干部、优秀青年干部、优秀村（社）党组织书记、中小学校长（书记）等500余人参加开班仪式。

6月23日，十五届县委第十轮巡察工作动员部署会召开。传达了县委书记专题会议精神，集中交办了第九轮问题（线索），宣布了十五届县委第十轮县委巡察组组长、副组长授权决定及任务，对县委第十轮巡察工作进行了动员部署。

7月20日，县委县政府农业和农村工作领导小组暨扶贫开发工作领导小组会议召开。学习了习近平总书记系列重要讲话精神和中央、省委有关文件精神，传达了省、市领导调研和有关会议精神，审议了《遂昌县委县政府农业和农村工作领导小组工作规则》《遂昌县全面打赢低收入农户增收攻坚战行动方案》，县农业农村局、统计局、民政局等部门作了交流发言。

9月22日，县委全面深化改革委员会第三次会议召开。传达学习了中央、省委、市委深改委会议精神，听取了县发改局关于改革工作述职和全国灾害综合风险普查试点县工作汇报。

11月9日，县委举行“学习贯彻党的十九届五中全会精神”专题学习会，深入学习党的十九届五中全会精神。（县委办）

重要调研

【郑继伟到遂昌调研】1月2—3日，省政协副主席郑继伟到遂昌县开展“深化‘三服务’、助推开门红”活动。他走乡村、进车间、访农户、看项目，为遂昌高质量绿色发展把脉问诊出良方。市政协副主席金爱武陪同。

【蔡秀军到遂昌督查】2月20日，省政协副主席蔡秀军到遂昌县，督查疫情防控和复工复产工作。蔡秀军一行先后到县人民医院和县第三中学迁建项目现场、县中医院、恒宇电池公司、红星坪村，看望慰问医护人员和企业复工复产人员，了解遂昌县疫情防控措施、企业复工复产运行、项目规划建设等情况。市政协副主席汤家友陪同调研。

【许罗德到遂昌调研】5月6日，省委常委、省纪委书记、省监委主任许罗德到遂昌县，调研社会矛盾纠纷调处化解、廉政文化教育基地建设、农村基层党风廉政建设、农村困难家庭危房改造、乡镇监察办建设等工作。市委书记胡海峰、市纪委书记方文军陪同调研。

【刘小涛到遂昌调研】5月21日，副省长刘小涛到遂昌县调研，深入县客运中心迁建工程和大桥至洋浩公路项目现场，调研重大交通项目建设情况。副市长楼志坚陪同调研。

【陈铁雄到遂昌调研】5月27—28日，省政协副主席陈铁雄率队到遂昌县，围绕“高水平全面建成小康社会补短板”开展三级政协联动民主监督。陈铁雄先后到湖山乡珠村畈村、三仁畲族乡坑口村、新元焊材有限公司、遂昌—诸暨“山海协作”产业园及县人民医院、遂昌三中迁建项目现场，以及育才中学、源口邻里中心等地，了解“天工之城”规划建设、民族乡村振兴、生态工业发展、民生服务保障等情况。市政协副主席高波陪同调研。

10月21日，省政协副主席陈铁雄到遂昌县，深入焦滩乡独山村、龙洋乡九龙口村和茶园村调研乡村振兴工作。

【李占国到遂昌调研】6月5—6日，省高级人民法院党组书记、院长李占国到遂昌县，调研信用村建设等工作。市委副书记、政法委书记李锋，市中级人民法院党组书记、院长蒋卫宇陪同调研。

【朱国贤到遂昌调研】7月21日，省委常委、宣传部部长朱国贤到遂昌县，调研新时代文明实践中心建设和智慧文化礼堂创建工作。深入妙高街道、大柘镇、湖山乡、王村口镇、汤显祖纪念馆等点位考察，召开座谈会。市委书记胡海峰，市委常委、宣传部长任淑女陪同调研。

【史济锡到遂昌调研】10月13日，省人大常委会副主任史济锡率队到遂昌县，调研乡村振兴工作。到北界镇苏村了解灾后重建和产业发展情况，到大柘镇大田村考察“未来乡村”建设情况，到湖山乡考察“天工之城”建设情况。市人大常委会主任虞红鸣、副主任杜光旻陪同调研。

【袁家军到遂昌调研】10月21日，省委书记、省人大常委会主任袁家军到遂昌县，考察调研“山海协作”成果和产业转型发展情况，接待群众来访。深入遂昌—诸暨“山海协作”产业园、网易联合创新中心，了解园区建设、产业转型发展、重点项目推进等情况；深入村（社）组织换届省级试点妙高街道东峰村，了解村（社）组织换届工作情况；到信访接待点面对面接待约访群众。省委常委、省委秘书长陈金彪，省委常委、副省长冯飞、市委书记胡海峰等陪同。

【李学忠到遂昌调研】10月27日，省人大常委会副主任李学忠到遂昌县，调研社会矛盾纠纷调处化解“最多跑一地”改革工作。深入三仁畲族乡小忠村与一线干部、民警、调解员交流互动，了解相关情况，并召开座谈会，听取遂昌县关于社会矛盾纠纷调处化解“最多跑一地”改革工作汇报。市人大常委会副主任邹培书陪同调研。

【赵光君到遂昌督查】10月28—29日，省人大常委会副主任赵光君到遂昌县，就省委人大工作会议精神和相关文件精神贯彻落实情况开展督查，并开展《浙江省医疗保障条例（草案）》立法调研，深化“三服务”活动。

【陈奕君到遂昌调研】12月2—3日，副省长陈奕君到遂昌县调研。深入“两山”转化大厦、关雎文化园、三仁畲族乡好川村，了解新型城镇化建设、文旅产业发展情况。深入工业园区毛田区块，查看中央环保督察整改工作落实情况。到湖山乡考察，听取“天工之城”建设汇报，看望慰问困难群众。还调研了仙侠湖环境综合整治情况，参观遂昌革命纪念馆。副市长楼志坚陪同考察。

【市领导到遂昌调研】1月2日，市政协主席陈瑞商带队到遂昌县开展“深化‘三服务’助推开门红”活动。

1月19日，市委常委、组织部部长方健忠到遂昌县开展平安建设、安全生产检查，走访慰问困难群众及信访干部。4月8日，方健忠到遂昌县调研基层党建、基层党组织服务保障“两战赢”、村级组织换届筹备以及“消薄”工作。

4月8日，市人大常委会副主任朱继坤带队到遂昌县，调研数字经济发展情况。12月4日，朱继坤到遂昌县调研“十四五”规划编制情况及2021年人大工作思路。

5月18日，市政协副主席汤家友到遂昌县，开展“高水平全面建成小康社会补短板”专项集体民主监督活动。8月6—7日，汤家友带队到遂昌县开展“厚植社会主义协商民主文化”课题调研。8月19日，汤家友一行到遂昌县开展社会治理领域“最多跑一地”改革三级政协联动专项集体民主监督活动。

5月25日，市政协副主席丁绍雄到遂昌县，调研养老人才培养机制创建工作。

6月18日，市人大常委会副主任陈建波带队到遂昌县，调研2020年上半年计划和预算执行情况及民营工业企业发展情况。

7月16—17日，市委常委、宣传部部长任淑女到遂昌县调研遂昌县宣传思想文化工作。

7月16日，市政协副主席高波率市委督查组到遂昌县开展贯彻落实市委政协工作会议精神情况专项督查。

7月20日，市政协副主席朱山华带队到遂昌县调研残疾人全面小康工作。

8月11日，副市长、市公安局局长毛建国率队到遂昌县检查“七五”普法工作，召开“七五”普法总结验收和“八五”普法规划编制调研座谈会。

9月10日，丽水市委书记胡海峰到遂昌县，督导督察组交办重点信访件办理情况。

10月26日，市人大常委会副主任邹培书率督查组到遂昌县，开展省委、市委人大工作会议精神贯彻落实情况专项督查工作。

11月12日，市人大常委会副主任郑力平带调研组到遂昌县，就贯彻落实市委、市委办相关文件精神情况进行调研。

12月2日，副市长卢彩柳带队到遂昌县，调研“三医联动、六医统筹”改革试点工作。

12月15日，市委常委、纪委书记、监委主任方文军到遂昌县调研“清廉遂昌”建设工作。

【其他调研和考察】1月6日，中国信息化百人会执委、中央网信办信息化发展局原局长徐愈，浙江智能制造专委会秘书长卢耀辉率代表团到遂昌县，考察遂昌县工业和信息化、智能制造等工作。

3月24日，省农业农村厅党组书记王通林到遂昌县，调研美丽乡村建设、村集体经济发展、低收入农户增收工作，以及农家乐民宿复工复产、春耕备耕等工作。

4月8日，省医保局党组书记、局长杨烨到遂昌县调研医疗保障工作。

4月14—15日，省智能制造专家委员会主任毛光烈率队到遂昌县考察智能制造发展情况。

5月1日，省文旅厅党组成员、省文物局局长柳河带队到遂昌县督查“五一”小长假旅游市场情况。

5月21日，省体育局党组书记、局长郑瑶到遂昌县开展“三服务”调研活动。

5月27—28日，省委老干部局副局长詹茂伟一行到遂昌县调研。

6月4—5日，省政府咨询委副主任夏阿国一行到遂昌县，就有效应对疫情冲击、促进乡村旅游健康发展开展调研，并召开座谈会。

6月5日，省人力社保厅副厅长葛平安带队到遂昌县，开展“三服务”集中调研。

6月17日，浙报集团党委副书记金炳雄到遂昌县调研浙报集团县级融媒体中心共享联盟遂昌工作站建设情况。

6月23日，市咨询委常务副主任肖建中到遂昌县调研“大搬快聚”相关工作。

6月30日，省民宗委副主任钟新章到遂昌县开展民族乡村振兴调研活动。

7月13—14日，国家林业和草原局上海专员办专员苏宗海率检查组到遂昌县，检查指导遂昌县林业工作。

7月17日，南湖区委副书记、区长邵潘锋率党政代表团到遂昌县考察。双方召开“山海协作”联席会议，签订南湖—遂昌“山海协作”乡村振兴示范点共建协议和2020年度“山海协作”任务书，举行“山海协作”援建资金捐赠仪式。

7月24—25日，由团省委副书记王慧琳带队的督导组到遂昌县，督导村社组织换届工作。

8月6日，省发改委副主任翁建荣带队到遂昌县，对汤显祖戏曲小镇建设工作进行考核复检。

8月28—29日，由省农业农村厅副厅长孙飞翔带队的督导组到遂昌县，督导村（社）组织换届选举工作。

9月12日，国铁集团副总工程师王峰从衢州站出发添乘考察衢宁铁路，在遂昌站下车考察铁路建设和火车站市政配套工程建设情况。市委常委、常务副市长杜兴林陪同考察。

9月14日，县委书记张壮雄率党政代表团赴松阳县考察，就“一带三区”之遂松乡村振兴区发展事宜进行座谈。两县签署了《“一带三区”遂松乡村振兴区全方位战略合作备忘录》《遂昌县—松阳县“十四五”规划合作框架协议》。

10月13日，省民政厅党组成员、副厅长方仁表到遂昌县，就遂昌县民政事业发展“十四五”规划重点项目谋划开展调研。

10月21日，省自然资源厅党组书记、厅长黄志平到遂昌县调研垦造耕地、建设用地复垦等工作。

10月26日，绍兴市委常委、诸暨市委书记徐良平率党政代表团到遂昌县考察。双方召开“山海协作”联席会议，签订2020年度“山海协作”任务书和诸暨—遂昌“山海协作”乡村振兴示范点共建协议，举行“山海协作”援建资金捐赠仪式。

11月12日，省卫健委副主任曹启峰到遂昌县调研医共体模式下高血压糖尿病全周期健康管理推进分级诊疗改革开展情况。

12月18日，遂昌县党政代表团赴南湖区学习考察，对接交流“山海协作”工作。双方召开联席会议，代表团考察了南湖—遂昌山海协作“飞地”产业园、嘉兴市宏丰机械有限公司、南湖研究院、南湖实验室等。

12月23日，上虞区委书记徐军率党政代表团到遂昌县考察，对接交流友好区县合作工作。双方举行“虞创码头”项目建设资金捐赠仪式。代表团先后前往湖山乡、云峰街道参观考察。（县委办）

县委办公室工作

【概况】2020年，县委办公室全力当好县委的“坚强前哨”和“巩固后院”，充分发挥参谋助手、综合协调、督查落实、后勤保障职能作用，较好地完成了各项工作和领导交办任务，为遂昌县打造山区县创新实践“绿水青山就是金山银山”理念的“重要窗口”贡献了更多力量。

【政治建设】持续深入抓好党的十九大和习近平总书记系列重要讲话精神的学习贯彻，用习近平新时代中国特色社会主义思想武装头脑、指导实践、推动工作。全体干部深学细读习近平总书记考察浙江重要讲话、党的十九届五中全会、省委十四届八次全会、省委书记袁家军在省委党校秋季开学典礼上讲话、市委四届九次全会、县委十五届九次全会等重要会议、讲话精神，通过参谋、协调、文稿、督考等职能，抓好贯彻落实，全力以赴完成组织和领导交办任务。严肃认真开好民主生活会和组织生活会，真刀真枪开展批评和自我批评。深刻领会和把握县委书记张壮雄对办公室工作提出的要求，在思想认识、政治觉悟、理论水平上紧跟县委步伐。

【综合服务】协调服务周密有序。健全四套班子办公室联席会议制度，定期召开会议；协调好部门和乡镇（街道）之间的工作；对全局性重点工作发挥好参谋作用，常事快办、急事急办、特事特办；全力做好省、市重要领导的后勤接待保障工作；编写县委书记调研及重大活动方案77个，协调和组织来宾接待58次，其中接待省部级以上领导到遂昌县考察20次，高质量完成调研和接待服务。

发文办会精细高效。全年发文450份，其中正式文件224份、县委便笺220份、其他文件6份，实现县委及县委办“三类文件”只减不增。全年收电子文件5066件、纸质文件737件，及时掌握文件去向，及时催办、督办，加强密级管理。全年办会218场，其中上级视频会议36场、常委会34场、书记专题会12场、全县性会议45场、各类议事协调和汇报会91场。

机要保密安全通畅。严守纪律规矩，完成机房装修搬迁、线路安装改造任务。抓好机要值班值守工作，有效保障重大活动、重点时段、重要节庆以及“八小时外”、双休日等非工作时间重要文件的上传下达、重要信息的处置报送。

对台工作主动作为。开展遂昌籍台胞调查摸底工作，全年接待台胞台商11人。做实复工复产攻坚期台资企业服务工作，为企业解决防疫物资短缺问题，帮助企业协调处置环境违法问题。针对大陆配偶因疫情探亲不便问题，联合县台联会开展“替您回娘家看看”活动。

法治、档案、财经、外事工作出新成效。抓好党内法规制度学习贯彻，获全省党规知识竞赛优秀组织奖。制定《中共遂昌县委全面深化党务公开工作实施方案》，选择6家单位开展党务公开试点。开展档案“掌上执法”31次，开展全市档案工作服务农村基层社会治理试点，创建数字档案室11家。做好机构改革后县委财经工作、县委外事工作任务交接、人员调配工作。向外籍人员宣传防疫政策，做好快捷通道等事项的政策解读和服务工作。

【文稿参谋】以最高要求抓文稿。全年完成上级重要领导视察汇报，全县干部大会、县委全会等大会报告，县委各项工作总结汇报，讲课材料、采访思路、活动致辞等文稿起草300多篇，审核修改各类文件和新闻稿80多篇。开展专项调研活动和理论研究，完成《创新实践“绿水青山就是金山银山”理念开启高水平推进社会主义现代化建设新征程》等一批理论文章，《以“两进两回”机制建设“未来乡村”打造“城市第二居所”》在《农民日报》发表，得到农业农村部领导批示。

以最勤服务抓信息。全年编发《每日动态》250期、《每日要情》210期、《信息专报》57期、《信息通报》10期、《领导参阅》13期，获县委主要领导批示51次。上报信息获省委办、市委办录用698条，其中在市委办发表有关“人才新政”“大搬快聚”“天工系统”等工作大稿8篇，刊发数量全市第一。多篇大稿通过县府办、发改、政法等途径上报，获得市委主要领导批示。“编制银行”“山海协作”“信用村”等7篇创新做法信息在省委办刊发。未发生紧急信息迟报漏报瞒报问题。

以最亮载体抓外宣。紧盯“两山”转化、经济社会发展、数字化转型、“最多跑一次”改革等方面的好经验、好做法、好典型，在《浙江日报》《丽水日报》上开展全方位多角度报道。全年在《浙江日报》《丽水日报》刊发稿件506篇，其中《浙江日报》刊发67篇，头版13篇，整版4个，《丽水日报》刊发439篇，头版128篇，整版26个。新闻稿件《1.6亿元！这个村的绿水青山“有价”》《新闻为民，万水千山总是情》分别获中国新闻奖二等奖和三等奖。

【督促检查】认真研究、主动融入“天工智能化管理平台”，将130个重点项目、重要工作纳入“天工系统”，实现任务颗粒分解、进度全程晾晒、督查精准有力。开展省、市、县重点工作督查85次，“天工系统”发出红灯76盏、黄灯1盏、红牌300张、黄牌84张。7月开始，每半月印发一次督查通报。建立“比一比、晒一晒”季度展示新方式，将经济指标、重点项目、平安建设等完成情况以红、黄、绿三色进行展示。在季度展示的基础上，纳入经济运行月度评价指数、省对26个山区县考核、向上争取资金等内容，形成半年报告，督促各单位比学赶超。严格落实县领导批示交办、督办事项，全年交办事项134件，转出批示件161件，重要事项交办4件。认真对照省对26个山区县、市对县考核等具体内容和要求，实现对37个牵头部门涉及的163项指标指导分析全覆盖。（县委办）

全面深化改革

【概况】2020年，遂昌县以“最多跑一次”改革为牵引，以数字化变革为动力，扎实推进重点领域和关键环节深化改革，让改革成为“重要窗口”最鲜明标识。

召开两次县委深改委会议，召开推进政府数字化转型专题会议和推动公共场所服务大提升专题会议，形成改革工作周例会、联席会议。创新“三办+纪检组”联合督查机制，县委书记张壮雄在市委深改委会议上现场述职。制定《2020年遂昌县全面深化改革工作要点》《2020年遂昌县深化“最多跑一次”推进“放管服”改革工作要点》。全面开展“十四五”改革规划思路谋划，形成5项重大改革试点任务和“一城五区”主要改革试点框架。

在省委改革办《竞跑者》刊发《遂昌县织密横竖“一张网”串联防控“一件事”》《遂昌县推进医保基金监管制度改革》《遂昌建设共享智慧文化礼堂打造新时代文明实践“重要窗口”》3篇文章，在《丽水改革先锋》刊发文章7篇。针对改革领域的典型经验做法，在浙江卫视、《浙江日报》《丽水日报》、丽水电视台等省市级媒体刊播稿件160多篇。

【“最多跑一次”改革十项重点任务】一是全面推进机关内部“最多跑一次”深化改革。大力推广应用丽水市机关内部协同办事平台，部门间“最多跑一次”事项达42个部门364项，适宜网办非涉密事项上线率100%。20个乡镇（街道）和110个部门政务服务网电子签章申请备案维护工作全面完成。深化机关事业人员职业生涯全周期管理“一件事”改革，推动其他部门间“一件事”上线。

二是全面推进“一件事”服务水平提升。召开20余次推进会、培训会。出生“一件事”、企业开办、失业救助、城乡居民“3+N”报销、纳税、惠企政策直通车、用电报装等7个“一件事”网办率90%以上。4月，在全市率先实现殡葬“一件事”联办常态化。9月，幼儿入园、学生入学、结婚生育户口联办、证照联办等“一件事”网办率均达100%。实现退役军人“一件事”线上流转。11月，农房确权登记、大型户外广告审批、用气报装、公租房申请4个“一件事”实现“零的突破”，二手房办理不动产证及水电气联动过户实现全流程网上办。

三是全面推进“最多跑一次”改革延伸。完善便民服务代办机制，构建基本完备、服务高效、群众满意的农村公共服务、便民服务体系。发挥代办员、网格员、“跑小二”作用。探索建立乡村治理与农村经济协调发展、农村小微权力综合监督、乡村矛盾纠纷调处一体化、“服务+政务”办事链延沉等机制。“民事村了”基层治理经验在《丽水改革先锋》上刊发。

四是全面推进项目审批专业化代办和督促指导服务。全县有35家企业签订代办协议，代办合同费用137.24万元。启动湖山温泉养生岛、三墩颐养幸福城2个文旅产业项目代办试点。探索组建政府投资项目督促指导中心，负责政府投资项目全过程督促、督查、指导、协调、服务工作，参与20多个政府投资项目全流程服务，最快项目从土地挂牌到规划方案评审仅用时34天。

五是全面推进惠企政策兑现“直通车”。协调20多个部门，召开10多次座谈会、部署会、专题推进会。围绕年度兑现的高频事项和五大新政，在全市率先启动惠企政策和业务流程梳理，首个建好产业政策兑现平台并实现网上兑现功能。6月，在全市跑改例会上进行了经验交流。至年底，共上线惠企政策事项219项，兑现金额4068.25万元。

六是全面推进大厅、网上、掌上三端办理。全面梳理大厅、网上、掌上三端办理事项清单，引导群众、企业开展三端办理。完善三端办理问题处置快速响应机制，及时处置和反馈群众“好差评”问题。在“遂昌新闻”开设专栏，对政务服务高频事项进行全面推广和积极引导，引导25万多人次“网上办”“掌上办”。

七是全面推进公共场所服务大提升。推进“最多跑一次”向公共服务场所延伸，谋划推进交通设施、旅游景区、文化场馆、市场、体育场馆、医疗场所、行政服务中心等公共场所提升改造，向省市选送图书馆、养老中心、人民医院、南尖岩景区和车辆检测站等公共场所点位“体验式”宣传片。开展以“拥抱铁路时代，打造公共场所惠民窗口”为主题的“两代表一委员”督查活动，针对督查发现的问题，组织两办督查室进行“回头看”。

八是全面推进最优营商环境打造。出台《关于应对疫情支持企业共渡难关的二十条意见》，精准施策，做好企业金融信贷支持、税费减免、政务服务审批、用工、防疫物资调配等工作。向新开办企业赠送印章和税控设备（含首年服务费）。推进企业投资项目在线审批监管平台3.0版应用，深化区域评估、“亩均论英雄”、商事登记、证照分离改革。深化金融风险“天罗地网”监测防控体系建设。

九是全面推进政府数字化转型。研发运用天工智能化管理平台，生成各类项目132个，涉及工作环节2284个，平台登录4177人，项目直接责任人数665人。法定承诺总期限308.5个工作日，通过系统提速增效后，压缩到156.5个工作日。拓展完善“浙里办”功能，依托“浙政钉”平台，推动政务工作实现移动化、协同式办理。

十是全面推进“最多跑一地”改革。健全全省一盘棋、市级抓统筹、县级负主责、基层强执行的社会治理工作机制。建成县级矛调中心，实现“六中心”团队入驻，全县建成20个乡镇（街道）矛调中心、28个村社示范性矛调服务站。推行信访代办制，强化乡镇（街道）“基层治理四平台”运行管理，推进“全科网格”建设规范提升，构建“党建统领+矛调中心+四个平台+全科网格+集成服务”社会治理新模式。

【全面深化改革十项重点突破】一是着力推动“天工之城”建设取得新突破。7月，遂昌和阿里云公司签署了共建未来科创岛合作协议。11月，“开源生长·杭向遂昌”阿里云创峰会遂昌专场暨2020遂昌数字生态产业峰会举行。12月，举行了仙侠湖论剑暨“天工之城·数字绿谷”项目集中签约仪式，现场与海康威视、网易、千寻位置等11家行业头部企业签约。2020年，遂昌“天工之城”入选首批省级山地休闲度假发展试点名单。

二是着力推动科创中心建设取得新突破。加快构建“231”协同创新体系，着力打造上海、杭州两个“离岸科创岛”，南湖、诸暨、遂昌三个“山海协作”基地，以及“天工之城”科技创新“第二空间”。加快推进省级经济开发区创建，建成金属制品产业创新服务综合体、遂昌—南湖山海协作“飞地”产业园一期项目，建立上海“科创飞地”，推动成立并购基金。遂昌县金属制品特色产业基地入选第二批国家火炬特色产业基地名单，入选第三批浙江省产业创新服务综合体创建与培育名单。国企市场化改革成效明显，成功发行非公开公司债券10亿元。“人才新政”加速落地，引才数是2019年的133%。遂昌县入选省级数字经济创新发展试验区创建名单、省级数字生活新服务标杆创建单位。

三是着力推动“未来乡村”建设取得新突破。围绕高水平建设“遂松乡村振兴聚落区”，提出“未来乡村”概念，制定《未来乡村建设导则》县级地方标准规范。利用传统空间装载现代功能，努力创建场景化、数字化、可复制的“遂昌样本”，启动湖山、大田、蕉川3个乡村试点。9月5日，“未来乡村”研讨会暨遂昌《未来乡村建设导则》发布会在杭州举行。《“标准化+”助推乡村振兴》入选2020浙江县域高质量发展典型案例，王村口镇入选第四批新型城镇化标准化国家试点。

四是着力推动“编制银行”改革取得新突破。着眼干部精准化配置，深化“编制银行”改革，引入KPI绩效评估机制，县机构编制部门形成“总量控制、动态调整、周转使用”的事业单位编制管理办法，筹集一定的编制资源作为“资本金”进行集中管理和统筹使用，筹集72名编制“资本金”，第一批已发放40名编制“贷款”，有效实现干部的精准化配置。《遂昌县在全省率先开展机构编制KPI绩效评估工作》获省委办公厅录用刊发。

五是着力推动信用制度改革取得新突破。率先推出“个人债务重整”制度，创造性地破解“执行难”困境，实现信用修复35例。省高级人民法院发文向全省推广该项创新工作，最高人民法院确定遂昌县人民法院为个人破产庭外重组试点单位。在蔡源乡蔡和村打造全省首个基层社会治理信用村，实现乡村治理从“和为贵”到“信则兴”提升。《信用村治理举措》获2020年度中国十大社会治理创新典范、第六届社会治理创新博鳌论坛典型案例。成立全省首家生态经济知识产权保护服务中心。

六是着力推动生态产品价值实现取得新突破。推进省级GEP核算试点，建立1亿元遂昌县生态价值转化基金，成立“两山”银行，争取国家开发银行“两山”项目授信。与省机关事务管理局签订碳中和战略合作协议，在全省率先开展碳中和基地建设。激活沉淀资金，让“绿色惠农卡”惠及更多农民，“柘里茶香”入选省级现代农业园区。遂昌县入选全省大花园示范县建设典型案例、2020年国家电子商务进农村综合示范县、国家级企业精准扶贫专项案例50佳名单，获评“2020年度中国全面小康百佳示范县市”。

七是着力推动文旅融合发展取得新突破。创建全省首批文旅产业融合试验区，推进音乐旅游平台和音乐研学标准化建设。串联“红色经典”“非遗传承”等主题研学线路，培育以汤显祖文化为核心的体验研学产品，高标准建设省级研学营地。启动地方文化基因解码工程，挖掘复兴遂昌本土音乐元素，借助国际大师级创作、演出的平台推广、复兴遂昌本土文化。

八是着力推动灾害综合风险普查取得新突破。

启动全国灾害综合风险普查试点县工作，建立普查机制及技术专班，在县、乡、村三级开展普查对象清查登记工作，对主要致灾灾害、承灾体、历史灾害、综合减灾资源（能力）等开展全面调查，突出遂昌县洪水、台风、地质灾害等易发多发区的重点隐患排查。

九是着力推动医疗卫生人才“省属县用”改革取得新突破。作为全省唯一试点，推动县人民医院与浙医二院紧密合作，打造全科医学中心，以点带面提升县级医院核心竞争力，让老百姓在家门口就能享受到省级医院同质医疗服务。入选省级医药卫生体制改革“三医联动”“六医统筹”试点。构建整合型医疗卫生服务体系，探索“未来诊室”智慧健康计划。

十是着力推动集团化办学取得新突破。通过集团化办学，合理配置教育资源，发挥核心教育资源的辐射、引领作用，促进小初高一体化发展，实现优质教育资源共享。在全省率先利用华数校园电视台平台，推出8种线上学习途径，6个案例入选全国教学资源优秀案例，2个案例入选全省典型案例。推进实施“头雁展翅”工程，让书记、校长“上得了课堂、进得了讲堂”，提高专业能力、实践能力和课程引领力。（县委办）

组织工作

【概况】2020年底，全县有基层党组织899个，其中党委63个、党总支59个、党支部777个。基层党委中，乡镇党委18个，企业党委5个，事业单位党委10个，国家机关党委16个，政党机关党委2个。各级党委派出党工委5个。

县委组织部紧紧围绕中央、省、市、县党建工作会议精神，落实新时代党的建设总要求和组织路线，聚焦主责主业，抓基层强基础、选干部配班子、育人才聚贤能，将组织动能转化为发展动能。

创新实施县管领导干部“三考合一”积分考核机制，将得分、排位作为领导干部调整使用的重要依据。全年调整干部319人次，提拔或进一步使用117人次。开展乡镇（街道）团（工）委书记、妇联主席竞争性选拔工作，对18个岗位进行补缺。开展涉企部门中层干部跨单位交流，公开选拔7人、调整交流9人、免职处理13人。探索开展公务员职级晋升“积分制”管理，3批次979人次得到晋升。

【疫情防控一线考察干部】抽调1700余名干部到疫情防控指挥部、各卡点、社区隔离点参与服务，抽调115名干部进驻复工复产“7+2”专班，推动惠企政策落实落地。建立在疫情防控和复工复产一线考察识别干部机制，跟踪考察领导班子47个，考察领导干部792人次，48名表现突出的干部受表彰，吸收预备党员1人，确定入党积极分子18人。

成立党员干部心理疏导服务队，开展心理辅导70余人次。招募36名医学定向生参与防疫工作，解决专业人员短缺问题。组建党员先锋突击队35支360余人，解决各类困难诉求1354件。选派152名党建工作指导员，组建抢时间补增量指挥部、创先争优作战指挥部和“7+2”工作专班，协助184家重点企业、商贸物流企业、农业企业做好疫情防控和复工复产工作，帮助企业解决复工复产问题823个。

【干部监督工作】开展巡视整改六大专项行动，完成24个县委巡察单位选人用人专项检查，发现问题20个，约谈提醒9人，诫勉2人，通报2份。联合县纪委监委，对小金线道路两侧、金岸农贸市场环境整治工作开展联合调查，批评教育10人，诫勉3人，责成6家单位召开民主生活会深刻反思。对20个乡镇（街道）68个部门党委（党组）开展干部选拔任用“一报告两评议”。加强党委（党组）书记选任监督工作，对交流、退出领导岗位的41名党组织书记开展离任检查。开展提醒函询诫勉工作，全年提醒133人次、函询19人次。落实信访受理核查制度，共受理来电、来信、来访40件，其中上级转办信访件9件，均予以答复，化解1起信访积案。

【村（社）换届工作】高标准、严要求抓好村（社）

换届试点工作，实现妙高街道、三仁畲族乡2个全省村（社）换届试点乡镇的43个村（社）党组织书记100%当选村（居）委会主任，全部一次性选举成功。坚持“五包责任清单”，压实县领导、单位党组织书记、乡镇（街道）班子成员、驻村干部包乡走村责任。提出差序布局，划分重点村57个、一般村116个、留守村28个。紧扣“五有+X”榜单要求，结合“开门一件事”，依托“足印农户情到万家”、党员责任区等，制定“条目式、指标化、赋分制”个性化招贤榜3900余条。坚持精密智选，开展云上联审、云上委托，依托天工智能管理平台实现云上管理。推出村（社）干部离任“暖心八条”。全县乡镇（街道）党组织换届选举，“一肩挑”高票当选、一次性当选、平均得票率创历届最高。

【机关党建工作】举办入党积极分子培训班和发展对象培训班，全县各单位183名入党积极分子、285名发展对象参加培训。做好机关工委设置和机关党委换届工作，完成5个机关党委、1个总支、6个机关支部换届选举。开展在职党员到所在社区和居住地“双报到”活动，到社区报到率100%，认领兑现群众“微心愿”230个，为群众解决实际困难320件。开展单位党组织包乡走村活动，制定2020年度“五个包”“六个一”主要任务。培育检察院、税务局、中医院、档案馆、市场监管局5个清廉机关示范点。印发《关于开展“红色领航聚力”机关党建品牌创建活动的通知》，打造有品牌名称、有特色内涵、有活动载体、有社会影响的“四有”机关党建品牌。13个单位开展机关党建品牌创建工作擂台赛，表彰一批“红色领航聚力”机关党建品牌。

【基层党建工作】根据新一轮“整乡推进、整县提升”要求，以小招实招、“足印农户情到万家”为抓手，形成6条特色鲜明、务实管用、富有成效的基层党建工作经验。统筹县纪委监委、宣传、统战、公检法司等各方资源，集中打造党建示范强村20个。探索乡村治理新模式，以开放融合、全时共享为重点，打造新时代乡村基层治理现代化“遂昌样板”。打造市、县“兴村治社名师”，评选出县级“兴村治社名师”6人、市级“兴村治社名师”5人。从人员、场地、资金等方面入手，招聘社区工作人员26人，落实每个社区工作经费10万元，服务经费5万元，拨付每个社区3万元党建经费。

【“两新”组织党建工作】新建“两新”党组织11个，其中在民办幼儿园、物业公司、专业市场新建党组织4个，这三领域实现党组织建设“零的突破”。对3个后进“两新”党组织落实“一企一策”转化机制，有效完成整转。在向上创业园、东城之家、湖边村党群服务中心建立“先锋驿站”，对园区100余家企业、15个“两新”党组织进行有效融合。围绕疫情防控、复工复产、企业发展、社会责任等，提炼挖掘党建好故事10个，创成党建品牌3个、党建工作特色3个，创建“双强六好”党组织10个。推选认定5名首批“强企名师”，分别联系1名党组织书记、1家企业，定期开展帮带指导，实行600元/月的党建工作补贴。选派“两新”组织党建工作指导员152名，联系指导184个“两新”组织党建工作。

【党代表联络工作】深化党代表工作室建设，做好党代表监督工作，安排党代表列席市委全会、县委全会、民主生活会、全市组织工作会议，以及观摩民办学校公开摇号、全县政治生态评价评议、“两代表一委员”督查公共场所服务大提升活动等9场224人次，参加遂昌—阿里云合作签约仪式，乘坐衢宁铁路首发列车2场6人次。开展两次省、市、县基层党代表视察重点项目活动，组织70余名党代表视察衢宁铁路遂昌站房、遂昌县金属制品产业综合体、“天工之城”建设等重点项目。

强化“摆摊”服务品牌，开展党代表集市志愿者服务、村（社）换届纪律宣传、“我为遂昌跑一次”摆摊服务进广场等活动25场，服务群众千余人次。深化乡镇党代会年会制，强化代表民主测评运用，各乡镇（街道）共收到代表提案84件，办理情况、提案答复、代表走访、征求意见均为100%。

【干部数字化管理】以干部研判表形式，完整呈现干部基本情况、主要社会关系、标签信息、干部监督信息、历年考核考察信息等，为全面立体了解干部提供数据支撑。新增“关联”功能，实现系统内部有亲属关系人员自动关联和连带搜索。通过“干部标签”功能，完善干部“画像”，通过“一键搜索”实现快速摸排。在干部信息栏中增加对临近退休、是否处分期内等关键信息的自主识别功能，辅助解决工作中对关键信息把握不全面不到位问题。开展领导干部信息系统（二期）建设，新增优秀年轻干部库、中层干部库、普通公务员库，设立个人标签、个人研判表，实现干部主要特点、职级、考核考察、监督、重点项目表现等信息全覆盖。

【公务员管理】2020年，全县公务员考试录用计划59个，报名人数1890人，参加笔试1696人，入围面试162人，经体检、考察，录用59人。完成2021年公务员招考计划编报。开展公务员转任工作，全年办理转任218人，其中转入遂昌县11人、转出25人、县内转任182人。开展新职级并行制度实施工作，完成3批次979人次职级晋升。开展新录用公务员试用期满后到基层锻炼工作，46名试用期满公务员到村接受锻炼和考验。推进机关事业单位工作人员职业生涯全周期管理“一件事”改革工作，推进与其他领域“最多跑一次”改革的有机结合。

【容错裁定】2020年，遂昌县被确定为全省容错裁定工作试点县。出台《遂昌县容错裁定工作实施办法（试行）》，建立委员会裁定、容错裁定申请、容错裁定预警备案三项机制，由县纪委、组织部、人力社保局等9个部门组成容错裁定委员会，对容错行为予以核实裁定。干部本人或所在单位党委（党组）认为事项符合容错情形的，书面提出容错裁定申请，在改革创新推进中符合容错裁定条件的，备案留底，做到“事前预防”。容错裁定结果分为容错免责、容错减责和符合容错裁定前提条件但未免责减责三类，分别给予不同惩处内容。全年认定6个容错裁定及预警备案事项，涉及干部21人。容错裁定激励干部卸下思想包袱、放开手脚干事创业。

【“三考合一”积分制考核】推行领导干部年度考察、日常工作实绩考评、年度目标责任综合考核“三考合一”积分制考核，将日常考核与平时考核、年度考核、专项考核、任期考核全面融合，定期绘制综合考核“画像”。突出“绩”的考核权重，年度考察、日常实绩、年度目标责任综合考核分别占比20%、20%、60%，其他班子成员根据分管工作和对具体工作的打分按比例折算再乘以责任系数计算，责任系数根据分管工作的数量和性质，由党委按照1.1、1、0.9三档确定。“三考合一”积分制考核得分、排位纳入绩效考核管理档案，并予以排名，作为干部推荐和提拔任用的重要参考。

【全县微型党课大赛】4月29日，遂昌县举办2020年“我眼中的新遂昌”微型党课大赛。经过前期预选，有14名选手进入决赛。选手们围绕“奋斗新遂昌，幸福你我他”主题，聚焦遂昌发展所取得的成绩，讲党课，说故事，谈观点，述道理。《将奋斗进行到底谱写平昌大地的华彩乐章》《山城遂昌的变与不变》《好样遂昌，传递遂昌力量》等精彩微党课竞相亮相，选手们用一个个守望相助故事、一件件感人事迹，以小见大，见微知著，诠释共产党人的初心和使命，博得阵阵掌声。来自县教育局的周吻绯和县供电公司的程超获得比赛一等奖。

【“城市大更新大建设”专题研讨班】5月25日，遂昌县县管干部“城市大更新大建设”专题研讨班在省委党校开班。全县各部门、乡镇（街道）主要领导、分管领导、业务骨干50人参加了培训。此次培训是遂昌县干部培训纳入省委党校的专项培训项目后，与省委党校合作的第一个班次，为期5天。培训采取“专题教学+案例教学+现场教学+分组研讨”形式，围绕城市规划、城镇改造更新技术策略、城市建设管理与治理策略、未来社区建设等方面进行专题授课。把现场作为课堂，到杭州市拱墅区瓜山社区、富阳区文村等地参观学习。

【入党积极分子和发展对象培训班】5月下旬，遂昌县2020年度第一期入党积极分子和发展对象培训班在电影院开班，全县机关企事业单位的400余名入党积极分子和发展对象分批参加培训，两期培训班各3天，重点围绕中国共产党章程及历史、党风廉政教育及党纪处分条例、习近平新时代中国特色社会主义思想等内容，采取专题辅导、现场教学、微信群讨论、观看电教片和考试考核相结合方式，对学员进行系统教育培训。

【基层党代表考察重点项目】9月15日，开展基层党代表考察重点项目活动，召开“拥抱铁路时代”专题座谈会。党代表们首先到衢宁铁路遂昌站，视察火车站及市政配套工程，了解衢宁铁路遂昌站建设情况。随后，党代表们前往遂昌县金属制品产业创新服务综合体，视察项目建设，听取了工业园区规划发展情况介绍，并围绕“拥抱铁路时代，我们能做什么”为主题，开展专题座谈。（汪 琳）

“人才新政”

【概况】2019年11月，遂昌县制定出台《关于加快集聚人才推动高质量绿色发展的若干政策》，在项目资助、生活津贴、购房补贴、培训资助等方面提档升级。对于引进人才，根据学历和类型不同，给出16万元至650万元不等的基础奖励，人才政策受益群体放宽至全日制中专生且不限专业，被称为史上最优“人才新政”。

2020年，遂昌县全方位健全人才机制，连续出台“天工之城”人才专项政策、事业单位“编制银行”管理办法、面向知名高校择优引进优秀毕业生管理办法等，完善高层次人才走访慰问制度和人才工作例会等制度，推出“一部门一清单”个性化考核细则，提升了人才工作实效。

牵手阿里云、海康威视等头部企业共建“天工之城—数字绿谷”，创建省级高企研发中心、星创天地项目、众创空间各1家。举办阿里云创峰会暨遂昌数字生态产业峰会、“湖山论剑”长三角双创人才高峰论坛暨“天工之城”引智大会，推出“天工巧匠”技能大赛品牌，启动系列特色产业或行业技能评选，推进本土人才建设。深化政校合作，在国内12所高校设立引才联络站，建立德国、英国海外引才联络站。破解高层次人才引进难题，省级重点引才计划实现“零的突破”。开展中青年专业技术拔尖人才和科技新秀评选，开展人才服务专员培训班，200余人次参加培训。

2020年，遂昌县通过人才招引新政、数字化管理平台、授信金融服务等政策，着力打造人才创业安居高地。全年引进大中专毕业生1530人，其中博士3人,，引进总人数是2019年的305.4%。申报“绿谷精英550引才计划”6个，申报省级引才计划4个，较往年实现较大突破。

【政策提档升级】政策实现对高层次人才、基础性人才、应用型人才、技能型人才的支持全覆盖。在项目资助、生活津贴、房票补贴、培训资助等方面提档升级，从全日制中专生到国内外顶尖人才，给予16万元至950万元不等的补助奖励。出台《遂昌县事业单位面向国（境）内外知名高校择优引进优秀毕业生管理办法》，全年不间断引才，定期向部门、企业推送相匹配的优秀人才。2020年，全县发布30个岗位面向国内外高校招聘，报名人员中世界排名（QS）前100高校毕业生9人、“双一流”高校毕业生167人、研究生及以上学历108人（博士2人）。创新推出事业单位“编制银行”，为专业型人才、紧缺型人才招引提供编制保障。全县盘活72个周转编制作为“编制银行”的“启动资金”，根据机构编制关键绩效指标评估结果，确定“编制银行”首轮“放贷”规模和银行编制具体分配情况。

【天工人才数字平台】推出“天工人才e键办”管理服务系统，推动人才工作数字化转型。构筑人才事项全生命周期“一件事”网络，实现户口迁移、不动产登记、公积金提取、企业注册到注销等354个事项闭环管理，线上通办。将58项人才政策兑现搬到系统中，实现一窗受理、一窗审核。人才目录中F类以上人才可以申请人才专属“二维码”，享受免费游遂昌、子女入学、健康保障、入籍落户等6项线下专属服务。绘制人才服务地图，展示所有人才事项，设置搜索功能。开通人工客服专线，推动线上线下解难释疑。设置云端直播模块，定期举办网络课堂，在线解读最新政策法规，指导项目申报评审，推介重大活动等。设置人才培训模块，集成专业技能人才、农村实用人才培训平台，培训内容涉及专业技术、职业技能、乡土人才、文化教育等。

【人才金融服务】推出政银合作人才项目——“天工人才e贷”授信金融服务。县农商银行向县人才办公室授信3亿元，用于支持人才创业，申请对象为符合《遂昌县高层次人才分类目录》的高层次人才及其所在企业，按A至F六个类别，分别提供30万—500万元不同额度的信用贷款。在“天工人才e键办”系统中，定制“天工人才e贷”金融服务模块，通过“浙里办”App操作，可以轻松获得资金支持。全年有663位人才注册了“人才码”，发放贷款2812万元。采用最高额度授信方式，做到“先授信、后用信”。金融助理全程跟踪办理，方便灵活，最快当天审批当天发放。（汪　琳）

宣传思想工作

【概况】2020年，遂昌县宣传思想工作紧紧围绕学习宣传习近平新时代中国特色社会主义思想这个首要任务，忠实践行“八八战略”，奋力打造“重要窗口”，深入贯彻党的十九届五中全会精神，为推进高水平现代化建设、打造山区县创新实践“绿水青山就是金山银山”理念的重要窗口凝聚力量。

【解放思想大讨论】开展“我眼中的新遂昌”解放思想大讨论和“拥抱铁路时代”宣传活动。以“十个一”活动为载体，推动思想观念和思维方式大解放，推动工作方法和工作作风大转变，推动深化改革和绿色发展大提速。“我为遂昌评一句”活动征集到各类作品2000余条。“我为遂昌献一策”活动征集到64家单位上报118个项目。“我为遂昌学一技”活动开展各类技能培训3330人次，新增技能人才1227人。“我为遂昌牵一线”活动引进签约项目37个，合同投资额110.52亿元，完成25个项目落地。“我为遂昌解一难”活动结合驻企服务，196名干部组建成“驻企服务员”队伍，深入193家重点企业和45家重点项目，解决涉企问题478个。

【弘扬践行“浙西南革命精神”】召开“传红色基因、承革命薪火”主题座谈会，加强对挺进师的理论研究。《中国共产党浙江省遂昌县历史（1949—1978）》通过复审，1篇文章入选全市“浙西南革命精神”研讨会论文集。开设“遂昌革命英烈榜”栏目。举办中国共产党遂昌历史（1919—1949）图文展。完成微电影《路》、小品《天边的红云》剧本加工。完成县域第三次革命遗址普查和重新认定革命老根据地村调研工作。发布《遂昌县红色资源保护传承利用规划》。集中展示“红领巾走遂昌”活动材料。与山春文化传播有限公司对接“红色之路上的老兵驿站”文化互联基地项目。与南湖区签订文化合作交流协议，推进线上文化培训、文化“云展览”和红色文化交流合作。井冈山红色教育学院派遣两名教官常驻遂昌。

【理论学习宣讲】创新活动形式，持续学懂弄通做实习近平新时代中国特色社会主义思想。组织县委理论学习中心组学习会32次，开展“应知应会”测试8期。组建“山中青年”宣讲团、“天工”宣讲团，开设“山中青年说”专栏，举办“我眼中的新遂昌”微型党课大赛、“青声青语”宣讲大赛、“青年会客厅”等活动，开展宣讲360场，受众3.2万余人次。《遂昌发挥流动人才、短居人才作用》案例获省委书记袁家军、省长郑栅洁批示。出版《遂昌文献集成》《汤显祖、莎士比亚文化的传承与影响高峰论坛文集》等5部书籍，《遂昌文献集成》获评丽水市2017—2018年度社会科学优秀成果一等奖。开展高质量绿色发展主题征文，共征集论文23篇。办好“人文大讲堂”，通过新时代文明实践平台在全县132家文化礼堂直播。承办2020年丽水市社科普及周活动启动仪式。制定《关于加强遂昌新型智库建设的实施办法》，构建新型智库发展格局。

【提升文化软实力】组织企业参加丽水市文创市集和嘉兴文博会、深圳文博会、长三角地文博会。全年发放文化产业专项资金200多万元，扶持乡村节庆、文化事业和文化产业类项目65个。1人被评为丽水市“四个一批”文化经营管理人才，1人被评为宣传思想文化“绿谷青英”人才。6月，举办《苏村醒了》赠书仪式。8月，儿童音乐戏剧《不要留我一个人在角落》首演获高度好评。配合电视剧《春风又绿江南》和“瓯江山水诗之路”纪录片拍摄。制作衢宁铁路遂昌站候车大厅和贵宾室壁画。

开展10次“扫黄打非”联合检查，检查出版物发行单位、印刷企业、电影院等100余家次。开展送书赠书签、文化关爱进校园活动，赠送图书800册、书签4000张。推进办公软件正版化工作。

【全县宣传思想工作例会】11月16日，遂昌县召开宣传思想工作例会，深入学习习近平新时代中国特色社会主义思想和党的十九届五中全会精神，贯彻落实《中国共产党宣传工作条例》和省委《实施办法》，研究部署下一阶段工作。工作例会就意识形态、理论武装、内外宣报道、精神文明建设和文明实践、“扫黄打非”等工作进行部署。　（梁　逸）

精神文明建设

【概况】2020年，遂昌县精神文明建设以讲好“两山”转化故事、践行“绿水青山就是金山银山”发展理念为出发点，组建“山中青年”宣讲团。激发乡村文明讲师团活力，形成清单式宣讲、固定化宣讲、短视频宣讲、微直播宣讲、会客厅宣讲、思政课宣讲六大模式。与政法系统、群团组织合作，开展法治讲堂、春泥讲堂、广场舞教学等活动，累计参与超2万人次。

【社会主义核心价值观建设】举办第九届未成年人道德文化节、第13届邻居节活动，持续开展“春泥计划”主题实践活动和乡村学校少年宫建设。深入开展身边好人发掘工作。朱宗鹤获评“最美诚信浙江人”，受到省委书记袁家军接见。1人入选“浙江好人”，3人入选“丽水好人”，21户家庭获评市级“文明家庭”，城东社区入选浙江省“最美志愿服务社区”，鲁冰花工作室和“芝麻绿豆”志愿服务分别获评2020年度全省最佳志愿服务组织和最佳志愿服务。落实丽水市文明行为促进条例，重点治理条例规定的不文明行为。制定机动车不按照停车位指示方向停放、重点水域禁止垂钓、重点区域禁止烧烤3个政府通告。

【新时代文明实践试点工作】推进文明实践“八大行动”，运用理论宣讲团、志愿服务队等开展1000余场理论宣讲、6700多场文明实践活动，服务群众23万多人次。建设文明实践智慧平台，实现“一场活动全县共享、一村举办全县受益”。创建文明实践微信公众号，推送信息近10万条次。以志愿服务队伍建设、项目培育、品牌建设、信息化建设、保障激励机制建设为重点，探索建立“供需对等、精准服务、好人好报、协调统一”机制体系，引导群众成为志愿服务的主体。遂昌获全省文化礼堂建设示范县荣誉，完成书香文化礼堂建设试点任务。

【文明创建】以“微笑邻里和谐社区”为主题，组织开展亲邻趣味赛、楼幢趣味运动会、有奖知识问答、社区志愿行动等。“慈孝城东和谐邻里”第12届邻居节获评丽水市“群众最喜爱的邻居节”，城中社区吴雅林获评丽水市“十佳好邻居”。各乡镇以清明、端午、中秋、重阳等传统节日为重点，以农村文化礼堂为阵地，开展富有地方特色的礼仪礼节、民俗表演、文化娱乐、体育建设等活动，增强了对传统文化的认同感和归属感。

【志愿服务】制定《遂昌县新时代文明实践志愿者激励回馈办法》，推出“我是志愿者我自豪”文创产品定制手机壳，享受免费乘坐公交车、20余家理发店8折优惠、全县AAA级以上景区团队价、免费体检大礼包等优惠和礼遇。培育“鲁冰花”“芝麻绿豆”“阳光家园”“医帮人”等优秀志愿服务团队和项目。全县近50万人次参与志愿服务，开展防疫宣传、卡点联防、物资运送等志愿服务10.78万人次。全县发放战疫志愿服务纪念证书和纪念徽章2000余份。

【2000余双公筷进酒店】2月，县文明办发出“使用公勺公筷卫生文明就餐”倡议，公勺公筷成为遂昌县餐饮单位的新标配。5月15日，县文明办、文广旅体局、市场监管局、卫生健康局共同举办“推行公筷公勺，共建文明餐桌”进酒店活动。县文明办向星级酒店、餐饮龙头企业代表赠送2000余双公筷，倡导酒店、餐饮企业为顾客用餐提供公筷，形成文明餐桌新风尚。

【新添两张国家级“文明名片”】11月20日，中央文明委发文公布第六届全国文明单位和文明村镇名单，遂昌县税务局、遂昌县三仁畲族乡小忠村分获“全国文明单位”“全国文明村镇”称号。县税务局以文明创建和服务发展为抓手，落实落细税惠政策，创新创优营商环境，为建设重要窗口贡献税务力量。持续开展文明创建活动，形成了富有税务特色的文化品牌。三仁畲族乡小忠村组建了老年坐唱班、山哈狮子队、女子军鼓队等文艺队伍，广泛开展富有特色的传统民俗文化活动，极大地丰富了群众精神文化生活，先后获得浙江省小康村、省级文明村、市级生态示范村等荣誉称号。（罗琦珺）

统一战线工作

【概况】2020年，县委统战部认真贯彻落实中央和省委、市委、县委关于统一战线的决策部署，找准定位、实干担当。组织民进会员、工商联和无党派代表中的政协委员、人大代表积极履行参政议政职责。县知联会、网联会、社联会、新联会等统战团体发挥成员资源优势，在参政议政、公益活动、助推乡村振兴等方面发挥积极作用。主动参与“大搬快聚富民安居”、528国道改造工程政策处理、城市更新、村社组织换届、基层社会治理等工作。

联合县委组织部承办“湖山论剑”——长三角双创人才高峰论坛暨“天工之城”引智大会。与诸暨、上虞、南湖、象山等县（市、区）成立引才联盟。在英国、德国成立海外引才工作站。出台“一格一贤”工作方案，动员乡贤参与家乡建设。

【民族工作】推进东峰村少数民族特色村寨和“汤畲红绿”民族乡村振兴示范带建设。培育少数民族网红带货主播3人，带动少数民族特色产品销售36万元。4月，组织参加云直播“天下畲族一家亲，云上歌会‘三月三’”主题歌会。11月，举办首届中国（浙江）畲族文化创意产品设计展演，共征集到327件具有畲族文化元素、体现民族乡村振兴的作品，评选出一、二、三等奖及最具匠心奖、最具市场潜力奖共16件，评选出优秀奖32件。

【非公有制经济统战工作】开展走访交流、业务指导、赠送物资等活动151次，召开座谈会5次，收集梳理问题99条，帮助协调解决62条。工商联组织召开政企银三方座谈会，帮助企业解决资金流转困难。发挥异地商会、乡贤和海外侨团作用，组织项目考察对接活动22批次。通过“问海借力·侨商回家”走进遂昌活动，牵头百草味集团与浙农集团达成竹炭花生推广销售协议。促成乡贤返乡项目13个，涉及投资金额3.32亿元。牵线外部企业及争取上级资金项目6个，涉及资金5600万元。

【统战各界代表迎春座谈会】1月14日，遂昌县召开2020年统一战线各界代表人士迎春座谈会。县委副书记、县长胡刚出席，与各界人士共话发展。座谈会传达学习了县委全会精神；解读了《政府工作报告（征求意见稿）》。各界代表人士立足自身实际和报告本身，着眼于进一步做好遂昌县各项工作进行发言，群策群力，为促进全县经济社会发展提出了意见和建议。

【第一届畲族语言大赛】8月12日，遂昌县第一届畲族语言大赛决赛在县青少年宫举行，大赛以“弘扬畲族文化，展示畲语魅力”为主题，分为视频预赛和现场决赛两个环节，决赛设计了规定内容的题目。预赛环节收到65个参赛视频，年龄最小选手3周岁，年龄最大选手84周岁。共有38位选手参加决赛，决赛环节分为自我介绍、规定内容表达和才艺展示。比赛邀请专门评委，评定一等奖4人、二等奖8人、三等奖12人。

【“天工智创侨界助力”活动】9月3日，县侨联组织20多位遂昌籍留学生和华侨开展“天工智创侨界助力”活动，通过走访学习和开展座谈会方式，深入了解遂昌县重点中心工作和发展方向。一行人先后考察了珠村畈村美丽乡村建设，参观了“云开工坊”，听取了“两山”转化发展中心关于“天工之城”规划介绍，参观了那然项目游客接待中心、第二空间、地心温泉建设现场等点位。

【县知联会统战工作创新实践基地授牌】10月10日，遂昌县知联会统战工作创新实践基地授牌仪式暨党外知识分子座谈会举行，回顾知联会历程，了解知联会“七有”建设，增强知联会的凝聚力和社会服务能力。遂昌县知联会成立于2010年5月，10年来在发挥统一战线独特优势、助推县域经济社会发展等方面作出了积极贡献。与会人员学习了县委书记张壮雄在县委十五届九次全体（扩大）会议上的报告和全市党外知识分子工作业务会议精神；听取了知联会工作总结和下步安排。

【统一战线理论研修班】10月19—23日，县委统战部举办统一战线理论研修班。各乡镇（街道）统战委员及干事、党外代表人士、党外知识分子、民族村干部参加研修班。本次研修班以学习研究统战理论、丰富和掌握统战工作方法为主要内容，安排高水平师资力量，精心设计统战理论课程，包括5个专题讲座、10场现场教学。

【第37届遂昌畲族重阳歌会】10月24日，由妙高街道主办，社区学院（电大）、县畲族文化研究会承办的2020年第37届遂昌畲族重阳歌会，在遂昌县旅游集散中心举行，上千名遂昌及周边县市的畲歌爱好者欢聚一堂、共唠山歌。歌会开始前进行了村企结对座谈、文艺演出、县民族团结进步乡村知识问答。遂昌县自1983年以来连续举办37届畲族重阳歌会，促进畲族文化交流和传承。“遂昌畲族重阳歌会”被列入遂昌县第七批非物质文化遗产名录。本次歌会主题是“繁荣发展，开源遂昌”。

【《遂昌县畲族志》通过终审】12月10日，组织召开《遂昌县畲族志》终审会。会上，编纂人员汇报介绍了整体编纂情况，与会专家和编委会成员对志书内容进行了讨论和审议，对部分需要修改完善的内容提出了意见和建议，并形成审核结论，通过终审。《遂昌县畲族志》为遂昌县首部少数民族专业志，记述了畲族历史、迁徙、社会习俗、政治、经济、文化艺术、人物等各方面情况，是遂昌畲族人民繁衍生息、维艰发展、迈步小康的真实写照。

【双峰塔落成典礼】12月25日，遂昌双峰塔落成典礼在鼓山公园内举行。重建双峰塔管理委员会向县建设局移交双峰塔管理权。原双峰塔建于南宋年间，屹立于土鼓山之巅，是遂昌地方景观和地标建筑，承载了遂昌县历史、文化、民俗等内涵，后历经沧桑，毁于清乾隆年间，道光年间重建，5年后又倾倒。之后，民间人士对重建双峰塔的呼声从未停歇。2017年，民间拟议在原址重建双峰塔，由社会贤达民间人士组织开展，当年底双峰塔重建工程正式开工，设计共7层，高47.95米，逐层有遂昌不同年代的历史介绍。历时3年，双峰塔重建工程顺利完成。（傅东雪）

信访工作

【概况】2020年，全县信访总量为3837件4271人次，比2019年分别下降32.3%和30.9%。其中，来信316件，下降4.9%，来电及网上投诉3336件，下降32.2%，来访185件619人次，分别下降32.2%和21.7%。“12345”统一政务咨询投诉举报中心接听来电26634个，比2019年升68.76%。

来访中，去市访16批34人次，分别下降20%和17.1%；赴省访30批41人次，分别下降28.6%和43.1%；进京访“零登记”，是全省三个进京访“零登记”县之一。来县群体访33批400人次，较2019年上升明显，主要为金太阳业主群体、个体工商户群体、失地农民未参保群体、民办教师群体。2020年，遂昌县创评全省“无信访积案县”。

【矛调中心建设】运用矛盾纠纷化解平台、政务咨询平台、基层治理“四平台”，为信访和矛盾纠纷化解、社会风险研判提供高效便捷服务。县平安办和县信访联席办在矛调中心联合办公。每个工作日安排一名县领导接待来访群众，各乡镇（街道）每天安排一名班子成员坐班接访，每周不少于一次下村走访。每月对接访、下访收集事项的解决情况进行反馈。在县矛调中心成立由律师、行业专家、调解人员组成的综合服务团，对重点工程项目等矛盾纠纷多发领域，主动下访接待群众，开展复杂、疑难矛盾纠纷化解工作。开展78次“组团服务”，化解各类疑难矛盾纠纷72件。

制定《遂昌县村级社会矛盾纠纷调处化解服务站规范化建设指导意见（试行）》《遂昌县乡镇（街道）社会矛盾纠纷调处化解中心规范化建设指引（试行）》，指导建设20个乡镇（街道）矛调中心、28个村（社）示范性矛调服务站，实现群众反映诉求和化解纠纷“只进一扇门”“最多跑一地”。

【“双向规范”工作】开展“减存控增优秩序”专项行动，以“双向规范”为主抓手，推进信访工作提质增效。组织全县信访员到县信访局轮流挂职培训一周，提升信访干部业务能力。在信访事项办理中，规范有权处理机关办理信访事项行为，实行首问责任制，以程序规范促实体公平。规范信访人行为，落实诉访分离和法定途径优先，倡导“网上信访”。对少数采取违法上访方式、扰乱社会公共秩序、谋取不正当利益的人员，坚决依法处置。

【积案化解】2020年，全县梳理信访积案48件，按照“五个一”（一个问题、一名领导、一套班子、一个方案、一抓到底）确定包案县领导、责任部门和工作专班，进行“一包到底”。建立信访积案离任交接制度，各单位主要负责人离任时办理信访积案交接手续，对信访积案基本情况、化解过程、未化解原因进行书面报告。2020年，遂昌县国家级、省级信访积案化解率100%，市级信访积案化解率83.4%，历史积案化解率88.4 %。（罗高伟）

机构编制工作

【概况】2020年，县委机构编制委员会办公室根据选人用人专项检查要求，参与主要领导经济责任审计工作，分别对11家单位和5家单位开展机构编制监督检查。开展超编问题专项梳理及整改、超审批权限设置机构问题自查自纠。出台编外用工管理办法，完成机关事业单位编外用工实名制备案，参与编外用工清理“回头看”。推进事业单位改革，建立事业单位“编制银行”。开展事业单位机构编制KPI绩效评估。全年共核准用编计划651名，其中通过公开招考（聘）194名、人才引进及定向培养309名、选调123名、其他25名。审核使用股级（中层）职数1010名；核准编外用工使用计划182名。

按照机关事业人员职业生涯全周期管理“一件事”改革要求，优化出入编登记备案业务流程。严格执行出入编登记备案制度，实现“一件事”平台线上办理全覆盖，全年办理入编登记528人次、出编登记699人次。完善“部门间跑一次”事项，其中13项事项实现协同办公系统上线办理。

2020年，县委编办被市委、市政府授予“丽水之干”模范集体荣誉。

【事业单位“编制银行”】事业编制总量不足、存量不活是编制管理的痛点及难点，为有效化解“无编可用”、资源固化等问题，遂昌县创新推出“编制银行”，在不新增编制总量的前提下，对全县单位事业编制进行统筹调剂配置。对涉及的58个部门单位的股级单位进行“撤整转”，盘活收回首批事业编制72个，作为“编制银行”的注册资本金。县属事业单位在编制满额又急需人手的情况下，可以向“编制银行”申请“借”编制。“借贷”编制数量必须控制在使用期限内自然减员的总量内，同时约定1至5年的编制“归还”期限。

4月8日，印发《遂昌县事业单位“编制银行”管理办法（试行）》，5月正式运行。根据机构编制关键绩效指标评估，全年“放贷”编制64名。该做法获市长吴晓东、市委组织部部长方健忠批示。

【机构编制KPI绩效评估】全省率先开展机关事业单位机构编制KPI绩效评估。出台《遂昌县机关事业单位机构编制KPI绩效评估办法（试行）》，实行分类评估、分类处置、分类保障，强化评价结果运用。完善全领域、全过程评价体系，积极构建从储备、使用到绩效评估、动态调整的工作闭环，全面提高机构编制工作的科学性、有效性和客观性。5月，完成一类55家事业单位评估工作。12月，完成二类评估（5家主管部门及其下属单位58家）和三类评估（1家股级事业单位）工作。该做法获市长吴晓东、市委组织部部长方健忠批示肯定。

【事业单位改革】全面完成事业单位清理规范整合工作，至4月底，事业单位机构精简比例24%，完成省下达的目标任务。完成48个部门188家事业单位机构编制审核发文工作。“三定”“二定”100%覆盖。完成188家事业单位人员转隶。做好事业单位改革“后半篇文章”。加强事业单位登记管理工作，办理事业单位法人设立登记8家，变更登记205家，注销登记35家，到期换领单位75家。完成101家涉及事业单位清理规范“后半篇文章”单位的法人登记工作。完成159家2019年度事业单位法人年度报告公示，公示率100%。初领统一社会信用代码证2本，换领28本，撤销5本。新登记民办事业单位1家（遂昌锦绣育才教育集团），评定2019学年A级公益指数民办事业单位1家（县实验幼儿园）。

【深化各领域改革】完成市场监管、农业农村、文化市场、交通运输、环境保护5个领域行政执法队的“三定”制定，完成96名涉改人员转隶工作。全县综合行政执法实现“一个部门一支队伍”“一个领域一支队伍”，有效推进行政执法力量向基层一线倾斜，确保执法重心和力量同步下移。

对县文联、社科联、工商联、残联、侨联、计生协会、关工委、红十字会、供销社9家群团组织进行准“三定”制定。按照“职能整合不失位，队伍组建不加编，机构设立不增加”原则，组建自然资源行政执法队，实行“局队合一”执法体制。将森林公安机关划归公安直接领导管理。落实法治政府建设目标任务，常态化做好权责清单和公共服务事项清单动态调整，调整46个事项。　（蓝　菲）

党史和地方志工作

【概况】继续对《中国共产党遂昌历史（1949—1978）》书稿进行完善修改。在“遂昌档案”公众号开设“遂昌革命英烈榜”栏目，介绍隶属遂昌县的97位烈士、不隶属遂昌县但牺牲在遂昌大地上的烈士、曾在遂昌战斗过的烈士，以及许信焜、裘古怀、李重才、刘英等先烈事迹，每月发布2期，全年发布12期。开展《丽水市革命遗址保护条例》立法工作调研。完成“中国共产党遂昌历史（1919—1949）”图文展设计。开展《党报看遂昌（1979—2012）》稿件收集和编纂。有序推进《遂昌年鉴（2020）》编纂工作，重新开展旧志整理工作。

【**党史二卷编纂**】持续推进党史二卷编纂工作，广泛征求党史专家、老领导、老同志对《中国共产党遂昌历史（1949—1978）》征求意见稿的意见，根据33位党史专家、老领导、老同志的意见建议，对征求意见稿进行修改完善，形成初审稿。8月通过县级初审，根据意见修改形成复审稿，10月通过市级复审，根据专家组意见修改。

【**《党报看遂昌》编纂**】开展《党报看遂昌（1979—2012）》征编项目。利用省图书馆数据库搜集《人民日报》《浙江日报》相关涉及遂昌内容，利用馆藏文献搜集《丽水报》《丽水日报》相关涉及遂昌内容。查到《人民日报》涉及遂昌报道95篇，初步整理81篇共4.3万字。查到《浙江日报》涉及遂昌报道2350篇，初步整理1880篇共83.4万字。完成整理《丽水报》涉及遂昌内容242.2万字。

【**第三次革命遗址普查**】2020年，遂昌县开展第三次革命遗址普查，对登记在册的143处革命遗址的权属、管理、保护、利用情况进行再次调查。普查发现：有17处被列入县级文物保护单位或文物保护点，比2010年增加7处；有7处被列为省级文物保护点，比2010年增加1处；由政府投资维修（含新建纪念设施）19处，比2010年增加13处；民间投资维修10余处；15处成为爱国主义教育基地（国防教育基地、党史教育基地）；10余处成为宗教、家族活动场所；得到党委、政府保护利用的大多是级别较高的革命遗址，得到民间保护利用的均为宗教活动场所或家族活动场所。有47.6%的遗址已经严重毁损甚至湮灭，难以修复。

【**年鉴编纂**】2020年，县档案馆地方志科完成《遂昌年鉴（2016）》《遂昌年鉴（2017）》《遂昌年鉴（2018）》《遂昌年鉴（2019）》定稿校审和实际出版工作，四部年鉴于6月正式出版，每部印数800册，面向全县机关单位、企事业、学校、农村发行。开展“送书下乡”，并向在外乡贤寄送。全力推进《遂昌年鉴（2020）》编纂工作，4月下发通知及编纂纲目，5—10月收稿并编纂，至年底完成全书统稿，全书共420页、50余万字。

【**志书编纂**】推进《遂昌县志（旧志综合版）》出版工作，与浙江人民出版社签订出版协议，由总纂刘宗鹤对书稿进行审校定稿，交付印刷出版。与县政协文史和学习委员会共同开展《遂昌金石略》辑录编纂工作，完成初稿约17万字，收录遂昌县域自古至2010年古印玺、钟铭、碑志、摩崖、牌坊等金石资料380余件，均做考证、解读，对旧碑文进行了辑录，附图340余幅。

【**《遂昌县志（1991—2010）》出版**】7月，赴浙江古籍出版社对接书稿修改事宜。之后再次对《遂昌县志（1991—2010）》进行修改完善，对彩图进行大幅度调整。年底《遂昌县志（1991—2010）》由浙江古籍出版社正式出版，分上、下两册，共204万字，印数3000套。因疫情原因未举行首发式，向各单位分发派送，对外进行邮寄。（翁　婕）

档案管理

【**概况**】2020年，县档案馆坚定“三个走向”（走向依法管理、走向开放、走向现代化），深化“五档共建”（法治档案、智慧档案、民生档案、平安档案、活力档案），有效整合全县档案资源，强化档案信息化建设，夯实档案基层基础业务，提升档案工作公共服务能力。

馆存各类档案202个全宗，其中民国档案41个全宗，中华人民共和国成立后档案161个全宗，计文字档案15.26万卷19.41万件，声像档案2000多张（盒），照片2020张，实物档案423件，图书资料15152册，报刊资料1842册。全年档案查阅大厅接待群众查询1163人次，查阅2053卷（件），复印4888份。

【**优化馆藏资源**】加大档案接收力度，规范档案移交流程，“十三五”期间，接收全县各机关事业单位、乡镇（街道）档案、民生档案等 7.17 万卷 23.92 万件。开展档案征集和特色档案建档工作，通过购买、复制等方式，征集有价值的档案进馆，征集遂昌老照片、传统村落资料等特色档案 3000 多份。完成“千村档案”建档工作，以“一村一档”形式完成 48 个村落的档案数据库及实体建档。

【档案数字化管理】“十三五”期间，累计投入 500 余万元对馆藏档案进行数字化加工，馆藏档案资料均编制了机读目录和纸质目录，编有专题目录。完成数字化 900 万页，数字化率 95%以上。完成 17 家示范数字档案室和 56 家规范数字档案室建设，县直机关事业单位全部完成示范、规范或数字档案室创建。完成“最多跑一次”电子档案统一管理平台建设，部署档案系统 7 个“最多跑一次”事项指导目录和办事指南。完成档案协同系统迁云工作，保证了档案数据安全有效。

【档案规范化建设】编送《档案工作手册》，通过基层档案员培训、档案“三服务”、档案工作考核等，指导乡镇（街道）完成档案规范化建设。开展全县机构改革、国家卫生县城巩固、行政村规模调整等工作档案业务培训，指导相关单位档案收集和整理。围绕乡镇档案规范化、重点民生领域档案管理开展档案专项检查。对省、市、县重点建设项目档案工作进行监督指导，严格执行重点建设项目档案登记和验收制度。“十三五”期间，对 11 个县级以上重点建设项目档案进行验收。

【档案服务社会】借助“浙里办”App 和浙江档案服务网，开展“异地查档、跨馆服务”，开展长三角民生档案异地免费查询服务，为群众利用档案提供一站式服务。围绕“6·9”国际档案日开展档案法律法规、档案知识、档案文化宣传，发放宣传资料万余份。在“遂昌发布”微信公众号开展档案知识有奖竞赛。县档案馆查阅窗口实行休息日预约查档服务。（雷金香）

老干部工作

【概况】2020 年，遂昌县老干部服务中心围绕老干部政治、生活“两项待遇”，老干部活动中心、老年大学“两大阵地”，老干部政治建设、思想建设和组织建设“三项建设”，积极探索新形势下做好老干部工作的途径，不断提高老干部工作水平。至 2020 年底，全县有离休干部 55 人（男 50 人、女 5 人）。其中属遂昌县统计上报 48 人，省属企业条统计 7 人。全县有实职副处以上退休干部 25 人。

11 月，组织部分实职副处以上退休干部赴诸暨市大唐街道和枫桥镇，学习特色小镇建设和社会治理工作，考察上虞区“e 游小镇”和杭州湾经济技术开发区产业协同创新先进经验。

【推进“三项建设”】强化政治建设，组织老干部开展政治学习，将党的十九届五中全会精神、全县干部大会精神、全国两会精神和县两会精神送学上门，为全县老干部上门送学 286 人次。加强思想建设，每月进行电话或走访慰问联系，对老干部和老年大学学员开展思想教育。加强组织建设，通过微信对 57 个离退休党支部开展工作指导，规范主题活动，提升离退休党员的思想素质，每月为每个支部提供学习材料和活动主题。在老年大学开展“我眼中的新遂昌”解放思想大讨论活动。开展节日和夏季慰问，走访老干部 382 人次。

【开展空中教学】疫情期间，老年大学联合县老年书画研究会、诗词楹联学会，利用网络开展文化教学和文化展示。组建书画、诗词、器乐等移动教学群，近百位老同志参与。教师以直播和录播形式上传教学素材，学员通过钉钉、微信群收看，并展示发表各自作品，共举办云课堂 64 节。

组织县老年书画研究会、诗词楹联学会和老年大学师生进行防疫抗疫创作。收到抗疫书画作品 97 幅、诗词作品 48 首，举办“众志成城抗击疫情”书画展、公勺公筷诗词展 3 次。开展防疫抗疫主题志愿活动，36个离退休党支部捐款78200元。

【“银耀之江”走进遂昌北界】11月13日，由省委老干部局、市委老干部局主办的“乡村振兴我助力——银耀之江走进遂昌北界”活动举行。活动进行了文艺演出，省委老干部局为北界镇周村村捐助扶贫款，市委老干部局、市关工委为北界镇贫困大学生家庭代表发放助学金。市县老年大学、市县老年科协、北界镇政府、北界中心成技校共同签署《银色人才助力乡村振兴遂昌北界基地共建协议》。当天，遂昌县老年大学北界分校挂牌成立并开班授课。活动现场还举办医学专家义诊、农业技术专家问诊活动及乡村振兴技能培训。

【建成老党员驿站】12月1日，遂昌县老党员驿站在老干部服务中心二楼揭幕并启用。老党员驿站分红色长廊、红色学堂、红色典藏、银耀平昌、悦读书吧、翰墨飘香、诗韵人生七个板块，是推进离退休干部党支部“三项建设”，以“党建+正能量”为思路，为全县57个离退休干部党支部组织政治学习和举办主题党日活动的平台，并为“银耀平昌”志愿服务团队开展活动提供服务。（吴晨皓）

关心下一代工作

【概况】2020年，遂昌县关心下一代工作委员会充分发挥“五老”作用，教育青少年树立和践行社会主义核心价值观，为广大青少年办实事做好事解难事。深入学校、社区、农村开展以“决胜小康奋斗有我”为主题的社会主义核心价值观宣讲。开展云上宣讲，录制点播课程，全年开展宣讲40余场，受益学生和家长6000多人。在全县中小学开展“全面小康我们来了”演讲比赛。10月30日，在遂昌县图书馆举行“全面小康我们来了”演讲比赛总决赛。

【研学实践活动】组织开展青少年暑期红色研学活动，以亲子研学、班级（小组）活动为单位。王村口红色研学基地创建“红色之旅”小导游团，申报省级关心下一代教育基地。组织青少年参加第26届全省中小学生爱国主义读书教育活动，举办遂昌县第九届未成年人道德文化节、第三届未成年人思想道德建设创新大赛。开展“新时代好少年”评选和学习宣传，评选出103名“新时代好少年”，用身边典型教育引导青少年。联合遂昌县婺剧促进会开展“婺剧进校园”活动，推动民族经典文化传承。

【服务青少年】深化“五老”结对关爱农村未成年人活动，吸收358名“五老”人员加入银耀志愿者队伍。暑假期间，全县有45个村开展了“五老”关爱结对未成年人活动，惠及2400余名孩子。发动社会爱心力量，为100多名贫困生争取到各类爱心助学金72万余元。8月21日，“学霸来了——乡村青年成长励志讲堂”走进遂昌中学，数百名高三学子聆听讲座。对往届关工委资助过的优秀学生进行回访，动员优秀学生回乡工作、创业，共回访55名2016届大学生，有10人回遂昌就业。做好青少年法治教育工作，打造关爱困境未成年人共同体，在青少年中开展“七五”普法宣传教育。县关工委副主任陈杏生对全县39所中小学、幼儿园，4万余名家长开办家长课堂，编著了系统的课程体系。

【开展“双百”活动】安排11名老年科技工作者联系指导11个项目，助力乡村振兴。专家们除了网络指导外，还开展现场指导、举办培训班，编写、发放宣传资料。11位专家全年下乡指导200多次，举办各类培训班30多期，参训人员2000多人。推进青少年科普教育，发挥金竹小学中药材科普教育基地“百草园”作用，引导青少年种植中草药、辨识中草药、制作简单的中草药保健茶等。（章　劼）

党校（电大）工作

【概况】2020年，中共遂昌县委党校认真落实《中共中央关于加强和改进新形势下党校工作的意见》

《中共浙江省委关于加强和改进党校工作的实施意见》，紧紧围绕县委、县政府中心工作，狠抓培训管理、教学科研、师资队伍和基础设施建设，各项工作有序推进，较好地完成了各项工作任务。

【宣讲主阵地】作为全县学习、研究、宣传党的重要理论主阵地，县委党校始终把党的理论教育和党性教育作为教学宣讲首要任务。全年，由校领导和骨干教师组成的宣讲组到各乡镇（街道）、机关单位、农村社区、学校、企业等宣讲 57 场次，受教党员干部 1600 多人次，较好地发挥了全县宣讲主力军作用，受到各界好评。

【干部培训】与省委党校合作举办县管干部“城市大更新大建设”“乡村振兴”“工业复兴和科技赋能”等专题研讨班，与浙江大学合作举办遂昌县领导干部数字经济专题培训班。克服新冠肺炎疫情影响，遂昌县加快高质量绿色发展培训班于 5 月 26 日开班，全市最早。共举办中青年干部培训班、新提拔乡镇领导干部应急业务培训班、新选派驻村干部和新上任乡村干部脱贫攻坚培训班等 14 期主体班次，培训党员干部 1459 人。

围绕打造研学、旅居、团建、会议“四大目的地”，建立“两山转化”课程体系，形成“两山转化”、红色文化、数字经济、基层治理等 8 大课程模块，建成“两山”课程资源库。全年共办各类社会培训班 185 个班次，培训 11062 人次。

【打造红色课程】出台 2020—2022 年教师培养行动计划，举办 10 次教科研活动，形成一批精品红色课程，进行“‘绿水青山就是金山银山’”理念的多维演绎及创新实践”“浙西南革命历史中的红廉文化及其启示”“习近平的七年知青岁月”“全面从严治党永远在路上”等 12 门特色课程授课，为本校教师进主体班次授课提供较完善的课程资源支撑。

【科研提质增量】2020 年，县委党校教师在各级媒体、刊物发表论文 15 篇，在省市研讨会、征文、论坛获奖 36 次。沈岑老师的《“两山”理念在全面建成小康社会中的价值体现》获丽水市社科联征文一等奖，陈鉴老师的《政府智能化管理平台架构模式分析——以遂昌天工政务智能化管理系统为例》被第五届浙江省社会科学学术年会资料收录。省、市课题结题 12 项，省委党校中特中心课题实现“零的突破”，夏小菲老师的《文化小康视阈下丽水地域文化与国家公园保障路径研究》获丽水市社科联国家公园 A 类课题立项并结题。资政方面，全年获得副县级以上领导批示 9 次。

【“双提升”工作】积极开展“请进来+走出去”双提升工作，邀请各级专家、学者、科研人员来校开展科研技能培训讲座。在省委党校中特课题申报工作中，共收到申报书 8 份。收到全市党校系统理论研讨会论文 6 篇、全市电大系统论文评比 9 篇、全市高质量绿色发展征文 6 篇。积极组织教师“走出去”，参加高层次征文论坛、技能培训等，先后参加第三届莫干山会议、浙江省社科联第五届年会论坛、浙江省远程教育学会高层次论坛等。

【课题资政】组建科研攻关小组，每月开展科研交流，月底统计科研进度情况。每月 20 日提交《资政信息》，择优推荐至《调查与思考》，全年有 6 篇入选。实施“月月有任务、件件有回音”的科研管理制度，重点突破课题与资政。结合弘扬践行“浙西南革命精神”，开展课题研究，撰写遂昌县在革命年代走在前列和红色资源价值转换先行先试的探索等课题，获丽水市社科联课题立项 10 个，其中 A 类 1 个、B 类 1 个。

【电大招生办学】2020 年，在全省电大生源不断趋少的大环境下，遂昌县广播电视大学创新思路，广开生源，除了在报刊、电视、网络媒体上多渠道宣传招生信息外，还组织教职工下乡镇、进农村、深入工矿企业开展招生宣传。全年开放教育招生 221 人，招生人数基本与 2019 年持平。有各类在校生 583 人，办学规模居全市县级电大前茅。

【社区教育和老年教育】 遂昌社区学院（老年开放学院）凭借四所社区分校的优势，因地制宜开展系列社区教育（老年教育）工作。全年有9380人次参加各类技能培训，6.7万人次参与社区教育（老年教育）活动。11月，在北界镇举办2020年遂昌县全民终身学习活动周启动仪式。选送的“老年旗袍秀”活动在全省老年开放大学才艺评比中获二等奖；妙高分校开设的“农师学堂”获评全省社区教育进文化礼堂学习品牌，北界分校的“农村建筑工匠”和大柘分校的“茶师傅培训”获评全省成人教育培训品牌，大柘“茶乡新农人”研学基地获评全省市民终身学习体验基地。在第三届浙江省社区教育优秀微课评选中，遂昌县社区学校获一等奖1个、二等奖2个、三等奖3个。 （叶锦雄　唐颖中）

附：浙西南干部培训中心

【概况】 2020年，浙西南干部培训中心把加强党员干部理想信念与党性教育作为办学方向，筑牢讲政治纪律、讲政治规矩根基，提高参训党员干部的干事创业能力，为全面推进高质量绿色发展注魂、赋能、立根。

全年举办259个（期）培训班，培训人数8706人，参训13756人次。采用现场教学与“浙西南革命精神”专题党课相结合的方式办学。根据县委要求，配合妙高街道、大柘镇、石练镇，举办后江村、金岸村、大田村、石练村等党员干部素质提升培训班。举办王村口镇各村候选人培训班，举办三仁乡新任村干部培训班。

【拓宽渠道】 加强与省委党校、嘉兴市委党校、丽水市委党校、金华市委党校合作，承接举办县外培训班。举办杭州5所高校教师专题培训班。承办省委党校中青班、嘉兴市中青班、金华市女干部培训班、台州市县处级领导干部进修班、丽水市女干部培训班、鹿城区政法干警政治轮训班、云和县公务员初任培训班等班次，来自县外的培训班人次占培训总人次65%。举办浙江工业大学、浙江理工大学等5所在杭高校马克思主义学院思政课老师专题培训班，240多位思政课老师参加培训。另有丽水、江山、松阳、景宁等县市各类学校的党员教师577人到王村口开展红色教育活动。

【红绿融合】 发挥王村口国家级国防教育基地、长三角区域旅游系统党性教育基地、浙江省爱国主义教育基地、省直机关主题党日活动基地、浙江省干部教育培训现场教学示范基地、丽水市党性教育基地、丽水市乡村振兴示范实训基地的品牌效应，以及遂昌金矿国家矿山公园、南尖岩“两山”理念教学基地的带动作用，结合县情实际，把绿色生态优势和红色文化贯穿干部教育培训全过程，坚持红绿融合，服务产业发展，彰显地域特色。

（叶锦雄　唐颖中）

遂昌县人民代表大会

综 述

【概况】2020年，遂昌县人民代表大会常务委员会高举习近平新时代中国特色社会主义思想伟大旗帜，坚持党的领导、人民当家作主、依法治国有机统一，紧紧围绕中央和省、市、县委的重大决策部署，依法行使宪法和法律赋予的职权，为统筹全县新冠肺炎疫情防控和经济社会发展，高水平全面建成小康社会作出了积极贡献。全年召开常委会会议11次、主任会议14次，听取和审议专项工作报告27项，组织视察3次，作出决议、决定14项，圆满完成县十六届人大四次会议确定的目标任务。

【强化政治思想】立足新时代人大工作的定位和特点，增强“四个意识”、坚定“四个自信”、做到“两个维护”。深入学习贯彻习近平总书记关于坚持和完善人民代表大会制度的重要思想、习近平总书记考察浙江重要讲话精神。把人大工作融入县委工作大局，明确工作重点，确定工作思路，使人大各项工作与县委同心、同步、同声，全力推进县委决策的落实。紧扣“一城五区”生产力布局和“八大战役”，围绕打好精准脱贫攻坚战，扎实做好低收入农户“一户一策一干部”结对帮扶工作。把好法律政策关，助推村级组织换届选举工作，为村级组织换届保驾护航。

【助推复工复产】专题听取和审议县政府关于新冠肺炎疫情防控和复工复产情况的报告，对健全重大疫情防控机制、加强公共卫生应急管理、助推企业复工复产提出意见。深入开展“三服务”，常委会领导带队前往企业指导疫情防控和复工复产，收集企业的诉求、意见和建议，为推进企业正常运转提供重要保障。持续关注民营企业发展，推进中小企业公共服务平台建设，推动政府减负降费、税收优惠政策落实。优化营商环境，帮助民营企业破解融资难、融资贵、融资慢等发展瓶颈。助推民营企业共克时艰、共渡难关。助推政府全面做好落实“六稳六保”工作任务。

【服务绿色发展】把审议决定重大事项与全县经济社会发展紧密结合起来，作出《关于加快推进“一城五区”生产力布局，奋力谱写高质量绿色发展新篇章的决定》，通过法定程序把县委决策部署转化为全县人民的共同意志和自觉行动。高度重视“十四五”规划和“二〇三五远景目标”编制工作，积极开展“六个重大”和“八个专题”调研，听取和审议《关于遂昌县“十三五”规划纲要执行与“十四五”规划纲要编制情况的报告》，围绕“一城五区”生产力布局和“八大战役”要求，提出意见和建议，要求做好与县域空间规划及各规划之间的衔接，把握好时间节点，高质量编制规划纲要和专项规划，确保谋一件、干一件、成一件。

【依法加强监督】加强对政府（国企）重大投资项目的审查和监督，制定政府（国企）重大投资项目监督工作方案，每季度开展监督调研，助推项目建设。跟踪监督县政府对县人大常委会关于国有资产管理、数字经济发展等审议意见的落实情况。围绕生态文明建设先行示范精准发力，听取审议县政府关于环境状况和环境保护目标完成情况的报告，全面建立乡镇生态环境状况报告制度。强化财政预算执行监督，做好国企运行和改革情况监督，统筹部署数字经济、工业平台的监督工作。开展“八大战役”督察，启动农村饮用水专项资金使用绩效跟踪监督，对脱贫攻坚工作落实情况进行督查。专题听取全县科技创新平台建设、“一户多宅”清理整治工作、建筑垃圾（弃渣）运输管理、移民后期扶持工作、美丽城镇建设、畜牧业发展等情况的报告。

【推进社会治理】配合省、市人大开展公共文化服务保障“一法一条例”及《中华人民共和国大气污染防治法》《中华人民共和国动物防疫法》《浙江省学前教育条例》《浙江省华侨权益保护条例》《浙江省食品小作坊小餐饮店小食杂店和食品摊贩管理规定》等法律法规执法检查。做好《关于全面禁止非法交易和食用野生动物的决定》等5个法律法规草案的意见征集工作，提出意见20余条，其中2条被省人大采用。座谈讨论《丽水市文明行为促进条例（草案）》，提出立法意见6条。落实省人大关于省、市、县三级人大联动开展社会矛盾纠纷调处化解“最多跑一地”改革专项监督工作要求，县人大常委会制定专项监督工作方案，常委会领导带队到重点部门、各乡镇（街道）开展调研，开展专题视察，出台视察意见，交县政府及相关部门办理。

【围绕法治示范】开展县人民法院民商事审判工作监督，督促做好诉讼便民服务工作，提高庭审把控能力。开展县人民检察院部分员额检察官履职评议工作，推动检察官依法履职、公正执法，自觉接受人大监督。加强对司法机关日常工作的监督，督促公检法司机关执行重要文件、重要案件、重大事项每月按时向县人大常委会报备制度。扎实开展规范性文件网上审查备案，提高规范性文件备案审查工作水平，对县政府报备的10件规范性文件开展网上备案审查。做好人大信访工作，受理群众来信来访67件次，促成问题解决。坚持党管干部和人大依法任免相统一。推动“一府一委两院”及政府部门落实宪法宣誓制度，增强选举任命干部的宪法观念和法治意识。全县参加宪法宣誓人数543人次。

【发挥代表作用】创新打造人大代表联络站实体+网络“双延伸”工作机制。成立街道议政会，任命12名人大街道工委委员，推选产生99名议政员。全年人大代表联络站开展活动260余次，参加活动代表1928人次，接待选民1537人次。首次召开列席县人大常委会代表座谈会，听取代表意见和建议，拓宽代表参与县人大常委会工作渠道。与龙游县人大开展跨区域合作监督治水。推进建议办理工作“一把手责任制”规范化、程序化、具体化。县十六届人大四次会议收到137件代表建议，办理过程满意率100%，办理结果满意率100%，建议落实率52%。

（庚　茏）

重要会议

【县十六届人大四次会议】4月27—30日，遂昌县第十六届人民代表大会第四次会议在汤显祖大剧院举行。会议应到代表165人，实到代表159人，邀请、列席46人。听取和审议了县长胡刚作的《政府工作报告》、县人大常委会主任尹建中作的《遂昌县人大常委会工作报告》、县人民法院代院长陈裕琨作的《遂昌县人民法院工作报告》、县人民检察院检察长叶珍华作的《遂昌县人民检察院工作报告》，审查了计划、财政工作报告，通过了上述工作报告的决议。会议通过了《关于加快推进“一城五区”生产力布局、奋力谱写高质量绿色发展新篇章》的决定。通过了关于设立县人大社会建设委员会的决定。听取了《遂昌县2019年环境状况和环境保护目标完成情况的报告》《2019年民生实事项目完成情况》《关于县十六届人大三次会议代表建议办理情况的报告》。依法选举练如库为遂昌县监察委员会主任、陈裕琨为遂昌县人民法院院长，依法选举吴敏、潘光明为遂昌县第十六届人民代表大会常务委员会委员。会议确定了2020年度政府民生实事项目。大会共收到代表建议137件，其中重点建议5件，交由县政府和有关部门研究办理。

【县人大常委会会议】2020年，遂昌县第十六届人民代表大会共召开常委会会议11次。

1月17日，召开县十六届人大常委会第二十六次会议。讨论县十六届人大四次会议有关事项，决定县十六届人大四次会议于2月18—20日召开。审查批准遂昌县人民政府关于要求批准2019年县财政预算调整方案的议案。通过县十六届人大三次会议优秀代表建议名单。讨论了《政府工作报告》《关于遂昌县2019年国民经济和社会发展计划执行情况、2020年国民经济和社会发展计划草案的报告》《关于遂昌县2019年财政预算执行情况和2020年财政预算草案的报告》《遂昌县人大常委会工作报告》《遂昌县人民法院工作报告》《遂昌县人民检察院工作报告》《遂昌县2019年环境状况和环境保护目标完成情况的报告》。听取审议了遂昌县2019年民生实事项目落实情况和2020年民生实事候选项目概况的报告，对2019年民生实事项目落实情况进行了满意度测评。

3月26日，召开县十六届人大常委会第二十七次会议。县委书记张壮雄出席会议并作讲话。会议学习《中华人民共和国传染病防治法》，听取和审议《关于新冠肺炎疫情防控和复工复产工作情况的报告》《人大街道工委关于2019年度工作情况和2020年度工作计划的报告》《关于2020年政府重大投资计划草案的报告》。通过县十六届人大常委会代表资格审查委员会名单。听取县十六届人大代表变化情况的报告。通过有关人事任免。

4月8日，召开县十六届人大常委会第二十八次会议。决定县十六届人大四次会议于4月27—30日在县城召开。通过了有关人事任免。

4月24日，召开县十六届人大常委会第二十九次会议。确定人代会有关事项。听取县十六届人大代表变化情况的报告。

5月22日，召开县十六届人大常委会第三十次会议。传达学习丽水市四届人大五次会议精神。学习《浙江省街道人大工作条例》《遂昌县人民代表大会关于加快推进“一城五区”生产力布局，奋力谱写高质量绿色发展新篇章的决定》。通过县十六届人大常委会代表资格审查委员会名单。听取《关于落实县人大常委会对遂昌县2018年同级财政审计报告的审议意见情况的报告》。通过有关人事任免。

6月26日，召开县十六届人大常委会第三十一次会议。听取和审议《关于遂昌县数字经济发展情况的报告》。听取《关于落实县人大常委会2020年政府重大投资计划审议意见情况的报告》《关于落实县人大常委会2019年度全县国有资产管理情况工作报告的审议意见情况的报告》《关于畜牧业发展情况的报告》《关于“一户多宅”清理工作情况的报告》《县人民法院关于民商事审判工作情况的报告》。学习《中华人民共和国野生动物保护法》。

7月24日，召开县十六届人大常委会第三十二次会议。传达学习了习近平总书记在企业家座谈会上的讲话精神和省委十四届七次全会精神。

8月27日，召开县十六届人大常委会第三十三次会议。学习《中华人民共和国增值税暂行条例》及税改情况。听取和审议《关于遂昌县2019年度财政预算执行情况和其他财政收支情况的审计工作的报告》。听取《关于2019年县级财政收支决算的报告》，审查批准2019年财政决算。听取《关于2020年上半年财政预算执行情况的报告》《关于2020年上半年国民经济和社会发展计划执行情况的报告》《关于2020年民生实事项目进展情况的报告》《关于建筑垃圾运输管理情况的报告》。

10月19日，召开县十六届人大常委会第三十四次会议。学习传达浙江省委书记袁家军在省委党校2020年秋季学期开学典礼上的讲话精神。审查批准《遂昌县人民政府关于提请审议2020年地方政府债务限额的议案》。听取《关于美丽城镇建设情况的报告》《关于县人大常委会对县水利局工作评议意见整改情况的报告》《关于科技创新平台建设工作情况的报告》《关于移民后期扶持项目建设情况的报告》《关于近三年（2017—2019）工业园区招商引资及平台建设发展情况的报告》。

11月26日，召开县十六届人大常委会第三十五次会议。学习传达党的十九届五中全会精神。听取《关于脱贫攻坚工作情况的报告》《关于2020年第二批政府重大投资项目情况的报告》《关于落实县人大常委会对我县数字经济发展审议意见情况的报告》。

12月28日，召开县十六届人大常委会第三十六次会议。听取和审议《关于"十三五"规划纲要执行及"十四五"规划纲要编制情况的报告》《关于国企运营及深化改革情况的报告》。听取《关于县十六届人大四次会议代表建议办理情况的报告》《关于2020年政府性投资和县重大项目计划执行情况的报告》《关于2020年国有资产管理情况的报告》《关于落实〈县人大常委会对遂昌县新冠肺炎疫情防控和复工复产专项工作报告的审议意见〉情况的报告》。审查批准《关于要求批准2020年县财政预算调整方案的议案》。会议还听取部分市人大代表履职情况报告。通过有关人事任免。

【县人大常委会主任会议】2020年，遂昌县第十六届人大常委会召开主任会议14次。

1月17日，召开县十六届人大常委会第45次主任会议。讨论通过《关于2019年度全县国有资产管理情况工作报告的审议意见（草案）》。讨论了《关于加强和改进新时代人大宣传工作的意见（送审稿）》《遂昌县人民代表大会关于加快推进"一城五区"生产力布局，奋力谱写高质量绿色发展新篇章的决定（草案）》。讨论了县十六届人大三次会议优秀代表建议名单和人代会有关事项、县人大代表补选有关事项。研究了人事工作。

3月6日，召开县十六届人大常委会第46次主任会议。听取《关于2020年政府重大投资计划草案的报告》、县十六届人民代表大会代表资格审查及变化情况的汇报。讨论了《关于新冠肺炎疫情防控和复工复产情况的调研报告》、代表资格审查委员会名单调整方案。讨论交办了各人大街道工委"工作清单"。研究了人事工作。

4月7日，召开县十六届人大常委会第47次主任会议。传达学习习近平总书记在浙江调研时的讲话精神。讨论通过了《关于2020年县政府重大投资项目计划草案的报告的审议意见（草案）》《关于遂昌县新冠肺炎疫情防控和复工复产专项工作报告的审议意见（草案）》。研究了人事工作。

4月17日，召开县十六届人大常委会第48次主任会议。讨论了人代会有关事项，以及2020年政府重大投资项目监督工作安排。

5月18日，召开县十六届人大常委会第49次主任会议。传达学习了市四届人大五次会议精神。学习了《遂昌县人民代表大会关于加快推进"一城五区"生产力布局，奋力谱写高质量绿色发展新篇章的决定》。讨论了《关于〈中华人民共和国动物防疫法〉和〈浙江省动物防疫条例〉实施情况执法检查的报告》《关于建立街道议政会制度的实施意见》《关于开展"农村饮用水达标提升工程"资金使用绩效情况专项监督的工作方案》。确定了2020年度县人大常委会会议议题安排、县十六届人大四次会议重点建议、2020年民生实事项目监督工作分工。

6月9日，召开县十六届人大常委会第50次主任会议。讨论《关于遂昌县数字经济发展情况的调研报告》。讨论通过了《遂昌县人大常委会2020年政府重大投资项目监督工作方案》《关于开展社会矛盾纠纷调处化解"最多跑一地"改革专项监督工作的方案》《关于组织开展"全县各级人大代表助推矛盾纠纷调处化解'最多跑一地'改革"主题活动的方案》。听取了《关于2020年民生实事项目局部调整情况的汇报》《关于落实县人大常委会2019年度全县国有资产管理情况工作报告审议意见情况的调研报告》《关于落实县人大常委会2020年政府重大投资计划审议意见情况的调研报告》。

7月24日，召开县十六届人大常委会第51次主任会议。讨论通过了《关于我县数字经济发展情况的报告的审议意见（草案）》。研究了人事工作。

8月21日，召开县十六届人大常委会第52次主任会议。讨论通过了《关于公共文化服务保障“一法一条例”执法检查报告》。听取了《关于2020年上半年预算执行情况的汇报》。

9月29日，召开县十六届人大常委会第53次主任会议。学习了急救知识。讨论通过了《关于2019年度财政预算执行情况和其他财政收支审计工作报告的审议意见》《关于大气污染防治“一法一条例”的执法检查报告》。讨论了《关于社会矛盾纠纷调处化解“最多跑一地”改革工作的调研报告》《关于社会矛盾纠纷调处化解“最多跑一地”改革工作的视察意见》《关于开展县人民检察院检察官履职评议工作的实施方案》《关于县人大专（工）委对口联系部门的建议方案》。

10月15日，召开县十六届人大常委会第54次主任会议。听取县十六届人大四次会议重点建议办理落实工作情况的汇报。听取《关于2020年新增地方政府债券资金安排使用方案的报告》《关于县水利局落实工作评议意见整改情况的调研报告》。研究了人事工作。

11月17日，召开县十六届人大常委会第55次主任会议。讨论通过《关于听取和审议遂昌县“十三五”规划纲要执行与“十四五”规划纲要编制情况报告的方案》。听取了《关于2020年一般公共预算调整方案的报告》《关于2020年第二批总投资5000万元以上政府重大投资项目情况的汇报》。研究了人事工作。

11月27日，召开县十六届人大常委会第56次主任会议。研究了人事工作。

12月4日，召开县十六届人大常委会第57次主任会议。讨论了《遂昌县“十三五”规划纲要执行与“十四五”规划纲要编制情况的调研报告》《县检察院三名检察官履职工作情况的调查报告》。

12月22日，召开县十六届人大常委会第58次主任会议。讨论了《关于落实〈县人大常委会对遂昌县新冠肺炎疫情防控和复工复产专项工作报告的审议意见〉情况的调研报告》《关于县国企运营及深化改革情况的调研报告》。研究了人事工作。

【重点建议办理情况汇报会】10月15日，遂昌县召开重点建议办理情况汇报会，听取县十六届人大四次会议重点建议办理落实情况汇报。围绕《关于加快推进“一城五区”生产力布局奋力谱写高质量绿色发展新篇章的议案》《关于完善工作机制，加快推进我县经济开发区污水处理设施建设和第二污水处理厂正常运行的建议》《关于加快建立我县灾后重建项目部门联动处置机制的建议》等重点建议办理情况，县府办、县建设局、县教育局等主办单位分别作了汇报，部分协办单位进行了补充发言，建议领衔代表作了交流发言，县人大常委会督办领导及县政府领办领导分别作了发言。（庚 茏）

代表视察

【视察省市重点项目】4月14日，市人大代表遂昌中心组开展会前视察。代表们先后到衢宁铁路（遂昌段）火车站市政配套项目、遂昌县第三中学迁建工程、528国道新路湾至石练段公路改建工程、“天工之城”环湖绿道项目等点位，视察遂昌县在建的省、市重点项目推进情况。视察了“天工之城”整体布局，并召开座谈会，听取项目介绍。

【大气污染防治视察】7月31日，县人大常委会组织人员，对全县贯彻执行《中华人民共和国大气污染防治法》《浙江省大气污染防治条例》情况开展执法检查。检查组先后到县人民医院迁建工程建设工地、浙江翱力新材料有限公司、遂昌火车站施工现场，查看建筑工地和道路扬尘治理、工业企业废气处理等情况，了解大气污染防治重点领域存在的突出问题。检查组就检查中发现的问题向部门负责人进行了询问，听取解答说明。

【视察“飞地”产业园】11月10日，县人大常委会党组书记、主任尹建中率丽水市人大代表遂昌中心组赴南湖区凤桥镇考察交流，代表们参观南湖—遂昌“飞地”产业园，详细听取“飞地”产业园建设和招商情况工作汇报，到已入驻园区正在装修的2家企业走访，听取企业负责人介绍相关情况。

【龙游遂昌人大合作监督治水】12月10日，龙游—遂昌两地人大合作监督治水倡议仪式在龙游县溪口镇举行。仪式上，介绍了两县人大发起联合监督治水倡议的背景，宣读了《龙游—遂昌两地人大合作监督治水倡议书》。两县相关乡镇人大主席、人大代表及两县环保、林水、农业、水务等单位负责人参加活动。两县人大代表前往马戍口水质监测站进行了视察。（庚 茏）

人事任免

【概况】2020年，县人大常委会共任免国家机关工作人员65人次，其中，任命31人次、免职22人次、接受辞职12人次，较好地将县委人事安排意图，通过法定程序转变为人民的意志。

【任命职务】任命：练如库同志为遂昌县监察委员会副主任、遂昌县监察委员会代理主任；雷伟东同志为遂昌县发展和改革局局长；金飞同志为遂昌县人力资源和社会保障局局长；张宗渭同志为遂昌县财政局局长；邱根松同志为遂昌县教育局局长；叶孔贤同志为遂昌县文化和广电旅游体育局局长；傅准卫同志为遂昌县司法局局长；徐雪峰同志为遂昌县人大常委会办公室副主任；徐春球同志为遂昌县卫生健康局局长；周安涛同志为遂昌县农业农村局局长；王朝辉同志为遂昌县水利局局长；潘敏鹏同志为遂昌县应急管理局局长；姜敏同志为遂昌县统计局局长；叶名颉同志为遂昌县住房和城乡建设局局长；刘悦同志为遂昌县人民检察院检察员、检察委员会委员、副检察长；王志同志为遂昌县人民检察院检察员；阮素静同志为遂昌县人民法院审判员；王武同志为遂昌县人民法院刑事审判庭副庭长；卓君同志为遂昌县人民法院石练人民法庭副庭长；张建华、周香琴同志为遂昌县人民法院审判委员会委员；鲁旭晖同志为遂昌县监察委员会副主任；林辉同志为遂昌县人大常委会法制（内务司法）工作委员会副主任。

【作出决定】决定：谭国庆、孙闽红、张志东同志为遂昌县人民政府副县长；练如库同志为遂昌县监察委员会主任；陈裕琨同志为遂昌县人民法院院长；吴敏、潘光明同志为遂昌县第十六届人民代表大会常务委员会委员。

【免去职务】免去：雷伟东同志的遂昌县人力资源和社会保障局局长职务；金飞同志的遂昌县财政局局长职务；潘光明同志的遂昌县发展和改革局局长职务；上官方鸣同志的遂昌县人大常委会办公室副主任职务；邱根松同志的遂昌县文化和广电旅游体育局局长职务；张延洪同志的遂昌县教育局局长职务；鲍王富同志的遂昌县司法局局长职务；包炜的遂昌县人民政府副县长职务；周世岳的遂昌县市场监督管理局局长职务；苏欣的遂昌县住房和城乡建设局局长职务；柳启斌同志的遂昌县人大常委会云峰街道工作委员会主任职务；王朝辉同志的遂昌县农业农村局局长职务；叶名颉同志的遂昌县水利局局长职务；吴华军同志的遂昌县卫生健康局局长职务；周根旺同志的遂昌县应急管理局局长职务；黄新园同志的遂昌县统计局局长职务；杜维涛同志的遂昌县环境保护局局长职务；丁慧敏同志的遂昌县人民检察院副检察长职务；吴松燕同志的遂昌县人民检察院检察委员会委员、检察员职务；王武同志的遂昌县人民法院刑事审判庭副庭长职务；王永烈同志的遂昌县人民法院审判委员会委员职务；郑水松同志的遂昌县监察委员会副主任职务。

【同意辞去职务】同意：金飞、梁成、叶旭明、张一夫、巫惠祥、柳启斌、包育盛、葛海东同志辞去遂昌县第十六届人大代表职务；陈永军同志辞去遂昌县监察委员会主任职务；柳启斌同志辞去遂昌县第十六届人大常委会委员职务；陈夙、董光辉同志辞去遂昌县人民政府副县长职务。（庚 茏）

遂昌县人民政府

综 述

【概况】2020年，遂昌县加快建设“一城五区”，全力攻坚“八大战役”，奋力开创高质量绿色发展新局面，奋力推动全县经济社会发展实现逆境突围逆势上扬，交出了亮丽的高分报表。实现地区生产总值130.81亿元，比2019年增长3.4%，实现一般公共预算收入11.4亿元，增长4.3%，城镇居民和农村居民人均可支配收入分别为50425元、22264元，分别比2019年增长4.5%和7.3%。

【抗击疫情“两战赢”】遂昌县围绕“两手抓、两手硬、两战赢”，实施“四个各自为战”策略，开展全省首个团体预约献血，派出6名医护人员驰援武汉和丽水。建立主动发现、闭环监管体系，冷链食品排查追溯有力有效，守住“无疫县”成果。兑现企业“五减”“两直”补助、降本减负资金共11.9亿元，发放其他各类救助资金6911万元。在全市率先实现省市县重点项目、规上工业企业、农业龙头企业、旅游景区100%复工复产，全市唯一、历史性突破实现3个项目列入省重大产业项目名单。

【释放发展潜能】完成固定资产投资43.7亿元，比2019年增长8.1%。推进仙侠湖库区环境综合整治，减少网箱10万平方米、浮动设施6600多平方米、各类船舶160余艘；与阿里云、网易、海康威视、千寻位置等11家头部企业签约，入选省级数字经济创新发展试验区、省级数字生活新服务样板县创建名单。衢宁铁路建成通车。连直线三期、天然气“县县通”工程顺利完工。528国道新路湾至石练段、遂江线等70个重大项目集中开工，新开工项目总投资288.2亿元。创建省级“众创空间”“星创天地”各1家，中国航天科工集团增材制造技术创新中心浙南基地落户遂昌。新增国家高新技术企业8家、省科技型中小企业21家，新增高企研发中心1家、企业研究院1家。全社会研发经费占生产总值比重1.5%。引进各类人才1530人，比2019年增长305%。新增7个国家标准、2个“浙江制造”团体标准。向上争取各类补助和债券资金共31亿元。发行国有公司债券10亿元，争取到国家开发银行22亿元“生态产品价值实现”融资授信。化解隐性债务及债券还本付息超7亿元。新增建设用地计划指标372公顷，位居全市第一，完成建设用地复垦70公顷，全省领先。盘活存量建设用地28.8公顷，完成城镇低效用地再开发19.1公顷。

【加快工业转型】设立“双招双引基金”，实现规模以上工业增加值34.4亿元。建成遂昌金属制品产业创新服务综合体，金属制品产业集群公共服务平台获评省级优秀，金属制品特色产业基地列入“国家火炬特色产业基地”名单。入围省级小微企业园建设提升重点县，化工园区通过省级评定，工业园区获评“全国首批绿色产业示范基地”。招引生态工业项目25个，合同投资额54亿元，落地项目20个。汇金环保、平昌矿业三期等11个重大工业项目竣工，圣邦精密制造、鸿业建材等10个重大项目开工。实施数字化工厂项目8个、云化工业App项目

4个。遂昌—诸暨“山海协作”产业园企业孵化中心入驻企业10家。建立上海“科创飞地”和“人才飞地”，建成诸暨“产业飞地”一期和南湖“消薄飞地”。签约总部经济项目20个，新增规上企业14家；培育“专精特新”企业20家、专精特新“小巨人”企业1家、省级单项冠军企业2家；整治“低散乱”30家，淘汰落后产能5家，获淘汰落后产能和“腾笼换鸟”工作省级先进。

【推进乡村振兴】实现农林牧渔业总产值19.19亿元，比2019年增长2.4%；实现农林牧渔业增加值12.3亿元，增长2.6%。新建“遂昌600”绿色有机农林产品基地1933公顷，全年“丽水山耕”农产品销售额11.6亿元。培育省级农业龙头企业2家。入选全国农药减量增效试点县，获评国家电子商务进农村综合示范县，“遂昌：农产品触网迸发乡村新活力”入选“全省乡村振兴十大模式”。发布《未来乡村建设导则》，推进3个未来乡村、4个精品示范村、5个乡村振兴示范村、17个特色精品村建设，58个新时代美丽乡村、24个花园乡村通过验收，全县秸秆综合利用率95.2%。建成AAAA级景区镇1个、AAA级景区村2个、省级休闲乡村1个，新增乡村酒店2家、精品民宿3家，红星坪温泉度假酒店获评全市首个金鼎级特色文化主题饭店，“遂昌健康养生之旅”入围“国家级休闲农业和乡村旅游精品景点线路”，王村口镇入选“新型城镇化标准化国家试点”，“天工之城”入选“全省首批山地休闲度假发展试点单位”，入围全国县域旅游综合实力百强县和全省文旅产业融合试验区。在全国率先探索“个人债务重整”制度，“信用村治理”获“中国十大社会治理创新典范”。

【提升城市能级】投入城市建设资金19亿元，比2019年增长50.6%。完成城南大道一、二期和平昌路渡船头边坡治理项目，古院社区入选全省未来社区试点，完成市政供水管网延伸、建材市场、火车站市政配套等项目，新增公共停车位425个、公交站点5个。征收南街、古院后江区块房屋23万余平方米。开工建设源口社区中心和古院梅溪、金岸区块安置房项目，建设后江立体停车场，建成荷花滩公园、鼓山公园、瓯江支流绿道主线。强力推进环境综合整治，云峰石材园区整治管控成效明显，二都街、上江、大桥等重点区域整治到位。完成上江区块雨污分流，完成3个小区“零直排”和污水处理厂提标改造项目，垃圾焚烧发电一体化项目点火测试，建成省级高标准垃圾分类示范小区1个、示范单位20个，城区生活垃圾无害化处理率100%。跻身中国净水百佳县市，居全国第四、全省第一。

【发展民生事业】完成云峰中心学校扩建工程，梅溪幼儿园投入使用，遂昌三中和实验小学迁建顺利推进，义务教育质量监测成绩全市前列。完成妙高中心卫生院改扩建工程，统筹推进“三大省级改革试点”，建立浙江大学医学院附属第二医院全科与健康管理中心遂昌分中心，中医院与邵逸夫医院合作共建，县域和基层就诊率实现双提升；基本医疗保险参保率99.6%。“浙丽保”参保率全市第一，资助参保率和医疗救助落实率100%。承办浙江首届畲族文化创意产品设计展演和省生态运动会，举办线上“班春劝农”典礼。低收入农户人均可支配收入12673元，比2019年增长17.7%，增幅居全市第一、全省26个山区县第二。全县有152个行政村实现总收入20万元且经营性收入10万元以上。推进“大搬快聚富民安居”工程和危旧房改造，搬迁农户4338人，改造危旧房666户。建成提升34个农村饮用水项目，受益人口3.8万人。建成乡镇居家养老服务照料中心6家，发放各类残疾人补贴1830.5万元。建成“儿童之家”9家。（潘经纬）

重要会议

【县政府十六届五次全体（扩大）会议暨党风廉政建设意识形态工作会议】1月15日，县政府十六届五次全体（扩大）会议暨党风廉政建设和意识形态工作会议召开。深入学习贯彻习近平新时代中国特色社会主义思想和党的十九届四中全会精神，全面落实省委十四届六次全会、市委四届七次全会、县委十五届八次全会以及中央、省委经济工作会议决策部署，安排部署2020年工作。县委副书记、县长胡刚作工作报告，全会充分肯定了县政府2019年工作成效。县政府各分管领导就相关工作作部署。与会人员观看了党风廉政建设典型案例视频。

【县政府十六届六次全体（扩大）会议】8月18日上午，县委副书记、县长胡刚主持召开县政府十六届六次全体（扩大）会议。会议主要任务是认真贯彻落实习近平总书记考察浙江重要讲话精神和省委十四届七次全会、市委四届八次全会、县委十五届九次全会精神，总结2020年以来工作，研究部署下一阶段工作任务，加强政府系统党的政治建设、党风廉政建设、意识形态等工作。会议强调，要把新部署和既定安排结合起来，创造性抓落实，专业化强执行，确保实现“三季进、全年胜”目标。要聚焦“两套工作体系”，全力实现各项目标任务。要坚持以党的政治建设为统领，进一步加强和改进政府系统自身建设。

【县政府常务会议】2020年，县政府召开常务会议17次。

1月13日，召开第34次常务会议，学习《中华人民共和国土地管理法》。审议《政府工作报告》《关于遂昌县2019年财政预算执行情况及2020年财政预算（草案）的报告》《遂昌县2020年政府投资项目资金预算（草案）》《关于遂昌县2019年国民经济和社会发展计划执行情况与2020年国民经济和社会发展计划（草案）的报告》《2020年扩大有效投资计划（草案）》；审议《遂昌县政府性投资项目绩效目标评审工作规程》《遂昌县农村土地整治实施办法》《遂昌县2020年土地出让计划》《2019年度遂昌县行政规范性文件专项清理方案》《遂昌县源口集市改造提升工作实施方案》。听取2019年民生实事项目完成情况及2020年民生实事候选项目情况汇报，听取全县法治政府建设推进情况工作汇报，听取遂昌县安全生产汇报等。

2月13日，召开第35次常务会议，学习《中华人民共和国传染病防治法》。审议《528国道遂昌新路湾至石练段改建工程集体土地征收实施方案》《遂昌县扶持绿色生物医药化工研发与转化功能型平台建设管理办法（修订稿）》；传达中央、省、市新冠疫情防控会议精神；听取遂昌县新冠肺炎疫情防控情况汇报；人事任免等。

2月27日，召开第36次常务会议，学习《中华人民共和国建筑法》。审议《“天工之城”运行管理方案》《国投集团发行疫情防控债券方案》；听取一季度经济形势分析预判报告；审议《528国道遂昌新路湾至石练段改建工程征收集体土地房屋征迁补偿安置方案》。

3月27日，召开第37次常务会议，学习《中华人民共和国公益事业捐赠法》。审议《遂昌县关于进一步促进建筑业持续健康发展的若干意见（试行）》《遂昌县生态价值转化（城乡融合发展）产业基金管理暂行办法》《遂昌县电镀行业规划》；听取遂昌县生态保护红线调整方案情况汇报，听取政策对接争取工作汇报等。

5月15日，召开第38次常务会议，学习《保障农民工工资支付条例》。听取遂昌县2019年度规上工业企业成本费用表收入法增加值率分析报告，听取遂昌县征地区片综合地价调整工作进展情况汇报；审议《九龙山国家级自然保护区范围及功能分区优化调整工作方案》，审议县公安局记集体三等功行政奖励等。

6月18日，召开第39次常务会议，学习《中华人民共和国民法典》和《中华人民共和国社区矫正法》。审议《遂昌县征收集体土地补偿标准暂行规定（送审稿）》《遂昌县既有住宅加装电梯试行办法（送审稿）》《遂昌县殡仪馆和公墓迁建工程建设项目征地工作方案（送审稿）》；听取遂昌县殡仪馆和公墓迁建工程进展情况汇报；审议《遂昌县部门浮动预算管理办法（试行）》《遂昌县培训费管理办法》《遂昌县创建全国法治政府建设示范县实施方案（审议稿）》《关于进一步加强乡镇财政管理的通知》等。

7月1日，召开第40次常务会议，学习《中华人民共和国统计法》。审议《遂昌县数字经济发展行动计划（2020—2022年）》《遂昌县2020年度土地征收计划》《加快集聚三创融合人才助力“天工之城”建设的实施意见》《“天工之城”推动“三创融合”发展的实施意见》《遂昌县上海“科创飞地”实施方案》《遂昌县产业政策奖补资金兑现管理办法》《遂昌县推进新时代民政事业高质量发展实施意见》；听取进一步深化国企市场化改革的工作汇报，2020年生态环保重点工作情况汇报，2020年上半年安全生产工作汇报暨第二轮安全生产综合治理三年行动方案说明，遂昌县上半年食品安全情况汇报等；研究讨论县政府领导工作分工。

7月16日，召开第41次常务会议，学习《中华人民共和国国防动员法》。传达学习市委书记胡海峰遂昌暗访指示精神，市委副书记、市长吴晓东遂昌调研指示精神；审议《遂昌县2020年扩大有效投资计划年中调整方案》《关于深入开展消除集体经济薄弱村攻坚提升三年行动计划》；讨论给予阙良华同志嘉奖和授予见义勇为先进个人；讨论给予董光辉、陈夙两位同志嘉奖。

8月13日，召开第42次常务会议，学习《中华人民共和国固体废物污染环境防治法》。传达学习市委书记胡海峰关于行政诉讼、行政复议工作的批示精神，传达全省迎接第二轮中央生态环境保护督察工作部署视频会议精神；审议《2020年度遂昌县重大行政决策目录清单》《遂昌县关于深化总部及数字金融经济发展的若干意见》《遂昌县“两山银行”试点实施方案》《遂昌县全面打赢低收入农户增收攻坚战行动方案》《遂昌县生活垃圾治理攻坚实施方案》；听取危旧房治理改造工作汇报；人事任免等。

8月27日，召开第43次常务会议，学习《中华人民共和国行政诉讼法》《中央生态环境保护督察工作规定》。审议《关于深化遂昌县工业园区体制机制调整的补充意见》《遂昌县部分机关单位办公用房调整方案》等。

9月14日，召开第44次常务会议，学习《最高人民法院关于审理行政协议案件若干问题的规定》。审议《遂昌县深化制造业企业资源要素优化配置改革的实施意见》《2019年度遂昌县“亩均论英雄”综合评价结果》《关于开展行政村规模调整优化的指导意见》；听取遂昌县2020年东西部扶贫协作工作推进情况汇报等。

9月19日，召开第45次常务会议。

10月14日，召开第46次常务会议，学习《行政规范性文件管理规定》；传达学习《浙江省关于进一步健全扶贫领域问题发现机制和压实工作责任的方案》；审议《上海市闵行区浦江镇联航路1588号物业购置方案》《关于建立遂昌仙侠湖综合管理长效保障机制的意见》；听取遂昌县农村乱占耕地建房问题专项整治工作汇报、古院未来社区创建工作汇报、遂昌县脱贫攻坚和“消薄”工作汇报、遂昌县生态工业智能制造攻坚战推进情况汇报；人事任免等。

10月29日，召开第47次常务会议，学习《浙江省民营企业发展促进条例》。听取《2020年前三季度全县经济形势分析汇报》《关于设立工业园区产业发展基金的工作汇报》；审议《遂昌县综合行政执法事项统一目录》《遂昌县房屋建筑和市政基础设施项目工程总承包实施细则（试行）》；听取528国道遂昌新路湾至石练改建工程进展汇报；研究讨论县政府领导分工等。

12月11日，召开第48次常务会议，传达学习推动长江经济带发展领导小组会议和省委常委会会议精神；传达学习副省长陈奕君在遂昌调研指示精神；学习《浙江省行政程序办法》；审议《2020年度遂昌县人民政府（办公室）行政规范性文件全面清理结果》《遂昌县“三线一单”生态环境分区管控方案》《遂昌县国有企业监督管理办法》《关于确定民宿范围和条件的指导意见》；听取遂昌县脱贫攻坚“三个清零”行动完成情况汇报、应急管理工作情况汇报、2020年“五水共治”（河长制）工作情况汇报。

12月15日，召开第49次常务会议。

12月28日，召开第50次常务会议，学习《冬春季新冠肺炎疫情健康防护措施指引》；听取《遂昌县国民经济和社会发展第十四个五年规划和二〇三五年远景目标纲要》编制情况汇报、2020年度健康遂昌工作汇报；审议《遂昌县规划管理办法》《遂昌县城市道路停车泊位设置和使用管理办法（试行）》《湖山湖（遂昌段）生态环境保护总体实施方案》《2019年“五水共治”（河长制）工作相关单位和个人行政奖励方案》；研究讨论县政府领导分工；人事任免等。

【县政府专题会议】2020年，县政府召开专题会议39次。

1月6日，召开关于“城市更新”相关事宜的专题会议。

1月15日，召开关于圣邦集团有限公司智能装备制造项目落地相关事宜协调会。

1月16日，召开关于小城镇环境综合整治相关事宜的专题会议。

1月22日，召开关于飞鹤家园、城市生活垃圾收运及焚烧发电一体化项目等相关事宜专题会议。

2月8日，召开关于协调飞鹤家园全过程代建开发及监理招标相关事宜的专题会议。

2月18日，召开关于湖山环湖绿道项目建设政策处理问题专题会议。

2月20日，召开关于飞鹤家园项目、棚户区改造限价房项目相关事宜的专题会议。

2月26日，召开关于中国汤公·牡丹亭梦幻演艺广场项目相关事宜的专题会议。

2月27日，召开关于县人民医院迁建工程有关事宜的专题会议。

3月3日，召开关于农村生活污水运维服务项目招标事宜的专题会议。

3月6日，召开县规划委员会会议。

3月11日，召开关于残疾人康复托养中心项目问题的专题会议。

3月11日，召开关于遂昌—南湖“产业飞地”一期工程项目建设相关事宜的专题会议。

3月13日，关于重点区域和进城道路两侧专项整治相关事宜的专题会议。

3月17日，召开关于古院梅溪、金岸安置房建设相关事宜的专题会议。

3月19日，召开关于协调龙丽高速遂昌段长下坡设货车停车检查区相关问题的专题会议。

3月24日，召开关于源口邻里中心建设、河道清淤和建筑垃圾处置等相关事宜的专题会议。

3月26日，召开关于义务植树活动相关事宜的专题会议。

4月20日，召开关于遂昌县“大搬快聚”古亭小区项目办理供地审批相关事宜的专题会议。

5月6日，召开关于城市环境整治、城市更新相关事宜的专题会议。

5月7日，召开关于遂昌火车站进城路网工程小金线改造提升工程通信及天然气等线路迁移相关事宜的专题会议。

5月14日，召开县规划委员会会议。

6月9日，召开关于城建类项目推进相关事宜的专题会议。

6月12日，召开关于大柘数字茶叶创业园（扶贫创业园）推进工作相关事宜的专题会议。

6月16日，召开关于原城北农贸市场政策处理等相关事宜的专题会议。

7月3日，召开关于石练污水处理厂项目建设和石马凹固废堆场生态修复相关事宜的专题会议。

7月30日，召开关于遂昌数字茶叶创业园（扶贫创业园）相关事宜的专题会议。

8月14日，召开关于连直线连头至古亭段改建工程路灯、绿化相关事宜的专题会议。

8月17日，召开县规划委员会会议。

8月18日，召开关于遂昌县试行70周岁以上老年人免费乘坐往返城乡客运班车优惠政策相关事宜的专题会议。

8月18日，召开关于土地整治工作相关事宜的专题会议。

8月20日，召开关于九龙山保护区研学基地提升改造工程、部分城市建设项目推进相关事宜的专题会议。

8月26日，召开关于遂昌县市民服务中心项目建设相关事宜的专题会议。

10月14日，召开关于县府前中心市场“五化”改造提升相关事宜的专题会议。

10月24日，召开关于金岸市场及周边环境整治工作相关事宜的专题会议。

11月3日，召开关于协调石练大桥工程（爱丰小区桥梁工程）设计变更有关问题的专题会议。

11月19日，召开关于遂昌黄铁矿地下水污染治理试点工程相关事宜的专题会议。

11月26日，召开关于大柘镇“未来乡村”建设项目的专题会议。

12月22日，召开关于连直线行道树更换提升项目事宜的专题会议。

【其他会议】1月15日，遂昌县在杭州市莲花宾馆召开“天工之城”规划论证会议。邀请省高新技术企业协会理事长、省科技厅原厅长蒋泰维，省科技厅副厅长曹新安，省矿业协会会长、原省国土资源厅副厅长潘圣明，省经信厅副厅长吴君青，省发规院宏观经济研究所所长朱李鸣，省工业信息研究院院长兰建平，浙江大学中国科教战略研究院院长张炜等领导、专家为遂昌县“天工之城”建设把脉问诊。论证会上，介绍了“天工之城”的规划背景和发展战略规划。与会人员围绕“天工之城”核心主题，提出了具有科学性、先进性、指导性和可行性的意见和建议。

1月21日，全县安全生产、消防工作和疫情防控工作会议召开。通报了2019年全县安全生产工作情况和消防工作情况，专题部署疫情防控工作。会议在各乡镇（街道）设立分会场。

1月21日，召开一季度经济“开门红”工作会议。县发改局、统计局负责人汇报一季度经济“开门红”投资计划安排和经济指标安排情况，参会部门负责人汇报了夺取一季度经济“开门红”的主要举措。

2月26日，召开森林防灭火工作会议。县森林防灭火指挥部办公室就近期森林火灾情况进行了通报，县应急管理局、自然资源规划局等单位对森林防灭火工作进行了汇报。

3月2日，528国道遂昌新路湾至石练段改建工程征迁动员大会召开。县交通运输局介绍了项目简况和前期工作情况，县自然资源与规划局、大柘镇、新路湾镇社杨村、石练镇宏象村作表态发言。会议进行了528国道遂昌新路湾至石练段改建工程征迁政策培训。会议要求在9月底前实现项目开工建设。

4月20日，召开一季度工作例会，贯彻落实习近平总书记在浙江调研时的重要讲话精神，专题展示和分析研判一季度全县经济社会发展情况，研究部署下一阶段工作任务。县发改局、统计局等8个部门和妙高街道、大柘镇等10个乡镇（街道）作交流发言。

6月1日，召开深化“最多跑一次”改革、推进政府数字化转型专题会议。县全面深化改革服务中心作“最多跑一次”改革工作汇报，县大数据和金融发展中心、行政服务中心、信访局、发改局、经济商务局分别作专题汇报。

7月14日，召开第二季度安全生产工作会议暨第二轮安全生产综合治理三年行动部署会。会议通报了上半年安全生产工作和消防安全生产工作，部署第三轮安全生产综合治理三年行动、高层建筑消防安全专项整治、危险化学品运输专项整治、建筑施工领域专项整治和道路交通安全专项整治等工作。会议在各乡镇（街道）设立分会场。

7月27日，召开大花园示范县建设暨生态产品价值实现机制国家试点建设任务推进会。对遂昌县大花园示范县建设、生态产品价值实现机制国家试点建设任务进行了分解落实，县文广旅体局、市生态环境局遂昌分局、“两山”集团、大柘镇等单位作交流发言。

8月3日，遂昌县基层治理“信用村”创建现场会暨落实市域社会治理现代化试点工作部署推进会在蔡源乡蔡和村召开。与会人员观看了基层社会治理“信用村”宣传视频，县法院、蔡源乡作经验分享。全体人员参观了蔡和村。

8月5日，全市低收入农户高水平全面小康攻坚暨“大搬快聚富民安居”工程推进现场会在遂昌县召开。市委副书记、政法委书记李锋出席会议并讲话，副市长杨秀清作工作点评并部署，县委书记张壮雄介绍遂昌做法。与会人员观看了遂昌县“大搬快聚富民安居”工程专题片，市农业农村局作情况通报，各县（市、区）进行了交流发言。与会人员考察了石练镇柳村村“一户多宅”清理整治拆后利用和土地复垦等情况，系统学习了遂昌县腾龙小区在社区基层治理模式、公寓式限价商品房安置等创新经验和做法。

8月24日，召开生活垃圾治理攻坚推进会。县建设局、农业农村局、行政执法局、妙高街道、王村口镇等单位作表态发言，相关部门、乡镇领签了军令状。会后举办了生活垃圾分类工作培训会，普及推广生活垃圾分类相关知识。

9月4日，召开省对县、市对县考核指标分析会议，总结分析各项考核指标完成情况，研究部署下阶段争先进位目标任务。责任单位负责人根据2020年度省对县、市对县考核指标分析表，通过与其他县市的比对分析，通报前阶段遂昌县得分、排名情况，指出存在的问题、提出下步举措。

9月28日，召开南街区块、古院未来社区区块开发利用项目城市更新动员会，标志着“有机更新区”核心的南街区块和“未来都市区”核心的古院区块城市更新工作全面启动。此次城市更新涉及征迁面积和户数规模为遂昌有史以来最大。县委书记张壮雄出席会议并讲话，县委副书记、县长胡刚作工作部署。（潘经纬）

重大活动

【中国丽水竹产业创新发展高峰论坛】1月5日，中国丽水竹产业创新发展高峰论坛在遂昌县举行，专家、学者、企业家代表共聚一堂，探讨竹产业创新驱动、转型升级，共商竹材料多元应用及竹产品高质量发展之路。县政协主席华治武介绍了遂昌县竹产业发展情况，专家们就《我国竹产业发展现状及可持续发展前景》《竹材废弃物在竹林下食用菌仿野生栽培中的应用研究与实践》《浙江竹产业发展现状及未来》等作演讲。会议进行了“国家林草局重组材工程技术研究中心浙江创新基地”“浙江省户外用竹基纤维复合材科技示范基地”授牌仪式。

【“问海借力·侨商回家”走进遂昌活动】1月10—11日，市侨联组织“问海借力·侨商回家”走进遂昌活动，来自12个国家的28位侨商到遂昌县考察投资环境和项目。侨商团队考察了关雎文化园、古院文化体育商贸综合体等项目，参观了遂昌革命纪念馆、王村口挺进师革命纪念馆、1942遂昌民众营救美军飞行员纪念馆等红色教育场所，并慰问了老党员、烈士家属、困难侨眷等。

【28个重大项目集中签约开工】3月5日，遂昌县举行重大项目集中签约开工仪式，总投资157亿元的28个重大项目集中签约、开工，吹响了全面实现全年经济社会发展目标的冲锋号。县委书记张壮雄宣布开工，县委副书记、县长胡刚致辞。当天集中签约的5个项目总投资52亿元；集中开工的23个项目总投资105亿元，年度计划投资31亿元，涵盖了现代产业、文化旅游、基础设施、社会事业等多个领域。

【“同心同行聚力扶贫”主题活动】3月24日，由省扶贫办、省农业农村厅主办的全省“同心同行聚力扶贫”主题活动在遂昌县举行，省农业农村厅党组书记王通林出席，市委副书记、政法委书记李锋等出席。活动现场，省供销社、省农信联社、太平洋财产保险浙江分公司、浙江在线等单位开展了以送保险强保障、送农资稳生产、送贷款渡难关、送医疗保健康、送宽带助学习、送岗位促就业、送宣传打品牌、送渠道活销售等为主要内容的服务，为低收入农户送上诚挚的帮扶。活动启动上线了浙江在线“扶贫助农”专栏和“网上农博”26县扶贫产品馆、“丰收购”26县扶贫产品专区。

【“云”上“班春劝农”典礼】4月，遂昌县将延续数百年的“班春劝农”典礼搬到了“云”上。“班春劝农”是遂昌县2项国家级非遗之一，并作为“二十四节气”之立春节气民俗活动入选世界非遗。疫情期间，县文广旅体局通过设计开发H5，以动画形式复原祭春、鞭春、开春等仪式，将“班春劝农”典礼从线下搬到了线上。“云上”典礼改变了传统模式，市民足不出户就能体验千年传统农耕文化。参加云上“班春劝农”典礼的市民还可以获得景区门票、民宿礼券、农特产品等组成的大礼包。数据显示，有87万余人次云上体验了“班春劝农”。

【遂昌—阿里云共建未来科创岛】7月23日，遂昌县和阿里云计算有限公司签署共建未来科创岛合作协议。市委书记胡海峰，阿里云智能总裁、阿里巴巴达摩院院长张建锋出席并致辞，县委副书记、县长胡刚代表县政府与阿里云签约。双方就数字经济发展、深化合作等事宜进行了交流。阿里云是全球领先的云计算及人工智能科技公司，是世界顶级的科技研发中心。此次双方牵手，阿里云将充分发挥其在新经济、新基建领域以及品牌、技术、人才等方面的优势，大力推动遂昌在“城市大脑”、数字乡村、数字政府、产业数字化转型等方面建设。张建锋一行还赴遂昌县“两山”转化发展中心、仙侠湖、红星坪等地，考察了“天工之城”规划、未来科创岛生态环境、企业团建基地等情况。

【遂昌建投—杭州热联签署合作框架协议】7月28日，“万物开源热建驱动”共同打造遂昌建联商贸有限公司暨遂昌县建设投资发展有限公司与杭州热联集团合作框架签约和揭牌仪式在县交通投资有限公司举行。这次合作，跨出了遂昌县国有企业与外来企业开展紧密合作的第一步，是遂昌县国有企业市场化改革的重大尝试。签约仪式后，举行了遂昌建联商贸有限公司揭牌仪式。遂昌建联商贸有限公司由遂昌县建投公司与杭州热联集团共同成立，热联集团负责业务运作，目标是打造商贸、物流、加工、投资体系，建立合法合规的贸易流量和经营利润模式，以可持续的方式促进企业转型发展。

【衢宁铁路遂昌站开通】9月27日，衢宁铁路遂昌站正式开通。市领导胡海峰、虞红鸣等出席开通仪式。市政协主席陈瑞商宣布通车，县委书记张壮雄致欢迎辞，县委副书记、县长胡刚主持。衢宁铁路建成通车，是遂昌交通运输史上具有里程碑意义的大事，凝聚了遂昌几代人的梦想，自此，遂昌县正式迈入“铁路时代”。是日，首发列车D9558进站后，遂昌县参与铁路建设的代表、部分两代表一委员、各级劳模和道德模范、离退休老干部、先进工作者代表、媒体记者等200余人受邀乘车前往下一站，体验家门口乘坐火车出行的便捷。

【长三角“双创人才”高峰论坛】10月25日，第九届“智汇丽水”人才科技峰会遂昌分会场活动之“湖山论剑”——长三角“双创人才”高峰论坛暨“天工之城”引智大会开幕。中国工程院院士江欢成以及相关专家、高端人才代表、高校教授、留学生、创业创新典型人物等110余人共话人才科技合作，共谋遂昌未来发展。大会进行了浙江大学专家工作站授牌，遂昌县海外引才联络站德国站、英国站成立视频连线，院士工作点合作签约仪式，遂昌县引才大使聘任，浙江省侨界青年联合会与遂昌县政府战略合作签约等活动。全体嘉宾考察“天工之城”核心区。会上，江欢成分享了他对遂昌“从无知到不看好、再到叫好、再到摩拳擦掌想要参与”的独特感受。

【“我为遂昌跑一次”摆摊服务】11月6日，县委深改委办公室、团县委联合举办“我为遂昌跑一次”摆摊服务进广场活动，县委办、组织部、农业农村局、卫生健康局等19个部门和企业的志愿者们在平昌广场摆起24个摊位，为群众送宣传、送服务。活动的主要目的是通过系列宣传和便民化服务，提升群众和企业对全面深化改革十项重点突破、“最多跑一次”改革十项重点任务、县域治理八大领域重点改革、“放管服”改革的获得感和满意度，为高标准建成浙江省大花园示范县和打造“最佳在地政府”赋能。

【阿里云创峰会遂昌专场暨2020遂昌数字生态产业峰会】11月25日，“开源生长·杭向遂昌”阿里云创峰会遂昌专场暨2020遂昌数字生态产业峰会在杭州未来科技城举行。政府部门、投资机构、阿里巴巴集团、数字经济企业的领导嘉宾、专家学者、高层次人才齐聚一堂，聚焦科创、文创、农创融合发展，共话遂昌数字经济产业未来。峰会推介了遂昌数字经济产业，进行了“科创遂昌、文创遂昌、农创遂昌”三大篇章主旨演讲和圆桌对话，启动“万物开源·遂昌”2020全国数字生态创新大赛。

【47个重大项目集中开工】11月30日，遂昌县举行2020年第二批47个重大项目集中开工仪式，吹响“收官‘十三五’奋战‘十四五’”冲锋号，县委书记张壮雄宣布开工。此次集中开工的项目个数和投资总额创历年之最，47个项目总投资额190.86亿元，涵盖交通、工业、旅游、数字经济、城市更新、社会民生等多个领域。其中528国道遂昌新路湾至石练段公路改建工程、温岭至常山公路湖山至黄沙腰段工程是省重点建设项目，前者还是遂昌县有史以来投资体量最大的单体项目。

【仙侠湖论剑暨“天工之城”项目集中签约】12月14日，遂昌县举行仙侠湖论剑暨“天工之城·数字绿谷”项目集中签约仪式，与网易、海康威视、千寻位置等11家行业头部企业正式签约，奋力推进“天工之城·数字绿谷”建设。市委书记胡海峰出席仪式并见证签约。县委副书记、县长胡刚代表县政府分别与海康威视、网易、千寻位置、浙大邵逸夫医院、阿里巴巴商学院、Holovis（霍洛韦斯）六家企业进行签约。县经济商务局、文广旅体局、科技局、“两山”集团分别与庞巴迪、CCDIS组委会、北京埃速达、华友会、洲世旅游五家企业签约。仪式上，介绍了“天工之城·数字绿谷”概况，进行了浙江大学医学院附属邵逸夫医院合作医院揭牌，举行以“构建生态经济、数字经济、分时经济融合发展新图景”为主题的圆桌对话。

【省党政机关等公共机构碳中和工作启动】12月18日，浙江省党政机关等公共机构碳中和工作启动仪式在高坪乡举行。本次实践行动作为全国首创“零碳”实践活动，旨在发挥省党政机关等公共机构的示范引领作用，通过大型活动“碳中和”、“零碳会议”、创建“近零”公共机构等，以应对气候变化的务实行动，打造新时代机关事务工作“重要窗口”，引领全社会形成绿色低碳良好氛围。启动仪式上，省机关事务管理局与遂昌县政府签订2021年会议碳中和战略合作协议，领取了丽水市生态环境局颁发的碳中和确认证书。参加人员前往高坪乡箍桶丘村观摩碳中和基地。（潘经纬）

县政府办公室工作

【概况】2020年，县政府办公室认真学习贯彻习近平新时代中国特色社会主义思想，紧紧围绕“一城五区”生产力布局，聚焦“八大战役”，全力推动县委、县政府中心工作，切实履行各项职责，努力当好参谋助手，确保各项工作高效有序开展。

深入部门、企业、乡镇（街道）、村调研70余次。起草领导工作汇报、各类会议讲话稿等综合性材料100余篇。上报信息900余条，被市级刊物录用317条，被省级刊物录用82条，被国务院办公厅录用41条。获国务院办公厅领导批示3篇、获省政府领导批示2篇、获市政府领导批示9篇。

【综合服务】加强对重点项目、重大活动、重要工作的综合协调，全年召开各类专题协调会议400余个。中央环保督察、招商引资、“大搬快聚”“一户多宅”、城市更新、村集体“消薄”、生态产品价值实现机制国家试点、全民科学素质行动、省市县民生实事等重点工作扎实推进。

提升办文质量。进一步规范发文范围、精简流程、减少材料报送，全年制发各类公文558件。提高办会水平，组织县政府常务会议17次，出台《应对疫情支持企业共渡难关二十条意见》《促进建筑业持续健康发展若干意见》、重大行政决策程序规定等政策。做好服务保障，2020年实现机关单位集中办公，保障了县委、县政府日常工作高效运转。

加强政府法治体系建设。完善权力清单和责任清单，严格落实行政决策法定程序，向县人大报备规范性文件10件，将法律法规学习纳入县政府常务会议学习内容。金融工作稳步推进，农村小额保险参保率连续5年居全市第一，小贷公司和转贷平台运行平稳有序，防范化解金融风险工作开展顺利。

坚持“整体智治”的理念，以横向协调、上下贯通、层层落实、闭环管理的责任链条，系统化抓落实、创造性破难题，全面推进市场监管、社会管理、公共服务、生态环境保护等政府职能数字化转型。谋划和实施了以智慧城市、智慧环保、智慧民政、智慧旅游等为代表的大平台、项目和应用。政务网络全面升级，覆盖全县155个单位，视联网覆盖单位乡镇78个。

【督查督办】围绕全县中心工作、县委县政府重大决策部署、重大工程、重点难点工作、人大代表建议、政协委员提案、各级领导批示指示等开展督查督办，持续开展2020年省市县民生实事、政府工作报告、上级领导批示交办和其他重点工作责任分解和落实，做到立即响应、实地督查、闭环销号。

依托天工智能化管理平台，定位滞后项目关键环节、关键人员，采用红灯提醒方式，推进项目建设。牵头制订《天工智能化管理平台上线项目管理办法》，7—12月，制发督查通报16期。对重大事项、重点工作必到现场，赴各乡镇（街道）全面了解情况，找到破解问题的办法和路径。以结果为导向，深挖问题根源，明确督查意见，做到见人、见事、见责任、见结果。邀请2名经验丰富、踏实肯干的退二线领导干部加入督查队伍，调动专班、牵头部门和专家力量，使督查工作更加专业化、精准化。全年督查落实县人大代表建议137件、政协委员提案131件，全部按时办结，办理过程和结果的满意率均100%。（潘经纬）

2020年民生实事项目

【城乡公共交通便民服务工程】年度任务：新建改建公交港湾式停靠站5个，新建改建农村港湾式停靠站45个，完成城东区块公交首末站建设。

进展情况：完成年度任务。

【遂昌县流动医院建设】年度任务：建成乡村流动医院6个，配置巡回诊疗车6辆，满足山区交通出行与诊疗需求。结合全科网格建设“1+X”组团式服务，在应设未设卫生室的村配套建设1个规范化巡回诊疗服务点，满足巡回诊疗车到达并开展医疗卫生服务后勤保障。为全县20个乡镇（街道）96个未设置村卫生室的行政村每月提供巡回诊疗服务1—2次，适当兼顾已设村卫生室的行政村群众的巡回诊疗服务需求。

进展情况：8月底完成流动医院建设，按区域分配给医共体各片区，结合农民健康体检、慢病随访等健康服务开展日常巡诊，完成年度任务。

【老旧小区“零直排”改造项目】年度任务：完成三级电站宿舍和金矿宿舍小区道路改造、雨污分流改造、强弱电序化、“零直排”小区创建。

进展情况：11月，三级电站宿舍和金矿宿舍小区改造项目先后完工，完成年度任务。

【城区公办幼儿园提升项目】年度任务：完成梅溪幼儿园装修，办学规模15个班级，学位450个。

进展情况：于8月底完工，完成年度任务。9月1日正式开园。

【2020年体育惠民工程】年度任务：完成3个多功能运动场、1个笼式足球场、1个拆装式游泳池、11个小康村升级工程建设。

进展情况：10月底，所有项目均已建设完成并投入使用，完成年度任务。

【城市书吧建设项目】年度任务：完成建筑面积260平方米的书房建设，藏书规模7000册以上，设阅览座席50个。配备自助办证机、自助借阅机、门禁联动系统和智能安全检测系统等。

进展情况：项目于11月初完工，11月19日正式对外开放，完成年度任务。

【农村饮用水达标提标工程】年度任务：完成6个乡镇集中供水工程和28个农村饮用水达标提标工程，提升改善3.76万名农村人口安全饮用水条件。

进展情况：项目11月完工，完成年度任务。

【遂昌县市政供水管网延伸项目】年度任务：完成妙高街道井东村、东红村、枫树窝村、后江村内庄自然村供水管网铺设及供水加压泵站建设，并接通市政供水管网供水。

进展情况：项目于11月完工，完成年度任务。

【乡镇级居家养老服务中心】年度任务：建设三仁乡、应村乡等5个乡镇级居家养老服务中心，各点位建设面积300平方米以上，具备生活、康复护理、托养、家庭支持四大服务功能。

进展情况：10月底前，5个乡镇级居家养老服务中心全部完工并投入试运营，完成年度任务。

【天然气小区入户工程】年度任务：新建天然气管道10千米，新增老小区天然气配套用户200户、新小区天然气配套用户500户。

进展情况：完成年度任务。（潘经纬）

数字政府建设

【概况】2020年，遂昌县以“最多跑一次”改革为牵引，以“数字政府”撬动数字经济、数字社会建设，更高标准、更高质量、更高效能推进政府数字化转型。完成《遂昌县深化“最多跑一次”改革推进政府数字化转型工作实施方案》编制工作。

做好政务外网Ipv6改造和备网建设，完成电子政务外网万兆升级、Ipv6改造、备网建设方案的编制、采购工作。做好视联网保障维护工作，全年利用电子政务视联网组织召开省市视频会议和全县性会议593场次，参会人数约6000人次。

推广应用丽水市机关内部协同办事平台，梳理部门间“最多跑一次”事项364项，适宜网办非涉密事项上线率100%。完成全县130个部门政务服务网电子签章申请备案维护工作。推进惠企政策兑现“直通车”打造。上线惠企政策事项219项，居全市第一。

【“浙政钉2.0”和“浙里办”平台应用】完成“办公助手”向“浙政钉2.0”迁移工作，核验、完善人员信息6401人，人员激活和头像更新率100%，“浙政钉”掌上执法、掌上基层应用全覆盖。完成天工系统、机关内部“最多跑一次”系统、协同办公系统、战斗力指数、“天工e人才”等应用向“浙政钉2.0”平台迁移。“浙里办”App日活跃率6000多人次，法人注册率保持全市第一。县级政务服务类App及各类小程序全部整合到“浙里办”。

【数字化项目管理】开展2015—2019年政府投资信息化项目绩效评价工作，选取10个具有代表性的已完工信息化项目进行评价，拟定信息化项目绩效评价指标体系。完成2020年县政府信息化项目资金分配和建设计划，投入信息化专项资金4000万元，其中续建项目35个2748万元，运维项目16个708万元，新建项目14个543万元。开展2021年政府数字化转型项目建设计划征集汇总工作，统筹数字化转型项目147个，其中新建77个、续建21个、运维49个，涉及2021年资金总盘1.93亿元。

完成普查县级自建信息系统33个，有10个系统开展对接市级基础数据库。完成数据资源目录编目213条，完成规定数据归集任务12个。数据共享需求提出22次，响应39次，接口调用23万次。开放数据目录数31个，开放数据被使用量18万次。

【政务公开】搭建统一名称、统一位置、统一格式体例的政府信息公开平台，完成政府门户网站迁移。制定2020年政务公开工作要点，推进决策、执行、管理、服务、结果及重点领域信息公开。全年通过县政府门户网站公开政府信息9216条，收到公民、法人和其他组织的依法申请公开件28件，全部按时按规范予以答复。编制县、乡两级26个试点领域事项目录，在政府门户网站建立专栏。部署并监督全县重大行政决策信息公开机制的实施。

【互联网+政务服务】全面应用“政务服务2.0”系统，完成无差别全科受理区块设置，实现无差别受理、同标准办理、全过程监控、好差评闭环，推动政务服务由网上、掌上可办向好办、易办转变。主要服务效能达到省定目标，“跑0次”实现率达到99.48%，网上办事实现率98.54%，掌上办事实现率97.08%。所有乡镇（街道）配置自助终端机，上线商事登记、户籍护照、社会保障、生活服务、医疗教育、一证通办、一窗办理、长三角一网通办、秒办事项等服务模块。做好政务服务平台电子印章申请工作，开通电子云签章单位数156个。

推动掌上执法系统在“双随机、一公开”抽查和各类检查中的应用，提高智慧监管水平和信用监管水平，做好监管数据归集、信用监管工作。全县掌上执法开通数1246人，掌上执法开通率100%。全年掌上执法检查8509次，掌上执法率100%，设置抽查任务数332个，完成率100%，抽查事项覆盖率100%。

【天工智能化管理平台】将互联网、大数据等技术手段融入政府建设，运用思维导图、工作组网等方法进行数字化管理，推出天工智能化管理平台。“天工系统”共上线生成项目132个，审核通过项目122个。共亮灯1186盏，其中，亮蓝灯424盏，亮绿灯684盏，亮红灯76盏，亮黄灯2盏。涉及亮红灯单位22个，亮黄灯单位2个。共发牌3799张，其中绿牌3648张，红牌118张，黄牌33张。涉及发红牌单位30个，发黄牌单位7个。该平台实现政府职能重塑、流程再造、业务协同、效能提升，推动政府数字化转型提质增效。（周 菲）

机关事务保障

【概况】2020年，遂昌县机关事务保障中心通过公开招投标，引进3家物业公司和1家酒店，对县委机关大院和古院区块提供后勤保障。推进全县行政事业单位和国有企业停车泊位对外错时开放，完成12处停车场497个停车位开放工作，7—12月，累计错时停放5406车次。积极应对新冠肺炎疫情防控，“一码一测”长效化“守小门”。牵头创建生活垃圾分类示范单位20个，展现机关先行率先垂范作用。9月底上线智慧化后勤服务系统，内容涵盖机关事务与餐饮、会议、维修、停车、监管、采购等综合服务项目及内部管理功能。高标准打造“智慧安防”建设，“两山”转化发展大厦A幢实现重要点位监控全覆盖，访客系统、红外测温仪、车牌识别、电瓶车道闸人脸识别系统上线运行。

【公务接待】2020年，共接待来宾357批次10306人次。其中省部级17批次19人次，厅局级118批次212人次，外宾和台胞1批次26人次，各类调研组、考察组、代表团等221批次10049人次。完成了县两会、衢宁铁路遂昌站开通仪式等35个重大会议及活动的接待保障工作。

【公务用车】2020年，县公务用车服务中心全力做好车辆保障工作，全年出车10121车次，安全行车里程163.27万千米，节油5.15万升。更新公务用车10辆，其中商务车2辆、中巴车1辆、小轿车7辆。开展交通安全知识、应急救护、驾驶礼仪培训，努力提高驾驶员的安全行车意识与服务水平。完善应急协调机制，车辆调度及时安全，满足特殊时期重大会议、各单位用车所需，县两会期间封闭式管理共出车12次，接送参会人员190余名。

【办公用房管理】深化办公用房监管实地督查，汇总核实全县各单位填报数据，以办公用房信息管理平台上使用情况记录为依据，实地抽查测量县内22个部门10个乡镇（街道）的办公用房使用面积。细化规范办公用房维修管理，对湖山水管站、王村口水管站，行政执法局北界中队、湖山中队，新路湾镇、垵口乡、焦滩乡7家单位提出的办公用房的修缮申请进行现场勘查并予批复。对责任危房进行安全巡查，邀请专业机构对县城7家单位的5幢疑似危旧办公用房进行鉴定。

【固定资产管理】联合县财政局科学制定国有资产管理办法，以清单化管理、统筹安排闲置资产。按照文件规范，做好县两办、机关事务保障中心及人武部领导宿舍的日常办公用品采购工作。严格按照交付使用制度，对所购资产品种、规格、数量、质量、技术要求及其他内容进行验收。全年在政采云系统采购家具、电器、办公用品等149个订单。及时维护固定资产云平台管理系统，正确、全面记录资产增、减、用等情况。调配12组铁皮柜保障省委巡视组工作，调配6张办公桌、12张办公椅保障组织部换届选举，调拨1台闲置空调至国投集团。

【党政机关集中办公】受新冠肺炎疫情影响，年初党政机关集中办公改造工程延期两个月开工。县机关事务保障中心协同多部门常跑工地促协调，督促做优装修改造方案，满足各单位不同办公需求。积极对接各单位会议室桌椅尺寸，争取单位原有办公桌椅利用率最大化。完成“两山”转化发展大厦A幢、B幢的物业、安保、餐饮服务、厨具设备、单位物品搬运等8个项目招投标工作，涉及金额1600余万元。至年底，一期项目古院—后江区块已安排入驻32家单位1185人，办公用房使用面积29386平方米。二期项目市民服务中心11家、新客运中心5家拟搬迁单位办公用房调整方案、对接审核配置表及设计平面图筹备中。

【后勤服务】全年提供会务服务1759场，其中晚上会议150场，百人以上会议74场。对就餐人员开展餐饮满意度调查，开展文明餐桌活动，推出小份菜、半价菜，倡导光盘行动。做好伙食补助资金统一收付结算。提供各类维修服务1981次，其中水电维修1392次、其他维修589次。实现政府食堂刷卡72855次，消费总计132.43万元。完成城市文化综合体配套设施改造、县委组织部档案室改造，以及新行政中心配电工程、县府大院绿化维保工程。更新维修水、电、空调、墙体、路灯等老旧设备。打造党政机关无烟环境。（涂英兰）

行政审批

【概况】2020年，县行政服务中心聚焦政务服务2.0建设，以“新大厅、新服务、新体验”为理念，让办事群众、企业体验到“人性化、零等候、就近办”线下政务服务。优化县域营商环境，打造“15分钟办事圈”各项工作有序展开。推进市民服务中心项目建设，完成固定资产投资5252万元，10月主体结构顺利结顶，12月通过主体结构验收，年底完成内部装修及智能化施工图设计。全年窗口收件98.74万件，办结97.62万件，办结率98.9%。

【政务服务2.0建设】完成无差别全科受理区域设置，实现收办分离。服务效能3项指标达到省定目标，承诺压缩比98.18%、“跑零次”实现率99.16%、即办率92.76%。政务服务2.0收件率和好差评主动评价率分别为99.5%和28.44%。按照“应认领尽认领”原则，服务大厅完成130名工作人员1395项政务服务2.0事项配置，全面开启政务服务2.0收件服务模式，实现数据共享、人脸识别、在线签字和好差评价。统筹推进分中心和乡镇（街道）便民服务中心2.0建设工作，对每个乡镇（街道）开展业务培训，配备网办设备。在各乡镇（街道）、县行政服务中心及府前菜场布置自助终端机，共计 22 台。梳理涉企事项 1717 项。

【优化县域营商环境】3 月起，根据《丽水市“最多跑一次”改革联席会议纪要》精神，向新开办企业赠送印章、税控盘（含首年服务费）。全年赠送印章 860 套，赠送税控盘（含首年服务费）212 个，为企业节约资金 23.95 万元。深化企业投资项目审批代办服务，新增代办项目 13 个，为企业节约资金 59.1 万元。编制一般企业投资项目审批流程，土地出让后至取得施工许可证合理时间 44 天，指导企业项目尽快落地实施。

【打造“15 分钟办事圈”】2020 年，各乡镇（街道）可办事项数 321 项，比例 91%。村级代办点可代办事项数，根据各村实际，按照《关于做好村级便民代办服务工作的通知》落实，其中包含公布的《丽水市乡镇（街道）“最多跑一次”事项和村级代办事项》89 项，自主梳理的村级便民服务事项 49 项，各村确定代办事项目录清单，由网格员或村干部为群众代办。至年底，已实现社保 72 个事项、公积金 16 个事项在乡镇（街道）银行、邮政等网点代办，覆盖率 100%。（祝巧珍）

公共资源交易

【概况】2020 年，遂昌县公共资源交易中心推行远程不见面开标、电子保函等电子化交易。共完成工程类项目招标 132 个，预算金额 30.47 亿元，实际成交金额 28.36 亿元，节约资金 2.12 亿元，节约率 6.94%。完成政府采购项目招标 187 个，预算金额 4.12 亿元，实际成交金额 3.13 亿元，节约资金 0.99 亿元，节约率 24.09%。完成产权交易及土地出让项目招标 2 个，预算金额 1100 万元，成交金额 7304 万元，增值资金 6204 万元，增值率 564%。全县实施网上竞价项目总计 1553 件，完成 1381 件，合计成交金额 4111 万元。

【首个不见面开标项目】4 月 26 日，全县首个不见面开标项目——石练镇柳村村美丽乡村试点项目完成招标，开标过程用时 38 分钟，大大缩短了交易时长，提高了交易效率。不见面开标有效避免疫情期间人员聚集，为推进重点项目和企业复工复产保驾护航。开标当天有 30 家企业线上投标，开标现场只有招标人、招标代理人、监督人和公共资源交易中心工作人员。投标人在线实时参与开标过程、自行解密投标文件、在线提出异议。远程不见面开标系统打通了公共资源交易全流程电子化“最后一公里”，实现招投标双方“零见面”“零跑腿”。

【代理机构“一标一评”】2020 年，县公共资源交易中心执行《遂昌县工程建设督查警示管理实施办法（试行）》，组织各行业主管部门召开代理机构考评联席会议，开展“一标一评”工作，全年共完成“一标一评”121 份，完成率 100%，进一步规范代理公司行为，提高代理公司业务水平，有效提高招投标工作效能。

【为“中标贷”提供担保】搭建公共资源交易金融服务平台，利用大数据进行运算分析，为银行提供投标企业诚信库数据信息、历年电子交易信息、“信用中国”企业信息等，作为企业“中标贷”融资依据。根据中标项目是政府性投资项目、安全性高的特性，为中小微企业提供适合的融资产品，经企业在线确认后直接派单给银行，担保公司对该笔贷款作担保，协助企业解决融资难问题。“中标贷”最高放款限额为中标合同价的 70%—90%，贷款最高放贷额度 2000 万元。

【推行“电子保函”】县公共资源交易中心推行使用“电子保函”，推进招投标领域全流程电子化交易，全年投标保证金累计使用“电子保函”2689 件次。“电子保函”解决了企业的资金占用困难，手续更便捷，减轻投标企业时间成本，避免收取、退回保证金程序的烦琐，减轻交易中心管理压力，提高了工作效率。

【严控网上超市价格违规】建立“政采云”网上超市价格巡检机制。全面开展网上超市商品价格巡检工作，促进网上超市健康、有序运行。至年底，共收到巡检反馈3期，对1588件商品进行比价，发现疑似违规供应商16家，经相关程序审核后处理违规供应商16家，网上超市价格偏高的不正之风得到有效遏制。（祝巧珍）

土地和房屋征收

【概况】2020年，遂昌县土地和房屋征收办公室参与了528国道新路湾至石练段改建工程、温岭至常山公路遂昌湖山至黄沙腰段工程、“天工之城”项目、殡仪馆公墓迁建工程、城市更新南街区块、古院未来社区区块等重大项目的前期调查、政策研究和土地征收工作。出台《关于调整全县征地区片综合地价补偿标准的通知》。制定《遂昌县土地征收青苗和地上附着物补偿标准（送审稿）》，上报省政府批准。认真落实《浙江省土地征收程序规定（试行）》，及时公开征地信息和征地政策。

围绕重点工程、重大项目开展土地征收业务培训，协助完成土地征收462.3公顷，支付征地补偿费用3.5亿元。完成2020年度6个城市批次项目，及528国道新路湾至石练段改建工程、温岭至常山公路湖山至黄沙腰段工程、清水源水库工程3个单独选址项目的土地征收组件报批工作。完成2019年度计划六、计划十和2020年度计划一、计划二、计划四共5个批次征收项目的批后公告工作。下达被征地农民基本生活保障参保名额指标134人。

【土地征收】全年完成528国道新路湾至石练段改建工程、清水源水库工程、温岭至常山公路遂昌湖山至黄沙腰段工程3个省重点工程土地征收前期工作，完成30个易地搬迁工程土地征收前期工作，共涉及10个乡镇（街道）52个行政村、土地面积458公顷。支付征地补偿款、青苗及地上附着物补偿款等3.50亿元。

依法保障被征地农民合法权益，审查被征地农民基本生活保障参保指标134人，落实冗余参保指标1049人。起草调整征地区片价、青苗和地上附着物补偿标准政策文件2个，正式发文1个。

【城市更新房屋征收】对照《遂昌县城市更新三年行动计划方案》，全力做好古院梅溪区块和金岸区块一期开发利用项目，累计征收房屋建筑面积11.3万平方米，涉及私房307户，征收建筑面积8.99万平方米，补偿总额9.64亿元。

启动2020城市更新南街区块、古院未来社区区块房屋征收工作，为遂昌县有史以来规模最大、涉及户数最多的城市更新项目。涉及南街、北街、古院、后江4个村，房屋征收共涉及1327户，总建筑面积约23万平方米。其中，古院未来社区区块征收面积约4万平方米，涉及被征收房户134户；南街区块征收面积约19万平方米，涉及被征收房户数1193户，已开展评估和评估结果公示，12月20日开始入户签约。2020年源口邻里中心和三角坛至西坞滩道路拓宽项目，涉及被征收户23户，完成征收房屋总建筑面积4万余平方米。

【交通项目房屋征收】全力保障温岭至常山公路湖山至黄沙腰段工程涉及房屋征收工作，涉及2个乡镇6个行政村，被征收户75户，建筑物124处，其中房屋建筑面积约1万平方米。完成入户调查、测量、政策培训等工作，11月16日开展入户评估，12月18日完成签约。做好528国道新路湾至石练段涉及的房屋征收工作，涉及5个乡镇（街道）17个行政村，被征收户222户，完成全部征收工作，征收房屋建筑面积3.88万平方米。及时跟进衢丽铁路遂昌段进展。（谢俊文）

“山海协作”升级版

【共建产业园】至2020年底，遂昌—诸暨“山海协作”产业园累计完成投资36亿元，土地开发4.01

平方千米。累计落地项目81个，实际到位资金65.15亿元，建成投产项目64个，带动就业5857人，培育规模以上企业25家。2020年1—11月，完成工业产值28.79亿元，比2019年增长24.2%，完成规模以上工业增加值4.92亿元，增长12%。全年固定资产投资7.1亿元，比2019年增长36.1%。努力推动“小升规”和亿元企业培育，全年有5家企业实现月度上规，有10家年度上规企业在库培育，新培育东城建材、微通催化新材料等5家亿元以上企业。

【发展“飞地”经济】遂昌—上海“科创飞地”产业园。2020年，遂昌县在上海市四川中路购置外滩物业“飞楼”，完成3家企业入驻谈判，预计可增加税收4500万元/年。投资闵行区遂昌科创大楼项目，已达成出让方案，预计可产生1000万元/年租金收入。建立在沪招商中心和城市会客厅，重点引进和培育金融、互联网、人工智能等总部型、税源型企业。

遂昌—南湖“消薄飞地”产业园。总规划面积13.34万平方米，一期3.36万平方米于6月10日竣工开园，已入驻2个项目。预计每年能实现1000万元以上税收。2020年已实现返利200万元。

遂昌—诸暨“生态飞地”产业园。总规划面积33.3万平方米，一期13.3万平方米已竣工，建成后预计每年可实现7800万元以上税收。已入驻4家企业。该“飞地”产业园入选全省“山海协作”升级版最佳实践案例。

遂昌高坪—南湖余新“消薄飞地”项目。在南湖区余新镇建设“消薄飞地”项目，由余新镇向遂昌县高坪乡农村集体发展公司提供100股股权投资。另外，妙高街道、新路湾镇、北界镇、应村乡共20个村集体入股1000万元。2020年5月起享受分红，年保底收益10%。该“山海协作”成效案例获市长吴晓东批示赞扬。

【产业项目合作】2020年新签“山海协作”产业项目8个，续建项目35个，全县共到位资金18.13亿元。6月9日，举办浙江科技成果竞价拍卖会暨项目路演推介会遂昌专场活动，达成4项交易，交易额706万元。组织遂昌企业赴安吉县参加竞拍，拍得两项成果共计526万元。以省级科技孵化器——遂昌向上创业园内联外引，引驻在孵企业40余家，签约创业导师20余位。

从诸暨市引进香榧产业，全县种植面积1533公顷，2020年各基地香榧陆续投产。从南湖区引进凤桥高山水蜜桃，从象山县引进“红美人”柑橘，均建立示范基地。与清华长三角研究院合作研发特种林下菌，完成羊肚菌试种和技术规范编制，共建农创中心。打造南湖—遂昌农创园区，共同申报“山海缘星创天地”，制定多个项目合作计划。

【助力乡村振兴】2020年，遂昌县实施6个“山海协作”乡村振兴示范点项目，分别为：云峰街道银都村、新路湾镇蕉川村、大柘镇大田村、金竹镇茶竹岭村、三仁畲族乡坑口村、应村乡高棠村。全年接收诸暨、南湖、象山“山海协作”援建资金592万元，确定援建项目7个。

6月，发布南湖—遂昌农村电商振兴计划，成立南湖—遂昌新青年助力乡村振兴联络站。举办“南湖—遂昌行·山海协作带好货”主题直播活动，南湖青年网红“90后时尚农场主·蛋高小姐”携手遂昌优秀青年“带货”遂昌优质农特产品。该活动为南湖—遂昌共青团“山海协作”项目之一。

遂昌农产品入驻南湖微供销、绍兴供销电商互联网平台，开设象山半岛专柜、嘉兴戴梦得购物中心连锁专柜、诸暨一百超市消费扶贫专柜。全年完成“山海协作”帮扶农产品销售额3226万元，其中诸暨943万元、南湖1600万元、象山680万元。

【社会事业“山海协作”】教育事业。2020年，湖州市5所学校和诸暨市20所学校分别与遂昌县25所学校结成帮扶关系，第二批诸暨中学帮助培养学生参加高考，10人中7人上一段线，4人被“双一流”高校录取。遂昌选派中小学校长、骨干教师到四地（诸暨、南湖、象山、上虞）学习培训800多人次，互派挂职43人次。四地选派骨干教师到遂昌县开展培训20余次，培训教师2000多人次。暑假期间，组织54名留守儿童、农民工子女到南湖开展公益夏令营活动。

文化交流。在诸暨市、南湖区、象山县等地举办了9场文化走亲活动，来往共计910人次。与南湖区签订《2020文化合作交流协议书》，推进线上文化培训、文化“云展览”和“红色文化”交流合作。合作实施“红色之路上的老兵驿站”文化互联基地项目，拟投资1亿元，承包开发遂昌古村落。8月，举办“山海协作”篮球邀请赛，上虞区、南湖区、象山县、丽水市发改委、诸暨市、遂昌县6支代表队参赛。

医疗合作。互派优秀医生、年轻医务人员到结对地挂职进修80余人次。与诸暨市卫生健康局签订协议书，在人员进修、挂职学习、业务指导、护士委培、结对保障等方面进行合作，与象山互派优秀医师技术挂职，促进县域医疗卫生事业发展。

旅游互惠。落实结对地互为旅游（疗休养）基地同城同待遇优惠政策。组织各大景区赴结对地开展遂昌旅游（疗休养）推介活动。积极开拓研学市场，打造研学旅游目的地品牌。5月，举办遂昌·南湖职工疗休养（旅游）推介会，签订《职工疗休养互送协议》。6月，向省部属企事业工会50余名负责人推介遂昌疗休养旅游线路产品。11月，在杭州开展“万物开源·年味遂昌”宣传推广活动。

公益事业。2月，遂昌县向南湖区捐赠10万元农特产品及600只口罩。9月，诸暨市慈善总会连续第四年向遂昌县慈善总会捐赠200万元。10月，与南湖区签订养老服务交流合作协议书，举行“山海协作，牵手助老”慈善捐赠仪式，龙庄润集团有限公司捐赠12万元支持应村乡居家养老服务中心项目建设。

社会治理。遂昌县公安局与诸暨市枫桥派出所签署警务合作协议，深化“枫桥式公安派出所”创建，推进公安基层社会治理能力提升。学习枫桥经验，遂昌县全省率先实现党员民警兼任村（社）党组织副书记全覆盖，211个村（社）“一格一警”警务工作点常态运行。

人力资源。全年举办各类劳动力技能培训班12班次，完成培训616人次，其中诸暨224人次、南湖392人次。与诸暨、南湖、上虞联合开展青年干部培训6次，培训233人次。互派干部到结对地重要部门挂职，与“山海协作”地区互派干部人才23人。推动“浙西南革命精神”和“红船精神”南北协作、山海呼应。（潘经纬）

遂昌—通江东西部扶贫协作

【概况】贯彻落实中央办公厅、国务院办公厅《关于进一步加强东西部扶贫协作工作的指导意见》精神，根据中央和浙江省委、省政府，四川省委、省政府安排部署，2018—2020年，遂昌县与四川省通江县建立东西部扶贫协作关系。至2019年底，通江县已累计实现85个村45847人脱贫，贫困发生率降至0.2%。2020年2月14日，四川省政府批准通江县正式退出贫困县序列。

2020年是遂昌—通江东西部扶贫协作成果巩固之年。遂昌县贯彻落实中央、省、市东西部扶贫协作重大决策部署，坚持“中央要求、通江所需、遂昌所能”原则，与通江县紧密协作、精准对接，充分发挥资金、技术、人才优势，实现了两地优势互补、合作共赢、共同发展。

遂昌、通江两地以农村电商为突破口，走出了一条“电商搭台、政府倡导、市场运作、农户增收和贫困户脱贫”的东西部扶贫协作新路子，“通江模式”入选“2019年度中国脱贫攻坚与精准扶贫十佳案例”，“新农人+市场化+全链条打造电商扶贫通江模式”入选《全国东西部扶贫协作培训班案例选编》，“结对遂昌电商，助力通江脱贫奔康”入选《全国电商扶贫典型案例集》。开展扶贫协作3年来，累计帮助通江县实现农产品线上销售1.85亿元、线下销售4.5亿元。

【2020年成果巩固】出台《遂昌县2020年东西部扶贫协作工作方案》《遂昌县2020年度东西部扶贫协

作主要任务指标分解表》，召开东西部扶贫协作工作推进会，县委常委会、县政府常务会议专题研究部署东西部扶贫协作工作。6月，双方党政主要领导分别带队开展互访交流，召开东西部扶贫协作联席会议2次。

深入实施遂昌—通江干部和专业技术人员双向交流，遂昌县14名挂职专技人才赴通江县到岗。通江县选派1名副科级干部和2名专技人才到遂昌县挂职。举办干部人才培训班11期1073人次，其中党政干部394人次，专业技术人才679人次。

2020年到位扶贫协作帮扶资金4210万元(用于产业扶贫3300万元，用于就业扶贫156万元，用于人才培训194万元，用于民生工程560万元），下达扶贫协作项目任务11个。全年遂昌县向通江县捐赠物资285万元，其中社会各界捐款150万元，防疫物资折合25.63万元。

引导四川金鼎产融控股公司、重庆市江津区丰源花椒公司2家企业，继续投资发展杜仲、青花椒产业，新增投资6545万元，带动530人脱贫。新招引通江县天湖生态种植养殖专业合作社、巴中川巴林农开发股份有限公司2家公司，积极发展蓝莓产业，新增投资9477万元，带动76人脱贫。继续发展“东西部扶贫协作车间”5间，带动建档立卡贫困人口111人就业。

2020年，举办东西部扶贫协作劳务协作技能培训班15期，培训贫困人口579人次。举办浙川东西部扶贫协作（遂昌—通江）2020年残疾人专项技能培训12期，培训残疾贫困人口241人次。吸纳中西部22个省份贫困人口到遂昌县就业294人，其中四川省到遂昌县就业47人，通江县来遂昌县就业24人。2019年秋季学期到遂昌县就读的20名通江籍贫困学生，已完成学业返回通江，新转移了20名通江籍贫困学生到遂昌县职业中专就读。

全年实现通江农特产品销售1936万元。优选通江大米、腊肉腊肠、银耳、菌菇干货等产品在拼多多、食享会、赶街村货平台进行销售。发起8场“电商扶贫、抗疫助农”通江县县长直播代言活动，带动通江银耳、土鸡、腊肉等农特产品销售额300万元。全县有119家基层单位工会完成采购，消费金额140万元。

【东西部扶贫协作工作推进会】4月22日，遂昌县召开东西部扶贫协作工作推进会，对该项工作进行再部署、再落实、再深化，确保圆满收官东西部扶贫协作三年攻坚战。会议充分肯定了2019年东西部扶贫协作工作取得的成绩，认为主要体现在助力通江县产业发展、深化人才和劳务“两个交流”、办好“三件实事”三个方面。会议传达了省、市对口工作领导小组会议精神，解读了2020年遂昌县东西部扶贫协作任务。

【捐赠番薯种助力通江脱贫】4月初，遂昌县黄沙腰镇大熟村和大洞源村的村民们，将一袋袋番薯种装车运往四川省通江县。2019年和2020年，遂昌县连续两年向通江县捐赠了共20吨番薯种，并赠番薯种植技术，扶持通江县农业产业。遂昌县以产业扶贫为支点，选派专技干部到通江挂职交流，在田间地头现场指导农户栽培和管理，通过成技校等平台组织专业人员送课上门，结合“遂昌赶街”平台，帮助农户打通农产品销售的“最后一公里”，让番薯条成为通江百姓增收致富的“黄金条”。

【代表团考察交流】6月23—24日，通江县委书记孙辉率党政代表团到遂昌县考察，对接东西部扶贫协作工作，双方召开东西部扶贫协作联席会议。通江县代表团赴汤显祖戏曲小镇、湖山乡珠村畈村和红星坪村，考察了遂昌县特色小镇建设、天工之城规划建设和民宿经济发展等。

6月28—29日，县委副书记、县长胡刚率党政代表团赴通江县考察。双方签订了2020年遂昌—通江东西部扶贫协作协议。代表团考察了高明湖、通江中学、谭家河湿地公园、东方广场大桥等项目建设，查看了巴中赶街公司运行情况和县城规划建设情况，看望慰问了遂昌县在通江的帮扶干部。

8月13日，通江县委常委、副县长、遂昌县挂职干部张春根率通江县工商联代表团到遂昌县考察。考察团深入浙江赶街电子商务有限公司、那然生命文化股份有限公司关雎文化园、浙江剑光生态农业科技开发有限公司参观考察。召开座谈会，遂昌县总商会和通江县商会签订友好商会协议书，缔结为友好商会。

【遂昌通江共建“三联机制”】8月，县纪委监委督导组赴四川省通江县开展扶贫协作和对口支援专项监督，深化东西部扶贫协作工作。督导组一行走访了通江县龙池谷蓝莓产业示范园、民胜镇电商服务站、壁洲创谷农村电商一条街、巴山麻王有限公司等地，查阅扶贫台账等资料，全面了解扶贫资金使用、项目建设、干部作风等情况。2020年遂昌县在通江有扶贫协作建设项目11个，涉及资金4210万元。两县纪委监委签订了《关于建立扶贫协作联督联查联动工作机制的协议》，建立联督机制、联查机制、联动机制，全力构建监督无缝闭环。双方约定在日常监督、专项检查、督促整改等方面密切配合，杜绝“干部一派了之、资金一拨了之、项目一立了之”的情况发生。（综　合）

政协遂昌县委员会

综 述

【概况】2020年，政协遂昌县第九届委员会共召开全体会议1次、常委会会议10次、政协主席会议9次、专题协商会议4次、对口协商7次、重点提案办理协商会7次。举办“农村电商委员会客厅”活动6次、“请你来协商”活动6次。组织开展各类视察、调研、民主监督活动50余次。向县委、县政府报送专题报告11篇，协商纪要13期。举办“请你来协商——打赢工业复兴战再创遂昌新辉煌”政协论坛1次。

收到以提案形式提出的意见建议138件，经审查立案131件，并案后为112件。办复率100%。反映社情民意信息125篇，其中，上报市政协112篇，被全国政协采用3篇，被省政协采用7篇，被市政协采用42篇。向县委、县政府报送《政协信息》1期。

遂昌县政协被评为2020年度省政协《联谊报》宣传工作先进单位。获全市政协2020年度反映社情民意信息工作一等奖。

【“周四下午茶”活动走进遂昌】8月12日，“同舟经济圆桌——周四下午茶”活动走进遂昌。省政协副主席、民建浙江省委会主委陈小平，市政协副主席、民建丽水市委会主委高波参加话题讨论。本次活动的主题为推动乡村数字化变革——聊聊遂昌传统农业的数字化改造。与会人员先后到县农业农村局、浙江赶街电子商务有限公司、三仁畲族乡等地，参观考察遂昌绿色惠农卡及农产品溯源监控项目、农村电商和赶街村货、杂交水稻制种基地，详细了解遂昌县数字农业发展状况。随后举行圆桌会议，与会专家、企业家就农产品溯源体系、农业大数据、数字化农业发展战略等内容展开主题交流和深度对话。

【“农村电商委员会客厅”助力扶贫协作】7月8—10日，县政协主席华治武率队赴四川省通江县开展东西部扶贫协作交流。座谈会上，遂昌县选派到通江县挂职县委常委、副县长的张春根介绍了通江县电商发展情况和扶贫模式，参加交流的《小康》杂志社副社长赖惠能分享了电商助力乡村振兴的经验，遂昌农村电商委员会客厅牵头人潘东明作主题发言，两县部门、企业家代表围绕“如何深化遂昌和通江的电商扶贫工作”展开讨论交流。同时举办2020年遂昌·通江东西部扶贫协作“十企帮十村”捐款仪式，县政协委员企业向通江县捐赠10万元脱贫帮扶资金。

【“六送下乡”活动】10月29日，县政协“六送下乡”活动启动仪式在云峰街道举行。100多名政协委员和部门专家组成了“六送”小分队，为群众提供咨询服务，发放科普教材、法律宣传资料等。邀请本地带货达人将遂昌番薯干、晚秋黄梨等农产品搬进直播间，宣传遂昌农产品，助农增收。启动仪式上，为首批成立的4个“委员工作站”授牌，县领导为入驻委员颁发证书，向学校捐赠体育器材，向社后、湖边、长濂村捐赠了科技、法律、文化等书籍。启动仪式结束后，“送文化下乡”小分队为群众上演了文艺表演，其他小分队赶赴卫生院、学校及工业园区等地开展专家送诊、同步课堂、企业法律讲座等活动。（县政协办）

重要会议

【县政协九届四次会议】4月25—28日，政协第九届遂昌县委员会第四次会议召开。本次大会应到委员172名，实到委员167名，符合法定人数。县政协主席华治武代表县政协常委会作工作报告，县政协副主席潘堂根作关于提案工作情况的报告。10位政协委员作口头发言，8位政协委员作即席发言。会议通过了政协第九届遂昌县委员会第四次会议决议，通过了关于县政协九届四次会议提案审查情况的报告，表彰了县政协九届三次会议以来政协各项工作先进、政协提案承办先进单位和提案办理积极分子、2019年度优秀政协委员、在疫情防控阻击战和经济社会发展总体战中表现突出的政协委员。全体政协委员列席县十六届人大四次会议，听取和讨论了《县政府工作报告》及其他报告。

【政协常委会会议】2020年，政协第九届遂昌县委员会召开常委会会议10次。

1月7日，召开九届二十一次常委会会议。传达学习市委、县委政协工作会议精神，县委书记张壮雄就2020年工作发表讲话。协商讨论《县域医疗共同体建设调研报告》；听取提案办理情况通报；听取全年经济运行情况通报；听取重点项目推进情况通报；听取县经济商务局关于工业复兴提速战情况通报；听取县交通运输局关于交通建设阵地战情况通报；听取县住房和城乡建设局关于城市更新大会战情况通报；审议通过《关于授权政协第九届遂昌县委员会主席会议审议政协第九届遂昌县委员会第四次会议有关事宜的决定》。

3月26日，召开九届二十二次常委会会议。审议县政协九届四次会议有关事项；协商讨论县政协常委会工作报告（草案）和关于县政协九届三次会议以来提案工作情况的报告（草案）及通过报告人名单。协商讨论《政府工作报告》《县人民法院工作报告》《县人民检察院工作报告》送审稿；协商通过有关人事事项。

4月17日，召开九届二十三次常委会会议。传达学习习近平总书记在浙江调研时的重要讲话精神和近期重要政策文件；协商通过有关人事事项；审议县政协九届四次会议有关事项。

4月26日，召开九届二十四次常委会会议。听取各组讨论情况汇报；协商有关人事事项；讨论政协第九届遂昌县委员会第四次会议选举办法（草案）；协商通过政协第九届遂昌县委员会补选常务委员候选人建议名单。

4月27日，召开九届二十五次常委会会议。听取各组关于《县政府工作报告》《县人民法院工作报告》《县人民检察院工作报告》讨论情况汇报。

4月28日，召开九届二十六次常委会会议。审议通过《政协第九届遂昌县委员会第四次会议选举办法（草案）》、补选常务委员候选人名单、总监票人和监票人名单；审议通过《政协第九届遂昌县委员会第四次会议决议（草案）》；审议通过《政协第九届遂昌县委员会提案委员会关于九届四次会议提案审查情况的报告（草案）》。

6月15日，召开九届二十七次常委会会议。专题学习“站在云端看遂昌——‘一城五区’生产力布局”内涵；听取县发改局、科技局、民政局、应急管理局等单位有关工作情况通报；传达学习全国两会精神；通报县政协2020年度重点工作安排；协商通过有关人事事项。

8月18日，召开九届二十八次常委会（扩大）会议。举行经济形势报告会，县委副书记、县长胡刚通报上半年全县经济形势和下半年政府工作打算；传达学习全省深入践行“两山”理念高水平建设美丽浙江推进大会、市委四届八次全体（扩大）会议、县委十五届九次全体（扩大）会议精神。

12月1—2日，召开九届二十九次常委会会议。听取党的第十九届五中全会专题辅导报告。协商讨论《精准服务提高企业科技创新能力》调研报告；听取县发改局关于遂昌县“十四五”规划编制情况的汇报；听取县工业园区、经合中心、文广旅体局、环保局工作情况通报；会议期间，政协常委们视察了湖山区块“天工之城”建设。

12月28日，召开九届三十次常委会会议。听取县纪委书记、监委会主任练如库通报县纪委监委2020年工作情况，并作党风廉政建设专题辅导报告。听取提案办理情况通报；听取了全年经济运行情况通报；听取重点项目推进及有效投资情况；听取县综合执法局、行政服务中心、市场监管局工作情况通报。县委书记张壮雄发表讲话。

【县政协主席会议】2020年，政协第九届遂昌县委员会召开主席会议9次。

3月19日，召开县政协党组（扩大）会议暨县政协九届二十二次主席会议。传达县委经济工作会议暨深化“三服务”工作会议精神；审议政协第九届遂昌县委员会常务委员会工作报告（审议稿）和政协第九届遂昌县委员会常务委员会关于九届三次会议以来提案工作情况的报告（审议稿）及报告人建议名单；协商有关人事事项；审议县政协九届四次会议有关事项；审议决定先进表彰事宜；研究县政协九届二十二次常委会会议召开有关事宜；研究2020年度重点工作安排。

4月15日，召开县政协党组（扩大）会议暨县政协九届二十三次主席会议。审议县政协九届四次会议有关事项；研究县政协九届二十三次常委会会议召开有关事宜；研究2020—2021年度县政协特邀信息员聘请工作；协商有关人事事项。

5月14日，召开县政协党组（扩大）会议暨县政协九届二十四次主席会议。研究《关于落实县委政协工作会议主要任务分工方案》；研究《政协第九届遂昌县委员会常务委员会工作报告重点工作任务分工方案》；审议《中共遂昌县委遂昌县人民政府政协遂昌县委员会2020年度协商工作计划》；研究县政协九届专委会委员调整有关事项；研究县政协2020年度重点工作安排。

6月9日，召开县政协党组（扩大）会议暨县政协九届二十五次主席会议。专题学习全面把握活动要求，凝聚遂昌发展动力——大讨论活动方案精神解读；研究县政协九届二十七次常务会会议召开有关事宜；协商有关人事事项。

7月15日，召开县政协党组（扩大）会议暨县政协九届二十六次主席会议。传达学习省政协主席葛慧君到遂昌调研时的讲话精神；通报县政协赴四川省通江县开展东西部扶贫协作交流活动情况；审议《遂昌县高水平全面建成小康社会补短板工作专项集体民主监督报告》。

8月14日，召开县政协党组（扩大）会议暨县政协九届二十七次主席会议。传达学习市委四届八次全体（扩大）会议、县委十五届九次全体（扩大）会议精神；研究县政协九届二十八次常委会（扩大）会议召开有关事宜；研究县政协主席读书会召开有关事宜。

9月15日，召开县政协党组（扩大）会议暨县政协九届二十八次主席会议。传达学习2020年全省政协主席暑期读书会暨市、县（市、区）政协工作经验交流会、全市政协主席读书会精神；研究部署当前有关工作。

10月12日，召开县政协党组（扩大）会议暨县政协九届二十九次主席会议。专题学习传达习近平在中央党校中青年干部培训班开班式上发表的重要讲话；专题学习传达学习袁家军同志在省委党校秋季学期开学典礼上的讲话。

12月22日，召开县政协党组（扩大）会议暨县政协九届三十次主席会议。听取县政协九届五次会议筹备工作情况汇报；听取委员联谊活动筹备情况汇报；协商讨论《关于遂昌县乡村活化退化的调研报告》；研究县政协九届三十次常委会会议议程。

【政协读书会】8月24—25日，举行遂昌县政协读书会。省委党校习近平著作与系列讲话精神研究中心副主任、马克思主义研究院副教授卢宁作《高度发达的生态文明何以建成》专题辅导报告。读书会期间，分组前往北界镇、应村乡、新路湾镇开展了农旅融合及农村社会治理调研，了解白马山森林康养项目建设情况。县政协主席会议成员以及部分政协委员、政协机关干部参加读书会。（县政协办）

政协论坛和重点协商

【打赢工业复兴战】4月26日，县政协举行“请你来协商——打赢工业复兴战再创遂昌新辉煌”政协论坛。县政协领导、政协委员、相关部门和乡镇（街道）负责人共话生态工业、共谋遂昌发展。县委书记张壮雄出席论坛并讲话，县委副书记、县长胡刚出席论坛。论坛氛围浓厚、讨论热烈，5位政协委员紧扣工业复兴这一主题，分别从构建产业体系、整合提升平台、精准招商引智、增添科技动能、优化营商环境五方面各抒已见、建言献策。该项活动登上了全国政协“政能量”榜。省政协副主席陈铁雄批示：遂昌县政协依托平台建言资政，助推企业复工复产，做好“六保”工作，富有成效，其做法应值得肯定，望继续努力。

【既有多层住宅加装电梯】6月24日，县政协“请你来协商”聚焦既有多层住宅加装电梯工作召开专题协商会。既有住宅加装电梯工作是一项提升居民居住品质、完善住宅使用功能、方便居民生活的民心工程，被列入丽水市2020年十大民生实事。遂昌县成立加装电梯专班，发布《遂昌县既有住宅加装电梯试行办法》，工作稳步推进。会上，县建设局通报了既有多层住宅加装电梯工作开展情况。政协委员、居民代表围绕主题畅所欲言、各抒已见，提出了意见和建议。相关部门回应了政协委员和居民代表提问，进行了表态发言，现场氛围热烈浓厚。

【乌溪江水库渔业资源保护重点提案督办会】7月1日，遂昌县召开县政协重点提案《关于加强对乌溪江水库渔业资源保护的建议》督办专题协商会。县农业农村局、公安局、湖山乡、焦滩乡负责人及县纪委、检察院、信访局负责人参加。会议邀请了热心生态公益事业的社会人士代表参加。在县政协九届四次会议上，县政协委员提出了《关于加强乌溪江水库（遂昌段）渔业资源保护的建议》，客观指出乌溪江水库渔业资源存在的问题，对下步工作提出了科学合理的建议。督办会上，提案的主、会办单位作提案办理情况汇报及下阶段工作安排。特邀参会人员、政协委员作交流发言。

【优化亲水游步道】8月26日，县政协将“请你来协商”活动搬到户外，移步亲水游步道现场，开展了以“补短板、提品质，进一步优化县城亲水游步道”为主题的“请你来协商”活动。通过实地考察并听取县水利局有关亲水游步道建设情况通报，与会的政协委员、市民代表展开了热烈讨论，提出了意见和建议。相关部门回应了政协委员和居民代表提问。县委副书记、县长胡刚应邀参加活动。该项活动登上了全国政协“政能量”榜。

【助推竹笋产业发展】9月25日，三仁畲族乡小忠村文化礼堂内，一场“依托‘龙藏贡笋’建立笋竹交易中心”为主题的“请你来协商”政协论坛在此进行。遂昌县有毛竹林面积2.3万公顷，竹笋主产区三仁畲族乡、妙高街道亩均笋产量约1000千克，其中“一竹三笋”基地亩产最高达1447千克，实现了一年四季有笋采。但遂昌县的竹笋产业缺少市场效应、无冷链，加工企业少，产业链短，存在稳产不保收、增产不增收的现象。为此，建一个集鲜笋交易、加工、冷藏、饮食、旅游、购物为一体的综合交易市场迫在眉睫。本次政协论坛，通过对小忠村拟建设竹笋交易市场的用地进行考察，并听取县生态林业发展中心有关竹笋产业情况的通报，与会人员围绕主题各抒已见，就建设竹笋交易中心提出了较好建议。

【培育街巷里弄文化】12月17日，县政协在汤显祖纪念馆举办主题为“培育街巷里弄文化提升城市烟火味”的“请你来协商”活动。街巷里弄作为城市单元，是城市文化的重要组成部分，随着“城市更新大会战”和“大搬快聚攻坚战”的全面打响，挖掘、保护及传承本地文化，打造独具魅力、更具烟火味的街巷里弄文化显得尤为重要。政协委员、县汤显祖研究会负责人围绕培育街巷里弄文化，就挖掘内容、创新方式、激发活力等方面提出了意见和建议，相关单位负责人按照各自职责进行了回应。

【其他协商】2020年，县政协还举行了举行工业复兴提速战三年行动、加快推进经济开发区创建、推进生态工业高质量绿色发展三十条、“飞地”产业园建设推进情况、教育局搬迁后场地使用、建设涉企政策兑现数据平台等协商，均形成政协专题协商纪要，报送县委、县政府供决策参考。（县政协办）

提案工作

【概况】2020年，县政协提交提案138件。经审查立案131件，并案处理后112件，其中集体提案23件、个人提案89件，7件提案列为重点提案。分别送交31个单位主办，27个单位会办，全部办复。这些提案议题广泛、内容丰富、针对性强，为推动全县经济社会转型发展和社会和谐稳定发挥了积极作用。其中67件提案被采纳，占59.8%；44件提案被部分采纳，占39.2%；1件提案未被采纳。从委员反馈结果看，办理工作满意率99.2%，办理结果满意率95.4%。从提案质量评价看，最高分100分，最低分74分，委员提案在政治性、科学性、可行性、实效性、规范性五方面均有较大提升。

【提案领办和督办】遂昌县党政领导坚持领办重点提案，有力推进政协履职成果转化，激发政协委员的履职热情。县府办、督查室、发改、财政等部门共同参与提案的指导、审查、交办、督办，形成上下联动、分工合作、责任明确的机制。县政协各专委全员参与提案督办和提案办理“回头看”，政协领导对重点提案对口督办。开展提案质量、办理质量的双向评价和成果运用，督办成效更加明显。

【“请你来协商”登上全国“政能量”榜】2020年，县政协“请你来协商”活动深入开展，推动提案办理落实。县委、县政府主要领导多次参加“请你来协商”活动，与政协委员及社会各界零距离、“面对面”。成立遂昌县政协协商服保障中心，为“请你来协商”平台建设提供规范化、制度化保障。政协委员们在协商活动中积极建言献策，多篇政协纪要、督办专报得到县主要领导批示，70多条意见和建议被部门采纳。2020年，县主要领导参加的“请你来协商”活动两次登上全国政协“政能量”榜，打响“请你来协商”遂昌品牌。（县政协办）

调研监督

【“高水平全面建成小康社会补短板工作”民主监督】根据省、市政协关于围绕高水平全面建成小康社会补短板开展三级政协联动专项集体民主监督的工作要求，5月至6月，县政协分成5个民主监督小组，重点围绕“五个是否”，聚焦“十个领域35个方面”完成进度、实际效果、存在差距开展监督检查。监督检查结果通过政协主席会议协商讨论，形成《遂昌县高水平全面建成小康社会补短板工作专项集体民主监督报告》报送县委、县政府。

【“活退并行振兴乡村”调研】5月至10月，县政协人口资源环境委员会就遂昌县差序推进乡村“活化”和“退化”工作开展调研，组织委员深入各乡镇（街道）及相关部门走访，开展座谈，形成《“活退并行振兴乡村”——关于遂昌县乡村“活化”“退化”的调研报告》，报送县委、县政府参阅。调研报告总结了遂昌县乡村“活化”“退化”现状，梳理了乡村“活化”“退化”存在的问题，提出：乡村“退化”要在搬迁、安居、富民上下功夫，“活化”要在整治、建设、发展上下功夫。该调研报告被评为市政协2020年度优秀调研报告三等奖。

【“提高企业科技创新能力”调研】为优化遂昌县创新环境，提升创新能力，以科技创新赋能产业转型，提高企业的科技创新能力，5月至10月，县政协教科卫体委员会就遂昌县企业科技创新能力开展调研。以走访调查、召开座谈会、开展“请你来协商”活动、发放调查表等形式进行调研。经总结梳理，并经县政协九届二十九次常委会会议协商讨论通过，形成《精准服务，提高企业科技创新能力调研报告》，报送县委、县政府供领导决策参加。

【工业园区体制机制改革“回头看”调研】6月，县政协主席华治武带队，就县工业园区体制机制调整执行情况进行调研。通过调研认为，县工业园区新的体制机制设计契合生态工业复兴需求，改革举措陆续到位，改革成效初步显现。但仍存在政策共识未形成、协同机制待优化、力量配备仍不足、经投授权需强化、资源划转未到位等问题。调研组提出要加快政策落地，凝聚工业复兴共识；探索机制优化，形成参考遵循案例；形成工作合力，推动平台二次创业；加快赋权到位，确保平台作用发挥；持续深化改革，创建省级经济开发区等意见建议，并形成工作专报报送县委、县政府。

【“厚植社会主义协商民主文化”调研】7月至9月，县政协提案委员会围绕“厚植社会主义协商民主文化”开展专题调研。调研组从“基层协商的实践”入手，着重分析遂昌县在“广泛开展基层协商推动县域治理现代化”“搭建基层协商平台”等方面的主要做法和成效，总结提炼好经验好启示，形成了《发扬基层协商民主，襄助县域治理现代化调研报告》。该报告被评为市政协2020年度优秀调研报告三等奖。

【“最多跑一地”改革三级联动专项监督】8月，县政协协同省、市政协联动开展围绕社会治理领域“最多跑一地”改革进行专项集体民主监督。县政协社会法制和民宗港澳台侨委牵头，组织民主监督调研组成员和部分驻遂市政协委员开展走访，与市政协调研组视察了县、乡镇（街道）矛调中心和村级矛调工作站，了解社会诚信信用村创建情况，听取部门、乡镇情况介绍，了解遂昌县社会治理领域“最多跑一地”改革推进情况。形成《遂昌县政协关于协同省、市政协三级联动开展社会治理领域“最多跑一地”改革专项集体民主监督报告》报送市政协。

【“城市更新大会战”督查】11月27日，县政协主席华治武带队督查“城市更新大会战”工作。本次督查围绕环城南路、飞鹤家园、瓯江支流绿道主线工程、金岸区块安置房等9个项目开展。督查组深入项目工地走访，了解建设情况，听取介绍，与县府办、建设局、妙高街道等部门单位进行座谈，就项目推进情况进行协商。督查情况通过县政协《督查专报》报送县委、县政府供领导决策参考，获县委副书记、县长胡刚批示。

【其他活动】此外，县政协还开展了“完善村规民约提升基层社会治理能力”“生态产品价值实现机制探索与研究”“多渠道帮扶进城农民就业助力增收”“交通项目建设”“大搬快聚攻坚战”“城乡生活垃圾分类处理”“完善县公共卫生应急体系建设”“发挥公共文化作用助力县域治理现代化”等调研、督查和民主监督活动。开展了对加强已征未用土地管理、加强建筑工地扬尘污染治理、完善乡镇卫生院奖励约束机制、法治文化阵地建设、挖掘提升“浙西南革命精神”内涵深度打造遂昌“红色旅游升级版”、将人行道还于行人等提案办理“回头看”活动。（县政协办）

纪检·监察

综 述

【概况】2020年，遂昌县纪委监委坚决扛起管党治党政治责任，持续推进“清廉遂昌”建设，推进全面从严治党不断向纵深发展。坚持政治导向、问题导向、实效导向，围绕站位更高、质量更优、作风更实、业务更专、形象更硬“五个更”目标，以一体化、规范化、专业化建设年活动为抓手，认真履行党章和宪法赋予的职责，有力推动纪检监察工作提质提效，为县域高质量绿色发展提供保障。

【政治监督】把“两个维护”作为政治监督首要任务，紧贴党委、政府重大决策部署跟进监督、精准监督、做实监督。开展社会福利机构运行管理专项整治、人防系统腐败问题专项治理、涉林垦造耕地项目整改专项督查等22个专项行动，开展监督检查1537次，整改问题1596个，下发通报15起，发出监察建议书7份，问责109人。保障疫情防控，开展监督检查1141人次，发现问题599个，问责处理34人。

牵头开展扶贫领域集中整治，按照“部门项项过关、乡镇村村过关、责任人人过关”要求，走访低收入农户5661户8924人，查看近3年扶贫项目321个，发现并整改问题760个。当好纠察组和护卫队，围绕“一城五区”生产力布局、“八大战役”推进等重点工作，督促整改问题139个，查处通报了小金线道路两侧、金岸市场周边环境整治工作不力等问题。

【“清廉遂昌”建设】出台《关于建立政治生态（清廉指数）量化评价体系的实施意见（试行）》，优化政治生态评价指标，开展半年中评、全年总评工作，对评价结果较差和一般等次的27个单位进行书面预警，约谈单位负责人。王村口镇、湖山乡入选2020年度丽水市乡镇（街道）政治生态排行榜20强。一体推进清廉机关、清廉村居、清廉学校、清廉医院、清廉国企、清廉民企、清廉交通等清廉单元建设，以点带面、示范带动，促进全域共建。开展纪检监察来访接待、清廉建设、监督保障、矛盾调处“四进”矛调中心，着力打造“亲清合和”矛调关系。开通“清廉遂昌”微信公众号，拓展清廉文化宣传主阵地，实施清廉文化“四清四香五好五进”工程，加快形成“以清为美、以廉为荣”的良好风尚，民风村风社风持续向好。

【“三化”建设】以“三化”建设年（基层党建标准化、规范化、信息化）为抓手，运用“四互”工作法（互学、互查、互比、互提），积极开展每周夜学、工作例会、清香论坛，队伍凝聚力、战斗力进一步提升。择优选配乡镇（街道）纪（工）委书记6名、副书记9名、委员11名，2名纪委副书记跨乡镇交流。开展警示教育月活动，查找廉政风险点628个，制定防控措施706条，个人剖析查摆问题882个，提出整改措施476条。审查调查工作被市纪委监委授予集体嘉奖。评选出10名“最美纪检人”、5名优秀乡镇纪检监察干部、2个“优秀协作片”、7个优秀案例、10名优秀办信办案能手、10个优秀工作品牌。

【监督下沉】贯彻落实《党委（党组）落实全面从严治党主体责任规定》，构建“四责协同”机制（纪委监督责任、党委主体责任、党委书记第一责任、班子成员“一岗双责”）。实施区域协作一体化5G行动，建立县、乡、村三级联动机制和监督信息互通机制，开展信息互商23次，解决问题12个，20个乡镇（街道）纪（工）委监察办和10个派驻纪检监察组自办案件首次全部破零。开展乡镇（街道）纪检监察工作规范化建设巩固提升“六大行动”，整改问题13类28个，建立209个村（社）监察工作联络站，发挥“前哨”作用。

建立乡村廉情“吹哨人”机制，收集廉情信息514条，其中转问题线索19条，立案13件，给予党纪政务处分7人。召开答廉会209场，答复并解决问题593个，开展“四哨”评选活动，评选出“金哨”4个、“银哨”9个、“哑哨”9个、“黑哨”2个，有力促进乡、村两级纪检监察机构发挥实质性作用。探索派驻机构规范化“履职十条”，建立部门股级以上干部廉政档案1274份。

【开通线上矛调中心】8月，县纪委监委在来访接待、涉纪检矛盾化解、监督保障、清廉建设“四进”矛调中心基础上，开通线上矛调中心。通过视频连线、云端接访，实现县级矛调中心、乡镇（街道）矛调中心、村级监察站三级联动，打通了纪检监察“最后一公里”。10月，首批8个乡镇线上矛调中心进入运行阶段，当月线上接访19人次，协助化解矛盾纠纷12个，群众满意度95%。年底，第二批12个乡镇（街道）线上矛调中心开通，实现矛调中心全覆盖。（吴辰露）

作风建设

【概况】县纪委监委锲而不舍贯彻落实中央八项规定精神及其实施细则，贯彻落实浙江省“36条办法”，紧盯易发多发老问题和隐形变异新动向，常态化开展正风肃纪，持续释放全面从严治党的强烈信号。全年开展明察暗访159批次，检查单位307家次，查处“四风”问题31起，处理党员干部21人，党纪政务处分8人。开展反对餐饮浪费、违规吃喝专项检查，培育“厉行节约、反对浪费”文明风气，反馈整改问题517个，问责处理37人，相关违规费用全部清退。

【检查制止“舌尖上的浪费”】9月8日，县纪委监委联合相关部门，组成3个检查组，对全县机关单位、乡镇（街道）食堂和餐饮经营单位落实制止餐饮浪费行为情况进行抽查。检查组采取现场检查和查阅台账、财务核查等方式，对检查中发现的公务接待函使用不规范、厉行节约宣传氛围不浓厚等问题，督促相关单位做好责任落实工作。是日，检查组深入22家机关、乡镇（街道）食堂和餐饮经营单位进行了检查。

【严查社会福利机构违规违纪问题】4月，县纪委监委成立7个专项督查组，对全县7家社会福利机构管理运行、财政资金管理使用、职能部门监管责任落实情况开展督查。各督查组与信访室、巡察办信息共享，召开碰头会，梳理出全县社会福利机构在运行管理方面可能存在的3大类14项问题。问题发现后，遂昌县启动快查快结机制，第一时间反馈交办、快速查处、从严问责。此次督查发现的善款和捐赠物资管理不当、违规发放津补贴、涉嫌挪用公款等32个问题全部核实并分类处理，涉及违纪违法线索的问题则按照处置流程和干部管理权限进行办理。至6月底，全县已追缴、清退违规资金13.74万元，问责24人（拟立案审查调查3人），发放监察建议书7份，修改完善制度8项。

【新提拔或进一步使用领导干部廉政教育培训】5月21日，遂昌县对新提拔或进一步使用的84名领导干部进行廉政教育培训，均为2020年以来提拔或进一步使用的县管领导干部。21日上午，参加培训的领导干部到月光山公园、苏维埃政府旧址、1935红色文旅街区参观学习，走进廉政教育基地，观看警示教育片。下午进行全面从严治党专题学习，特邀授课老师从“立足新常态，我们怎么看；立足新要求，我们怎么干；立足新使命，你们怎么办”三大方面，与培训学员共同探讨当前全面从严治党背景下的党风廉政建设和反腐败斗争。参训领导干部进行了廉政承诺签名。（吴辰露）

肃纪反腐

【概况】坚持“严”的主基调，保持肃纪反腐高压态势不动摇。全年受理信访举报213件次，处置问题线索129件，立案153件，运用“四种形态”处理348人次，给予党纪政务处分152人，办理监察留置案件3件，移送起诉2人。办理全县首个“四转三”案件，4名干部在高压震慑之下主动到县纪委监委交代问题，重点查办了周某岳、叶某补等违纪违法案件。

做深案件查办“后半篇文章”，开展常态化警示教育，组织2020年新提任或进一步使用的116名领导干部参加“廉政套餐”活动，组织300余名党员领导干部旁听案件庭审。召开干部警示教育大会2次，推动以案促改、以案促教、以案促治。深入贯彻“三个区分开来”要求，出台《遂昌县容错裁定工作实施办法（试行）》，对11个事项予以容错免责，为11名党员干部澄清正名，对115名受处分干部进行回访，有效激励干部担当作为。

【查处诬告陷害信访案件】4月，周某某因科研成果评审事宜心生不满，捏造事实，以匿名方式向有关单位及人员寄送举报信，举报本单位参与科研成果评审人员，给单位和他人造成不良社会影响。县纪委监委收到举报件后，按规定开展调查核实，经查周某某的举报无事实根据，属于诬告陷害，系因内心不满对他人实施打击报复行为。5月25日，周某某受到党内严重警告处分。此为遂昌县查处的首例诬告陷害信访案件。全年，县纪委监委通过调查核实，为11名受到不实举报的干部澄清正名，保护了党员干部干事创业积极性，持续营造风清气正的良好政治生态。

【查处2起拉票贿选案】7月23日晚，三仁畲族乡好川村党员雷某伟到梓里自然村党员家中拉票，要求蓝某父子在村党支部换届选举时为其投票，现场送给蓝某现金1000元。雷某伟又找到同村党员蓝某星要求帮忙拉票助选。蓝某星于7月24日中午邀请同村党员雷某富到家中吃饭，动员雷某富为雷某伟投票，并垫付酬金500元。蓝某星还给同村的多名党员打电话帮助雷某伟拉票，许诺给予利益，后被举报。7月30日，三仁畲族乡党委研究决定，给予雷某伟党内严重警告处分，给予蓝某星党内警告处分，雷某富受到通报批评，蓝某和受到提醒谈话处理，相关违纪款予以收缴。

10月25日晚，龙洋乡凉潭口村的方某秀到党员叶某某家中拉票，要求叶某某在26日村党支部换届选举时为其投票，当场送给叶某某人民币1000元作为酬谢。另外，方某秀还到党员袁某某、吴某某家中，通过打招呼的方式进行拉票，后被举报。2020年10月29日，经龙洋乡党委研究决定，给予方某秀党内严重警告处分。（吴辰露）

重要会议

【县纪委十五届六次全会】3月25日，县纪委十五届六次全会召开。会议的主要任务是深入贯彻落实习近平总书记在十九届中央纪委四次全会上的讲话精神，认真落实省纪委十四届五次全会、市纪委四届五次全会、县委十五届八次全会和县委经济工作会议的决策部署，一以贯之、坚定不移全面从严治党，加快建设海晏河清的清廉遂昌，为开启又好又快发展新征程、确保与全省同步高水平全面建成小康社会提供坚强保障。县委书记张壮雄出席并作讲话。县委常委、纪委书记、监委主任陈永军代表县纪委常委会作工作报告。会议传达了中央、省、市纪委全会精神，表彰了2019年度全县纪检监察工作先进集体和先进个人，讨论通过了全会工作报告和全会决议。

附：中国共产党遂昌县第十五届纪律检查委员会第六次全体会议决议

（2020年3月25日中国共产党遂昌县第十五届纪律检查委员会第六次全体会议通过）

中国共产党遂昌县第十五届纪律检查委员会第六次全体会议于2020年3月25日在遂昌举行。出席会议的县纪委委员18人，列席94人。县委书记张壮雄出席全会并作重要讲话。县委常委和有关县领导出席会议。有关方面负责同志参加了会议。

全会由中共遂昌县纪律检查委员会常务委员会主持。全会总结2019年全县纪检监察工作，部署2020年任务，审议通过了陈永军同志代表县纪委常委会所作的《夯实基层基础强化担当作为以纪检监察高质量发展推动县域治理现代化》工作报告。

全会认真传达学习了十九届中央纪委四次全会、省纪委十四届五次全会、市纪委四届五次全会精神。一致认为，习近平总书记的重要讲话，站在实现“两个一百年”奋斗目标历史交汇点上，深刻总结新时代全面从严治党的历史性成就，深刻阐释我们党实现自我革命的成功道路、有效制度，深刻回答管党治党必须“坚持和巩固什么、完善和发展什么”重大问题，对以全面从严治党新成效推进国家治理体系和治理能力现代化作出战略部署。讲话高屋建瓴、统揽全局、思想深邃、内涵丰富，对不断深化党的自我革命、持续推动全面从严治党向纵深发展具有重大指导意义。车俊同志在省纪委十四届五次全会上的重要讲话，强调要认真学习贯彻习近平总书记重要讲话精神，一以贯之推进全面从严治党、党风廉政建设和反腐败斗争，以清廉浙江建设新成效保障高水平推进省域治理现代化。胡海峰同志在市纪委全会上的重要讲话，强调要进一步厉行“丽水之干”不动摇，全方位建设清廉丽水不松劲，以全面从严治党更优异成绩和新成效，为在高质量发展前提下实现必要适度高速度增长、以制度建设现代化推进市域治理现代化、确保与全省同步高水平全面建成小康社会提供坚强政治保障。张壮雄同志在县纪委十五届六次全会上的重要讲话，强调要加快建设清廉遂昌，坚守矢志不渝的忠心、保持锲而不舍的恒心、笃定坚如磐石的决心、永葆为民为党初心，齐心协力推动全面从严治党取得新成效，为推动县域治理能力现代化提供坚强保障。全县广大党员干部特别是纪检监察干部要认真学习领会，坚决贯彻执行。

全会指出，一年来，县委立场坚定，以上率下落实管党治党政治责任，反腐败斗争压倒性胜利巩固发展。各级纪检监察组织紧紧围绕护航清廉遂昌建设这一主线，立足新形势、新要求、新任务，充分发挥纪委、监委党内监督和国家监察专责机关作用，加强政治监督，纪律保障作用有效发挥；深化巡视巡察，“利剑”震慑效果更加明显；巩固改革成果，改革治理效能日益显现；狠抓纪律建设，监督首要职责全面履行；严格正风肃纪，党风政风显著向好向上；加大惩治力度，反腐高压态势持续增强；坚持严管厚爱，队伍自身建设不断加强。经过全县上下共同努力，党风廉政建设和反腐败工作在高质量发展上取得了新成绩。

全会指出，要牢牢把握十九届中央纪委四次全会总结出的“五个坚持”“三个一以贯之”，以及省纪委“五个始终”和市纪委“六个必须”的经验体会，紧密结合遂昌实际，更加自觉地坚定政治立场，更加自觉地践行群众观点，更加自觉地坚持稳中求进，更加自觉地践行三个“一体推进”，更加自觉地强化队伍建设。

会议强调，2020年是全面建成小康社会和“十三五”规划收官之年，是脱贫攻坚战决胜之年、扫黑除恶专项斗争“治本”之年，也是高水平推进县域治理现代化的开局之年，做好2020年的纪检监察工作，意义非凡，责任重大。要以习近平新时代中国特色社会主义思想为指导，深入贯彻党的十九大和十九届二中、三中、四中全会精神，认真贯彻落实中央、省、市纪委全会精神和县委部署，以党的政治建设为引领，坚持稳中求进总基调，坚持高质量发展总目标，坚持三个“一体推进”总要求，深化清廉遂昌建设，扎实开展一体化、规范化、专业化建设年活动，推动“四责协同”“四项监督”全覆盖，实现基层基础和能力水平双提升，在高水平推进县域治理现代化中充分发挥监督保障执行、促进完善发展作用，为确保与全省同步高水平全面建成小康社会和“十三五”规划圆满收官、打造“两山”转化的县域样板提供坚强的政治保障。

一要坚持不懈强化政治监督，坚决做到“两个维护”。把中央、省、市、县委重大决策部署的贯彻落实情况作为监督首要任务，把“不忘初心、牢记使命”作为加强党的建设的永恒课题，深化完善党委（党组）主体责任、党委（党组）书记第一责任、班子成员“一岗双责”责任、纪委监督责任“四责协同”机制，推进清廉遂昌标准化建设。

二要坚定不移保障群众利益，增强人民群众的获得感。加强对脱贫攻坚政策措施落实情况的监督检查，为脱贫攻坚决战决胜提供坚强纪律保障。聚焦民生资金、三资管理、矿产资源、征地拆迁、教育医疗、生态环保等重点领域，对利益输送、权力寻租、以权谋私等问题重拳出击。深挖涉黑涉恶腐败及其“保护伞”问题，健全“打伞破网”长效机制。深化“四访”活动，发挥党风廉政监督员、监察联络员、村监会三支队伍作用，强化基层监督。

三要驰而不息深化作风建设，优化干部队伍形象。严肃查处违规收送礼品礼金和“烟票”、违规公款吃喝、违规发放津补贴或福利、违规参与“酒局”“牌局”、违规领取稿费讲课费、违规在协会商会报销个人费用等问题，防止“四风”问题反弹回潮。开展“依法不履职”“依法不办事”“依法不作为”等专项整治，建立不实作风惩戒机制，集中力量整治形式主义、官僚主义。针对体制机制问题和相关制度漏洞，制定作风建设正面清单和负面清单，构建更有针对性、实效性、可监督、可遵循的落实中央八项规定精神制度体系。

四要锲而不舍聚焦主责主业，巩固发展压倒性胜利。始终保持惩治腐败的高压态势，紧盯重点领域和关键环节，坚持受贿行贿一起查，严肃查处资源、土地、规划、建设、工程等领域腐败问题，强化“不敢腐”的惩治和震慑。聚焦重点领域、重要岗位、关键环节，压缩自由裁量权，强化“不能腐”的制约和监督。深入做好查办案件后半篇文章，配合党委（党组）强化党性教育、思想教育、纪法教育，强化不想腐的教育和自律。

五要持续不断拓展改革成果，提升基层治理效能。深化体制机制改革，统筹推进党的纪律检查体制、国家监察体制、纪检监察机构三项改革，加强纪检监察机关与审判机关、检察机关、公安机关的相互配合、相互制约，探索建立派驻机构与驻在单位机关纪委分工协调机制。健全纪律监督、监察监督、派驻监督、巡视监督“四个全覆盖”的监督网络。认真贯彻“惩前毖后、治病救人”方针，运用多种形式，把日常监督做实做细做到位。用好互联网、云计算、区块链等技术，提高精准监督能力。

六要力度不减落实政治巡察，确保巡察工作实效。把“两个维护”作为首要任务，聚焦基层贯彻落实党的路线方针政策和党中央决策部署情况，聚焦群众身边的腐败问题和不正之风，聚焦基层党组织软散、组织力欠缺问题，全面深化政治巡察。健全完善县领导领办巡察重点问题机制，推动巡视巡察上下联动机制，深化提级巡察、交叉巡察，统筹安排常规巡察、专项巡察，协调推动巡乡带村，高质量推进巡察全覆盖。

七要矢志不渝坚定理想信念，打造过硬干部队伍。强化示范引领，巩固拓展“不忘初心、牢记使命”主题教育，严格落实机关党建工作责任制，充分发挥示范引领作用。开展能力提升“大比武”系列活动，推动全县纪检监察干部学习专业知识、提升专业能力、养成专业素养。加强纪检监察机关内部监督，制定可量化、可操作、可监督的履职考核办法，健全纪检监察权力运行机制和监管体系，确保纪检监察干部照章履职，打造忠诚干净担当、敢于善于斗争的纪检监察干部。

会议号召，要更加紧密地团结在以习近平同志为核心的党中央周围，在上级纪委监委和县委的坚强领导下，不忘初心、牢记使命，求真务实、开拓创新，坚定不移推进纪检监察工作高质量发展，为推进县域治理体系和治理能力现代化，确保与全省同步高水平全面建成小康社会和“十三五”规划圆满收官、打造全国“两山”转化的县域样板提供坚强的政治保障。（吴辰露）

巡察工作

【概况】2020年，中共遂昌县委严格按照省委、市委巡察工作部署，坚守政治巡察定位，紧扣巡察工作方针，扎实推进县委巡察工作。全年开展3轮县委巡察，完成21家单位、56个村（社）党组织的巡察任务，对县人民法院党组、县公安局党委、九龙山国家级自然保护区管理中心党组开展提级交叉巡察，巡察覆盖率84.5%，村（社）巡察全覆盖。发现并反馈问题507个，完成整改301个，退回违规资金72.68万元，挽回经济损失213.49万元，提醒谈话234人，批评教育145人，诫勉32人，党纪政务纪处分15人。

【强化政治担当】召开县委常委会会议、书记专题会议、巡察工作领导小组会议9次，听取巡察及整改情况汇报，研究部署巡察工作。县委书记切实履行第一责任人责任，及时、充分听取汇报，对重点人、重点事、重点问题提出意见，明确整改要求和处置意见。严格按照省委、市委巡察工作要求设置巡察机构，配备巡察组组长1名、副科级巡察专员4名。按照“一年一借调”形式，从县纪委监委、组织人事、宣传、审计、财政等单位及后备干部中抽调专业技术人员参加巡察。

【突出政治巡察】围绕“三个聚焦”监督重点“四个对照”监督标准，紧盯被巡察党组织责任，紧盯全面从严治党阶段性特征，紧盯领导班子和关键少数，紧盯人民群众反映强烈的突出问题，抓住主要矛盾和矛盾的主要方面，持续深化政治巡察。先后开展了以脱贫攻坚、国有企业、加强常态化疫情防控和复工复产为重点的巡察监督，对4个乡镇（街道）开展脱贫攻巡察，对9个乡镇（街道）部门开展以扶贫领域为重点的巡察整改情况回访检查。建立健全巡察整改情况综合评估、联评联审制度，汇编《被巡察党组织配合县委巡察工作的规定》《关于进一步加强向县委巡察机构通报有关情况的意见》等制度20余项，构建巡察制度链条。加强巡察干部能力提升，坚持年初一集训、每轮一小训，通过以干代训、提级交叉巡察等方式，提升巡察干部业务能力和专业化水平。

【加强联动协作】加强纵向的巡察联动和横向的监督力量融合，构建纵向到底、横向到边的巡察监督网络。开展“推磨式”提级交叉巡察，对县人民法院党组、县公安局党委、九龙山国家级自然保护区管理中心党组开展提级交叉巡察，破解熟人社会监督难题。加强村（社）巡察，通过专项巡察、巡乡带村，推动巡察监督向基层延伸，完成全县211个村（社）巡察任务，实现村（社）巡察全覆盖。建立巡察机构与纪检监察机构协作配合机制，加强巡前会商、巡中会诊、巡后督效，通过支部共建、活动共参、业务共学，强化巡察机构与县纪委监委机关、派驻组的融合，提升巡察发现问题能力。加强巡察与组织、宣传、司法、审计、统计、信访等监督的协作配合，整合监督力量，形成监督合力。

【推动整改标本兼治】综合采用集中交办、县领导领办、整改评估、问责追责、问题通报等措施，探索巡察整改成效的方法路径，发挥巡察标本兼治战略作用。结合每轮巡察工作动员部署会，对上轮巡察重点问题进行集中交办，完善《党政领导班子成员领办巡察重点问题整改工作制度》，严格整改方案、整改报告联审联评，强化督查督办，推动整改主体责任落实落细。县党政班子成员共领办并解决重点问题90个，约谈单位负责人22人，发放限期整改督办单11份。督促被巡察单位健全规章制度118个，督促部门开展专项整治，开展其他资金结余清理、公务用车租赁、“吃空饷”问题自查等6个专项整治，清退清理资金1654万元。出台《县委巡察整改情况综合评估办法（试行）》，全程动态评估被巡察党组织整改落实情况，约谈单位主要负责人5人，责令重新召开民主生活会1家。下发巡察发现共性问题情况通报，实现开展一次巡察、发现一批问题、教育一批干部、形成一片震慑，营造“风清气正、实干实效”的政治生态。（吴辰露）

民主党派·群众团体

民进遂昌县基层委员会

【概况】2020年，中国民主促进会遂昌县总支部委员会升格为中国民主促进会遂昌县基层委员会，原有4个支部改革为5个支部：经济综合支部、教育一支部、教育二支部、科技文化支部、医药卫生支部。发展了6名新会员，平均年龄39岁，5人具有中高级职称和本科以上学历，1人为县政协委员，1人为遂昌县引进人才。

贯彻落实民进中央、省、市委会“履职能力主题建设年”各项任务，积极推进组织建设，营造优质履职环境。围绕党委决战决胜目标任务、统筹疫情防控和经济社会发展，努力提高建言质量，奋力练就议政能力；围绕遂昌县民生事业发展和群众文化需求，做深干实社会服务，打响擦亮服务品牌。

2020年，会员范仙贵、柳伟英、杨敏获评“坚守抗疫一线杰出医师”，陈万平获评“全国劳动模范”，汤建华被文化和旅游部列为“2020年度乡村文化和旅游能人支持项目入选人员”。

【制度建设】出台“履职能力建设主题年”工作方案，以擦亮一套特色平台、聘请一批资政专家、成立一支参政天团、开展一次全员培训、建立一个参政工作室、实施一项青蓝工程、开展一场读书活动和形成一本参政文献“八个一”工作为抓手，全力推进基层委员会履职能力建设提升工作。以骨干会员读书班活动为契机，开展会章、会史学习，充分了解民进历史，宣扬民进力量，感受民进智慧，集聚民进精神。连续4年慰问20余位老会员，开展新老会员交流和文化活动。组织新会员和入会积极分子参与总支课题沙龙和社会服务工作。

【开展活动】开展“不忘初心，携手前进”主题教育活动，开展《中共中央关于制定国民经济和社会发展第十四个五年规划和二〇三五年远景目标的建议》解读工作，积极开展会内活动，参与市、县统战部组织的学习活动。会员陈万平受邀作为民主党派代表参加丽水市“十四五”规划座谈会。

配合民进省委会开展组织建设调研活动，与市直支部联合开展“凝聚共识增进交流”座谈会，与松阳县基层委员会联合开展组织建设和参政议政会议，参与民进市参政议政专委会专题调研活动，联合民进省委会医疗专家团队开展义诊服务。会员杨敏、张鹏霆在市委会举办“民言进声”论坛上做精彩发言，会员许艳在市委党校举办“三敢三比”主题演讲比赛中获一等奖。

【建言献策】全年提交提案44个，上报团体提案15个、个人提案18个。县两会期间，提交政协集体提案14个、个人提案12个，《完善公共卫生服务构建阿尔茨海默病防治体系》《激发全域新动能追梦旅游新时代》获大会优秀发言，《车让人，人快走》《加强人行道管理，把人行道还给市民》获优秀即席发言，《提升城市能级有序推进“口袋公园”建设》集体提案获优秀提案。连续4年蝉联“反映社情民意信息工作先进单位”。

2020年，民进遂昌基层委员会的社情民意信息被市政协录用27篇、省政协录用5篇，全国政协办公厅和民进中央综合录用5篇。其中，《基层文保人才断档现象形势严峻，亟须出台引导政策纾困地方文保建设》被全国政协录用，《尽快出台外资企业及第三方金融服务业风险预警机制防范金融数据风险》等4篇社情民意被民进中央录用，《建立疫情防控再贷款政策分类柔性退出机制缓解集中收贷风险压力》等5篇被省政协录用，另有10篇被民进省委会采纳、21篇被丽水市政协录用。会员王军获评2020年民进全国履职能力建设先进个人。

【课题调研】全年开展专题调研8次，完成“深挖研学资源优势，打造长三角高质量研学旅行精品目的地”“完善乡村治理体系，助力‘未来乡村’建设”“强化村级集体三资管理，促进农村基层组织建设”“后疫情时期青少年的心理问题与对策浅析”4项课题，前两项被评为市委会年度立项课题，“关于加快推进既有住宅加装电梯的建议”被列为民生实事项目在县城全面推广。

【服务社会】在民进遂昌县基层委员会支持下，金竹镇和黄沙腰镇分别成立“医疗专家工作站”，农历每月初四和二十二开展专家坐诊、业务指导和技能培训服务。全年下乡服务7次，接待病患900余人次。遂昌县民进公益学校自2018年创办以来，开展公益课程100余节，服务学生300余人。2020年暑期开展了第三届公益夏令营活动，20位老师为60名学生开展了民俗文化、科学知识、安全急救和作业辅导等课程。春节前夕，组织会内书法家开展写春联服务，为群众增添春节喜庆。

【民进遂昌县总支年度工作会议】1月16日，民进遂昌县总支部委员会2019年度工作会议召开，总结2019年工作成果，部署2020年工作。会议表彰了2019年度县级先进支部、优秀个人、优秀提案、优秀课题，举行了民进论坛活动和民进新会员入会仪式。2019年，民进遂昌总支不断加强政治引领，深入推进组织建设，全体会员切实履行党派职能，积极践行社会服务，工作成果受到高度肯定，被民进中央评为“全国基层先进组织”，获民进全省基层组织建设优秀创“新金点子奖”。（郑　敏）

总工会

【概况】2020年，全县有基层工会组织268家，其中独立基层工会260家，农家乐、旅游、药店、电子商务等联合基层工会8家。全县工会会员21237人。年内新建企业工会34家，其中规模以上企业18家，新增会员1773人。

【防疫和助企】1—3月，县总工会慰问29家单位2530人，发放13.86万元价值的慰问品，向县防疫指挥部捐赠81床棉被。慰问8名赴鄂、赴丽医疗队员，发放慰问金1.6万元。出台《关于鼓励全县职工在县内开展春游活动的通知》《关于2020年防疫期间工会经费使用的通知》《关于做好2020年职工疗休养工作的相关通知》，倡导和鼓励基层工会在县内开展春游活动，对非公有制企业组织的活动给予总费用30%奖励。全县发放700余万元慰问和消费券，有力促进市场复苏。调整职工疗休养政策范围和额度（3000元/人·年），助推旅游业恢复。助企业降本减负，缓减企业上缴工会经费192万元。

【阵地建设】2020年，县总工会建立“相约工会·益课堂”品牌，采用线上线下结合的形式，举办了经络疏通、瑜伽、随手拍等11期公益活动，全县1000多名工会会员参加。开展全县职工小品大赛、线上线下垃圾分类PK赛等文体活动4场，组织劳模服务队到“职工之家”开展送春联、送爱心、送技术5场次。各基层工会开展读书会、专题讲座、室内跑步比赛等160余场次。

【工人队伍建设】7月，出台《关于推进新时代遂昌产业工人队伍建设改革实施方案》，在凯恩特种材料股份有限公司开展试点工作。凯恩特材公司推行职工下午茶、觉能读书会等做法，加强企业文化建设，提升产业工人的凝聚力。7月31日，举办“天工巧匠”系列技能大赛钳工项目大赛，授予10名获奖选手“天工巧匠”称号，一、二等奖获得者被授予“遂昌县技术能手”。9月，举办为期15天的普通电工上岗证培训班，参训职工104名。选送8名职工参加市级技能比武，获得第二和第五名。

【劳模（职工）疗休养】以疗休养促进消费为着力点，4月、9月分别组织80名劳模、抗疫一线职工开展疗休养活动。5月21日，举办了遂昌—南湖疗休养（旅游）推介会，两地工会和旅游部门签订了《职工疗休养互送协议》，全年吸引南湖区1/3职工到遂昌县疗休养。6月4日，借省部属企事业工会第一片组交流会议在遂昌金矿召开之际，开展遂昌疗休养资源推介，镇海炼化和浙能集团将遂昌确定为2020年职工集中疗休养地。6月，上海市虹口区总工会与遂昌旅游部门签订合作共建协议，选定南尖岩、遂昌金矿为职工疗休养基地。9月，“长三角工会媒体浙江行”采风活动走进遂昌，邀请了上海劳动报、江苏工人报、山东工人报等9家媒体的22位媒体人走进遂昌。

【帮扶困难职工】出台《遂昌县本级困难职工应急救助管理办法（暂行）》，完善工会系统应急救助机制。开展2020年元旦、春节送温暖活动，帮扶困难职工及困难劳模54人，共发放帮扶慰问金42.6万元。向5名农村劳模和改制下岗企业劳模发放劳模津贴20500元。处理职工法律援助案件6起，处理职工来信、来电、来访件378起。3月，为16位通江县在遂务工人员发放棉被等生活用品。全年共计发放职工医疗互助金36人，发放医疗互助补助52万元。

【劳动竞赛月活动】3月18日，遂昌县职工“劳动竞赛月”活动启动仪式在浙江白马休闲用品有限公司举行。仪式后，进行了白马休闲公司缝纫技能竞赛和恒宇电池公司“谁是快手王”竞赛活动。本次“劳动竞赛月”活动以“战疫情、促发展，争当主力军”为主题，为期一个半月，面向全县74家规模以上企业和11个省、市重点工程项目，全部参赛职工7345人，共举办各类劳动竞赛164场，决出优胜班组111个、优胜个人660人。（黄芸芳）

共青团

【概况】2020年，遂昌县有14—35周岁青年5.46万人，其中常住人口2.89万人。全县有团组织624个，团员9165人，其中学生团员1616人。

共青团遂昌县委锚定当好党的助手和后备军职责定位，围绕共青团“三个根本性问题”，引领凝聚青年、组织动员青年、联系服务青年，带领团员青年播撒青春筑梦的种子，在实干中彰显出遂昌青年的担当。

【“青年大学习”行动】在线上广泛开展“青年大学习”活动，20余万人次青少年参与了25期学习答题。举办五四主题团日活动暨“青力青为”演说大赛，以“青心遂昌·实干有我”为主题，论作为谋实干，展现遂昌青年形象。开展线上云团课，制作微团课视频，在公众号进行宣传推广。开展“我们的节日”传统文化的学习教育活动，引导青少年传承民俗文化。深化“红领巾学院”“队长学校”建设，录制“队长引领队前教育”规范化视频，该视频被“学习强国”录用。推荐3名学生成为市级青苗班学员。开展2020年度“红船杯”党团知识竞赛活动，80余名团员青年报名参加，4名最佳选手参加市级比赛获得第一名，在省级决赛中获一等奖。

【“青春建功”行动】宣传推广“青创贷”金融产品，为农村创业青年提供低息小额贷款241笔7036万元。对接省青基会，争取创业增收帮扶计划政策延续1年。开展“青村益起”农产品助销活动。开展浙江省青春助力乡村振兴带头人“青牛奖”寻访活动，周功斌、林世豪入选全省100名青年农民线上风采展示。挖掘培育青春农场主，“樨鄉記”生态农庄获评2020年省级示范性青创农场。《手可摘星辰，讲好“天工之城”的青创故事》获评“丽水市基层共青团十佳工作项目”。成立南湖—遂昌新青年助力乡村振兴联络站。实施村级组织青年后备人才“青雁工程”，举办“青雁计划”培训班。

开展“大学生创梦丽水”暑期社会实践，征集到44家单位196个实践岗位，安排168名大学生上岗实践，发放实习补贴、车费补贴37.94万元。为浙江大学创新创业学院“黄土地计划”28名优秀学子提供1个月挂职实践。组织2020年遂昌籍优秀大学生“家燕归巢”座谈会。在浙江工商大学、浙江理工大学、浙江中医药大学建立引才联络站，向高校学子伸出到遂昌就业橄榄枝。组织开展“奇思妙想 • 创赢绿谷”创业创新大赛，对入围的11个项目进行比拼展示，为创业者提供筑梦基金。成立“青年之家”杭州站，搭建共青团工作与杭州青年成长成才需求的桥梁。全面参与村（社）换届、法治宣传、弘扬践行“浙西南革命精神”活动，撰写调研报告6篇。

开展招商引资工作，对接“猫妹网红文化产业园”项目。举办“青春网红 • 公益助农”直播，推介遂昌农文旅产品。举办南湖—遂昌行“山海协作”带好货主题直播，南湖青年网红“90后”时尚农场主“蛋高小姐”携手遂昌优秀青年“带货”优质农特产品，助力乡村振兴、脱贫攻坚。

【志愿服务活动】在“志愿汇”App构建全县志愿服务组织架构，开展业务指导，强化队伍管理，提升志愿者参与服务活跃度。推动全县所有单位建立志愿服务队，每季度至少组织一次志愿活动。2020年，全县组织开展关爱特殊儿童、文明程度指数测评、“3 • 5”学雷锋等各类志愿服务637场，5.42万人次参与志愿服务25.73万小时。擦亮“微笑遂昌小园丁”志愿服务品牌，实施开展“满天星”公益计划，为留守儿童提供免费理发服务。培育公益社会组织，打造专业化志愿服务品牌，“鲁冰花开 • 检爱相随——青少年普法教育资源服务项目”获第五届中国青年志愿服务项目大赛银奖。

【守护青少年成长】强化五类重点青少年群体动态管理，对526名青少年提供1646次帮扶。推出“青春护航 法润成长”系列法治微课，选送的6个课程获得市级比赛一等奖1名、二等奖3名、三等奖2名。对接省青联台胞和港澳海外界别，为王村口镇中心小学57名学生采购床上用品三件套、阅读书籍等。开展“带山里孩子看世界”“我们在一起”“红领巾 • 七彩行”等公益活动8期，286名贫困留守儿童参与活动。持续开展爱心助学工作，为全县224名贫困大学生提供助学金149.4万元。开展“点亮心愿温暖相伴”公益义卖活动，筹集10180元圆梦资金，为3名贫困学子实现微心愿。为19名学生发放第二学期希望工程助学金5700元。

【弘扬践行“浙西南革命精神”】开展2020年“红领巾走遂昌”活动，引导少先队员前往红色革命遗址、爱国主义教育基地、绿色发展点位打卡，接受党史国史教育，共发放活力章、红心章、小达人章3600余枚。依托王村口镇、大柘镇红色资源，弘扬践行“浙西南革命精神”。抓好仪式教育，通过离队入团、集中入队活动，让青少年在沉浸式的教育中激发红色基因内生动力。召开少先队遂昌县第五次代表大会，全县26所中小学全面完成少工委建立工作。发挥青少年宫等校外阵地作用，完成青少年兴趣培训5000人次以上，服务2万人次以上。

【大学生暑期社会实践启动仪式】7月13日，“大学生乡村振兴创梦丽水行动”2020年遂昌县大学生暑期社会实践启动仪式暨用人单位见面会在遂昌职业中专举行。全县35个用人单位代表和141名参与暑期社会实践的大学生参加。2020年是大学生暑假社会实践活动的第三年，团县委在44家单位征集到包含乡村振兴类、文旅融合类、企业管理类、财会审计类、新媒体文创类、经济金融类等9类岗位82个。报名启动以来，共收到349份报名表，通过岗位匹配及用人单位的双向选择，有168名学生上岗实践，参加实践的学生考核合格后获得1000元/人·月的生活补助。

【共青团建设】召开遂昌县青年工作联席会议第一次全体会议，推动青年事业发展。制定《遂昌共青团“青春筑基”三年行动计划》，以基层团支部为重点，以“四抓四促”为载体，活跃基层团组织活力。高质量推进全县村（社）团组织换届工作，城东社区被确定为全市村（社）团组织换届试点。完成乡镇（街道）团（工）委书记选拔配备工作，提任11名乡镇团委书记，出台《团委（团支部）书记任职谈话制度和团组织负责人任职报备制度》，组织新任团组织负责人到省团校开展集中培训。制定《遂昌共青团2020年工作考评办法》，结合“向青年报告”年度工作述职，以清单式全面梳理一年来共青团工作实绩。（吴 旻）

附：青少年宫

【概况】2020年，县青少年宫秉持“让七彩阳光照进青少年心田”的办宫理念，积极开展音体美和语言、科技、文化等教学活动，广泛开展经常性、大众化、参与面广、实践性强的校外体验活动和形式多样、内容丰富的主题教育活动。5月，疫情得到有效控制之后，马上开出短期课程。暑期培训人次回升，秋季培训人数达到1793人次，创历史新高，主持表演、器乐、舞蹈、书画、学能、体育、科技7大项目学员人数均上涨。

组织老师参加华东赛区教育评比活动，分别获得校外教育研究成果型论文二等奖、校外教育小论文二等奖、小论文评比优秀奖、微课展示奖等。10月，开展备课上课磨课研讨，推送了5节教学展示课堂视频，分别获得全省教学视频评选一等奖、二等奖。

【红领巾学院】组织红领巾学院“队长引领云上集结”活动，“六一”前夕，为全县1500多名一年级少先队员举办传统文化云课堂，登上了“学习强国”和《少先队活动》。端午期间推出“四个传统文化”云课堂。7—8月，先后举办“我们在一起”“带山里孩子看世界”公益夏令营和“毕业生存挑战”军事夏令营。

将兴趣课程进行整合开发，从创新创造、人文启智、能力训练、本土特色4方面入手，开设了8个红领巾社团，分别为：一针一线手工坊、航天科技俱乐部、小记者社团、合唱社团、民乐社团、六合武术社团、小画家美术社团、舞蹈精灵社团。2020年，红领巾舞蹈精灵社团选送的舞蹈节目《夺帅》和红领巾合唱社团选送的经典咏传唱节目《向远方》，在丽水市第四届“绿谷之春”文艺比赛中均获一等奖，红领巾小记者社团选送的戏剧节目《使命》获二等奖。

【流动少年宫】10月28日，“流动少年宫”在大柘镇中心小学启动。2020年“流动少年宫”根据“从小学先锋，长大做先锋”主题，增设服务项目，分使命先锋、科技先锋、体育先锋、文艺先锋、传承先锋、益智先锋6大版块，设置了20多个项目。县红十字会、中医院、交警大队、禁毒办、环境卫生服务中心等单位参与活动，丰富了活动内涵。至年底，共开展了9场“流动少年宫”活动，为5121名少年儿童提供服务。

【“红领巾七彩行”实践体验营】县青少年宫举办的“红领巾七彩行”实践体验营，少先队员通过音乐、美术、体育、科技、传统文化等兴趣课程的学习，培养良好的道德品质和行为习惯，涵盖“红橙黄绿青蓝紫”7种色彩的兴趣课程。7月24日，来自中西部12个乡镇的54名少先队员参加了第一期实践体验营活动。12月10日，来自北界小学和三仁小学的第二批159名少先队员参加了第二期实践体验营活动。12月23日，来自梅溪小学的第三批236名少先队员开启了七彩之旅。

【少先队遂昌县第五次代表大会】10月13日，中国少年先锋队遂昌县第五次代表大会召开。会议听取并审议了少先队遂昌县第四届工作委员会报告，发布了红领巾提案，选举产生遂昌县第五届少工委领导班子，聘任了县少先队校内、校外总辅导员。少先队员代表进行了献词。（吴 琼）

妇女联合会

【概况】2020年，遂昌县有乡镇（街道）妇联组织20个，城镇妇委会46个，村（社）妇联组织209个。全面完成村（社）妇联组织换届选举工作，产生妇联主席209人，其中45岁及以下150人，大专以上学历41人。产生妇联执委1300人。新建“四新”领域妇联组织3家，妇女之家3家。建立示范乡镇妇联6家、示范新领域妇联组织6家、示范妇女微家建设11家。

开展“杜绝浪费崇尚勤劳节俭”主题活动，“文明餐桌公筷公勺”宣传活动，“特别的爱给特别的你”线上纪念“三八”妇女节活动，“妈妈的味道”居家抗疫美食秀活动。举办了以“妇联云集市、巾帼助增收”为主题的电商直播带货活动、遂昌县第二届民间特色小吃技能大赛，以及来料加工系列培训和技能比武活动等。遂昌县巾帼健身服务队把抗疫故事曲目《春的守望》《小城大爱》两首励志歌曲创编成广场舞并推广，网上播放量超过70万次。

【发展来料加工】培育来料加工经纪人381名，发展加工队伍2.33万人，发放加工费2.77亿元，从业者人均增收1.19万元。组织重点经纪人参加第26届中国义乌国际小商品博览会。选送优秀选手参加全市“巧手工匠”平车（来料加工）技能竞赛，获一、二、三等奖各1个，优秀奖2个。动员浙江维康日用品有限公司等来料加工点投入口罩生产。浙江紫鸿家居有限公司等3家企业纳入丽水市民用口罩生产企业名单。8月12日，在云峰街道湖边安置小区举办来料加工技能培训暨比武活动，65位妇女群众参与，包括来料加工技能培训、技能比武、现场招聘等，帮助“大搬快聚”安置群众掌握一技之长，在家门口实现增收。

【关爱妇女儿童】畅通“12338”妇女维权热线，县级信访室接待妇女群众来信来访25件次，均妥善办结。完善妇女代表联系家庭制度，深化入户走亲活动，做到入户“访三情”、走亲“四必访”，排查婚姻家庭矛盾纠纷439件。成立“平安遂昌花”娟姐工作室，推进“普法宣传+矛盾化解”、“来料加工+调解”维权工作品牌，维护好妇女儿童的合法权益。各级妇联对贫困母亲、“两癌”对象、留守儿童、老妇代会主任等开展走访慰问。对农村贫困妇女“两癌”救助进行申报审核。开展“六一”儿童节慰问。指导妙高街道东峰村、大柘镇大田村、新路湾镇蕉川村、王村口镇桥东村4所规范化“儿童之家”建设。各级妇联开展暑期儿童关爱服务。

【巾帼岗位建功】2020年，县妇联重点指导旅游业和精品民宿行业开展“巾帼文明岗”创建。遂昌县人民法院立案庭（诉讼服务中心）、泰隆银行遂昌支行获评省级“巾帼文明岗”，县人民医院妇产科副主任方浩获评省级“巾帼建功标兵”。遂昌县人民检察院“鲁冰花”工作室、妙高街道叶坦社区的郑巧媚分别获评“丽水市三八红旗集体”“丽水市三八红旗手”。遂昌县垂柳原生态农特产品超市的雷云梅和浙江赶街电子商务有限公司的朱伟群获评浙江省“巾帼云创客”。

【巾帼电商直播带货活动】5月29日，县妇联举办以“妇联云集市、巾帼助增收”为主题的电商直播带货活动。县妇联主席黄丽萍、朱阿姨童装创始人朱照红、县融媒体中心主持人李杰等15位女主播为遂昌农特产品、来料加工产品代言。本次活动在拼多多、特抱抱、微信、抖音等平台开设了12个直播间，观看总人数达29.6万人次。直播带货总订单数突破5000单，交易总额突破36万元，遂昌长粽和遂昌番薯干成为爆款。活动后，县妇联授予15位巾帼主播为遂昌“巾帼云创客”。

【村（社）妇联组织换届选举试点观摩培训】9月23日，全市村（社）妇联组织换届选举试点观摩培训会在妙高街道东峰村召开，各县（市、区）妇联主席、分管副主席，全县乡镇（街道）妇联主席40余人现场观摩并培训。整个选举流程准备充分、组织严密、程序严格，选举产生了东峰村新一届妇联执委和妇联主席，为全市村（社）妇联组织换届工作提供了借鉴参考。在随后召开的座谈会上，遂昌县妇联、青田县妇联分别作试点工作经验交流。

【助力“天工之城”建设】2020年，县妇联动员广大妇女干部积极作为，为打造“天工之城”贡献力量。3月16日，召开“天工之城建设巾帼先行”动员会，湖山乡妇女干部为“天工之城”建设作出集体承诺。湖山乡各村妇联主席、执委开展“我眼中的新湖山”“我为天工之城建设做什么”解放思想大讨论。以“爱国卫生月”为契机，组织县乡村三级妇女干部，开展“洁净家园我带头”活动。湖山乡11支巾帼先锋队开展“洁净家园”活动，在红星坪村打造“巾帼花圃”，全民共建家净、花美、院靓、水清的美丽新湖山。（周　燕）

科学技术协会

【概况】2020年，遂昌县科学技术协会下属县科普中心1个，省属企业科协1个，乡镇（街道）科协20个；有村（社）科普协会211个，企事业科协10个。有县级学（协）会28个，会员3000余人，主要涉及农、林、医、教等领域。全县有科技示范户80户，其中省级12户、市级21户。

5月，开展“科技让生活更美好”线上有奖竞答活动，2.3万人次参加竞答。9月25—27日，开展高层次人才“遂昌行”交流活动，浙江大学田梅教授一行8人到遂昌县调研。录制“三长讲科技”栏目30期，内容涵盖家庭教育、健康膳食、急症现场救护、中医体质辨识与调护及猕猴桃、三叶青栽培技术等方面，在华数电视频道上免费点播。

【疫情防控应急科普】面对突如其来的新冠肺炎疫情，县科协充分发挥科普大篷车移动平台作用，进企业、进社区流动播报疫情防控措施。录制遂昌话疫情防控宣传语，通过乡村广播和上线传播，点击量3.5万多次。制作4000份企业员工疫情防控宣传海报，向全县企业发放，向全县卡口发放科普宣传折页2万余份。以“科普遂昌”微信公众号、科普短信平台为载体，推送有关疫情防控内容17期72篇，推送科普短信2.4万余条。

【“全国科技工作者日”活动】5月30日是“全国科技工作者日”，当天，县科协联合多部门在湖山乡开展“科技为民，奋斗有我——科普助力乡村振兴”活动，为农民群众讲解农林种植技术，开展健康义诊，普及疫情防控、环境保护等知识。发放科普宣传资料、知识手册2000余册，服务群众1500余人次。同日，还组织技术专家到金竹镇开展“送技术下乡、送服务入户”活动。

【青少年科技嘉年华】9月18日，县科协联合县教育局、团县委、县社科联举办遂昌县第二届青少年科技嘉年华暨中小学生第七届“龙谷之光”科技节活动。第一阶段，全县20所学校338位青少年选手参加15个项目科技竞赛。活动分个人、团体、亲子项目，选手们表演了冲浪纸飞机、遥控模型车，进行了木结构桥梁承重赛、“天工之城”团体创想赛等，孩子们在探索科学的过程中体会“科技来源于生活”的真谛。开幕式上，为县青少年宫“遂昌县青少年科普实践基地”进行揭牌。第二赛季比赛于10月举行。（叶　奕）

工商业联合会

【概况】遂昌县工商业联合会下辖云峰、大柘、石练、三仁4个基层商会，石材、智能电器、铸造3个行业商会，北京、上海、杭州、义乌、温州、苏州、宁波、台州、深圳、金华10个异地商会和2个直属商会（遂昌温州商会、遂昌新生代企业家联合会）。2020年，遂昌县工商联获评全省工商联民营企业调查工作先进单位、全省工商联系统专项工作先进单位。

县两会期间，新生代企业家代表、遂昌温州商会代表参加政协论坛专项调研和大会发言。配合上级工商联开展民营企业社会责任调研、上规模民营企业调研、执常委入库及会员组织管理系统信息调研等多项调研任务。组织企业家参加助企复工复产“暖春行动”网上恳谈会，有效发挥非公有制企业家参政议政作用。

【商会党建】7月，成立深圳遂昌商会工作支部，实现商会党建工作全覆盖。派驻干部担任浙江省鑫斯特新材料有限公司党建指导员，指导帮扶企业党建工作。组织异地商会党员积极分子、发展对象参与党建工作培训。8月4日，组织上海遂昌商会支部学习习近平总书记在企业家座谈会上的讲话，赴金竹镇梭溪塘岭村开展红色教育。8月底，组织杭州遂昌商会、苏州遂昌商会到西部乡镇开展慰问活动，为留守老人送上大米、食用油等，并邀请10位浙江省医疗专家到柘岱口乡开展义诊活动。年底，成立中共遂昌县工商业联合会机关委员会，有所属七个支部，正式党员人数54名。

【非公有制经济人士理想信念教育】组织非公有制经济人士学习习近平新时代中国特色社会主义思想，深入学习传达中央、省委、市委、县委全会精神。组织学习习近平总书记在决战决胜脱贫攻坚战上的讲话精神、习近平总书记对新时代民营经济统战工作的重要批示、习近平总书记在浙江考察重要讲话精神和全市统战部部长会议精神等。开展实践活动及大讨论活动4次。组织工商联执委以上企业开展2020年度上规模民营企业调研和民营企业社会责任调查，学习宣传贯彻《浙江省民营企业发展促进条例》。

【慈善扶贫】组织开展“万企帮万村”精准扶贫行动，推进东西部扶贫协作和对口支援。向异地商会会长发放贵州、四川、湖北、吉林四省贫困人员（建档）在商会企业就业情况表。鼓励引导工商资本助力乡村振兴，义乌遂昌商会在王村口镇吴处村投资山居田园项目，该项目占地113公顷，总投资1.6亿元。持续推进“千企结千村消灭薄弱村”专项行动，做好新路湾镇新双溪村消薄资金对接落实，对接象山县工商联帮助落实的三仁畲族乡“消薄”资金10万元。发动民营企业积极参与低边低保户的扶贫工作。积极引导企业家参与光彩事业，资助贫困学生38人，3年捐助金额超30万元。

【构建亲清政商关系】发挥“清廉民企”示范点引领作用，组织会员企业考察浙江汇金有色金属有限公司“清廉民企”建设。组织商会参加庆祝中国共产党成立99周年红色教育暨党风廉政警示教育活动，推进清廉民企、清廉机关工作。聚焦党委、政府中心工作，聚焦民营企业意见诉求、社会治理热点、政商亲清关系，举办4次专题恳谈会，深化细化“三服务”。指导帮助企业解决环保难题，助力民企走绿色高质量发展道路。

【构建法治化营商环境】3月，联合县司法局开展“法雨春风”法律服务月活动，组织民营企业家线上学法，邀请知名律师为企业家讲解《企业风险防范之企业治理》。7月，开展普法志愿活动，推进执委企业“法治体检”，打造民营企业法治高地。10月，组织工商联干部、民营企业家代表和新生代企业家代表参加“检察开放日”活动，通过视频听取北京大学法学院教授、博士生导师陈瑞华关于“企业合规相对不起诉制度的探索”讲座。

【“创二代”接力培养】完成新生代企业家联合会第三届理事会换届工作，组织第四期10名新生代企业家赴县属部门挂职锻炼，引导新生代企业家在参政议政、建言献策、创业创新、回报社会等方面发挥积极作用。制定新生代企业家“九个一”理想信念教育活动方案，开展理想信念教育活动5次。

【招商引资】2020年，县工商联助推落实“引商行动”，深入开展招商引资，组织项目考察活动10批次。“五一”期间，组织回乡的北京、上海、杭州、宁波、温州、义乌、苏州、台州等地遂昌商会会长开展返乡考察投资活动。6月，组织义乌20余家企业负责人赴遂昌考察。跟踪总投资3500万元的“旅居挂车”项目。推进牡丹亭梦幻演艺广场项目建设进度，年底基本建成。（刘骞骞）

文学艺术界联合会

【概况】2020年，遂昌县文学艺术界联合会所属14个文艺团体，分别是：作家协会、书法家协会、美术家协会、戏剧曲艺家协会、音乐家协会、舞蹈家协会、民间文艺家协会、摄影家协会、诗词楹联学会、汤显祖研究会、畲族文化研究会、影像艺术学会、收藏协会、可扬版画研究会。有新老会员1198人，其中，国家级会员44人、省级会员94人、市级会员186人。开展、参与文艺活动3000多人次。

办好“遂昌文艺”公众号，推送文学作品及视觉艺术作品。全年“遂昌文艺”推出60余期，有效地增强主流媒体的传播力、引导力、影响力、公信力。关注网络作家、自由撰稿人、美术工作者等和新文艺团体。办好《遂昌文学》《汤显祖研究》两个内刊，各出版发行2期，总发行《遂昌文学》27期、《汤显祖研究》33期。

【文艺活动】年初，对获得2018—2019年双年奖的95名优秀个人和5个优秀团队进行表彰。庆祝中国共产党成立99周年和衢宁铁路建成通车，举办“百年梦圆”暨“我的铁路情怀”文学大赛，共收到小说、散文、诗歌等文学作品200多篇（首），评选出26名获奖人员。举办“建设‘一城五区’、打赢‘八大战役’暨建设大花园最美核心枢纽”综合艺术展，收到书法、美术、摄影、剪纸作品400余幅（件），展出作品150幅（件）。开展“我为遂昌评一句”活动，征集各类作品2000余条，评选出年度优秀作品10条，《遂阅》刊发优秀作品71条。

【文艺成果】2020年遂昌文艺创作成果喜人，在市级以上发表、入选、获奖1894人次。其中，获国家级奖31人次、省级奖37人次、市级奖169人次。

文学：小说《液态猫》入选《全国青年作家优秀作品选》，发表在《江南》2020年“浙江作家作品专辑”；小说《悬空术》发表在《大益文学》2020年第4期。散文《约牛》发表在《赣西作家》2020年第3期；散文《微光》获2020年丽水文学创作大赛铜奖；散文《青云岭古道》获2020年丽水文学创作大赛优秀奖；《微光》《爱不孤独》在2020年第4期《丽水文学》发表。诗歌《登狼牙山》获人民网杂志社主办的征文优秀奖；《劲松与小草》刊登于《青年文学家》2020年118期。《水墨人生》刊登于《中华文学》2020年第9期。《看住》（外2首）发表在2020年第6期《扬子江诗刊》。《打扫天空的人》组诗发表于2020年《江南》增刊。《我在遂昌东等你》《年复一年》《落叶的另一种解读》分别刊登在2020年《浙江诗人》春、夏季号。《下辈子依旧爱你》等7首入编诗集《已作丰熟》。《寒夜里的那束暖光》获河南省总工会举办的抗疫主题征文优秀奖。《茶香高坪》获浙江省第十一届乡村诗歌大赛三等奖。《瓯江行（6首）》《路过人间（8首）》获2020年丽水文学创作大赛优秀奖。《断尾兽》获浙江省第十四届新故事作品大赛三等奖。年底，散文集《微光》正式出版。

美术：《湖山·关于冬天的记忆》《星火相传》入选2020浙江省美术作品展。《那个夏日阴天的午后》入选2020浙江省油画作品展。《安静的女子》《从容岁月》入选丽水市第三届女画家作品展。《红色古镇》《陌生城市·陌生的人》《松阴溪畔的时光》《仙霞烽火》《烟雨碉楼下》《向阳而生》《野百合》入选第八届丽水油画双年展。

摄影：《醉美周公源》《路迎朝霞》《清洁能源》入选2020年“瓯江行”摄影大展。《林海深处古村落》《松古大地迎列车》《龙庙》入选“2020田园松阳·传统村落”全国摄影大展。《防疫进社区》在《浙江画报》2020年第2期上发表。《中医门诊》获“远志杯”浙江省中医药文化摄影大赛优秀奖。《辅助疗法》获浙江省“最美逆行·护卫生命”主题摄影展优秀奖。《鹰》获丽水市“百山祖国家公园”主题摄影大赛优秀奖。《乡村初雪》获丽水市“四好农村路”建设摄影大赛优秀奖。《路遇》《跃》获金华“古埠履坦最美湿地”摄影大赛优秀奖。视频作品《我在云顶仙坑源等你》《南孔圣地·衢州有礼》获2020“诗画浙江行走阅读”短视频大赛优秀奖。《兰湖秋色》入选2020“郎静山杯”大美兰溪摄影大展。理论文章《瑞安北麂岛光伏发电场》在《中国摄影报》2020年第43期发表。

音乐：抗疫题材原创歌曲《小城大爱》被“学习强国”平台录用，参演《欢乐过大年·迈上新征程》文艺演出全国村晚示范展示。在丽水市第十五届原创歌曲大赛中，歌曲《春的守望》获创作、演唱、辅导三金奖，《小城大爱》获演唱、辅导双银奖和创作铜奖。在丽水市第十三届乡村文化艺术节暨村歌大赛中，《苏村谣》获金奖。

戏曲：婺剧选段《三请梨花》获第五届浙江少儿戏曲小金桂比赛优秀奖、丽水市第二届少儿戏曲小金桂比赛金奖。情景剧《特种部队》获丽水市第五届“两新”党建好故事演讲比赛银奖。小品《琴乐声声》获丽水市第五届原创小品大赛银奖、创作铜奖。诗朗诵《瓯江，在我血脉中奔跑》获“天籁浙江·印象诗路”朗诵大会比赛青年组一等奖。诗朗诵《清廉遂昌》获丽水市清廉文化进村晚品牌启动暨首届成果展示演出银奖。

诗词楹联：全年在市级以上线上、线下发表诗词和楹联作品1571件。在全国性比赛中获得金奖3人次，入围奖3人次。在省级比赛中获得第二名1人，入围1人。参加市级比赛获一等奖1人，三等奖和优秀奖12人次。遂昌县诗词楹联学会申请注册了“诗颂遂昌”公众号，及时向诗友传达诗讯，布置创作任务，发表优秀诗词作品，

舞蹈书法：舞蹈获国家级奖项4个，省级奖项8个，市级奖项19个。书法作品入选全国性展览2人次，入选省级展览6人次，入选市级展览10人次。

【文艺抗疫】2020年，县文联积极组织、广泛发动下属各协会开展文艺抗疫活动，充分运用文学、书法、美术、剪纸、音乐等艺术形式，向奋战在抗疫一线的英雄、同胞致敬，讴歌抗疫精神。《遂昌文学》开辟专栏，刊登抗疫优秀文学作品，刊发优秀抗疫油画、剪纸作品。“遂昌文艺”公众号推出14期抗疫文艺作品展示。

【《还有诗和远方·诗画浙江篇》研讨会】11月13日，《还有诗和远方·诗画浙江篇》研讨会在遂昌县召开。《还有诗和远方》是浙江卫视推出的文化旅游类探寻体验真人秀。第一季节目中，“诗和远方旅行团”出发前往位于浙江诗路文化带上的8个城市采风，遂昌站为第五站，主题为《寻梦》。当期节目以新中国第一代杜丽娘扮演者沈世华的演唱和遂昌“躬耕书院”孩子们的稚气童声，以及“上林山舍”三位“90后”创业民宿主的梦想故事、“躬耕书院”创建人阿戴的梦想实践等，讲述了遂昌土地上的“寻梦”故事。研讨会上，与会领导和嘉宾纷纷作交流发言。

【遂昌县第五次文代会】12月4日，遂昌县文学艺术界联合会第五次代表大会召开。县委书记张壮雄出席会议并讲话。市文联主席程定飞到会致辞。会议听取县文联工作报告，审议通过《遂昌县文学艺术界联合会章程》，选举产生县文联第五届委员会委员及主席、副主席、秘书长，朱旭明当选为新一届县文联主席。过去五年，县文联带领全县文艺工作者，坚持“两为”方向和“双百”方针，积极唱响主旋律、传播正能量，文艺宣传有声有色、文艺创作成效显著、文艺惠民蔚然成风、文艺人才层出不穷，全县文艺事业呈现出欣欣向荣的发展态势。

【第五届美术双年展】1月12日，遂昌县第五届美术双年展在县文化馆展厅开展。本次展出130余件遂昌本土艺术家作品，包括油画、国画、水粉、扎染、陶艺品等。展出作品体现了遂昌美术爱好者对时代精神的领悟和把握，反映了遂昌县独特的地域

风情和浓厚人文底蕴。此次美术双年展持续到2月12日，免费向市民开放。（黄小康）

残疾人联合会

【概况】2020年遂昌县有持证残疾人11060人，分别为视力、听力、言语、肢体、智力、精神残疾等类别。其中一级残疾914人，二级残疾1436人，三级残疾2397人，四级残疾6313人。全县享受困难残疾人生活补贴2324人，享受重度残疾人护理补贴3205人，全年发放金额1332.26万元。享受养老保险补助53人，医疗保险补助293人，合计补助金额13.42万元。出资52.34万元，为全县持证残疾人继保国寿农村小额保险。

新建三星级“残疾人之家”1家，选址在云峰街道东亭村，与省级养老示范点结合建设，至年底已有18名残疾人接受庇护，其中重度和智力、精神残疾人16人。完成残疾人家庭无障碍改造125户。全年实施康复基本服务10587人次，其中，残疾人家庭责任医生签约7806人；精神残疾人免费服药255人；发放重度残疾人护理补贴2495人；残疾儿童康复训练31人。为残疾人适配助听器、护理床、助行器、轮椅、拐杖等辅具228件。

2020年遂昌县持证残疾人情况一览表

表9　　单位：人

残疾类别 级数	视力	听力	言语	肢体	智力	精神	多重	合计
一级	208	151	33	273	25	20	204	914
二级	130	390	20	709	73	72	42	1436
三级	80	807	18	1116	123	200	53	2397
四级	533	2089	43	3081	288	246	33	6313
合计	951	3437	114	5179	509	538	332	11060

【残疾人康复托养中心】遂昌县残疾人康复托养中心项目，位于县城梅溪小学东北侧，项目规划用地1.40公顷，总建筑面积13341平方米，设残疾人康复与托养床位数180张。主要建设内容为综合服务楼、康复中心综合楼、托养服务楼及附属设施，该项目为2018年县政府民生实事项目，总投资5800万元。至2020年底，已完成主体工程，进入内部装修阶段，同步开展合作洽谈。

印发《遂昌县残疾人康复中心服务大提升改革实施方案》，全面落实关于康复机构基础设施便利化、信息管理智慧化、康复服务人性化、创新服务特色化、机构服务规范化“五化”要求，力争县残疾人康复中心达到康复机构三星级标准，实现残疾儿童康复服务水平明显提升。

【残疾人保障救助】2020年，遂昌县残疾人“两项补贴”（困难残疾人生活补贴、重度残疾人护理补贴）政策实施全覆盖。对2019年度全县符合自费缴纳职工基本养老保险补助条件的223名残疾人进行补助，补助金额90.55 万元。新认定残疾人已参保并缴纳城乡居民基本养老和医疗保险的，由县残联补助给个人。开展全省慈善助残危房改造，向省里申报7户，申请资金33.6万元，帮助困难残疾人解决住房难题。

【残疾人就业创业】做好残疾人求职登记、政策咨询、职业介绍、经营补助、贷款贴息等服务，组织残疾人参加招聘会，努力推动残疾人就业创业。开展残疾人职业技术培训，举办了插花、园艺工等4

期培训班，共有156名残疾人参加了培训。不少农村残疾人通过培训掌握了实用技术，走上自强创业之路，生活得到了改善。

【无障碍环境建设】2020年，妙高街道城中社区创建省级无障碍社区，三仁畲族乡小忠村创建市级无障碍村。通过改造无障碍卫生间、无障碍通道、无障碍停车泊位、无障碍康复站、无障碍服务台和无障碍坡道等，改善残疾人户内户外活动能力。新建残疾人康复站1家（全县已创建18家残疾人康复站），其中2家达到省级康复示范站标准。

【“最多跑一次”改革】简化残疾人证和“两项补贴”发放流程，整合申请、评定、审核、制证、发证环节，残疾人证核发由原来的五个环节减少至两个环节。“两项补贴”审批减少初审公示环节，改为事后公布，接受社会监督。残疾人证首次申领等8个事项上线使用。推行乡镇（街道）残联代办、帮办制。将办理残疾人证、辅助器具登记发放、无障碍改造进家庭、就业创业补助、助学等服务事项权限下放到乡镇（街道），让“残疾人少跑路”。

【维护残疾人合法权益】积极开展残疾人法律服务和法律救助工作，全年受理残疾人来信5件、来访124人次，受理残疾人法律援助案件4起，包括交通事故、婚姻家庭、邻里纠纷、劳动报酬方面，办结4起。加大维权力度，维护残疾人权益。关爱视障群体出行，对城区人行道汽车与电动车违规停放、随意占用盲道问题，联合县检察院开展专项督查，开展盲道公益诉讼。

【扶残助残宣传】在“爱耳日”“爱眼日”“助残日”“肢残人活动日”“聋人节”“盲人节”等重大残疾人节日， 在县城主要街道、社区悬挂宣传条幅，利用广场LED显示屏、电视台滚动播放有关残疾人法规政策，发放宣传资料，开展卫生健康知识讲座。县残联汇编了《扶残助残服务指南》《无障碍知识手册》《脑瘫患儿的康复训练指南》等宣传册，让更多残疾人了解扶残助残政策，及时享受助残服务。（李菁华）

红十字会

【概况】2020年，全县20个乡镇（街道）和有关行业均建立基层红十字会。全县32所公立学校、县级3家医疗机构、12家乡镇（街道）卫生院全部建立红十字会。部分乡镇（街道）开展试点工作。成立叶坦社区、妙高街道庄山村等4个村（社）红十字会。全县发展成人会员1460人，志愿者109人。成立了遂昌应急救护讲师志愿者服务队、遂昌县无偿献血与干细胞捐献志愿服务队、遂昌县红十字蓝天救援队、遂昌金矿户外应急救援志愿服务队、遂昌红十字心连心公益服务队5个志愿者服务组织。

2月初，县红十字会向全社会发出《关于抗击新冠肺炎疫情接收社会捐赠倡议》，至8月底，累计接收社会捐赠款物合计155.27万元。其中接收资金108.23万元，接收物资估价47.05万元。所接收的捐赠资金和物资全部交由县疫情防控指挥部统一调度使用。

【应急救护培训】县红十字会把应急救护培训作为民生实事工程来抓，主动靠前与社区、企业、乡镇对接，定时间、定人员上门服务。一是组织救护师前往度假村、酒店、县公交公司等单位和企业，为员工们进行应急救护培训，培训的重点目标人群是景区、民宿的经营者和从业人员。二是结合“健康素养进农村文化礼堂”行动，组织救护培训师和志愿者走进农村文化礼堂，为农民群众传授应急救护知识，并在文化礼堂开设除险避灾专题讲座。全年完成普及培训6144人次，培训救护员527名。

【生命关爱工作】积极开展无偿献血宣传和造血干细胞捐献工作，“5·8”红十字日、“6·14”献血者日开展形式多样的宣传活动，普及无偿献血、造血干细胞捐献知识和政策法规。全年完成捐献造血干细胞留样24份。开展人体器官（遗体、组织）捐献工作，广泛宣传救死扶伤人道主义精神和现实意义。在县人民医院成立器官捐献领导小组，设立人体器官捐献固定宣传栏。2020年，实现人体器官（遗体）捐献1例。

【人道救助】元旦、春节期间，县红十字会组织志愿者前往北界、应村等乡镇，进行春节前慰问，开展“博爱送万家”活动。“博爱送万家”是红十字会每年都开展的送温暖活动，本次向前期摸排确定的困难家庭发放了500元至1000元的慰问金及慰问品。5月，开展“红十字博爱周”活动，走访结对企业和特殊困难家庭，慰问遗体捐献志愿者家属。推进红十字关爱进乡镇、社区、学校。实施“阳光天使”儿童白血病和“幸福天使”先天性儿童心脏病救助等人道救助项目。全年共发放款物13万元，受益贫困家庭106户。

【五分钟社会应急救护圈】12月11日，2020年遂昌县民宿、旅游景区应急救护员培训班开班，全县民宿、旅游景区“五分钟社会应急救护圈”建设工作启动。此次应急救护员培训有25家民宿、6家旅游景区38名从业人员参加，由县红十字会应急救护培训师执教，教学内容包括心肺复苏、创伤救护技术、自动体外除颤器使用等应急救护技能。经过培训参加考核，合格者获得中国红十字救护员证。遂昌县制定《“丽水山居”民宿、旅游景区“五分钟社会应急救护圈”建设工作实施方案》，根据要求到2021年底，全县民宿、旅游景区从业人员应急救护技能培训率达100%，实现从发现到救援“五分钟社会应急救护响应”救护体系。

【红十字蓝天救援队】7月30日21时15分，遂昌红十字蓝天救援队接到家属求援，腾龙小区一名4岁女童走失。救援队员迅速集合开展搜寻。公安部门现场勘查分析，派出警犬进山搜寻，基本锁定女童走失范围。22时52分，蓝天救援队队员在山中水塘里找到半个身子浸泡在水中的女童，情势十分危急。救援队员迅速跳入水塘将女童抱上岸，抱下山送往医院检查，女童幸运得救。事后，市、县媒体进行了报道，自媒体进行了转发。

遂昌红十字蓝天救援队2017年11月成立，至2020年有正式队员19人。成立以来开展的救援服务有：金竹老人走失救援、遂昌高速路口老人走失救援、洋浩老人走失救援、松阳水库打捞救援等。在疫情防控工作中，开展18次学校消毒工作、5次搜寻走失人员和1次火灾扑灭工作。（雷紫嫣）

革命老区开发建设促进会

【概况】2020年，遂昌县革命老区开发建设促进会开展调研活动28次。牵线搭桥，争取扶贫项目资金206万元助力老区建设。建立科技服务团、科技智囊团，到村到点开展技术培训395人次，现场技术辅导76次。牵线9家企业和老区村结对共建，扶持结对村建设资金51万元。向省老促会和省民政厅上报红色文化重大工程和项目13个，红色+产业体系重大平台和项目21个。2020年，遂昌县老促会获中国老区建设促进会年度宣传工作三等奖。

12月9日，召开遂昌县革命老区开发建设促进会第五届理事会第一次会议。会议听取了县老促会第四届理事会工作报告，审议通过了《遂昌县革命老区开发建设促进会章程》和会议选举办法，选举产生了新一届理事会组成人员。张少啸当选为遂昌县革命老区开发建设促进会新一届理事会会长。

【关爱“三老”人员】春节和“七一”前夕，县老促会开展慰问农村“三老”人员，共发放慰问金9.7万元，其中社会爱心人士捐款1.5万元。随同慰问的医务人员为“三老”人员进行了健康体检，建立“三老”人员健康档案。连续3年来，一位不愿透露姓名的爱心人士为老促会捐赠爱心款共4.5万元，专门用于“七一”慰问农村“三老”人员。

【项目扶贫】2020年，县老促会投入扶贫资金12.5

万元，实施6个精准扶贫项目，扶持老区发展，分别为：遂昌缘来香茶叶有限公司茶叶基地提升、遂昌县青苗中草药专业合作社的三叶青生态种植项目、遂昌金茗农产专业合作社的竹笋两用林高效培育及道路修复、遂昌苏玉家庭农场的基础设施建设及修复、遂昌朴宿清龙雅居民宿修复、金竹唐公宪故居基础设施建设项目。

【重新认定革命老根据地村】4—7月，县老促会对全县范围内并村前后有革命故事、老墙留有革命标语痕迹又不属于老区村的点位，以及老移民村、新移民村、移民小区进行走访调研，充分了解遂昌县革命老区乡镇、村区划变化情况，提出重新认定革命老区县、乡、村的建议。比对1985年公布的革命老根据地村名单和革命老区乡镇名单、2010年村规模调整前后村名变化，形成比对结果。根据馆藏档案、文献、口述资料，在1985年未被认定为革命老区的乡镇、村中寻找到3个开展过革命活动、有可能获批准的村。8月，向县委交提交了《关于重新认定革命老区的前期调研工作》报告。（毛吉凤）

法治·军事

政法委与综治

【概况】2020年，遂昌县深入推进更高水平的“平安遂昌”和“法治遂昌”建设，推动政法工作创新发展，社会大局持续和谐稳定。全年未发生影响社会稳定的重大政治事件、未发生重特大安全生产事故、未发生重大食品药品安全事故和重大环境污染事故、未发生暴力恐怖和个人极端事件、未发生大规模群体性事件和重大公共安全事故。群众安全感测评98.8%，居全省第一。捧回浙江省首批“一星平安金鼎”，获创平安县“十六连贯”。县委政法委获评丽水市创建星级平安金鼎工作突出贡献集体。

【维护社会稳定】印发《遂昌县新冠肺炎疫情防控期间维稳工作预案》《防范化解涉疫情风险隐患任务清单》，开展系列专项行动，助力新冠肺炎疫情防控和复工复产。做好各级两会、国庆、中秋等重点时段维稳安保工作。做好被征地农民参加基本养老保险政策统筹维稳工作，制定预案，县委政法委牵头负责维稳督查指导，实行专班运作。全县无涉被征地农民参加基本养老保险政策统筹涉稳预警信息和风险隐患。

【矛盾纠纷排查化解】围绕政治领域、意识形态领域、经济科技领域、社会领域、全面从严治党领域开展重大风险点排查。摸排影响社会稳定的涉稳问题98件，化解80件，落实稳控措施18件。排查各类矛盾纠纷1213件，成功调处1213件。全年稳评报备项目50件，完成备案50件。对矛盾纠纷进行动态分析研判，及时受理，全年受理矛盾纠纷1315件。开展两轮矛盾纠纷集中排查化解行动，对重点工作、山林纠纷、邻里关系、严重精神障碍患者等进行全面排查，涉稳问题均稳控到位。

【市域社会治理现代化试点】2020年，遂昌县着力推进市域社会治理现代化试点工作。8月3日，召开基层治理“信用村”创建现场会暨落实市域社会治理现代化试点工作部署推进会。9月下发《关于落实丽水市“市域社会治理现代化试点工作”的实施意见》。结合《试点工作任务清单》，组织各部门开展自查评估，跟进掌握试点工作总体进度。在全国率先探索“个人债务重整”制度，有效破解“执行难”，完善社会信用体系建设的法律支撑。探索创建全省首个基层治理信用村（蔡和村），《遂昌县信用村治理举措》获评“2020年度中国十大社会治理创新典范”。2020年，遂昌县市域社会治理现代化试点工作考核居全市第二。

【基层治理“四平台”和全科网格建设】各乡镇（街道）开展党建统领基层治理“四平台”及全科网格规范提升示范点建设，推进全科网格“1+X”组团式服务工作，实现网格党组织、组团联村（社）、党员编组联户“三个全覆盖”。每个月开展网格员培训，召开网格员例会。开展全县基层食品安全协管能力竞赛暨网格员技能大比武活动。遂昌代表队在全市食品安全协管能力竞赛中获团体一等奖，参赛的2名网格员均获奖。完成丽水基层治理平台网格员和乡镇管理员账号分配。成立网格地图绘制和标准地址库建设专班，网格地图绘制通过验收。落实网格日报机制，对各乡镇“基层治理四平台”升级改造任务工作进度进行晾晒。2020年，三仁畲族乡坑口村网格员杨巧飞、妙高街道南街村网格员王立平被评为全省优秀网格员。

【县乡村三级矛调中心建设】依托“一中心四平台一网格”，建立起覆盖全县的矛调纠纷调处化解民情信息网、矛盾化解网、便民服务网，推进“最多跑一次”改革向纵深推进。建成上下联动、左右协调的县乡村三级联动处置机制，解决疑难复杂矛盾纠纷和群体性事件，形成预防有效、发现及时、研判精准、处置有力、群众满意的基层矛盾纠纷调处化解服务团工作方法。2020年，县级矛调中心接待来访群众3652人次，开展调解1466件，矛盾纠纷成功调解率99.1%，乡镇（街道）矛调中心实现全覆盖，乡级矛调中心调处各类矛盾纠纷1632件，调解成功率99.3%。村级矛调服务站、网格员共化解各类矛盾纠纷和代办信访案件7128件。

【县委政法信访工作会议】3月27日，县委政法信访工作会议召开。会议总结2019年全县政法信访工作取得的成绩，一是维护稳定的基石更加牢固，二是平安建设的引擎更加强劲，三是护航发展的脚步更加坚实，四是社会治理的手段更加丰富，五是政法铁军的担当更加彰显。会议要求，要强化对党绝对忠诚的政治担当，要全力防范化解重大风险，要始终保持平安建设良好势头，要服务保障县域高质量绿色发展，要着力提升县域治理现代化水平，要不断提升执法司法规范化水平，要打好信访矛盾减存控增攻坚战，要打造新时代政法和信访铁军，为遂昌加快推进“一城五区”生产力布局、奋力迈向全市第一阵营、打造全国“两山”转化的县域样板保驾护航。

【全市政法一体化单轨制协同办案现场推进会】6月12日，全市政法一体化单轨制协同办案现场推进会在遂昌县召开，各县（市、区）党委政法委、公检法司分管领导及业务部门负责人参加会议。2019年，遂昌被确定为丽水市数字卷宗单轨制协同办案模式试点县，对标单轨制办案要求，立足基层办案实际，积极开展试点工作。至2020年5月，通过政法一体化平台，办理审查逮捕30件，移送审查起诉99件，提起公诉52件，已判决47件，一体化协同办案率100%，试点工作取得阶段性效果。会议对全市单轨制办案模式开展情况进行通报，云和县、遂昌县作典型经验交流发言，遂昌县检察院就单轨制办案进行了现场演示。

【全县扫黑除恶、反恐、禁毒工作推进会】8月14日，县委政法委召开2020年第三次全体（扩大）会议暨全县扫黑除恶、反恐、禁毒工作推进会。县扫黑除恶办、反恐办、禁毒办分别汇报前期工作成效、存在问题及下一步工作措施。会议指出，扫黑除恶、反恐维稳、禁毒工作事关社会稳定、事关发展进步、事关群众幸福，各级各部门要增强“四个意识”，坚定信心决心，压紧压实工作责任，纵深推进扫黑除恶、禁毒、反恐等工作顺利开展，奋力夺取平安县创建“十六连贯”。会议对市域社会治理现代化试点、信访积案化解、政法机关核心战斗力考核、矛调中心建设、打击治理电信网络诈骗等工作进行了部署。

12月8日，县委政法委2020年第四次全体（扩大）会议召开。会议传达学习了平安中国建设工作会议和中央全面依法治国工作会议精神。全县政法部门各单位汇报了2020年工作情况和2021年工作思路，以及平安考核工作指标完成情况。各平安考核专项指标牵头单位汇报了指标完成情况。

【“网格天眼”建设推进会】9月17日，全县党建+科创“网格天眼”建设暨平安建设工作推进会在石练镇召开。与会人员参观了石练镇景新村联勤警务站、村内监控点位及石练镇派出所综合指挥室，听取石练镇平安建设工作情况汇报，对该镇数字化治安防控体系建设给予充分肯定。会上，与会人员观看了“网格天眼”成果展示片，县电信公司、石练镇负责人分别作工作介绍和交流发言。

【政法系统党风廉政建设警示教育活动】11 月 12 日，遂昌县政法系统开展党风廉政建设警示教育活动，单位班子成员集体参观中国工农红军挺进师纪念馆、县廉政教育基地，观看警示教育图片展、警示教育视频，学习警示教育案例材料，重温入党誓词。随后，召开政法系统领导干部党风廉政警示教育学习会，传达学习党的十九届五中全会精神，贯彻落实中央、省、市、县委关于全面从严治党、从严治警的系列部署要求，加强政法机关党风廉政建设，研究部署近期重点工作。

【平昌守护者联盟】2019 年 9 月，由县委政法委牵头，县公安成立“平昌守护者联盟”，引导遂昌平安类志愿者组织参与基层社会治理。2020 年，“平昌守护者联盟”不断发展壮大，飞鹰救援队、健康管理学会等 30 余支队伍加入，每个乡镇都有平安志愿者队伍活跃在基层治理一线。疫情防控期间，“平昌守护者联盟”成员参与卡口轮值工作，组织宣讲团到社区、企业、农村开展反诈、禁毒、交通安全宣传活动 763 场，平安志愿者在基层治理工作中的作用日益显现。（江建红）

法治政府建设

【概况】2020 年，遂昌县政府全面推进法治政府建设，完善工作机制，规范行政行为，增强政府公信力和执行力，有效促进全县社会经济持续快速健康发展。定期向市建设法治政府（依法行政）工作领导小组报告法治政府建设情况，将法治政府建设工作实绩纳入对乡镇（街道）、部门的实绩考核。遂昌县获评法治浙江（法治政府）建设先进单位。

【完善制度】加强行政规范性文件的制定和监督管理工作，执行规范性文件“三统一”和合法性审核制度，合法性审查率 100%。向市政府和县人大常委会报备行政规范性文件 10 件，未出现纠错情形。制定《遂昌县人民政府重大行政决策程序规定等九项制度》，20 个乡镇（街道）、19 个县直单位完成 2020 年度重大行政决策事项目录编制，有 60 个事项纳入目录化管理，7 个县直单位编制事项标准，实现重大行政决策目录全覆盖。加强行政机关合同管理，合同标的为 200 万元以上的行政机关合同备案数 16 件，未出现违约毁约的重大行政机关合同。

落实省委、省政府关于深化综合行政执法改革的实施意见，按照综合行政执法事项统一目录划转执法事项，与各部门签订《行政执法事项划转协定书》《行政处罚事项备忘录》。开通掌上执法，掌上执法开通率 100%。在信访投诉转执法平台工作上做到应转尽转，确保执法闭环。

【规范执法】指导各部门开展执法监管事项清单梳理、动态调整和入库工作。各部门认领省权力事项库事项 9266 件，认领率 95.72%，所有入驻单位全部完成测试案件的录入，正式启用省统一处罚办案系统。开展“证照分离”改革事项审批监管情况专项监督。对市场监管局、卫生健康局、农业农村局涉企经营许可事项对应办件的规范处理情况、事中事后监管情况、改革配套措施落实情况开展督查。对各执法单位 2019 年 7 月至 2020 年 6 月期间 213 卷行政执法案卷开展集中评查，对评查中发现的问题进行通报。通过案卷评查、专项督察等，重点检查行政执法自由裁量运用、执法队伍建设、行政处罚信息公开公示等情况，制发执法监督通知书 4 份。

【借力“外脑”】县政府及 26 个工作部门、20 个乡镇（街道）全部聘请了法律顾问，通过落实外聘政府法律顾问工作规则、合同报备、考核管理及省政府法律顾问信息服务系统平台信息录入，推进法律顾问从“有形覆盖”向“有效覆盖”转变。全年法律顾问共参与重大行政决策 25 件，参与重大合同合法性审查把关 112 件，参与行政规范性文件合法性审查 57 件，参与重要行政处罚、行政许可 8 件，参与重大行政执法决定审核7件，参与重大项目谈判及法律文书起草15件，参与处理行政复议、行政调解、诉讼、仲裁、信访等涉法事务106件，协助处理重大突发事件和社会公共事件9件，参与法治宣传教育活动58场次，参与其他法律事务302件。

【创建法治政府示范县动员部署会】7月1日，遂昌县召开法治遂昌（法治政府）建设第一次点评会暨法治政府示范创建动员部署会，县委副书记、县长胡刚出席并讲话。会上，县司法局通报了2019年法治遂昌（法治政府）建设考核情况以及存在的问题短板，解读了2020年法治浙江（法治政府）建设考核评价细则，介绍了创建全国法治政府示范县实施方案。县自然资源和规划局、综合行政执法局、大柘镇、蔡源乡4家单位作交流发言。会议以视频形式召开，各乡镇（街道）设立分会场。（县府办）

扫黑除恶专项斗争

【概况】2018年—2020年，遂昌县紧紧围绕中央、省委、市委决策部署，以习近平新时代中国特色社会主义思想为指导，忠诚履职、事不避难，深入推进扫黑除恶专项行动，严厉打击各类黑恶势力，促进社会公平正义，保障人民安居乐业。县里成立扫黑除恶专项斗争领导小组及办公室，组建扫黑除恶工作专班。2019年，又对扫黑除恶专项斗争领导小组进行提档扩容，增加成员单位。3年来，共收集各类涉黑涉恶线索262条，成功侦办6起涉黑恶类案件，抓获集团、团伙成员63人。

【宣传发动】在电视、广播、报纸、新媒体等平台上发布《关于依法严厉打击黑恶势力违法犯罪的通告》，发放《致全县人民群众开展扫黑除恶专项斗争的一封信》《遂昌县扫黑除恶线索征集令》等材料，张贴扫黑除恶公告5000余张，悬挂横幅300余条。在电视、广播、报纸上开设专题专栏，推出扫黑除恶专项斗争宣传165期（条）次，其中报纸123期、电视广播42条。制定遂昌县黑恶违法犯罪举报奖励办法，公布举报电话，号召群众积极提供黑恶势力违法犯罪线索，检举揭发身边的“村霸”“保护伞”、宗族势力等违法犯罪行为线索。

【查处重点案件】3年来，成功侦办6起涉黑恶类案件（恶势力集团3起、恶势力团伙3起），其中4起被列为市级督办案件，共抓获集团、团伙成员63人。一是周某等人恶势力集团案件，集团14人被分别判处九个月到十三年不等刑期。二是龚某军等人恶势力团伙案件，团伙6人分别被判处一年七个月到一年八个月不等刑期。三是孟某恒等人恶势力集团案件，集团8人分别被判处一年到九年六个月不等的刑期。四是罗某飞等人涉恶团伙案件，团伙4人分别被判处四年到十年不等刑期。五是吴某愁等人恶势力集团案件（套路贷），集团22人分别被判处一年三个月（缓刑二年）至十一年不等刑期。六是彭某斌等人恶势力团伙案件，团伙9人分别被判处一年（缓刑二年）至四年不等刑期。

受理指定遂昌县管辖的黑社会性质组织案件3件。一是周某武等人组织领导参加黑社会性质组织案件。该案首要分子周某武数罪并罚被判处有期徒刑十四年，其余被告人分别被判处一年五个月至六年三个月不等刑期。该案另有境外逃犯5人，已劝返和抓捕3人。二是谢某中涉嫌参加黑社会性质组织、敲诈勒索、虚假诉讼案件，完成一审判决。三是黄某波涉嫌诈骗案件，尚在检察院审理中。

【排摸核查线索】制定《遂昌县黑恶违法犯罪举报奖励办法》，最高奖励金额5万元。在全县集中开展三轮线索排摸工作，对2016年以来受理的信访举报和案件线索进行大起底，全面排查梳理，从中筛选涉黑涉恶线索。对重点人员、案（事）件、行业区域开展排查摸底，办案部门定期对报案材料、接处警记录，以及已查处的涉嫌故意伤害、寻衅滋事等人员信息进行全面梳理。发挥村干部、全科网格员作用，走村入户排摸，确保线索不遗漏。2020年对未办结线索开展重点督办，强化深挖彻查。3年来，共收集各类涉黑涉恶线索262条，查实或部分查实97条，查否159条，在查6条。中央督导组交办线索28条全部办结。中央督导平台交办线索8条全部办结。市扫黑办交办线索24条，在查1条。

【打财断血，摧毁基础】遂昌县始终坚持抓捕涉案人员与清查涉案财产同步进行，深挖犯罪线索与彻查利益链条同向发力，综合运用判处财产刑、行政处罚等手段，加大对涉黑涉恶财产的追缴、没收力度，摧毁黑恶势力经济基础。对案件办理进度实行全程动态管控，加强立审执兼顾。对多被告人案件分案立案，确保有财产可供执行案件执结完毕。审理阶段紧盯涉案财产查封、冻结期限，确保财产安全可控，案件生效后十日内将财产刑移送执行。执行部门提前介入，对疑难性财产权利的处置及早研判，制定预案。建立执行绿色通道，快立快执，运用查封、冻结、划拨、罚款、搜查等强制措施，做到银行财产、车辆、房产查控到位。

2019年成立扫黑除恶打财断血工作专班，详细核查、准确处置涉案财产，督促追赃、退赃，确保财物追缴到位。2020年成立黑财清底专项执行领导小组。至年底，在遂昌县判决的黑恶案件中，共扣押资产31851万元，判决财产刑（追缴、退赔、没收）23222万余元，已执行到位22744.46万元，执行到位率97.94%。其中周某武案扣押资产31375万元，判决财产刑22864万元，已执行到位22684万元，执行到位率99.21%。

【打伞破网，铲除土壤】扫黑除恶专项斗争中，对重大涉黑涉恶案件，县纪委监委注重同步介入，严格执行"一案三查""两个一律"，深挖彻查黑恶势力及其背后保护伞，把"打伞破网"作为主攻重点。在办理周某等人恶势力集团案件和吴某愁等人恶势力犯罪集团案件中，分别发现并查处县人民法院陈某某和县公安局黄某某充当"保护伞"案件2人2起。其中陈某某被指定至永康市管辖，被判处有期徒刑十年。黄某某被指定至松阳县管辖，被判处有期徒刑一年十个月。

【扫黑治乱结合】围绕十大行业领域涉黑涉恶突出问题，由牵头单位和行业主管部门出台方案，建立防范黑恶势力滋生机制，严防行业乱象发生。纪检监察、公检法机关先后发出涉及扫黑除恶行业整治"三书一函"10份，其中检察建议书2份、司法建议书3份，公安提示函5份，均得到行业主管部门回复并进行整改。县公安局积极整治治安乱点，对建筑工地、城中村、娱乐场所等重点场所进行地毯式清查，对黄赌毒前科人员、娱乐场所从业人员及暂住人口、流动人口等逐一排查。成功捣毁组织卖淫团伙2个，办理开设赌场案件27起。加大对"套路贷"、寻衅滋事及网络黄赌毒的打击力度。打处利用网络跨境开设赌场犯罪团伙3个。县市场监管局查处疫情期间部分商户哄抬肉价案件9起，加强口罩、防护服、红外体温计等防疫物资的质量和价格监管，查办涉防疫物资类案件8起。县自然资源局推进露天矿山综合整治工作，持证露天矿山开采更规范，违法违规行为得到有效遏制。县大数据和金融发展中心联合公安、法院、市场监管等部门约谈"翼龙贷"遂昌分支机构负责人，成功出清该机构，实现县域网络借贷平台清零。县人民银行督促金融机构加强授信管理，对异常情况进行排摸，严格执行贷前贷后"三查"。县委组织部开展"红色体检""红色提升""红色培育"，推动全县农村党组织全面过硬。县农业农村局开展村级财务问题专项整治，大部分乡镇（街道）完成所属行政村财务盘查。县建设局积极开展行业乱象整治，检查建筑工地750次、运输企业320次，开展燃气检查和消防检查130次，在招标现场、工程现场、燃气消防点位搜集涉黑涉恶线索。县教育局开展防范校园欺凌、性侵、暴力等专项整治，有效防范校园欺凌暴力事件发生。（江建红）

公安

【概况】2020年，遂昌县公安局"110"情报指挥中心接警总数46175起，其中有效警情15931起，比

2019年下降3.27%，有效警情连续5年保持下降趋势。立刑事案件713起，比2019年上升3.94%，破案261起，上升7.45%。发生治安案件992起，比2019年下降15.72%，结案285起，下降30.66%。传统盗窃类发案数比2019年下降24.7%。上报交通事故48起，死亡人数26人，交通事故起数、死亡人数连续4年“双下降”。连续3年未发生命案，连续7年未发生“两抢”等重大案（事）件，实现17年命案全破，连续35年监所安全零事故。

2020年，县政府给予遂昌县公安局记集体三等功一次。此外，遂昌县看守所被省公安厅记集体二等功，民警陈建飞被省公安厅记个人二等功，黄根寅获评全省“扫黑除恶成绩突出先进个人”，吴仁伟、黄建青获评2020年度“最美浙警”，盛智剑获评“丽水之干”先锋人物。

【打击违法犯罪】对各类违法犯罪保持高压严打态势，2020年，县域刑事、治安、盗窃类发案数和警情全面下降。侦破一批专案、要案，扣押、冻结涉案资金5400余万元。抓获一名24年前命案积案逃犯。破获全县首例网络黑客案件。侦办涉食药环劣及知识产权案件23起，采取强制措施38人，追缴赃款近700万元。办理“9·18”非法采矿案，采取强制措施6人，追缴账款616万元。破获一起销售假冒注册商标和商品案，查获涉假粉扑万余件，冻结资金70万元。严打涉黄、赌、枪爆违法犯罪，破获“4·13”组织容留卖淫案，办理涉赌、涉枪爆案件24起，收缴枪支27支，移送起诉66人。重拳开展“断卡行动”，打掉“黑灰产”团伙5个。

【警务改革】2020年，县公安局建成情指行一体化合成作战指挥中心，刑侦、网安、合成作战等部门力量深度融合。成立交巡处突中心，城区治安、交通实现一体化管理。街面见警率、管事率、处置率显著提高，主城区交通拥堵指数下降11%，街面发案率下降45%。通过政务2.0办理业务1万余件。完成车辆检测“一件事”集成改革。在全市率先研发启用“执法办案智能分析预警系统”，并作为公安机关数字化改革创新方案在全市推广应用。

4月，县公安局城西派出所成立。公安信访部门整建制入驻县矛盾纠纷调处化解中心。5月，石练派出所（交警中队）新营房交付使用。7月，成立青年民警特训营，探索建立30周岁以下青年民警一站式培养体系。8月，组建6个公安专业兴趣小组，加速提升技能型人才培养速度与精度。9月2日，举办第二届专业顾问聘任仪式，12位来自不同领域的专家被聘为专业技术顾问。

【“五零警区”创建】深化“枫桥式”公安派出所创建，以三大警务（网格警务、赶街警务、礼堂警务）、三大建设（警务室建设、平安类志愿者队伍建设、智慧安防建设）为基石，深化创建“五零警区”（刑事零发案、矛盾零上交、群众零上访、安全零事故、服务零投诉）。民警副书记全程参与村社换届选举工作。发挥“赶街”警务优势，完成全年警银收缴任务。推行“警政民”三维乡村交通共治模式。平安类志愿者队伍不断壮大。组织道路交通安全、电信网络诈骗防范培训60余场，参训人数6700余人。全县1/5的村、社区实现“五零警区”图景，一批富有实效的工作法落地见效。

【网格天眼工程】为补齐“雪亮工程”农村地区覆盖率低的短板，织密农村地区视频安防监控网。年初，县公安局主动对接各乡镇（街道），号召“党员干部带头装、普通群众跟着装”，新增农村监控2160路，其中接入公安联网视频1080路，实现农村地区重点场所、主要干道、村级监控全覆盖。9月17日，遂昌县“党建+科创”网格天眼建设暨平安建设工作推进会在石练镇召开。通过对比，石练镇辖区警情比2019年同期下降25.6%，传统侵财案件破案率从33.5%提升到92.8%。

【执法规范化提升】成立执法管理委员会，执法规范化建设责任体系进一步完善。建立部门问题清单16张，个人问题清单155张，梳理问题308个，完成整改279个。建立中青年民警法学兴趣小组，利用云上课堂、法律大讲堂、钉钉授课等形式开展每周学习，司法、高级执法考试报名率、参考率创历史新高。

县公安局作为全市政法一体化协同办案机制试点单位，在各派出所、执法办案管理中心、刑事犯罪侦查中心建设设备平台，建立与县检察院、县法院办案数据一体化推送机制，实现案卷移交、查询全程电子化，信息安全系数、卷宗信息获取效率得到极大提升。

【车辆检测一件事集成改革】根据省委十四届六次全会《关于“加快最多跑一次”改革延伸覆盖，推动公共场所服务大提升》决策部署，县公安局牵头完成遂昌车辆检测“一件事”集成改革工作。检测站投入65万元改造资金，建成人车分流检测线，形成了车辆检测“一键化”、服务“一窗化”、管理“一体化”的全周期“交钥匙”服务模式。车辆检测时长从平均90分钟下降到平均30分钟，群众满意率由改革前35%提升到100%，做到了零投诉。

【公共安全保障服务中心开工】遂昌县公共安全保障服务中心项目，位于环城北路与龙谷路交叉口西北侧，用地面积1.53万平方米，建筑面积2.95万平方米，总投资14976万元，建设内容包括县公安局业务用房、交巡处突中心业务用房、警体中心以及辅助用房，及相关配套设施工程。7月31日，县公安局举行公共安全保障服务中心开工典礼，计划2022年底建成交付使用。

【全县公安工作会议】6月3日，全县公安工作会议召开，回顾总结2019年工作，部署落实2020年工作任务。2019年，县公安局在维护社会稳定、护航经济发展、公共安全防护、打击违法犯罪、基层治理创新等公安工作中取得了卓越成绩。被评为全省扫黑除恶专项斗争先进集体、全省公安机关执法质量优秀单位、全省公安机关信访优秀单位，在全市公安机关综合考评中列总分第一。践行弘扬“浙西南革命精神”获公安部部长赵克志批示表扬，“一格一警”工作、“最多跑一次”延伸服务、“破小案保民安”等工作得到上级领导批示肯定。县委书记张壮雄出席会议并讲话。会议表彰了各项先进。

【案件选介】破获跨度24年命案 4月22日，县公安局组织警力远赴福建省宁化县石壁镇，成功抓获遂昌县1997年“1·29”命案逃犯1人。至此，这一跨度24年的命案告破。

1997年1月29日，吴某从龙游到遂昌北界女友家中，因女友提出分手，两人发生激烈口角，并和女友弟弟发生肢体冲突。吴某拿起了柴火棍打死了女友弟弟，随后逃离。2020年4月，县公安局通过大数据查询，发现重要线索：福建省宁化县石壁镇一名张姓男子有重大嫌疑。经细致分析，民警判断该男子很有可能是潜逃后使用化名的吴某。经过进一步调查，县公安局民警赴福建省宁化县将该男子一举抓获。经审讯，嫌疑人对24年前的犯罪行为供认不讳。5月6日，犯罪嫌疑人吴某被县检察院批准逮捕。

“12·23”网络传播淫秽物品牟利案 遂昌县警方在2019年12月巡查中，发现一款名为“茄子视频”的App涉嫌传播淫秽物品牟利，随即立案开展侦查。经查，2019年6月以来，该App注册用户达556.87万人，后台数据资源库内供用户点击观看的淫秽视频达1.41万部，涉案金额2亿余元，团队主要成员朱某、陈某、叶某、寿某非法获利2300余万元。2020年5月18日，县公安局安排警力远赴重庆、深圳两地实施收网，抓获犯罪嫌疑人5名，扣押现金、非法所得、房产、豪车等资产共计5000余万元。该案被公布为浙江省2020年“扫黄打非”十大案件。

“4·13”组织容留卖淫案 4月13日，县公安局民警在工作中发现遂昌风情假日宾馆、富华商务宾馆有团伙组织卖淫。经过前期调查，并掌握大量违法犯罪证据后，6月8日，警方对“4·13”组织容留卖淫案进行集中收网，在两家宾馆现场抓获嫌疑人24名，刑事拘留涉嫌组织卖淫犯罪嫌疑人2名、涉嫌容留卖淫犯罪嫌疑人2名，对2家涉案宾馆作出查封并吊销特种行业许可证处罚，净化了县域社会风气。

白水村系列入室盗窃案件 3月初，北界镇白水村的王女士向警方报案称，自己佩戴的价值6万多元的金手镯、金项链会掉色，怀疑之前放家里时被小偷调包了。北界派出所民警通过走访了解到，年初白水村有20多户村民家里遭了贼，项链、戒指等金银首饰被盗，或变成赝品，涉案金额20余万元。民警通过走访、摸排和细致调查，锁定白水村男子王某有重大作案嫌疑。但该嫌疑人已离开白水村，前往河北省石家庄市。民警两次赶赴石家庄市，都被王某躲过。9月13日民警第三次赶赴石家庄，终于在一间出租房内将王某抓获。经审讯，王某对在白水村实施的系列盗窃行为供认不讳。

破坏水电站生产经营案 2019年8月至2020年3月间，黄沙腰镇黄金滩水电站砻下坑大坝，先后5次被人为恶意放水，致使黄金滩水电站停业经营90余天，造成停产经济损失2.2万余元。3月27日，县公安局组织警力对重点嫌疑人员开展集中抓捕，抓获犯罪嫌疑人5名。经查，因2019年6月6日黄沙腰镇发生特大洪灾，给群众的房屋、农田带来了损失。洪灾过后，小洞源村的陈某某等几名村民执意认为，洪灾发生是因为黄金滩水电站大坝超高、位移的缘故导致。后经专家鉴定，大坝不存在位移情形。然而陈某等人固执己见，多次通过拆卸大坝开关阀、用钢锯锯断放水阀升降螺杆等方式，破坏水电站生产经营。该案件的破获，有力维护了县域良好营商环境。（雷 晨）

检 察

【概况】2020年，遂昌县人民检察院受理提请批捕各类刑事犯罪113人，依法批捕81人；受理移送审查起诉各类刑事犯罪371人，审结360人，其中依法向法院提起公诉312人。提前介入故意杀人、抢劫、涉毒等重大犯罪案件，提起公诉4人，开展重大案件侦查终结前讯问合法性核查1件。受理移送审查起诉职务犯罪4人，审结并提起公诉3人，指定管辖1人。办理司法救助案件9件，发放司法救助金15.6万元。

2020年，遂昌县人民检察院获集体、个人荣誉50余项，其中市级以上荣誉39项。“鲁冰花”青少年普法教育志愿服务项目被评为第五届中国青年志愿服务项目大赛银奖。

【刑事检察】加强对刑事犯罪立案、侦查、审判等环节的监督。监督侦查机关立案3件3人、撤案3件9人，追诉漏犯6人，1人被判处五年以上有期徒刑。发出纠正侦查、审判活动违法通知书10份，均被采纳。协助法院开展财产刑执行案件10件，1件被评为全市检察机关精品案例。加强社区服刑罪犯检察，解除强制医疗人员3人。加强对监管场所的检察监督。开展剥夺政治权利刑罚执行法律监督专项行动。出台《退回补充侦查指引》，规范退回补充侦查文书制作，强化补充侦查期间公检衔接，严格监督制约措施，进一步降低案件比。

【民事检察】积极履行民事诉讼监督职责，保障民事裁判公平公正。对发现的17件涉及虚假诉讼民事生效裁判案件发出再审检察建议，均获法院再审改判。办理当事人申诉案件4件，对其中3件裁判正确的，依法作出不支持监督申请决定。对1件劳动争议仲裁申诉案件，举行公开听证促进和解，用28天时间帮助解决困扰当事人6年之久的工伤赔偿款拖欠难题。该案获评2020年度全省民事检察专项工作典型案例。开展“网络司法拍卖”民事执行专项监督，推动网络司法拍卖工作依法规范开展，切实维护当事人合法权益。

【行政检察】办理行政非诉执行监督案件20件。推动行政执法领域“府检协作”监督，出台《关于建立行政机关行政管理活动履职到位联合监督机制的实施意见（试行）》，系全省首创。4月，出台《关于共同推进行政争议实质性化解的意见》，建立司法机关和行政机关协同化解行政争议长效机制，促成行政争议实质性化解案件7件。10月，联合松阳县、景宁县检察院出台《关于行政检察工作协作机制的会议纪要》，加强区域协作，办理全省首件跨行政区域检察机关对审判机关行政审判程序违法监督案。

【公益诉讼】加大公益诉讼办案力度，维护国家利益和社会公共利益。办理民事公益诉讼诉前程序9件，起诉5件，均获法院判决支持。办理行政公益诉讼诉前程序48件，行政机关均整改到位。办理民事公益诉讼诉前赔偿案件2件，公益诉讼重大案件9件。针对县城盲道被侵占、窨井盖破损等现象，制发检察建议监督相关部门履职。向林业部门发出认定北界镇苏村大樟树、王村口月光山公园内的两株广玉兰为名木的行政公益诉讼诉前检察建议，促成3株树木被省林业厅认定为名木。

3月，县检察院就叶某某滥伐林木一案，向市中级人民法院提起民事公益诉讼。补植复绿要抢抓时节，叶某某滥伐林木民事公益诉讼案如果按照正常程序进行，会错过当年春天的植树时机，县检察院遂向市中院申请，要求先予执行补植复绿，市中院依法作出先予执行裁定。该案为全市首例民事公益诉讼先予执行案件，获评丽水市检察公益诉讼三周年精品案例。

县检察院于2018年联合九龙山国家级自然保护区管理局，打造九龙山生态司法保护示范区。2020年9月，挂牌成立九龙山生态保护公益诉讼检察创新实践基地，突出“集中委托修复”模式和当地珍稀野生动植物资源保护工作，着力打造集宣教、预防、办案、修复于一体的先进综合示范基地和重要窗口。12月，九龙山生态保护公益诉讼检察创新实践基地入选全省首批公益诉讼检察创新实践基地。

【民生检察】4月，县检察院履职时发现，仙侠湖存在生活污水直排、垃圾乱丢造成污染情况。及时就存在问题向职能部门制发检察建议，并召集相关部门协商治理方案。职能部门收到检察建议后开展整改，发布《遂昌县仙侠湖水面整治通告》《遂昌县仙侠湖渔业网箱（含管理用房）管理办法》，至年底完成整改，督促治理恢复仙侠湖区域受污染或占用水域20公顷。联合多部门开展野生动物保护专项行动，审结破坏生态环境资源犯罪21人。开展守古树护名木、松材线虫病防治、露天焚烧秸秆防控等专项监督，向乡镇、部门发出检察建议29份，均被采纳并整改到位。

【惩治黑恶犯罪】依法批捕涉黑涉恶犯罪嫌疑人8人，受理移送审查起诉37人，均提起公诉并得到法院判决支持，无一改变定性。积极引导查封、扣押涉黑涉恶财产，实现涉案财产全查清、利益链条全挖出，向法院随案移送查控财产金额476万元。移送“保护伞”线索2条，其中1条经市检察院核实后立案侦查，移送涉黑涉恶犯罪线索1条。对7件黑恶势力涉及的虚假诉讼案件发出检察建议，法院均再审改判。制作的1篇涉黑案件补充侦查提纲获评全省检察机关补充侦查优秀文书，办理的1起涉黑案件被评为全省刑事检察精品案例。

【保障民营经济】依法办理涉企案件10件，最大限度给予从轻从宽处理，对符合法定条件的3件作出不起诉处理，尽量降低办案给企业带来的影响。办理的一起企业员工挪用资金案，得到省检察院检察长批示肯定。对虚开增值税发票的一名企业家，结合其犯罪情节及所在企业为医疗机构提供清洗消毒服务等情况，依法作出相对不起诉处理。该案获评全市检察机关“服务六稳六保，护航民企发展”典型案例。检察长带头走访企业，认真听取企业家的意见建议和司法需求，架起与民营企业沟通的连心桥，不断优化法治营商环境。

【化解矛盾纠纷】设立“12309”检察服务千村联络站，开展“下沉式”检察服务，收集妥善处理涉检涉法矛盾，打通检察机关服务基层群众“最后一公里”。运用司法救助化解信访积案，全年办理司法救助案件9件，发放司法救助金15.6万元。检察长带头包案化解一起长达29年的信访积案。10月，联合团县委出台《关于未成年被救助人司法救助资金专门账户的管理办法》，破解监护人挪用司法救助金却无人监管的困境。

【促进社会治理】深入推进“少捕慎诉慎押”，全面推进“认罪认罚从宽”制度。践行新时代“枫桥经验”，落实宽严相济的刑事政策，作出不批准逮捕33人，不捕率28.95%，作出不起诉48人，不诉率13.33%。宣传推广“认罪认罚从宽”制度，联合司法局出台《关于认罪认罚案件值班律师制度的实施细则》。提升案件质效，做好罪犯教育转化，促进认罪悔罪，用好起诉裁量权，对337人适用认罪认罚程序，提出精准量刑建议，均被采纳。

【接受社会监督】坚持阳光检察主动接受监督。定期向县人大及其常委会报告工作，每月报送不批准逮捕、不起诉等各类文书文件，配合开展专项调研和执法检查。自觉接受县人大开展的检察官履职评议，虚心接受评议意见和建议，及时整改到位。邀请人大代表、政协委员等参加公开审查听证会、检察开放日等活动6次。在检察机关案件信息公开网公开重要案件信息113条、案件法律文书231份。

【获评全省“智慧检察创新应用设计十佳”】6月，在全省智慧检察创新应用设计方案评选中，遂昌县检察院报送的《数字卷宗质量核查系统设计方案》被评为“浙江省智慧检察创新应用设计十佳方案”。 本次智慧检察创新应用设计征集活动共收到全省82份方案。遂昌县检察院的《数字卷宗质量核查系统设计方案》，通过图像识别、文本识别等技术实现卷宗导入、自动核查、核查模型管理、人工确认、问题反馈、统计分析等功能，开展数字卷宗质量核查，最大程度确保数字卷宗质量，促进卷宗数字化、规范化、标准化进程，推进司法办案的数字化变革。

【擦亮“鲁冰花”品牌】2020年，县检察院牵头11个部门发布《遂昌县关爱困境未成年人共同体宣言》，凝聚起关爱困境未成年人合力。建立检校联络员制度，通过联络员发现1起性侵未成年人案件线索，移交公安机关立案，涉案人员被判处有期徒刑八年。录制空中法治课堂，通过华数点播平台实现家校点播全覆盖。坚持精细化帮教，最大限度挽救涉罪未成年人。联合团县委成立帮教团队，为10名涉罪未成年人开展观护帮教。

9月，在首届浙江省志愿服务展示交流活动暨项目大赛上，遂昌县检察院选送的《“鲁冰花”开检爱相随》项目获银奖。10月，在全国文明实践志愿服务培训班上，遂昌县检察院“鲁冰花”志愿服务项目进行了交流展示。11月，在第五届中国青年志愿服务项目大赛上，《“鲁冰花开”检爱相随》项目获银奖。此外，遂昌县检察院“鲁冰花”社会工作室被推选为2020年度浙江省志愿服务典型最佳志愿服务组织。工作室制作的法治微课《哆啦A梦的魔法之大雄成长记——预防校园欺凌篇》被评为浙江省未成年人检察法治教育精品网课，在全省“青春护航法润成长”法治微课大赛上获二等奖，在丽水市“青春护航法润成长”法治微课大赛上获小学低年级组一等奖。（章韶兵）

法院

【概况】2020年，遂昌县人民法院全面深化“三个建设年”活动，司法为民、公正司法，各项工作取得新进展。全年收各类案件8160件，其中，诉前化解纠纷2160件，诉前纠纷化解率78%，居全省第二位；立案受理各类案件6000件，结案6152件（含旧存），法官人均结案数223.3件，审判质效位居全市第一。

设立湖山人民法庭，服务库区群众。为“天工之城”建设提供知识产权保护服务，丽水知识产权巡回审判点落户湖山乡。建立生态经济知识产权保护服务中心，助力“数字绿谷”建设。通过网上办案、错时开庭、院庭长提高办案基数15%、线上开展执行等举措，统筹推进疫情防控和执法办案，被省高级人民法院评为“十大最佳保障‘两手硬、两战赢’司法成果”。

推进政法一体化单轨制协同办案试点工作，全年协同办案343件，协同执行381人，审判反馈协同率、入矫执行协同率100%，《政法一体化操作指引》被省高院推广。深化员额法官联系村制度，在乡镇（街道）人大代表联络站、村（社）建立微法庭工作室，畅通线上线下解纷渠道，累计提供各类咨询300余次，指导纠纷化解120余件。推广和运用微法院、ODR在线调解平台，ODR平台成功调解纠纷1521件，司法确认289件，位居全市前列。

【打击刑事犯罪】2020年，受理各类刑事案件187件，审结192件（含旧存），判处罪犯314人。保持惩治腐败犯罪高压态势，审结贪污贿赂、渎职等案件4件4人。严厉打击虚假诉讼，认定虚假诉讼行为2件2人。坚持宽严相济原则，判处五年以上有期徒刑15人，对173人适用缓刑。推进认罪认罚从宽制度，适用认罪认罚机制审结案件177件297人。首创刑事被告人登记制度，有效预防涉诉重大风险发生。打好扫黑除恶专项斗争收官战，三年共审结涉及黑恶案件13件62人，结案率100%，判决财产刑（含罚没、追缴、退赔）2.3亿余元，执行到位“黑财”2.2亿余元，执行到位率97.9%。其中全市影响最大的周某武等人涉黑案件，执行到位“黑财”2.18亿元。

【化解民商事纠纷】2020年，受理民商事案件2744件，审结2800件（含旧存），解决争议标的额5.29亿元。全面提升民间借贷协同治理，坚持“三个一律”，从严规制职业放贷行为，民间借贷案件比2019年下降30.4%。切实保护公民人身和财产权利，审结各类侵权纠纷案件622件，其中农民工劳动争议案件85件。妥善审结婚姻、继承等家事纠纷318件。通过“网上数据一体化处理”平台，高效化解交通事故纠纷476件。与财政、医保等部门共同建立救助基金追偿协作机制，有效解决交通事故纠纷参保人违规获取医保基金问题。

【化解行政争议】全年审结行政诉讼案件15件，行政非诉审查案件19件。出台《关于共同推进行政争议实质性化解的意见》，推动县司法局行政争议调解中心实体化运行，调解撤诉案件11件。落实行政机关负责人出庭应诉制度，行政机关负责人出庭应诉率100%。强化司法与行政良性互动，召开府院联席会议，发布《行政审判白皮书》，助推法治政府建设。

【推动生态环境法治化】践行“绿水青山就是金山银山”理念，审结环境资源案件40件。成立全省首家县级区域生态环境司法保护协同治理中心，通过“一快速、四协同”机制推进环境资源案件诉源治理。邀请人大代表、政协委员参与案件协调、生态修复监督等10余次，环资监督员协助参与调解30余次，诉前化解苗头性问题120余个。联合松阳县法院构建松阴溪流域生态司法保护协作机制，共同推进流域生态保护。与九龙山国家级自然保护区管理中心联合打造《野生动植物与法律知识》“云课堂”，深受全县中小学生喜爱，点击量破万次。

【强化民生保障】紧紧围绕“六保六稳”，发挥执行职能作用，全年受理执行案件2445件，执结2541件（含旧存）。加大财产查控力度，查封房产251处、车辆226台，冻结存款1867.1万元。构建联合惩戒大格局，依法向社会公布失信被执行人1517人次，发出限制高消费令1899份。完善公职人员失信行为预防和惩戒机制，共执结涉及公职人员案件97件，达成和解协议28件，执行到位455万余元。网格员参与执行工作，配合法院送达执行文书1600余件，协助执结120件，平均执行天数缩短3天。

加强破产审判，办结2件破产案件，在办破产案件10件，盘活土地3.2万平方米、厂房2.6万平方米。出台服务保障民营经济发展的实施意见，发放《风险防控提示书》500余册，为企业提供精准服务，促进民营经济稳定健康发展。

【落实司法责任制】建立案件繁简分流机制，院庭长“一律办难案”，院庭长办结案件1983件，占全年结案总数54.9%。完善院庭长监督管理机制，制定“四类案件”监管实施细则，共73件案件纳入监管，一审改判发回瑕疵率0.47%，比2019年下降45%。健全“立审执一体化”机制，促使立案、审判、执行有效衔接，自动履行率53.2%。打击扰乱法庭秩序行为，司法拘留1人、罚款1人。探索建立诉前评估鉴定制度，平均审理天数34.8天，比2019年下降3.5天，缩短办案期限，提高办案效率。

【参与社会治理】创建全省首个基层社会治理“信用村”蔡源乡蔡和村，将县矛盾调解中心的力量延伸至乡镇（街道），将矛盾纠纷预防在萌芽，化解在诉前。该做法已向全县推广。全年诉前化解纠纷212件，办结案件515件，调撤案件333件，调撤率64.7%。此举措入选《丽水改革先锋》，获“2020年中国十大社会治理创新典范”。发挥石练法庭前沿优势，深化诉源治理。做好涉诉信访工作，妥善化解“陈尸”案3件。

【全面推行无纸化办案】3月11日，县法院与遂昌县5家律师事务所联合召开新闻发布会，签订《关于全面推进无纸化办案合作备忘录》，深化律师事务所、无纸化办案合作。遂昌县法院全面推行无纸化办案试点，实现全业务网上办理、全流程依法公开、全方位智能服务。无纸化办案工作涵盖各业务庭室、审判管理、信息装备、档案管理、新闻宣传等。发布会上，协议签订通过智能平板签字系统进行，实现全程无纸化。根据备忘录，各律师事务所将实现所有代理案件均通过浙江法院网、移动微法院等线上平台流转，所有案件诉讼文书通过电子方式进行送达，县法院负责为各律师事务所提供技术支持。

【干警业绩数字化考评】创新推出“核心战斗力指数”干警业绩数字化考评办法，获省委政法委书记批示，入选全省公检法司工作现代化创新项目。该办法作为丽水法院推动司法责任制综合配套改革的三个系统集成典范之一，入选最高人民法院《司法改革动态》。“核心战斗力指数”考评旨在通过以制度管人、以法治代替人治的方式，全面提升队伍核心战斗力，将法院干警打造成一支讲政治、肯吃苦、能担当的司法铁军。4月2日，县法院举行“核心战斗力指数”启动仪式。

此外，开展司法规范化水平提升年活动暨执行不力问题专项治理，针对市委提级（交叉）巡察和经济责任审计指出的问题，及时分类处置，整改完成率100%。推出全国首个法官职业健康标准，被《法治日报》专题报道。

【为农民工追薪上《新闻联播》】1月18日，遂昌县法院帮助7位农民工追回欠薪5万余元的事，登上央视《新闻联播》，受到主播点赞。遂昌县农民工蓝某某等7人，于2017年至2018年间，在冯某承包的房屋装修工程中，承担水电安装、木工、油漆、泥水等工作，约定工资按每天260元至350元不等计。至2018年底，冯某支付了一部分工资，拖欠剩余工资，之后，以种种理由推延、回避、玩失踪。7位农民工追讨无果，联合将冯某告上法庭。遂昌县法院启动立、审、执“绿色通道”，对该案快速审理，身在外地的冯某通过“移动微法院”远程参加庭审。法院判决冯某支付7名农民工劳动报酬51765元，冯某服从判决，付清拖欠7名农民工的全部工资。（黄晶瑛）

附：“个人债务重整”制度

【概况】2020年4月以来，遂昌县法院将个人破产制度与法院执行工作结合，在全国率先探索“个人债务重整”制度，有效破解执行难题，为全国个人破产立法提供“遂昌样式”。至年底，对48名债务人进行了债务重整，涉及标的额2205.6万元，其中清偿1061.3万元，免除债务本息1144.3万元，平均清偿率48.12%，本金清偿率87.49%，惠及107名债权人，化解了117件执行案件和3件诉讼案件。

“个人债务重整”制度被省高级人民法院列入《浙江法院个人债务集中清理（类个人破产）工作指引（试行）》，被省发改委等9部门作为“破产便利化”改革举措纳入《浙江省实施优化营商环境“10+N”便利化行动方案（2.0版）》。遂昌县法院被最高人民法院确定为“推动个人破产立法”全国四家调研试点法院之一。

【建立共赢机制】出台《关于个人债务重整的实施意见》，制定操作规范和流程。由债务人提出债务重整申请，法院对其涉诉涉执案件进行审核，为各方商谈债务重整方案提供制度平台，使债务人获得重整机会。依托熟人社会中债权人对债务人信息的了解、银行对债务人诚信度审查、保证人对债务人诚信度的认可等，有效甄别有履行意愿但暂时缺乏履行能力的债务人，排除试图逃债的“老赖”。签订重整协议，让有履行意愿但暂时缺乏履行能力的债务人在第三方投资下尽最大努力偿债，以此换取债权人免除其剩余债务，债权人实现债权同时，债务人获得“拯救”，第三方投资者亦可从中获得收益，实现债权人、债务人、第三方投资者共赢。

【搭建第三方投资渠道】聘请律师事务所、会计师事务所等社会中介机构，作为个人债务重整的管理人，负责对债务人进行财产调查，已办结5件引入第三方投资者的个人债务重整案件。与稠州银行遂昌支行、遂昌农商银行签订合作协议，推出“重整贷”，助信用受限制的债务人恢复履行能力。至年底，两家金融机构已向11名债务人提供融资135万元。管理人根据债务人的财产状况，引入第三方投资者，通过市场化运作，最大程度盘活法院强制执行暂时无法处置或处置效益不高的生产设备、特种行业经营许可证等闲置资产，用于清偿债务。已有房产中介通过取得债务人的住宅处置权，向2名债务人融资55万元。

【数字赋能债务重整】依托法院执行系统和个人债务重整云平台，归集个人债务重整案件信息，如基础案件类型、债务人的负债情况、资产状况、偿还能力等指标信息，为后续引入第三方投资者破解债务僵局。通过“执清”字号对个人债务重整案件进行数字化信息管理，从申请、审查到案件办结等环节建立流程指标，为制度优化提供数据支撑。各方当事人协商谈判315次，管理人介入案件5件，第三方投资者有亲友、房产中介、银行等。将个债重整案件的债务人免责比例、实际清偿比例、重整协议完成和债务人信用修复时间、违法违约及处理情况作为重要评估指标，定期生成评估信息表，对管理人的行为和债务人后期履约行为进行监管。

【多方力量督促诚信】管理人全过程、多渠道掌握债务人信息，将债务人虚假申报、隐匿财产、规避执行等情况报告给法院，法院经调查核实后对债务人采取罚款、拘留、追究刑事责任等惩戒措施。利用第三方投资者的专业判断和监管手段，及时对债务人不履行重整协议的违法违约情况作出评估和处置，视情况申请法院恢复对原判决的执行，督促债务人诚信履行重整协议。运用“大数据+网格员”信用监管机制，对债务人实施人、房、企、事、物等全要素、全链条、全时间监管。该平台已采集个人基础信息27839条，网格员巡查录入1463条。建立个债重整信用档案，将债务人滥用个债重整制度的行为记入“黑名单”，接受司法、金融、市场监管等的信用联合惩戒。（黄晶瑛）

司法行政

【概况】2020年，遂昌县司法局以“司法行政改革推进年、司法行政能力提升年、公共法律服务深化年”三个年活动为抓手，进一步提升司法行政核心战斗力，为遂昌县法治建设、平安建设提供坚强的法治保障和精准法律服务。

将应村村“民事村了”调解法、蔡源村“村民点将调解法”、湖山村“天工和事佬”调解法与人民调解工作相融合，构建县、乡、村一条线的基层矛盾纠纷调解新模式。加强行政复议调解工作，全年新收受理行政复议案件12件，2019年结转2件，审结8件，均以调解或撤回申请结案，其中案件受理前调解成功3件。

为“大搬快聚富民安居”工程、528国道改建工程、民办学校招生、农房确权发证等重点工作提供优质公证服务。组织律师事务所为仙侠湖整治、金太阳养生养老基地项目房屋使用权转让不规范行为处置整改等11个重大决策、重大建设项目进行社会稳定风险评估，推进重大事项的顺利实施。

【矛盾纠纷调解】2020年，全县各级调解机构共调解矛盾纠纷1064件，调解成功率99.6%。在应村乡应村村、三仁乡坑口村、湖山乡湖山村、新路湾镇蕉川村、蔡源乡蔡和村挂牌5家特色“求和”工作室，配备52名乡镇专职调解员，化解矛盾纠纷103件。8月，濂竹乡、湖山乡专职调解员分别参与化解两起“陈尸”案。10月，妙高街道专职调解员参与化解一起冰冻9年“冰尸”案。设立劳资纠纷、医患纠纷、物业纠纷调解工作室。“求和”驻交警队调解室申报创建浙江省品牌人民调解工作室。

【涉黑涉恶管控】出台《遂昌县涉黑涉恶罪犯教育改造和检举揭发专项行动实施方案》，做好通报建档、衔接管控、教育帮扶、日常走访、检举揭发等工作。接收涉黑涉恶刑释人员10人，均落实安置帮教工作，涉黑涉恶矫正对象1人，作为重点人员严格管控。做好涉黑涉恶案件听庭工作，对律师办理黑恶势力犯罪案件进行全程监督、严格管理，与公安机关建立《扫黑除恶工作涉及律师相关事宜工作制度》，建立信息通报机制、问题线索移送反馈机制、工作会商机制，发挥律师在扫黑除恶专项斗争中的职能作用。全年律师代理涉黑恶案件15件，报告备案72人次，开展听庭活动11次。

【社区矫正监管】2020年，全县在册社区矫正对象172人。撤销缓刑2人，撤销假释1人，警告13人次，无脱漏管和再犯罪现象。各级安置帮教机构接茬刑释人员198人（其中解除矫正人员98人），实现建档率100%，帮教率100%，安置率100%。

创建社区矫正“无再犯罪”县。落实重点刑释人员“必接必送”制度。开展单轨制协同办案模式试点工作，完善社区矫正衔接。建立社区矫正案管室，构建数字化应用网络体系，推动社区矫正执法业务全流程线上操作，确保基础数据完整率98%以上。在石练司法所、金竹司法所建立两个远程视频会见点，打造监地衔接帮教新局面，开展远程视频会见143次，对接单位43个、家属365名。开展社区矫正“阳光志愿者”行动，深化社会力量参与社区矫正。成立社区矫正委员会。

【法律援助】全年办理法律援助案件675件，其中民事类案件590件、刑事类案件81件、行政类案件4件。办理法律帮助案件239件，接待来电来访咨询1004人次，法律援助及法律帮助案件均及时、完整录入浙江省法律援助统一服务平台。通过政法一体化协同办案系统，实现法律援助申请受理全市通办。建立集体援助制度，法律援助初审权下沉至乡镇（街道），新增6台人工智能自助机，法律援助申请网办率80%以上。为农民工追薪、工伤赔偿等提供法律咨询和文书下载百余次。1月，遂昌县法律援助农民工蓝某某讨薪案例，被中央电视台《新闻联播》《新闻直播间》《朝闻天下》栏目报道。

【公证服务】全年办理公证案件452件，其中国内民事、经济类397件，涉港、澳、台6件，涉外49件，接待群众来电来访、线上咨询5000余人次，公证收费38.96万元。开通“绿色通道”（缩短办证时间、上门办证等）办理公证业务百余件，推行电子公证书、线上咨询和预约公证服务，超过3/4公证业务实现预约办理。推进公证参与法院司法辅助事务，参与各类司法辅助事务3800余件。对部分卷宗进行自查，梳理排摸3年来的涉外公证案件，无因公证过错导致公证上访、投诉情况，无因公证过错导致撤销公证书情况，未发生法院对公证书不予采信的情况。

【**律师队伍建设**】通过律师事务所年检考核、律师行业教育整顿、律师违规兼职清理、日常监督检查及“双随机”抽查检查等措施，加强律师队伍规范管理，组织律师、律师事务所开展警示教育，开展自查自纠，树立遂昌律师队伍形象，提高法律服务质量和公信力。全县5家律师事务所未有律所、律师受行业处分、行政处罚行为。推进公职律师设立工作，2020年有公职律师6名，在申请中7名。

【**普法宣传**】落实县政府常务会议定期学法、县管干部任前法律知识考试制度，部门负责人在常务会议中宣讲法治课12场，114名拟提任干部通过法律知识考试，开展会前学法15次。打造法治凉亭、法治河道、法治长廊等景观，申报国家级民主法治示范村1个，创建省级民主法治村（社）3个、市级民主法治村（社）14个、市级普法农家院2个、市级诚信守法企业2家。开展普法大讲堂直播暨“法治带头人”“法律明白人”培育会。“版画法治”文创活动获评丽水市十佳普法项目。通过法律法规有奖竞答、普法情景剧、动漫普法、法治手工坊等形式丰富普法载体。开展以案释法工作，推送社会热点及与群众息息相关的案例40余篇。（傅　艺）

人民武装

【**概况**】2020年，遂昌县人民武装部（以下简称县人武部）坚持把学习贯彻习近平强军思想作为核心之要，严格落实丽水军分区“每周一学、每月一讲、每年一题”活动。开展“传承红色基因、担当强军重任”“不忘初心、牢记使命”两项主题教育，利用微信群、微信公众号等随身课堂，坚持学到、讲到、想到、做到。切实抓好形势政策教育和网络舆情教育，坚持每周一次组织学文件、讲道理、提要求，常态化开展经常性教育和“三交四讲大谈心”活动。大力宣传先进典型，全年发表新闻稿169篇，被省级媒体录用6篇，被省级以上军方媒体录用10篇。

【**应急应战能力**】2020年，县人武部组织对辖区内所有重要目标进行现地战场勘察，修订专项行动方案和非战争军事行动方案。在汛期前，组织县应急连进行防汛抗洪任务演练，组织首长机关开展应急指挥演练。按照“四落实”标准（人员上落实、时间上落实、内容上落实、质量上落实），推进实战化训练。5月，采取集中点验和分点划片相结合胡方式，组织全县基干民兵新入队仪式和县级整组点验大会。7月，参加全省第三届民兵岗位练兵大比武丽水分赛场活动，取得团体总分第二名，被评为应战能力优胜单位。

【**军地协调发展**】2020年，县人武部坚持党管武装基本原则和优良传统，推进军民融合发展。11月16日，召开县委议军会议，分析研究武装工作重大问题，制定解决问题的措施办法。12月，邀请丽水军分区司令员作《我国当前安全形势的分析与思考》国防教育专题授课，召开全县武装工作会议暨国动委第十五次会议。开展清明节和烈士纪念日祭扫烈士陵园活动。组织抗美援朝英模老兵进校园、进军营宣讲战斗故事。张贴“八一光荣榜”，宣扬立功受奖军人先进事迹。开展“红领巾走遂昌”暨全民国防教育校外践行活动。

【**征兵工作**】1月20日，遂昌县召开2020年征兵暨民兵整组工作会议，总结2019年征兵工作情况，部署2020年征兵工作。7月13日至17日，对预征对象进行目测初检。7月28日至31日、8月24日至25日，两次对目测初检合格青年进行集中体检。9月4日，召开2020年度定兵工作会议，研究确定入伍兵员。9月11日，遂昌县举行2020年度入伍新兵欢送仪式。

【**全县武装工作会议暨国动委第十五次全会**】12月

23日，全县武装工作会议暨国动委第十五次全体会议召开。会议的主要任务是深入学习贯彻习近平强军思想，弘扬践行“浙西南革命精神”，推动党管武装和国防动员工作再上新台阶。会议强调，要提高政治觉悟，在举旗铸魂、党管武装上有更高的站位。要提升斗争本领，在国防动员、备战打仗上有更严要求。要提质双拥模范，在双拥共建上有更大作为。会议通报了2019年度获县级以上表彰奖励的先进单位和个人，进行了党管武装工作述职，总结2019年以来全县党管武装和国防动员工作，并部署下一步工作。（黄敏浩）

武警遂昌中队

【概况】2020年，武警遂昌中队将政治工作作为铸魂工程来抓，把“不忘初心、牢记使命”“传承红色基因、担当强军重任”两项主题教育融入官兵思想实际和使命任务。灵活运用各类载体，坚持教育为先、思想引领，把经常性教育和基础性教育抓活抓精，把精神认同抓实抓透。国庆期间，邀请20世纪90年代退伍老兵到队给大家讲革命故事，讲光辉成就。开展“大谈心”活动，发挥思想心理骨干作用，突出做好“一人一事”工作，及时发现和解决官兵思想问题。

【练兵备战】2020年，武警遂昌中队以新胡《军事训练与考核大纲》为指导，以完成大项任务为牵引，坚持按纲施训、科学练兵，注重固强补弱，周密制定训练计划，打牢体能基础。树立训练有为的导向，设立“龙虎榜”定期考核军事训练课目，张榜通报表扬，在每月“四有”优秀个人评选中优先考虑，通过军人大会、班务会、点名等形式广泛宣扬。严格军事训练“八落实”，落实每月议训、每周讲评、每日检查，严格按照周训练计划落实训练内容，突出干部骨干组训任教能力训练，中队训练水平较2019年提升明显，在群众性大练兵比武竞赛中获得集体第三名。

【依法治队】2020年，武警遂昌中队始终对照条令条例和安全工作“八个规范”要求，抓好“筑底工程”。下大力抓条令学习和日常养成，把人人学条令、用条令、遵守条令贯穿始终，抓部队作风、礼节礼貌、生活秩序、军容风纪，提升正规化、精细化管理水平。结合安全领域7个专项整治活动，紧盯“人车枪弹酒、水火电毒密、贷赌黄游群”防范重点。严格管控，合力构建单位、家庭、个人“三级网”，准确掌握所属人员思想状况。严格手机管控，严密排查翻墙失泄密、网赌网贷、乱交友等隐患苗头，杜绝发生涉网问题。定期组织安全隐患排查，重点突出暑期、百日安全4个方面19个问题治理。2020年，武警遂昌中队被武警丽水支队评为“百日安全竞赛先进单位”。（章　磊）

人民防空

【概况】2020年，遂昌县人民防空办公室办理人防工程质量监督手续及人防工程竣工验收备案，办理人防工程使用登记和易地建设。在主城区和部分乡镇（街道）试鸣防空警报3次，分别为：4月4日（清明节）、5月12日（全国防灾减灾日）、9月18日（“九一八”事变纪念日），经试鸣检测，警报设施性能完好，鸣响率100%。

【民防飞鹰救援队】2020年，遂昌县民防飞鹰救援队在新冠肺炎疫情防控期间，参与各社区卡点、高速公路卡点值勤工作，为卡点搭设帐篷60余顶，帮助县城12所中小学、幼儿园开展防疫消杀工作。参与各项应急救援100余人次，事迹得到《中国国防报》《解放军报》《丽水日报》等媒体报道。遂昌县民防飞鹰救援队被县委宣传部推荐申报“浙江好人”，队员包圣军被评为第五届遂昌县道德模范（助人为乐）。（袁方俊）

资源·环保

资源管理

【概况】2020年，全县出让国有建设用地63宗，出让面积70.05公顷，出让金28.95亿元。划拨土地改出让项目217个，出让金2.68亿元。完成遂昌宏昌矿业公司、湖山萤石矿等企业的资源处置，实现矿产资源收益金合同价款1.98亿元，实际到账1.24亿元。配合龙板山场平工程、县人民医院迁建场平工程石料资源处置，实现资源收益0.87亿元。完成云峰街道连头矿地综合利用项目出让工作，出让价款3.42亿元。累计筹措各类涉土涉矿涉林资金40.6亿元，实际到账29.98亿元，创历年之最。

2020年，遂昌县获评2020年度森林浙江建设目标责任制考核优秀单位。报送的“深化矿产开发管理”入选全省自然资源系统践行“两山”理念典型案例，系丽水市唯一。柘岱口乡横坑坪萤石矿被评为“全国绿色矿山”。北界镇苏村村全域土地综合整治与生态修复工程入围自然资源部“全域土地综合整治试点”。遂昌县自然资源和规划局获评全省地质灾害隐患综合治理“除险安居”三年行动成绩突出集体。

【用地指标争取】2020年，省自然资源厅下达遂昌县新增建设用地指标45.07公顷。完成后江路网二期、天工之城“三水”工程、月亮湾邻里中心、“天工之城”龙珠岗区块、梅溪安置地等重点项目的土地指标保障工作，计划指标执行率100%。保障40个重点项目的土地指标覆盖工作，涉及新增建设用地指标349.87公顷（包括省留指标）。

向上级争取新增建设用地指标371.84公顷，创历史新高，居全市第一。开展“五未土地”（批而未供、供而未用、用而未尽、建而未投、投而未达标）盘活利用，盘活存量建设用地28.8公顷，消化批而未供用地27.13公顷，完成城镇低效用地再开发18.4公顷。全面推进“标准地+承诺制+代办制”改革，出让13宗工业“标准地”。

【建设用地复垦】立项建设用地复垦项目54个，规划复垦总面积69.78公顷，已验收项目45个，复垦总面积48.96公顷。推进4个全域土地综合整治与生态修复项目，另有金竹镇金竹村等5个村全域土地综合整治与生态修复工程申报，通过省自然资源厅审核。开展涉林垦造耕地问题自查整改工作，对全县涉林垦造耕地项目进行排查，列出问题清单并制定整改方案。

【土地收储与执法】编制《遂昌县2020年土地收储计划》，收储土地233.3公顷。启动全县存量土地核查工作，存量土地图斑247个，面积883公顷。出台《遂昌县妙高街道、云峰街道区域存量土地管护实施方案》，与县国投集团、县经投公司签订存量土地管护合同。

巡查发现并制止“两违”及非法开采矿产资源违法行为28宗，查处违法用地案件14宗，违法用地面积2700余平方米，收缴罚没款6.56万元。查处矿产资源违法案件2宗，收缴罚没款1.14万元。查处林业资源违法案件115宗。

【农村乱占耕地建房问题清查整治】9月，启动农村乱占耕地建房问题摸排工作，收到自然资源部、省自然资源厅下发图斑16519宗，总监测面积1427公顷。经过前期内业分析、外业核查、联席会议判定和分析，各乡镇（街道）进一步分类核实，上报摸排成果351宗（住宅类177宗、公共管理服务类39宗、产业类135宗），总占地面积16.51公顷，包括占用耕地面积6.56公顷、占用永久基本农田面积2.17公顷。摸排工作为下阶段分步整治、分类处置奠定了基础。

【地质灾害普查】2020年，遂昌县被列入全国地质灾害风险普查工作试点县，在库22个地质灾害隐患点，完成综合治理20处，核销隐患点6处。新增入库地质灾害隐患点15个，全面完成搬迁或治理13处，启动搬迁2处。另外完成184处地质灾害风险防范区调查和划定工作。妙高街道、三仁畲族乡1∶2000地质灾害风险调查完成设计书编制和设计评审，启动野外工作。全县1∶50000地质灾害风险普查初步成果通过专家评审。

【遂昌县生态住区推介会】5月20日，遂昌县举办首届生态住区推介会，推出7宗新地块（后江区块4宗、行政中心区块1宗、梅溪区块2宗），面积共18.67公顷。7宗地块全部位于古院新城，是遂昌县城市更新重点打造的“未来都市区”。推介会介绍遂昌的生态环境、人才政策、城市更新力度、投资创业机遇，向客商展现了巨大的投资价值和广阔的投资前景。同时推出“遂昌读地云”，以微信小程序为载体，结合VR技术、视频等可视化手段，打造在线招商平台，实现足不出户“云上看地”，全面促进土地招商工作。（姜玉婷）

规划编制

【概况】2020年，遂昌县以第三次全国国土调查初步成果为基础，加快开展统一时点更新和2019年度土地变更调查，形成真实、准确、现势性强的国土基础数据，建成统一时点更新数据库。推进全县自然资源统一确权登记试点工作。完成县城南溪、北溪和白马山林场自然资源确权登记发证。白马山林场与浙江茂润百草生物科技有限公司签订自然资源使用权流转合同。

全面推进规划用地“多审合一、多证合一”改革，对现有建设用地审批和城乡规划许可的办事指南、申请表单进行清理，进一步简化和规范申请材料。合并规划选址和用地预审，核发意见书。合并规划许可和建设用地批准书，核发新的建设用地规划许可证。

【国土规划】按照“多规合一”总体要求，推进国土空间规划编制，完成《遂昌县国土空间总体规划》初步方案，完成生态保护红线评估调整方案。开展生态保护红线勘界定标工作，开展乡镇级国土空间规划编制前期工作。完成资源环境承载力评价和国土空间开发适宜性评价研究、三区划定与控制线管控专题、人口与城乡格局优化研究专题、城市风貌特色专题研究方案。完成遂昌县国土空间总体规划编制项目招投标工作。

【城市规划】推进东峰区块城市设计编制工作。完成后江组团、梅溪组团城市设计。抓住国土空间规划和城市新区组团设计契机，充分对接，确保两项规划编制工作协调。完成后江区块、梅溪区块、古院行政中心区块城市设计暨控制性详细规划。开展老城区（三溪口、南街、西街）城市设计暨控制性详细规划，开展石练镇、大柘镇、湖山乡控制性详细规划等编制工作。（姜玉婷）

不动产登记

【概况】2020年，遂昌县不动产登记中心共办理各类不动产登记业务83167件（次），发放不动产权证书16887本、不动产登记证明5653份，发放电子证明415份。行政服务中心不动产登记窗口为办事群众分时段错峰预约服务350余次，为企业开辟绿色通道服务20余次。9月14日起，全县房地产开发项目中的国有建设用地使用权及房屋所有权，首次登记推广使用电子证书，各银行网点针对抵押首次登记及预告登记推广使用电子证明，至年底共发放不动产电子证明415份。

【不动产登记“一件事”办理】创新“互联网+不动产登记”服务，推进“一窗受理、并行办理”，保证不动产登记全流程一个环节，实现一般登记3个工作日内、抵押登记2个工作日内办结，确保异议登记、查解封登记、抵押权注销登记、预告登记注销等事项“即时办理”。推进登记信息与其他单位共享，全力推进二手房水电气过户“一件事”、企业不动产登记“一件事”及农房确权“一件事”办理。年初，打通企业不动产登记“一件事”线下流程环节，实现企业不动产登记“一窗受理”“专窗办理”“即日办理”。6月，实现二手房水电气过户“一件事”办理。11月，实现农村房屋确权登记“一件事”办理。

【抵押登记“总对总”联办】推进“金融信贷+不动产抵押登记”联办机制，依托全省金融综合服务平台，与金融单位通过信息共享和数据平台对接，实现不动产抵押贷款与线上抵押登记协同办理。实现了抵押登记窗口“一次不用跑”。9月，不动产登记中心在全县9家银行26个网点开通“总对总”抵押登记服务。至年底，各银行网点共受理不动产抵押登记“总对总”业务622份。（姜玉婷）

“一户多宅”清理整治

【概况】遂昌“九山半水半分田”，土地资源十分紧缺。多年来，随着城乡一体化建设进程加快，农村“一户多宅”现象日益突出，不但造成土地资源大量浪费，也引发诸多基层治理难题。为加强城乡规划建设和土地管理，强化农民建房管控，2019年9月，遂昌县在全市率先启动“一户多宅”清理整治专项行动。至2020年底，全县已拆除建（构）筑物4502宗，占地面积34.7万平方米，腾出了发展新空间，整出了农村新风貌，推动基层治理能力现代化方面成效显著。

【清理整治高效化】出台《遂昌县农村集体土地“一户多宅”清理整治方案》和分类处置指导意见，明确清理整治工作原则、目标任务、清理范围、认定标准，为“一户多宅”清理整治提供统一标准。修订《遂昌县农村住房建设管理办法》，为清理整治工作提供政策和组织保障。县、乡均成立“一户多宅”清理整治工作领导小组和工作专班。县委组织部抽调70名挂联部门干部深入帮扶乡镇（街道）开展联合攻坚。县工作专班对各乡镇（街道）工作进展情况实行每周通报排名。

【土地管理规范化】各乡镇（街道）对农村住房情况开展调查，建立“一户一档”，全县共调查登记农村住宅信息81403宗。203个行政村均绘制“一户多宅”多色图，用不同颜色注明房屋性质，形成可视可查“一户多宅”图件资料，做到不漏一户，底数清晰。将“一户多宅”清理整治与“大搬快聚富民安居”工程相结合，形成政策合力。对继承等合法取得的“一户多宅”，鼓励村民按相应标准有偿退出；对易地新建未拆旧、违法违规建设等“一户多宅”建立清单销号制，通过多种途径实现基本清零；对2013年前异地转移未拆房的，给予合法多宅有偿退出标准减半享受政策。坚持尊重历史、实事求是，做到有情操作。对于确因实际民生问题无法实施的，由工作专班调研后收集汇总，形成统一意见妥善解决。如三石公路、龙丽高速公路等县重点工程拆迁户，允许拆旧房给予补助，并给予安置房办理审批补办手续，化解历史遗留问题。

【整治效益最大化】做好“拆”的“减法”，腾出空间指标。“一户多宅”清理整治为县域发展腾出了土地指标，打通了农村宅基地资源转化为资金的渠道。结合“一户多宅”清理整治和“大搬快聚富民安居”工程，2020年全县立项建设用地复垦项目54个，复垦面积69.78公顷。

做好“用”的“乘法”，推动乡村蝶变。通过“一户多宅”清理整治，大量闲置宅基地被重新激活，结合美丽乡村建设，合理规划拆后综合利用空间。“一户多宅”清理整治为农村的生态公园、休闲凉亭、公共厕所、停车场等基础设施落地预留出空间，实现了美丽生态、美丽乡村、美丽经济和美好生活的共赢发展。

做好“控”的“除法”，规范农房管控。通过“一户多宅”清理整治，在全县营造出依法用地和节约集约用地的浓厚氛围，为维护土地管理法律法规的权威性提供了坚实保障。规范农村住房建设管理，按照土地利用总体规划，严格控制农民建房用地审批，控制村庄建设用地规模。（姜玉婷）

生态林业

【概况】2020年，全县林业总产值85.8亿元，比2019年下降5%。其中一产14.8亿元，二产6.3亿元，三产64.7亿元。对林业贷款贴息项目进行核查，录入中央财政贴息系统。审核2020年中央财政贴息资金199.9万元，贷款金额2.29亿元，涉及林农1116户。至2020年底，全县已累计发放林权抵押贷款42.95亿元，发放贷款贴息资金6882.47万元，惠及林农31909户。

完成省级森林城镇实施方案编制，开展湖山乡省级森林城镇创建工作。12月，湖山乡成功创建浙江省森林城镇。在此基础上，开展国家森林城市创建准备工作。开展遂昌县东南部陆生动物多样性调查，开展公益林动态监测和功能提升技术研究，开展松材线虫入侵后马尾松林生态系统服务功能变化和提升技术研究与示范项目。

【国土绿化】2020年，省、市下达遂昌县新增百万亩国土绿化任务700公顷，实际完成1315公顷，其中人工造林761公顷、存量造林554公顷。在全省新增百万亩国土绿化会议上，遂昌县作典型发言。

启动两江源头生态修复与保护工程建设，完成仙峡湖环湖绿道周边樱花岛、乌桕岛、池杉林、王川消落带等点位绿化种植。完成浙江省下达造林补贴项目732公顷，完成中央财政森林抚育补贴项目1057公顷，完成彩色健康森林建设233公顷。

开展“一村万树”行动，在8个示范村、25个推进村种植南方红豆杉、浙江楠等20.1万株。结合珍贵树种基地建设、彩色健康森林、森林抚育等项目，种植78万株珍贵树。建设珍贵树种发展示范点3个、局长示范林3片。开展“一亩山万元钱”林技推广行动，全年完成1491公顷，其中新建培育155公顷、辐射推广496公顷、巩固提高840公顷。

县生态林业中心调剂调运绿化造林用苗122.74万株，其中容器苗91.63万株，完成36.75万株省赠送调控容器苗的提苗发苗工作。县保障性苗圃培育一年生容器苗8万株，移植培育两年生容器苗1.1万株。

【森林限伐】2020年，省政府下达遂昌县年森林采伐限额总量35.38万立方米。由于松材线虫病枯死松木清理的需要，遂昌县提出采伐限额调整申请，共调整采伐限额6.5万立方米。全年发放采伐证1097份，发证蓄积量9万立方米，毛竹1439株。县生态林业中心全年办理行政许可事项154件，其中使用林地许可51件，木材运输许可86件，森林植物检疫许可9件，珍贵树木采伐许可7件。征收植被恢复费4646万元。

【生态林业项目】2020年，遂昌县成功申报两江源头生态修复与保护工程，列入2020年第二批省级林业专项重点工作任务，下达省级林业专项资金3000万元。结合“天工之城”环湖绿道建设，向省林业局争取专项资金2000万元，用于仙侠湖库区林相彩化项目建设。积极申报瓯江流域山水林田湖草生态保护修复工程重点项目——遂昌县城周边山体生态修复工程，总投资1.2亿元。

【竹产业】加强竹林道路建设，兑现财政扶持资金1000余万元。与丽水学院合作开展科研项目，建立冬春鞭笋高效林、功能型大径竹、竹药复合等示范基地66.7公顷。开展竹林克隆生长控制和退化林地生态修复项目方案编制，落实项目基地2个。培育绿色有机笋竹产业基地288公顷、木本油料绿色产品基地1008公顷。遂昌县佳禾竹业高端户外竹地板深加工生产线建成投产，实现产值1.43亿元。

【木本油料产业】2020年，全县油茶总面积7167公顷，其中良种油茶面积2300公顷，油茶籽产量3615吨。年内新种油茶面积282公顷，更新改造77公顷，种植油茶良种苗木48万株，种植农户1500余户。新建香榧基地85公顷，全部种植6年生香榧大苗，种植香榧大苗3.5万株。全县香榧种植面积达到1533公顷。赠送香榧雄花粉34千克，人工授粉面积167公顷，购买香榧嫁接雄树苗木3800株，可天然授粉400公顷。

【森林康养产业】组织开展“五百”森林康养目的地申报工作，遂昌国家森林公园、九龙山国家级自然保护区入选“自然保护地”；高坪乡万亩杜鹃长廊入选“赏花胜地”；小岱古松古道、十里杜鹃古道入选“森林古道”；高坪乡茶树坪村、焦滩乡独山村、王村口镇石笋头村和半岭自然村入选“森林人家”。指导遂昌县青苗中草药合作社申报“药王谷三叶青生态园森林康养基地”，湖山乡申报市级森林康养小镇，蔡源乡大柯村等3个村申报市级森林康养特色村。大竹小岱村森林古道建设项目总投资245万元，全面进入施工阶段。

【松材线虫病防治】2020年，全县有松林面积11万公顷，发生松材线虫病面积1.23万公顷，枯病死松树19.4万株。松材线虫病发生乡镇（街道）集中人力、时间，打好枯死木清理“歼灭战”，清理下山枯死松树3.96万余吨，比2019年下降17.5%。全县疫木安全利用定点加工企业6家，全年安全利用疫木4.85万吨。加强松材线虫病防控，完成树干注射18万瓶，注干保护松树10万余株。全县松材线虫病防控形势依然严峻。

【林下经济】遂昌县重视发展林下经济，在林业科技人员指导下，以种植三叶青、重楼、多花黄精等中药材为重点，实现“以短养长”。2020年新建林下经济示范基地19.3公顷，全县有各种林下中药材基地213公顷，年产值达到3000万元。开展1600多平方米林下大球盖菇培育试验。

【野生动物巡护检查】利用全县420名护林员的辐射效应，加强野生动物主要分布区、越冬地、繁殖地、迁飞停歇地、迁飞通道和集群活动区的野外巡护和看守，累计巡护里程17152千米。在九龙山国家级自然保护区设立动态监测点，24小时收集野生动物活动情况及外来人员进入情况。对全县35家野生动物人工繁育场所105名从业人员身体状况进行摸排。会同森林公安分局、市场监管等部门对菜市场、农贸市场、城区餐馆饭店进行联合检查，严厉打击野生动物非法经营行为。开展清网清夹清套行动，清理捕猎野生动物网套夹103个，其中农户主动上交50个，救护野生动物105只，无害化处理野生动物尸体78只，查处非法狩猎野生动物案1件。

【森林消防】开展森林防火知识宣传80余场，推送提醒短信100余万条，张贴森林防火标语、发放防火告知书2.3万余份，插立小彩旗5000余面，出动宣传车2981辆次。开展对乡镇（街道）、自然保护区、国有林场、旅游景区的森林防火工作督查，在主要干道、路口等设置巡查值守卡点。出动巡查人员9750人次，制止违章用火317起。

完成100万元“以水灭火”工程项目建设，新增8套森林消防高扬程水泵和125只森林消防蓄水桶。4月，开展全县森林消防技能比武邀请赛，全县6支森林消防队伍60名森林消防员参加。5月，在云峰街道和北界镇开展森林消防知识培训和实战演练。10月，组织全县120名森林消防应急队员进行培训演练。

【公益林管理】完善公益林“一张图”数据更新工作，全面整合、同步更新省级以上公益林区划落界成果与森林资源管理“一张图”数据库。全年发放公益林补偿资金9201万元，发放天然商品林停伐管护补助资金81万元。完成2019年度征占用公益林地6个项目10.8公顷的核减，增补相应面积的省级公益林。2020年新增公益林优质林分2593公顷，累计建成公益林优质林分12.61万公顷。做好林业草原生态保护恢复项目建设，着重考虑防火线、林道的维修，开展天然灌木林地抚育修复。

【闽浙赣毗连地区护林联防会议】12月17日至18日，闽浙赣毗连地区第四联防区第一分会第六十六次护林联防会议在遂昌县召开。会议听取了联防区第一分会2020年值班单位西畈乡代表所作的年度工作报告；审议、修订了联防区第一分会第六十六次护林联防工作会议纪要；表彰了1个先进单位和6位先进工作者；举行了2020年值班乡镇交接班仪式。会后，与会人员赴西畈乡举淤口村实地考察美丽乡村示范村建设，赴湖山乡参观“天工之城”网易联合科创中心。（潘　军）

九龙山保护区管理中心

【概况】2020年，九龙山国家级自然保护区管理中心科学实施保护区“135”工程，精心打造生态文明建设“重要窗口”。专题研究九龙山保护区范围及功能分区优化调整方案，启动实施九龙山保护区扩区工程。优化调整后，保护区总面积由5525公顷增至12732.86公顷，实现了保护区生态扩容，优化以黑麂、黄腹角雉、黑熊等为代表的生物种群繁育环境，完善森林生态系统结构，保护生物多样性，进一步构筑绿色生态屏障，为县域国家森林公园范围调整、生态红线调整实现占补平衡提供空间。

保护区管理中心发出禁食野生动物倡议书，出动宣传车，发放宣传资料，扦插彩旗，开展野生动植物保护和森林防火宣传。联合县法院拍摄《野生动植物与法律知识》宣传片，通过华数空中课堂向全县中小学生放映。发布《关于奖励举报破坏野生动植物资源违法犯罪线索的通告》，发放《入区须知》2000份，加强生态文明建设宣传。

【建设宣教中心】保护区管理中心投资100万余元建设宣教中心，与深圳吉尔斯公司共同挖掘自然保护区知识体系，突出宣教功能，强调体验属性，融科学性、知识性、普及性、实用性为一体，打造自然科普与教育的主题展馆。宣教中心建筑面积1619平方米。一层设置序厅、地理厅、真菌区、植物区4个展示厅和宣讲室、办公区、休息区。二层设置了动物区、管护区、未来区、影院四大区块，全方位展示九龙山的前世今生、山水特色、重要物种和未来发展方向。2020年宣教中心落成，有力地提升了九龙山保护区科普实力和发展潜力，成为遂昌县科普教育的重要窗口。

【发现物种新记录】2020年，在与省内大专院校合作开展野生植物考察时，在保护区内发现了中国新记录种——对马薹草，发现了浙江省新记录种——少囊薹草，以及心脏叶瓶尔小草、浙南菝葜等九龙山新记录种，还有天目山景天、香港绶草、安徽繁缕等十几种首次在九龙山区域内记录到的植物。3月，保护区内红外相机首次监测到野生豹猫。

【生态司法管护机制】2020年，保护区管理中心与县检察院共同建设生态司法保护示范区，联合县政法委、法院、公安局等部门共同创建生态环境司法保护协同治理中心。各单位发挥协同作用，快速从严打击环境资源违法行为，多元化解生态纠纷，以更快速、更精准、更到位的“美丽审判”助推基层社会生态环境治理现代化。尝试构建跨区域联合保护机制，和邻近的仙霞岭保护区、龙泉市、福建蒲城县合作，齐抓共管，实现保护范围的大覆盖，共同维护生态安全。

【浙江省珍稀濒危植物保护研讨会】12月13—15日，2020年浙江省珍稀濒危植物保护研讨会在遂昌县召开。会上，专家们对浙江省特有种——濒危植物九龙山榧的保护繁育工作进行了交流探讨，总结保护经验。浙江大学于明坚教授提出了“野外博物馆”的理念。会后，大家前往龙洋乡西坑下，实地考察遂昌县现存的几株九龙山榧野生植株生长情况。九龙山榧为红豆杉科榧属乔木，为浙江省特有种、国家二级保护野生植物，经综合评估，处于极度濒危状态。现仅存17株野生植株，分布于九龙山国家级自然保护区、大盘山国家级自然保护区和松阳箬寮、莲都峰源林场几处。（蔡臣臣）

环境保护

【概况】2020年，遂昌县以打赢污染防治攻坚战为目标，扎实开展蓝天、碧水、净土、清废专项行动和第二轮中央生态环境保护督察整改工作，深入推进“生态提质持久战”，努力探索高质量绿色发展新路。全年获得环保专项资金5490万元，其中中央资金3900万元，省级资金1590万元，用于工业园区和乡镇监控能力建设、乌溪江流域周公源综合治理、遂昌—诸暨“山海协作”产业园地下水调查评估、黄铁矿地下水污染治理等工作。

实施“助企十条”政策，为97家企业提供各类服务，解决问题155个，助力企业复工复产。举办“生态文明·共建地球生命共同体”、“5·22”国际生物多样性日宣传活动，开展生物多样性调查培训，举办“环保公众开放日”宣传活动，召开全市生态环境大学堂暨化工行业企业规范化管理培训会，依托报纸、电视、微信等媒体，加大生态环保宣传力度，营造全民参与生态文明建设的氛围。

2020年，遂昌县获评2019年度美丽浙江建设工作考核优秀县、“五水共治”（河长制）工作“大禹鼎”优秀县和丽水市“五水共治”工作考核第一名。市生态环境局遂昌分局获生态省建设突出贡献集体二等功、浙江省第二次全国污染源普查成绩突出集体。

【蓝天保卫战】深入推进“蓝天保卫战三年行动计划”，重点抓好PM2.5与臭氧协同控制，完成1个钢铁超低排放改造项目、9台燃气锅炉低氮改造、省级工业园区4家企业废气整治、1个VOCs整治项目、1个臭气异味治理项目、1个粉尘无组织排放治理项目、2家企业工业炉窑深度治理。深入推进柴油货车污染治理，完成50辆柴油货车OBD设备安装任务及141辆非道路移动机械登记上牌工作，淘汰老旧营运车辆60辆，下发补助资金105.9万元。

加强秋冬季秸秆禁烧工作，开展野外用火督查行动。督查发现132起，报送野外火点273起，立案32起，实施处罚25起，处罚金额990元。制定《遂昌县建设系统今冬明春施工现场扬尘专项治理行动工作方案》《遂昌县建筑工地扬尘专项治理工作方案》，立案查处抛洒滴漏案件23起，罚款金额7.41万元。成立渣土运输公司8家，共有U型车122辆，其中24辆已安装GPS定位系统。

推进露天矿山综合整治和绿化工程，完成云峰街道徐岙自然村和洋浩口花岗岩矿区绿化面积4000平方米，完成覆盖裸露宕面7000平方米。控制农业氮源排放，完成推广面积1.85公顷，为180个农业主体免费测土配方施肥，建立兴飞养殖公司、永山养殖场等4家农牧对接绿色循环体，畜禽规模养殖场畜禽粪利用率99.04%。

【碧水保卫战】深化“五水共治”，加快推进污水零直排区建设，全面剿灭劣V类水。完成三级电站宿舍小区、金矿宿舍小区2个城市生活污水零直排区建设，完成石练镇、王村口镇等5个集镇污水零直排区建设，完成上江、二都街、金岸3个工业集聚区污水零直排区建设。新建企业雨污水管网9.5千米、雨污水窨井105个、隔油池13个，雨水收集池2360立方米。开展湖山库区（遂昌段）生态安全综合调查，完成《湖山库区（遂昌段）生态安全综合调查报告》和《湖山库区（遂昌段）生态环境保护总体实施方案》，并通过专家评审。

【净土、清废行动】推进“无废城市”建设，提升危险废物处置能力、监管能力和风险防范能力。建成浙江汇金环保科技有限公司年处置5万吨含金属废物资源化综合利用项目，新增危险废物利用处置能力5万吨/年。推进重点行业企业用地调查，完成11家重点企业用地土壤样品采集和分析检测。全县159家医疗卫生机构全部实现医疗废物规范收集，年度医疗废物实际集中处置量20.4534吨。

推进历史遗留尾矿库整治工作，根据“一库一策”开展综合治理。完成遂昌金矿1号、2号、3号尾矿库及庄山尾矿库、白坛下尾矿库整治工作，销库完成率100%。大金庄、正中莹石公司完成尾砂充填系统建设，遂昌金矿尾砂充填系统已立项。建成第一批尾矿库安全风险监测预警机制，完成3座尾矿库风险监测预警平台，其中金矿尾矿库监测系统已接入省平台系统，其他2座尾矿库待省平台接入。

【第二轮中央生态环境保护督察】做好第二轮中央生态环境保护督察迎检工作。针对督察组交办的17批次25件信访件，逐一研究制定整改方案，明确整改目标、责任人员、完成时限。至年底，已办结24件，另1件按计划推进，责令企业整改18家次，立案查处8家，行政处罚案件10件，实施处罚金额112.32万元。

10月23日，遂昌县召开第二轮中央生态环境保护督察问题整改汇报会暨全县“五水共治”工作推进会。会议强调，要把保护良好的生态环境作为首要政治责任，以最高标准、最严要求，不折不扣地抓好第二轮中央生态环境保护督察问题整改，持续深入推进“五水共治”各项工作，推动生态环境保护与治理工作再上新台阶。会上，市生态环境局遂昌分局通报了第二轮中央生态环境保护督察问题整改情况和“五水共治”考核量化指标完成情况，县水利局、县建设局、县综合行政执法局、县自然资源和规划局、王村口镇、金竹镇等作交流发言。

【环境监察】保持打击环境违法高压态势。持续开展“护水斩污”“蓝天保卫”“清废净土”等专项行动，联合建设、水利部门检查污水处理厂、垃圾填埋场、饮用水源地等。全年开展执法监察1200余人次，检查企业684家次，对183家次存在环境违法行为的排污企业限期整改。立案查处33件，行政处罚27件，罚款411.09万元。移送行政拘留案件8件，行政拘留8人。开展建筑工地污染整治专项行动，下发责令改正通知书30份，签订扬尘整治承诺书10份，约谈项目业主、施工单位27人次。立案查处企业3家，罚款23.4万元。全年受理环境信访举报68件，处理68件，处理率100%。

【环评服务】落实“简政放权、放管结合、优化服务”和“最多跑一次”改革，履行好环保职责。围绕“事项、流程、材料、时间、次数”五个关键点位，对环评管理采取豁免、告知承诺制、先开工后补办等简化手续，优化营商环境。全年受理、办结行政许可及其他权利事项100件，其中环境影响报告表29件、环境影响报告书3件、“区域环境+环境标准”降级备案登记1件、登记备案56件、零土地技改备案11件，审批项目总投资60.25亿元，其中环保投资1.05亿元，所有事项限期办结率均达到100%。2020年，遂昌县通过浙江省排污权交易平台完成5家企业新增排污权指标工作，共计缴费金额33.95万元。至年底，全县累计发放排污许可证93本，登记管理536家。

【生态文明建设】围绕“美丽浙江、美丽丽水、美丽遂昌”建设要求，健全“美丽遂昌”建设工作机制，全面推行生态环境状况报告制度。实施《遂昌县生态文明示范创建行动实施方案》《高标准打好污染防治攻坚战高质量建设“美丽遂昌”实施方案》，打赢污染防治攻坚战，持续改善区域环境质量。开展“绿盾”自然保护区监督检查专项行动，对发现的违法违规问题进行整改和对接核实。推进《丽水市生态环境损害赔偿改革实施方案》的落实，全面检索职能部门有关生态环境保护方面的行政执法案例。与遂昌耕夫食品有限公司、浙江圣豪矿业有限公司签订生态环境损害赔偿协议，共缴纳生态环境损害赔偿金15.59万元。

2020年，市生态环境局遂昌分局获生态省建设突出贡献集体二等功，垵口乡创建省级生态文明教育基地，王村口镇《以“红色引擎”驱动“两山”发展》入选美丽浙江绿色发展十佳示范案例。

【生物多样性保护】开展“5·22”国际生物多样性日宣传活动，举办生物多样性保护科普讲座。12月11日，召开遂昌县生物多样性调查项目验收会。本次调查汇总，遂昌县发现并记录维管束植物191科2148种，其中国家一级保护植物3种（伯乐树、南方红豆杉、莼菜）、国家二级保护植物19种。发现并记录大型真菌38科209种。发现并记录脊椎动物106科384种，其中国家一级保护动物6种（黄腹角雉、白颈长尾雉、黑麂、穿山甲、金钱豹、云豹）、国家二级保护动物45种。另有陆生昆虫109科675种、底栖动物28科99种。完成《2020年遂昌县生物多样性本底调查报告》《遂昌县重点物种分布专题图集》《历史资料收集整理名录》及一套生物多样性调查数据和电子标本。（曹烨晔）

农业·水利·气象

综述

【概况】2020年，遂昌县实现农林牧渔业增加值12.30亿元，比2019年增长2.6%；实现农林牧渔业总产值19.19亿元，比2019年增加了0.44亿元。其中，农业产值12.09亿元、林业产值3.92亿元、牧业产值2.69亿元、渔业产值2815万元、农林牧渔服务业产值2118万元。2020年，全县农民人均可支配收入22264元，比2019年增加1515元，增长7.3%。

建成省级特色农产品优势区1个，开展数字乡村种植、养殖基地数字化改造8个。纳入全国名特优新农产品名录4个。建立省级旱粮百亩示范方1个、旱粮生产基地2个，建立玉米新品种示范方1个，新增中药材规范化基地2个。推进“三品一标”建设，绿色食品认定24个、无公害认证18个、有机农产品认证3个。遂昌土蜂蜜、龙谷茶通过农业农村部地理标志产品登记保护。

2020年，遂昌县入选省级渔业健康养殖示范县培育创建名单、浙江省农作物秸秆全量化利用试点县，牵头的区域协调财政专项激励政策申报工作高分入围扶持名单；被确定为国家级电子商务进农村综合示范县，获中央财政支持2000万元；被确定为部省共建乡村振兴示范省先行创建单位、2020年度省级农业绿色发展先行创建单位、全省农村文化礼堂建设示范县；获评“2020年度中国全面小康百佳示范县市”，《信用村治理举措》入选“2020年度中国十大社会治理创新典范”，《点绿成金拓宽“绿水青山就是金山银山”转化通道》入选“全省大花园示范县建设十大典型案例”。

【两家企业上榜省级农业龙头企业】11月，浙江剑光生态农业科技开发有限公司、浙江佳禾竹业科技有限公司被认定为省级骨干农业龙头企业。浙江剑光生态农业科技开发有限公司是丽水地区生产规模较大的食品生产企业，成立于2008年，拥有茶园基地、茶叶生产加工场所，拥有茶叶、豆制品、调味品、酒类等多条生产线。浙江佳禾竹业科技有限公司成立于2016年，以生产销售新型重组竹户外景观用材为主，公司产品70%以上出口，带动农户增收致富，是一家集研发、生产、销售为一体的综合型企业。

【基础设施建设】集中力量推进高标准基本农田建设项目。对全县农业基础设施建设需求进行调查摸底，建立项目库，2020年立项高标准农田建设项目2个，总投资2458万元，建成高标准基本农田920公顷。未来3年项目库资金总量达到2.25亿元，主要建设内容为新建、硬化机耕路，修建节水灌溉设施、灌排水渠、修建堰坝、挡墙等。（洪欠欠）

农业发展

【概况】2020年，全县粮食作物播种面积1.07万公顷，比2019年增长2.9%。其中，早稻种植面积229公顷，单季稻种植面积4560公顷，旱粮种植面积5920公顷。粮食总产量5.45万吨，增长2.5%。开展粮食生产功能区“非粮化”调查，对4313公顷粮食生产功能区下达生产分解任务，鼓励农户开展“退经还粮”，引导农户开展“粮—经”轮作，保障粮食生产功能区内至少种植一季粮食作物。全县有50亩以上稻麦种植大户65户。

2020年，全县有茶园面积8543公顷，茶叶产量1.35万吨、产值10.60亿元，分别比2019年增长6.76%、7.45%。全县水果产量2.17万吨、产值1.84亿元，分别比2019年增长7.13%、3.61%。蔬菜种植面积5280公顷，实现产值2.98亿元。油菜籽播种面积571公顷，中药材种植面积2301.6公顷。

年末全县生猪存栏3.76万头，比2019年增长7.4%，年内生猪出栏5.15万头，比2019年下降9.7%，全年肉类总产量4714吨，比2019年下降18.6%。全年禽蛋产量2335吨、产值2.69亿元。全县中蜂养殖户2500余户，养殖量突破4万群。

【品牌建设】围绕茶叶、烤薯、菊米、长粽、中药材、蜂蜜、红提、箬叶等优质农产品，积极培育“丽水山耕”共建品牌。完成提升“丽水山耕”合作主体20个，新建海拔600米以上绿色有机农林产品基地1900公顷，新培育旅游地商品43个，新培育旅游地商品主体27个，新建“丽水山耕”背书产品37个，“丽水山耕”农产品销售额达11.6亿元。

遂昌县龙谷丽人茶在“2020年中国茶叶区域公用品牌价值评估”中，评估价值达12.83亿元。遂红牌红茶获“中茶杯”第十届国际鼎承茶王赛春季赛特别金奖。全省“红茶提质增效关键技术集成与示范”2020年农业农村部重大协同推广项目启动会在遂昌县举办。遂昌县猕猴桃被列为浙江省农业标准化生产示范项目。4月，在大柘镇车前村举办遂昌长粽推广订货会，现场订单额破500万元，全年遂昌长粽销售额超1亿元。

【农产品质量安全】全年开展执法检查种植业、渔业、畜产品等经营主体710余家（次），出动执法人员1930人次，立案58起，罚没款25.6万元。检查规模种植基地、生产主体386家次，出动821人次，开展蔬菜、水果、茶叶、畜禽产品、水产品等定量检测632批次，开展农残快检9400批次，243家生产主体进入追溯平台。重大动物疫病防控力度更大。全县201个行政村全部完成了秋季集中免疫行动，免疫率100%，各规模养殖场、屠宰场、无害化处理场等重大场所消毒面积422万平方米，无害化处理病死猪21781头。

【猕猴桃标准化生产及全程质量控制技术现场会】9月4日，遂昌县猕猴桃标准化生产及全程质量控制技术现场会在北界镇淤弓村召开。现场会发布地方标准《猕猴桃避雨栽培操作规程》；进行科普读物赠送仪式；发起猕猴桃全程质量控制技术倡议；对遂昌县农产品地理标志授权主体和绿色食品认定主体进行授牌；评选出“2020年遂昌县十佳猕猴桃”“最受消费者喜爱的猕猴桃”。现场会还举行质量安全与品牌营销论坛，专家们围绕“农产品品牌建设与推广营销”及“猕猴桃栽培关键控制点及秋冬季果园管理”内容进行授课。农业农村部农产品质量安全中心副主任寇建平出席现场会。（洪欠欠）

农村建设

【概况】2020年，创建乡村振兴示范带1条，完成58个新时代美丽乡村建设。建设党建示范强村22个、农村文化礼堂20家。创建“一村万树”示范村8个。完成焦滩乡、湖山乡AAA级景区镇验收，创建大田村、应村村等21个A级景区村。新建2家乡村精品酒店（水岸忆茶、蓝莓酒庄）、1家五钻民宿（旗山侠隐）、4家四钻民宿（溪云里民宿客栈、上高民宿、非云民宿、水岸忆茶民宿）。建成红星坪“溪云里”民宿集聚区。完成蔡和旅游风情小镇户外游乐营地项目，茶树坪村蓝莓酒庄已营业。“柘里茶香”入选2020年省级现代农业园区创建对象。

【生态宜居】重点推进大田、湖山、蕉川3个“未来乡村”试点。开展历史文化村落保护利用，完成1

个重点村（福罗淤村）和12个一般村建设。完成大洞源村、兰蓬村2个美丽宜居示范村建设。王村口镇和湖山乡美丽城镇建设方案获评省级优秀规划方案。云峰街道方案通过专家评审。王村口镇获评全省新时代美丽城镇样板乡镇。妙高街道东峰村、三仁乡好川村创成国家级少数民族特色村寨。

【洁净乡村】出台《遂昌县农村生活垃圾分类处理实施方案》，全县建成垃圾分类处理村28个，垃圾分类覆盖率89.1%。建成市级垃圾分类示范乡镇1个、省级高标准垃圾分类示范村2个、市级垃圾分类示范村建设4个。出台《遂昌县农村人居环境提升（洁净乡村）基础设施建设、运维以奖代补管理办法》，每座公厕每月安排保洁经费150元，将公厕保洁情况纳入洁净乡村考核，确保农村公厕保洁管理落实到位。农村卫生户厕普及率100%。

实施肥药减量工程，完成5家农资店“肥药两制”改革工作，全县实现化肥减量815吨、农药减量15吨。推进畜禽粪污资源化利用，全力整治“脏小散乱”养殖，畜禽粪污综合利用率99.04%。推进秸秆综合利用，以秸秆还田和基料化、饲料化、能源化为重点利用方向，全县秸秆综合利用率95.2%。

【乡风文明】深化新时代文明实践试点工作，推进新思想入户、革命精神践行、慈孝文化弘扬等文明实践“八大行动”。开展“我眼中的新遂昌”解放思想大讨论活动。泉湖寺管理员朱宗鹤获评“最美诚信浙江人”，民防飞鹰救援队的包圣军入选“浙江好人”，3人入选“丽水好人”，21户家庭获评丽水市“文明家庭”，城东社区被评为全省“最美志愿服务社区”。在全省抗击新冠肺炎疫情表彰大会上，遂昌县4人被评为先进个人，元立集团获评先进集体。遂昌县税务局、三仁畲族乡小忠村分别获评“全国文明单位”“全国文明村镇”。凯恩特材总工程师陈万平获“全国劳动模范”荣誉。

【基层治理】完成妙高街道、三仁畲族乡2个省级村（社）组织换届试点工作，至年底，全县211个村（社）党组织、村委会换届全部完成。推进市域社会治理现代化试点，推进县乡村三级矛调中心建设，深化基层治理“四平台”和全科网格建设。开展“执法司法规范化水平提升年”活动，推出“核心战斗力指数”考评机制，创新开展基层治理“信用村”创建和个人债务重整。做好初信初访和积案化解工作，实现全年“零进京访”。捧回全省首批“一星平安金鼎”。（洪欠欠）

附：“未来乡村”建设

【概况】2020年，遂昌县立足将乡村打造成为“中国分时经济孕育地、长三角第二创新空间、浙江原味旅居生活目的地”的定位，提出“未来乡村”建设目标，选定大田村、湖山村、蕉川村为试点进行探索实践。遂昌县“未来乡村”建设，受到《人民日报》、人民网、中国小康网、“学习强国”等媒体关注报道，吸引了阿里、网易、直线竞速、古村落保护基金、壹佰农业等投资客商的关注，纷纷前来考察投资环境、洽谈投资项目。

【概念提出】在各地推进打造“未来社区”建设的时候，遂昌县率先提出“未来乡村”概念。3月21日，召开遂昌县“未来乡村”建设研讨会，邀请一批知名学者、专家，就“未来乡村”的概念、方向进行研究讨论。9月5日，在杭州成功举办“未来乡村”研讨会暨遂昌《“未来乡村”建设导则》发布会，聘请10名专家为遂昌县“未来乡村”建设“外脑”智库，为遂昌发展咨政建言、献计献策。

【规划标准】遂昌县多次和省级部门、相关院校对接，对“未来乡村”的概念定义、内涵特征、场景重塑等进行提炼归纳，不断完善“未来乡村”建设标准。根据3个试点村的实际，分别委托知名设计公司对“未来乡村”进行规划设计。其中，湖山乡湖山村“未来乡村”规划方案已完成初稿，大柘镇大田村、新路湾镇蕉川村“未来乡村”部分项目已进入施工阶段。委托阿里巴巴团队规划的“数字乡村”方案在进一步完善中。

【项目建设】按照“一年有大变化”的要求，稳步推进项目建设。湖山村完成整治点位100余处，大田村完成整改点位54处，蕉川村完成拆除点位29处。大田村万亩茶海彩化项目完工，茶海道路路基基本完成，桃谷浮云驿站、万亩茶海科研中心、荷塘餐厅等项目完成施工图设计，十里茶香一条街完成规划，数字茶业创业园开工建设。蕉川村田园绿道一期项目完工，一条街烟雨茶楼、乡村会客厅项目开工，美丽宜居项目完成招标，“智慧乡村”完成方案编制，缤纷花海项目委托施工。湖山村结合“天工之城”建设，环湖绿道、湖畔居、湖山水厂供水工程等项目稳步推进。（洪欠欠）

农民增收

【概况】2020年，遂昌县农村居民人均可支配收入22264元，比2019年增长7.3%。低收入农户人均可支配收入12673元，增长17.7%，增幅全市第一。农村家庭最低生活保障标准提升至10200元/年。201个行政村全部实现集体经济收入10万元以上且经营性收入5万元以上，其中集体经济收入20万元以上且经营性收入10万元以上的村有152个。

引进健康农业招商项目5个，协议总投资10.35亿元。争取区域协调财政专项政策，遂昌县以全省第二名的成绩入围扶持名单，争取到1.5亿元区域协调资金。全县政策性农业保险承保费收入1014万元。涉农贷款余额增幅42.82%，农户信用贷款增幅84.03%，均排位全市第一。遂昌县“生态贷”新增量、“两山贷”发放额排名全市前列，对90个村集体股份经济合作社发放“富村贷”6275万元。

【农旅融合】2020年，全县有民宿、农家乐村（点）86个，经营户549户，共有床位0.8万余个。全年接待游客612.2万人次，乡村休闲旅游综合收入6.89亿元，比2019年增长6.26%。其中，营业收入4.62亿元，游客购物收入2.27亿元。

承办全市农家乐（民宿）分餐制大赛，遂昌县魅溪民宿、悠然居、水岸忆茶3家精品民宿分获银奖、铜奖、优胜奖。4家民宿和1家农家乐综合体获得2019年度“丽水山居”示范项目评定。申报省级农家乐集聚村2个、省级休闲乡村1个，遂昌县健康养生之旅被推介为“2020年休闲农业和乡村旅游精品景点线路”。

举办长粽、蜂蜜、茶叶、蓝莓、猕猴桃等特色农产品直播12场次，实现销售额3000余万元，吸引1000余万人关注，帮助农业生产主体搭建起有效的产销平台。积极组织餐饮企业参加2020“丽水味道”创意大赛美食集市，遂昌县代表队获得“丽水味道”创意大赛团队赛第三名，“遂昌长粽”“苎麻果”获得“妈妈的味道”巧女美食奖。

【精准扶贫】探索“产业扶贫基地+农户”组团抱团发展模式，大力扶持中药材、香榧、烤薯、中蜂养殖、来料加工等产业。深化“一户一策一干部”工作机制，在省、市、县部门结对扶贫重点村的基础上，将全县6404户建档立卡低收入农户与99个单位3000余名干部接对落实，实行“一对一”对口帮扶。严格按照“两不愁三保障”底线要求，抓好医疗保障、饮水安全、危旧房改造、公共基础设施建设等重点工作。完成20个乡镇（街道）1000余户低收入农户房屋电气线路改造升级，给予每户改造补助1000元。

【强村公司“消薄”项目大比拼】10月10日，遂昌县2020年强村公司“消薄”项目大比拼活动在县农业农村局举行。全县20个乡镇（街道）的强村公司代表，围绕“村集体和农民增收”主题，以PPT形式展示辖区谋划的优质“消薄”项目，既包括已完工项目、在建项目，也包括谋划待建项目。评委嘉宾对照项目的投资总规模、年度投资计划及单个项目投资规模、施工进度计划、完成情况和群众满意度、项目产生的经营性收益和覆盖行政村情况、带动农民增收情况、项目可持续情况、项目结合本地特色资源情况，以及项目在市、县示范带动作用和项目建设管理创新、融资模式创新和管理方式创新情况等方面，给出相应的分数。活动产生一等奖1名、二等奖2名、三等奖3名。

【“天工巧匠”制茶技能大赛】10月14日，2020年遂昌县“天工巧匠”制茶技能大赛在遂昌龙峰茶业有限公司举行，共36名选手参加比赛。竞赛项目分为手工炒制龙谷茶（扁茶）和手工炒制毛峰茶两项，选手自行选择一项完成。经过理论考试和实操比拼，来自焦滩乡的选手江惠红获得第一名。正高级农艺师、国家一级评茶师俞燎远担任本次比赛裁判长。（洪欠欠）

“大搬快聚”攻坚战

【概况】2020年，遂昌县扎实推进“大搬快聚富民安居”工程，全县累计签约2383户10258人，实现搬迁1136户4039人。整村搬迁村34个402户1450人。制定《遂昌县“大搬快聚富民安居”工程兜底安置房项目建设和资金管理办法》，推进腾龙小区三期、云峰古亭小区一期、金岸限价商品房建设。

8月，承办了全市低收入农户高水平全面小康攻坚暨“大搬快聚富民安居”工程推进现场会，县委书记张壮雄介绍遂昌县“大搬快聚”经验，现场会考察了石练镇柳村村“一户多宅”清理整治和拆后利用、土地复垦情况，学习了遂昌县腾龙小区在社区基层治理模式、公寓式限价商品房安置等创新经验和做法。

8月18日，云峰古亭小区和腾龙小区三期“大搬快聚富民安居”工程限价商品房按签选房，搬迁户按抽取的选房顺序号依次选房。本次共有1435户搬迁户参加选房，其中云峰古亭小区455户、腾龙小区三期980户，是遂昌县异地搬迁历史上涉及面最广、规模最大、人数最多的一次。1120套限价商品房全部选毕。

【优先搬迁和选房】在《遂昌县“大搬快聚富民安居”工程实施意见》基础上，确定优先推进搬迁和选房优先原则。明确优先推进搬迁六类对象：整村搬迁的农户；连片可复垦范围内的农户；低收入农户；经县自然资源和规划局牵头划定的地质灾害隐患区的农户；经县应急管理局牵头认定的因气象等灾害威胁、极端气象发生时需撤离的农户；选择购买市场商品住房的农户。明确限价商品房选房优先原则。优先组：符合选房资格的整村搬迁搬迁户（整村搬迁验收合格）、低收入农户搬迁户、县自然资源和规划局认定的地质灾害红线范围内搬迁户、经县应急管理局认定2019年以来因自然灾害导致住房倒塌的农户、连片复垦面积达到5亩以上的搬迁户。

【财政和房源保障】建立财政保障机制。省市补助资金、土地复垦产生的效益、采取“政府+市场”模式产生的土地开发出让金等，优先用于“大搬快聚富民安居”工程。成立遂昌县大搬快聚公司，争取到专项贷款32亿元。建立房源保障机制。以“最优惠的政策、最佳的地段、最好的配套”吸引农户搬迁，确定县城腾龙小区三期和云峰街道古亭一期为限价商品房选址，项目已经开工建设。腾龙小区三期建造限价商品房882套，云峰古亭一期建造限价商品房238套。

利用各乡镇（街道）国有资产闲置用房和成熟地块，建设兜底安置房。推出“大搬快聚富民安居”一件事全生命周期联办服务，从农户签订协议到拆除旧房，再到进城就学就业，都由工作人员代办代跑，实现农民进城“最多跑一次”。（王丽芳）

水利

【概况】2020年，遂昌县共争取中央和省级水利专项资金10035万元，中央水污染治理专项资金4000万元，用于河道治理等生态水利工程建设和“五水共治”。争取政府专项债券资金9700万元，用于农村饮用水提升改造。全年完成水利建设投资2.99亿元，征收水资源费615.4万元，征收水土保持补偿费180.84万元。

2020年，遂昌县获评2020年度全省农业水价综合改革绩效评价优秀县、全省实行最严格水资源管理制度考核成绩突出市县。朱建武被评为全省第三届“首席水利员”。蒋威宇获评2020年度浙江省水利建设工程质量监督工作先进个人。

【水利建设】推进省重点建设项目清水源水库工程建设，完成大坝基础开挖，开展环库公路建设。总库容26万立方米的登埠水库主体工程完工。中小流域综合治理乌溪江干流王村口至焦滩段完工，湖山源流域综合治理石练标、大柘标、金竹标完工，周公源流域综合治理有序推进。完成河道整治14.5千米，新建堤防护岸5.6千米。开展病险山塘水库综合整治，新建水库1座，病险水库除险加固1座，新建山塘1座，综合整治病险山塘4座。开展水毁工程修复，20多处点位修复工作已完成。

【农村饮用水达标提标】出台《遂昌县农村供水工程运行管理办法》《遂昌县农村饮用水县级统管实施方案》。落实以乡镇（街道）为责任主体、水务有限公司统一运行管理的农村供水工程县级统管机制，落实农村供水专职管护人员55名，水厂水费收缴覆盖率100%。完成垵口、蔡源等5个乡镇集中供水工程，完成34个行政村饮用水提升工程建设，改善饮水人口3.76万人。“农村饮用水达标提标三年行动”任务全面完成，通过清盘验收。6月，桐川水库通过下游桐川水厂实现供水，覆盖新路湾镇蕉川片区8000余人。

【水环境治理】松阴溪（南溪—襟溪段）、乌溪江干流、桃源3条河道成功创建省级美丽河湖，乌溪江焦滩段创建市级水利风景区。对城区河道内无序垦植现象进行整治，通过集中清理和复绿提升，整治河道岸坡及滩地6.8万平方米。利用卫星遥感、无人机巡测手段，对7个重点建设项目开展水土保持监测和“三同时”制度执行监督管理。完成湖山千年坞、大畈小流域水土流失综合治理，治理水土流失面积5.01平方千米。全年征收水土保持补偿费180.84万元。

【小水电建设】至2020年底，全县水电总装机容量25.4万千瓦，全年发电量5.6亿千瓦时，实现水电产值2.5亿元。完成湖山源淤溪段、十四都源大山段生态水电示范区建设工程。全县水电站全部完成生态流量泄放设施改造，对重点水电站以视频监控手段强化生态流量监管。97座列入清理整改水电站通过县级销号验收。8座水电站被水利部公布为“2020绿色小水电示范电站”。

【水旱灾害防御】开展水旱灾害防御汛前大检查活动，对全县460多处水利工程进行检查，排查整治安全隐患960条，全面落实水库“三个责任”“三项制度”。密切监视水雨台情，及时发布山洪灾害预警信息，科学调度水库洪水。开展山洪灾害风险调查和水旱灾害风险普查，对188处山洪灾害危险区进行等级划定和预警指标确定。启动水文防汛“5+1”工程建设，建成了基于北斗卫星通信传输的水情遥测设备，实现水库水情自动监测全覆盖。

【工程管理】将全县9座公益性水库、171座重要山塘、16段共38千米堤防委托专业公司维修养护。严格执行项目法人制、公开招投标制、建设监理制和合同管理制，运用“互联网+监管”、“双随机一公开”检查、第三方检测等方式，开展水利工程质量监督检查45次，组织工程验收15项。强化项目资金绩效管理，经公布，遂昌县2018年度中央财政水利发展资金绩效评价和2019年度全省农业水价综合改革工作绩效评价均获优秀等级。2020年，遂昌县被列为全省水利工程管理“三化”改革试点县。

【水资源管理】围绕取水口标准化、节水型教育基地建设、水源地安全保障、智慧管水4方面工作任务，完成30家取水户取水设施标准化改造，建成1个节水型教育基地，完成县城集中饮用水水源地安全保障达标评估。在全市率先完成取水工程核查登记工作，登记入库取水工程151个。指导16家取水户补办取水许可手续，督促9家拖欠水资源费的用户补缴费用，对年度取水计划、取水户信息进行修改完善。县域节水型社会达标建设通过省级考核验收，完成水平衡测试企业3家，开展企业清洁生产审核4家，创建节水型企业3家，创建节水型居民小区1个。全年征收水资源费615.4万元。

【水政执法与宣传】加大水政执法力度，开展以河道为重点的执法巡查600余人次，查办涉河采砂案件10起，处罚没收违法所得18.04万元。深入开展河湖“清四乱”行动，拆除7处涉河违章建筑。对社会关注的涉河非法采砂问题进行集中整治。办理中央环保督察信访及问题交办件12件。利用“世界水日”“中国水周”等时机，广泛宣传《中华人民共和国水法》《中华人民共和国防洪法》《中华人民共和国水土保持法》《浙江省水域保护办法》等水事法律法规，组织开展线上水法宣传及水情知识有奖答题活动，参与人数3000多人次。

【项目谋划】编制完成《遂昌县“十四五”水安全保障规划（初稿）》《遂昌县农村饮用水“十四五”规划（农村供水保障规划）》《遂昌县小型水源工程规划》《遂昌县成屏二级水库扩容工程前期研究》。围绕提升县城及下游松阴溪防洪能力，谋划成屏二级水库扩容工程，项目前期方案通过专家评审。围绕“天工之城”发展战略，谋划仙峡湖岸线保护及水生态修复项目，包括环湖绿道、三归生态湿地、库尾堰坝修复、七星岛湿地及库区消落带治理等内容，并列入《浙江省2021年重大水利项目前期推进计划》和《浙江省水安全保障“十四五”规划（初稿）》。

【年度水文】2020年，遂昌县降雨量1693毫米，比2019年（2019毫米）减少16%。汛期全县平均降水量1231毫米。5月29日入梅（至7月17日），梅雨期平均降水量641毫米，较常年偏多67%。入梅以来经历了4轮系统性强降雨过程（5月29日、6月5日、6月29日、7月9日）。8月至年末，平均降水量384毫米，与常年基本持平。总体上看，全年降水量较常年总体偏少，全县汛情比较平稳，未出现重大灾情。年内周公源水库泄洪2次，成屏一级水库泄洪2次。（王夏美）

附：“五水共治”（河湖长制）

【概况】2020年，遂昌县“五水共治”（河湖长制）工作以“水十条”考核保持全国领先为总要求，高标准建设“污水零直排区”，高质量建设“美丽河湖”，健全河湖长制、重点管理机制、督导考核机制，不断提升水环境质量和群众幸福感指数。全年完成治水重点项目投资2.83亿元。

加强全县入河排污口、排水口监管，规范排水许可制度。龙鼻头、马戍口、大石3个跨行政区域出境断面水质持续提升。完成河（湖）管理范围划界、河（湖）“清四乱”和中小河流整治，成功创建松阴溪（南溪—襟溪段）、乌溪江干流、桃源3条美丽河湖。

全县设立县、乡、村三级河长380名，更新“河道警长”59名，聘请民间治水监督员335名。通过绿水币奖励鼓励全民参与巡河查河，绿水币注册人员1000余人。处理公众投诉举报93件，完成《今日聚焦》栏目曝光点位整改1处，完成省级交叉检查问题点位整改22处，完成市级交叉检查问题点位整改60处，完成第二轮中央环保督察进驻浙江期间交办的涉水信访件12件。

2020年遂昌县“污水零直排区”建设有3项任务：一是上江、二都街、金岸工业区块“污水零直排区”建设；二是三级电站宿舍小区和金矿宿舍小区“污水零直排区”建设；三是黄沙腰镇、王村口镇、石练镇、金竹镇、北界镇“污水零直排区”建设。至年底，三项任务均完成建设并通过验收。

【上榜2020中国净水百佳县市】由《小康》杂志社

主导发起的中国县域发展系列排行榜之“2020中国净水百佳县市”5月1日正式发布，遂昌县居全国第四、浙江省第一。“中国净水百佳县市”评选对全国2000多个县域进行综合测评，客观反映中国县域城市净水、污水处理等方面的特色与潜力。遂昌县是钱塘江、瓯江之源，是“中国天然氧吧”，自然资源禀赋优越，水质保持较好。遂昌县通过强化责任、要素保障、项目建设、“六小”行业监管等实施污水零直排区建设；通过强化管理、“河长”培训、督查考核等推进实施河湖长制；通过治水督查竞赛、饮用水源达标、水环境质量提升行动、河湖生态修复等统筹推进重点治水工作，深化美丽河湖建设，成效显著。

【获授“五水共治”大禹鼎】8月，省委、省政府公布了2019年度“五水共治”（河湖长制）工作“大禹鼎”名单，全省有49个市县获授“大禹鼎”，遂昌县榜上有名。2019年，遂昌县高水平推进“五水共治”工作，全面实施污水零直排区创建，深入推进河湖长制，完成治水重点项目投资2.75亿元。统筹推进治水督查竞赛、河湖生态修复、饮用水源达标提标、水环境质量提升、农业农村治理提升、防洪水保供水、近岸污染防治、全民节水护水宣传八大举措，全域提升水环境质量，大石断面出境水质由Ⅲ类跃升至Ⅱ类，“五水共治”（河湖长制）工作年度考核获得全市第一名。（汤凌峰）

气　象

【概况】2020年，全县平均气温18.5℃，全年雨量1656毫米，雨日170天，日照1321小时。

县气象局抓好气象服务工作，加强气象灾害监测预警，守好防灾减灾第一道防线，积极推进气象业务项目建设。全年制作气象信息内参76期，春茶采摘、春耕生产等气象为农服务材料21期，疫情防控、春运、中高考等专题气象服务材料30期，台风快报5期，气象旬报36期，气象月报12期，年月气候影响评价13期。发布暴雨、雷电、大风等各类气象预警信号24次，启动部门应急响应7次。与县自然资源和规划局联合发布地质灾害气象风险预警14次，与县水利局联合发布小流域山洪灾害气象风险预警6次。发送气象预警服务短信254次。提供气象数据查询38次。出具气象灾害证明材料32份。实施人工增雨作业4次。

【防灾减灾管理】建成北界镇淤弓村、应村乡东源村等10个省级气象防灾减灾标准化村（社）。完善气象防灾减灾综合显示平台数据录入，完成气象防灾减灾地图绘制。开展基层防灾减灾“六个一”标准化建设评估。7月10日，对全县乡镇（街道）网格员开展气象相关内容网络视频直播培训。公布气象灾害（雷电）重点单位67家，加强防雷安全监管。采用“浙政钉”掌上执法系统开展气象行政执法检查，掌上执法开通率和激活率均达到100%，覆盖率100%，执法检查次数17次。办结气象行政许可审批事项8件，其中防雷装置设计审核4件、防雷装置竣工验收4件。

【气象现代化建设】实施人工增雨作业能力建设项目，建成白马山、南尖岩、柘岱口乡北洋村、大柘镇车前村4个地面碘化银发生器作业点，并投入使用。建成遂昌（湖山）人工影响天气作业基地，占地1460平方米。1月16日，在湖山开展人工增雨作业一次，发射火箭弹4枚，有效缓解旱情。12月1日该项目通过验收。实施气象监测预警能力提升工程，建成北界镇王坞、新路湾镇新溪等10个自动气象站。更新国家气象观测站自发电设备。完成气象大楼UPS线路改造。完成山洪业务平台竣工验收和暴雨工程平台竣工验收。4月1日起，地面气象观测全面实现自动化。

【国家气象公园试点建设】依据《丽水国家气象公园建设规划》，编制遂昌县国家气象公园试点建设方案。深入九龙山景区、南尖岩景区，深化气象景观资源调查。深入大柘镇车前村和大田村、湖山乡红星坪村、高坪乡高坪新村和茶树坪村、新路湾镇三井村，开展国家气象公园试点建设调研。开展南尖岩研学基地科普气象站选址和气象景观宣传方案设计。开展高坪杜鹃开花期物候预报服务。开展“中国天然氧吧县”宣传活动。助力神龙谷景区建成浙江省首批“乡村氧吧”。（朱旭虹）

2020年遂昌县国家气象观测站气象要素一览表

表10

要素	平均气温（度）			降水量（毫米）			雨日（天）			日照时数（小时）		
月份	2020年	历年	距平	2020年	历年	距平	2020年	历年	距平	2020年	历年	距平
1	9.0	5.8	3.2	136.0	74.1	61.9	10	13.1	−3.1	69.8	95.4	−25.6
2	10.7	7.8	2.9	80.6	92.9	−12.3	11	15.0	−4.0	98.8	82.4	16.4
3	13.8	11.4	2.4	193.5	170.3	23.2	20	18.6	1.4	61.1	89.8	−28.7
4	16.4	17.0	−0.6	66.0	191.3	−125.3	10	17.9	−7.9	162.0	112.6	49.4
5	23.7	21.5	2.2	281.3	184.7	96.6	17	17.2	−0.2	108.0	133.7	−25.7
6	26.4	24.5	1.9	350.1	285.9	64.2	22	18.0	4.0	71.6	121.9	−50.3
7	27.7	27.7	0.0	158.4	150.7	7.7	18	14.7	3.3	142.0	200.7	−58.7
8	29.2	27.1	2.1	44.2	148.6	−104.4	10	16.3	−6.3	200.0	190.0	10.0
9	22.8	23.6	−0.8	270.1	110.2	159.9	22	12.5	9.5	89.2	144.8	−55.6
10	18.6	18.5	0.1	19.1	56.8	−37.7	8	8.7	−0.7	121.8	143.0	−21.2
11	15.1	12.9	2.2	28.7	67.0	−38.3	9	9.0	0.0	141.3	127.0	14.3
12	8.0	7.3	0.7	27.9	46.6	−18.7	12	8.4	3.6	55.8	133.9	−78.1
平均	18.5	17.1	1.4	1655.9	1579.1	76.8	169	169.4	−0.4	1321.4	1575.2	−253.8

工业·商贸

工业经济

【概况】2020年，遂昌县实现规模以上工业增加值34.4亿元，比2019年增长4.2%。其中，新兴产业增加值增长38.5%，增幅居全市第一；高新技术产业增加值增长11.1%，增幅居全市第二；装备制造业增加值增长12.3%，增幅居全市第五。

全年完成工业投资8.05亿元，比2019年下降2.3%，其中制造业投资6.03亿元，增长19.3%，增幅排名全市第一。制造业投资中，技改投资4.57亿元，增长12.4%，增幅排名全市第三。列入市级技术改造重点项目13项，完成重点技术改造投资3.58亿元，完成率102.4%。

全县有规模以上工业企业86家，其中亿元企业34家（10亿元以上企业3家），实现规模以上工业产值172亿元。其中金属制品业产值127亿元，占规模以上工业总产值的73.8%。

遂昌县基本形成以金属制品为主导产业，精细化工、特种纸、竹木加工、建筑石材特色化发展的现代生态工业体系，产业空间布局不断优化，产业集聚效应日益明显。

【招大育强】定期召开工业专班工作例会、指标专题分析会，落实工业攻坚指数指标，分企业逐月落实目标任务，针对短板查漏补缺。充分发挥龙头企业带动作用，“延链、补链、强链”。全年出让工业用地23宗40.2公顷，其中新增出让面积30.3公顷、二次出让面积9.9公顷，新增标准厂房面积3.02万平方米。做好经济运行分析和风险监测，调整企业上规模梯度培育库，做好成长性企业培育，完成“专精特新”培育企业入库20家，新增规模以上工业企业14家。

组织组织元立集团申报浙江省“雄鹰行动”培育企业，组织宇恒电池、荣凯科技2家申报“隐形冠军”培育企业。菲力化工的“化工本质安全技术—微通道反应器的开发与应用”项目、荣凯科技的“高纯度的2—氯烟酸”项目入围省级好项目中小微企业双创大赛，宇恒电池公司获评第二批国家级专精特新“小巨人”企业。

【平台建设】谋划平台整合，优化空间布局。积极申报省级经济开发区，坚持集聚发展，打造“一区三片”生态工业发展空间布局。编制“十四五”工业发展规划，完成县工业园区总体规划编制，遂昌县化工园区通过省级评价认定。建设小微企业园打造孵化基地，成功申报省级小微园建设提升重点县项目。完成石练健康产业园、中小企业孵化园绩效评价和星级评定工作。绿色建材小微企业园通过整治提升，实现石材加工过程封闭管理和固废集中处置，工业用水实现循环利用。中小企业孵化园二期进入竣工验收阶段。深化“亩均论英雄”改革，统筹资源要素。修订完善综合评价办法，出台资源要素优化配置政策，倒逼低效企业淘汰出清，完成年度绩效评估报告。

【转型升级】开展行业整治，夯实产业基础。推进化工行业与铸造行业整治，石材行业整治提升取得初步成效。分行业提出工艺设备、产能规模、亩产效益、单位能耗、污染排放等标准体系，整治低散乱企业30家，淘汰落后产能企业5家。加快集群发展，培育增长动能。出台《遂昌县生态工业产业发展规划》，大力构建以智能装备、新材料、生命健康三大产业为主的现代工业体系，优化空间布局和产业结构，推进基础再造和产业链提升。推进“机器换人”，助力智能升级。制定“遂昌县生态工业智能制造攻坚战”三年试点示范实施方案，完成第一批试点项目遴选（数字化工厂项目8个、“云化工业”App项目4个），并开展实施。完成新增工业机器人32台、省级新产品鉴定5项、市级企业中心2家（新纪化工，恒大导轨）。推进绿色制造工程，创建清洁生产企业14家、节水型企业3家。

【数字经济发展】2020年，遂昌县成功申报省级数字经济创新发展试验区、省级数字生活新服务样板县。积极引导企业上云，完成企业上云588家。开展贯标认证工作，翱力新材料公司、浙江鲨鱼食品机械公司获国家“两化”融合管理体系贯标企业称号。开展5G基站建设“一件事”集成改革，部署5G基站建设任务，编制完成《丽水市遂昌县通信基站专项规划（2020—2025）》，有序推进5G基站建设，完成182个5G基站建设，完成率95.2%。

【服务企业】出台《遂昌县关于应对疫情支持企业共渡难关的二十条意见》，通过减免、延缓、补助的方式，助力企业共克时艰。累计为企业发放（减免）稳岗就业、贷款利息、社保、租金、用水用电用气等各类费用和财政补贴1.45亿元。构建产业政策兑现线上“直通车”机制，做好政策上线和线上兑现工作，实现工业政策兑现金额1.39亿元。

落实“一车一码一员”制度，抽调528名干部全天候入驻各重点企业、重点项目，梳理并办结各类涉企问题232个，全力助企开复工生产。大力推广和应用企业码，全县申领“企业码”3766家，完成率112.35%。

全面梳理和建立企业人才库，组织企业申报2019年度人才津贴申领工作，发放人才津贴56.1万元。举办生态工业高质量绿色发展研讨班，参加“浙商名家”职业经理人研讨班、“浙商薪火”传承与发展研讨班等，主办电子商务师培训班3期。

落实《浙江省民营企业发展促进条例》，加大中小企业公共服务平台建设力度，经考核，遂昌县金属制品产业集群公共服务平台评定为优秀。2020年，遂昌县企业家协会转贷业务金额1.15亿元，正达公司政策性担保业务28笔，金额8746万元。落实清欠工作部署，确保全部偿还到位。

【智能制造三年攻坚战】6月2日，9名省智能制造专家委员会指导组成员入驻遂昌，召开省智能制造专家委员会进驻遂昌县指导服务启动会。会上介绍了进驻遂昌县专家指导组成员、工作任务，以及各专家单位的改造案例。指导组成员对遂昌县智能制造现状进行了分析。

9月18日，遂昌县召开智能制造三年攻坚战启动会。会议介绍和解读遂昌县智能制造实施进展情况、《遂昌县“生态工业智能制造攻坚战”三年试点示范实施方案》、《关于5G在工业互联网上的应用和能力》；签订了《数字经济高质量发展智力服务外包协议》和智能制造服务协议；发布了遂昌金属制品行业工业互联网平台。凯恩特材公司、翱力新材料公司作了交流发言。

10月30日，遂昌县“生态工业智能制造三年攻坚战”试点项目评审会召开。申报企业对各自申报项目作汇报，进行现场答辩。评审专家组通过听取PPT汇报、提问和查阅文件资料等方式，从数字化转型与提升范围、数字化创新与提升力度等方面对申报项目进行综合评审。遂昌县于2020年5月启动生态工业智能制造工作，有12家企业进行申报，项目总投资在1.5亿元左右。

【全县生态工业发展暨人才科技大会】全县生态工业发展暨人才科技大会于6月30日召开。会议的主要任务是：深入贯彻习近平总书记在浙江考察重要讲话精神，认真落实省委十四届七次全会、全省开发区（园区）改革提升推进会、全市生态工业发展大会部署要求，持续用好“三把金钥匙”，以高质量的数字赋能、科技赋能、人才赋能，推动遂昌全力全速迈向丽水第一阵营、打造“两山”转化的县域样板。会议举行了2020年度第二批生态工业项目竣工、开工、签约仪式，表彰了各类先进。县经济商务局、云峰街道、荣凯科技公司、汇金有色金属公司、遂昌县绿色医药化工平台等单位负责人在会上作表态发言。（刘红鸣）

重点工业企业

【浙江元立金属制品集团有限公司】前身为遂昌县钢铁厂，建厂于1991年，2001年改制组建浙江元立集团。2003年到衢州进行异地技改，成立衢州元立金属制品有限公司。已发展成为集炼铁、炼钢、轧钢、金属制品、循环发电等为一体的现代化大型企业，先后获得浙江省重点行业龙头骨干企业、浙江省百强企业等荣誉，入选中国钢铁工业协会理事单位，是工信部首批符合《钢铁行业规范条件》的45家企业之一。下辖20多家子公司，产业链之长为国内之最。元立集团遂昌本部主要产品有黑铁丝、镀锌铁丝、电焊条、瓦楞钉、螺纹钢、圆钢、焊丝等100多个品种规格金属制品。其中，元立牌镀锌铁丝获评“浙江名牌产品”，一般用途圆钢钉获评“浙江省著名商标”。产品远销中东、欧美、东南亚等几十个国家和地区。

2020年，浙江元立集团衢州、遂昌两地共有员工1.3万余人，实现销售收入353亿元，出口创汇3804万美元，上缴税收16.2亿元。排名“中国民营企业500强”第321位，在“浙江省民营企业百强榜”上居第42位。其中，遂昌本部实现产值91.5亿元，占全县规模以上工业总产值的53%，上缴税收5.2亿元。集团董事长兼总经理叶新华。

【浙江凯恩特种材料股份有限公司】前身为遂昌县造纸厂，1998年改制成立股份公司，2002年组建凯恩集团，改为现名。是一家致力于生产和开发高性能特种纸的高新技术企业。在妙高街道源口村建有凯恩工业园区，占地面积20万平方米。主要产品有电解电容器纸、无纺壁纸、茶叶滤纸等，为全球最大电解电容器生产企业。2003年，被列为浙江省绿色企业；2004年，公司股票在深圳交易所上市，成为丽水市首家上市公司；2009年，被列为浙江省工业行业龙头骨干企业；2012年，被列为国家创新试点企业和国家重点高新技术企业。

2020年，公司共有员工750人，实现产值5.53亿元，上缴税收2145.5万元。公司董事长兼总经理刘溪。

【宇恒电池有限公司】成立于1999年，原为浙江凯恩电池有限公司，2020年10月改为现名。坐落于妙高街道源口村凯恩工业园区内，占地面积3万平方米。公司专注于镍氢电池和锂离子电池的研发及生产，市场占有率居国内前列、省内第一。是国家高新技术企业、工信部《锂离子电池行业规范条件》白名单企业、丽水市重点拟上市企业，成立了省级企业博士后工作站、省级企业研究院，作为第一起草单位起草和制定了浙江制造标准，参与制定了锂离子电池国家标准。

2020年，企业共有员工600余人，实现销售收入3.6亿元，上缴利税1080万元，为丽水市唯一由国家级重点支持的专精特新“小巨人”企业。企业负责人金哲宇。

【浙江省遂昌金矿有限公司】成立于1976年，坐落于濂竹乡治岭头村，公司总部占地面积88.5万平方米。业务范围涉及矿业开发、贵金属冶炼、金银深加工、房地产、铸造、新型材料、旅游等行业，主要产品有金、银、金银制品、精密铸件、氰化亚金钾、铅锌精矿、硫精矿、连续玻纤增强热塑性复合材料等。公司具有检测、勘探、测量等资质，可提供地质勘探、储量评估、选矿试验等技术服务，是浙江省最大的国有黄金矿山企业，全国黄金系统生产企业骨干，上海黄金交易所首批会员单位。

遂昌金矿具有千年开采历史，被誉为“江南第一矿”。金银冶炼提纯技术国内领先，生产的黄金成色99.99%以上，采矿回采率、选冶回收率处于国内同类矿山企业前列。至2020年，累计生产黄金20多吨、白银近300吨，为国家黄金工业发展作出了重要贡献。2007年12月建成遂昌金矿国家矿山公园，2008年荣膺AAAA级景区，是全国唯一“中国黄金之旅”景区，具有2万人/日左右的综合接待能力。正在开展创AAAAA级景区提升工作。

2020年，公司有员工1100人，实现销售收入6.72亿元，上缴税收1668万元。公司党委书记、董事长何益民。

【浙江利民控股股份有限公司】前身是创建于1965年的军工“小三线”企业，1987年下放成为县属企业，1998年改制为浙江利民化工有限公司。2016年进行集团化改造，成立浙江利民控股有限公司作为集团母公司，2017年股份制改造为浙江利民控股股份有限公司。厂区坐落于云峰街道长濂村，占地面积40万平方米。公司主营业务涉及三大板块：民爆板块，包括乳化炸药生产、爆破工程设计施工、炸药产品运输服务；绿色医化板块，包括青霉素中间体生产、双氧水生产用催化剂及工作液系列；生物健康板块：包括食品、保健品开发和生产。

2020年，公司各类员工480人，实现产值4.13亿元，上缴税收1997万元。企业法人代表吴均。

【浙江新联民爆器材有限公司遂昌永新分公司】前身是创建于1965年的军工“小三线”企业，1987年下放成为县属企业，曾先后更名为国营永新化工厂、浙江永新化工厂。2000年改制成立浙江永新化工有限公司，2008年与永进化工公司合并，成立浙江永联民爆器材有限公司永新分公司。2017年，浙江省机电集团、物产中大集团联合组建浙江新联民爆器材有限公司，为其下属分公司。厂区坐落于三仁畲族乡十三都村，占地面积37.56万平方米。主要生产乳化炸药，年生产能力1.8万吨。企业先后通过ISO－9001：1994质量体系认证、ISO－9001：2000质量体系认证、ISO—9001：2008质量体系认证和ISO—9001：2015质量管理体系认证。

2020年，公司在册员工151人，实现产值1.08元，上缴税收892万元。企业法人代表陈其炳。

（刘红鸣）

经济合作交流

【概况】2020年，遂昌县创新招商引智方式，加大招商引智力度，充分利用问海借力“金钥匙”，开展经济交流合作。全年共签约项目38个（亿元以上项目19个），合同投资额110.55亿元。完成25个项目落地，合同投资额47.67亿元。累计出让项目用地16宗，出让面积38.7公顷，较2019年分别增长128%、119%。

深化“山海协作”走亲互访机制，加强与诸暨市、南湖区、象山县全方位合作，新签8个“山海协作”产业合作项目，续建项目35个，共计到位资金18.13亿元。2020年接收诸暨、南湖、象山“山海协作”援建资金592万元，确定援建项目7个。

【优化产业政策】出台《遂昌县关于深化总部经济和数字经济发展的若干意见》《遂昌县招商选资中介机构奖励实施办法》，优化和提升招商实效。以制定“丽水最优、浙江领先”的产业扶持政策为目标，各职能部门对产业政策进行了优化完善，发布了《遂昌县发展健康农业政策》《遂昌县关于加快现代服务业发展的若干政策意见》《遂昌推进生态工业高质量绿色发展三十条》《“天工之城”推动三创融合发展的实施意见》等产业政策。

【拓展招引模式】与上海识间企业管理中心签订中介招商协议，并积极对接其他中介招商机构。成立遂昌驻上海招商部，收集招商信息162条，走访企业84次，报送动态招商信息75篇，组织意向投资企业到遂昌考察33次。驭马机电年产60万台节能电机、蔡成刚博士团队高分子发热芯片（绿谷精英项目）等项目顺利落地。走访县内骨干型企业，排摸上下游产业分布情况，完善强链补链招商地图。

【招引数字经济项目】借助阿里云、网易、海康威视等头部企业背后丰富的生态资源，加大“天工之城”数字经济类项目招引力度。招引一批“三创融合”类数字经济项目。10月25—26日，举办“湖山论剑”长三角双创人才高峰论坛暨“天工之城”引智大会。12月13—14日，举办仙峡湖论剑暨“天工之城”项目集中签约仪式，现场签约网易联合创新中心、海康威视联合创新实验室、千寻位置科技成果转化中心等11个项目。12月16日，遂昌县招商服务中心与两山转化发展中心开展“天工之城”项目招商谋划会。

【加强产研合作】与高质量企业开展产需对接、产研结合等方面合作。与网易、海康、HOLOVIS、阿里云等12家企业签署合作协议。建立产学研用合作转化基地、校地（企）合作基地、院士（博士）工作站，已建立中国航天科工集团增材制造技术创新中心、浙江工业大学乌克兰专家遂昌服务站。深化与省智能制造专家委员会合作，推动金属制品、精细化工、装备制造等传统产业数字化、智能化、规模化改造。2020年，全县新兴产业、数字经济核心产业增加值分别比2019年增长38.5%、20.8%。

【援建资金支持】深化“山海协作”，全年接收诸暨、南湖、象山“山海协作”援建资金共计592万元，确定援建项目7个。分别为：云峰街道银都村综合楼二期项目、云峰街道千年银都研学基地建设项目、大柘镇大田村“生态产品价值实现”展馆项目、新路湾镇蕉川村乡村会客厅建设项目、三仁畲族乡坑口村旅游集散中心周边基础建设项目、石练镇景新村美丽村庄及美丽经济提升项目、应村乡定溪村茶叶加工厂建设项目。

【南湖—遂昌“飞地”产业园竣工】6月10日，南湖—遂昌山海协作“飞地”产业园举行一期项目竣工仪式。嘉兴市委副书记王涛宣布项目竣工。嘉兴市、南湖区、遂昌县相关领导出席。南湖—遂昌山海协作“飞地”产业园是两地共同规划建设的省内跨区域山海协作“消薄”产业园区，遂昌县成立遂兴产业投资（嘉兴）有限公司，设立项目专班组负责实施。一期项目建设标准厂房2栋，引进精密机械制造、新材料制造等企业，致力于打造全省“山海协作”产业帮扶样板。建成后预计每年能为遂昌提供1000万元效益。

【“我为遂昌牵一线”首个招商项目签约】7月1日，遂昌县与浙江悠家电子商务有限公司、温州欧恒食品有限公司签订《招商引资框架协议书》，成为“我为遂昌牵一线”活动开展以来首个签约成功的招商项目。“我为遂昌牵一线”活动是全县解放思想大讨论“十个一”活动之一，以开展一把手招商、以商引商、精准招商、百名干部驻百企、千人合力引资引智等为依托，确保全年招引项目资金100亿元以上，实现年度人才引进目标。本次签约的两家公司是县科协牵线引进的。（项　晔）

工业园区

【概况】2020年，县工业园区牢牢锁定“生态工业第一战役”，加速产业革新升级，全力打好工业复兴提速战、招商引资精准战、科技赋能突破战，加快园区精细规划建设和产城一体化，全力建设“产城融合、宜业宜居”的生态工业区。

上半年，在全市第一个实现省市重点项目、规上工业企业100%复工复产，各项产能恢复指数居全省、全市前茅，实现“两手硬、两战赢”目标。下半年，以项目建设作为拉动园区经济发展和投资增长的主引擎，全力助推遂昌迈向全市第一阵营。

全年园区实现总产值164.69亿元，比2019年增长3.6%，其中规模以上工业增加值28.79亿元，增长5.71%。规模以上企业产值占全县规上工业产值的91.1%。主要经济指标实现稳中求进。其中东城新区实现总产值39.25亿元，增长29.3%，东城规上工业可比价增加值完成7.42亿元，增长29.23%，新区发展主引擎愈加明显。全园区完成固定资产投资9.23亿元，比2019年增长45%，项目建设成效明显。

推动“小升规”和亿元企业培育，通过上门调查、入企指导、动态管理，帮助企业做大做强。新培育规上企业12家，新培育亿元以上企业6家。

【招大引强成效】紧盯招商引资“一号工程”，采用“走出去、请进来”的方式，外出开展招商推介活动，分批次考察项目29个，邀请客商来访210人次。全年签约生态工业项目21个，其中亿元以上项目17个，实现合同引资62.99亿元。实行企业“全生命周期”服务，打造最佳在地政府，企业投资项目政府全程代办，入园项目审批全程帮跑，企业落地全程陪护。结合《遂昌县推进生态工业高质量绿色发展三十条》，制定《遂昌县中小企业科技孵化中心管理办法》，吸引更多优质企业进驻园区。引进浙江鸿业建材公司投资项目，从审批到施工创园区“最快速度”。

汇金环保、鑫强橡塑、平昌矿业三期等11个重大工业项目竣工，总投资约10亿元，预计每年增加产值12亿元，贡献税收2500余万元。圣邦精密制造、鸿业建材、黑阳机械等10个项目开工，总投资约25亿元。

【平台能级提升】编制完善园区发展规划，全力创建省级经济开发区。完成省化工园区（集聚区）评价认定工作。加快推进平台二次创业，推动产业链培育、价值链提升、集群式成长，加快构建现代化生态经济体系。完善《关于深化遂昌县工业园区体制机制调整的补充意见》，巩固改革成果。

推进园区提质扩能。共安排政府性（国企）投资项目11个，完成投资额1.99亿元，比2019年增长72%。完成东城新区核心区块城市设计，启动“山海协作”共享平台（滨水城市客厅）和东城新区智能制造创新服务平台（渡客公寓）建设。10月，省委书记袁家军考察遂昌—诸暨“山海协作”产业园企业孵化中心，对遂昌县“山海协作”成果和产业转型升级给予肯定。

以数字赋能推进革新裂变，探索“5G+工业互联网”，加速推动金属制品、精细化工产业数字化改造，推进“智慧园区”建设，与移动、联通、齐圣科技、阿里巴巴探讨建设方案，底层基础设施投入已完成，为开发园区“智慧大脑”夯实了数据基础。

【资源要素保障】践行“两鸟理论（腾笼换鸟、凤凰涅槃）”，创新“竞价拍地”，向休眠土地、厂房要效益。对园区内企业进行全面走访调查，建立闲置用地处置项目库，对瀚天科技、绿源木业等闲置厂房和用地进行合理处置。全年保障工业用地60公顷，新出让标准地30.6公顷，盘活闲置土地厂房5.32万平方米，有效缓解了土地瓶颈问题。

全年争取中央抗疫国债、一般债券、上级补助资金等6800万元，为火车站进城路网—小金线道路改进工程、中小企业孵化园等项目做好资金要素保障。加快惠企政策兑现，涉及企业82家，兑现金额7669万元。设立遂昌县工业园区产业发展基金，总规模5亿元，一期基金1亿元。通过“产业基金引项目”模式，打造“基金+项目+园区”一体化生态链，推动资本与项目有效对接。（叶晓伟）

电力工业

【概况】2020年，国网浙江遂昌县供电有限公司更名为国网浙江省电力有限公司遂昌县供电公司。完成固定资产投资8493万元，其中电网投资7901万元，占比93.03%。售电量10.49亿千瓦时，比2019年增长4.51%。营业总额6.01亿元，实现利润201.13万元。资产总额5.35亿元。职工劳动生产率63.97万元/人·年。年度电费回收率100%。同期线损管理三度入围国网百强县。

【电网建设】编制《多元融合高弹性生态智慧电网特色实景示范》方案，实施项目5个，投资1384万元。获取220千伏三仁变电、110千伏云东变电站址和路径协议，110千伏古院变电项目通过批复。完成35千伏应村变输变电工程建设，解决了遂昌北部山区供电半径长、大分支、高故障问题。推进可调负荷响应，完成3户秒级和3户分钟级可中断负荷接入。完成水电站数据收集，助力智慧调度“水系一张图”建设。

滚动修编配电网“十四五”规划，储备项目200个，总资金6.7亿元。加强配网项目计划管控，配网预算完成率103.47%，配网项目转资率90.77%，配网预算完成率全市第一。至年底，全县新增10千伏线路7条，新建及改造10千伏线路219千米，新增及改造配变55台，容量2.07万千伏安，新建开关51台，环网单元9座。10千伏柘遂192线及坑口支线改造工程获评市供电公司配电网优质工程。

【生产管理】探索小流域洪灾及雨雪冰冻灾害治理方式，建成具有遂昌特色、操作性强、响应迅速的应急体系。调控e指挥体系建设成效显著，获市公司总经理特别奖。开展无人机巡视293次，智能巡检544次，发现设备缺陷511起，完成10千伏线路综合检修6条、高故障线路治理11条。与浙江大学合作“高端制造业电压骤降治理设备研制及产业化构想”项目，研制改进型动态电压恢复装置。

科学安排电网运行方式，发布七级以上电网运行风险预警单12条。大力推进智能配电网建设，配网自动化有效覆盖率78.96%，成功隔离故障109条次，减少1412故障时户数。严格落实计划停电刚性执行，完成110千伏洋浩变及石练变C检，完成35千伏源口变综合改造，启动35千伏应村变输变电工程。成功开展第三、四类带电作业，全年共开展带电作业924次，节约5.18万时户数。2020年，全县户均停电时间4.29小时，比2019年下降48.92%。

【电力服务】全面推行国网App应用，新增用户2.4万。压降业扩时限，提升客户办电效率，2020年高压业扩全流程平均时长13.79天，比2019年压缩21.26%，低压非居业扩全流程平均时长2.71天，压缩11.3%。做好电力“三服务”，累计为大工业、工商业、农业生产用户减少电费支出3380万元。疫情期间，做好企业复工复产监测和EPI指数分析，得到县委、县政府的通报表扬。全年公司投诉工单压降75%，其中上半年实现工单零投诉。为3100余户低保户办理每月15度电费减免，完成28户贫困残疾人室内线路改造。实施“大搬快聚富民安居”工程电力设施拆建整改工作。

【安全管理】推进“一大一小”风险管控，实施大电网安全管控专项行动，落实“四不两直”（不发通知、不打招呼、不听汇报、不用陪同接待，直奔基层、直插现场）安全检查。实体化运作安全管控中心，开展作业现场远程稽查。制定“两措（反事故措施、安全技术劳动保护措施）”计划，严格执行18项反事故措施。坚持安全生产知识“一月一重点”培训考试。通过公安部门“智安单位”创建验收。开展安全稽查3340次，查处违章458起、记分553分，发放安全积分奖励19.8万元，违章处罚5.7万元。至年底连续安全日达5545天。（陈旭锋）

国内外贸易

【国内贸易】2020年，遂昌县积极统筹疫情防控和经济发展，通过企业免税、政府补贴、发放消费券等方式促消费、扩内需，消费市场逐季改善，稳步恢复。全县实现社会消费品零售总额65.85亿元，比2019年增长4.9%。其中，批发业和零售业销售额分别增长38.3%和5.3%，增幅居全市第一和第五。住宿业营业额下降5.5%，餐饮业营业额增长1.9%。

一季度消费市场受疫情明显冲击，社会消费品零售总额大幅下跌，同比下降29.1%。在各项优惠政策及疫情有效防控下，社会消费品零售总额恢复增长，三季度增幅持平，市场销售呈逐月增长态势。

2020年，遂昌县成功纳统一批体量较大的批发业企业，批发业销售额增长幅度大，高于全市21.5个百分点。其中限上批发业销售额增长48.8%，金属材料类拉动明显，增长255.4%，贡献作用大。

随着住宿、餐饮市场不断回暖，2020年全社会餐饮业及限上餐饮业营业额增幅双转正，分别比2019年增长1.9%和1.8%，分别位居全市第二和第一。其中限上餐饮业营业额12月同比增长53%，主要是疫情平稳后，下半年婚礼呈“井喷模式”，大酒店婚宴订单火爆，部分酒店当月收入明显高于2019年同期。

【对外贸易】2020年，遂昌县完成进出口总额17.24亿元，比2019年增加5.01亿元，增长41.0%。其中外贸出口15.93亿元，比2019年增长43.25%，增速居全市第二。大力推进国际贸易总部设立及引进工作，新增对外贸易经营企业16家，已引进8家，新增出口额4.98亿元。

积极开拓“线上+线下”市场，组织企业参加线上和线下展销会，包括第127届和第128届中国进出口商品交易会、2020浙江出口网上交易会等。完成鼓励外向经济型企业发展三批次兑现工作，奖补企业47家，累计奖补资金1600万元。（刘红鸣）

电子商务

【概况】2020年，遂昌县实现网络零售总额22.58亿元，比2019年增长45.0%。网络零售额相当于社会消费品零售总额比例的34.29%。全县从事电子商务产业人员超过8000人，在淘宝、天猫、京东、亚马逊等平台上注册登记网店452家，在重点监测第三方电子商务平台上，共有各类活跃网络零售网店239家，相当于注册零售网店总数52.8%。

云策创业小院入已驻企业53家。其中，电商销售企业40家，生产加工跨境电商销售一体化企业1家，快递快运企业9家，公共仓储1家，苏宁易购1家，京东帮1家。在云策创业小院初步形成了电商和快递物流企业的集聚。2020年，全县培育电子商务专业村2个（上江村、北门村），淘宝村1个（上江村），累计完成各类培训1.2万人次。遂昌县成功申报国家电子商务进农村综合示范县项目。

【“天工巧匠”网络营销大赛】11月1日，2020年遂昌县“天工巧匠”网络营销大赛正式启动。本次大赛以“赋能·新时代创业·赢未来”为主题，包括报名、赛前培训、比赛三个阶段，比赛时间为11月10日至12月15日，设置“创未来营销奖、网红营销奖、单项营销突破奖、遂昌营销新锐奖、最受欢迎产品奖”5类大奖，奖金总额高达300万元。启动仪式还进行了开场舞表演。遂昌厂商代表、特邀直播网红达人进行了表态发言和经验分享。

12月24日，2020年遂昌县“天工巧匠”网络营销大赛落幕。主办方颁出单项营销突破奖、遂昌营销新锐奖、最受欢迎产品奖等奖项，授予金牌网络销售、银牌网络销售荣誉。此次大赛吸引了全国各地近600名选手参加，为遂昌县33家企业的94款产品“代言”。经过36天销售比拼，至12月15日，商品订单量达6.5万件，总交易额突破3900万元，为遂昌县历史上规模最大、参赛人数最多、时间跨度最长的营销大赛。

【云策小院创建省级众创空间】11月，省科技厅公布2020年度省级众创空间名单，丽水市有5家单位入选，遂昌县云策创业小院榜上有名。众创空间即创新型孵化器，是通过市场化机制、专业化服务和资本化途径构建的低成本、便利化、全要素、开放式的新型创业公共服务平台的统称。遂昌云策创业小院2018年开始建设，建筑面积15200平方米，已入驻企业42家，包括电商销售企业32家、快递快运企业9家、公共仓储1家。（刘红鸣）

服务业

【概况】2020年，全县实现服务业增加值71.78亿元，比2019年增长6.1%，增速排名全市第二。服务业增加值占GDP比重54.9%，比2019年提高3.4个百分点，全市排名第四。

全县共有服务业市场主体16652户，其中个体工商户14261户，企业2391户。2020年新增服务业企业664家，个体工商户2807家。全县共有物流类市场主体639家，其中个体工商户540家。2020年新增物流类企业25家，个体工商户150家。

全县登记在册农贸市场4家：城区市场3家（府前、西街、龙潭）、乡村市场1家（北界），其中三星级文明规范市场1家（府前），二星级文明规范市场3家（西街、龙潭、北界），放心农贸市场覆盖率100%。2020年，全县农贸市场总交易额2.6亿元，府前农贸市场完成“五化”改造。

全县餐饮服务单位总数1186家。其中，限上27家、限下1033家、企事业单位食堂117家、养老机构食堂9家。除却食堂，全县有大中型餐饮单位60家、小型餐饮单位377家、小餐饮541家、小微餐饮82家。全年城区限上餐饮业营业额0.77亿元，比2019年增长5.54%，全市排名第二。

【服务业培育】县经济商务局建立服务业企业拟上规上限培育库，开展上规上限培育辅导。全县实现服务业企业（个体户）月度上规5家，其中批发2家、零售1家、住宿1家、餐饮1家。年度上规服务业单位16家（含替换）。限上零售万佳商贸与西街万客缘完成合营并表，并表后前三季度销售收入增长93.9%，拉动限上零售增长10.26个百分点。

出台遂昌县电子商务“十四五”发展规划、再生资源回收发展规划，有序推进古院商贸综合体项目。对《遂昌县关于加快现代服务业发展的若干政策意见》政策实施情况进行中期绩效评价。制定服务业补充政策和促进服务业企业上规上限实施办法，拓展服务业政策扶持范围，增强扶持力度。完成服务业奖励政策事项办事指南和流程图等内容梳理，并在市产业兑现系统上线。

【促进消费】组建消费专班，将服务业纳入专班工作中协同推进，加强指标数据预警监测和研判。定期召开服务业工作例会，精准分析全县服务业运行情况，协同推进指标增长。制定规上服务业培育考核细则和服务业增加值考核细则，明确行业分工及管理部门职责，细化责任分解和落实。

实施“浙里来消费·万企联动促万亿消费”工程，鼓励中大型零售企业开展促销活动。推出“点滴”App，通过“掌上农贸市场”“掌上餐厅”激活财政补助资金的市场活力。加入疗休养模块，将全县170家疗休养点导入平台，全县职工可通过“点滴”App开展疗休养，消费金额3000多万元。开展助农助企“促进消费公益直播带货”活动，打响助农品牌。完成110场“直播带货”活动，交易金额900余万元，吸引近600万名网友参与。引导旅游市场消费，出台《“激情一夏净游遂昌”旅行社招徕游客补贴实施办法》。6—8月，共引流6000余名游客到遂昌县体验康养之旅，有效带动了酒店、景区增流创收。（刘红鸣）

供销合作

【概况】2020年，遂昌县供销合作社深化“三位一体”农合联综合改革，实施乡村振兴战略，开展特色产业农合联服务平台规范化建设，推进农产品区域公用品牌工作，开展“山海协作”消费扶贫，助力中小企业复工复产。

全县供销社系统总经营收入6319.4万元，上缴税收11万元，社会贡献总额168万元。全年实现化肥销售14123吨，比2019年增长1.93%。农药销售457.5 吨，比2019年下降1.12%。

以丽水市农作物放心工程为平台，开展农作物放心工程培训。举办了两期“化肥农药减量，农业生产增效”培训，65位农合联会员参加培训。全年完成水稻、茶叶等农作物无人机病虫害统防统治作业面积2167公顷。回收农药废弃包装物170吨，安全处置169吨。

【“遂昌味道”农产品销售】2019年，县农合联组建遂昌味道生态农业发展有限公司，作为“山海协作”消费扶贫平台开展合作经营。2020年开展“遂昌味道”农产品进社区、进商场、进机关等展示展销活动15场，参加年货节、农民丰收节、农博会等农产品展示展销活动7场。与诸暨、南湖、象山等“山海协作”区县合作，销售“遂昌味道”农产品2450万元。积极落实东西部扶贫结对四川省通江县消费扶贫工作，全年完成农产品销售968万元，其中线上销售260万元。“遂昌味道”农产品公共品牌建设打破了涉农产业“小、散、杂”格局，实现抱团出击。

【产业农合联规范化和信用等级评定】2020年，遂昌县水干果产业农合联通过市农合联规范化建设评定。全县八大产业农合联已有两家通过规范化建设评定。对157个产业农合联会员进行了信用等级评定，授信7060万元，授信率96.91%。全年会员贷款2742万元，其中免担保贷款430万元，农信担保遂昌代办点担保额1605万元。

【农民丰收节暨猕猴桃采摘节】9月4日，2020丽水遂昌农民丰收节暨猕猴桃采摘节在应村乡猕猴桃观光园举行。活动现场，县供销社向农户赠肥、赠书、赠宣传资料，总价值5万余元。猕猴桃专业合作社、浙江赶街公司与两家外地分销商进行了产销对接签约。来自遂昌县产业电商直播达人特训营的60余名主播，开展电商直播带货活动。在抖音、快手、赶街村货等平台同步直播，总观看超过10万人次，点赞近5万人次，直播销售猕猴桃905箱，现场销售猕猴桃1500余千克。（罗正阳）

烟草专卖专营

【概况】2020年，遂昌县烟草专卖局（分公司）完成卷烟销量10258箱，比2019年增长3.49%；实现销售额4.37亿元，增长7.9%；单箱结构4.26万元，增长4.26%；实现经营毛利1.22亿元，增长9.34%。

编制《遂昌县城区和生态产业集聚区范围设置说明》，开展农村零售客户网上办证指导，实现网上办证率100%。新办零售许可证134份，清理“空壳证”25户，学校周边双50标准零售户全部清理完毕。在“数字遂烟”打造上先试先行，QC项目“缩短信息工作全流程数据获取时长”获全省烟草系统第十届优秀质量管理小组成果发布三等奖，重点项目“基于精准画像建立标签化监管模型研究”帮助遂昌实现外流省外卷烟19条，外流管控成绩居全省第三。

安装双屏机300台，香溢通使用面28.19%。香溢家会员体系根基扎实，月活跃会员比值居全省前茅。建成现代终端417户。打造“十百千”农网品牌，展现出遂昌特有的农网金名片，常山县、诸暨市同行前来学习。

【品牌培育】全年重点品牌销售量8058.65箱，占总量份额78.57%。定制品牌销售量66.86箱，比2019年增长30.21%。国产雪茄烟销售额增长81.63%，满足卷烟消费多元化需求。小云端销售1740条，增长59.19%，占辖区高价位份额的5.57%。12月，中支“乌镇之恋”在自营店和合作店上市，订足率和订货面均为100%，存在较大的溢价空间。创客销售59.52箱，比2019年增长26.9%，占辖区细支烟份额20.21%。

【打假破零】2020年，遂昌县烟草专卖专营“打假破零”实现“两个突破”。一是实现本地专车运销假烟案“零的突破”。8月，成功拦截本地运销假烟专车2辆，查获涉案卷烟5367条。二是实现情报输出“零的突破”。向兄弟单位输出情报6起，协助义乌市烟草专卖局、金华市烟草专卖局、松阳县烟草专卖局查获违法卷烟2337条。查获“6·3”非法经营卷烟案件，已判刑5人，该案获批国标三级网络案。配合公安机关侦办“3·17”非法经营卷烟案件，跨省抓获嫌疑人5名。

【市场监管】紧盯物流寄递、零售终端两大重点监管领域，通过对关联数据与异常数据的分析，深入挖掘案件线索，净化本地市场。2020年，共查获各类违法卷烟案件172起，涉案卷烟246.92万支，其中涉及省外流入案件71起，省外流入卷烟2636.2条。物流寄递领域查获案件77起。全面开展“严打违法违规大户”专项行动，查处违法违规大户案件25起，取缔违法大户2户，收回1户，从源头上切断真烟非法流通渠道。严防卷烟外流，全年外流省外卷烟19条，真烟跨省流入流出比率为188.71，在全省对标第四小组中位列第一。（胡 斌）

金融

综述

【概况】2020年，遂昌县金融业银行机构贯彻稳健的货币政策，以服务实体经济为目标，面对新冠肺炎疫情，贯彻落实中央经济工作会议精神，齐心合力支持各行各业复工复产，促进货币信贷和社会融资规模的增长同经济发展相适应。开展金融改革创新，探索金融助推生态产品价值实现路径，加快实现遂昌高质量绿色发展。

年末，县域有银行机构10家，本外币各项存款余额243.99亿元，比2019年增加50.52亿元，增长26.12%，增幅居全市第一。本外币各项贷款余额185.81亿元，比2019年增加41.49亿元，增长28.75%，增幅居全市第二。不良资产率0.45%。存贷比76.15%，比2019年提高1.55个百分点。

县域有保险机构17家，全年原保费收入4.39亿元，比2019年增长7.75%。其中，财险原保费收入1.49亿元，寿险原保费收入2.90亿元。全年理赔和给付1.58亿元，增长2.84%。其中，财险理赔1.09亿元，寿险理赔和给付0.50亿元。县域有证券机构2家，全年证券交易额707.12亿元。

2020年末遂昌县银行业本外币存贷款情况表

表11　　　　单位：万元

机　构	各项存款				各项贷款	
	各项存款		其中，储蓄存款			
	余额	同比（%）	余额	同比（%）	余额	同比（%）
工行遂昌支行	284929	24.86	77131	1.72	161485	27.96
农行遂昌支行	302566	60.00	94744	37.68	240261	63.97
中行遂昌支行	215151	31.52	46769	0.89	198885	19.11
建行遂昌支行	302535	19.28	103664	18.90	257297	37.50
遂昌农商银行	845759	20.82	580498	15.88	642194	25.36
邮储银行遂昌支行	197926	22.17	175492	13.10	96146	10.40
稠州银行遂昌支行	111453	18.31	81516	68.76	74087	30.94
泰隆银行遂昌支行	72193	38.90	46418	11.85	76338	15.35
遂昌富民村镇银行	107352	32.39	87584	36.66	111426	18.17
全　县	2439864	26.12	1293816	18.90	1858119	28.75

【信用体系建设】2020年，遂昌县推广丽水市信用信息服务平台运用，发挥平台对促进乡村振兴和小微企业发展的作用，推动金融机构运用平台开展业务创新，扩大“整村批发、集中授信”覆盖面。全县有199个行政村开展“整村批发、集中授信”信贷业务，授信额度21.04亿元，授信农户4.49万户。全年平台上查询1.12万次。

完善征信系统建设，完成一、二代征信系统切换。推动自助查询代理点建设，新增农商行和稠州银行2个自助查询代理点。全年为公众提供信用报告查询9379次、企业查询256次。指导金融机构建立疫情期间征信逾期豁免名单认定。指导金融机构与法院合作，创新推出“重整贷”业务，通过信用评估，以融资款项清偿债务，助力信用修复。全年发放“重整贷”5笔金额100万元。

【全县人民币存贷款余额突破400亿元】县大数据和金融发展中心公布，至9月18日，各金融机构上报数据统计，全县人民币存贷款余额411亿元，首次突破400亿元大关，遂昌县成为丽水市第四个存贷款余额超400亿元的县（市）。其中，存款余额236.36亿元，比2019年同期增长27.77%，增速全市第一；贷款余额175.27亿元，比2019年同期增长30.98%，增速全市第一。（唐少景）

中国人民银行遂昌县支行

【概况】2020年，中国人民银行遂昌县支行关注和分析县域经济金融形势走势及变化，运用货币政策工具和宏观审慎管理框架，引导金融机构对上多争取、对外多拓展、对内多挖潜，促进社会融资规模平稳增长。加强政策与窗口指导，引导金融机构盘活存量、用好增量，提升金融对地方经济发展贡献度。服务与监管并重，风险排查与防范并举，强化金融风险网格化管理，守住不发生系统性金融风险底线。综合运用评价、约谈、评级等手段，督促金融机构履行金融消保责任义务。加强利率分析、民间融资、企业逃废债等风险监测，防范化解金融风险。配合政府做好扫黑除恶、打击网络犯罪等专项行动，切断犯罪资金链，保障金融安全和稳定。

在事前、事中、事后监督环节，守牢国库“资金安全、业务系统安全、信息数据安全”底线。夯实国库业务基础，准确办理国库核算。全年办理核算业务20.62万笔，金额155.68亿元。开通绿色通道，拨付防疫资金45笔，金额493.74万元。

创建现金服务示范区，在石练镇3家网点开展现场指导。农村现金服务点兑换小面额现金92.13万元，回收不宜流通现金31.28万元。做好大额现金管理试点，营造试点工作良好环境。开展拒收人民币现金专项整治，通过现场宣传等形式，保护消费者支付方式选择权。

引导稠州银行遂昌支行、建设银行遂昌支行加入农村金融服务站建设，构建以遂昌农商银行为主体、其他银行参与的金融助农服务体系。新增非涉农金融机构开办的服务站8个。全县有综合型金融服务站130个，加载移动支付服务站190个。其中2020年新设农村服务站15个，建设“两山”转化金融服务站16个。

【支持实体经济发展】印发《关于做好支持疫情防控和企业复工复产金融服务的通知》，引导金融机构做好银企双向对接，实现贷款精准投放。指导6家金融机构运用央行专项再贷款向7家企业发放流动贷款1.13亿元，节约利息支出113.15万元。其中小微企业专项再贷款0.47亿元，占41.53%。落实央行再贷款再贴现专用额度政策，指导金融机构发放再贷款2.51亿元，其中支农再贷款2.21亿元、支小再贷款0.3亿元，为企业和农户节约利息支出244万元。指导金融机构运用信用贷款政策支持企业2086户，涉及金额3.49亿元，运用延期还本支持政策工具支持企业393户，涉及金额2.08亿元。两家法人机构获得免息资金2520万元，得到奖励资金119.65万元。

【融资畅通工程】落实“百地千名行长助企业复工

复产”活动，组织金融机构走访企业1460家，做好银企对接，帮助企业解困。指导金融机构制定融资畅通工程“三张清单”，在《钱瓯遂昌》和《遂昌新闻》电视栏目上发布。2020年末，小微企业贷款余额35.92亿元，比2019年增长31.89%；制造业贷款余额22.98亿元，比2019年增长40.90%。引导金融机构开展小微企业“首贷户”拓展活动，新增小微企业“首贷户”245户，发放贷款4.08亿元。

【三项惠农工程】指导金融机构找准切入点，把握农村金融发展新形势、新导向，探索生态产品价值转化，助推乡村振兴。2020年末，全县林权抵押贷款余额7.63亿元，比2019年增加379万元；农房抵押贷款5.3亿元，比2019年增加663万元；农地流转经营权抵押贷款0.69亿元，比2019年增加309万元；三项惠农工程有序实施及农村互助担保社的发展，推动涉农贷款快速增长。全县涉农贷款余额139.66亿元，比2019年增长41.50%。其中，互助担保社全年担保314笔，金额5196万元。

【推广“生态贷”和“两山贷”】支持“两山”转化，推出“生态贷”和“两山贷”，探索金融助推生态产品价值实现路径。按照GEP评价标准，对农户、企业及经济组织进行星级评定，向利用环境资源开展生产经营的农户和实体发放生态贷款。在大柘镇大田村完成GEP星级评定623户，发放“生态贷”1780万元。推进基于生态信用的“两山贷”产品，引导金融机构根据生态信用评级，向信用良好的主体提供贷款优先、利率优惠、额度放宽、手续简便等服务措施。共发放“两山贷”4425万元，推动“两山贷”增量扩面。（唐少景）

银保监会遂昌监管组

【概况】2020年，中国银行保险监督管理委员会遂昌监管组做好金融机构政策传导，推进便捷金融服务，助力乡村振兴。引导贷款结构优化，加强法人机构监管，推进区域监管常规化，守住不发生区域金融风险底线。发挥保险保障功能，关注金融舆情风险，引导金融业加强员工行为管理。

制定《遂昌县银行保险业推动监管政策落地服务实体经济发展行动方案》，指导金融机构出台66条惠企政策和专项信贷产品，支持复工复产措施具体化。开展小微企业融资情况排查，推动融资减费让利。2020年末，制造业贷款加权利率比年初下降0.35%，中长期流贷利率低于平均利率，全年为小微企业贷款减息2837万元。

坚决打击非法集资、虚拟货币交易等非法金融活动。参加P2P点对点网络借贷风险应对专班，实现县域P2P网络借贷平台全部出清。关注“原油宝事件”，及时了解掌握相关情况，督促金融机构做好投资人安抚解释。

【便捷金融服务】引导金融机构加强对地方经济支持力度的同时，持续推进金融普惠、便捷服务。农商银行湖山支行设立全市首个自主办税区，为企业提供利率优惠、手续简便的金融服务。推进浙江省金融综合服务平台的落地应用，联合县不动产中心开展“不动产抵押登记线上办理”培训。至2020年末，全县金融机构通过省级平台办理业务470笔，线上办理不动产抵押登记653笔。召开“双保”应急融资工作推进会，应急融资实现“零的突破”。

【助力乡村振兴】2020年，银保监会遂昌监管组和中国人民银行遂昌县支行配合，支持金融助推“大搬快聚富民安居”工程，已发放贷款2.95亿元。加强金融扶贫力度，普惠签约率达全市平均水平，扶贫贷款平稳增长。推进绿色信贷，支持生态产品价值转换。遂昌农商银行支持县域GEP生态价值转化，推广“生态贷”绿色金融产品，将GEP价值和资产、负债、信用等级等综合状况纳入授信评价体系，对大柘镇大田村整村授信，支持生态经济发展。

【贷款结构优化】引导金融机构开展“三服务”活动，增加对小微企业和对制造业实体信贷的投放力度，盘活存量，促进信贷结构优化。推动金融机构开展“百行进万企”活动，加强银企对接，企业“首贷”增加260户。至2020年末，制造业贷款余额增长20.78%，无还本续贷、信用贷款、中长期流动资金贷款增量扩面，占比得到提高。

引导和督促保险机构发挥保障功能，加强保险服务，提高理赔效率，做到应赔尽赔。推进自然灾害保险覆盖面，实现杂交水稻、公益林、农村公路等保险全覆盖。推动保险机构办理普惠型险种，推进“防贫保”等保险，向全县贫困学生赠送“意学无忧”产品，防止学生因贫失学。企业财险、农业保险、农村小额人身险等实现增量扩面。

【法人机构监管】推进法人机构坚守市场定位，压降大额贷款和房地产贷款，开展流动压力测试。推动金融机构开展季度案件、高管账户资金排查和金融许可证自查。督促法人机构做实不良资产，加快存量不良资产处置。至2020年末，县农商银行不良率0.88%，县村镇银行不良率0.35%，坚守不发生区域性金融风险底线。

坚持日常监管和现场、非现场监管结合，推动银行、保险业“放心金融”建设，做好金融机构重大突发事件预防预案，做到守土有责。下发农商银行、村镇银行两家机构年度监管意见书，督促按规上报整改计划及整改完成情况。（唐少景）

各银行机构

【概况】2020年，遂昌县各银行以稳健货币政策为导向，加大对实体经济特别是小微企业和民营企业的资金支持，支持疫情防控、复工复产和实体经济发展，合理调整信贷结构，保持信贷合理增长。年末，各银行本外币存款余额244.0亿元，比2019年增加50.53亿元，增长26.12%。其中，储蓄存款余额129.38亿元，增加20.56亿元，增长18.90%。本外币贷款余额185.81亿元，增加41.49亿元，增长28.75%。存贷比76.15%，比2019年提高了1.55个百分点。全县涉农贷款余额139.66亿元，比2019年增长41.50%。农户贷款余额69.39亿元，比2019年增长20.62%。

【农发行遂昌信贷组】年末，中国农业发展银行遂昌县信贷组各项贷款余额7.45亿元，比2019年增加1.73亿元，增长30.18%。存款余额2.28亿元，比2019年增加0.98亿元，增长75.74%。除粮食财务挂账贷款外，不良率保持零余额。

发挥政策性银行当先导、补短板、逆周期职能作用，服务“六稳六保”，助力疫情防控和经济社会发展。全年发放各类贷款2.41亿元。统筹疫情防控，发放应急救灾和复工复产贷款4500万元。保障农副产品“稳价保供”，守护“米袋子”和“菜篮子”。发放购销储贷款4笔金额2275万元，发放生猪产业链贷款金额900万元。获批中长期贷款授信额2.4亿元。发放中长期项目贷款1.65亿元，支持改善重点领域和薄弱环节，助推补齐农村基础设施短板。推进内控合规垂直管理，开展案防教育，夯实内部管理根基。

【工行遂昌支行】年末，中国工商银行遂昌支行各项存款余额28.49亿元，比2019年增加5.67亿元，增长24.86%。各项贷款余额16.15亿元，比2019年增加3.53亿元，增长27.96%。

优化信贷结构，全年增加贷款3.85亿元，发放项目贷款3.2亿元。其中，制造业贷款增加6929万元，普惠贷款增加1.48亿元，发放疫情贷款1300万元。对制造、批发、零售、住宿、餐饮5个行业贷款实施28天利息减免，减免利息11.53万元。加强对重点项目支持。“大搬快聚富民安居”工程审批授信额度10亿元，已发放贷款1.45亿元。乌溪江水电项目审批额度7500万元，已发放贷款6600万元。县金融控股公司并购贷款审批1.13亿元，发放贷款1.08亿元。

【农行遂昌支行】年末，中国农业银行遂昌支行各项存款余额30.26亿元，比2019年增加11.34亿元，增长60.0%。各项贷款余额24.03亿元，比2019年增加9.37亿元，增长63.97%。存贷比79.41%，不良资产率0.21%。实现净利润1677万元。

支持企业抗疫资金需求和项目复工复产。2020年，新增民营企业贷款34户，金额3.99亿元。其中制造业贷款增加1.75亿元，增幅62.5%。支持湖山温泉、汇金环保、鸿业建材等民营重点项目。配合县政府做好扶贫结对工作，走访低收入农户63人次。发放农户贷款1.02亿元，为县内国有银行唯一与地方政策性担保公司合作开展农户贷款的银行。

【中行遂昌支行】年末，中国银行遂昌支行各项存款余额21.52亿元，比2019年增加5.16亿元，增长31.52%。各项贷款余额19.89亿元，比2019年增加3.19亿元，增长19.11%。存贷比92.44%，不良资产率0.04%，实现“双降”。

从利率优惠、减费让利、信贷配置等方面支持受疫情影响企业，助推复工复产。为凯恩特材、荣凯化工两家清单内重点企业提供再贷款支持，余额3115万元，占全县再贷款金额的27.44%。投放58笔“复工贷”，金额7703万元。对小微企业贷款下调利率，最低降至3.85%，豁免相关费用。3月，启动“减息助企”活动，为制造、批发零售、住宿餐饮企业减免2月部分利息，全县共减费让利826万元。围绕“一城五区”建设和“八大战役”，为重点项目提供金融支持，两个12.3亿元重点项目贷款获批，当年投放2.24亿元。

【建行遂昌支行】年末，中国建设银行遂昌支行各项存款余额30.25亿元，比2019年增加4.89亿元，增长19.28%。各项贷款余额25.73亿元，比2019年增加7.02亿元，增长37.50%。资产不良率0.02%。实现税前利润5740万元。

增强银企合作，获批国家投资项目独家合作银行资格，存贷款业务实现新突破。新增浙江新宏钢制品公司大额存单1亿元，县基础建设投资公司大额存单1.3亿元。县国投集团、建投公司、交投公司等在建行开立12个子账户，专用存款1.4亿元。办理浙江元立集团5亿元委托贷款资金。开展普惠金融服务，实现“裕农通”服务点村村覆盖。发展普惠贴现，对公普惠金融贷款余额2.38亿元。2020年末，全县有“裕农通”活跃服务点195个，“双100”服务点1个，“双10”服务点20个。

【遂昌农商银行】年末，浙江遂昌农村商业银行各项存款余额84.58亿元，比2019年增加14.58亿元，增长20.82%。各项贷款余额64.22亿元，增加12.99亿元，增长25.36%。实现净利润8500万元，上缴国家税收5605万元，居全县纳税大户第三。

加强对县域农村、小微企业、农户的信贷支持和金融服务，优化信贷结构，提高信贷质量。12月11日，城东支行龙潭分理处成立开业，全县共有服务网点27家。年末，“智慧茶城”项目通过银保监会浙江监管局案例上报，获副省长批示肯定。“丰收溯配”项目获省联社服务与创新大赛二等奖。

与县工业园区签订战略合作协议，对复产复工企业贷款实行当日调查、当日受理、当日发放。全年发放制造业贷款36户，金额1.29亿元；发放小微企业首贷户166户、金额2.37亿元；发放疫情再贷款4户、金额0.36亿元；发放“暖工贷”83笔、金额1.70亿元；发放“茶农贷”“茶商贷”416笔、金额0.33亿元；发放企业信用贷款24笔、金额0.18亿元；发放“转贷通”93笔、金额4.72亿元。为28家企业共0.93亿元贷款延长60天还款期。为小微企业减息减费5797户次，节约支出2909万元。开展“百日攻坚”活动，企业贷款户增加184户，个贷户增加2611户，各项贷款余额增加8.11亿元，获丽水农信系统考核第一名。

与县农业农村局合作，推进农户普惠小额贷款项目。与团县委合作，向399名新青年发放“创业贷”7050万元。在湖山乡成立全市首家银行“遂税E站”。推出“天工人才e贷”，向县委人才办公室授信3亿元，已发放41户、金额1900万元，助力发展数字经济。

【邮储银行遂昌支行】年末，中国邮政储蓄银行遂昌支行各项存款余额19.79亿元，比2019年增加3.59亿元，增长22.17%。各项贷款余额9.61亿元，比2019年增加0.91亿元，增长10.40%。实现净利润1853万元。

向抗疫物资生产企业新昌新材料公司发放再贷款300万元。对因疫情影响还本付息的客户，实行停息延期。推出“极速贷”，贷款户线上申请、线上审批、随用随还、利率优惠，全年发放近2000万元。开展“惠农优惠”活动，“旺农贷”业务授信1332人，授信金额4482万元。引进“省农担”贷款产品，发放3000多万元。完成95个助农取款服务点升级改造。

【稠州银行遂昌支行】年末，浙江稠州商业银行遂昌支行各项存款余额11.15亿元，比2019年增加1.72亿元，增长18.31%。各项贷款余额7.41亿元，增加1.75亿元，增长30.94%。

运用再贷款、国开行转贷资金加快小微企业信贷投放，支持小微企业发展。新增国开行转贷专项资金5208万元，有62户小微企业获得低利率贷款支持。开展无还本续贷业务，减轻企业还款和转贷资金压力。借市“绿谷分”个人信用积分机制，推出“两山”贷，发放93笔、金额1226万元。设立乡村振兴金融服务站8家，洽谈拟建站10家，在18个行政村开展金融政策宣传50余场次，受众2000余人次。

【泰隆银行遂昌支行】年末，浙江泰隆商业银行遂昌支行各项存款余额7.22亿元，比2019年增加2.02亿元，增长38.90%。各项贷款余额7.63亿元，增加1.02亿元，增长15.35%。存贷比105.74%。

坚持小微市场定位，服务实体经济，严控经营风险。落实“六稳”“六保”要求，向80户小微企业及法人推出无还本续贷业务，金额7859万元，减免利息16万元。促进知识产权与金融融合，帮助创新型企业发展，开展知识产权质押，发放相关贷款300万元，为创新企业融资增添新途径。拓展农村市场，解决农村贷款难题，年末涉农贷款余额5.53亿元，比2019年增加1.04亿元，增长23.16%。

【遂昌富民村镇银行】年末，浙江遂昌富民村镇银行各项存款余额10.74亿元，比2019年增加2.63亿元，增长32.39%。各项贷款余额11.14亿元，比2019年增加1.71亿元，增长18.17%。存贷比103.79%，拨备742.45%。上缴税收827.20万元，实现净利润2455万元。

坚持银行“支农、支小、支微”定位，贯彻“做小、做广、做精”经营理念，以支持“三农”为己任，助力地方经济发展。发放林权贷款599笔、金额8235万元；发放农房贷款131笔、金额1424万元；发放土地流转贷款12笔、金额285万元。年末小微企业贷款余额1.04亿元。（*唐少景*）

保险、证券

【保险业概况】2020年，遂昌县有财产保险机构10家、人寿保险机构7家。全年原保费收入4.39亿元，比2019年增加0.32亿元，增长7.75%。各类理赔和给付1.58亿元，比2019年增加0.04亿元，增长2.84%。

【人保财险遂昌支公司】2020年，中国人保财产保险股份有限公司遂昌支公司原保费收入7921.43万元，全险种理赔支出3418.62万元，综合赔付率48.62%。其中政策性农保保费收入755.45万元，理赔支出503.01万元，综合赔付率63.52%。

2月18日，前往浙江鸿浩科技有限公司开展复工前风险排查服务，协助做好疫情防控，帮助企业复工复产。4月21日，中标年度“自然灾害公众责任保险”项目，连续9年独家承保，为全县23万户籍人口提供风险保障超200亿元。5月29日，召开政策性农保培训会，开展农保合规经营要培训。至6月10日，为730公顷杂交稻制种提供2500万元保障。8月5日，中标全民医疗保险一档、二档高额段采购项目，为全县职工提供保障。11月17日，与县医保局对接“浙丽保”项目，确保“浙丽保”项目稳步推进。在保险业改革转型背景下，贯彻“新国十条”，实施以客户为中心转型，推出农家乐公众责任险、公路财产损失保险等险种。

【人寿保险遂昌支公司】2020年，中国人寿保险股份有限公司遂昌支公司原保费收入1.29亿元。其中新单保费4690.27万元，续收8225.92万元。全年理赔和给付1045.27元，赔付率58.95%。

加强对业务员的培训，举办线上线下新人培训45期。完成标准保费1168万元，比2019年增长16.44%，完成短期保险517万元，增长24.99%。完成团体短期保险1247.29万元，完成率145.37%。完成企业年金503.39万元，完成率107.10%。完成养老保障产品1324.61万元，完成率192.25%。

农村65周岁以下每人小额保费由50元提升至100元，20个乡镇（街道）农村小额保险（含残疾人）参保8.05万人，保费收入573.14万元。两性安康保险收费改为线上和线下两种收费方式，20个乡镇（街道）和7个社区完成升级，共增加保费5万元。县域农村小额保险实现全覆盖。

【证券业概况】2020年，中国银河证券股份有限公司遂昌凯恩路营业部代管客户资产52.6亿元，普通账户数25812户，融资融券账户1026户，全年证券交易额666.73亿元。

2020年，财通证券股份有限公司遂昌溪边路证券营业部代管客户资产3.37亿元，普通账户数2263户，融资融券账户数9户，全年证券交易额40.39亿元。（唐少景）

地方金融

【概况】2020年，遂昌县大数据和金融发展中心与金融监管机构配合，实时掌握金融运行形势，及时发现运行短板，合力应对新冠肺炎疫情，贯彻“六稳”“六保”要求，守牢县域金融运行底线，支持和促进社会经济平稳健康发展。对主要金融指标进行重新梳理，建立以细化分解、指标指导、实时监控、日常通报为主要内容的金融指标管理体系，全年通报指标4期、数据简报38期，得到县领导批示2次。为政府部门实时掌握金融运行形势，发现金融运行短板提供参考。引入宁波银行以增加金融服务实体经济能力，填补中小企业金融服务短板。

建立县域金融顾问小组，通过金融顾问服务平台，及时掌握企业融资信息，为企业提供融资计划制定、现金流管理服务。银企对接会和企业走访相结合，按需不定期召开银企对接会，提高对接会实质效用。全年开展各类大型银企对接活动5次，为企业解决融资问题120余件，问题办结率100%。

【防范金融风险和非法集资风险】加大机构排查和清理，2月底前退出“翼龙贷”网络借贷平台，实现全县互联网借贷平台清零。开展 “虚拟货币”排查活动，排查机构5家，约谈相关负责人2次。开展非法集资风险排查整治宣传活动。做好非法集资重大线索排查，金融借贷领域扫黑除恶、金融领域平安建设等工作。

【夯实股改上市基础】出台《遂昌县支持企业股改上市十五条意见》，为推动企业对接资本市场提供政策支持。编制资本市场三年行动计划，建立上市后备企业库。走访企业50余家，筛选上市后备企业11家，推荐荣凯科技、宇恒电池、利民化工3家企业成为市拟重点上市企业。对重点拟上市企业给予全方位支持和培育，深入开展“妈妈式”服务，为拟重点上市企业协调解决问题10余件。

【“金融书记”助力“一城五区”建设】12月25日，遂昌县举行“金融书记”助力“一城五区”建设推进会暨党建联盟“三大暖春行动”启动仪式。70名银行党员、业务骨干被任命为行政村、企业党组织副书记，20个乡镇（街道）的71个行政村和12家企业党组织配备了“金融书记”。选派的“金融书记”均为遂昌农商银行的党员业务骨干。“金融书记”到岗后，以“五个一”（每月开展一次驻点服务、每季组织一场金融宣讲、每季度组织一次培训、每半年开展一次走访慰问、每年实施一个党建项目）为服务重点，推动金融更好地服务乡村振兴和民营企业发展。是日，还启动了党建联盟“三大暖春行动”，即红色银行联盟“两新工委”暖春行动、绿色银行融入“未来乡村”暖春行动、温情银行支持“薄弱村”暖春行动。仪式上，遂昌农商银行向县委新经济与新社会组织工作委员会授信额度5亿元、向大柘镇大田村授信额度5000万元，向新路湾镇三井村捐赠“消薄”资金6万元。全体“金融书记”进行了宣誓。（周 菲）

财政·税务

财 政

【概况】2020年，遂昌县实现财政总收入18.59亿元，比2019年下降2.3%。完成一般公共预算收入11.43亿元，比2019年增长4.3%。一般公共预算收入占GDP的8.7%，占财政总收入61.5%。其中，一般公共预算税收收入9.27亿元，占一般公共预算收入的81.1%。非税收入2.16亿元，增长14.1%。全年一般公共预算支出42.66亿元，下降15.2%。剔除省补资金和2019年结余资金，县级支出29.03亿元，其中民生支出32.47亿元，占一般公共预算支出76.1%。

全年政府性基金收入23.89亿元，比2019年增长16.8%。完成非税收入26.05亿元，其中纳入一般公共预算管理的非税收入2.16亿元。完成政府性基金支出25.78亿元，比2019年增长127.5%。全年财政收支平衡。

2020年，遂昌县财政局秉持“划清边界、厘清事权、做好蛋糕、集中财力办大事”理财思路，深刻领会“保、优、延、减、稳”基本原则，按照“六稳”“六保”工作要求，提振财政队伍士气，合力攻坚克难，全力稳企业保就业、扩消费促民生，保障全县财政工作平稳运行。

【加大争取力度】精准测算地方财力，有效拓展债券空间，2020年争取新增债券资金9.5亿元，其中一般债券4.3亿元、专项债券5.2亿元；争取到再融资债券额度0.8亿元，其中一般债券0.6亿元、专项债券0.2亿元。利用疫情防控金融窗口期，成功发行非公开发行公司债券10亿元。

依托“争先创优”行动，争取上级各类补助和债券资金共30.15亿元。争取抗疫特别国债和“两直”资金1.24亿元。争取区域协调专项资金，遂昌县成功入围2020—2022年省级区域协调财政专项激励政策名单，将连续3年获得1.5亿元省级专项资金，共4.5亿元。

【组织收入与优化支出】做好收入分析预测和收入征管，科学研判疫情对财政收入的影响。通过争取矿地综合利用项目，实现矿业权出让收益、罚没收入、其他国有资源（资产）有偿使用收入等非税收入较大幅度增长。强化土地出让计划管理，确保土地出让收入稳定入库。

强化政府过“紧日子”思想，对非刚性、非重点项目的支出压减10%，日常公用经费支出压减5%，全年压减一般性支出1.67亿元。对财政支出进行轻重缓急优先性排序，确保资金优先用于“六稳”“六保”，重点保障民生支出及重要领域，保障“一城五区”建设和“八大战役”。加强库款的预测分析，对库款情况在月初、月中、月末做好动态预测分析，及时掌握情况，使月底库款结余保持在合理区间，合理统筹资金拨付需求及进度，尤其是大额资金支出。

【保障重点项目】围绕“一城五区”建设和“八大

战役”等重点工作、重点项目，做好资金要素保障工作，将有限的资金用在“刀刃”上。通过国企融资、向上级争取资金、统筹调度土地出让金、整合盘活结余资金等举措，保障重点项目资金需求。全年共拨付政府及国企投资项目资金17.55亿元，重点保障飞鹤家园、城市生活垃圾收运及焚烧一体化项目、遂昌三中迁建工程、生态绿道、湖山源流域综合治理工程、中小企业孵化园、源口邻里中心等项目建设。关注财政投资质量和效益，重点靶向“天工之城”和“八大战役”项目建设，投入财政资金1.36亿元。

【落实惠企政策】做好生态工业、“一企一策”等工业扶持政策的落实，打好惠企政策组合拳，推进企业降本减负，支持企业复工复产。发挥财政杠杆作用，最大程度释放市场潜力和企业活力。加快生态工业转型，设立“双招双引”基金，实施工业复兴提速战、智能制造攻坚战。支出1075万元专项资金，支持建成金属制品产业创新服务综合体。落实各项减税降费政策，推动普惠性减税与结构性减税共同发力。全年新增减税降费2.16亿元，其中“五减”行动税费减免6654万元。

减免企业社保费1.23亿元，减免承租国有资产类经营用房、园区产房的中小企业及个体工商户的房租471.14万元，惠及全县531家小微企业和个体工商户。兑付2019年度旅游奖励资金99万元，兑付旅行社招徕游客补贴95万元。加快涉企奖补资金兑现，共兑现各类政策性扶持资金3.05亿元。对符合条件且在浙江省疫情防控重点保障企业名单内的企业进行贷款贴息，共获批5家公司的贴息资金148万元。

【加大社会保障】全年社会保障和就业支出7.83亿元。做好退休人员基本养老金、城乡居民基础养老金待遇调整发放，企业职工基本养老保险支出7.57亿元，城乡居民基本养老保险支出1.0亿元，机关事业单位基本养老保险支出2.77亿元。落实城乡低保配套资金3961万元，低保标准从770元/月·人提高到850元/月·人，保障全县5800余名低保人员基本生活。支持医疗卫生事业发展，全年医疗卫生与计划生育支出4.59亿元，保障城乡居民基本医疗及困难群众医疗救助支出。

【助力教育事业】全面保障《遂昌县教育质量提升行动计划（2019—2022年）》的实施，加快创建省教育基本现代化县，全年教育支出7.87亿元。保障教育基础设施建设，落实教育资源扩量工程，支出1.96亿元保障云峰中心学校扩建工程、遂昌三中和实验小学迁建工程、梅溪小学等项目建设。加大扶困助学支持力度，将学生资助等项目纳入乡镇公共财政服务平台发放。加强疫情防控期间幼儿园经费保障工作，对普惠性等级幼儿园进行财政补助，共补助金额239.88万元。

【支持乡村振兴】支持农业龙头企业发展，加大涉农重点项目投入，安排8000万元专项资金用于农村饮用水工程，安排1亿元政府性基金用于农村土地综合整治，安排3000万元预算资金用于“一户多宅”专项整治。

安排扶贫资金8019万元，筹措对口支援资金910万元，全面完成“消薄”任务。下达村集体经济发展补助资金3248万元，为遂昌南湖“飞地”、遂昌余新“飞地”、金竹农贸市场、柘溪下村屋顶光伏、“石头记”等项目提供资金保障。加强惠民惠农补贴发放数字化监管，全面推进“一卡通”惠民惠农补贴资金发放工作，全年安排93个项目，发放金额3.67亿元，共发放34.05万人次。

【优化财政预算】衔接好各部门年度预算与三年项目滚动规划，提高预算编制的精准度，将预下达的转移支付资金全部编入年初预算。按照7∶3浮动预算系数，选取部分非刚性支出项目试行浮动预算管理。做好存量资金盘活清理、分配消化工作，提高财政资金的使用效率，开展其他资金结余清理和2019年结转结余资金清理工作，共收回存量资金4500万元。

将预算绩效目标嵌入预算编制系统，实现2020年预算绩效目标编制全覆盖。制定《遂昌县政府性投资项目绩效目标评审工作规程》，健全政府性投资项目决策和实施程序。开展2020年度财政政策及重点项目绩效评价、政府投资项目事前绩效评估试点、预算部门绩效复评工作，完成财政绩效评价项目112个。优化乡镇财政体制，出台《关于进一步加强乡镇财政管理工作的通知》，增加税收分成体制和增收节支措施，理顺乡镇财权和事权，调动当家理财积极性。

【加强财政监管】建立部门联席会议制度，集体决策扶贫项目，破解部门线状安排项目资金问题。梳理县级扶贫专项资金，统一纳入项目库监管，建立项目主体黑名单制度。

推进涉农资金整合。加大预算编制环节和预算执行阶段的资金整合，主要用于农村饮用水、美丽乡村建设、扶贫开发项目、水利项目等重点涉农项目。定期对涉农资金结余结转进行清理整合，重新安排用于涉农项目。

强化项目资金审价。做好政府投资项目预结算审核工作，完成132个项目审核，其中预算项目109个，结算项目23个，送审造价34.71亿元，复核审定32.03亿元，核减2.68亿元，核减率7.72%。

加强“两直”资金监管。建立“两直”资金和县级配套资金池使用台账，对“两直”资金单独下达、单独标识和录入监控系统，借助直达资金监控系统，加强对直达资金预算分解下达、支付、发放等环节的监管，确保资金安全。

【财政领域改革】深化“最多跑一次”改革，落实驻企服务员机制，主动上门帮助企业解决发展过程中的难点和堵点问题。优化产业扶持奖补政策兑付流程，实现惠企政策“一站式、无障碍”直通企业，推进产业及惠民政策兑现系统上线，助力惠企政策“网上办”“掌上办”。

推进国库集中支付电子化改革，实现集中支付单位全面上线，推进财政票据电子化改革，实现财政电子票据“一体化”流程全覆盖。推进政府采购数字化管理，实现项目招标全流程电子化，全年“政采云”平台交易总额2.92亿元，项目预算节资率5.92%。上线扶贫馆模块，助力精准扶贫，线上交易额121万元。（汪　越）

国有资产经营管理

【概况】2020年，县财政局（国资办）深入推进国企改革，县属五大国有企业集团公司实现营业收入16.97亿元，比2019年增长170.16%。实现利润总额7615.95万元，比2019年增加2280.10万元。国有企业资产总额突破245.56亿元，净资产128.31亿元，分别比2019年增长69.85%和55.24%。上缴国有资本经营收入500万元。

【构建制度体系】完善国有企业管理制度，重新修订《遂昌县国有企业监督管理办法》，出台《遂昌县国有企业融资管理办法》《关于进一步规范公务用车管理的通知》《关于规范国有企业负责人业务招待管理的通知》《关于公布2020年度县属国有企业经营业绩考核细则的通知》《县属国有企业领导人员职务消费管理暂行办法》等文件，优化国有企业考核与薪酬核定管理细则，调整考核指标和权衡设计，对国企投融资行为进行规范管理。

【强化资产管理】加大优质国有资产资金注入，对部分国有资产用地性质进行调整，并划转至县属国有企业。累计656宗资产完成用地性质调整并划转，国资办注入资本金5.9亿元。建立城区土地一级市场开发封闭运作机制，以适当比例分成的方式给予重点国有企业资金倾斜，为企业提供额外资金来源。新冠肺炎疫情防控期间，助力实体经济复工复产，对承租国有房屋的小微企业和个体工商户执行3个月房租减免政策，惠及小微企业和个体工商户531家，减免租金471.14万元。

（谢火根　黄茵）

县属国有企业

【国投集团】遂昌县国有资本投资运营集团有限责任公司成立于2000年，主要从事国有资产经营、管理和资本运转等业务，范围涵盖投融资管理、城市开发与经营、房地产开发、市场管理、互联网数据服务、贸易等业务。集团公司合并资产85亿元，净资产43亿元。2020年实现营业收入9.04亿元，其中与元立集团合资的昌园贸易公司完成销售收入8.58亿元，实现净利润269万元。

全年承担新建、续建项目15个，总投资36.9亿元，代建项目共投资12.6亿元。探索多种融资渠道，谋划发行公司债券业务。2020年，集团新增授信额度30.22亿元，成功发行公司债券10亿元，创丽水市公司债券最低发行票面利率，是遂昌县国有企业在资本市场首次亮相。上线遂昌人民生活平台“点滴App”并投入运营，至年底进入平台资金1684.23万元，实现销售收入1023.4万元。全年处置、出租资产收益819.7万元。推进国有存量土地管护工作，完成下杭山沿线存量土地围护。加快府前市场“五化”提升改造，投入资金400万元，推动公共场所服务大提升。

【建投公司】遂昌县建设投资发展有限公司成立于2019年9月，致力于城建、交通类基础设施建设及房地产开发等。2020年，承担政府投资类新建、续建项目40余个；合并营业收入2.37亿元，合并利润总额0.36亿元，合并净利润0.30亿元。

完成火车站市政配套工程、瓯江支流绿道、环城南路一期、连直线二期三期等重点项目建设。快速推进后江路网二期和盘山路工程、遂昌县城市生活垃圾收运及焚烧一体化项目、528国道新路湾至石练段改建工程、大桥至洋浩公路工程、汤显祖戏曲小镇外庄至高碧街道路建设工程、遂昌县客运中心项目工程、温岭至常山公路湖山至黄沙腰段公路工程等。其中，528国道新路湾至石练段改建工程总投资37.3亿元，为遂昌县投资最大的单体项目，温岭至常山公路湖山至黄沙腰段公路工程总投资15.5亿元。谋划市场化经营项目，实行代建费政策，促进项目管理专业化、规范化。

【两山集团】遂昌县两山投资发展集团有限责任公司成立于2019年9月，在原遂昌县文旅投资发展有限公司基础上更名组建。业务覆盖面广，包括旅游项目、体育项目、农业项目、交通项目、水利及供排水工程、城乡基础设施建设、环境治理提升、智慧城市工程建设及管理等。2020年，两山集团资产总额41.90亿元，累计投资6.70亿元。

完成“天工之城”网易联合创新中心、仙侠湖环湖绿道（一期）、白马山项目建筑整改、两山转化发展大厦收购等工作。推进王村口AAAAA级旅游景区整体提升（一期）工程，投资1.7亿元。与网易、海康威视、中信旅游、阿里巴巴商学院、千寻位置等9家创新企业达成战略合作意向，“天工之城”新增15家注册企业，注册资本1亿元以上。

【经投公司】遂昌县经济投资发展有限公司成立于2018年6月，负责工业园区和东城新区的投资、建设和运营，以及产城融合发展、企业培育等。2020年安排项目11个，包括遂昌—诸暨“山海协作”产业园企业孵化中心等续建项目4个，火车站进城路网工程、小金线改造提升项目等7个。全年实际完成投资1.77亿元，实现经营性收入5045万元，比2019年增长55.14%，实现净利润240万元，增长87.5%。

浙江遂昌—诸暨“山海协作”产业园企业孵化中心A区入驻企业5家，孵化中心B区入驻企业4家。与航天增材科技（北京）有限公司、航天通用技术（北京）有限公司签订合作协议，成立中国航天科工集团增材制造技术创新中心浙南基地。

【金控集团】遂昌县金融控股集团有限责任公司成立于2016年6月，主要从事对外股权投资、产业基金运作、金融资产管理、政策性融资担保、金融咨询服务等业务。公司下设全资子公司2家、控股子公司1家。其中，遂昌县政策性融资担保有限公司致力于解决小微企业和“三农”融资难、融资贵问题；遂昌县金控投资管理有限公司从事对外股权投资、产业基金运作等。2020年，公司实现主营业务收入1.33亿元，净利润约0.16亿元。

充分发挥产业基金的引领示范作用，推进金融资本、社会资本与实体经济深度融合发展，完成荣凯科技、宇恒电池、菲立化学、蓝碧源等12个项目投资，累计投资金额1.72亿元，为28家中小企业提供担保8740万元，为114家农户提供“三农”政策性担保1764.5万元。落实疫情期间中小企业帮扶政策，减免保费43.20万元。完成企业家协会公司“债转股”工作，更好地发挥中小企业周转金作用，全年为中小企业转贷5420万元。协助运营好光伏小康工程，获得投资收益539万元，全部用于村集体经济“消薄”工作。（罗晓芳、李贻辉、徐宏丽、陈伟根、项淑芝）

税务

【概况】2020年，受经济下行压力加大、大规模减税降费、新冠肺炎疫情影响，税费收入工作遇到前所未有的压力。县税务局合理把控收入进度、节奏和偏差率，应收尽收、保质保量，共组织入库各项税费收入26.29亿元，比2019年减收7708万元，下降2.85%。其中税收收入17.26亿元，减收4587万元，下降2.59%；其他收入9.02亿元，减收3100万元，下降3.32%。税收收入中，中央级税收7.71亿元，比2019年减收7200万元，下降8.54%；地方级税收9.56亿元，比2019年增收2700万元，增长2.9%。办理出口退税4091万元，比2019年增加535万元，增长15.04%。

全程推行网上申报、资料留存备查、疑点问题信用承诺，办理出口退税平均时间不超过2个工作日。向党委、政府领导汇报新冠肺炎疫情和扶持政策对税收收入的影响，客观分析税源情况。对接重点项目建设，做好涉税政策辅导工作，定期开展税收经济联动分析。

【社会保险费和非税收入】开展电力类非税收入明细申报管理试点工作，完成4项非税收入征收职责划转准备。全县社会保险费入库8.43亿元，比2019年下降4.26%。非税收入入库5903万元，增长11.95%。其中，教育费附加入库2820万元，增长12.04%；地方教育费附加入库1885万元，增长12.40%；残疾人就业保障金入库1162万元，增长14.60%；文化事业建设费入库9万元，减少81.63%。

【减税降费】制发《新冠肺炎疫情防控税收优惠政策指引》，简化退税程序。建立税费宣传驿站，进企业、社区、乡村解读减税政策。开设减税降费咨询服务岗，通过微信、网站、短视频等宣传优惠政策，推送资讯328条，辅导企业5.91万户次，面对面辅导9000余次。建立疫情优惠专项数据库，筛查核对减税降费数据2万余条，助力“两直”（新增财政资金直达市县基层、直接惠企利民）资金补助准确落实。依法核准延期缴纳税款申请，缓解企业资金压力。走访企业、办税大厅和税源管理股，督导责任落实、政策执行、风险防控情况，确保优惠落地见效。全年累计兑现降本减负6.21亿元，“五减”5952.06万元。

【“非接触式”办税】制发《电子税务局高频业务操作指引》和“码”上卡通宣传海报，推进办税渠道网络化，全年网上综合办税率97.39%。推广增值税电子发票，实现发票申领—开具—发送网上办理闭环机制，共发售增值税电子普通发票38万份，通用机打电子发票11万份。在征纳沟通平台上建立税企交流互动群，回答纳税人的涉税咨询，平台激活率99.72%、活跃度50.71%。

以网络直播、视频点播开办纳税人学堂，累计时长210分钟，平均每场观看200余人次。走访企业2139户，完成纳税人满意度调查。完成3272户企业和17682户个体户及其他类型纳税人年度纳税信用评价。设立银行办税点“遂税e站”，延伸智能办税服务，全年“银税互动”为企业发放信用贷款6000余万元。

【税费征管】引导不同类型扣缴义务人和纳税人分批次办理年度汇算，对接重点单位企业开展专题辅导。摸排分析6000余条申报数据，每日监控征纳互动平台和退税人工审核数据，处理率100%。全年办理个税汇算14698人，申报退税10213人，申报退税金额432万元。完成2019年度企业所得税汇算清缴工作，数据正确率及表格填报规范性均比2019年有所提高。加强申报数据核实比对，精准分析潜在风险及预警疑点，规范土地增值税清算项目、资源税和耕地占用税征收管理。完成税电基础信息比对1.79万户。对纳税人实行差别化精准管理，建立大企业管理台账，加强对重点税源企业尤其是房地产业和建筑业数据的日常审核和分析管理，风险应对处置能力持续增强。攻坚城乡居民“两费”征缴工作，城乡居民基本医疗保险征缴率99.27%，城乡居民基本养老保险征缴率78.66%。

【税务法治】制定《遂昌县税务局网格化内控机制建设实施方案》，开展风险提醒1件次，自我纠错379件次，内部控制工作开展良好。开展现金税费征缴专项整治自查自纠、税收执法督察、专项审计自查、代征点整治排查，未发现违规违纪情况。建立健全票证作废、交易撤销审核授权、台账登记复核制度，完善税款日清日结机制与票证结报缴销审核机制，规范税费征收管理。升级POS机，采用直联模式征收，确保税款实时入库。推行执法公示、执法全过程记录、重大执法决定法制审核“三项制度”建设，建成税务约谈（询问）室，配置8台执法记录仪。聘请法律顾问，配备公职律师2名，考取法律职业证书人员3名。

【“遂税e站”揭牌】10月10日，县税务局与遂昌农商银行“税银合作”签约暨“遂税e站”揭牌仪式在湖山乡举行。“遂税e站”在遂昌农商银行湖山分理处试点运营，这是全市首家设在银行的自助办税点。活动现场，县税务局与遂昌农商银行签订《税银合作协议》，双方建立党建共建联盟、征信信息共享机制，围绕“丰富专项金融产品、搭建自助办税网格、成立纳服志愿队伍”等方面，为纳税人提供便捷、高效的服务。“遂税e站”的建立实现了涉税业务“一站办理”。（刘亚萍）

住房公积金管理

【概况】2020年，全县新增缴存住房公积金单位94家，新增缴存人数1534人，净增住房公积金缴存职工354人，累计实缴人数20133人。全年归集住房公积金41913.72万元，比2019年增长12.69%，住房公积金缴存余额102427.38万元。全年提取住房公积金35274.53万元，比2019年增长16.24%，提取率84.16%，比2019年增长2.57%。全年办理个人住房公积金贷款346户12441万元，分别比2019年下降34.1%和49.38%，住房公积金贷款余额93475.18万元。存贷比91.26%，比2019年下降8.81%。年度贷款逾期率为零。

全年实现住房公积金增值收益1791.2万元，比2019年增长3.67%，增值收益率1.75%。提取风险准备金1074.7万元，年末风险准备金9814.59万元。提取城市廉租住房建设补充资金418.05万元。上缴县财政2019年度城市廉租住房建设补充资金393.13万元，累计上缴县财政城市廉租住房建设补充资金3580.23万元。

【归集余额突破10亿元】2020年，县住房公积金管理中心采取“走出去”的服务方式，深入企业开展宣传工作，加强对欠缴、少缴、应建未建住房公积金的单位开展催缴催建工作，确保住房公积金归集资金及时到位，不断扩大住房公积金的覆盖面。7月，住房公积金归集余额首次突破10亿元大关，达到10.0008亿元。

【资金安全】落实贷审会、楼盘动态监管、贷款三级审批制度，指定专人、定期对逾期贷款户进行电话和上门催收，全年贷款逾期率为零。规范资金使用管理，每月按需划转资金，涉及资金划转、存储事项，全部列入“三重一大”集体决策。2020年委托县财政公开招标竞争性存放资金9000万元，年利率较中国人民银行公布的限基准利率上浮38%，增收利息51.3万元。

【抵押登记“零次跑”】开通银行网点不动产抵押服务，通过与不动产中心和银行合作，构建不动产与受托银行业务互联平台，公积金贷款抵押登记由原来抵押人现场申请变为银行端申报，无需抵押人面签即可完成线上办理登记，实现“零次跑”。通过机关内部协同办公平台审批申请件1238件，新签约按月提取还贷844人次，减少单位及职工的跑腿次数。为浙江荣凯科技有限公司等2家企业办理缓缴住房公积金122人次，缓缴金额43.6万元，促进企业复工复产。（包铭富）

交 通

综 述

【概况】2020年，遂昌县交通运输局通过大项目建设、“四好农村路”建设、交通行政执法改革，为“一城五区”生产力布局和“天工之城”建设添砖加瓦，最大限度发挥交通服务县域经济发展的先行作用。全年完成交通基础设施投资5.37亿元，比2019年增长34%，争取上级补助资金1.48亿元。

新改建农村公路177千米，完成“美丽经济交通走廊”40千米，实现“互联网+路长制”管理新模式，推行“路长制”App。对大溪边至黄泥岭航线渡口、码头进行提升改造，新建1艘车客渡船，满足载客的同时载运小型轿车。新建、改建城市公交停靠站5个，农村港湾式停靠站55个，投入使用城东区块公交首末站。新建农村物流网点42个。新增和优化微公交线2条。全省首推70周岁以上老人免费“刷脸”乘坐城乡客运班车政策。12月，遂昌县作为“四好农村路”运营典型代表受邀参展第三届浙江国际智慧交通产业博览会。

【规划编制】《遂昌县综合立体交通运输发展“十四五”规划》（以下简称《规划》）于2019年11月开展编制工作，2020年4月征求各部门意见，6月完成初稿，通过交通系统内部审查。8月发布征求意见公告，由县政府办公室召集相关部门召开《规划》征求意见会，前往婺城区、衢江区、龙游县交通运输局对接规划中相关道路建设事宜。10月21日，县交通运输局组织发改、财政、建设、水利和自然资源规划局等部门召开《规划》评审会。

《规划》评价了遂昌县“十三五”交通发展状况和存在问题，分析和阐述了遂昌县“十四五”交通发展形势与需求，提出至2025年，县域交通一体化基本实现，形成3个交通圈（30分钟交通圈、60分钟通勤圈、120分钟城际圈）。总体形成“五纵一横九连”综合运输通道，“五纵一横”承担对接“金义都市圈”“衢丽大花园”等大通道建设，形成“对外畅通，对内联通”县域主干线网。“九连”主要承担县域工业园区客货运输、旅游景点之间串点成珠，不断丰富县域道路网络。

【交通整治】开展超限超载源头治理，查处违法超限超载货车335辆次，罚款和收取补偿费103.51万元，卸货1.38万吨，实现超限超载率下降，“百吨王”明显下降。开展危化品运输安全大检查大整治行动，对道路危险货物运输车辆进行全覆盖、全过程监控，查处道路运输违法案件34件，其中非法从事危化品运输案件3件，处罚9.6万元，实现危化品运输挂靠车辆“清零”目标。加强仙侠湖环境保护和船舶规范化管理，查处2起无证驾驶机动船舶行为，发放农（林）自用船舶证215艘，拆除迁移124艘，劝离钓鱼艇、摩托艇42艘。（江 欢）

交通项目

【概况】2020年，遂昌县交通部门全力推进总投资约53亿元的528国道新路湾至石练段改建工程、遂江线湖山至黄沙腰段建设工程等重大交通项目的落地实施，投资总量创遂昌县交通项目历史之最，两个大项目于11月底开工建设。

全年有15个交通项目建成投产，总投资约12.6亿元，包括遂昌客运中心项目、大桥至洋浩公路工程、汤显祖戏曲小镇外庄至高碧街道路工程、金竹叶村至高坪岱岭农村道路改建工程、南尖岩至王村口公路改建工程、连直线三期等。稳步推进义乌至龙泉高速遂昌段、缙云至江山高速遂昌段、215省道遂昌三仁至寨下段、311省道建德至遂昌公路遂昌段等前期工作。

【528国道新路湾至石练段公路改建工程】项目起点新路湾镇北侧樟埠村头，顺接528国道北界至新路湾段，线路经妙高街道、三仁乡、大柘镇，止于石练镇官堰头村，顺接528国道石练至龙洋段。主线全长约37.7千米，总投资约37.3亿元，2020年11月底开工，计划于2024年完工。

【温岭至常山公路湖山至黄沙腰段工程】即遂江线工程。温岭至常山公路是浙江省新规划增加的一条纵向省道，起自温岭市，经乐清、青田、莲都、松阳、 遂昌、江山等县市，止于常山县。本项目起点湖山乡雷石村，接峡湖金公路，向西连接乌溪江大桥，再经福罗淤、上塘、上定、黄沙腰等村，接604县道。该段路线全长38.89千米，项目总投资15.51亿元，2020年11月底开工，建设期4年。

【大桥至洋浩公路工程】路线全长3.49千米，按一级公路标准设计，路基宽23.50米，其中隧道长2.30千米、宽10.50米，采用双洞四车道。设计行车速度60千米/小时，项目总投资5.07亿元。2018年5月开工建设，至2020年底，已经完成隧道、路基、路面、排水等主体工程，预计2021年投入使用。

【遂昌客运中心项目】遂昌县新客运中心位于县城水阁路，规划占地面积9.35万平方米，总建筑面积3.66万平方米。按一级车站规模建设，集客运、公交、出租车等功能为一体，包含站房、停车场、站前广场、景观河道、绿地及市政道路等内容，是遂昌县规模最大、设施最全、功能最完善的客运集散中心。项目总投资3.7亿元。于2017年7月开工建设，至2020年底已完成主体工程，预计2021年8月投入使用。

【其他项目】汤显祖戏曲小镇外庄至高碧街道路工程。主线长1.33千米，外庄连接线长0.73千米，路线全长2.07千米，路基宽度12米，设计行车速度60千米/小时。项目投资0.8亿元。于2018年11月开工建设，至2020年底已完成主体工程。

金竹叶村至高坪岱岭农村道路改建工程。按四级公路标准设计，路线全长9.46千米，路基宽6.50米，混凝土路面宽6.00米，设计行车速度20千米/小时。全线有桥梁6座、涵洞46道。项目投资4551万元，2018年开工建设，至2020年底已全线完工。

南尖岩至王村口公路改建工程。南尖岩至王村口公路改建工程是市级重点工程，按四级公路标准设计，路线长20.40千米，路基宽6.50米，混凝土路面宽6.00米，设计行车速度20千米/小时。项目投资8000万元。2016年4月开工建设，至2020年底已全线完工。

连直线连头至古亭段改建工程。路线全长3.22千米，主线路基宽度24米，按二级公路兼顾城市主干路标准设计，设计行车速度40千米/小时。其中连头村连接线长608米，按三级公路标准设计。项目总投资1.32亿元，2017年7月开工建设，2020年完工并通过验收。（江 欢）

公路管理

【概况】2020年，遂昌县公路通车总里程1836.20千米。其中，国道126.77千米（高速公路28.99千米，普通国道97.78千米），省道54.13千米，县道630.04千米，乡道134.71千米，专用公路57.49千米，村道833.07千米。按技术等级区分：高速公路

28.99 千米，一级公路 7.25 千米，二级公路 153.42 千米，三级公路 66.97 千米，四级公路 901.93 千米，准四级公路 677.65 千米。

【公路建设】农村公路大中修工程，涉及大坑至呈坑、三际线、黄九线、峡北线 4 条农村公路，总计 115 千米。农村公路提升改善工程，涉及金竹镇至岭内村、濂竹乡至苏旺村、新路湾镇至新双溪村、大柘镇塘根至东坑村段等 15 条农村公路，总计 62 千米。推进国道省道养护大中修、桥梁维修加固、隧道提质升级、公路边坡应急治理等工程。推进峡口门至应村段提升改造工程、湖山乡牌坊门村至环湖绿道“白改黑”工程，以及事故多发点段整治、水毁修复工程等。全年公路建设项目投资 8500 万元。

【公路应急抢险】为全县公路购买安全保险，2016—2020 年共获理赔 6479 万元，赔付率 353%。配足储备物资，备有大小型铲车 11 台、挖掘机 3 台、应急抢险车辆 18 台、油锯等应急设备 18 台、防汛材料 500 吨，以及充足的编织袋、钢锹、应急灯、通信设备等。加强检查力度，全年开展交通工程安全检查 6 次、公路养护安全检查 12 次，日常巡查 100 余次。组织开展培训 425 人次。加大修复力度，更换隧道消防器材 374 个，更新、增添安全警示标牌 320 片，修复护栏 2500 米、立柱 450 根，路面修复使用 200 余吨沥青。

【“四好农村路”示范县创建动员会】5 月 9 日，遂昌县召开“四好农村路”示范县创建动员会，部署创建工作。会上，县交通运输局介绍了“四好农村路”示范县和“美丽经济交通走廊”示范县创建情况，布置了目标任务；介绍了有关“70 周岁以上老人免费乘坐农村客运班车”工作情况；介绍了农村公路水毁保险情况，布置了下一步工作。

【参展智慧交通产业博览会】12 月，第三届浙江国际智慧交通产业博览会在杭州召开，遂昌县作为“四好农村路”运营典型代表受邀参展，是“四好农村路”运营领域全省唯一受邀代表。遂昌县运营“四好农村路”的经验：一是线路打造品牌化。将有特色的乡村道路打造成自驾越野路线产品，如“浙西川藏线”“江南丙察察”“红军穿越”等，吸引年轻人自驾打卡。二是线路推广网络化。把线路周边的住宿点、餐饮点、维修站、加油站、打卡点统一制作成电子模式书，方便游客寻迹游览。三是线路运营市场化。聘请专业运营团队“蚂蚁探路”提供运营服务，如云峰街道墩头至门阵公路，市场化运营之前全年车流量不超过 500 辆，通过专业团队运营推广后，年车流量超过 1 万辆。

自 2017 年探索运营“四好农村路”以来，遂昌县 7 条品牌“四好农村路”共引入 570 个车队，参与旅游车辆 22400 辆，游客超过 55900 人，推动了沿线乡村发展，带动了农家乐、民宿、餐饮、农特产品等行业增收 4480 余万元。（江 欢）

运输管理

【概况】2020 年底，遂昌县共有道路运输业户 505 户、从业人员 2085 人。其中，从事道路旅客运输 6 户、从业人员 259 人，从事货物运输 267 户、从业人员 922 人，从事车辆维修业户 89 户、从业人员 358 人，汽车租赁企业 2 户、从业人员 6 人，机动车驾驶员培训学校 4 户、从业人员 146 人。

全县有营运班线 53 条、客车 167 辆、客位 3225 个。其中，跨市班线 13 条、班车 15 辆、客位 417 个，跨县班线 4 条、班车 8 辆、客位 220 个，县内客运班线 34 条、班车 103 辆、客位 1845 个，出租汽车 22 辆、客位 88 个，包车（旅游）19 辆、客位 655 个。有县内公交线路 11 条（含 3 路复线）、公交车 47 辆、客位 1099 个。

2020 年底，全县有营运货车 588 辆，比 2019 年增加 223 辆；总计 6949 吨位，比 2019 年底增加 2042 吨位。其中，专用货车 89 辆，增加 4 辆；普通货运车 431 辆，增加 219 辆；危货运输车 68 辆，与 2019 年相同。

遂昌县有顺祥出租旅游有限公司、华通汽车出租旅游有限公司2家，出租车22辆。遂昌县有汽车维修企业69家，其中一类1家、二类7家、三类61家；有摩托车维修20家；有机动车驾驶培训学校4家，教练车106辆，全年培训学员1733人次。

【节日运输】2020年春运期间，全县日均投放客运车辆214辆、座位4324个，其中班车126辆、公交车47辆、出租车22辆、旅游包车19辆。全县共发送旅客32.25万人次，周转量1461.73万人次。其中遂昌客运中心发送旅客10.11万人次，长途班线加班4班，主要为杭州和宁波方向。公交公司发送旅客21.9万人次。春运期间，无"一般"以上道路运输安全事故发生。

【农村客运】2020年，对"村村通"运营情况进行摸底排查，发现存在曾开通班车，后因各种因素未正常通行客车的建制村，通过与车队、运输业户沟通协调，该建制村实现重新通车。全县203个建制村实现全面通客运班车。根据《遂昌县建制村"村村通"客车实施方案》，"村村通"每年投入85万元营运服务费用，纳入县政府常规预算，完善城乡公共交通财政扶持机制，确保"村村通"持续稳定运营。根据"四好农村路"三年行动计划，完善农村停靠站，新增48个港湾式停靠站；新增36个农村物流网点，累计建设完成138个。

【70岁以上老人免费乘车】12月29日，遂昌县全面实施70周岁以上老人免费乘坐县内往返城乡客运班车政策，此举走在全国农村客运行业前列。政策出台后，农村老人进城、城区老人下乡可通过"刷脸"实现免费乘车，遂昌成为全省首个将人脸识别系统运用于农村客运的县。2015年，遂昌县就推出了70周岁以上老年人免费乘坐公交车的政策，但农村班车属于私人经营，推广有难度。2020年，遂昌县落实每年497万元补助资金，实现老人的乘车费用由政府全额兜底。5月开始，县交通局开展对各乡镇（街道）70周岁以上老人的信息采集工作，完成了全县8000余名70周岁以上老人的人脸识别及身份信息采集，并对全县105辆农村客运班车安装了人脸识别系统。（江　欢）

公共交通

【概况】2020年，县公交公司新增9辆清洁能源公交车，淘汰老旧运营车辆49辆。全县有公交运营车辆44辆，全年发车15.72万班次，行驶里程163.76万千米，实现客运量187.46万人次，比2019年下降41%，月均客运量15.6万人次，日均客流量5100余人次。下降原因主要是疫情影响市民出行。投入微公交运营车辆18辆，全年总客流量31万人次，开通A、B、C三条线路。

渡运分公司投入运营船舶11艘、共312个客位，全年运送旅客4.5万人次，航行1.3万次，总航行里程5.4万千米。公共自行车租赁系统改造升级租还墩位，开通扫码租车功能，全县设20个自行车租赁站点、384个租还墩位，投放620辆公共自行车，全年租用量3.03万人次。拥有1个停车库（金溪货车停车场旁边），设4个自行车岗亭（平昌广场、人民公园、移动公司、人民医院），售卡中心位于县行政服务中心二楼。

9月，遂昌县全面完成城市公交国有化改造，成立遂昌县公共交通有限公司。（江　欢）

铁路运营

【概况】9月27日，衢宁铁路正式通车，遂昌火车站开通运营，遂昌县正式迈入铁路时代。遂昌火车站为客货运综合车站，隶属于金华车务段管辖。站场规模为2台4线，站房建筑面积3992平方米，其中候车室面积1900平方米，可同时容纳600人进站候车。

火车站建筑以四坡屋顶结合"昌"字造型，整体简洁典雅。车站采用"售服合一，验检合一"的全新旅客购票乘车模式。售票处设有人工售票窗口 2 个，自动售（取）票机 3 台，候车大厅内设有“售服合一”服务台 1 个、自动售（取）票机 1 台。

9 月 27 日至年底，遂昌火车站共发送旅客 8.62 万人次，日均发送旅客 898 人次，单日最高发送旅客 1286 人次。完成运输收入 181.16 万元，日均运输收入 18871 元。

【衢宁线遂昌站营销推介活动】12 月 16 日，上海铁路局金华车务段营销科负责人带队到遂昌县，开展衢宁线遂昌站营销推介活动。衢宁铁路遂昌站于 9 月 27 日开通运营，至 12 月 15 日累计发送旅客 7.6 万人次，社会效益、经济效益初显。座谈会上，各方对 2021 年第一季度调度事宜进行沟通交流，就优化乘客乘车体验提出了意见建议。随后举行营销推介广场活动，工作人员向百姓宣传乘车安全、铁路交通常识、购票途径、自动售票机和进出站闸机使用注意事项等，征集了调查问卷。（江 欢）

邮政·通信

邮 政

【概况】2020年，遂昌县邮政公司下辖8个邮政支局（其中7个农村支局）、14个乡镇邮政所、3个县城金融网点。全县有21条邮路，总里程2020千米。有63条城乡投递道段，全长3011.5千米，覆盖20个乡镇（街道）。实现业务收入3489万元，比2019年增长6%。其中，金融业务收入2068万元，增长13%；寄递业务收入500万元，寄递业务完成总量97.3万件；实现报刊业务收入165万元，函件业务收入60万元，集邮业务收入83万元。

传统业务转型发展平稳推进，为单位、企业和个人提供信件、函件、报纸杂志订阅、集邮预订服务。推出“山河任你游，为梦想加油”周边游系列明信片业务。推进“众创众享”，新增古院、龙潭片区快递小店2家。筹备建设三级物流体系，构建县乡村物流体系建设蓝图。立足于邮乐线上线下一体化服务平台，建设数字化批销优质站点42个，易邮自提点35个，完成便民服务64项。开办警医邮便民服务2800笔，开发邮特惠会员1558个，助力实现自营农产品收入100万元。

2020年，遂昌县邮政公司完成第六轮邮政金融安全评估工作，未发生邮政金融重大风险事件、风控案件和治安安全责任事件，实现机要通信专业通信质量安全无失密丢损“二十七连贯”。

【绿色邮政建设】实现全网点广泛使用绿色新型包装箱和45毫米窄胶带，全县21个邮政营业网点电子面单使用率100%，在全网点布放包装箱回收装置。组织垃圾分类知识进村（社）宣讲60余场，开展线上“手植一棵树，绿化一片天”义务植树系列活动。（沈潇玲）

电 信

【概况】2020年，中国电信遂昌分公司完成主营业务收入3462万元。年末，拥有移动电话用户2.75万户，电信宽带用户2.84万户，ITV电视用户2.12万户。设县城东街营业厅和古院、云峰、石练、北界、王村口5个下辖营业厅。

完成38个铁塔基站RRU拉远系统。云峰、石练区片遂昌电信和遂昌联通深度合作试点，电信节约12套4G基站设备及配套铁塔租金。拆除和集中处置铜缆34.3吨，完成全年退铜任务。配合政府部门进行线路迁改，完成“天工之城”环湖绿道线路迁改、小金线线路迁改、连直线线路迁改、火车站配套工程线路迁改、通景公路二期线路迁改等工程。

【“平安遂昌”建设】积极推进“天翼看家”监控业务，补点公安天网乡镇村盲区，推进乡村“党建+科创”网格天眼安防工程，提升社会治理，助推“平安遂昌”建设。建成县乡村户四级“天翼看家”平台，已上平台乡镇20个、涵盖行政村150个，累计新增公共区域监控点位677个。

开展“装监控，找电信”惠农服务，针对留守老人儿童的监护、看家护院、沿街商铺防偷盗等需求，累计安装监控点961户。

【5G网络建设】2020年，遂昌电信网络建设投资主要面对政企客户光缆、5G光缆及信息化支撑，更快更好地接应数字化建设需求。全年完成5G网络一期、二期工程建设，建设16个宏基站、开通5个室分点，完成26个储备5G基站前期勘察设计。完成中心局100GB平面扩容，新建5G承载网中心局2平面及西街机房、龙潭机房、电信公司机房、金岸机房等网点建设，为下一步5G主设备叠堆机房建设提供承载。

【综合智能信息化服务】2020年，遂昌电信中标县公安局交通警察大队交通优化提升采购项目、遂昌县政府核心网升级项目、遂昌县12345热线平台政务服务项目、成屏一级水库水源监控项目等中小项目13个，综合智能信息化服务能力进一步增强。完成2019年智慧民政信息化项目（一期）、智慧磐石项目和2020年新中标项目，并通过验收。签订环保局机房搬迁项目和卫健局基层医疗机构网络优化及安全服务项目，其中卫健局基层医疗机构网络优化项目得到了省市领导的肯定和表扬。（宋　英）

移　动

【概况】2020年，中国移动遂昌分公司完成运营收入1.25亿元，比2019年增长15.11%，通话用户数17.2万户，5G终端客户1.7万户，移动网络建设投资3500万元。整体运营考核排名全市第一。

推进遂昌5G二期一阶段、二阶段站点建设，申请开通“网随业动”站点3个。已经建成宏基站620个，其中保留站点83个、铁塔站点537个。传输汇聚机房17个、骨干机房2个。直放站及室分近远端共329个，其中室分24个、微站42个。光缆皮长汇聚层103.21千米、接入层1230.20千米，驻地网972.58千米。OLT机房17个，设备26套。全县宽带用户数36051户，电路出租12条，互联网专线130条，语音专线58条。

4月，遂昌移动云峰网格成立。8月，县经济投资发展有限公司成功中标云峰网格视频监控项目。

【信息化建设】依托5G、云计算、大数据、物联网等创新应用产品，结合互联网专线、数字电路专线等传统通信能力，助力企事业单位信息化建设和数字化经济发展。2020年，实现主城区及乡镇所在区域5G网络覆盖，为机关单位、大型企业提供5G解决方案。落实企业上云服务，增加企业上云服务83家。推动机关单位应用上云服务，为各单位数字化应用提供案例和技术保障，为8个乡镇提供“信誉码”小程序。在电力抄表、智慧消防、智能路灯和气象监测等领域提供数字化连接保障，提供智能管道。依托DICT集成及方案解决能力，完成智慧环保建设高空监控及水质监测项目、5G可视化指挥调度应急保障项目、云峰工业园区监控系统项目、智慧安防小区建设服务试点项目等。推动基础通信业务发展，新增互联网专线50条、数字电路专线157条、固话线26条、企业小微宽带804条。

【5G“智慧防汛”演练】5月25日，中国移动浙江公司在遂昌县三仁畲族乡坑口村开展5G天地空一体化指挥调度应急保障系统项目防汛演练。该系统利用智能防汛技术，对演练区域进行可视化设备数据传输现场测试，借助5G网络高速率、低延时、大容量优势，以及无人机和卫星电话，用12路画面全方位、无死角实时展示防汛工作整个过程。演练通过5G科技“智慧防汛”，显著提升防汛抗洪抢险的效率及精确性，构建起更加科学、更加高效的防汛体系。本次演练共出动保障人员15人，应急通信车1辆，布控球4台，单兵6台，无人机2台，卫星电话1台。

【新基建（5G）战略合作协议】7月21日，中国移动丽水公司与遂昌县政府签署新基建（5G）战略合作协议，标志着双方在5G网络、大数据、工业互联网等新基建和应用领域建立全面战略合作伙伴关系。根据协议，双方围绕数字经济发展目标，共同推进产业数字化，全力打造具有遂昌特色的数字经济体系和全省有影响力的“遂昌样本”。共分6大方面：加快推进5G新基建，助推遂昌打造“天工之城”；加快推进大数据能力平台建设，提升数字化治理能力；加快推进政务云建设与应用，提升政务服务能力；加快推进5G行业场景应用，提升5G创新应用解决能力；加快新基建队伍和平台建设，提升新型信息支撑能力；加快通信应急体系建设，提升新型网络保障能力。（雷丽虹）

联　通

【概况】2020年，中国联通遂昌分公司收入完成率100%，其中政企线完成率115%。移动网络发展环比2019年提升44.11%。整体运营考核指标排名全市前三。省联通公司与省电信公司签订全面战略合作协议，全省共建5G网络。2020年开展遂昌5G一阶段、二阶段站点建设，建成宏基站19个，其中保留站点6个、铁塔站点13个。4G基站建设与电信合作共享开通21个，光缆皮长汇聚层10千米、接入层20千米。C600设备5套。

【信息化建设】依托5G、云计算、大数据、物联网等创新应用产品，结合互联网、数字电路专线等传统通信能力，助力企事业单位信息化建设和数字化经济发展。2020年，实现城区及乡镇所在地5G网络覆盖。落实企业上云服务，增加企业上云服务198家。推动机关单位应用上云服务，为网站建设、电力抄表、工业互联网等提供数字化连接保障。依托数字化改革方向，承建数字社会、数字经济门户网站，完成智慧水利小水电视频监控项目、农村饮用水监测项目、企业孵化园升级改造项目、工业互联网云化App项目等。推动基础通信业务发展，新增互联网专线4条，数字电路专线79条，宽带资源覆盖率迅速提升。2020年共建设新小区8个，乡镇村覆盖5个，增加覆盖人口1.2万人。

遂昌联通与邮政深度合作，全县23个邮政网点同步受理联通业务，为乡镇用户提供了优质的服务及便利，参与平安乡镇监控项目，与石练派出所合作在当地乡镇所在地盲区补点，为平安乡镇建设添砖加瓦。（毛时勇）

华数广电网络

【概况】2020年，遂昌华数广电网络有限公司根据省公司营销指导意见，全面打响“三大战役”（商业市场保卫战、行业市场攻坚战、集客大众关联市场持久战），实行深耕细作、精细化管理，推动各项业务稳步发展。实现总收入2622万元，比2019年增长3%。

【集团客户】结合“天工之城”建设，承建遂昌县天工智能化管理平台，就软件开发申请了软件著作权。整体打造云峰街道长濂文保消防项目，通过市级验收，被推荐为全市试点项目。借助英立视频直播系统完成湖山乡庆祝中国共产党成立99周年大会直播。参与智慧城市和数字乡村建设，两个数字乡村试点信息化由遂昌华数广电网络有限公司和阿里云公司牵头推进。获得遂昌县新时代文明实践中心数字运营权，结合汤公音乐节、送科技下乡、送文化下乡、茶叶专家讲座开展直播，丰富文化礼堂活动，提高遂昌县新时代文明实践电子智能系统使用率。开展校园电视台进户工作，疫情期间开通“空中课堂”，为全县中小学生送上居家学习课程。

【市场业务】2020年，遂昌华数完成大众市场数字电视用户36274户，大众电视互动点播用户13155户，大众宽带用户8537条，均完成考核目标。实现大众市场增值业务收入142万元，大众基本视听业务收入737万元，实现“智慧家居”产品销售收入72万元。集团客户市场完成商业数字电视用户6144

户，商业高清互动点播用户3039户，商业宽带用户565条。实现集团客户业务总收入1473万元。

【安全播出】对核心机房制冷系统进行改造。上架汇聚交换机对东北部区域城域网进行优化升级，通过双路由上联建设提升石练机房安全系数，保证中西部地区城域网的稳定性。联合县文广旅体局、县融媒体中心进行校园电视台“空中课堂”安全播出保障应急演练。组织全体技术骨干参与省公司“百人计划”培训。考选6名技术骨干，开展为期10天集中跟训。全年完成17个集客项目的支撑工作，保障公司业务顺利发展。全年各重要保障期间未发生安全播出事件，圆满完成了安全播出保障工作。完成重要直播节目保障5场次。（蔡 虹）

科技·传媒

科学技术

【概况】2020年，遂昌县新增8家国家高新技术企业、21家省科技型中小企业、1家省级高企研发中心、1家省级企业研究院。8个项目申报2020年度丽水市“绿谷精英·创新引领行动计划”。古院双创中心项目开工。遂昌县金属制品特色产业基地成功创建国家火炬特色产业基地。云策创业小院成功创建“省级众创空间”。“山海缘”星创天地成功创建“省级星创天地”。全年实现高新技术投资额4.57亿元，高新技术产业增加值8.78亿元，高新产业增加值占规模以上工业增加值的比重25.51%。投入研发费用2.51亿元，比2019年增长24.30%。

【助力“天工之城”】2020年，遂昌县科技工作加快落实与阿里云公司深度合作，加强与数字生态产业创新峰会对接。10月25—26日，举办“湖山论剑”之长三角双创人才高峰论坛暨“天工之城”引智大会。11月25日，在杭州召开阿里云创峰会。阿里云创新中心科创岛项目完成用地预审与选址意见书办理，沟通谋划土地指标。加速推进网易数字产业项目落地，形成网易遂昌数字产业项目规划方案，在方案基础上拟定框架协议、战略协议及网易联合创新中心建设协议。推进古院双创中心项目建设，西山驿子项目已开工。

【2020浙江科技成果竞价（拍卖）会】遂昌县金属制品产业创新服务综合体于6月9日开园，同日举办了2020浙江科技成果竞价（拍卖）会和项目路演推介会、专家论坛等活动。本次拍卖会科技成果涉及环境工程、化工、机械精密加工、自动加工生产线等领域，总起拍价540万元，最终成交4项，交易额706万元。6月18日，中国航天科工集团增材制造技术创新中心浙南基地签约入驻综合体。年内与同济大学、武汉大学、中南大学等高校相关院系对接，拟在综合体内设立高校研究院。开展综合体二期装修工程，检测中心布局设计、设备采购招投标、人员招录培训等工作有序进行。

【科技成果转化】2020年，省级科技企业孵化器——遂昌向上创业园在孵企业共享6大平台、11家服务机构、32名创业导师。签约入驻企业24家，已入驻企业9家，签约入驻机构3家。围绕科技成果转化核心，实现技术市场线上和线下互动，通过成果展示、科技对接、科技培训等活动，帮助企业解决技术需求。走访服务企业112家次，挖掘并发布技术需求与难题50个，建立企业信息库117家。举办各类培训和沙龙38场，征集并发布技术成果508项。为企业精准推送科技动态、科技政策等重要信息238条。收集约200位专家资料并建立专家库。

【培育创新主体】2020年，8家企业通过高新技术企业专家评审，3家企业通过高新技术企业重新认定专家评审，所有申报企业全部通过。21家企业申报省科技型中小企业全部通过专家评审。全县共有高新技术企业27家，省科技型中小企业102家。恒大导轨通过高企研发中心专家评审和现场考察。汇金有色金属申报企业研究院。完成2019年度前三批科技政策兑现工作，共兑现资金476万元。

【项目申报】遂昌县申报的竞争性项目“可持续发展先进适宜技术研发及示范推广——基于生态源头的化工产业智能绿色生产关键技术研发与示范”，获2021年省重点研发项目立项，获省财政补助270万元。由俞梦龙博士领军的聚立生物医药团队申报2021年省、市级领军型创业创新团队。“高分子多功能电热芯片及产业化开发”等3个项目成功申报2020年度第一批丽水市绿谷精英·创新引领行动计划。“高透光彩色光伏玻璃的产业化”“一种用于便秘药物原料和功能食品原料的拉克替醇的产业化”“数字化还原技术的应用及产业化”等7个项目申报2020年度第二批丽水市“绿谷精英·创新引领行动计划”，通过市科技局审核。

【科技“三服务”】全年走访企业百余次，了解企业生产经营和产品开发情况，以科技力量助力企业复工复产，将科技新政宣传、“双企”申报、研发经费归集指导等服务送上门。3月30日，召开全县科技特派员工作座谈会。根据20名省、市科技特派员的专业领域，组建了茶叶、果蔬、种养、中药材和经济林5支产业科技服务团队。省科技特派员赵福成指导的濂竹乡水果玉米迎来丰收，首次试种亩产收益达到1万元。省农林大学的科技特派员林杰在大柘镇指导建设了一个红茶直播销售点，开辟了茶产业销售新渠道、新模式。

【全县科技特派员会议】3月30日，全县科技特派员会议召开，旨在加快恢复正常生产生活秩序和经济社会动态循环，全面提振“两手抓、两手硬、两战赢”的决心和信心，确保全县“三农”工作稳步发展、农业科技持续进步。自2003年科技特派员制度设立以来，破解了农村人才短缺问题，打开了农业高质量发展的通道，解决了农民“种什么、怎么种”的问题，加快了小农经济向现代化农业发展的步伐，促进了“一村一品”“一镇一韵”的发展格局。会议宣读了《遂昌县科技特派员管理办法（讨论稿）》，公布了新组建的5个农业科技服务团队成员名单，县科技局与2名省团队科技特派员首席专家签订了《浙江省团队科技特派员结对服务计划任务书》，17名省级科技特派员与派驻乡镇签订了《浙江省科技特派员项目合同书》。（金丽娟）

附：金属制品产业创新服务综合体

【概况】遂昌县金属制品产业创新服务综合体，位于遂昌—诸暨“山海协作”产业园内，主体建筑四层总面积8640平方米。项目总投资2696万元。综合体构建“六大中心”：产学研协同创新中心、企业技术创新中心、创新创业孵化中心、数字化智造中心、公共创新服务中心、产业生态中心。2020年6月8日，正式开园运行。

中国航天科工集团增材制造技术创新中心浙南基地，已入驻综合体并运营。武汉大学—遂昌金属制品研发中心已入驻综合体，年内着力解决遂金特铸公司和菲立化学公司生产工艺上存在的问题，遂金特铸项目取得较大进展。9月13日，武汉大学与遂昌共建的金属制品检测中心投入运营，为企业提供化学分析、冲击、拉力、金相检测等服务。

综合体二楼和三楼以人才、技术引入为主，构建“众创空间+孵化器+加速器+产业园”模式的向上创业园，已签订入驻协议的企业38家，其中服务类机构6家（知识产权、法律法务、财务咨询、人才引进等）、投融资服务机构6家。

【开园仪式】6月9日，遂昌县金属制品产业创新服务综合体举行开园仪式，县委副书记、县长胡刚出席仪式并致辞。浙江省孵化器协会秘书长陈曦、浙江省国家大学科技园总经理邵林等出席仪式。仪式结束后，举办了项目路演推介会遂昌专场和“数字经济三创融合”第四届众创发展论坛。2020年，遂昌县金属制品产业创新服务综合体入围第三批浙江省产业创新服务综合体创建与培育名单，标志着遂昌县金属制品产业进入全新的发展时期。

【中国航天科工集团增材制造技术创新中心浙南基地】中国航天科工集团增材制造技术创新中心浙南基地，是由航天增材科技（北京）有限公司、航天通用技术（北京）有限公司、遂昌县经济投资发展有限公司三方，依托航天系统与当地资源，共同建立并运维的增材制造公共服务平台，以实现3D打印产业的人才聚集、技术聚集、产业聚集，促进当地制造业转型升级为目的，为遂昌企业提供3D打印相关的应用服务、技术支持、能力配套等，并进行技术科普、人才培训、产业推广等。浙南基地的建设主要有4台（套）航天科工集团自主研发的3D打印设备，以及1台（套）非金属激光选区烧结专用装备。基地建成后具备工业级的增材制造应用服务能力，满足航天、航空、汽车、模具、医疗等行业对3D打印的需求。

中国航天科工集团增材制造技术创新中心浙南基地有三个层次工作任务。第一层次是服务，以航天技术服务遂昌县各企、事业单位。第二层次是拓展，遂昌县周边地区3D打印市场的拓展，以及细分行业市场的应用拓展。第三层次是导入与输出，导入更多的技术项目到遂昌县落地、生根、开花，不断贡献产值与税收。输出遂昌航天公共平台（航天浙南基地）领先的金属3D打印技术到相关领域或区域，形成新的战略性市场，实现“将航天浙南基地打造成为有影响力的3D打印综合服务基地”总目标，成就航天“军转民”事业的先进代表。

中国航天科工集团增材制造技术创新中心浙南基地合作协议于2020年5月28日签订，至年底硬件设备已生产运行。（金丽娟）

社会科学界联合会

【概况】遂昌县共有经济、金融、教育、财税、文化等社科类学会、协会、研究会16个，有国家级和省级、市级社科普及示范基地各1个，县级社科普及基地10个，县级社科研究基地1个。

2020年，县社科联深挖地方文化、践行社会服务，抓好课题研究、理论宣讲，发挥“思想库”“智囊团”作用。召开社会科学界学术社团换届动员大会，指导各学术社团换届工作。开展“我眼中的新遂昌”解放思想大讨论。

【社科研究】紧紧围绕中央、省、市、县重大决策开展理论研究，邀请省社科院专家到遂昌调研，《遂昌发挥流动人才、短居人才作用》案例写入智库报告，获得省委主要领导批示。组织各种理论征文活动近10次，以“绿水青山就是金山银山”理念暨高质量绿色发展为主题的13篇文章获市级奖项。联合县委党校开展“建立八支新时代挺进师，打响八大战役”专题调研，18个课题基本结题。全年申报各类课题20多项。发挥乡村文明讲师团作用，开展网上点单、网络直播讲课等服务，开展各类宣讲160场次，受众8000余人次。

【科普活动】9月29日，2020年丽水市社科普及周启动仪式暨新时代文明实践广场咨询服务活动启动仪式在遂昌县举行，全市33家单位、院校及学术社团参加活动，并考察了国家级科普基地汤显祖纪念馆和遂昌县新时代文明实践中心。11月，承办2020年丽水人文大讲堂走进遂昌活动，邀请国家一级律师、丽水市拔尖人才李光耀主讲《民法典——关注点》。开展“相圃大讲堂”10期。遂昌县图书馆线上、线下举办“相圃悦读”“相圃故事绘”等活动240余场次，累计参与活动2万余人次。

【地方文化挖掘】2020年，“遂昌文献集成”系列之《昌山诗萃内编》《窥园诗抄》《大明律释义》《又其次斋诗集》《郑大夫诒行录》出版。“遂昌文献集成”系列获丽水市2017—2018年度社会科学优秀成果一等奖。《遂昌社会科学》编纂工作有序推进。7月13—14日，配合《文化浙江大讲堂》摄制组做好“文化浙江”为期2天的拍摄，解读瓯江山水诗路的遂昌故事。做好科普宣传，《竹子也有实心的？》《杂交水稻需靠竹竿授粉？》在央视二套科普节目《是真的吗？》播出。（徐 姣）

广播、电视、报纸

【概况】2020年，遂昌县融媒体中心围绕全县工作大局，把握正确舆论导向，积极宣传县域经济社会发展成就和典型经验。开设《遂昌新闻》《平昌视野》《遂农新风》《和谐新农村》《党建播报》《乡村大巴》等多档广播、电视栏目。主办《遂阅》报纸，运营“遂昌新闻网”及“遂昌新闻”微信公众号。推进“遂阅”新闻客户端、“遂昌融媒”抖音号、“遂昌新闻”视频号等平台的建设使用。

全年播出广播节目418档2080条，播出电视节目390档2598条。发行《遂阅》143期。“两微一端一抖音一视频号”新媒体县级发稿7000余篇，总阅读量1500万人次。其中，“遂昌新闻”微信公众号关注人数7.39万人，“遂阅”新闻客户端粉丝数1.3万人，全年阅读量1万多次稿件108篇，20多万次稿件3篇，100多万次稿件2篇。

全年各类新闻作品被中央电视台采用9条，被浙江卫视新闻栏目采用51 条，在《浙江日报》刊发10篇，被丽水广播电视总台电视新闻栏目采用613条，在《丽水日报》刊发百余篇，“学习强国”平台刊发百余篇。

【疫情防控宣传】做好新冠肺炎疫情防控报道，担当政务信息上传下达的重要角色。年初，开设《防控疫情遂昌在行动》《隔离病毒不隔离爱》《捉谣记》等栏目。广播、电视播出《800多只应急广播筑起宣教防火墙》《4733个党员志愿者冲锋在前》《30支党员志愿服务队让党旗飘扬在抗“疫”最前线》等疫情防控报道164条，“遂昌新闻”微信公众号发布《遂昌1000余名社会治理网格员战“疫”忙》《有一种温暖叫做——深夜11点那碗面》《普通群众也是“战疫”勇士》等防疫报道400多条，阅读量200多万人次，在传递信息、引导话题、安抚民心等方面发挥了重要作用。

【“天工之城”建设宣传】在《以遂昌奋斗落实丽水之干》专栏下，开设“天工之城·数字绿谷”专题报道，刊播《打造创新第二空间，谱写遂昌高质量绿色发展新序章》《建设“一城五区”加快富民强县，奋力推进县域治理现代化》《遂昌—阿里云共建未来科创岛在遂昌签约》等电视新闻主题报道108篇。“遂昌新闻”微信公众号推出《遂昌如何换道超车？院士专家这样说》《变与不变》《“三两声”山青水清，山区县“只等风来”》等文图报道200余篇。

【重点工作宣传】在报纸、广播、电视、“两微一端一抖音一视频号”平台推出“走企业、访车间、看新貌”“跟着‘企小二’跑车间”“坚决打赢城市更新大决战”“记者走百村”“村（社）组织换届选举”“贯彻落实县委全会精神访谈”等专栏报道20多个。县两会期间，通过“遂昌新闻”微信公众号推出“两会微直播”，邀请领导、专家直面解答老百姓关注的交通、教育、医疗等方面问题，取得良好反响，累计阅读量20多万人次。与丽水市广播电视总台合作推出《“飞越丽水再出发” 走进“天工之城”核心区》直播活动，在线观看人数近10万人次。衢宁铁路正式通车前后，开设《拥抱铁路时代》专栏，刊播专题报道20余篇。直播遂昌原创儿童音乐戏剧《不要留我一个人在角落》，取得良好社会反响。

【广播专题】每周播出5档《遂昌新闻》广播专栏和3档农村广播专题（《乡村大巴》《和谐新农村》《一周好歌推荐》），以及每天节目预告和气象节目录音制作。全年播出广播节目418档，其中《乡村大巴》《和谐新农村》各56档，为农村群众提供各类农科知识、信息资讯、种养供销经验等。向丽水广播电视总台报送并录用广播条数2239条，在全市排名第一。加强对上级媒体跨平台稿件报送，全年在《中国之声》发播1篇，《浙江之声》发播17篇，《美丽乡村》栏目发播4篇，“动听丽水”公众号和“无线丽水”App上录用30余篇。

【电视专题】《平昌视野》栏目播出《援鄂英雄访谈录》《乡村合伙人》《走向我们的小康生活》人物篇、村庄篇等系列专题，全年播出52期，有3期专题微信推文阅读量破万。《焦点》栏目播出一系列专题报道，包括传承民俗文化、践行“浙西南革命精神”和有关“两山”转化的内容。《慈孝文化朗读吧》通过100位朗读者带来100篇文章，用100种声音讲述100个故事，社会反响强烈。《遂农新风》栏目播出52期，关注农业、农民、农村，设置了“遂农快报”“遂农技术招”“遂农追梦人”“遂农帮帮帮”等版块，提高了可看性和实用性。

【报纸专题】1月1日起，《钱瓯遂昌》报纸由原来的一周五报调整为一周三报，将更多精力集中到围绕县委、县政府中心工作开展深度报道和专题报道上，转移到新媒体上。10月9日，《钱瓯遂昌》正式更名《遂阅》，报纸改版，重新计算期数，整个版式以简洁为主基调。

年初，策划推出《走企业访车间看新貌》《记者走百村》等专栏，及时反映全县疫情防控和复工复产情况。7月，推出短视频、微推、H5、文字综述等20余篇稿件，为遂昌—阿里“牵手”营造了浓厚的舆论氛围。8月，结合“两山”理念提出15周年、习近平总书记考察浙江重要讲话精神、省委十四届七次全会和市委四届八次全体（扩大）会议精神等内容，制作相关专题，全渠道发布。9月，策划系列稿件宣传报道衢宁铁路正式通车。此外，大力宣传城市更新工作，向“学习强国”推送稿件，全年录用近百篇。

【上级媒体采用稿件】2020年，县融媒体中心上送稿件被中央级重点媒体采用165次、被省级媒体采用249次。中央、省级主流媒体报道有关遂昌稿件880篇，居全省前列，用稿量排名丽水九县（市、区）第一。被丽水市广播电视总台采用电视、广播稿件3500余篇。全年在《浙江日报》《丽水日报》刊发稿件400余篇。

《创新提效社会治理，忠诚守护平安中国》在央视《新闻联播》播出，《“蚂蚁探路”再造魅力新故乡》《千年矿工村“黄金长粽”寓平安》等在央视栏目播出。《遂昌与11家数字经济头部企业集中签约》《最美生态牵手最强科技》《隔离点里的特殊生日》等在浙江卫视新闻栏目播出。《丽水遂昌乡镇书记当主播上党课》《遂昌当代“蔡伦”坚守38年只为“一张纸”》等近百篇稿件被“学习强国”录用。《暖心10秒钟！男童卷入车底市民合力抢救》被央视、新华社及境外媒体转发，新华社报道单条阅读量107万次。

【新闻获奖】2020年，遂昌县融媒体中心获浙江省广播电视新闻协作县级电视三等奖，连续20年获丽水市广播电视新闻协作一等奖，连续13年获评《丽水日报》先进基层报道单位和最佳记者站。

消息《遂昌发布全国首批“个人债务重整”案件》、专题《“蚂蚁探路”再造魅力新故乡》获丽水市新闻奖广播电视类一等奖。短视（音）频《“战疫”人物志》、消息《遂昌与11家数字经济头部企业集中签约》获二等奖。作品《一次搬迁带来的“幸福蝶变”》《渡坑人的幸福梦》分获浙江省县（市区）媒体“走向我们的小康生活”融媒体作品大赛二、三等奖。广播专题《以“退”为进打造“未来乡村”》、电视专题《“悬崖夫妻”的甜蜜梦》分获全省对农政府奖二等奖（全省前6名），有3档对农专题被省广播电视局录用，2020年度电视对农栏目考核获全省鼓励奖。电视少儿文艺节目《让世界充满爱》、广播少儿节目《不放弃，“可锐”加油！》分获全省少儿节目三等奖。

【安全播出】2020年，央视《新闻联播》节目时长长期处于高位徘徊，延时天数达到230天。县融媒体中心技术部制定详细的安全播出预案，使操作更直观、反应更快速，实行24小时轮岗制，安排2名技术员同时在岗值班，实现全年播出零事故。每月派出技术员下乡检查播出设备，确保广播在线率常年在90%以上。农村应急广播、调频广播在疫情防控播报中发挥了重大作用。

3位播音员认真负责完成《遂昌新闻》《遂农新风》《平昌视野》《党旗飘扬》等节目的播音出镜工作，以及节假日和提拔任用文件、通告的配音和出镜工作，完成《遂昌新闻》播音240余档，电视专题播音100余档，各类通告50余条。3名后期制作人员完成电视新闻后期制作240余档，安全播出新闻时长4300多分钟。配合采访部、新媒体部完成相关宣传片、短视频制作。积极参与外景出镜、各类访谈、直播、重大活动的主持等工作。

【“中央厨房”技术平台项目】2020年，县融媒体中心新大楼通过验收。实施“中央厨房”技术平台项目建设。该平台融合“采、编、发、用、管、存”等媒体服务需求，将各类新闻素材融合在一起，广播、电视、报纸、新媒体各个传播平台可以各取所需，实现一次采集、分流编辑、产品融合、多元发布的全新格局。内容生产闭合，更加高效安全，并节省资源，实现内容共享和数据可视化，辅助新闻运用的现代化应用需求。（吴卢军）

教育

综述

【概况】2020年，遂昌县有各级各类学校61所，其中，幼儿园31所，小学21所，初中5所，普通高中2所，职业高中1所，特殊教育学校1所。全县有教职工2672人，其中，幼儿园723人，小学924人，初中537人，普通高中296人，职业高中183人，特殊教育学校9人。有在校学生26528人，其中，幼儿园5437人，小学9876人，初中5922人，普通高中2952人，职业高中2305人，特殊教育学校36人。

全县学前三年适龄幼儿入园率98.19%，等级幼儿园创建比例100%。小学、初中入学率和巩固率均为100%。2020年，创成省级义务教育标准化学校1所，累计27所，创建率96.43%。初中升高中比例99.15%。“三残”儿童入学率100%，高等教育毛入学率62.1%。

2020年，遂昌中学为普通高校输送毕业生816人，普通高校录取率98.23%。本科录取525人，录取率82%。职业高中单考单招上线394人，上线率99.49%，其中本科上线29人，本科上线绝对人数全市第一。育才中学中考连续第9年获全市第一。

云峰中心学校扩建项目完工，投入使用，新增初中学位900个。梅溪幼儿园竣工正式开园，新增学前教育学位450个。遂昌三中迁建项目和实验小学迁建工程顺利推进。全年完成教育项目投资2.02亿元，完成年度计划101%。

2020年，县实验小学获全国名校联盟示范学校荣誉，王村口镇中心小学获授希望工程30年示范希望小学称号，被评为第十批省级绿色学校。

【遂昌—诸暨教体文化交流】6月5日，遂昌县教体文化考察团赴诸暨市开展“山海协作”教体文化交流活动。走访了诸暨中学、海亮教育集团、诸暨市教师进修学校，进行了座谈交流。双方签订《遂昌—诸暨“山海协作”教体交流合作协议书》，明确建设方案。根据方案，在遂昌设立“山海协作”教体文化交流中心，两地在教育、体育、文化方面紧密合作、加强交流，擦亮研学实践目的地品牌，建立互利共赢、持续发展的“山海协作”关系。

9月3日，遂昌—诸暨“山海协作”教育座谈会召开，双方就共建共享大数据精准教学题库系统达成合作意向。诸暨市教体局支援遂昌县完成题库系统运行所需的软硬件建设，帮助遂昌县完善校级题库和教师题库，共同建设优质县级题库系统，并选派优秀技术人员到遂昌县开展应用培训。

【躬耕书院音乐摄影并进】10月1日，由张艺谋担任总监制，宁浩担任总导演的国庆档电影《我和我的家乡》在全国正式上映。其中，徐峥执导的《最后一课》单元，其主题曲《让世界充满爱》由歌手常石磊和遂昌县躬耕书院“音乐筑梦班”的18名孩子共同演唱。11月14日，浙江省第十八届摄影艺术展暨2020浙江摄影艺术周展览活动在丽水开幕，来自躬耕书院摄影班的孩子们收到主办单位邀请，推出了“自然生长”躬耕书院摄影班主题展，引起全省摄影界的关注。

【省区域推进语言文字规范化县认定】10 月 22—23 日，遂昌县创建省区域推进语言文字规范化县接受省级考核评估。专家组听取了工作汇报，通过观看宣传片、查阅台账等形式，对遂昌县推进语言文字规范化工作进行了全面评估和考核，深入北界镇和云峰街道，走访了示范岗、示范街、示范村、辖区学校，查看语言文字规范化工作落实情况。专家组认为遂昌县达到省区域推进语言文字规范化县标准，符合认定要求。

【县政府履行教育职责情况获评 A 等】10 月 28—30 日，省政府教育督查专家组到遂昌，对县政府 2019 年度履行教育职责情况开展督查。督导组分组走访职能部门和学校，开展随机访谈、查阅材料、核实数据，30 日召开督导反馈会。督导组充分肯定了遂昌县 2019 年度教育工作所取得的成绩，认为遂昌县政府以办人民满意教育、创“学在遂昌”品牌为目标，全面落实教育提质行动计划，推进创建全国义务教育优质均衡发展县，思路清晰、目标明确、成效突出。经评定，遂昌县政府 2019 年度履行教育职责情况为优秀，总体评价为 A 等。

【县教育局机关整体搬迁】11 月 18 日，县教育局机关搬迁至妙高街道古院新区“两山”发展大厦 B 幢 7—9 层。原位于公园路 79 号的办公大楼将在 2021 年城市更新中拆除。1986 年，遂昌县教育委员会机关搬入公园路办公场所，至 2020 年 11 月搬出，历经 35 年。

【“空中课堂”扶贫保障计划】疫情防控期间，县教育局与华数广电网络公司合作，制定“空中课堂”扶贫保障计划。经前期申报与排摸，确定全县 131 名困难家庭学生，华数公司为困难学生家庭免费安装数字电视机顶盒。这样，孩子们在家享受“空中课堂”学习，不会增加困难家庭的负担。除了“空中课堂”扶贫保障工程外，县教育局还携手华数公司在 24 所小学实施教育信息化战略合作工程“校园电视台”，登录“校园电视台”家庭端，选择德育教育、安全教育、家长学校等板块，随时享受“开学第一课”“中国古诗词大会”“二十四简史”等寓教于乐的学习资源。（周顺华）

学前教育

【概况】2020 学年，全县共有幼儿园 31 所，比 2019 年减少 2 所，其中省一级幼儿园 2 所、二级幼儿园 16 所、三级幼儿园 13 所，等级幼儿园占比和覆盖率均为 100%。全县在园幼儿 5437 人，比 2019 年增加 121 人，学前三年入园率 98.19%。

完成第三轮学前教育三年行动计划，推进学前教育资源优化。给予缴纳五险一金的民办幼儿园每人每年 1.2 万元奖补，保障学前教育非在编教师工资待遇。出台疫情期间帮扶政策，给予公办幼儿园和普惠性等级民办幼儿园 4 个月保育费补助和租金补助，全县共发放 239.88 万元。9 月 7 日，启动幼儿园放学后园内托管服务，全县有 98 名幼儿参与放学后托管。

大柘镇中心幼儿园创建“茗心茶吧”，被评为全省幼儿园专用活动室优秀案例。云峰街道中心幼儿园游戏教研组开展了系列“把游戏的权利还给孩子”实践研训活动，被评为全省先进教研组。

【幼儿教师“延教不停研”】3 月 17—18 日，县教育局组织的“延教不停研——相约‘学习故事’分享会”网络直播教研活动在县示范幼儿园举行，全县 460 位幼儿教师通过钉钉参加了线上学习研讨活动。县示范幼教集团、妙高中心幼儿园、云峰中心幼儿园的教师们结合不同年龄段幼儿在活动中的精彩时刻，以图文并茂的形式，直观生动地展现了幼儿在自主游戏、个性化活动中的行为、语言、发展过程，以及教师的观察、回应、支持等内容。

【梅溪幼儿园投入使用】9 月 1 日，新建的遂昌县梅溪幼儿园正式开园。梅溪幼儿园位于龙谷路，为县教育局直属幼儿园，是遂昌县第二所公办独立幼儿园，按照省一级幼儿园标准建设。梅溪幼儿园项目工程于2018年8月开工，总投资3500万元，设计15个教学班，可容纳450名幼儿入园。2020年，梅溪幼儿园被确定为浙江省第二批“安吉游戏”实践园。（周顺华）

义务教育

【概况】 2020年，全县有小学21所，在校生9876人，比2019年减少333人。校均人数470人。在校生人数在200人以下的学校有9所。

全县有初中5所，在校生5922人，比2019年减少210人。校均规模1184人。小学入学率、巩固率、小学升初中比率均100%，初中入学率、巩固率均100%。初中升高中比率99.15%。

推进义务教育优质均衡发展县创建，全县平均班额初中降至41.8人，小学降至30.3人，班额控制全市最优。实施优质均衡县补短行动，完成实验小学、妙高小学等8所学校的补短项目。推进招生制度改革，义务段公民办学校实行同步招生。

以“推进小班化教育”“分层走班”“初中强校”为试点，以“城乡携手同步课堂”为载体，扎实推进精准教学。在全省初中质量监测的25项指标中，有2项指标进入全省前10%，12项指标高于全省平均水平，10项指标达到全省平均水平。六年级教学质量监测居全市第一，七年级综合指数居全市第一、八年级居全市第三、九年级居全市第二。

在第十届丽水市中小学“绿谷之春”文艺比赛中，遂昌县选送的节目获得一等奖8个、二等奖8个、三等奖6个，有7个节目入选参加全省中小学艺术节比赛。11月，北界镇中心小学武术队应邀参加2020长三角“龙泉论剑”武术大赛，8名队员夺得11金3银2铜的优异成绩。

【初中入学报名网络通道开启】 6月2日，遂昌县初中报名网络通道开启，全县小学毕业生家长可通过登录“浙里办”App或浙江政务服务网上的“遂昌县义务教育段招生报名平台”，为孩子们进行民办初中预报名或公办初中报名。为深入推进“互联网+政务服务”应用，2020学年，遂昌县全面实行义务教育招生入学网上报名、审核、分配，为家长和学校提供方便快捷的服务。

【云峰新校区投入使用】 6月22日，云峰中心学校举行新校区搬迁仪式，1288名中小学生和教职工搬进了新校区。云峰中心学校扩建工程总投资9000万元，规划用地面积43135平方米，新增用地面积19844平方米，新建校舍19691平方米。建设内容包括教学及辅助用房、多功能厅、风雨操场、室外体育活动设施、校园道路、绿化等。建设规模为42个班1980个学生，其中小学24个班1080个学生，初中18个班900个学生。

【三仁小学项目入选省优秀案例】 5月8日，在全省中小学新型教学空间建设工作视频会议上，遂昌县三仁畲族乡中心小学校长蓝伟军作《“1+X组合式新型教学空间”建设构想》交流发言。新型教学空间是2020年省义务教育薄弱环节改善与能力提升项目，三仁小学以此为契机，构建“一个主体（公共）教学空间+多个活动小空间”新型教学空间体系，既满足基础性课程的日常教学，促进实体教学与虚拟教学深度融合，又实现优质资源融合整合共享，“师生、生生、师师”更高效便捷交流，课堂教学实效进一步提升。该新型教学空间案例入选全省100个教学空间优秀案例。

【全县中小学校推广明目功】 11月4日，2020年全国百城千村健身气功交流展示活动（丽水站）暨遂昌县健身气功进校园推广活动启动仪式在遂昌锦绣育才教育集团举行。启动仪式上，重点展示了健身气功明目功。遂昌县育才中学和育才小学于2019年开展“习练明目功改善学生视力”课题研究，2020年在全校普及推广，起到了较好的预防近视和改善视力效果。8月起，遂昌县组织体育教师开展明目功培训，逐步将明目功向全县中小学推广。

【**2200条红领巾接续援疆情**】6月1日，一场“红色精神万里传疆”活动在县实验教育集团后江校区举办，遂昌县百名学子与新疆维吾尔自治区新和县第二小学、新和县丽水小学小朋友视频连线，共话民族文化、家国情怀。新和县两所学校2200名学生佩戴的红领巾，均由遂昌县妙高中心成技校捐赠。这两所学校是遂昌县友好结对学校，该活动由援疆归来的妙高中心成技校校长周建娥牵头发起。

【**遂昌学子频获荣誉**】3月28日，浙江少儿频道《中国蓝少儿梦想家》第10期综艺节目播出，遂昌县实验小学的雷紫依同学站上中国蓝少儿梦想家舞台，唱响歌曲《祖国在我心窝里》。春节前，少儿梦想家节目组到遂昌进行海选，雷紫依通过层层选拔，受邀参加节目录制，并获2019年度“中国蓝少儿梦想家全国特别金奖”和“中国蓝少儿梦想家”荣誉。

9月19—22日，“天籁浙江·印象诗路”朗诵大会决赛暨“云游兰亭”直播推广活动在绍兴兰亭举行，并进行全网直播，观看人数160.1万人次。遂昌育才小学彭梓祺同学朗诵的《瓯江，在我血脉中奔跑》获青少年组第一名。

10月11日，首届“浙里少年强·我是小小书香大使”颁奖典礼在杭州举行，20名省级“小小书香大使”受表彰，包括遂昌县育才小学的彭梓祺、钟欣两位同学。本次活动7月启动，全省5000多名青少年参加，评选出20名省级“小小书香大使”。

（周顺华）

普通高中教育

【**概况**】2020年，遂昌县有普通高中2所，在校学生总数2952人，比2019年增加191人。校均规模1476人。两所普通高中有教职工296人，其中专任教师255人，学历合格率100%。研究生及以上30人，占专任教师比率11.76%。

2020年全县高考报名860人，录取828人，录取率96.28%，其中，本科录取468人，专科录取360人；职业中专高考报名239人，录取237人，录取率99.16%，其中本科29人。

以新一轮课程改革为契机，深入实施《遂昌中学三年规划（2019—2021学年）》，建立“理论—实践—创新”三位一体课程改革体系，开发校本课程200多门。围绕学科核心素养，探索选课走班机制，形成学校有特色、学科有风格、教师有底蕴的课改新局面。推进创新型人才基地建设，建成遂昌三中和遂昌民族中学创新人才早期培养基地，以及公园路校区艺术人才培训基地。

育才高中构建完善引领性课程、国家课程、校本课程三级课程体系，建成职业生涯规划课程、学科拓展类课程、社团活动类课程等7大类课程。开发《育才高中职业生涯规划手册》，建设3D视频实验室、育才梦工厂、创客实验室等。2020年引进特级教师、省市骨干教师，以及清华、北大等知名高校优秀毕业生39人到校任教。

【**浙江省普高强基联盟协作体成立**】9月19日，浙江省普通高中强基联盟协作体成立大会暨第一次联盟工作会议，在遂昌育才高级中学举行。8所联盟体学校分别是遂昌育才高级中学、瑞安市上海新纪元高级中学、宁波市鄞州高级中学、杭州市萧山区第三高级中学、温州育英国际实验学校、金华市外国语学校、永康市古丽高级中学、上海新纪元武义高级中学。会议研究与讨论了强基联盟学校的教育发展大计，确立了联盟章程和盟徽，确定了联盟三大教学研究中心负责单位，分别为拔尖创新人才培养中心瑞安市上海新纪元高级中学、高效课堂研究中心萧山区第三高级中学、学科考试研究中心宁波市鄞州高级中学。

【**青春健康教育基地获评全国示范**】5月7日，中国计生协印发通知，全国111个俱乐部被评为青春健康教育示范基地，其中浙江省16个，遂昌中学青春健康教育基地名列其中，系全市唯一。遂昌中学青春健康教育基地成立于2003年9月，设有办公接待室、沙盘室、宣泄室、测评放松室、团体辅导室、生涯规划室6个功能室。团队设专职心理老师1人，B证兼职教师10余人，学校C证占比90%以上。2003—2019年，日均接待咨询对象3人。2019年12月，基地曾获评浙江省心理健康教育示范点。

【张翼博士回遂昌中学讲座】10月3日晚，遂昌中学邀请到该校优秀毕业生、浙江大学在读博士张翼给高三同学开设励志讲座。张翼博士结合自身的学习经历，从知识记忆、知识巩固、考场策略三个角度，给学弟学妹们提出了6条学习建议，分别为树状学习、细节打磨、错题本子、放下自我、时间管理、学会放弃，鼓励学弟学妹们脚踏实地，刻苦学习。张翼是遂昌中学2002级毕业生，被中国人民大学录取，之后留学伦敦政治经济学院，回国后又入浙江大学攻读博士。（周顺华）

职业教育与成人教育

【概况】2020年，遂昌职业中专在校生2305人，比2019年增加57人。其中，招生866人，比2019年增加58人，毕业747人，比2019年减少41人。毕业生中就业381人，占毕业生总数的51%，升学366人，占毕业生总数的49%，合计就业、升学率100%。

完成新一轮全省中职教育质量提升计划，建成市级中职校企合作共同体1个、市中职德育品牌1个、省名师工作室1个、省名专业1个。落实中西部扶贫结对工作，完成四川省通江籍中职学生招生20人。单考单招上线394人，上线率99.49%，其中本科上线29人，本科上线绝对人数全市第一。

全县4所中心成技校完成实用技能培训3000多人次，建成丽水市成教品牌3个，分别为妙高成技校茶师傅培训、北界成技校农村建筑工匠培训、大柘成技校林下套种中药材技术培训。9月16日，县民政局、教育局联合举办家庭照护者培训班，大柘镇、三仁乡51名女性学员参加培训。

2020年，遂昌职业中专入选全国农村电商领域组成员单位。获授浙江省舞龙（舞狮）传承教学基地。该校机电劳动实践基地获评全省装备制造类中小学劳动实践基地暨职业体验基地。

【与省名师网络工作室结对】6月16日，成佳梁省级名师网络工作室与遂昌职业中专电子商务专业签约建立结对帮扶关系。根据约定，成佳梁名师网络工作室将通过专题讲座、教学培训、课例研究、同步课堂、课程资源、网络研修等方式，对遂昌职业中专电子商务组教师进行专业引领与培训指导。

【“遂昌农师学堂”获评省级品牌】12月11日，全省社区教育进农村文化礼堂工作推进会召开，表彰了25个社区教育进农村文化礼堂学习品牌，遂昌县社区学院妙高分校创建的“遂昌农师学堂”名列其中，系全市唯一。遂昌县社区学院充分挖掘产业和文化资源，在农村文化礼堂开展送培、送教，培育了一批具有山区特色的遂昌农师，实现了由“输血式”扶贫向“造血式”扶贫转变，推动农村社区教育与农村文化礼堂融合发展。（周顺华）

办学条件

【概况】2020年，全县各级各类学校占地总面积92.90万平方米，其中幼儿园7.65万平方米，小学34.32万平方米，初中23.96万平方米，普高11.23万平方米，职高15.58万平方米，特殊教育学校0.15万平方米。全县校舍总面积50.02万平方米。学校计算机配备7312台，生机比为：小学3.69∶1、初中3.39∶1、普高4.85∶1、职高2.09∶1。全县学校藏书103.09万册，生均图书为：幼儿园10.17册，小学42.79册、初中51.92册、普高50.23册、职高42.08册、特殊教育学校5.56册。

2020年，全县实施教育建设项目12个，年内完工7个，完成投资2.02亿元。县实验小学迁建工程完成主体工程、设备安装、附属设施建设，申报省标准化学校通过复核评估。遂昌三中迁建工程完成年度投资7000万元。云峰中心学校完成扩建并投入使用。梅溪幼儿园建成开园。遂昌育才中学人才公寓完工并交付使用。遂昌中学围墙维修及员工宿舍拆建工程、万向中学教师宿舍楼完工。遂昌中学公园路校区、妙高小学、湖山乡中心小学3所学校维修改造完成。王村口和金岸幼儿园改扩建工程完成计划投资600万元。

【义务教育薄弱环节改善与提升】遂昌县认真贯彻全国义务教育薄弱环节改善与能力提升工作项目规划要求，从最薄弱普惠面最广的环节入手，推进办学条件达到省定基本办学标准，促进校际办学条件基本均衡。“十三五”期间，投入教育建设资金8.7亿元，新增学前教育学位1440个、小学学位1620个、初中学位2400个、高中学位900个。推进教育信息化2.0行动计划，全县建成同步录播教室和新型学习空间。12月29日，省教育基建管理干部素能提升培训班在杭州举行，遂昌县教育局作题为《乘薄改东风，惠山区教育》的典型发言。

【“儿童之家”建设】2019年启动“儿童之家”创建以来，遂昌县按照三年建设方案，有序推进重点村（社）和中小学校“儿童之家”创建工作。将“儿童之家”建设和运行经费纳入财政预算，提供每个“儿童之家”10万元建设经费，每年1.5万元运行经费。至2020年底，全县已投入资金190万元，建成“儿童之家”19个，中小学校和重点村分布数分别为14个和5个。

【大柘老年学堂建成】9月22日，大柘镇老年学堂建成投入使用，首期开设舞蹈、保健、曲艺、太极四个专业班，报名人数150余人。至年底，利用网络技术对接省老年电视大学，完成100人次以上老年学位教育。该项目是落实2020年省政府民生实事之“新建100所老年大学（学堂）”计划项目。教育局首期投入5万元资金，对原大柘中学校舍进行改建，建成功能室14个，面积900余平方米，提供老年教育学位2500个。（周顺华）

师资建设

【概况】2020年，遂昌县小学教职工924人，其中专任教师821人，专任教师学历合格率100%；初中教职工537人，其中专任教师471人，专任教师学历合格率100%、超学历98.73%；普通高中教职工296人，其中专任教师255人，专任教师学历合格率100%、超学历11.76%。在2020年丽水市中小学教坛（德育）新苗、教坛（德育）新秀、教坛（德育）能手评选中，遂昌县共60人获评。

在浙江师范大学设立引才联络站，建立浙师大—遂昌教师发展学校，签约师范类本科以上人才9名，其中全日制硕士研究生2名，引进2名紧缺的特殊教育教师。全年新招聘教师58名，委托定向培养小学全科、中学紧缺学科教师和职业中专定向培养教师签约25名。遂昌育才中学引进清华大学物理学博士应振根、北京大学有机化学博士储鹏翔、国家级数学竞赛教练李沂泽，引进特级教师2位、衡水名师1位。

实施中小学“点亮名师”工程，选派76位名师名校长与湖州、诸暨、南湖、象山的名师名校长结对。开展“星级班主任”评选，评选一星至五星级班主任100名，建立五星级班主任工作室5个、四星级班主任工作室10个。出台《关于加强教师诚信制度体系建设的实施意见》。推进遂昌民族中学教师职称评聘省级试点改革，得到省教育厅肯定。成立遂昌县学前教育学科工作室。

【校长赛课活动】11月25日，遂昌县校长赛课活动在民族中学、实验小学、梅溪小学和示范幼儿园同步开展。活动持续3天，分初中、小学、学前教育三个类别进行评比，全县初中、小学、幼儿园的正副校长、园长、书记共73人参加赛课。活动邀请象山、龙游两地的12位名师担任评委。赛课活动向全县教师开放，73堂校长赛课听课教师超过1500人次。赛课之前，还开展了校长评课和校内课堂展示活动，在校内课堂展示环节，全县各学校200余名中层以上校领导分别上展示课，听课人数4000多人次。“学习强国”和中国教育新闻网分别对遂昌县校长赛课活动进行了报道。

【星级班主任工作室】12月9日，县教育局举行首届星级班主任工作室启动仪式，全县中小学、幼儿园的15位星级班主任和87位教师学员参加。首届星级班主任工作室分为高中4个、初中3个、小学7个、幼儿园1个，由获评遂昌县五星级、四星级班主任的老师担任导师，一、二、三星级班主任及35周岁以下的骨干班主任为学员。首届星级班主任工作室培训周期3年，将采取自主研修和导师引领、集中学习与分散研究的方式开展研修和培训。

【南湖—遂昌名师高级研修活动】10月22日，嘉兴市南湖区的39位名师到遂昌县，开启山海协作“点亮名师”工程新一轮高级研修班活动。活动前后3天，围绕初中科学、小学语文、心理健康、信息技术、体育、美术6个学科，39位南湖名师和214位遂昌教师共同观摩了13节展示课，开展了15场名师专题研讨，新增了2个南湖名师工作室与遂昌4名老师的结对。（周顺华）

卫 生

综 述

【概况】2020年，遂昌县有各级各类医疗卫生机构159家，其中，二级甲等综合性医院1家（县人民医院），二级甲等中医医院1家（县中医院），直属医疗卫生单位5个，精神专科医院1家，乡镇（社区）卫生院（卫生服务中心）21家，卫生服务站15个，诊所、医务室、卫生室111家，民营医疗机构4家。全县有卫生专业技术人员1237人，每千人医生数4.11人，每千人护士数3.08人。医疗机构实际开放床位数985张，千人床位数5.12张。

2020年，全县出生1418人，死亡1728人，人口自然增长率-1.35‰，出生人口性别比122.55。

【庆祝国际护士节暨先进表彰大会】5月11日，遂昌县举行庆祝国际护士节暨先进表彰大会。短视频《最可爱的人》拉开大会序幕，小合唱《我把最小的娃送上战场》、诗朗诵《你的样子》、趣味游戏《舞林大会》等节目轮番上演，精彩纷呈。在援鄂护士事迹分享环节，周欢欢、戴乐梅、严丽娟三位白衣披甲、逆行出征的护士，讲述了赴鄂抗疫的经历与感受。3人均被评为名“最美逆行护士”，另有20人被评为“最美护士”，大会还对护理应急竞赛获奖团队进行了表彰。

【“中国医师节”活动】8月15日，县人民医院和县中医院在平昌广场举行庆祝“中国医师节”义诊活动。本次义诊有内科、外科、妇产科、骨科等7个科室的20多位医师参加，现场设置咨询台，医师专家为群众答疑解惑，为大家测量血压、血糖。义诊活动接待就诊群众200余人次，免费测量血压血糖100余人次，发放健康教育资料200余册。

8月19日，遂昌县举行庆祝第三个“中国医师节”暨“最美医师”表彰大会。会议充分肯定全县医务工作者在本职岗位上和抗击新冠肺炎疫情中取得的成绩，表彰了3名“最美逆行医师”、18位“最美医师”和20位优秀住院病历评比获奖医师，进行了文艺表演。“最美医师”代表作交流发言。

【全县卫生健康系统工作会议】6月8日，全县卫生健康系统工作会议召开。会议全面贯彻落实省、市卫生健康工作会议和新冠肺炎疫情常态化防控会议精神，以及县委经济工作会议和县“两会”决策部署。会议邀请了遂昌县援鄂援丽医务人员代表周欢欢、戴乐梅作先进事迹宣讲。

【“省属县用”试点工作座谈会】8月26日，县委改革办组织召开医疗卫生人才“省属县用”试点工作座谈会。会议总结梳理“省属县用”试点开展一年来取得的经验和成效，分析当前存在的困难和问题。遂昌是全国首创、全省唯一的医疗卫生人才“省属县用”试点县，2019年4月启动该项试点。县人民医院与浙江大学医学院附属第二医院建立紧密合作的医疗机制，大力推进“四大中心”和“四大学科”建设，创新建立多学科MDT（多学科联合会诊）

联合带教、临床科研辅导教学、名医“师带徒”培养等机制，形成“双下沉、两提升”工作的完整闭环。2019年，县域就诊率和基层就诊率实现双提升，21家医共体成员单位门急诊人次和医疗业务收入实现双增长。

【卫生监督】深化“智慧卫监”建设，平台认领涉证企业“双告知”126件。开展职业健康检查机构监管，检查企业98家，体检3416人次，检出疑似职业病32人，检出禁忌症208人。以“双随机”检查和重点领域专项治理为抓手，狠抓执法办案，查处行政处罚案件172件，罚款24.28万元，没收违法医疗器械价值6.02万元、违法所得0.22万元。

开展“尘毒危害”专项治理，委托第三方检测公司，为企业提供职业卫生服务，上门指导企业98家。中小医疗机构HIMS（医院感染监控管理系统）试点工作落地，推进民营医疗机构加入“智慧监管”范围，电子台账正常登记机构26家，电子病例正常使用机构21家。通过HIMS系统运用，办理3件非现场执法案件。

【临床检验检测】2020年，遂昌县新建100平方米国家二级标准分子生物学实验室，有持证上岗人员25名。购置3台16通道快速核酸检测仪，有效缩短核酸检测时间。累计检测新型冠状病毒核酸1.5万人，抗体检测2.5万人。承担县隔离点所有人员的核酸和抗体检测工作，承担县看守所工作人员和羁押犯人的核酸定点采集和检测任务。组织微生物安全演练，通过演练提高医务人员对生物安全事件的认识，增强对生物安全事件的应急处置能力。

【健康促进工作】2020年，遂昌县完成4个国家卫生乡镇创建，5个乡镇通过省级卫生乡镇复审。创建3所健康促进银牌学校、5所健康促进铜牌学校。创建健康单位10家、无烟党政机关74家。创建健康家庭1000户。全县无害化卫生厕所比例99%。

发放各类宣传折页2万余份、《健康66条》等读本5000余册，微信公众号发布健康宣传内容80篇，举办卫生健康讲座245场，开展健康活动135场、健康服务240场，参与受益3.16万人次。完成居民健康素养监测，居民健康素养水平29.69%。

加强心理服务平台建设，采购“壹点心亭”自助心理服务设备，以“互联网+”为创新模式，实现24小时心理热线、心理微课、心理测评、心理宣泄服务。加强严重精神障碍患者管理，在册率、规范管理率、规律服药率等指标均列全市前三。

【卫健民生实事】2020年，遂昌县妇幼健康、中小学健康、糖尿病防治、健康产业发展4个项目入选“健康浙江行动”示范试点名单。高质量完成4项卫生健康省、市民生实事项目，其中省级民生实事3项：新增3岁以下婴幼儿照护服务机构1家（托位50个）、重点人群流感疫苗免费接种5027人、重点人群结直肠癌筛查（肠镜检查）637人。完成市级民生实事1项：60岁以上老年人免费接种1针23价肺炎疫苗15881人。

【基础设施建设】启动总投资7.5亿元的县人民医院迁建工程，完成征地、审批、施工单位招标、统计入库等前期工作，6月8日正式动工，至年底已完成场平工程85%。推进医共体妙高分院、云峰分院等一批乡镇医疗机构新建或扩建工程。围绕“天工之城”布局规划，谋划建设湖山国际生命健康管理中心，获批土地指标50亩，已完成可行性研究报告编制。完成6家“流动医院”建设，实现20分钟就医圈全覆盖。推进村级卫生机构规范化建设，规范化村卫生室比例82.35%。

【老龄工作】落实老年人优待政策，开展老年人关爱工作，开展系列送温暖、送关爱活动，向老年人代表发放慰问金、慰问品2.5万余元。参加“健康中国我代言——中国长寿之乡百位健康百岁老人”推选活动，蓝崇、吴兆德获“中国长寿之乡健康百岁老人”称号。推进云峰街道卫生服务中心省级医养结合服务能力提升项目，完成6个居家养老服务中心医养结合服务点建设。

2020年遂昌县百岁老人一览表

表12

姓名	性别	出生年月	所在乡镇（街道）	姓名	性别	出生年月	所在乡镇（街道）
王碎香	女	1920.10	妙高街道	杨宝金	女	1920.06	龙洋乡
毛春珠	女	1920.12	妙高街道	程玉琴	女	1920.11	龙洋乡
叶祖火	男	1919.10	妙高街道	毛上有	女	1920.07	西畈乡
傅金春	女	1919.10	妙高街道	周柏云	女	1914.07	金竹镇
钟樟连	男	1919.03	三仁畲族乡	朱翠英	女	1920.11	金竹镇
蓝　崇	男	1917.02	大柘镇	吴金兰	女	1919.08	湖山乡
罗子连	女	1918.10	石练镇	吴兆德	男	1918.10	云峰街道
吴生云	女	1920.08	垵口乡	谢万贵	男	1920.12	焦滩乡

【无偿献血】将无偿献血工作纳入健康遂昌考核指标，保障临床供血需求。疫情期间，遂昌作为全省首个团体预约献血先行先试县，组织“我为疫情献热血”团体献血活动，采取预约快速、控制人流模式，以分时段、分人流、戴口罩、固定点位献血方式，3天时间发动1970名干部群众报名参加献血活动，成功采血1269人次，采血总量38万毫升。开展“七一”党员献热血和8月“护卫生命·天使献热血”活动，全县完成献血1944人次，献血量69.3升，完成全年采血计划72.9%。（吴翌阳）

医政管理

【“三医联动、六医统筹”医改试点】5月，遂昌县被确定为丽水市唯一“三医联动、六医统筹”综合集成创新医改试点县。年内两次开展医疗服务价格调整：3月1日起，实行全市统一的医疗服务价格调整，降低大型医用设备检查治疗和检验价格收费项目106项，上调技术劳务型医疗服务项目36项；10月，再次启动二级以上公立医院医疗服务价格改革工作，探索建立市、县联动的医疗服务价格调整机制。出台综合监管方案，建立联席会议制度，建立医疗服务监管信息共享机制。完成43家定点零售药店、诊所“智能监控+人脸识别系统”的安装，扣回8家机构违规医保资金46.95万元，对3家药店年度各扣3分处理。

【中医药发展】遂昌县将中医药工作纳入全县经济社会发展规划和卫生事业发展规划，建立起以县中医院为龙头，县人民医院中医科为重要力量，乡镇卫生院、社区卫生服务站、村卫生室为基础的中医服务体系。开展省级基层名医中医师带徒工作，培养中医骨干人才5名。发展中医药产业，建成青钱柳、菊米、三叶青等中药材基地10余个。推进石练健康产业园建设，已入驻中药材加工企业5家，绿荷山茶油、青钱柳深加工项目、蜂蜜发酵酒项目已投产。协助县文广旅体局建设木槿花中医药生态旅游基地。支持“范丹阳全国基层名老中医药专家传承工作室”建设。

【“最多跑一次”改革】落实医疗卫生服务领域“最多跑一次”改革任务清单，把“最多跑一次”改革向基层推进。拓展健康医保卡应用，两家医共体牵头单位号源向基层单位开放，通过丽水市双向转诊平台开展预约转诊，100%基层医疗卫生机构开展夜间门急诊服务。推广县级两家综合公立医院智慧结算，2020年门诊智慧结算率70.23%，住院智慧结算率64.67%，检查分时段预约率100%，县级两家医院均开展互联网医院及护理服务。（吴翌阳）

疾病预防

【传染病防治】2020年，遂昌县发现和报告法定传染病18种1394例，发病率为724.92/10万人，无甲类传染病报告。全县常住人口适龄儿童规划疫苗接种率95%以上，流动人口适龄儿童规划疫苗接种率90%以上。结核病患者纳入病案治疗管理81例，转诊追踪102例。6月，实施结核病患者诊疗补助，共补助236人次，发放补助费24160元。11月，启动临检中心实验室液体培养工作，完成定点医院诊疗系统信息平台建设。全年完成艾滋病检测4.33万人次。开展艾滋病哨点监测和流动人口艾滋病防治干预。探索MSM（男男性行为）干预模式，建立MSM“1+X”和医院重点诊室（性病门诊、肛肠门诊）转介机制，扩大MSM人群干预的有效性和覆盖面。

【“两慢病”全周期健康管理】制定“两慢病”（高血压、糖尿病）全周期健康管理连续服务和分级诊疗协同机制，促进医防融合。建立“两慢病”患者移动随访和家庭医生移动签约系统，提高全周期健康管理效率。支持“糖尿病病友会”和“高血压患者自我管理小组”开展活动，引导“两慢病”患者参与自我血压（血糖）管理。（吴翌阳）

妇幼保健

【妇幼基本项目】2020年全县有产妇数1242人，其中高危孕妇957人，孕产妇系统管理率95.23%，住院分娩率100%。成立遂昌县危重孕产妇和新生儿抢救中心。将免费基本避孕服务项目（8类手术）纳入国家基本公共卫生服务范畴，4月，在全市率先规范实施该项目。将妇女病普查与“两癌”筛查结合开展，全年“两癌”筛查工作目标人群6500例，实际开展宫颈癌筛查7164人、乳腺癌筛查7185人。举办全县托幼机构保育员培训班1期，187名保育员全部参加培训并通过考试取得保育员上岗证。

【出生缺陷综合防治示范县创建】2020年，遂昌县被确认为全省唯一的出生缺陷综合防治示范县创建单位。县卫生健康局将妊娠风险防控工作前移，规范开展优生“两免”，免费婚前医学检查率90.5%，免费孕前优生健康检查率92%。做好产前筛查、产前诊断工作，做好出生缺陷三级预防，减少出生缺陷儿的发生。开展新生儿遗传代谢性疾病筛查和听力筛查。

【人口家庭发展】2020年，全县享受计划生育奖励扶助3233人，共发放奖扶资金310.37万元。享受计划生育特别扶助258人，共发放特扶资金221.04万元。享受特扶人员补助基本养老保险105人。完成特扶家庭医生签约，建立特扶家庭纸质档案。生育登记、再生育审批均实现网上办理，全年生育登记1293件，再生育审批54件。完成中考加分审核71人，其中符合条件66人。完成计划生育公益金申报复核，下发公益金26.36万元。完成县行政服务中心、县图书馆、县中医院、县火车站4个点位母婴室建设。（吴翌阳）

公共和爱国卫生

【电子健康档案】对已建电子健康档案进行清理完善，根据常住地管理原则，完成电子健康档案迁移工作，在全县范围内开展扫二维码自助建档。新建个人电子健康档案5.28万份，完成档案审核3.06万份，开放档案数15.40万份，开放率84.17%，新建高血压专项档案2495份，糖尿病专项卡档案744份，肺结核专项档案76份。在全市率先推出刷脸随访（为居民提供基本公共卫生服务中通过人脸识别手段确认服务对象）。

【家庭医生签约】出台《2020年遂昌县家庭医生签约服务考核办法》，完善全专融合型家庭医生团队和工作协作机制，做实医共体慢病联合门诊，提升家庭医生签约服务质量并扩大覆盖面。2020年全人群签约90171人，签约率46.89%，十类重点人群签约68721人，签约率84.58%，低收入人群签约8529人，签约率91.69%。出台《关于做好2020年家庭医生签约服务工作的通知》，开展2021年家庭医生签约工作，明确签约工作要求。

【环境卫生整洁】县卫生健康局每月开展洁净乡村督查，以督促改，以整促治；县农业农村局申报58个新时代美丽乡村；市生态环境局遂昌分局加强环保监测；县交通运输局加强公路两侧卫生整治；县市场监管局对中心农贸市场进行“五化”改造；县行政执法局在火车站设立执法中队，派驻人员开展秩序和环境管理。全面推进垃圾分类工作，开展各类学习会100余场，分发宣传手册3万余册，规范配置分类垃圾桶，建设垃圾分类投放点，引导居民开展垃圾分类投放。

【病媒生物防制】在各机关企事业单位、社区（城中村）日常防制基础上，县卫生健康局投入专项资金75万元，利用专业PCO公司，对户外环境、重点场所开展统一病媒生物防制。新添置毒饵盒1000余个、捕蝇笼800余个，在人员活动密集的公园、广场安装诱蚊灯20盏，增强灭蚊效果。城区病媒生物防制取得较好效果，病媒生物密度控制在国家C级标准以内。（吴翌阳）

医共体建设

【遂昌版医共体新模式】将21家乡镇卫生院（卫生服务中心）整合成12个片区，统筹人才、设备等资源，重点发展中心片区卫生院。2家牵头医院定期到成员单位开展坐诊、带教、培训服务，全年下派582人次，服务6600多人次。在云峰分院和湖山分院新开设56张住院病床。2020年，21家医共体成员单位门急诊33.65万人次，比2019年增长17.36%；实现医疗收入4468.6万元，增长22.67万元。开展跨医共体模块化业务培训3次，培训400余人次。依托医疗质控中心，对分院进行统一标准的医疗帮扶和指导，实现县域医共体成员单位同质化管理。

【“双下沉、两提升”工作】浙江大学医学院附属第二医院帮助县人民医院打造“四大中心”（消化外科、消化内镜诊疗、关节病诊治、全科与健康管理中心），8名高年资专家长期下沉，开展镜下黏膜剥离术、内镜下早癌精查术等新技术30多项，填补遂昌县、丽水市在这一技术领域的空白。2020年成立骨科快速康复及无痛病房，成为省内14家个性化骨科3D打印技术应用临床示范基地之一。成功创建卒中中心。国家呼吸与危重症医学科规范化建设项目通过线上评审。在全市率先设立化学烧伤和救治中心，强化应急救治能力。县中医院与市人民医院建立合作办医关系，与邵逸夫医院签约挂牌合作医院，建立科室合作帮扶关系，打造泌尿外科、口腔科、眼科三大重点科室。（吴翌阳）

县人民医院

【概况】2020年，遂昌县人民医院在全市公立医院中率先进行党委书记和院长分设。切实做好新冠肺炎疫情防控医疗保障工作，以“二甲复评”“最多跑一次”改革为抓手，深化医药卫生体制改革，推进医共体建设及“省属县用”试点工作。

受新冠肺炎疫情影响，2020年全院业务总收入2.65亿元，比2019年下降9.53%。其中，医疗收入1.85亿元，下降5.44%。药比27.26%，下降3.52%。门诊诊疗服务56.32万人次，下降9.44%。住院诊疗服务1.62万人次，下降15.95%。共开展各类手术4405台，下降9.14%。门急诊、住院均次费用增长控制在5%以内。11家医共体成员单位门急诊诊疗服务16万人次，比2019年增长24.5%。

2020年，遂昌县人民医院获评国家PCCM（呼吸与危重症医学科）建设项目二级医院优秀单位、浙江省脑卒中防治中心单位、丽水市优秀麻醉质控中心、丽水市青年文明号等荣誉。

【新冠肺炎疫情防控】面对突如其来的新冠肺炎疫情，全院职工取消休假。组织30余次新冠肺炎疫情知识培训，加强预检分诊、发热门诊力量，完善接诊流程，分级安置患者，筑牢疫情防控第一关。制定各类预案、方案、制度30多个，为防控工作提供制度保障。200余名党员坚守在疫情防控最前线，3名医务人员参与援鄂抗疫工作，1名医务人员参与丽水集中救治点工作，16名医务人员参与隔离点执勤300余天。建立抗疫专班，充分发挥团队协作和服务保障作用。

【学科建设】加强危急重症救治能力建设，持续推进胸痛、卒中、创伤、危重孕产妇、危重儿童和新生儿救治五大中心建设。呼吸与危重症医学科建设获评国家PCCM（呼吸与危重症医学科）建设项目二级医院优秀单位，卒中中心通过国家认证，成为浙江省脑卒中防治中心单位，遂昌县化学烧伤与中毒救治中心授牌。

新设中医儿科门诊，开展小儿生长帖、小儿推拿、中药贴敷等项目，加强中西医整合力度。在肺小结节门诊基础上，新设呼吸门诊综合治疗室。开设生殖专家工作室，开设盆底专家门诊，共接诊病人1000余人次，远程会诊30次，III类、IV类手术开展20台次。借助浙大二院超声科对口帮扶及宁波市象山第一人民医院超声科人员的交流协作，超声医学科诊疗能力迈上新台阶。

【人才培育】2020年招录普外科、口腔科、超声科等紧缺专业人才10人，招聘编内人员22人、编外人员29人。选送学科带头人和业务骨干赴上级医院进修17人。开展“名师带徒”活动，提升基层卫技人员服务能力。主办3期省级、9期市级继教班。组织开展22期学术讲座，覆盖中西医和教学等，听课人数1000余人次。利用浙大二院远程教育平台，开展远程业务学习41次、远程会诊24例，与浙大二院关节科专家开展了6期线上“名家直通车”学术交流活动。

开展年轻医师病案分析竞赛、全院心肺复苏竞赛、医患沟通竞赛等，选送医护人员外出参加各类竞赛，以赛促学，提升医务人员综合技能。全年县人民医院在各类专业竞赛中获省级一等奖2人、三等奖3人，获市级一等奖4人、二等奖8人、三等奖7人，获县级一等奖3人、二等奖2人、三等奖7人。

【医疗质量】加强不良事件管理，全年收到不良事件300例，追踪230例，重点跟进给药错误频发事件、非计划手术事件、全院跌倒事件。开展持续质量改进，身份辨别正确率由20.5%提至66.25%，医共体病历书写执行率从10%提至70%。组织医疗质量相关培训30余次。定期督查科室质控小组工作情况，规范科级质量管理。强化病案质量管理，开展出院病案首页质控、编码员之间交叉编码质控并纳入绩效考核。加强质量数据分析深度，为临床与管理决策提供真实的基础数据。加强异常质量数据监控，重点监控核心数据与DRGs（疾病诊断相关分类）数据。对成员单位开展质量数据管理。规范临床路径病种，规范质控工作，完善临床路径奖惩制度。开展临床路径病种121个，临床路径管理率62.8%。

【护理管理】强化护理质量管理，细化护理质量目标，与各科护士长签订目标书。开展季度护理质量管理评比活动，通过评比找短板，找差距，提升护理质量。住院病区全面推进人本护理体系建设，提升护理满意度。强化重点环节、重点时段、重点人群、重点部门的护理安全管理，开展全院QCC改进项目——提高给药查对落实率，指标从39.3%提至81.3%。每季举办一次不良事件模拟情景演练。落实分层教育培训工作，开展线上线下培训。选派骨干护士参与浙江省专科护士进修学习。

【医院感染管理】对发热门诊、应急隔离病房、缓冲病房、核酸监测点及临时观察点进行改造，通过线上线下模式分批开展疫情防控知识培训。进行流程优化、制度修订、防控督查等，严格落实“两员两监督一巡查”工作。开展医院感染各项监测：如全院综合性监测、目标性监测、医院感染预防与控制相关因素监测等。持续推进抗菌药物管理，深化对预防性使用抗菌药物、治疗性使用抗菌药物及临床微生物标本采集送检的管理。强化感染管理，完成培训 24 场，2020 年手卫生依从性达 80%以上，多重耐药菌措施落实率达 90%以上。

【建院 80 周年庆典】12 月 18 日，县人民医院举行建院 80 周年庆典。遂昌县人民医院前身是 1940 年成立的遂昌卫生所，初期只有 4 名员工、几间简陋诊室。到 2020 年拥有 850 多名各类人才，开放床位 480 张，占地面积 2.2 万平方米，被评为二级甲等医院。庆典进行了文艺演出，与会人员观看建院 80 周年宣传片。活动向浙大二院“省属县用”五名下沉专家代表献花，为 20 名“未来之星”、34 名“特别贡献奖”人员颁发荣誉证书。庆典过后举行中高层干部管理核心理念与管理技能提升培训班。80 周年院庆系列活动还开展了征集院庆主题语、讲遂医故事、院庆纪念册制作、年鉴编辑、才艺之星评比等活动。组织 30 余名省级专家开展“健康遂昌行”大型义诊活动。（吴 蕾）

县中医院

【概况】受新冠肺炎疫情影响，2020 年县中医院医疗总收入 1.15 亿元，比 2019 年下降 8.9%。实现门急诊诊疗 29.2 万人次，下降 5.4%。出院 6185 人次，下降 18.8%。实施手术 3569 例，下降 3.8%，其中三类以上手术 1025 例，增长 30.2%。医院核定床位 100 张，实际开放床位 200 张，床位使用率 77.9%。9 家医共体分院全年实现门急诊 14.8 万人次，增长 11.71%，中药收入 182.48 万元，增长 0.54%。

2020 年，县中医院引入联影品牌磁共振，更新了彩超、乳腺机、肝脏弹性成像、MMC 设备系统等价值 1400 余万元的设备，为医院学科发展增添有力保障。

【新冠肺炎疫情防控】遂昌县中医院医共体全体干部职工积极投身战疫第一线，参与援鄂、丽水市集中医疗救治点、遂昌县集中隔离医学观察点和各交通卡点服务。发热门诊 7166 人次。提供驻企复工指导、查验健康码、送医送药服务 20 万人次。在全省率先出台《关于建立疫情防控一线人员家庭服务专员工作机制的实施方案》。实行门禁管理，落实一人一陪护和应检尽检。对药剂楼楼顶约 300 平方米进行阳光房改建，以方舱医院模式建成 27 张床位用于应急过渡病房。完成发热门诊、隔离室的规范化改建，配备发热门诊专用 CT。2020 年，遂昌县中医院党委被授予丽水市疫情防控事迹突出的基层党组织荣誉。戴乐梅护士被授予浙江省抗击新冠肺炎疫情先进个人。

【“一院一品”发展格局】2020 年，医共体云峰分院按二级乙等医院实施标准化建设，首期建成的住院康复病区于 11 月底投入使用，开放床位数 46 张，同时，开设特色专科皮肤科。高坪分院利用资源优势，筹备打造集保健、康复、治疗、中医文化推广于一体的森林康养医院。大柘分院口腔科、黄沙腰分院骨科和蛇病专科、北界分院慢病专科、应村分院中医科、高坪分院中医康复专科、新路湾分院慢病专科、柘岱口分院中医科、西畈分院慢病专科渐成气候。

【医防融合】流动医院每个月对辖区内村开展巡回诊疗、公共卫生、签约服务、送药上门等服务。全年服务 21954 人次，送医送药上门 1586 人次，医生下乡 856 人次，一定程度上解决了山区群众健康体检、看病难、就医难。9 月，重新划分城区医共体服务区域，成立社区公共卫生专班，服务妙高街道城西、城南、城中三大社区居民。通过做实落细公共卫生服务，落实家庭医生签约制度，提升公卫服务质量。

【医疗质量】深化与市人民医院医联体合作，建立和完善分级诊疗、双向转诊机制。2020 年，市人民医院派出消化内科、创伤外科、泌尿外科专家到遂昌县中医院指导610人次，服务群众7904人次，手术101人次。探索医共体牵头医院、社区、乡镇分院糖尿病、高血压全周期的三级健康管理模式。在县城南门中路开设中医院慢病管理中心，推广“一个中心、一个标准、一站式服务”中西医结合医疗模式，更好服务慢病群众。重点加强医疗质量监管及评价，常态化开展医疗质量检查，定期通过医疗质量简报、院感质量简报等进行反馈整改。以培训促提升，共组织医疗安全、诊疗知识、操作技能等业务能力培训30余次。落实手术分级管理，完善2020年医师手术权限、高风险操作权限。开展高风险手术术前行政谈话28次。

【学科建设】县中医院拥有省“十三五”中医药重点专科建设项目1个，县级龙头学科2个，在研省级科研项目1个，县级科研项目2个，市级自筹科技项目1项，开展市级继续教育项目4期。开展血液灌流、纤支镜常规检查术+毛刷+肺泡灌洗术、踇外翻截骨矫形术、腹腔下胃癌根治术、输尿管软镜下行泌尿系结石钬激光碎石+DJ管置入术等新技术新项目。12月14日，县中医院与浙江大学医学院附属邵逸夫医院签约，成为其合作共建医院。首期合作专科为眼科、口腔科、泌尿外科。此外，县中医院加盟上海瑞金医院MMC（标准化代谢性疾病管理中心）国家标准化代谢疾病诊疗中心和智慧化高血压诊疗中心，打造健康管理新模式。（张　静）

文化·旅游·体育

综 述

【概况】2020年，遂昌县克服新冠肺炎疫情造成的影响，推动文化、旅游、体育工作回归正轨，以“长三角户外运动休闲生活目的地”建设为目标，以创建全省文旅产业融合试验区为契机，集聚要素、创新思路、抓实举措，着力探索文旅发展新路径。

年初，遂昌县列入全省首批文旅产业融合试验区培育名单。创新培育音旅融合IP，编制文旅产业融合试验区实施方案，制定音乐产业培育、文化创意平台搭建、红色及戏曲资源转化等培育政策，完善政策保障。年底，遂昌县被确定为浙江省文旅产业融合试验区。此外，遂昌县“天工之城”山地休闲度假发展项目被确定为浙江省首批山地休闲度假发展试点单位，据此制定《遂昌县“天工之城”山地休闲旅游发展试点方案》。

【文旅融合】在龙泉瓯江“山水诗路”启航、上海高铁专列等活动中融入遂昌文化元素。开展“百县千碗”遂昌“十大碗”菜品评选活动，发布遂昌美食宣传片及“十大碗”系列视频，遂昌县厨娘·牡丹亭入选全省首批“诗画浙江·百县千碗”美食体验店。8月，原创音乐戏剧《不要留我一个人在角落》先后在遂昌汤显祖大剧院、丽水大剧院公演。

全年参与“浙西川藏线”自驾越野车辆10300辆，人数24680人，带动沿线住宿、餐饮、农特产品销售1486万元。“蚂蚁探路”自驾越野服务平台获2020年度浙江省体育振兴乡村贡献奖，“浙西川藏线”汽车越野线路入选“长三角地区精品体育旅游”体旅融合项目和2020年浙江省运动休闲旅游优秀项目，被央广网《山中青年》、央视《遍地英雄下夕烟》栏目专题报道。

承办浙江省首届生态运动会（遂昌站），完成百里红军古道定向越野赛、2020年浙江自行车联赛大柘茶园越野赛3个体旅项目，通过爱奇艺平台直播宣传。千佛山景区中国健身气功协会丽水养生基地项目入选2020年度浙江省体育产业发展资金项目库。遂昌王村口百里红军古道越野赛入选浙江省重点培育品牌体育赛事名录库。

【项目建设】2020年，全县实施文化旅游项目39个（建设项目33个、前期项目6个），计划投资9.1亿元，实际完成投资3.78亿元。其中完成绿道建设投资2.55亿元，建设里程56.5千米。环湖绿道全线完工，瓯江绿道支线资口至叶坦段、云峰湖边段景观绿道完工，环九龙山绿道施工。独山至王村口绿道获评“丽水最美绿道”。县文广旅体局作为责任单位的项目19个，完成投资1.74亿元。

“天工之城”各项目建设“全面开花”。汤显祖戏曲小镇建设有序推进，关睢文化园杜府、杜府酒店、东方街区主体工程完工。遂昌博物馆完成展陈方案和规划编制。兰台居文化园完成供地，开展道路施工。未来社区商贸综合体完成土地挂牌。完成17个旅游厕所建设。

重点围绕“天工之城”开展项目招引，与浙旅集团、蓝城集团、加拿大庞巴迪公司等30余批次客商进行接洽，签约遂昌汽车运动之城、湖山水上运动中心项目。推进三墩颐康幸福城、高坪杜鹃花园项目、高坪国际研学基地等项目前期工作。

【行业管理】召开安全生产工作会议，对景区、饭店、重点项目、旅行社开展安全生产大检查。对网吧、娱乐场所、演出市场全方位整治，全年出检908人次，检查经营单位877家次。推行政府购买服务与行业主管部门监管相结合的模式，提升文旅场所消防、医疗、急救等服务。组织旅行社、饭店、景区、网吧、KTV等场所的工作人员开展消防安全应急演练，提升行业突发事件应急处置能力。

开展“坚定文化自信，打造平安文旅市场”法律法规宣传活动，发放宣传资料、宣传品2800余份。完成2020年度规模以上服务业培育考核，建立上规上限单位培育库。跟进MEI（经济运行月度评价）指数推进工作，完成维也纳国际酒店上规纳统工作。开展导游轮训工作，开展“天工巧匠”金牌讲解员大赛，举办遂昌、松阳旅游统计业务培训班。

【市场执法】利用“互联网+监管”模式，推进文化市场综合执法改革，加快文化与旅游、体育领域执法融合。全年出动检查908人次，检查经营单位877家次。开展网吧专项巡查15次，娱乐场所夜间巡查8次，“小地卫”专项整治行动3次，“双随机”抽查8次。联合公安部门开展娱乐场所夜间专项检查1次，立案查处违法行为3起。开展“护航高考”“农村集市”“校园周边”等文化市场专项整治行动15次，取缔兜售音像制品游商2处，参加扫黄打非专项行动1次、出版物市场复产复工检查1次、出版物专项检查行动4次。（徐 丹）

文化馆

【文化阵地】全县有基层文艺队伍121支，“三团三社”实现全覆盖，积极组织开展文化活动。做好“十百千”工程回头看工作，确保补助资金用在文化事业上。出台《遂昌县群众文艺团队星级考评管理办法》，《乡村文艺“三团三社”建设和服务规范》地方标准县级立项，县内首个文化领域市级标准《乡村文化理事会建设规范》获得立项。委托浙江艺术职业学院组织实施乡镇文化员定向培养计划，举办浙江省摄影理论高端研修班、文化礼堂管理员业务提升培训班等。2020年，遂昌县通过省基本公共文化服务标准化建设专家组认定检查，云峰街道湖边村入选浙江省文化示范村（社）。

【线上活动】2020年，全馆干部出镜录制、推出8期“文化四季风”公益网络培训课程，含舞蹈、摄影、茶艺、音乐、文学、戏曲、美术等，让因疫情宅在家的群众根据兴趣喜好选择文化菜单，随时随地参与文化活动。上线云端“4·23”世界读书日系列活动、汤显祖纪念馆线上展厅等。与温州市鹿城区文化馆、嘉兴市南湖区文化馆举办了5期“文化走亲”线上视觉艺术作品展，其中书画展3期、摄影展2期，携手打造“云端共赏”视觉艺术文化走亲平台。

【线下活动】春节前，举办“文化惠民送春联，新春祝福进万家”活动和“我的中国梦——摄影进万家，温暖全家福”活动；8月，联合中国昆曲博物馆举办“盛世元音”中国昆曲艺术文化展；9月，举办了全县职工小品大赛；11月，启动“送戏下乡”活动；12月，举办遂昌县第八届青少年歌手大赛。全年举办摄影、书画等展览10余场。开展摄影工坊培训班、在校大专学生昆曲表演教学公益培训。赴诸暨市、三门县、庆元县开展“文化走亲”18场。承办丽水市社科普及周演出、丽水市第十三届乡村文化艺术节村歌大赛等。

【丽水市第十三届乡村文化艺术节】11月5日，丽水市第十三届乡村文化艺术节在遂昌县举行。本届乡村文化艺术节主题为“讴歌乡村新发展，展示农民新风采”，设置有美术、书法、摄影创作比赛和村歌大赛等活动，来自全市的乡村文艺工作者、民间人士、爱好者们纷纷展示才艺，展现乡村文化艺术的风采魅力。当日晚7时，村歌大赛在汤显祖大剧院唱响，《畲乡东峰美如画》《苏村谣》《幸福横山》《古市有故事》等18首极具乡村文化特色的村歌轮番上演。（徐　丹）

非物质文化遗产保护中心

【概况】遂昌县有班春劝农、昆曲十番2个国家级非物质文化遗产项目，另有省级非遗项目9个、市级非遗项目26个、县级非遗项目83个。列入省级非遗代表性传承人7人、市级传承人25人、县级传承人100人。5月，县政府公布第七批非遗增补项目和第五批非遗项目代表性传承人名单，番薯条制作技艺、遂昌民俗钱币铸造技艺被列为增补项目，32人入选第五批非遗项目代表性传承人。10月，省级非遗代表性传承人汤建华（遂昌黑陶）上榜文化和旅游部2020年度乡村文化和旅游能人支持项目入选人员名单。2020年，遂昌县“非遗进校园”活动被评为“多彩非遗·相伴成长”全国优秀实践案例。

【非遗活动】5月，“浙江非遗健康养生购”活动上线，遂昌县组织8家企业10个非遗商品参加线上推广活动，销售额160余万元。6月13日，在平昌广场举办“文化和自然遗产日”活动，遂昌糖画、豆腐制作、油桶粿制作、茶叶手工制作、黄米果制作等项目参加展示。9月，组织参加“2020年薪传奖传统工艺（竹木工艺类）大展”。10月27日，举办遂昌县“天工巧匠”竹篾编织技能大赛，23位民间竹篾编织师傅参赛。10月30日，组织黑陶制作、竹炭烧制、糖画3个项目参加“多彩非遗乡村行”秋季云和活动（非遗夜市）。11月，组织非遗传承人参加丽水市非物质文化遗产保护培训班。选送黄米果制作、黑陶制作等5个项目参加第15届中国义乌文化和旅游产品交易博览会，11月15—16日，黑陶制作、字带编织、糖画、竹编画、菊米制作等项目参加2020遂昌文旅杭州宣传推广活动。

【非遗馆建设】非物质文化遗产展示馆是遂昌县公共文化的重要组成部分，是展示宣传遂昌县非物质文化遗产的主要窗口。遂昌县新建非遗馆，项目概算500万元，选址在汤显祖戏曲小镇内，总面积约1200平方米。8月完成招标并开工建设，至年底项目已进入最后装修阶段，预计2021年6月完成装修并投入使用。

【非遗项目实地评估】为促进非物质文化遗产保护传承工作的科学化和规范化，推进非物质文化遗产保护体系建设，提升非物质文化遗产保护传承能力和水平，11月12日，浙江师范大学教授、省非遗保护专家王巨山到遂昌县开展豆腐制作技艺、黑陶制作技艺、竹炭烧制技艺、白曲酒酿造技艺等非遗项目实地评估，主要考察非遗项目的传习场所、传承实践、传承人培养、发展态势、传播能力、经费投入等内容。

【“二十四节气”保护传承】受疫情影响，遂昌县暂停举办2020年“班春劝农”典礼。4月19日，遂昌县创新开展“线上班春”活动，以动画的形式复原祭春、鞭春、开春仪式，通过游戏互动发放景区门票、民宿礼券、农特产品等大礼包。

10月28—30日，“二十四节气”保护工作研讨会在安徽省召开，遂昌县参加研讨会，汇报了“班春劝农”保护传承工作。12月19日，遂昌县参加了在北京举行的“二十四节气”保护传承联盟成立大会，当选为“二十四节气保护传承联盟”第一届理事会常务理事单位。（徐　丹）

图书馆

【概况】2020年，遂昌县图书馆新增图书藏量2.5万余册。订购报纸103种、期刊589种，其中少儿报刊86种。征集纸质地方文献198种552册，数字资源30余种。新办借阅证755本，有效借书证9401张。到馆读者11万余人次，流通19万余人次，出借图书 8万余册，电子书下载6万余册次，线上阅览12.6万人次，解答各类咨询500余条。开展未成年人读书节、相圃系列品牌等读者服务活动，举办活动288场次，参加人员2万余人次。

完善“信用借阅”“你选书、我买单”等服务内容，推出支付宝信用免押金办证。配合县社科联出版《遂昌文献集成》第二辑，为出版社提供古籍底本3种。助力《处州文献集成》编纂工作，完成遂昌历代文献底本挑选工作。有序进行《遂昌名人文献》整理工作，完成《家谱书目提要》编制。在微信公众号上发推文 58篇，介绍遂昌地方文献、宣传遂昌特色文化。

【数字图书馆服务】推广全民数字阅读，提高数字资源使用率，开展数字资源服务推广6期、电子书推荐34期。读者通过移动图书馆数字服务平台，体验数字图书馆云共享服务，全年数字资源访问量154万余次，下载电子图书 6万余册次，成为纸质书借阅服务的有效补充。微信平台服务共推46期，发文242篇，阅读3.44万次，网站访问量7000余次。完成遂昌县图书馆官网改版上线。完成历史文化村落数据库建设工作，该数据库含村镇资源库、图书专著库、影像视频库三部分，系统收集梳理了县独山村、长濂村等7个历史文化村落的研究资源。

【馆内活动】开展专题讲座12场，内容涵盖人文素养、养生保健、家庭教育方面。围绕时政、社会热点、本土文化、重要节日等举办主题展览9期，包括《丽水好家风展览》《遂昌县道德模范、身边好人、最美人物事迹》图片展、《绿色乡村的浙江样板》图文展等。开展“相圃品牌”系列活动，围绕全民读书节、世界读书日、传统节日、二十四节气等活动日，策划接地气、聚人气、喜闻乐见的阅读活动，包括相圃学堂22期、相圃悦读9期、相圃讲座12场、相圃故事绘22期、相圃朗读会2场、相圃读书会3场、相圃展览9期。

【全民阅读】结合世界读书日主题，开展“书香浙里·云享阅读”十大活动，分别为“诗画浙江——行走阅读”短视频大赛、“听书马拉松”大赛、“为地球朗读”地标打卡活动、中华诗词大赛、“天籁浙江·印象诗路”朗诵大赛、“阅读TA力量”青少年演讲大赛、“码上”阅读、“数字展览矩阵”活动、“图书馆之夜”“魅力声音·抗击疫情”青少年音频征集大赛。十大活动倡导全民阅读，用阅读唤醒城市，让书香弥漫遂昌。

利用信息技术和新媒体平台，把阅读习惯由线下向线上延伸，通过“云阅读”系列活动，以线上展览、线上讲座、相圃悦读、知识竞赛、听书、优秀作品朗诵等形式，使读者足不出户享受更多形式新颖、互动性强、参与方便的阅读活动。全年开展线上阅读活动140场，参与或点击量11569人次。

【城乡分馆建设】新建“相圃书房”和凯兴开元大酒店城市书房。新建东峰村畲族主题图书分馆、武警遂昌中队图书分馆。提升湖山乡红星坪村、云峰街道龙口村农家书屋。通过送书上门和定期更换方式，实现城乡图书信息资源的流通和共享，全年配送流通图书10919册，捐赠期刊5232册。

11月19日，“相圃书房”对外开放，举行亮灯仪式。“相圃书房”坐落于凯恩路304—310号，总面积约300平方米，有藏书1万余册，涵盖儿童绘本、文学小说、历史传记、科普知识等，特设综合阅读区、少儿阅读区、亲子阅读区、咖啡休闲区等区域，共60个座席，是一个集休闲、阅读、交友等为一体的公共文化空间和共享空间。

11月，县图书馆红星坪村分馆对外开放。红星坪村分馆面积100多平方米，设有3个阅览区域共30个阅览座席，有馆藏图书3000册，内容涵盖儿童绘本、文学小说、历史传记、科普知识、文艺旅游等，方便当地村民在家门口享受公共文化成果。

【送书下乡】利用图书分馆、农家书屋、文化礼堂等阵地，开展“宣讲进礼堂”活动。全年开展送活动下乡52 场，参与人数2500余人次，其中进文化礼堂、进社区开展讲座20场，送展览进文化礼堂4场，相圃学堂进分馆18场，“小小图书管理员”体验活动6场，送书下乡14964册，开展迎春送福活动4场。（徐 丹）

汤显祖纪念馆

【概况】2020年，汤显祖纪念馆接待来馆参观人数17.66万人次，提供讲解400余场。年初，因新冠肺炎疫情闭馆，推出“闭馆不闭展，我们邀您一起线上参观”线上展厅。2月中旬恢复开放信息推送、文旅绿码预约上线，2月19日正式恢复开放，是丽水市第一个恢复开放的文博场馆。

重要接待有：7月21日，省委宣传部部长朱国贤参观汤显祖纪念馆；10月21日，省委书记袁家军参观汤显祖纪念馆，市委书记胡海峰等陪同；10月29日，省人大常委会副主任赵光君参观汤显祖纪念馆。11月13日，省委宣传部副部长赵磊参观汤显祖纪念馆。

5月，汤显祖纪念馆讲解员张兰兰获“2020第一季全国最美讲解员”优秀奖、“2020诗画浙江——行走阅读短视频大赛”优秀奖。8月，志愿者钟欣参加“讲好丽水故事——全市博物馆优秀讲解案例大赛”，获“全市博物馆十佳讲解员”称号。

【举办展览】全年举办了4场展览，分别是汤显祖纪念馆文明实践图片展（1－12月），展出图片13幅；遂昌县道德模范、身边好人、最美人物事迹图片展（6月1日—7月31日），展出图片15幅；盛世元音·中国昆曲艺术文化展（8月15日—10月8日），该展览由江苏省文物局主办，遂昌汤显祖纪念馆、中国昆曲博物馆承办，展览主要呈现“百戏之师”昆曲的历史与文化；宜园——盛敏书法作品展（9月26日—10月26日）。

【昆曲传承】2020年，昆曲社团开展交流活动24次，参与510人次，参加演出15场，观看昆曲《牡丹亭》表演的观众1000多人次，如丽水2020年全国乡村春晚集中展示活动、丽水市社科普及周活动等。1月19日，组织曲友在龙洋乡茶园村开展昆曲交流活动；8月15日，联合寻梦团队推出沉浸式昆曲《牡丹亭》演出；9月20日，在戏曲小镇举办昆曲雅集活动；10月2日，举办“花好月正圆”中秋曲会活动；10月25日，联合遂昌中学汤显祖研究会学生开展《牡丹亭》学习体验活动；10月30日，到浙江农林大学开展演出活动；11月10日，组织曲友到丽水大剧院观看苏昆青春版《牡丹亭》。

7月5日，浙江昆剧团薛小英、张金魁老师到遂指导《牡丹亭》唱腔、身段；10月2日，浙江昆剧团张金魁、杨崑老师，永嘉昆剧团黄光利老师到遂昌指导交流；11月8日，昆曲研究学者刘志宏老师到遂昌指导《牡丹亭》唱腔。（徐 丹）

文物保护

【概况】遂昌县有好川遗址和独山石牌坊2处国家重点文物保护单位，王村口革命纪念建筑群、鞍山书院等9处省级文物保护单位，另有73处县级文物保护单位、134处县级文物保护点。在2019年度全省文博事业发展水平评估指标数据排名中，位于县（市、区）第21位，全市第二。

编制全国重点文物保护单位独山石牌坊周边环境整治方案。编制长濂鞍山书院、湖山奕山朱氏宗祠维修方案，黄沙腰李氏大屋火毁部分复建方案设计。做好王村口宏济桥抢险加固工程预算编制和审核。开展长濂村古建筑群重大火灾隐患挂牌督办整改工作，完成验收。完成遂昌—诸暨山海协作产业园文物区域评估工作。开展中国工农红军挺进师供给部旧址和焦滩独山南谯楼维修工程。配合三仁乡好川村基础设施建设中古墓葬发掘。开展尚未核定公布为文物保护单位的不可移动文物复核工作。开展全县古井水源普查工作，调查新增14处古井。召开2020年全县文物工作会议，强调文物消防安全工作。开展“6·13”自然和文化遗产日活动，做好文物安全知识宣传工作。

【申报省级考古遗址公园】开展好川遗址申报省级考古遗址公园评定评估工作，通过听取主管部门汇报和考古情况介绍，深入现场查看，查阅资料，召开座谈会，接受专家询问等，完成评定评估工作，6月，好川遗址被公布为第二批省级考古遗址公园。8月，《全国重点文物保护单位好川遗址保护规划》获省政府批复同意，保护和管理工作得到重视。

【文物安全】完成中国工农红军挺进师供给部旧址和独山村南谯楼维修工程。对大田村雷氏宗祠、白水村王氏宗祠、奕山村朱氏谷仓、五星村石拱桥和对正村古街道等维修工程进行补助。对全县文保单位开展消防安全大检查，更换、添置灭火器，对发现存有安全隐患的进行及时整改。前往长濂村古建筑群、好川遗址、奕山朱氏宗祠、赤山古塔、独山石牌坊进行文物安全检查，实地检查218次，检查文物单位201家，整改安全隐患158处。未发生文物安全案件。开展长濂村古建筑群重大火灾隐患挂牌督办整改工作，通过市县级验收。（徐　丹）

旅　游

【概况】2020年，遂昌县旅游产业努力克服疫情寒冬，全面推进重大文旅项目建设，保障乡村精品酒店、精品民宿业态建成，完成民宿、酒店、研学基地、景区村品质品牌创建，“全域旅游建设”“乡村活化”等典型案例获得省、国家认可，被评为浙江省首批文化和旅游产业融合试验区和山地休闲度假发展试点单位，上榜2020年全国旅游综合实力百强县，全域旅游发展案例入选《浙江全域旅游发展模式——走进现代版富春山居图》书籍。

创新营销形式，利用线上、直播等流量聚集的推广方式，开展自驾越野、美食十大碗、衢宁铁路等主题营销活动，高效推广优质旅游线路，为旅游市场复苏助阵。开展星级旅游饭店和品质旅行社复核工作，南尖岩山庄通过三星级饭店复核，4家期满旅行社全部通过三星级旅行社复核。

全年实现旅游综合收入127.31亿元，居全市第二位。其中乡村旅休闲游接待游客612.2万人次，综合收入6.89亿元，比2019年增长6.26%。

【上榜2020中国县域旅游发展潜力百强县市】11月，《中国县域旅游竞争力报告2020》发布，遂昌县获评2020中国县域旅游发展潜力百强县市。近年来，遂昌县创新实践“绿水青山就是金山银山”理念，推进生态文化资源向旅游产品转化，培育乡村旅居、研学团建、红绿产业、户外运动等业态，促进旅游与文化、农业、体育等产业融合发展，先后创成国家级生态示范区、全国休闲农业与乡村旅游示范县、浙江省全域旅游示范县等，建成高等级景区10个、全国乡村旅游重点村1个、全省休闲旅游示范村1个、AAAAA级景区镇1个、AAA级景区村8个、星级以上酒店7家、等级民宿9家，旅游综合收入增长率连续5年在16%以上。

【获评长三角地区精品体育旅游项目】6月，长三角地区体育产业协作会发布2020年度长三角地区精品体育旅游项目，评出13条精品体育旅游线路，遂昌县“浙西川藏线”汽车越野线路上榜，系丽水市唯一。“浙西川藏线”作为遂昌县乡村休闲自驾越野品牌，包含华东天路、江南丙察察、遂昌金矿黄金古道穿越、大西坞穿越等越野线路，串联起9个乡镇（街道），是以“旅游+体育+乡村”模式助力乡村振兴的有效实践。1—5月，“浙西川藏线”累计引入436支车队，参与车辆16760辆，带动周边农家乐、民宿、餐饮、农产品销量持续升温，农户实现增收3383万元。

【乡村旅游】高标准启动温泉民宿地方标准编制工作，完成征求意见稿。新增乡村精品酒店2家，精品民宿3家，评选出1家金宿级民宿、2家银宿级民宿。提升、新建红星坪温泉精品酒店、湖光山色觅境酒店、“石头记”乡村酒店、黄泥岭民宿。成功创建湖山乡AAAA级景区镇、焦滩乡AAA级景区镇，应村村、大田村AAA级景区村。

神龙谷景区上榜浙江省首批“乡村氧吧”，千佛山景区上榜2020年山岳型景区百强榜单。龙洋乡茶园村乡村活化项目入选“世界旅游联盟旅游减贫案例100”。久宿文化酒店入选浙江省品质饭店银桂级品质饭店，红星坪温泉酒店被评为金鼎级特色文化主题饭店，获授2020年中国民宿榜黑松露奖。木槿花康养基地入选2020浙江省中医药文化养生旅游示范基地。车前长粽获浙江省首届乡村民宿伴手礼大赛销量奖。“蚂蚁探路”创始人周功斌入选浙江省乡村旅游带头人培育对象。

【研学旅行工作】推进研学营地基地建设，新增市级研学营地1家、研学基地5家，县级研学营地4家、研学基地8家。开展研学课程编制，规范课程格式要求，完成3个研学“大巴课程”编制，开发汤显祖文化研学旅行线路，完成课程制定。制作研学旅行宣传片和手册。与诸暨市达成研学旅行资源互换共识。在丽水市首届研学旅行产品策划设计大赛中，《走进千年金矿——我是地质科学家》获二等奖，《传承红色基因，勇当新时代挺进师》《探秘九龙山原始森林，领略科学考察魅力》获三等奖。

【市场提振】出台面向全国游客的“0578”旅游促销季活动，抢占旅游复热先机。与省内无疫情县市共同发起“零零联盟”，联合制定文旅政策并开展活动。启动旅游服务质量保证金暂退工作，为8家旅行社暂退80万元作为周转资金。出台《关于应对疫情支持旅游业发展的八条措施》《遂昌县“激情一夏·净游遂昌”旅行社招徕游客补贴》，完成101.42万元奖励金兑换。开展2019年度县接送团奖励、主营业务奖励、特色文化主题酒店奖励审核工作，完成99.45万元奖励资金兑换。安排专人进驻县消费专班，建立与文旅企业的良性沟通渠道，实时掌握数据预测预警，力争各项指标排位向前。积极培育市场主体，完善住宿业培育库名单，指导有潜力企业短时间内提升业绩，推进企业上规纳统。

【“云上”营销】在携程网上开展“山河无恙、自驾重逢”主题宣传。通过“浙里好玩”平台发放遂昌旅游消费优惠券。参与丽水市健康养生游（江苏市场）云推介暨订购会，参加九城联动丽水人游丽水线上启动仪式推介会。开展驴妈妈“春暖花开山河无恙”全国100位县长文旅助农直播大会，开展2020端午遂昌行“遂昌长粽推广订货会”“大咖带你云游遂昌”等101场直播活动，为遂昌的文旅商品、农特产品等带货，累计带动直播流量3000余万人次，销售额650余万元。邀请抖音达人拍摄遂昌原创短视频，获得千万人次曝光量。

【开拓新市场】推出“万物开源·年味遂昌”杭州宣传推广活动；开展“云游遂昌”自驾越野活动和无人机航拍山路挑战赛。推出疗休养专题产品，策划黄金之旅、温泉之旅、诗意之旅、秘境之旅、养心之旅、康养之旅六大主题线路。举办遂昌南湖职工疗休养（旅游）推介会。与上海市虹口区文旅局建立战略合作关系。开通“万物开源·遂昌”号衢宁铁路专列，参加上海旅游“江南吃货节”和“乘着高铁游丽水”浙江丽水、福建文旅推介。举办“绿色南平福地政和”文化旅游（遂昌）推介活动、长三角融媒体“走进万物开源·遂昌”采风活动。参与“丽色撩人一见倾心”遂昌、缙云、云和、景宁文化旅游推介会活动，投放衢宁铁路车体广告，推出福建到遂昌大型铁路旅游专列。

【营销特色】启动“百县千碗·遂昌风炉”美食季活动，推出特色套餐，利用抖音、微信公众号等平台联合宣传。举办仙侠湖弄潮节，发布遂昌风炉宴宣传片，发布遂昌旅游宣传原创歌曲。加强“遂昌旅游”微信公众号、抖音号的粉丝影响力，挖掘遂昌旅游宣传主题，为遂昌县旅游政策、旅游促销活动、小长假市场复苏、研学旅行、疗休养、遂昌十大碗、衢宁铁路等宣传造势。《忽然，就想去遂昌了》阅读量4万多人次，冲上全省第一排名。持续经营“遂昌旅游”抖音号，委托专业抖音团队每周推送2条以上高质量短视频。

【“旅游惠民季”面向全国】3月2日起，遂昌县文广旅体局推出面向全国的“0578”旅游惠民季，全县36家景区、酒店、民宿、餐厅参与优惠活动。此次“旅游惠民季”包括全县4家AAAA级景区限定条件享受0元门票、部分民宿（工作日）市场价5折、酒店住宿市场价7折、餐厅市场价8折等系列优惠活动。活动截至6月30日。

【遂昌文旅（杭州）亲子研学资源推介会】7月7日，遂昌文旅（杭州）亲子研学资源推介会暨宣传推广季启动仪式在杭州举行。遂昌县文广旅体局与浙江省旅行社协会研（游）学分会签订战略合作协议，授予省内十家教育机构“2020遂昌研学旅游合作单位”牌匾。现场进行了研讨座谈，分享介绍遂昌研学旅游资源。10位遂昌文旅“小代言人”首次亮相，接受聘书，向全省游客讲述遂昌的好山、好水、好故事。（徐 丹）

体 育

【概况】2020年，全县有单项运动协会21个，体育协会分会、俱乐部等社团100余个，国家级青少年体育俱乐部1个，省级青少年体育俱乐部5个，省级农民体育俱乐部21个，省级老年体育活动中心8个，省级青少年户外体育活动营地1个，健身气功站点5个，晨晚练点100余个。有8个体育单项协会达到AAA体育社团等级。全县有体彩销售点19个，其中县城16个、乡镇3个。

承办浙江省首届生态运动会（遂昌站）、王村口百里红军古道定向越野赛、2020年浙江自行车联赛大柘茶园越野赛活动，共有来自全国各地的900余名运动员参赛。承办了2020年丽水市青少年乒乓球锦标赛暨丽水市中小学生乒乓球校园联赛。举办了全县中小学生田径、篮球、乒乓球等比赛，各乡镇举办趣味运动会，全县共举办30次以上群众性体育竞赛活动。8月，组织开展全民健身月（日）活动。县文广旅体局获2020年度浙江省重大赛事优秀组织奖。

组织全县篮球裁判员、教练员培训，开展社会体育指导员、青少年暑假集训。安排一名体育干部对口支援四川省通江县。签订南湖—遂昌“山海协作”体育交流合作协议，建立教练资源合作、体育竞赛交流合作等。

“千佛山景区中国健身气功协会丽水养生基地项目”入选2020年度浙江省体育产业发展资金项目库。王村口百里红军古道越野赛入选浙江省重点培育品牌体育赛事名录库。

【竞技体育】2020年，遂昌县少体校运动员获得国家级比赛冠军4个、亚军2个、季军3个、第四名2个。参加省级青少年（儿童）田径、乒乓球、皮划艇比赛，获得4金、6银、3铜。参加市级青少年（儿童）各项比赛，获得19金、22银、19铜。

遂昌县输送的运动员雷滢参加2020年全国空手道锦标系列赛（第三站）获得第一名，参加2020年全国空手道冠军总决赛获得团体第三名和个人第三名，申报国家健将级运动员称号。遂昌县输送的运动员雷莹参加2020年中国山地自行车联赛山东环翠站青年女子越野赛获得第一名，参加2020年中国山地自行车联赛浙江常山站青年女子越野赛，获得团体接力和个人淘汰赛两项第一名。

【群众体育】2020年，遂昌县完成3个社区多功能运动场（南街村、北界村、好川村），1个笼式足球场（云峰街道），2个拆装式游泳池（柘溪下村、社后村），3个百姓健身房（黄沙腰村、柘溪下村、县体育中心）建设任务。完成妙高街道西街村等11个小康体育村升级工程。完成县体育馆（智能、硬件）提升改建工程。完成2020年浙江省公共体育场馆服务大提升工作的各项考核任务。

推出全民健身公益培训菜单式服务，举办科学健身与健康教育讲座完成省、市“健康浙江”考核工作，开展国民体质监测样本采集统计工作和《国家体育锻炼标准》达标测试工作。

培训三级社会体育指导员45名，全县拥有各级社会体育指导员500余名，上岗率30%，成为指导基层开展全民健身活动的骨干力量。城区、乡镇（街道）、农村全民健身活动点天天有健身、月月有活动。（王 玥）

附：老年人体育协会

【概况】2020年，遂昌县老年人体育协会新增6个分会，全部分会有111个。1—4月，因新冠肺炎疫情暂停一切老年体育训练交流活动。4月下旬，露天场地开放，5月，室内活动场地逐步开放，老年体育活动逐渐恢复。

【参加上级交流展示活动】发挥专业协会主力军作用，依靠项目优势和会员骨干带动，将更多老年人吸引到体育健身队伍中来。全年组织参加上级交流展示活动15次，其中省级以上8次、市级7次。其中，气排球协会组织参加5次，门球协会组织参加3次，乒乓球协会组织参加2次，地掷球协会组织参加3次，健身舞操协会组织参加1次，县老年体协组织参加丽水市老年人飞镖交流活动1次。

【开展县内比赛活动】乒乓球协会举办比赛活动3次，分别于6月13—14日、11月21—22日、12月5—6日，举办了男、女乒乓球单打、团体、双打比赛。地掷球协会举办比赛活动3次：5月18—22日举办了“红五月”地掷球赛；11月17—19日举办了“金冬”地掷球交流赛；12月5—6日举办了兜球选拔活动。气排球协会举办比赛活动2次：分别于5月30—31日、6月20—21日，举办了青年组、老年组气排球交流赛。门球协会举办比赛活动2次：6月15—20日举办上半年门球交流活动；10月14—16日承办“浙江恒大导轨杯”门球交流活动。旗袍协会于11月1日下午在平昌广场进行文艺联谊展演活动。健身舞操协会于12月12日在妙高街道含晖村举办了健身舞操交流展示联谊活动。戏曲协会于11月8日下午在平昌广场举行成立一周年戏曲展演活动。12月27日，由县老年体协主办的遂昌老年人文艺联欢活动在凯兴开元大酒店举行。

【重阳节系列活动】10月22日，在县体育馆举办2020年庆重阳遂昌县老年人趣味运动会，150多名运动员参加，有兜球、飞镖、投圈、沙包投准、仿保龄球5个项目。10月25日，在平昌广场举办军鼓腰鼓哑铃操展示活动，300多名会员参加展示。重阳节前后，各分会举办丰富多彩的庆祝活动：县中医院、县人民医院、县融媒体中心分别举办离退休人员趣味运动会；县法院、县农商银行老年体协组织离退休干部和员工参观游览独山古寨和关雎大院；元立、农业农村局、林业局、电信、粮储、富丽、大通厂、萤石矿、林化厂等分会分别举办了庆重阳活动。

【老年旅游协会活动】2020年，县老年旅游协会组织旅游活动7批次，参加活动人数近1000人次。4月29日，组织老年体协工作人员、各专业协会会长30余人到东西岩、古堰画乡一日游，这是疫情缓解后开展的第一次旅游活动。6月21日，组织会员120余人到青田一日游。9月26日，组织党群分会离退休老同志160余人参观遂昌火车站。10月12日，组织了550余名游客家门口坐火车，到醉美霞浦、魅力宁德两日游。11月30日，组织老年书法协会50余人到丽水参观全省老年书法展。

【参加培训和辅导】8月5—6日，参加丽水市2020年县（市、区）老年体协工作培训会；8月23—25日，参加丽水市老年人地掷球裁判员、教练员培训班；8月27—30日，参加浙江省一级社会体育指导员等级暨技能提高培训（健身秧歌项目）。积极举办县级各类培训。7月10—12日，乒乓球协会举办队长培训会；8月15—16日，气排球协会举办队长培训会；军鼓腰鼓协会召开队长理事会议；8月17日，进行地掷球裁判知识培训学习；9月15日，进行哑铃操培训；9月16—17日，举办18个改制（破产）企业老年体协分会会长兜球培训；10月27—28

日，戏曲协会进行了为期2天的越剧、婺剧讲座培训；12月13日，双鼓协会选派了9位老师到新路湾镇蕉川村进行军鼓、腰鼓培训活动。

【开展联谊活动】2020年，县老年体协及各专业协会与周边县市开展联谊活动6次。6月7日，丽水市莲都区老年门球协会组队到遂昌切磋球艺、交流经验。7月15日，杭州市老年体协门球队到遂昌县切磋球艺，进行友谊比赛。8月11日，永康市老年体协一行6人到遂昌县交流经验。10月23日，遂昌门球协会一行6人到松阳，与松阳门球一队、二队进行交流比赛。11月14日，妙高小学门球队与金岸小学门球队到松阳县进行门球交流活动。

【老年体协第十次代表大会】7月5日，遂昌县老年人体育协会第十次代表大会召开。会议总结了遂昌县老年体协第九届委员会的工作，选举产生县老年体协第十届领导班子，就加快遂昌县老年体育事业发展作出了新一轮安排和部署。大会表彰了老年体协2019年度先进集体和先进个人。（老年体协）

综合监管

计划管理

【概况】2020年是高水平全面建成小康社会和“十三五”收官之年，是“十四五”谋划之年。遂昌县发展和改革局开展“十四五”规划编制，持续推进重大项目建设，开展经济运行分析，全力推进衢丽铁路和大花园示范县建设，开展“康养600”小镇建设。有序推进能源工作和价格监管工作，抓粮食调控及粮食应急体系建设，做好粮食、冻猪肉等物资储备，建立健全粮食、物资市场监测体系，加大投放力度，稳定粮食市场。

全县实现地区生产总值130.81亿元，比2019年增长3.4%，增幅居全市第四。实现农林牧渔业（含农林牧渔业服务业）增加值12.3亿元，增长2.6%；实现规上工业增加值34.41亿元，增长4.2%；实现建筑业增加值8.97亿元，下降5%；实现服务业增加值71.78亿元，增长6.1%；实现固定资产投资43.67亿元，增长8.1%。

固定资产投资中，建筑安装投资32.47亿元，比2019年增长8.6%；民间项目投资10.12亿元，比2019年下降29.7%；交通项目投资5.37亿元，增长34%；生态环境和公共设施投资11.83亿元，增长6.2%；高新技术产业投资4.57亿元，降低11.3%。

实现社会消费品零售总额65.85亿元，增长4.9%；实现出口总额15.93亿元，增长43.3%；实现一般公共预算收入11.43亿元，增长4.3%；农村居民人均可支配收入22264元，增长7.3%；城镇居民人均可支配收入50425元，增长4.5%。

【规划编制】年初，县发展和改革局下发《关于报送2020年度规划编制计划的通知》，收到各部门报送的规划编制计划83个。经多轮对接修改，安排2020年度第一批重点规划编制计划及资金预算项目51个。开展“十四五”规划编制工作，完成《遂昌县“十四五”规划基本思路研究》。前期通过开展集中调研，结合省级规划思路，以“四个重大”（重大改革、重大政策、重大平台、重大项目）为重点开展规划纲要的初步梳理。已完成“十四五”规划第三稿。

【要素保障】积极谋划项目，向中央、省级争取资金、土地等要素保障。妙高社区卫生服务中心项目争取到中央预算内资金448万元；仙侠湖渡口项目争取到省公建资金600万元；农村饮用水达标提标工程、殡仪馆公墓迁建工程、浙西南高山茶叶市场项目、幼儿园建设项目、古院“双创”中心项目等争取到政府专项债券5.2亿元。“天工之城·数字绿谷”、高端精密金属件研发生产项目、丽水新能源电动自行车整装制造与动力总成项目列入全省重大产业项目库。其中“天工之城·数字绿谷”项目为实施类项目，丽水新能源电动自行车车辆整装制造与动力总成项目、高端精密金属件研发生产项目为预选类项目。

【项目管理】举办全县项目管理培训班，从前期谋划、审批管理、项目推进等方面对责任单位进行专业培训。上线“天工系统”重点项目模块，颗粒化管理项目。设立投资专班，下设综合协调、用地保障、前期审批等8个专题小组，建立周监测、月点评、季对标机制，项目推进全过程监管，实行“月通报、季点评”工作机制。

开展“一把手”重大项目谋划大比武活动，推出天工系统智能化管理平台，通过工作节点“五色灯”和工作计划“三色牌”，实现事项跨领域协同推进、全程晾晒、智能提醒、精准督查。衢宁铁路遂昌段、连直线一二期、城市文化综合体、云峰中心学校、诸暨“飞地”产业园等项目投入使用；实验小学迁建工程、环城南路、连直线三期、清水源水库、湖山环湖绿道、人民医院迁建工程等项目顺利推进。

【能源工作】2020年，全县社会用电量10.74亿千瓦时，比2019年增加0.82亿千瓦时，增长8.27%。其中，规模以上企业用电量6.62亿千瓦时，原煤消耗量3.63万吨，天然气消耗量8257万立方米，生物燃料消耗量5008吨标准煤，燃油消耗量3327吨。规模以上企业综合能源消费量32.31万吨标准煤，单位工业增加值能耗0.94吨标准煤当量/万元。全面完成高污染燃料“五炉”淘汰改造工作。

年底，天然气“县县通”丽水至遂昌段投入试运行，遂昌县正式迈入管输天然气时代。全县通天然气工业用户36家，公建用户4户，通气居民户数1096户。8月，首批建设的云峰站、东峰站、应村站3个综合供能服务站投入使用，完成中石化城东加油站、城中加油站、株树窟加油站、新路湾加油站以及遂昌高速东、西停车休息区6个站点改建工作。全县累计并网屋顶光伏用户680户，装机容量2.90万千伏。全县共建成各类充电桩93个，其中对外开放快充电桩12个，县公交公司内部使用快充电桩12个。

【价格工作】落实省、市重要消费品及服务价格监测报告制度，开展疫情期间市场价格监测预警，维护物价基本稳定。落实疫情期间降低企业用电、用水价格文件精神，为企业减轻负担。全年阶段性电价政策优惠1621.95万元，企业用水到户价格下降10%，优惠户数2782户，共减费74.47万元。完成城市供水成本监审和污水处理成本监审。完成机动车检测收费成本调查和养老成本调查。进行公办幼儿园保教费、民办学校收费基准价调整工作。公布幼儿园放学后园内托管服务收费标准。制定管道天然气价格。全年价格认证中心共完成价格认定业务84件，认定标的额275.77万元。其中，刑事案件75件，认定标的额208.96万元；行政案件9件，认定标的额66.81万元。

【粮食工作】做好稻谷出入库，确保粮食实物库存占比70%以上，推行粮食行业“双随机、一公开”监管办法，建立粮食企业信用监管制度体系。增强粮食储备能力，投入900万元建设智能储粮系统，提升仓储管理水平。投入700万元建设粮食应急加工体系，增强抗击粮食风险能力。做好粮食、冻猪肉等物资储备，建立健全粮食物资市场监测体系，加大投放力度，稳定粮食市场。

【生态产品价值实现国家试点建设】遂昌县2019年被列为全省首批大花园典型示范建设单位，推进大花园建设成效明显，获省政府督查激励表彰。2019—2020年，遂昌县连续获评“全国绿色发展百强县市”，连续两年省级年度评估获良好等次。两年来共获得全省诗路文化带建设资金2602万元。

开展生态产品价值实现路径创新，编制《遂昌县红色资源保护传承利用规划》，完成全县森林资源、土地资源、旅游资源、水资源等普查。一是核算生态资产。开展县、乡、村三级GEP（生态系统生产总值）核算，大田村被确定为全国首个GEP核算村，该村2018年GEP核算1.6亿元。遂昌县《生态产品价值实现机制（GEP）的村级实践》获2019年“中国十佳社会治理创新奖”。二是转化生态价值。成立两山集团和两山转化发展中心，发布《遂昌县“两山银行”试点实施方案》，获国家开发银行22亿元生态产品价值实现暨城乡融合建设项目授信。完成政府购买生态产品0.67亿元，省机关事务局向高坪乡箍桶丘村购买60.36吨碳汇减排量。三是反哺生态修复。设立生态价值转化产业基金，探索生态产品价值转化的实现路径。2020年，遂昌工业园区获评国家绿色产业示范基地，“遂昌县仙侠湖流域生态环境导向的开发”项目列入EOD（生态环境导向的开发模式）试点项目名单。

【康养小镇建设】完成2019年度省级特色小镇考核。配合省级特色小镇建设开展“百镇千亿”项目集中推进月活动。高坪乡“花林天府”小镇、大柘镇“古村温情”小镇列入首批市级“康养600”小镇名单。“花林天府”小镇完成概念性规划方案、招商工作方案编制。推进“979莓子梦工场”项目、高坪乡（石门塘）避暑山庄项目、云崖康养旅游度假村落等重点项目建设。

【老小区天然气入户】5月22日，遂昌县首个天然气改造老旧小区——西州商贸城小区实现通气。当日，工作人员在小区内宣传天然气的优点，交给用户常规故障应急措施，为通气户示范使用方法。

天然气小区入户是2020年遂昌县十大民生实事之一，工程计划总投资1050万元。从年初开始，县天然气公司对全县老旧小区天然气改造进行通盘考虑，确定改造任务。至11月，滨江小区（原成屏一级电站小区）80多户配套天然气管道完成安装。西州商贸城小区的56户业主，有40户选择开通了天然气。全年新建天然气管道10千米，新增小区天然气配套用户202户，新增小区通气用户550户。天然气小区入户工程目标提前完成。

【县规划委员会会议】12月28日，县委副书记、县长胡刚主持召开遂昌县规划委员会会议。审议并通过了遂昌县老城区核心区块城市设计、遂昌县湖山天工之城（仙侠湖）核心区控制性详细规划、遂昌县东城新区核心区块城市设计、遂昌县城乡养老服务设施布局专项规划（2020—2035）等议题。还审议了关于源口邻里中心地块用地性质调整、遂昌县博物馆规划选址、大柘中学地块及大柘茶青市场东侧地块用地性质调整等议题，通报“澳坤蘭庭”项目规划建筑设计方案、遂昌金麟府项目规划建筑设计方案等议题。

【项目管理实务暨大花园建设培训】9月21日，遂昌县举办2020年项目管理实务暨大花园建设专题培训班，为期2天。邀请县发改局、财政局、行政服务中心、自然资源和规划局、科技局、统计局、项目督促指导中心、大数据和金融发展中心、华数公司等部门负责人，分别对政府投资项目管理、资金管理、招投标实务、用地审批、天工智能化管理平台操作等内容进行了详细讲解，县属各单位、乡镇（街道）、国有企业的负责人及业务人员共150余人参加培训。（*杨林君*）

经济体制改革

【概况】2020年，遂昌县狠抓改革落地见效。突出“实”字，扣紧扣牢责任链条，保障改革责任承担到位；做好“深”字，拓宽“两山”转化通道，健全完善体制机制，各项经济体制改革工作取得显著成效。全年实现地区生产总值130.81亿元；第一产业增加值12.18亿元，比2019年增长2.5%；第二产业增加值46.84亿元，比2019年增长0.4%；第三产业增加值71.78亿元，比2019年增长6.1%；三次产业占比为9.3∶35.8∶54.9。

【打造“天工之城·数字绿谷”】举办“万物开源”“湖山论剑”等高端学术论坛，举办阿里云创峰会遂昌专场和2020遂昌数字生态产业峰会，向科技企业推介遂昌数字经济产业，进行“科创遂昌、文创遂昌、农创遂昌”三大篇章主旨演讲，举办圆桌对话，与阿里云、网易、海康威视等行业头部型企业签署合作协议，启动万物开源·遂昌2020全国数字生态创新大赛，完成阿里云达摩院分时研发保障基地项目前期，开工建设阿里云创新中心、中国航天科工集团增材制造技术创新中心浙南基地、数字茶叶创业园等数字经济类项目9个。

【“最多跑一次”改革】2020年，部门间“最多跑一次”事项达42个部门356项，适宜网办非涉密事项上线率100%。20个乡镇（街道）和110个部门政务服务网电子签章申请备案维护工作全面完成。出生“一件事”、企业开办、失业救助、纳税、惠企政策直通车、用电报装、“3+N”报销（城乡居民医疗保险、大病保险、医疗救助）7个“一件事”网办率90%以上。完善村级便民服务全程代办、预约代办机制，构建基本完备、服务高效、群众满意的农村政务服务、公共服务、便民服务体系。在全市率先启动惠企政策和业务流程梳理，上线惠企政策事项219项，兑现金额4068万元。全面梳理办理事项清单，累计引导25万余名群众实现“网上办”“掌上办”。

【深化简政放权】对照职能清单，出台《进一步深化“证照分离”改革全覆盖试点工作实施方案》《关于落实“证照分离”改革工作的通知》，发布遂昌县改革事项。各单位制定许可《办事指南》《工作流程指引》。全县各部门共办理许可改告知承诺件253件，优化审批流程件1987件。11月，下发《关于进一步推进减证便民做好清理地方设定证明事项相关工作的通知》，督促各单位开展自查清理。制定《遂昌县推进“无证明城市”改革工作方案》，成立“无证明城市”改革工作领导小组，全面推进无证明改革工作。

【优化营商环境】加快《遂昌县推进生态工业高质量绿色发展三十条》惠企政策的兑现，做好政策上线和线上兑现工作，精减兑现流程，全年实现政策兑现1.39亿元。开展“驻企服务员”全天候驻企服务制，抽调528名干部入驻重点商贸企业、工业企业、农业企业、重点项目，提供“一对一、多对一”个性化服务，共收集企业问题数258个，办结问题数232个。开通涉企服务直通车，全年服务企业车次111次，解决问题75个。贯彻落实《浙江省民营企业发展促进条例》，加快推广和应用企业码，加大中小企业公共服务平台建设力度。

【深化生态改革】推进大花园示范县建设，遂昌县《“点绿成金”拓宽“绿水青山就是金山银山”转化通道》入选“全省大花园建设最佳实践”“全省大花园示范县建设典型案例”。推进生态产品价值实现机制试点工作，建立生态产品目录，完成全县森林资源、土地资源、矿产资源、水资源、旅游资源普查。大柘镇、王村口镇作为全市首批生态产品价值实现示范建设单位开展GEP（生态系统生产总值）核算。设立亿元生态价值转化产业基金，完成政府购买生态产品0.67亿元。搭建“两山银行”生态产品交易平台。

与诸暨市、象山县合作引进特色农产品，建设示范基地。与清华长三角研究院合作研发特种林下菌，共建农创中心。打造南湖—遂昌农创园区。遂昌农产品全面入驻南湖微供销、象山半岛味道、绍兴供销电商等互联网销售平台。

【推动开放合作】谋划建设遂松乡村振兴区，与松阳县签订全方位战略合作协议。推进“山海协作升级版”，建立上海“科创飞地”“人才飞地”、南湖“消薄飞地”、诸暨“产业飞地”。推动东西部扶贫协作，全年帮扶四川省通江县物资合计4495万元，消费扶贫通江县农产品1936万元。

与诸暨成立“山海协作”并购基金，总规模8亿元。设立浙江省“山海协作”创业投资基金（诸暨—遂昌），规模1亿元，专门投向遂昌县域企业或项目。接收“山海协作”援建资金592万元，确定援建项目7个。创建5个“山海协作”乡村振兴示范村。

【建设信用体系】推进信用体系建设，推广“绿谷分”模块，6月14日在“浙里办”上线运行，注册超2万人次，注册率全市第一。以激励为导向，拓展“信易游”“信易贷”“信易批”三大信用应用场景。打造新时代基层治理“信用村”，印发《遂昌县打造新时代基层治理“信用村”工作实施方案（试行）》，围绕信用评价，以“蓝绿黄红码”为标准进行量化评价，构建“信用村”评定体系。通过建立正向守信激励、反向失信惩戒机制来引导村民遵守村规民约，向守信看齐、对失信说不。2020年，遂昌县“信用村治理”模式获“全国十大社会治理创新典范”。（曾丽雯）

审计

【概况】2020年，全县共安排审计项目18个，查处违规金额2061万元、管理不规范金额4.43亿元，审计处理处罚金额3.45亿元，审计期间完成整改金额3996万元。提交审计专报15篇。年初确定的争创全省优秀审计项目、实现首轮部门预算执行审计全覆盖、编写审计发现共性问题清单等8项个性化考核工作，均已提前完成。

出台《遂昌县2020年巡察审计工作考核实施细则》，将审计整改工作纳入对乡镇、部门的年度综合考核，纳入县委政治生态（清廉指数）量化评价体系，推进审计整改工作。编制《审计发现常见问题清单》（2020版），内容涵盖贯彻落实中央八项规定精神、国有资产管理、政府投资项目管理、内部控制管理等9个领域，梳理38个风险点，列示259种风险表现形式，选编51个具体典型案例，分别提出针对性预防措施。

【财政审计】实施本级预算执行审计和部门预算执行审计。实现首轮部门预算执行审计全覆盖，发现专项资金使用绩效低、财政资金收缴管理不规范等问题，促进财政清理沉淀资金850万元，督促收回矿业公司拖欠的探矿权出让价款，挽回国家经济损失142万元。

【政府投资审计】实施重大政府投资项目审计。完成2020年政府（国企）新建投资项目单位投资强度标准化管理情况专项审计调查。审计抽查135个新建政府（国企）项目，涉及总投资95.61亿元。完成未来都市区—古院组团建设项目实施情况专项审计调查，抽查古院组团政府（国企）投资建设项目15个，涉及批复概算总投资18.48亿元。提出政府投资项目指导价格体系设置不合理、编制管理不够到位等建议。完成重大水利项目实施情况专项审计，发现采用不合理条件限制招投标人、履约保证金设置不规范、项目工程质量控制不到位等问题，提出针对性建议督促指导整改。

【经济责任审计】完成经济责任审计项目5个，涉及县管领导干部7名，对其中4名领导干部实施任期自然资源资产审计。在审计过程中构建“巡审联动”模式，充分统筹巡察资源，由经济责任项目主审参加巡察工作，实行审计与巡察同步进行、同步实施、成果共享，全年开展巡审联动经济责任审计项目4个。

【民生审计】全面落实“六稳六保”任务，组织实施扶贫、就业政策落实、企业职工基本养老保险等审计。提出加快编制高标准基本农田建设规划、增强村集体经济造血功能、做好疫情减免社保费对社保基金支出风险的评估等建议，为高质量打好脱贫攻坚战提供审计支撑，助推惠民政策落实。

【专项审计】组织实施疫情防控资金和捐赠款物专项审计。聚焦抗疫财政贴息、捐赠款物使用等热点问题，回应社会关切。提出规范接收捐赠物资管理建议，县慈善总会、红十字会立审立改。及时反映捐赠资金使用进度滞后问题，助推850余万元捐赠资金及时、顺畅投入疫情防控。

【审计队伍建设】2020年，遂昌县审计局指导推荐的一个审计项目获全省优秀审计项目一等奖。11月，遂昌县审计局在全省经济责任审计视频培训班上作典型发言。全年有2人在省、市审计机关主办的“青年论坛”活动中取得佳绩。1人被评为全省审计机关先进工作者，在全市审计工作会议上发言。1人在全省审计机关办公室工作会议上作先进发言。1人通过层层选拔，入选全市会计高端人才库。（傅志鹏）

统 计

【概况】2020年，遂昌县统计局以“全力聚焦统计数据质量，全面提升统计服务水平”为目标，深化统计管理体制改革，从源头狠抓统计数据质量，充分发挥统计预警监测职能，为遂昌经济社会高质量发展提供良好统计服务。发布《2019年遂昌县国民经济和社会发展统计公报》，编撰出版《遂昌统计年鉴（2020）》。全年向县委、县政府及各部门提供各类信息、分析和调研报告188篇、统计专报12期。

【经济运行预警监测】以部门统计工作联席会议和GDP季度部门例会、月度分析例会为抓手，完善经济运行监测预警体系，通过对全县GDP走势的分析和预测，及时发现趋势性问题并作出预警，分析下滑原因，探讨解决方法，做到月度数据有分析、经济走势有研判，重大问题有预警，确保统计监测的准确性、实效性、全面性。发布快速反映指标卡片12期、主要经济指标动态数据卡片12期、数据简要分析12篇。为上级统计部门、县委县政府、争先创优专班牵头单位提供各类统计分析、动态信息188篇。向县委、县政府领导提供统计专报12期。发布主要专业运行分析《数说遂昌》2期、核算基础指标卡片12期、遂昌统计信息小册子12期、2019年主要经济指标册子。利用“遂昌新闻”公众号、《遂阅》、政府门户网站、浙江政务服务网、统计信息网等平台，从不同角度、不同行业、不同领域对遂昌县各阶段经济社会发展状况进行全方位及时报道，有效发挥统计的信息咨询服务作用。

【经济运行分析】挑选专业骨干人员参与工业、投资、消费、出口、农业、建筑业和房地产、小微企业和个体工商户纾困7个专班工作。针对重点指标和重点领域开展预警预判，当好参谋助手。跟进浙江省经济运行月度评价指数（MEI）评分标准1.0版和2.0版，分析对比不同版本评分标准对遂昌县的影响。仔细研究MEI目标完成度中涉及的主要经济指标，坚持补短板、保强项，加强新冠肺炎疫情影响下经济运行分析研究，对农业、工业、投资、服务业、消费、建筑业和房地产6个专班分别发送建议函，提高统计监测分析的主动性、有效性。成立GDP和GEP转化课题研究组，深入探索遂昌县生态产品价值转化重点镇村生产总值核算方法的研究，完成“探索生态产品价值转化重点镇村生产总值核算方法的研究”课题1篇。

【优化统计分析】组织实施好以地区生产总值为核心的工业、建筑业、能源、投资、批发零售住宿餐饮业、房地产业、服务业等领域常规统计调查，确保数据真实性和准确性。围绕县委、县政府中心工作和提高分析研判能力的要求，高频率召开统计工作联席会议，及时分析交流经济发展形势，做好遂昌县经济社会发展支撑性因素分析研究。选取重点行业、重点企业的动态信息做好实时跟踪解读，从行业结构、数据逻辑性和合理性等方面，深入解析各行业经济运行中存在的主要问题及原因，做好统计数据上报前的经济运行形势分析和评估。8月，县统计局撰写的《遂昌县规模以下工业发展简析与路径思考》获县委书记张壮雄批示。

【统计法治建设】开展统计数据全覆盖清查，对全县规模以上工业企业、规模以上服务业企业、限额以上贸易企业、固定资产投资、房地产开发业和建筑业等200余家统计调查对象开展数据核查，坚持边排查边整改，着力推进集中整改，坚决遏制统计数据造假、弄虚作假的情况发生，加大统计执法检查力度。全年完成“双随机”执法检查22家。加大统计法宣传力度，实施统计“七五”普法宣传教育规划，结合统计开放日、统计法颁布纪念日、国家宪法日等，组织统计普法宣传教育活动。

【统计数据管控】贯彻执行《关于深化统计管理体制改革提高统计数据真实性的意见》《统计违纪违法责任人处分处理建议办法》，制定《遂昌统计局全面落实防范和惩治统计造假弄虚作假责任制实施办法》，贯彻落实国家统计局制度方法，严格执行国家统计标准、指标体系，严格执行专业统计数据质量评审办法，落实统计岗位责任，加强统计数据各环节质量把控。

【基本单位名录库维护管理】2020年，县统计局维护好工商、税务、民政、编办、质检等部门提供的单位信息变更情况，做好新名录的入库和原名录库的数据维护工作。健全维护好联网直报系统，提高基础数据质量。年底全县基本单位名录库在库企业4058家，其中法人单位3544家、产业活动单位514家。基本单位名录库在库“四上”企业244家，比2019年增长31.2%，其中，规模以上工业77家，限额以上批发零售贸易业36家，房地产开发经营业28家，资质内建筑业26家，住宿餐饮业10家，重点服务业16家；5000万元以上投资项目单位51家。

【统计业务培训】开展“零距离、点餐式、全覆盖”统计业务“下沉一线”培训工程。开展培训20多场次，疫情期间组织钉钉线上培训会，参训人员700多人次，涵盖农业、工业、投资、服务业等。创建“送学入村”移动课堂，专业人员深入社区、村抽中样本小区开展小班化培训。开展2020年统计人员在线教育学习，组织全县统计人员通过网络开展培训学习。（包依萍）

综合行政执法

【概况】2020年，遂昌县综合行政执法局大力开展城市管理综合执法和环境综合整治活动，下沉执法力量，优化队伍管理，在体制改革、机制创新、市容景观、队伍建设、依法行政、执法环境、民生服务等方面均取得明显成效。获评全市综合行政执法系统考核优秀单位，全县部门综合考核C类一等奖。

【理清行政执法事项】根据《浙江省综合行政执法事项统一目录》，遂昌县调整机构职能，完成1批职能划转，划转城乡规划、建筑业、公安交通、环境保护等20个方面485项行政处罚权及行政监督检查、行政强制等职权至县综合行政执法局。与主管部门签订《行政执法事项划转协定书》，首创行政处罚事项备忘录，进一步细化相关职责边界，切实保障执法不“断档”。

【“一湖一站”建设】全面协助开展仙侠湖库区整治，加速完成库区网箱浮动设施、船只等清理整治工作。成立仙侠湖综合行政执法中队，实行行政执法、农业农村、交通运输“一支队伍管执法”，确保仙侠湖库区长效规范监管。通过清理整治，暂养网箱减少约10万平方米，浮动设施减少约6600平方米，各类船舶减少200艘，进一步擦亮了湖面生态底色。派驻衢宁铁路遂昌站中队，形成交警、运管多部门综合执法联合小组，完善火车站监控抓拍系统平台建设，采取人防、技防双结合的方式，确保衢宁铁路遂昌站顺利运营。

【全域环境整治】依托“八大战役”之城市更新大会战，重点整治东桥路、源古路、环城北路，重拳推进“四路四带”“8类24项”环境整治。全面完成金岸、大桥、上江等重点区域及道路两侧环境整治，清理流动摊贩1.40万处，纠正店外经营4.74万起，清理乱种菜、乱堆放6.80万平方米，清理、修复绿化2.70万平方米，道路两侧环境明显改观。聚焦“百日攻坚”破解顽瘴痼疾，对滴洒抛漏、工地管理、线网治理等城市顽疾进行全力攻坚。专班组派发交办单182份，完成交办事项144件，跟进件27份，在办交办事项38件，复查197次。制定《遂昌县城市精细化管理工作标准》《遂昌县城市管理考核细则》，将整治后续精细化管理纳入部门年度目标考核，确保实现长效监管。

【建筑垃圾运输管理】在2019年出台《遂昌县建筑垃圾运输管理办法》的基础上，2020年制定《遂昌县建筑垃圾运输公司管理细则》《工程车运输行业自律》等文件，细化建筑垃圾运输车辆资质、车辆型号、司机资质、运输过程等规范，发放部门联合通行证183张，对重点工地、重点路段进行常态化高频次联合巡查，杜绝渣土运输抛洒滴漏。针对夜间工地施工、渣土偷倒等问题，建立24小时值班制度。引导成立建筑垃圾运输公司8家，配备环保U形车121辆，100%安装GPS（全球定位系统）定位进行实时监控。全年立案查处23起，处罚金额7.41万元，召回联合通行证12张。

【深化“蓝天保卫战”】出台遂昌县禁燃区蜂窝煤专项整治实施方案，对餐饮店、企业、居民住户开展燃烧蜂窝煤整治。发放告知书2000余份，回收煤炉1179个、煤球2.25万个。开展禁燃区餐饮油烟污染整治，摸排餐饮单位431家，发放宣传册1000余份，责令整改86家，处理投诉举报50起。全面推进秸秆禁烧工作，每周对重点区域、重点路段秸秆焚烧情况进行督查，每日汇报工作情况。11月，首次依据《中华人民共和国大气污染防治法》对露天焚烧行为处以500元以上罚款。处置野外火点165起，立案查处12起，处罚金额5120元。中央环保督察以来，共承办餐饮油烟、秸秆焚烧等各类办件44件，配合协办各类办件23件，处置办理“12345”等生态环保信访投诉71起。

【违停违建处置】针对人行道非机动车及机动车违规停车乱象，增设6000余个非机动车泊位，增加硬隔离180米，开展“僵尸车”清理和机动车人行道违停整治，一定程度上缓解城区拥堵。完成4000多米停车泊位划线工作，处罚机动车违停8214辆，拖移非机动车3321辆。完善网格化管理责任，分区域开展动态巡查，巡查建房户810户，拆除违法建设171起，拆除违建面积1.60万平方米，其中即查即拆30起，拆除面积1294平方米，停水、停电、暂缓办理相关手续49次。对评优评先、提拔任免、换届选举候选人进行违建审核，完成候选人联审3200户，整改完成89户。

【“三改一拆”工作】全面铺开环城南路改造、连直线三期、小金线改造提升、遂昌中学基础设施提升改造等一批“三改”项目，破解老城破、挤、乱问题，清理乱搭乱建。围绕“大搬快聚”工程、“一户多宅”清理整治、美丽乡村试点等，全力消除农村遗留的违法附房、寮棚等违法建（构）筑物，有序推进违建拆除工作。全年拆除建（构）筑物572宗，占地面积15.67万平方米，其中住宅拆除357宗，占地面积7.77万平方米。共完成“一拆”面积30.81万平方米，完成率205.4%。完成“三改”面积39.92万平方米，完成率221.78%。（郑玲虹）

应急管理

【森林防灭火】2月，县森防指办开展森林防火工作巡查，各乡镇（街道）出动护林员、网格员等750余人次，出动车辆400余台次，悬挂宣传彩旗1500余幅、横幅240余幅。开展野外用火、野外秸秆焚烧和文明祭扫三项治理行动，集中治理农村烧灰积肥、烧垦开荒、焚香祭祀、燃放鞭炮、炼山等野外违法用火行为。在主要干道、路口、公墓、散葬坟墓等重要部位设置值守卡点，开展鲜花换纸钱、鞭炮等传统祭品活动，严防火种入山。强化火灾肇事案例的警示教育，开展《丽水市森林火灾肇事追究十大案例》《遂昌县失火罪刑事案例》警示教育活动。全县设置检查点596个，累计巡查人次15373人，劝导和制止违章用火226起。

组织乡镇（街道）、村（社）开展森林防火进村社、进企业、进学校、进机关等活动。逐户送达《森林防火告知书》《市、县森林火灾肇事追究案例》。开展线上森林防火知识有奖竞答活动。全年开展森林防火知识宣传80场，推送提醒短信100余万条，张贴防火标语、发放防火告知书1.8万份，插立小彩旗4000余面，出动流动宣传车2852辆次。

【防灭火实战演练】9月10日，县森林防灭火指挥部联合九龙山国家级自然保护区管理中心在龙洋乡西坑里保护站开展森林消防实战演练，保护站的20

多名半专业森林消防队员参与演练。参演队员开展了高压水泵的串联操作训练、超视线团队协同作战训练、山林灭火体能及安全防护强化训练，以及高压接力水泵引水灭火扑救演练等。

10月19日，县森林防灭火指挥部在民兵训练基地举办乡镇（街道）森林防灭火骨干培训。全县森林防灭火骨干队员120余人参加。活动邀请专业从事森林防灭火知识及装备技能培训的邹忠怀和省级森林防灭火教官余荣伟给队员们授课，并邀请县人民医院的詹义星医生给队员们带来烧烫伤现场急救、心肺复苏理论加实践操作课程。

【防汛体系“技防”建设】监测掌控终端的普及推广和使用是织密防汛网的关键节点。2020年，遂昌县完成5G可视化指挥系统建设、“浙江安全码”推广演练等工作，实现了基层触角延伸。4月，建成5G可视化指挥系统，通过布控球、单兵、无人机等设备传回的视频信息进行可视化指挥系统调度，下达相关指令。该系统在5月全市防汛防台实战情景模拟综合演练和“7·9”强降雨防御过程中发挥了重要作用。8月“浙江安全码”推广演练中，遂昌县各级防汛责任人140余人承担了“人工触角”的实体运行，在省级平台上操作危险区域人员转移“浙江安全码”400余人。

【防御“黑格比”台风】8月3日16时，遂昌县启动防台风Ⅳ级应急响应，全县1669名基层体系责任人全部进岗到位，278名水库山塘巡查员、181名地质灾害监测员、211名山洪预警员开展巡查监测。出动234人次，排查风险隐患点91个，全部落实管控措施。转移群众15人，其中地质灾害5人、危旧房10人。全县20支487人应急抢险队伍集结待命，交通、电力等部门应急队伍提前下沉布防。231支村基层应急队伍3765人完成点检。至8月4日17时30分，结束防台风Ⅳ级应急响应，全县形势平稳，未造成人员伤亡，未接到受灾报告。

【防汛防台实战情景模拟演练】5月25日，市、县两级防汛防台抗旱指挥部在遂昌县联合开展防汛防台实战情景模拟演练。演练采用不设脚本全实战方式，从应急响应启动到响应结束，全程采用视联网和可视化指挥调度系统指挥。演练模拟遂昌县三仁畲族乡、大柘镇发生强降雨，针对洪涝灾害中出现的各种情况，指挥部开展可视化指挥调度。包括启动、调整、结束防汛应急响应；各乡镇防指部署工作；村级防汛体系落实防御工作；抢险救灾应急救援队伍集结；山塘险情处置，堰塞湖处置；交通中断处置；电力、通信保障等实战化应急演练等。

【全国灾害综合风险普查试点县】2020年，遂昌县被确定为全国86个自然灾害综合风险普查试点县之一。灾害综合风险普查分为清查、调查、评估分析总结三个阶段。遂昌县每周组织牵头部门召开座谈会，互通信息，加快推动调查阶段工作。省级技术支撑团队入驻遂昌，开展内业资料整理与外业核查工作，到各乡镇（街道）、矿山危化企业开展外业走访核查。至年底，已完成清查阶段工作，遂昌成为全省第一个通过省级审核并将数据上报自然资源部的县。

【防灾减灾宣传】5月12日是第12个全国防灾减灾日，县应急管理局线上线下多措并举开展防灾减灾宣传活动。通过电视游字、公共交通显示屏、遂昌新闻公众号等载体播放推送应急避灾小知识。开展“5·12”线上有奖竞答活动，6个小时内有680人参与答题活动。在平昌广场放置宣传展板，向社区居民发放宣传手册。此外，当日在云峰街道发放宣传册300余份，组织云峰机降队员开展了防灾减灾救灾知识培训，播放防灾减灾系列小视频，有100余人观看，还进行了森林火灾防治实操演练。

【避灾场所建设】2020年，遂昌县新增和改建规范化避灾安置场所18个。4月，县应急管理局启动避灾安置场所选点工作，对云峰、新路湾、北界、大柘、三仁等乡镇（街道）20处点位进行了走访，对物资储备情况做好登记。至年底，新增和改建规范化避灾安置场所30个，全部按照统一标准建设，超额完成要求。推进避灾安置场所可视化建设，实现一期可视化建设16个点位，每个点位安装3个摄像头接入省市平台。着手筹备二期56个点位的可视化建设。（巫苏燕）

安全生产

【概况】2020年，县应急管理局围绕安全生产、应急体制机制改革持续发力，严密筑好安全防线，护航绿色高质量发展。3月，发生福建“3·7”欣佳酒店坍塌事件之后，立即开展“四安全”检查（查制度、查现场、查隐患、查落实），加强对全县9家涉疫物资生产企业的服务指导。

新冠肺炎疫情防控期间，县应急管理局成立安全生产服务队，服务指导园区、矿山、危化企业52家次。引导企业利用网络开展员工安全培训，参训4200人次。对办理复工复产手续的65家企业开展应急预案和设备安全检查。深入推进小微企业专项整治、矿山危化专项整治、烟花爆竹专项整治、加油站专项整治等行动。

【第二轮安全生产综合治理三年行动】制定第二轮安全生产综合治理三年行动计划和3个专题、10个专项实施方案。成立三年行动工作专班，制定工作制度和组织框架、任务分工及进度控制表。每月开展会商研判，通报阶段性工作开展情况，研究决策重大问题。每周组织一次工作专班例会，收集汇总数据资料，指导督促关单位完成阶段目标任务。按要求每月收集部门信息报表，报送市工作专班。

【小微企业专项整治】聘请专家对全县工贸行业小微企业进行安全生产教育培训。全县178家小微企业开展全面风险排查，其中二级风险企业10家、三级风险企业50家、四级风险企业118家。有40家企业开展了应急救援演练。组织检查组392组，检查企业1092家次，排查一般隐患1312项，其中已整改1296项。排查重大隐患5项，已挂牌完成整改3项，挂牌督办2项，停产整顿1家。共立案查处10起，罚款32500元。

【高危行业安全】开展烟花爆竹专项整治。春节前对县城内烟花爆竹经营单位及两家批发企业门店和仓库进行了全面排查，发文要求各乡镇履行好属地管理职责。开展危化、矿山企业分级分类管理。对全县13家危险化学品企业、12座矿山及3座尾矿库开展分级分类评级工作。经评估，危化企业风险等级为蓝色的有3家，等级为黄色的有8家，等级为红色的有2家。矿山风险等级为A的有3家，等级为B的有7家，等级为C的2家。尾矿库风险等级为A的有3家。推进化工园区认定和安全风险隐患排查治理。遂昌县化工园区通过评审公示。县人民医院着手组建化学医疗应急救护科室。开展两轮危险化学品生产、带存储经营、使用企业专项执法检查，对重点排查的24类安全隐患开展专项执法，全县13家企业均检查2次以上。

【茶叶加工点消防隐患检查】3月初，全县进入茶叶采摘加工生产旺季，县应急管理局迅速开展茶叶加工点复工复产专项检查，防范全县996家茶叶加工点（作坊）的生产安全和消防安全风险。3月11日起，组成4个组到茶叶加工点最为集中的大柘、石练、妙高等7个乡镇（街道）开展检查。各乡镇（街道）对辖区内所有茶叶企业开展全面检查排查。3月13日，在大柘镇开展了茶产业消防安全培训，共有230多人参加培训。

【全市首个智能化安全生产考核点】11月23日，遂昌县智能化安全生产培训综合考核点通过验收。经认定，考核点的考务人员配备、理论考场、实操考场、基本设施配置符合安全生产培训考核点建设要求，为丽水市首个智能化安全生产培训考核点。该考核点设在县职业中专内，在现有的电工、电焊实际操作场地基础上，新建400平方米模拟仿真训练场地，配备了智能实操网络考核设备，以及消防训练仿真考核、安全用具、现场安全隐患排查自助考核、心肺复苏智能考核、创伤包扎考核等系统。

【安全生产宣传】5月25日，第一批60名培训人员——危险性较高企业安全管理人员培训班在县工业园区开班。至10月底，共完成培训7025人，全市率先完成“企业百万员工安全大培训”指标任务。6月，全省“安全生产月”启动仪式通过视频直播形式开展，县安委办成员单位、各乡镇（街道）、国企人员收看。“安全生产月”期间，开展了教育培训、排查整治、科普宣传等系列活动。启动“企业百万员工安全大培训”工作。6月，举办新提拔乡镇领导干部应急业务培训班，50名乡镇新提拔领导干部参加培训。（巫苏燕）

交通安全

【概况】2020年，县公安局交通警察大队共接处警6156起，比2019年增长2.5%，全县上报交通事故48起，死亡人数26人，上报交通事故数、死亡人数连续4年“双下降”。查处各类交通违法行为14.33万起，罚款金额999.60万元。其中查获：酒驾411起、违停3.40万起、闯红灯4121起、机动车脱检1019起、电动车违法载人1899起、不佩戴安全头盔6.51万起、不礼让3644起、超速1.07万起、拖移车辆544辆。“两客一危”三率均100%，重型货车检验率98.76%。

3月4日，县交警大队联合县人保财险公司，在云峰街道举行“警保联动交通安全劝导站”启动仪式。通过警保联动交通安全劝导站，对轻微事故进行快速处理、快速理赔，由“12123”事故处理平台进行事故调解和责任划分，建立“同步出警、同步现勘、同步定损、同步调解、理赔前置”的交通事故快处快赔模式。

4月，县公安局将巡特警大队、交警城镇中队进行整合，构建城区防控网，提升城区道路交通管理效能。机制运行以来，县城主要街道交通拥堵率比2019年下降11%，街面发案率下降45%。8月，县公安局召开《遂昌县车辆检测“一件事”集成改革实施方案》，就车辆检测“一件事”集成改革作具体介绍和部署实施，推进各项改革任务落实落细。

【事故预防】聘请无锡城市空间设计院对遂昌县交通组织、道路优化、隐患整治进行全面磋商，对528国道、平交路口、临水临崖等重点隐患路段进行调研，采取有效措施进行整改。7月30日，联合医疗救助、消防救援、保险等部门开展“四位一体”联动型交通事故应急救援演练。10月20日，会同县交通局、建设局、行政综合执法局召开渣土车、工程车、货运车运输管理工作会议。制定《工程车运输行业自律六条》，设立环城北路、大桥、凉水亭三个治超点，实行24小时专班驻点化治理。

根据每月交通事故警情数量，分析交通事故原因、趋势，制定交通隐患整治告知书，以便属地乡镇及时精准消除。落实交通亡人事故乡镇领导到场制度及每月各乡镇交通安全形势分析报告，对排查出的全县道路隐患点合力攻坚。

【隐患排查】突出对公路客运、旅游客运、营转非客车、校车、危化品运输车辆五类重点车辆及驾驶人源头监管。5—6月，覆盖式走访全县重点运输企业、矿业15家，约谈运输企业8家，检查重点车辆52辆。国庆节前，对G528等隐患路段进行治理整改，查处41处隐患路段，设立警示标志15处，部分路段完成整改。继续实施重点车辆驾驶员动态隐患清零，全面落实省市关于“货运车辆、危化品车辆”专项整治行动，加强重点驾驶人教育培训。对华通、捷利达、公交、金矿、奔跑公司等364名驾驶员进行核查，发现有少数前科劣迹人员，书面函告相关单位进行整改，落实主体责任。

【科技交通】2020年，县交警大队在云峰街道辖区新建3个信号灯项目。在城区新桥头路口、龙谷路与水阁路交叉路口、人民医院住院部大门路口、平昌路与元立大道路口等事故高发点位，安装信号灯项目和行人闯红灯抓拍项目。城区新增50个违停抓拍点位，对原49个点位进行升级。11月，新增古院6个违停抓拍点位和金岸农贸市场周边3个违停抓拍点位。在G528三际线大柘大半畈村、三仁好川村两个隐患点设置了200多根弹性警示柱及2组爆闪灯，有效减少交通事故的发生。

【老胡说交通】2月，县交警大队正式成立“老胡说交通工作室”。以“老胡说交通”的模式，开展戏曲话平安、交通安全知识竞赛、交通安全培训、暑期春泥行动、线上直播带货等特色活动，利用农村集市日、农忙时节摆摊设点，接受群众咨询，向群众发放交通事故预防宣传资料等，依托农村文化礼堂，开展形式多样的宣教活动。“老胡说交通”工作室获县公安局2020年度贡献突出集体奖。

【交通宣传】建立交通安全宣教室、交通违法行为VR模拟体验室及心理辅导室，融合多媒体功能，集图片墙、模拟器、互动区为一体，承担对全县中小学生、机动车驾驶人、社会群众的交通安全法律法规普及宣传教育工作。一年以来，共有校车、危化品运输车、营运客车驾驶人、机关事业单位和中小学师生3.26万人次到工作室参观学习。开展交通安全进农村120次、进社区25次、进企业140次、进学校35次、进驾校30次，接受宣传教育3万余人次。发放宣传资料5万余份。（丁剑平）

消防救援

【概况】2020年，遂昌县消防救援大队共接警出动148次，出动车辆252辆，出动警力1613人次，抢救15人，疏散23人，保护人民群众财产价值1200余万元。遂昌县消防救援大队获评浙江省防台救灾先进集体，大队妙高站团支部获评“全国五四红旗团支部”。

【执勤训练】推进队伍向“全灾种、大应急”转型升级，全面提升队伍打赢能力。开展“六熟悉”活动90余次、重点部位和“不放心”区域实战演练20余次、重点文物保护单位专项演练6次，修订完善重点单位数字化预案47家，制作古建筑作战信息卡6份、小区作战信息卡5份。对47家微型消防站进行电话拉动检查148次、实地拉动检查90次、综合演练4次，开展微型站骨干及队员培训20人次。对全县19个天然水源取水点、268个市政消火栓进行实地排查和维护。

深入开展全员岗位大练兵活动，坚持业务训练实战化、全员化，加强九大科目、夏训操法和紧急避险科目训练，突出体能、技能基础训练。选派参加驾驶培训2人、水域救援培训2人、冲锋舟驾驶员培训1人、无人机培训1人，安全培训3人，跨支队轮训1人，高层培训1人。在全市夏训科目对抗赛中，遂昌消防救援大队取得团体第1名。

【执法监督】围绕高层建筑、沿街商铺、居住出租房、小微企业等重点领域，开展高层建筑消防安全综合治理，全县高层建筑均处于有人管状态，高层建筑消防设施完好率居全市首位。开展消防车通道整治，成立工作专班，对住宅小区、市政道路中的消防车通道，树立禁止占用警示牌，完成消防车道画线并固化管理。开展小微企业消防安全治理，排查小微企业496家，发现消防安全隐患850处，下发责令整改通知书320份，整改隐患850处，处罚16家，责令“三停”2家，罚款4.7万元。

【消防宣传】联合人力社保局开展2020年全县消防安全知识技能培训。建立覆盖城乡的消防宣传教育培训场所。推送消防常识提示和火灾警示案例。开展沿街商铺火患整改和曝光行动。动员群众观看火灾警示教育片。全年推送消防微博2000余条，发送短信10万余条、微文340篇，下发沿街商铺消防安全告知书600余份。（许 淡）

市场监督管理

综 述

【概况】2020年，遂昌县市场监督管理局权力和服务事项765项，涵盖市场准入，市场综合管理，食品、药品、特种设备、产品质量安全监督管理，知识产权监督管理，质量、标准化、计量、检验检测工作管理，消费维权等职能。统筹做好市场监管各项工作，严守“食药特产”四大安全底线，全年市场监管安全领域事故零发生。

2020年，全县新设市场主体5062户，注册资本金65.08亿元，分别比2019年增长44%、189%。办理股权出质45件，出质股权6.07亿元，助企融资17.34亿元。年底，全县在册市场主体24177户，注册资金330.91亿元，比2019年分别增长26.26%和22.67%。

推进民生工程，建成“农村家宴放心厨房”7家、“智能阳光厨房”17家、“送药上山进岛”便民服务点3个、“网订店送”药房2家、放心消费单位1115家、“五化”市场1个。

【遂昌竹炭入选中欧地理标志互保名录】7月，遂昌竹炭地理标志产品入选第二批中欧互保名录，获得欧盟官方认证，对提升“遂昌竹炭”的国际知名度、美誉度和产品国际销量具有很大促进作用。中欧地理标志协定是中国与欧盟签署的一份意义重大的双边贸易协定，旨在为双方地理标志产品提供高水平保护，有效阻止假冒地理标志产品，使双方消费者都能吃上、用上货真价实的高品质商品。

【消费者权益保护】聚焦消费者个人信息安全，集中对房产租售、物业管理、装修装潢等行业未经消费者同意，收集、使用、泄露、出售或者非法向他人提供消费者个人信息等行为进行检查，出动95人次，检查30家次，立案2起。对某房产公司以引人误解的内容误导消费者的虚假广告，及发布的房地产广告中含有迷信内容的违法行为立案调查，责令其停止发布广告，在相应范围内消除影响，并处罚款75万元。（包美芬）

工商行政管理

【概况】深化商事制度改革，实施“证照分离”改革全覆盖试点，新设企业印章和税控设备费用由政府买单，实行“三小”行业多证合一，实现“准入即准营”。开展服务企业“十百千”行动，以特种纸产业、金属制品产业、生态科技产业、绿色健康产业、文旅休闲产业等为重点，精准服务10家示范企业，100家小微企业。全县小微企业3578家，小微企业培育库入库企业200家。年内新增小微企业792家，其中新增“八大产业”小微企业248家。

全年接收、接听“12345”热线转办件、电话804件。受理消费投诉146起，为消费者挽回经济损失28.71万元；受理投诉举报283件；解答咨询375件，消费者满意度和获得感明显提升。加强知识产权工作，申报商标注册692件，核准482件，新增专利282件，其中，发明专利13件、实用新型专利238件、外观设计专利31件。帮助5家企业开展知识产权质押工作，助企融资1.15亿元。

7月以来，实现“两直”资金直达企业和个体工商户，高效完成补助资金兑付。累计补助市场主体1545户，其中小微企业418户、个体工商户1127户，拨付补助资金1512.2万元。12月10日起，全面取消纸质版食品经营许可证书，启用食品经营许可电子证书。12月，省市场监管局通报全省首批260家商品市场“五化”改造工作全面完成，遂昌县府前中心市场系其中之一。

【企业开办零成本】3月1日起，遂昌县通过政府购买服务方式，为全县范围内新开办企业刻制企业公章、财务专用章、发票专用章、法人印章、合同专用章和税控设备（含首年服务费），切实降低企业开办费用，全年为企业节省开支10万元。同时，优化企业设立登记、公章刻制、发票申领等环节，推进企业开办全流程“一次填报、一窗受理、一窗出件”和“网上办、掌上办、邮寄办”，实现企业“一次不用跑、一分不用花、一天不用等”。

【“放心消费”建设】推进“放心消费”建设，建成放心商店771家、无理由退货单位287家、放心工厂56家、放心商圈1个，县市场监管局获评2020年度“放心消费在浙江”成绩突出集体。自2017年开展“放心消费”建设以来，全县累计培育“放心消费”单位4430家，其中，无理由退货店3101家，放心餐饮店253家，放心化妆品店127家，放心工厂97家，放心网店17家，放心民宿29家，创建放心乡村1个，放心民宿示范区3个，放心商圈1个，放心市场4个。

【首张“三小”证照合一营业执照】10月9日，县市场监管局向遂昌董姐小吃店颁发了全县首张“三小”证照合一营业执照，标志着遂昌县“三小”行业（食品小作坊、小食杂店、小餐饮店）从“许可证”时代进入“备案登记”时代。为深化“最多跑一次”改革，方便个体工商户办理证照，县市场监管局出台方案，建立个体工商户食品小作坊、小餐饮店、小食杂店“证照合一”的许可登记管理体制机制，经营范围许可内容以“三小”食品生产经营登记证生产经营项目为表述。

【知识产权服务】4月26日，丽水市中级人民法院知识产权巡回审判点（遂昌）在湖山乡成立。该巡回审判点通过人民调解、诉前调解、巡回审判的方式，化解知识产权领域矛盾纠纷，最大限度保护权利人的合法权益，旨在进一步强化县域知识产权的司法保护，优化“天工之城”营商环境，激发县域创新创业积极性。

6月9日，遂昌县知识产权服务平台成立，设立在遂昌向上创业园（云峰街道）。服务平台集金创品牌指导服务站、标准化服务平台功能为一体，联合遂昌科技大市场，为企业提供成果转化、科技咨询服务、科技金融、业务培训、商标注册代理、专利申请代理、品牌指导、质量、标准化等服务，提供知识产权创造、运用、保护、管理一站式服务。

8月7日，遂昌县生态经济知识产权保护服务中心揭牌成立。该中心以促进生态经济发展和数字经济发展为宗旨，为企业提供“快速服务、快速转化、快速维权、快速培育”的知识产权保护和服务，打造一流营商环境，激发“天工之城”创新创业活力，增强企业核心竞争力。（包美芬）

食品药品监管

【概况】2020年，县市场监管局以常态化疫情防控为重点，推进食品药品安全监管，基层食品药品安全治理水平进一步提升，建成三星级以上乡镇（街道）食安办8个（四星级1个），居全市前列，全县基层协管人员食品安全培训和考试覆盖率、考核合格率、绩效考评率均100%。在全市基层食品安全协管能力竞赛中，遂昌县代表队获团体一等奖。

组织冷链物防专班，制定应急预案，推广“浙冷链”集成应用，开展冷链食品疫情防控工作。建立“一对一”帮扶机制，规范食品作坊建设，建成

“5S”作坊4家。推行餐饮行业“红黄绿”三色疫情防控管理和“红黑榜”平台，开展“厉行节约反对浪费”专项行动，推广使用公筷公勺。建成中小学和等级幼儿园“阳光厨房”17家、“网络订餐阳光厨房”26家、“农村家宴放心厨房”7家。开展食品生产流通领域、餐饮领域抽检601批次，不合格11批次，处置率100%。

推动48家药品经营企业成为疫情防控哨点，开展“特殊药品安全整治”“医疗器械清网行动”等六大专项整治。新建成3个“送药上山进岛”服务点、2个“网订店送”药房、10家“百千万”美丽消费示范单位（化妆品）。抽检药品49批次，全部合格，抽检医疗器械10批次 ，不合格3批次。在全市化妆品新法规知识比武中，遂昌县代表获得全市第一名。

【“浙冷链”集成系统应用】6月22日，“浙冷链”系统上线，县市场监管局率先开展“浙冷链”系统使用操作培训。依托“浙冷链”系统，通过供应链首站“进赋码、出扫码”，中间站经营者“进出扫码”，末站消费者“扫码查询”，实现冷链食品“一码统管”，实施闭环管理和精密智控溯源倒查。

至年底，全县备案冷库68家，“浙冷链”App激活用户数48家，开展入库操作7475批次，自行赋码入库2444批次，执行出库操作466批次。制定《新冠病毒核酸阳性冷链食品应急处置预案》，保证应急队伍在紧急情况下快速响应、精准行动。7月26日起，在全市率先实行进口冷链水产品、肉品每批次入遂必检，至年底共检测样本1960份，均为阴性。

【农村家宴试点县】2020年，遂昌县被确定为农村家宴规范化、市场化、产业化建设试点县。县市场监管局推进农村家宴“三化”建设，指导成立遂昌乡厨协会，成立农村家宴食材配送平台——遂昌金勺子家宴服务有限公司，组建食品采购、存储、配送一体化的城乡供应链体系，确保食材原料源头可溯。将全县划分为4个片区，按片区开展规范化服务，参与农村集体聚餐管理。配送平台负责食材供应，乡厨片区负责家宴管理，乡厨队伍负责前端服务。构建“政府引导、协会牵头、多方参与、市场运作”新型农村家宴管理模式，乡厨、群众、企业三方共同受益。

【餐饮行业“三色”管理】疫情初期，县市场监管局将全县餐饮单位分为暂停营业类（7家）、重点巡查类（69家）、鼓励营业类（341家）3个级别，逐级加强巡查监管力度。推行“红黄绿”三色疫情防控管理举措，要求从业人员和消费者落实“一码一测一口罩”要求，通过动态监管，加强餐饮食品安全社会共治，助推餐饮业规范经营。其间，发出红牌2家、黄牌18家、绿牌11家。

【“送药上山进岛”和“网订店送”】以既求速度、更求质量的原则开展“送药上山进岛”便民服务点建设。5月27日，完成云峰街道连头村、北界镇淤弓村、大柘镇柘溪上村3个点位建设任务。全县累计建成6个“送药上山进岛”便民服务点，全年完成送药（械）服务1560单，开展便民服务1847人次。

新建成2家“网订店送”药房，药品类别涵盖肠胃、心脑血管、感冒等常规性非处方药共669个品种，全年完成送药1357笔，解决人民群众“购药难，购药远”的问题，打通偏远山区药械服务“最后一公里”。

【“坚决抵制餐饮浪费行动”】10月21日，遂昌县在平昌广场举行“坚决抵制餐饮浪费行动”启动仪式暨食品安全月宣传活动。县餐饮行业协会、机关食堂、学校食堂、餐饮企业代表分别作了“坚决制止餐饮浪费”的倡议及表态发言；制止餐饮浪费行为志愿者队代表接过队旗。大家在“厉行节约反对浪费”签名墙上签名，郑重承诺坚决制止餐饮浪费行为。仪式结束后，相关单位开展“你点题，我检测”活动、坚决制止餐饮浪费集中检查行动、食品安全知识现场宣传活动。（包美芬）

质量技术监督

【概况】2020年，县市场监管局常态化推进特种设备安全监察工作，深入推进特种设备安全专项整治三年行动和隐患排查治理，开展叉车专项整治、快开门压力容器专项整治、工业管道治理攻坚战。全年检查特种设备使用单位494家次，整治隐患221起，查处违法案件7起，罚没款8万元。突出风险隐患排查，完成生产领域42 批次、流通领域41批次重点产品抽查工作。开展道路交通安全整治电动自行车、蓝天保卫战油品质量、妇女儿童用品、塑料制品等安全整治行动。突出防疫物资监管，实现6家口罩生产企业抽检全覆盖。

强化标准强县、质量强县、品牌强县和“浙江制造”品牌建设，新增国家标准7个、省地方标准1个、市地方标准4个、浙江制造标准2个、“品字标浙江制造”企业1家、“品字标浙江农产”企业1家、“品字标丽水山耕”企业4家、浙江制造培育企业5家，1个省级标准化试点项目通过验收，1家企业获市质量创新项目，兑现质量、标准化、品牌等奖励资金303.5万元。

计量和食品药品机构入驻“浙里检”平台，为企业复工复产服务，服务医疗卫生单位16家，完成温度计量器具校准33台（件），130家企业检定校准计量器具3685台（件），开放实验室446批次，减免检定费用53.5万元。

4月，王村口镇入选第四批新型城镇化标准化国家试点项目名单，系全省唯一的新型城镇化标准化国家I类试点。11月，32家“品字标浙江农产”重点培育企业名单公布，浙江剑光生态农业科技开发有限公司的“遂昌香茶”上榜。

【首创特种设备安全管理委托评价】为加强特种设备风险管控，推进隐患排查治理双重预防机制的建设，通过政府购买服务方式，委托省特种设备科学研究院为县域企业提供风险识别管控和隐患排查治理服务，推动双重预防机制建立，为全市首创。委托评价涉及29家重点企业，包含酒店景区电梯、电站锅炉、游乐设施、客运索道等高风险特种设备的运营，为企业减免费用近20万元。

【“民事村了”省级标准化试点项目】9月1日，遂昌县“民事村了”基层社会治理省级标准化项目通过验收。遂昌县围绕“矛盾纠纷上门了、便民服务坐堂了、项目建设包干了、村务民意上墙了、群众困难帮扶了”，制定《“民事村了”基层社会治理标准体系表》，编制5个标准规范，实施4个地方标准，完成5大任务目标，打通服务群众“最后一公里”，有效解决了农村干部难找、事情难办、问题难诉、纠纷难解、项目难推的问题，实现小事不出组、大事不出村、矛盾不上交。遂昌县“民事村了”基层社会治理被誉为“乡村版枫桥经验”，在浙江省乃至全国都具有推广意义。

【农贸市场疫情防控升为省级标准】2月28日，省市场监管局紧急发布新冠肺炎疫情防控地方标准DB33T2241.4—2020《新冠肺炎疫情防控技术指南—第4部分：农贸市场》，2月29日起实施。该标准由遂昌县市场监管局起草，吸收了遂昌县农贸市场档案管理等经验，总结巩固疫情防控成果，为全省农贸市场疫情防控和复工复产提供标准供给。

【农村电子商务标准升为市级标准】1月21日，丽水市市场监管局批准发布《乡镇级农村电子商务服务中心建设规范》。该标准由浙江赶街电子商务有限公司和遂网电子商务有限公司联合起草，规定农村电子商务乡镇服务中心场地设置、功能设置、功能分区、人员配备和建设评价，总结遂昌县赶街农村电子商务服务站标准化模式经验，标志着农村电子商务标准迈向市级，进一步向省内外输出“遂昌标准”。

【入围浙江省县域高质量发展创新案例】4月，浙江高质量发展论坛组委会开展“浙江县域高质量发展创新案例”和“浙江制造业企业高质量发展创新案例”推介活动，征集到全省26个县的26个制造业企业推介案例进行网络点赞活动。6月，确定遂昌县《“标准化+”助推乡村振兴》入围第二届浙江省县域高质量发展创新案例，在高质量发展智库论坛发布。（包美芬）

市场综合执法

【概况】2020年，县市场监管局有针对性开展“亮剑2020”系列、食品药品、反不正当竞争、反走私等专项行动，出动执法66234人次，检查企业、经营户27109家次，立案145起，实施罚没款196.25万元，罚没款万元以上案件40件，其中大要案30件，向公安机关移送案件7起。新冠肺炎疫情防控期间，查处口罩案件9起，罚没款6.57万元。针对农贸市场部分商户哄抬猪肉价格行为立案9起，罚没款3.33万元。

全年行政处罚157宗，行政强制79宗；行政许可申请10173宗，予以许可10172宗；行政确认144次；其他行政执法19724宗；行政复议1件，经遂昌县人民政府审理，维持原具体行政行为1件。

完成执法部门“两库”（执法人员库、检查对象库）建设，保障各项数据实时更新，掌上执法开通数1249人，开通率100%。掌上执法检查次数8547次，掌上执法率100%，设置抽查任务数335个，完成率100%，参与跨部门抽查110个，跨部门监管率32.83%，事件处置率100%。

【“亮剑2020”食药领域综合执法】县市场监管局开展“亮剑2020”食药领域综合执法，食品安全方面，针对有毒有害、非法添加、无合法来源进口食品、网络食品、桶装水、禁捕动物等重点，严格落实“细查、严管、重罚、实改”要求，严厉打击违法行为。药品安全方面，加强口罩、防护服、红外体温计、呼吸机、新冠病毒检测试剂五类防疫物资及重要原辅材料监管，确保药械质量安全和市场价格。共出动执法人员12095人次，检查食品药品生产经营单位4329家次，食品药品立案103起，结案89起，罚没款25.59万元。

【捣毁“毒豆芽”生产窝点】10月，县市场监管局以“3批次豆芽监督抽检结果不合格”为线索，查办多起销售含有4-氯苯氧乙酸钠豆芽案件，联合县公安局对案件深挖溯源。经过周密安排，10月14日凌晨对制售“毒豆芽”窝点展开收网打击，抓获黄某某等犯罪嫌疑人2人，当场查获成品、半成品黄豆芽、绿豆芽共32缸，合计500余千克。

【反走私工作】围绕“中央关注、社会关切、群众关心”的突出走私问题，开展经营无合法来源成品油、冷冻食品专项整治行动。联合相关单位对建筑工地、采矿、制沙等行业自建油库、加油点成品油进行巡查，及时遏制来路不明成品油非法销售，斩断成品油走私链。全年开展成品油抽检19批次，没收走私成品油118.94吨，罚没款53.90万元。加大对进口和重点疫情防控地区入遂的生鲜、冷冻畜禽肉及水产品管控力度，检查冷库19家次，立案查处无合法来源冻品6起，罚没款2.75万元，没收、销毁不合格冷冻食品190千克。

【计量、认证、特种设备领域专项执法】全年出动执法人员639人次，检查集贸市场3家，检查贸易计量器具60余台，对7家配镜制场所20台件验光仪、焦度计、验光镜片箱检定情况重点核查。开展工业管道治理攻坚战，开展叉车、天然气调压撬专项整治，严厉打击“三非两超”“一无一违”违法行为，检查特种设备使用单位196家，整治隐患85起，立案5起，罚没款6万元。（包美芬）

附：府前中心市场“五化”改造

【概况】2020年，遂昌县府前中心市场参与全省第一批市场“五化”（便利化、智慧化、人性化、特色化、规范化）改造，也是全省放心农贸市场、三星级文明规范市场续创。遂昌县投入400万元，改善市场环境，升级软硬件设施，提升服务水平。通过“五化”改造，府前中心市场焕然一新。

府前中心市场是遂昌县规模最大的消费品综合市场，隶属县国投集团，1999年建成，2000年投入使用。建筑面积4297平方米，摊位总数222个，店面85间，经营户186户，市场管理人员26人。2002年被评为浙江省三星级文明规范市场，2005—2020年延续确认。2014—2020年连续被评为省放心农贸市场。地处县城中心，市场主营蔬菜、水产品、禽蛋、肉类及制品、粮油及制品、豆制品、熟食、调味品、水果、土特产等农产品和食品，设市场管理办公室、食品安全检测室，市场硬件设施先进、完善，食品安全、商品质量检测到位，管理规范。

12月2日，省市场监管局通报全省260家市场全面完成“五化”改造，遂昌县府前中心市场系其中之一。

【便利化改造】对市场整体环境进行装修提升，对主入口门头、商铺墙面地面、吊顶、室内灯光进行改造，增加照明、通风设备，完善了服务台、休息区、会议室等基础设施。对市场摊位、广告牌等标识标牌进行更换完善，市场商品分类规范，设计科学合理。市场管理办公室升级服务体系，设置了经营户从准入到退出“全周期管理”服务办理，为经营户、消费者提供咨询、物业费收缴、转让转租等“一站式”服务。配备政务服务一体机，让商户和消费者实现社保、税务等服务自助办理。市场管理办公室提供政务集成服务，可为经营户代办申报个体工商开业、变更等政务。

【智慧化改造】一是应用信息化集成系统。新增167台智慧识别溯源秤、167台商户屏、1台85英寸数据展示屏、1台55英寸公共显示屏，可通过溯源秤自动采集商品的重量、单价、品名及摊位信息，精准实现每天销售产品的数量、销售额、排名等数字化分析，帮助商户做好进货参考。二是推进移动支付和线上交易。在POS机、微信、支付宝等支付基础上，引进“点滴”、刷脸支付平台，实现在线购物、配送、结算一条龙服务。升级完善支付、溯源一码通，通过扫描摊位智能支付终端，可以查询农副产品溯源信息及食品安全检测信息。专设“助农直播间”，将现场销售与线上直播相结合，拓展本地农产品销路。三是在线智慧监管熟食制品。升级熟食制品场地的摄像头和物联设备，接入省平台在线监管，对违法违规行为进行抓拍、自动取证。四是建立智能安防系统。配备微型消防站，设置监控设备46台，通过设备可采集市场食品安全、环境秩序、诚信经营、价格计量等四大核心管理数据，对市场违规行为进行曝光。五是建设信息公示查询平台。市场出入口设置1台49英寸信息查询屏，客户可以查询商户信息、产品检测报告、商品指导价和商家“红黑榜”等信息。各摊位的商户屏滚动播放摊位信息、所卖产品指导价、产品检测信息、信用等级等，客户可扫描屏幕上的二维码对商户进行服务评价或投诉。

【人性化改造】一是完善功能设施。休息区配备共享雨伞、手机充电器、饮用水、微波炉等，提供便捷的公共服务。二是引入志愿服务。定期组织党员经营户与社区联合开展志愿服务，为周边居民提供代购、送货等服务。三是提供特殊服务。配备急救医药箱，新增母婴室1间，设置第三卫生间，安排工作人员对特殊人群提供人工引导服务。四是提倡绿色环保。新增有机垃圾资源化处理设备1台，对市场垃圾进行无害化、减量化、资源化处理。配置智能垃圾分类箱，要求商户进行垃圾分类，和信用奖惩相结合。在市场推广使用菜篮子、布袋子，鼓励商户使用可降解的塑料袋。

【特色化改造】设立专门的遂昌特色美食、农产品销售点，结合线上购物平台，为消费者提供遂昌农特产品线上购买服务。在690平方米的巨幅文化墙上展示“班春劝农”、本地特色农产品（竹笋、山茶油、黄米粿等），以视频循环播放形式，推广遂昌美食文化，助力乡村旅游业发展。市场周边餐饮店可为经营者、消费者提供餐饮服务。市场管理方定期与社区合作，开展代购、送货上门、为困难群众免费维修家电等“社区邻里”服务。在市场设有公益教育科普栏，更新科普食品、农产品知识。为学校提供公益性教育科普基地服务。

【规范化改造】结合疫情防控要求，每日按规定落实清洁消杀、垃圾管理、人员防护、健康监测等措施，市场出入口引进2台热成像人体测温系统，提高检测速度。完善升级食品溯源和食品安全快速检测室规范化建设，提升检测设备与检测能力，为消费者免费提供检测服务。市场每日检测通过电子显示屏及时公布信息。建立有消费维权服务站，及时处理消费投诉维权，建立“先行赔付”承诺制，切实保障消费者权益，树立诚信经营口碑。实施信用奖惩管理。建有经营户日常数据管理库，开展信用评价，对经营户进行经营秩序、环境卫生、食品安全等打分，实施信用评定，及时披露和公示不诚信经营户信息，曝光不文明行为。实行专业团队化管理，对管理人员和经营户进行业务知识培训，提升管理人员服务水平，提升经营户守法诚信意识，共同促进市场良好发展。（包美芬）

城乡建设

综 述

【概况】 2020年，遂昌县住房和城乡建设局坚持项目建设、乡村振兴、城市管理、行业监管、危房治理改造、交通治堵等多轮驱动，真抓实干，实现住房保障和城乡建设事业更高质量、更快速度、更好效益发展，为建设宜居宜业、精美舒适的美丽新遂昌作出积极贡献。

全力助推房地产、建筑业平稳健康发展，巩固城乡危房治理改造成果，全面铺开既有住宅加装电梯工作，稳步推进住房保障。抓好建筑施工领域安全生产。缓解城区交通压力，提升城市颜值。完善市政基础设施，高水平打造美丽城镇省级样板。深入推进美丽宜居示范村建设，不断加强传统村落保护发展，持续深化农村生活污水治理。

【“最多跑一次”改革】 全年受理行政许可及其他事项305件，办结305件。为群众和企业提供容缺受理、预约服务、延时服务等200余人次，驻行政服务中心窗口获评“五星窗口”4次。落实建设、消防、人民防空审批事项“多合一”办理，压减审批环节、缩短办理时间。对飞鹤家园、源口邻里中心等43个项目进行建筑工程施工许可证“多合一”办理。深化施工图审查制度改革，对除装修、改扩建以外的建设项目取消行政审批阶段施工图审查，改为事中和事后监管。古院“双创”中心—西山驿和金岸安置房（北）等13个项目办理建筑工程施工许可证。深化工程建设项目审批制度改革试点，推进投资项目在线监管平台3.0应用，完成投资在线监管平台3.0应用“4个100%”。

【庆祝浙江省第24个环卫工人节座谈会】 10月26日，遂昌县召开庆祝浙江省第24个环卫工人节座谈会。2020年，全县有环卫工人450余名，承担着县城254.8万平方米道路、68.8万平方米河道、城区48座公厕卫生保洁任务。座谈会上，县环境卫生服务中心负责人汇报全县环卫工作情况，环卫工人代表作发言。会上表彰了10位获得遂昌县优秀“城市美容师”称号的环卫工人。自1997年浙江省设立环卫工人节以来，县委、县政府每年都会举行庆祝活动，向环卫工人致以节日问候。（袁方俊）

城市建设

【概况】 2020年，县住房和城乡建设局承担实施类投资项目76个，其中政府投资项目12个，国企投资项目52个，非政府投资项目12个，全年完成投资23.22亿元。

编制《2020年遂昌县城市更新计划方案》。启动有史以来涉及征迁面积和户数规模最大的南街区块、古院未来社区区块城市更新工作，完成房屋征收23万平方米。开工建设古院梅溪区块安置房、金岸区块安置房等项目，推进限价房项目、飞鹤家园项目。开展雨污分流工作，完成上江区块雨污分流改造和三级电站宿舍、腾龙小区二期金矿宿舍、3个小区“零直排”改造，污水处理厂清洁排放改造项目完工并投入试运行。

【项目建设】完成城南大道一、··二期建设，推进龙谷路三期、吴乐畈区块市政道路工程，开工建设后江路网二期。完成火车站市政配套、后江区块临时停车场、天然气小区入户改造和市政供水管网延伸工程。垃圾焚烧发电一体化项目完成点火测试。后江停车场、北门桥头至月亮湾段道路拓宽项目持续推进。完成环湖绿道、瓯江支流绿道、鼓山公园等项目建设。加速推进后江公园、环城北路、古院一号路边坡治理及绿化提升工程。全年累计完成源口社区中心、月亮湾社区中心、金岸区块安置房、吴乐畈区块路网等40个项目的前期工作。环县城周边绿道工程完成施工图编制，土石方消纳场工程完成方案评审。（袁方俊）

村镇建设

【概况】完成全县124座历史建筑的贴牌保护，完成王村口历史名镇和独山、长濂等6个历史名村的出入口保护标志设置。对124处历史建筑进行测绘建档，开展历史建筑重新评定工作，取消已坍塌无保护价值的历史建筑。全县共有25个国家级传统村落，26个省级传统村落。

完成35个日处理量30吨以上的农村生活污水处理终端标准化运维，开展管网维修改造。完成湖山乡长安小区、高坪乡高坪新村等19个村庄的农村生活污水处理终端及管网提升改造及修复，修复改造污水管网5千米。

【城镇建设】在小城镇环境综合整治基础上，深入开展美丽城镇建设。王村口镇成功创建2020年度美丽城镇省级样板，垵口乡、蔡源乡、龙洋乡获评美丽城镇达标乡镇。完成王村口镇、云峰街道、湖山乡美丽城镇建设行动方案编制，王村口镇、湖山乡行动方案被评为省级优秀方案。针对线乱拉、乱堆放等问题，召集相关单位现场摸排并交办，限时整改。每月对各乡镇（街道）美丽城镇建设进行实地检查，在媒体上公布考评情况排名。

【村庄建设】2020年，金竹镇兰蓬村和黄沙腰镇大洞源村创建省级美丽宜居示范村，申报湖山乡黄泥岭村、北界镇王坞村、新路湾镇焦川村创建省级美丽宜居示范试点。全县已有8个批次27个村成为省级美丽宜居示范试点村庄。云峰街道长濂村、北界镇淤弓村下坪自然村、湖山乡姚岭村国家传统村落保护与利用项目完工。湖山乡黄泥岭村、北界镇王坞村、高坪乡箍桶丘村完成省级传统村落保护发展规划编制。云峰街道长濂村通过省级传统村落风貌保护提升验收。确定新路湾镇社杨村杨梅坪自然村为市级传统村落申报对象。

【《未来乡村建设导则》发布】9月23日，遂昌县正式发布《未来乡村建设导则》（以下简称《导则》），通过发挥标准的规范、提升、引领、支撑作用，确保“未来乡村”建设有方向、评定有标准、管理有办法，为“未来乡村”落地提供可量化的实施路径。根据《导则》，“未来乡村”建设将按照人本化、生态化、数字化、融合化，以“三乡共建”（乡容、乡愁、乡风）、“三创共融”（科创、文创、农创）、“三智共享”（智治、智能、智联）为基本特征，对生态空间、产业发展、人居环境、基础设施、乡村治理进行系统性重塑，构建生态、生产、生活“三生共同体”。（袁方俊）

建筑业

【概况】2020年，遂昌县实现建筑业总产值22.76亿元，比2019年增长1.63%。新增建筑业企业5家，共有建筑业企业31家，其中监理企业3家、二级建筑业资质企业5家。开展农村建筑工匠培训，重点就建筑识图、建筑材料及要求、村镇规划与农房设计原则、建筑施工及安全常识等方面，完成881名农村建筑工匠继续教育培训。开展现场实际操作培训12期，培训建筑工匠719名。

【招投标工作】 备案依法必须招标房屋建筑、市政公用工程施工总承包项目59个，工程货物采购项目8个，施工监理项目11个，工程设计项目8个，总招标控制价25.81亿元。已开标项目86个，中标总金额23.33亿元，通过招标节约资金2.47亿元，节资率9.6%。办理总投资400万元以下的工程项目小额简易发包备案18个，控制价3563万元。

【建筑节能】 开工建设装配式建筑项目10个，面积15.3万平方米。实施飞鹤家园、君悦府、腾龙小区三期、源口社区中心4个绿色建筑项目，面积39.86万平方米，占新开工建筑面积的54%。完成星级绿色建筑示范工程考核。新开工建设装配式住宅和公共建筑项目面积5.78万平方米，完成既有公共建筑节能改造面积0.3万平方米、可再生能源建筑应用面积10.7万平方米。

【治理欠薪】 遂昌县建筑业通过浙江省企业支付监管平台发放农民工工资，提高工程建设领域欠薪治理的精准性。对存在不能及时支付农民工工资隐患的工程，列入重点监控范围，责令用工企业按时足额发放农民工工资，全年协调处理拖欠建筑民工工资纠纷37起，涉及人员285人，追回民工工资337万元。（袁方俊）

施工安全

【概况】 坚守在建工地安全生产底线。推进打非治违、隐患排查治理专项行动，开展城市建设安全专项整治三年行动。全年对各在建工地进行安全生产专项检查和日常巡查180余次，检查面积约260万平方米，签发安全隐患整改指令书160份，发现并督促施工单位落实整改类安全隐患2000余条，查封起重机械8台，办理行政处罚案件12件，共处罚金60.33万元。

【工程质量】 严格审查参建主体质量体系情况，规范责任主体质量行为。受理质量监督工程56项，建筑面积83.78万平方米，造价21.64亿元。其中，房屋建筑工程49项，建筑面积82.15万平方米，造价17.48亿元；市政工程7项，造价4.15亿元。下发整改通知书19份。同时，严格审查建设单位上报的竣工验收备案资料，对43个工程项目实施竣工验收全过程监督，共计建筑面积50.06万平方米，造价11.15亿元，工程竣工验收合格率100%。

【“标化工地”“智慧工地”创建】 2020年，县中心粮库迁建工程、职业中专实习培训楼工程、妙高中心敬老院改造提升工程、浙江微通新材料公司贵金属催化材料生产回收工程，被评为丽水市“九龙杯”建筑安全文明施工标准化工地。县客运中心广场、县实验小学迁建工程等10个项目启动“智慧工地”管理，另有33个在建项目完成“智慧工地”管理报监。制订《遂昌县建筑工地扬尘专项治理工作方案》，建立施工扬尘治理机制，联合环保、执法部门严肃查处违法违规行为，解决施工扬尘问题。

【燃气安全】 要求燃气企业每天一小查，每周一大查。对县域3家瓶装液化气企业和38个瓶装燃气供应点安全检查170余次，排查隐患40余处。加大瓶装燃气信息化实名制销售管理，开展瓶装燃气销售管控专项督查100余次。完成遂昌县管道燃气特许经营评估初稿，加快天然气管道建设步伐，全年完成管道铺设10.5千米，新增用户500余户，完成老旧小区用户天然气配套200余户。（袁方俊）

住房保障

【危房治理】 3月，开展新一轮城乡房屋安全隐患排查，全面核查6193户农村4类困难家庭住房安全状况，对2012—2018年已实施农村困难家庭危房改造的3428户进行“回头看”。推进农村困难家庭危房腾空、拆除、维修工作，对危房硬隔离情况及人员回迁情况进行巡查管控，制定C、D级危房一户一方案，做到“应腾尽腾、能修则修、应拆尽拆”。

对乡镇（街道）农村困难家庭危房治理改造情况进行动态更新，组建督查队伍，在20个乡镇（街道）轮番开展农村困难家庭危房改造督查，发布通报55份，电话问询200余次，书面反馈4份，督查专项通报1份。全年完成危房治理改造666户，其中农村困难家庭411户。

【直管公房】落实住房保障“十四五”规划编制工作。对全县直管公房开展常态化、网格化巡查，全面推进梅溪路直管公房室内简装及智能化管理，开展2020年度公共租赁住房年审和保障房低保家庭情况摸排，掌握保障房内低保家庭的实时情况，完善保障房准入退出机制。宣传各项房改政策，统计更新全县房改房数据，启动2020年度全县各单位退休干部职工房改住房补贴发放工作。

【既有住宅加装电梯】8月13日，遂昌县首台整体装配式既有住宅加装电梯在青云小区开工。本次安装电梯的为青云小区8幢楼，该幢房屋共有楼层6层、住户10户。既有住宅加装电梯工作被列入丽水市2020年十大民生实事。遂昌县成立领导小组，开展楼道单元摸排、社区培训宣传、意向单元上报公示、联合审查等工作，逐步推进既有住宅加装电梯工作。至年底，街道社区发生调解180余次，获得全市既有住宅加装电梯晾晒表流动红旗25次，全县加装电梯累计开工9台，竣工8台。

【房地产市场】2020年，遂昌县完成房地产投资11.26亿元，比2019年增长35.6%。其中住宅投资7.60亿元，增长16.9%。从投资构成看，建安工程投资8.28亿元，增长64.8%，占房地产开发投资比重的73.5%。土地购置费2.24亿元，下降20.1%，占比为19.9%。土地购置费占比从2019年33.9%降到2020年19.9%，投资结构不断优化。

全年销售商品房面积21.94万平方米，比2019年增长4.15%。其中住宅销售面积20.96万平方米，增长54.5%。商品住宅均价11067元/平方米，比2019年降低7.34%，商品住宅可售房源库存13.26万平方米，住宅去化周期8个月。

全年办理二手房转让面积16.39万平方米（其中住宅12.17万平方米），成交金额11.72亿元（其中住宅成交金额9.36亿元），二手房均价6654元/平方米。

全县房屋施工面积92.88万平方米，比2019年增长45.5%，其中住宅施工面积56.65万平方米。年内新开工面积54.35万平方米，增长1898%，其中住宅新开工面积36.61万平方米。

县住房和城乡建设局建立建筑业和房地产专班，强化与自然资源和规划局、统计局等单位的对接沟通，了解房地产开发企业商品房数据，在稳控房价、新建商品房上市交易、房地产项目投资等方面均取得成效。做好新建商品房网签备案工作，完成两个系统（工商银行、建设银行）中的物业维修金楼盘基础数据录入工作。

【新开发楼盘】观澜府。由遂昌祥生房地产公司开发，位于妙高街道吴乐畈区块，用地面积5.51万平方米，容积率1.8，总建筑面积13.76万平方米，其中地上建筑面积9.92万平方米，地下建筑面积3.84万平方米。规划总户数953户。

君悦府。由浙江凯元置业有限公司开发，位于妙高街道吴突头区块，用地面积5.32万平方米，容积率1.35，总建筑面积12.70万平方米，其中地上建筑面积7.18万平方米，规划总户数499户。

（袁方俊）

市政公用事业

【市政设施维护】完成西街三十一弄路面硬化及排水改造、县城雨污水管道清淤和检测、城市桥梁及护栏改造、人行道修补等工程。完成2020年智能电瓶车充电桩安装项目。更换发改局至庄山转盘老旧地埋电缆13.7千米。改善照明条件，新增里弄灯具44盏、妙高山公园景观灯24盏、荷花滩桥头游步道景观灯64盏、溪边路游步道庭院灯42盏，全年亮灯率98%以上。春节前，完成水阁高速出口、平昌广场、汤公园山脚、古院公园的春节小品设置，以及县城主要街道点位亮化。

【园林绿化】抓好城市绿地的日常修剪、浇水、施肥、除草等养护工作，完成绿地补植及平昌路、龙谷路、官碧路的树池河卵石铺设，推进绿地、街头公园改造提升。对绿地内的花镜及花箱进行季节性更换，对公园绿地内的坐凳、喷泉等公共设施进行维护，完成戏曲公园至茗月山庄、吴突头至高碧街口段绿化补植，完成长濂隧道口至发改局红绿灯段绿化补植，完成古院后江区块闲置地块临时绿化及围挡工程3个应急绿化项目。

【环境保洁】对不同等级道路实行不同清扫保洁要求，定时、定人、定责。2020年接管大桥区块、上江区块、古院市民广场及周边道路等路段，道路保洁面积由207.76万平方米增至254.79万平方米，公厕保洁由原来44座增加为48座。大力开展重点区域和道路两侧环境专项整治工作。做好衢宁铁路遂昌站通车日周边环境卫生保洁作业。

【垃圾处置】2020年，遂昌县城镇生活垃圾分类覆盖面91%。实施垃圾分类撤桶并点工作，制定“撤桶并点”实施方案，对69个点位进行摸排，基础部分完成60个点位建设，生活垃圾分类设施完成安装点位17个。建成省级高标准垃圾分类示范小区（兴居花园小区）。在垃圾分类示范小区、校园内开展宣传活动。加强生活垃圾规范处置，填埋生活垃圾50720吨，城区生活垃圾无害化处理率100%。完善建筑垃圾处置管理，规范装修垃圾统管统运，办理工程渣土处置行政许可审批1次，走访装修户312户，办理装修装潢垃圾处置1.24万立方米，审批处置建筑垃圾约5万立方米。

【垃圾分类“撤桶并点”工作】11月10日，遂昌县在平昌广场开展垃圾分类宣传暨“撤桶并点”启动仪式。活动现场，不同颜色的宣传展板让参观者了解垃圾分类知识，垃圾分类劝导员向群众发放宣传资料，四色垃圾桶卡通人偶和市民互动。现场还设有垃圾分类脑力大作战、分类幸运大转盘、垃圾分类“棋步”前行、垃圾分类投沙包四个趣味游戏摊位，并通过小朋友跳健康操、万人签名等方式，吸引不少市民前来参加。

【交通治堵】新建城市道路2.76千米，新建联网路1条，新增停车泊位2501个，其中公共停车位1123个。新建公交站点5个，增开4路夜间班次，采购新能源公交车9辆，调整微公交线路2条，将6路和7路公交终点站向古院、东峰方向延伸，保障新城区公共出行。加强城区道路交通秩序管理，通过全天候不间断巡查，强化城区主要干道、学校、消防通道重点管控。推进“智能交通”建设，新增2套行人闯红灯抓拍系统，曝光闯红灯行为。强化治堵宣传，开展“做文明出行使者，为城市治堵出力”绘画征文比赛，开展治堵宣传“三进”等活动。

【管网改造】完成污水管网改造12千米，排查管网9千米，整治城市河道，建设雨水管网5.5千米，提标改造管网4.5千米，雨污分流管网5千米，清淤排水管网90千米，增加0.03万立方米/小时排涝水应急设备，改造积水点，新建供水管网22千米，改造供水管网5.2千米，城乡供水一体化0.15万人，新建屋顶集雨等雨水收集系统22处，改造节水器具250套，改造一户一表300户。（袁方俊）

社会民生

人力资源

【概况】2020年，遂昌县人力资源和社会保障局打出线上招聘、人才新政、社保费阶段性减免、职业技能提升行动、人事管理制度改革等组合拳，稳住就业基本盘，兜住民生底线，以人社力量助力遂昌加速实现聚变、裂变、豹变，以人社奋斗增色遂昌高质量绿色发展。

加快线上劳务市场建设，集就业招聘、人才引育、职业中介等多种功能于一体，打造遂昌版“58同城”，已完成线上劳务市场系统开发，正对部分功能进行调整。针对搬迁群众梳理就业岗位，发布13期乡村振兴篇——遂昌“大搬快聚”专题线上招聘，累计发布130家企业2716个岗位，实现搬迁群众充分就业。充分挖掘青年见习岗位，全县高校毕业生见习基地64家，提供见习岗位253个，2020年新招见习生93人。

出台《遂昌县职业技能提升行动方案》，建立政府统一领导、多部门共同协作、全体劳动者广泛参与的职业技能培训新体系，全面推进职业技能提升行动。全年开展职业技能提升行动培训70期3916人次，发放培训补贴282.27万元。

【公共就业服务】2020年，全县社区（村）公益性岗位在岗就业175人。认定创业担保贷款20人发放605万元，发放一次性创业补贴1.8万元、场租补贴2.2万元。发放灵活就业社保补贴327人次150.39万元。健全完善东西劳务协作长效工作机制，动员凯恩电池等企业开发25个爱心岗位。加强对失业人员岗位推荐工作，城镇登记失业率1.82%，控制在3%以内。

【人才引进】2020年，依托遂昌引才联络站、丽水“人才金桥”合作高校平台，采取“政策与岗位结合”“线上与线下结合”“设站与中介结合”等方式，先后赴浙江师范大学、安徽理工大学、陕西科技大学、长春工业大学等12所高等院校对接人才合作，建成12家高校引才联络站。全年组织开展各类线上招聘活动20场，线下校园招聘活动17场，新引进各类人才1530人，较2019年增长205.4%。其中大学生1257人（博士生3人、硕士生47人、本科生700人、专科生507人），大学生引进较2019年同期的501人增长151%。

【事业单位公开招聘】2020年，全县事业单位公开招聘71人，报名人数1947人，创历史新高，报考比例超50∶1的岗位有7个，其中最热报名岗位比例达133∶1。最终核减6个职位，招录65名事业单位工作人员。2020年，遂昌县31家机关事业单位（乡镇街道）面向社会公开招聘编外用工84名。

【24小时网上招聘会】疫情防控期间，根据企业和重点就业人群需求，充分利用“遂昌就业招聘”小程序，设专职工作人员持续在线审核招聘信息，全力促进企业与求职者线上“一对一”沟通，保障企

业用工，维护就业稳定。推动12期疫情专题线上招聘，吸纳返乡人员就近就业，助力县域企业疫情期间返岗率100%。2020年底，“遂昌就业招聘”小程序注册企业772家，发布招聘岗位3158个，求职人员7069人。

【人才新政推介会“云招聘”】4月1日，遂昌县人才新政推介会暨安徽理工大学——遂昌县深化政校合作、设立引才联络站签约仪式，以“钉钉视频会议”的方式举行。会上，县委人才科技领导小组与安徽理工大学签订引才合作协议，重点推介了遂昌金矿、利化爆破、荣凯科技、绿能石材4家企业人才招聘计划。遂昌县依托“人才新政”，与专业对口的重点大中专学校和人力资源机构探索建立人才合作关系，已与浙江师范大学、安徽理工大学两家高校完成签约。同时，遂昌县为企业量身定制“云招聘”线上引才方案，组织开展线上招聘15场，引进各类人才166人。

【第四届创业创新大赛】7月5日，第四届“中国创翼”创业创新大赛遂昌赛区选拔暨2020年遂昌县“奇思妙想创赢绿谷”创业创新大赛结束。本次大赛选拔共有11个项目入围决赛，涵盖养殖业、手工业、服务业、农业、工业、互联网行业等。11个项目分为创新组和创业组，通过项目展示和评委问答环节后，决出一、二、三等奖。其中2个一等奖项目分别为：“本质安全微反应器技术的开发”和“千变万化的茶——六大茶类提质增效项目”。

（张冬雨）

社会保障

【概况】2020年，遂昌县人力资源和社会保障局深入实施全民参保计划，重点推进灵活就业人员、城乡居民、外出务工的农民等群体参保工作。加强跨部门间数据共享，做好特殊人群应保尽保工作。全年基本养老保险参保人数174857人，工伤保险参保人数77606人，完成参保调查7184人。全县基本养老保险参保率98.5%。

全年受理工伤认定申请474人次，作出工伤认定决定书437人次，不予认定4人，撤销工伤认定申请6人，工伤发生率为0.99%。

【社保业务网上办理】疫情防控期间，县人力社保局推行社保业务“不见面”办理模式，参保人员通过浙江政务服务网、“浙里办”App、支付宝等线上经办方式，办理相关社保业务，全年社保业务网上办理约21.2万件。

【养老保险待遇】2020年，遂昌县城乡居民基本养老保险个人缴费档次调整为9档，其中100元档次限低保对象、特困人员、残疾人、低保边缘户等困难群体，由各县（市、区）财政全额代缴。全县35980人城乡居民基础养老金最低标准从155元/月提高至180元/月，其中26638人65周岁及以上城乡老年居民由155元/月提高至185元/月。8月起，有233人被征地农民基本生活保障最低档标准从690元/月提高到770元/月。遂昌县城乡居民养老保险保障水平为11.96%，列全市第三。

【社保信息化建设】2020年，遂昌县社会保险信息系统纳入省集中管理，实现了职工养老保险、城乡居民养老保险、工伤保险、失业保险等业务在省统一平台受理，数据全省集中管理。推进社保卡（含电子社保卡）扩面工作，全年发放实体社保卡5018张，签发电子社保卡45504张。推进社保卡服务网点建设，与合作银行建成社银合作网点22个，快速发卡网点11个。部署人社专网安全管控体系，对专网内的终端设备、网络安全异常情况进行有效管控。

【阶段性减免企业社会保险费】落实阶段性减免企业社会保险费政策，共减免企业1413家，减免社会保险费12702万元（基本养老保险费 9566万元、基本医疗保险费1693万元、失业保险费329万元、工伤保险费1114万元）。对受疫情影响生产经营严重

困难的企业实施社会保险费缓缴政策，共26户企业申请缓缴，缓缴金额601万元。（张冬雨）

民政工作

【概况】2020年，县民政局聚焦脱贫攻坚，聚焦特殊群体，聚焦群众关切，充分履行最底线民生保障、最基本社会服务、最基础社会治理、最悠久行政管理职能，创新体制机制，夯实民生底线，提升保障能力，推进全县民政事业持续健康高质量发展。

【民政改革】完成智慧民政信息化一期项目，实现各项业务数据共享，提升为民办事能力。全年政务网收件8056件，主动评价数4301件，主动评价率53.39%。跑零次事项数19项，跑零次率100%。即办事项数19项，即办率94.74%。涉及时限压缩比事项数19项，实现压缩比99.11%。推进婚育户、身后事等领域联办改革。“殡葬一件事”改革自4月上线以来，至年底共受理1228件，受理率96%，婚育户“一件事”网上联办492件，联办率84.5%，提高了办事效率，增强了人民群众的获得感。

【社会救助】2020年，全县城乡低保4041户5883人，低保边缘1562户2896人，发放低保金3673.53万元。低保补差率从人均473.86元61.54%，提高到人均597.4元70.28%。完成低保调标改革，将低保标准与城乡居民人均生活消费支出挂钩，8月1日起，遂昌县低保标准从770元/月·人提至850元/月·人，增幅10.3%。发放临时救助金559人次118.7万元，发放困难群众基本生活补贴117686人次1036.97万元。

开展低保专项治理“回头看”，重点解决困难家庭重病、重残对象未纳入低保，贫困老年人、残疾人、儿童等特殊群体“脱保”“漏保”问题，做到“应保尽保、应退尽退”。全年共入户走访8405户，平台经济复核7741户15007人，新增低保476户975人，注销低保647户1039人，残疾人单列户314人，重病单列户47人，支出型贫困529人。推进低收入农户和低保边缘家庭经济状况认定“两线合一”，对低收入农户专项督查发现的问题进行核查和整改，确保困难群众“应保尽保、应助尽助”。

开展低温寒潮防御探访关爱工作，各乡镇（街道）探访关爱困难群众5643人，其中特困供养人员266人、低保户3061人、低边户1234人、孤儿及困境儿童84人、留守儿童和留守老人998人。发放防寒物资529件，折价14048元。对民政相关机构开展防寒、消防、防疫检查107家，发现安全隐患点42处并整改到位。疫情期间，发放各类民政救助资金2140.53万元。

【养老服务】补助完成66户困难老年人家庭适老化改造。建成三仁乡、应村乡、金竹镇、龙洋乡、云峰街道、黄沙腰镇6家居家养老服务照料中心，委托第三方专业公司运营。建成2家社区嵌入式养老护理机构，分别为：新路湾镇新溪社区小康养老照护中心、妙高街道庄山社区水美养老照护中心，增加床位85张。9月，在遂昌县颐养中心分10批完成517名家庭照护者培训。10月，又对全县养老机构及乡镇级居家养老服务中心护理人员共123人进行业务培训，实现养老机构护理人员培训全覆盖。

加强公建民营养老机构——遂昌县颐养中心运营管理，有入住老人180人，入住率77%。完成妙高街道、湖山乡、王村口镇3家中心敬老院改造提升工程，妙高中心敬老院于6月投入使用，增加床位80张，王村口、湖山中心敬老院完成内部装修和竣工初验，各增加床位60张。

制定《遂昌县关于开展居家和社区养老服务改革试点工作方案》，编制《遂昌县养老服务设施专项布局规划方案》。民政局进入县规划委员会成员单位，推进新建小区配套养老服务用房建设，做到规划、建设、验收、交付“四同步”。遂昌县颐养中心和城东养老中心分别获评三星级和一星级养老机构。为597名老人提供上门服务，发放养老服务补贴48.8万元。办理老年人优待证3282件，发放高龄老人一次性奖励31人3.1万元，为全县70周岁以上22663名老年人办理意外伤害保险。

规范敬老院管理，印发《关于进一步加强中心敬老院财务管理制度的通知》等4个文件，以制度管权、靠制度管事，用制度管人。新增特困人员20人，注销33人。年底全县有特困人员298人，全年发放供养金403.02万元，其中集中供养217人、分散供养71人、委托供养10人。

【儿童福利事业】新建湖山小学、黄沙腰小学、柘岱口小学、云峰中心学校、妙高街道东峰村、大柘镇大田村、王村口镇桥东村和桥西村8家“儿童之家”，新建“城市书房”蕉川分馆，全部验收投入使用。其中，东峰村、大田村“儿童之家”按省级规范化标准建设。调整孤困儿童基本生活保障标准至1581元/月，加大困境儿童保障力度，走访困境儿童、留守儿童748人次，新增8名困境儿童。全年发放孤儿和困境儿童生活补助金145人268.29万元。实施“福彩暖万家”公益助学，资助困难大学新生18名每人8000元。完成10户低保儿童、低边儿童、困境儿童家庭“焕新乐园”项目。

【社会组织管理】建立社会组织党群服务中心，组织开展社会组织年检、“双随机”抽查和等级评估工作。全县共登记备案社会组织1981家，其中登记注册379家，包括社会团体280家，民办非企业单位99家。备案社会组织1602个，平均每个城市社区拥有社会组织19.1个，平均每个农村社区拥有社会组织16.8个。

【基层政权建设】2020年是村（居）委会换届选举之年。20个乡镇（街道）共产生村（居）委会成员1053名，其中主任209名（居委会主任8名），副主任、委员等844名。村（居）委会主任平均年龄43.9岁，大专以上学历109人，占全县村（居）委会主任总数52.2%，女性25名，占全县村（居）委会主任人数的12%。844名村（居）委会副主任、委员平均年龄44.3岁，大专以上学历308人，占全部副主任、委员总数36.5%，女性283名，占全部副主任、委员总数的33.5%。全县村民代表总数为9052人，其中妇女代表3573人，占代表总数的39.5%。

出台《关于开展行政村规模调整优化工作的指导意见》，全县行政村由203个调整到201个（撤销蔡源乡甚坑村、西畈乡渡坑村）。谋划城市社区规模调整优化，制定了社区调整优化方案和一社区一幢楼方案。新增云峰街道九云社区。

【殡葬改革】编制《遂昌县村级公益性公墓规划设计（2020—2035年）》，深化生态殡葬改革。开展违建墓地专项整治成果巩固提升行动，开展安葬设施违规经营专项摸排工作。2020年，全县提升村级公墓42处，补助资金60.42万元，减免殡葬费用100.03万元，向群众赠送骨灰盒111个。清明和冬至期间，提倡鲜花代祭扫，送出鲜花4000余盆。

【社会事务】加强婚姻文化建设，开展婚俗文化调查，推进婚俗改革。全年办理结婚登记1148对，离婚登记546对，补发婚姻证件729本，婚姻登记档案电子化完成率100%。办理弃婴收养登记9起。救助流浪乞讨、生活无着落人员110人次35万元，帮助5名滞留人员返乡回家。深化“平安边界”创建活动。

开展不规范地名清理整治工作，推进地名文化遗产保护。办理地名命名更名43个，其中新建道路命名24个，小区、建筑物命名更名21个。办理门牌编制、变更、注销、换补4093块，其中新编门牌3520块。更新完善国家地名信息库2015—2019年数据206条。新版《遂昌县地名志》进入印刷出版程序。

【民政工程项目】县殡仪馆、公墓迁建工程。选址妙高街道后江村荷山湾自然村。9月开工建设，预算总投资2.51亿元，占地面积52.9万平方米，其中殡仪馆区及入口道路面积5.85万平方米，墓区面积33.6万平方米，绿化用地面积13.45万平方米，项目总建筑面积1.03万平方米。主要建设入口广场、停车场、悼念厅、综合楼、守灵区、火化中心、遗体处理中心、法医区等。

北界中心敬老院迁建工程。选址新路湾镇蕉川村。9月30日开工建设。总投资概算2314万元，总用地面积2390平方米，建筑面积3716平方米。主要建设有老年公寓、综合服务用房，公寓预设床位数116张。

黄沙腰中心敬老院迁建工程。选址黄沙腰镇上定村，总投资概算2567.7万元，总用地面积2612平方米，建筑面积4227平方米。主要建设有老年公寓、综合服务用房，预设床位130张。年底前完成施工图设计及预算审核。

【家庭照护者培训】9月22日，2020年全县家庭照护者培训班在妙高中心成技校开班，当天参加培训的学员有105人。家庭照护者培训是县民政局主办的“民生实事”工程。培训会上，进行了理论培训和现场操作辅导。通过培训，学员们了解了老年人生活照料和护理的基础知识，掌握了照护的基本操作技能和技巧。至9月底，全县4所成技校已经完成8期500人的家庭照护者培训任务。

【全县民政工作会议】7月23日，全县民政工作会议召开，总结2019年民政工作取得的成绩，分析存在的问题和面临形势，部署2020年工作任务。会议传达贯彻习近平总书记有关民政工作的重要论述和指示精神，从落实民生兜底、抓好《关于推进新时代民政事业高质量发展的意见》落实、推进民生实事建设、建设“儿童之家”、强化要素保障五5个方面，为全县做好2020年民政工作、决战决胜脱贫攻坚和全面小康提供指导。会上，相关单位围绕高质量推进全县民政事业发展作交流发言。

（雷丽珍）

慈善事业

【概况】2020年，遂昌县慈善总会共接收捐款捐资及省市慈善项目资金2085.19万元，其中捐赠善款1866.12万元，捐赠物资109.96万元，省、市慈善项目资金109.11万元。开展一系列慈善救助活动，共支付救助资金物资1757.54万元，受助人数19058人次。接受县审计局审计，审计报告及时向理事会公布，并在遂昌县慈善总会微信公众号上公布。

慈善总会日常救助资金主要来源于慈善本金增值部分。2020年比2019年增加本金130万元，慈善本金累计3000万元。

【县慈善总会第三届第四次理事会】6月22日，县慈善总会召开第三届理事会第四次会议。会议审议通过理事会工作报告和关于慈善资金收支预算的报告，宣读2019年审计报告。会议表彰了省慈善联合总会评选出的百个“战疫典型”优秀案例之一——浙江元立集团，表彰了遂昌县入选全省千名“战疫群英”的优秀个人（6人）。

遂昌县慈善总会成立15年来，累计募集慈善捐款1.23亿元，发放慈善救助资金9237.54万元，进行慈善援助7.86万人次。

【抗疫捐赠】开展抗击新冠肺炎募捐活动，共接收捐款捐物1427.24万元。其中，浙江元立集团为抗疫捐款1000万元，是疫情发生以来收到的最大一笔捐款，也是县慈善总会成立以来收到的最大捐款。浙江省遂昌金矿有限公司为抗疫捐款60万元，浙江利民化工公司及下属利化爆破公司为抗疫捐款62万元。县企业家协会、建筑行业协会、石材行业协会等130家会员单位为抗疫捐款捐物283.5万元。有93位爱心人士参与捐款不留名，上至九旬老人，下至幼儿园小朋友。县慈善总会向社会公布捐赠物资资金接收和使用情况，确保公开透明。

【募集善款】除抗疫捐赠外，2020年县慈善总会收到其他捐款共547.48万元，包括：“山海协作”项目资金212万元；遂昌—通江东西部慈善扶贫资金70.5万元；祥生和泰遂昌项目捐款80万元成立祥生和泰圆梦基金；成立公安慈善分会募集资金54.39万元；浙江利民化工公司定向利化慈善基金分会捐款47.09万元；浙江翱力新材料公司成立翱力慈善基金捐款15万元；梧桐公益慈善基金创始人叶俊通过书画艺术品义展义卖活动筹集善款13万元；遂昌圣豪矿业公司定向圣豪慈善基金捐款11万元；遂昌县烟草公司定向亲情爱心基金捐款10万元。所有捐款均按捐赠人意愿开展各项慈善活动。

【慈善救助】县慈善总会在助医、帮困、助学、助老、扶残等方面开展救助，开展春节慰问、“六一”慰问、重阳节慰问、爱心助学、献爱心送清凉、关爱好人等系列活动。全年除抗疫资金外，发放慈善救助资金406.43万元，援助5193人次。其中，助医124.88万元，援助787人次；帮困169.11万元，援助2363人次；助残和扶老45.94万元，援助508人次；助学39.94万元，援助592人次。发放慈善帮扶金、关爱好人项目、拥军项目等其他项目救助款26.56万元，援助943人次。

【项目救助】2020年收到省、市项目资金109.11万元，包括：省慈善联合总会助残危房改造项目，帮助6户残疾人实施危房改造；省慈善联合总会万向助学项目；市慈善总会大病救助项目，帮助22名特重大疾病患者；市慈善总会“暖心行动”项目，慰问75名低保、低收入人群；市慈善总会春节慰问项目，慰问100户低保、低收入家庭；市慈善总会助学项目，资助20名大学新生；市慈善总会“电靓丽水”扶贫项目，结对帮扶独山村、前山村、大路沿村、蔡口村；市慈善总会“我飞拥军”项目。帮助低保和残疾人对接“千灯万户”项目，帮助西畈乡老人对接“圆梦婚纱照”活动。（慈善总会）

医疗保障

【概况】2020年，全县职工医疗保险参保人数40568人，城乡居民医疗保险参保人数166973人，合计参保207541人，基本医疗保险参保率99.68%。享受生育医疗待遇2915人，享受生育津贴待遇339人。全县职工医疗保险收入17982.44万元，其中统筹基金收入7448.43万元，支出8574.30万元，累计结余18870.13万元，其中统筹基金结余9037.75万元。城乡居民医疗保险收入25884.88万元，支出20564.10万元，2020年度结余5320.78万元，累计结余13486.52万元。

县域医共体二级及社区卫生服务机构住院报销比例由75%和80%提高至79%和84%。大病待遇实现向贫困人口倾斜，起付线降低50%，报销比例提高5%，取消建档立卡贫困人口年度最高支付限额。

2020年，遂昌县医疗保障局获评省级先进，在全市医保工作考核中排名第一。《推进医保基金监管制度改革》在省改革办《竞跑者》刊登。

【医保改革】2020年，遂昌县全面启动县域医共体基本医保支付方式改革，实现“控基金”和“提质量”双目标。此次改革在全县范围内推行总额预算管理，对住院医疗服务，主要按疾病诊断相关分组（DRGS）点数法付费；对长期、慢性病住院医疗服务，逐步推行按床日付费；对门诊医疗服务，探索结合家庭医生签约服务，实行按人头付费。3月1日起，实施公立医疗机构医疗服务调整政策，降低偏高的医用设备检查治疗和检验价格，取消医用耗材加成，提高偏低的技术劳务型医疗服务价格，实现“医、保、患”三方共赢。

【医保医师培训】9月26日，县医保局组织全县医保医师进行培训，邀请丽水市医疗保障局副局长周建雄授课。培训结束后，每位医保医师参加了现场测试，培训情况和考试成绩作为医保医师年度考核依据，对年度考核不合格的人员，暂停医保医师资格。本次培训班共分3期举行，全县所有医保医师共530人参加了培训。

【药品耗材集中采购】2020年，全县共落实3批药品带量采购，两家医共体医院提前完成第一批带量采购任务，第二批带量采购完成年度任务量90%以上。第三批从11月开始实施。全年按照实际采购量计算预计节省药品成本支出2000万元左右，降幅达到85%左右，减轻了群众就医负担。

【“浙丽保”征缴】“浙丽保”即丽水市全民健康补充医疗保险，是丽水市为切实解决群众“因病致贫、因病返贫”问题，按政府主导、公益运行、商保承办、自负盈亏的原则设立的纯公益补充医疗保险。2021年个人缴费金额100元/人，规定起付标准为1.8万元（大病保险起付线以上费用经大病保险报销后的自负部分实行零起付）。保障范围为经基本医疗保险、大病保险报销后个人仍需负担的医疗费用，包括合规医疗费用（医保政策范围内费用）和合理医疗费用（医保政策范围外符合清单要求的费用）。报销比例实行梯次提高，不设封顶线。11月6日，遂昌县召开2021年度“浙丽保”参保征缴工作部署会。至2021年1月15日，“浙丽保”参保总人数189594人，参保率91.31%，全市排名第一。

【数字化监管体系】4月30日，遂昌县全面完成40家定点零售药店、诊所视频监控系统的安装、设备调试、信息传输工作，接入市县医保监管中心。县医保监管中心加大对医保定点零售药店和诊所的医疗服务监管力度，有效预防滞留医保卡、销售日用品、套现等违规行为发生。监管中心人员每日网络审核医保定点医疗机构和定点药店上传的医疗费用结算信息，确保所有医疗数据全程实时监控。2020年查出违规定点药店3家，扣回违规医保基金0.81万元。查出违规医疗机构34家，扣回违规医保基金20.8万元。查处参保人违法违规7例，追回医保基金3.99万元。

【医疗保险基金信息互通及追偿协作机制】4月7日，县医疗保障局同县人民法院建立医疗保险基金信息互通及追偿协作机制。在审理案件中，县医疗保障局作为第三方参与诉讼，通过建立基本医疗费申报和直接扣划机制，以及不同意直接扣划的协作措施等填补原告方未如实申报的漏洞，追回先行支付的医保报销费用。通过建立医疗保障基金安全联席会议制度，明确联络对接科室和人员，互通医疗保险基金信息，实现医保基金监管与诉讼追偿无缝衔接，运用法律手段维护医疗保险基金安全。2020年共计追回医保基金1.5万余元。

【打击欺诈骗保维护基金安全集中宣传】4月10日至5月10日，县医保局开展为期1个月的“打击欺诈骗保维护基金安全”集中宣传月活动。在全县范围内发起“医保基金是全体参保人的救命钱，管好我的医保卡，为维护基金安全出一份力！我是遂昌县第***位承诺人”微信朋友圈接力活动。联合医药机构、法院、公安、团县委、社区等部门录制了“我为守护医保基金行动代言”宣传微视频，和联通公司合作，实现全县微信朋友圈视频推送10万条。发放90张宣传光盘、200份海报和5000份折页。县医保局成立专项检查组，对27家定点零售药店进行全面检查。选取典型案例以案说法，通过微信群、钉钉群共享案例视频和业务课程，组织县、乡、村医疗保障系统工作人员开展“云培训”。

【“雷锋式”医保服务】在2家医共体牵头单位、1家妇幼保健所、1家民营医院、21家基层服务中心和27家药店，设立“雷锋式”医保服务专窗。县人民医院、县中医院2家医共体牵头单位及下属单位设立医保医师示范岗27个。建立“雷锋式”医保服务志愿队伍。开展关爱特殊困难群体、引导智慧结算等医保志愿服务，让参保群众在就医过程中能便捷地享受到医保服务。

【医保救助】建立救助对象精准识别机制，按月开展特困、低保、低边等困难人员参保数据核查。将大额医疗费用信息推送至民政部门、慈善总会，建立“医保+慈善”防贫减贫长效机制，全年推送参保人员大额医疗费用信息1241人次。落实重点救助对象资助参保政策，资助参保率100%。资助城乡困难人员9075人，资助金额408.375万元。健全落实低收入人群医疗费用综合保障机制，全年困难人群医疗费用结算17371人次，各项基金支付合计4323.15

万元。实施低农补助9398人次，补助金额74.95万元。医疗救助金额1090.88万元。

【异地就医直接结算“双向互通”】2019年，县人民医院、县中医院实现与上海市双向门诊费用直接结算。2020年，遂昌县扩大异地定点医疗机构覆盖范围，遂昌广济骨伤医院、遂昌县百龄康护理医院完成系统升级、接口改造以及测试工作，于7月开通长三角门诊直接结算。9月，完成与上海市、江苏省、安徽省双向异地就医门诊费用直接结算，实现长三角区域门诊异地就医直接结算。至12月底，遂昌县参保人员前往省外就医，直接结算共计1520人次，涉及医疗费用总额491.01万元，各项基金支付221.99万元。

【城乡居民基本医疗保险参保征缴工作部署会】11月6日，遂昌县召开2021年城乡居民基本医疗保险参保征缴工作部署会。会上，县医疗保障局对2020年城乡医保基金运行情况进行了通报，对2021年城乡居民基本医疗保险筹资方案、医保相关政策、全民健康补充医疗保险作了说明；县税务局布置了城乡基本医疗保险保费征缴工作。会后，县税务局作了城乡医保参保费用征缴业务培训，县医疗保障局进行了医保工作业务培训。（梁　丽）

移民工作

【概况】遂昌是水库移民大县，安置有新安江、滩坑2座县外大中型水库移民，另有乌溪江、成屏一级、成屏二级、应村、周公源、梧桐源、清水源7座县内大中型水库移民，还有65座小型水库。省移民办核定遂昌县大中型水库移民24861人，小型水库移民3640人，移民总人数28501人，占全县总人口的12.3%，分布在20个乡镇（街道）186个行政村（其中库区村及移民安置村123个村）。“十三五”期间，遂昌县共安排移民扶持项目716个，项目总投资1.89亿元，使用各类移民专项资金1.41亿元。2020年，全县安排移民扶持项目141个，项目总投资3030万元，使用各类移民专项资金2918万元。完成2021年项目计划预算编制。

【“十四五”移民扶持规划】总结“十三五”移民后期扶持规划编制和实施经验，深入移民乡镇（街道）现场调研踏勘，征求部门、乡镇（街道）及移民村的意见建议，委托杭州大道安澜设计咨询有限公司编制“十四五”遂昌县移民扶持规划，围绕“一城五区”战略布局，面向移民、覆盖到村，谋划储备了556个项目、概算投资2.1亿元移民资金。力争谋划储备更多项目，更好地服务移民，提振移民村经济。已完成遂昌县“十四五”移民后期扶持规划初稿的编制。

【移民资金末端监管】连续5年与县财政局联合成立移民专项资金检查组，邀请县纪委派驻纪检组参与，对乡镇（街道）移民资金项目开展检查。2020年对检查发现的7类7个问题和涉及项目在每个乡镇（街道）进行了反馈，各乡镇（街道）对存在问题进行了整改，全部整改到位。连续两年，省、市移民管理机构对遂昌县开展移民资金专项审计，审计结果反馈良好。

【直补资金人口核减】“十三五”期间，全县共核减享受移民直补资金死亡人员461人，在编公职人员59人，其他应核人员35人。2020年，核减死亡人员83人、在编公职人员7人、其他应核人员25人。对《遂昌县水库移民专项资金管理细则》进行修订，按照“统一管理、逐年核定、一次发放、社会监督”机制，坚持“分级管理、分级负责、分年核减”原则，确保移民直补资金发放准确无误。

【清水源水库移民安置】省重点项目清水源水库工程涉及县内移民48户154人，分别安置在云峰街道古亭村和同心村。2020年，县移民工作中心在协调第三方做好技术论证的基础上，督促相关部门加速推进移民安置验收工作进度，使工程具备导截流阶段移民验收的条件，实现了验收程序的简化，节省经费100万元。清水源水库成为全省第一个仅通过组织材料申报，创新性走简易程序完成导截流验收工作的水库工程。

【和谐库区建设】深化丽、衢两地乌溪江移民毗邻合作机制，谋划湖山乡黄泥岭村到衢江区岭洋乡大日坂村的古道修复、红色遗址等合作项目，实现乌溪江库区移民党建、文化、经济共同繁荣。深入开展“入千访万”活动。建立低收入移民288户461人档案，排摸风险点6个，落实重点对象6个。落实“一户一策一干部”结对帮扶工作，下派干部到湖山乡红星坪村担任第一书记，谋划移民村发展。

【移民后期扶持工作】全年投入移民专项资金624.5万元，用于10个移民村的集体经济项目建设。妙高街道源口村厂房项目于年底建成，投资概算257.35万元，其中移民补助资金173.78万元，通过物业租赁，为源口村带来30万元/年的集体收入。湖山坪峰村“千斤鱼万元钱”项目，总投资67.5万元，其中移民资金补助28万元，利用53公顷水库资源，创办了“村集体+农户”遂昌县九峰岩生态渔业专业合作社，已整体出租经营，每年实现村集体收入7.3万元。（毛闳丰）

退役军人事务

【概况】2020年，遂昌县退役军人事务局完成全县退役军人就业创业、优抚帮扶、权益保障、部分退役士兵社会保险接续、数据信息采集等工作，并再次提高义务兵家庭优待金标准。

【军人退役“一件事”办理】2020年，县退役军人事务局严格落实“最多跑一次”改革，将退役军人报到、户口登记、身份证办理、预备役登记、基本医疗保险关系接续、社会保障卡申领、党（团）员组织关系转接、职业技能培训申请、自主就业退役士兵一次性经济补助给付等十余件事合为“一件事”，实现军人退役事项一次申请、一窗受理、联动办理、限时办结，方便广大退役军人。

【退役军人服务保障体系】2020年，遂昌县完成全国“示范型退役军人服务中心”创建工作。实现乡镇（街道）退役军人服务站全覆盖。通过事业单位招考、安置转业士官等方式，在退役军人服务站设专职工作人员和兼职人员。王村口镇、云峰街道长濂村、北界镇苏村村退役军人服务站被省委退役军人事务工作领导小组授予“新时代枫桥式退役军人服务站”称号。

【退役军人就业创业】2020年，组织全县退役军人参加了2场“云招聘”活动。与中国移动遂昌分公司、遂昌农商银行等企业签订战略合作协议，招聘员工以退役军人优先，办理移动宽带享受优惠，银行对退役军人提供创业免担保低息贷款。开展退役军人职业技能培训2期、乡镇（街道）退役军人专干培训4期。（柯彩利）

街道·乡镇

妙高街道

【概况】妙高街道位于县境东部，是遂昌县城所在地。东汉建安二十三年（218）遂昌建县开始，即为县署（县人民政府）驻地，是全县政治、经济、文化、交通中心。遂昌县城距省会杭州255千米，距丽水市区96千米。南溪、北溪抱肩穿城而过，合为襟溪，为松阴溪上游。沿南溪从源口村至垵口乡境内，为“十八里翠”国家级水利风景区。

妙高街道区域面积192平方千米，辖27个行政村180个自然村及8个城市社区，街道办事处驻地在县城北街，县委、县政府驻地在县前街1号。县城建成区面积15.6平方千米。

2020年末，妙高街道户籍人口21688户，总人口61763人，其中农业户10755户，农业人口26414人。年内出生376人，死亡362人，人口自然增长率0.32‰。

全年实现工业总产值125.04亿元（含妙高街道辖区内工业园区），比2019年下降4.3%；实现农业总产值1.40亿元，比2019年增长2.4%；实现财政收入5634.45万元，增长7%。农村居民人均可支配收入21413元，增长9.69%。

妙高街道自然和人文景观丰富，有妙高山、唐山、“十八里翠”水利风景区、含晖胜境、汤显祖纪念馆、中国竹炭博物馆、双峰塔等。

2020年妙高街道各行政村基本情况表

表13

村名	自然村（个）	户数（户）	人口（人）	山林面积（公顷）	耕地面积（公顷）	集体经济（万元）	人均收入（元）	党组织书记	村委会主任
东街	8	191	389	195	19.7	20.54	22987	傅猛良	傅猛良
南街	3	272	647	310	3.0	27.08	22701	林昌彪	俞松福
西街	6	512	1187	190	6.3	141.65	22646	李土水	叶伟奎
北街	7	302	625	128	0.0	105.6	22652	翁祝林	包振枫
龙潭	4	147	327	160	3.3	26.01	22734	林保贵	朱永全
东峰	11	361	1006	783	44.5	609.90	21570	雷文彬	—
新东	1	52	133	36	4.0	16.69	21610	方金顺	洪有苏
后江	7	409	1077	11	7.2	44.65	20670	雷金根	蓝明生
古院	6	357	946	55	0.6	2699.79	22998	雷文举	雷关仓

续表 13

村名	自然村（个）	户数（户）	人口（人）	山林面积（公顷）	耕地面积（公顷）	集体经济（万元）	人均收入（元）	党组织书记	村委会主任
北门	22	619	1537	981	46.7	75.91	20692	江振海	洪发强
井东	6	363	891	525	35.9	21.68	21840	蓝庆发	项勇军
东红	1	50	113	35	6.1	12.76	20617	骆金华	郑宏辉
含晖	6	722	1868	372	16.2	45.56	21972	杨秀贵	叶林福
上江	4	467	1119	480	12.2	50.21	21702	朱晓华	刘岳军
黄庄	4	276	751	738	45.5	16.07	21511	何永宏	何会荣
金溪	3	513	1239	393	37.6	21.02	20509	李陈法	周宗春
庄山	6	379	986	412	29.2	22.80	21291	田明良	余小华
金岸	5	510	1189	169	3.6	82.75	22716	刘发善	徐瑞华
大桥	9	597	1394	534	40.9	21.68	20740	何瑞林	雷桂华
苍畈	4	511	1190	429.0	44.7	25.81	20720	鲍新长	鲍金火
源坪	3	674	1512	556	62.2	25.21	20886	潘子俊	陈金华
余家	1	163	374	46	0	12.00	22085	余文星	朱智忠
上南门	18	655	1662	778	101.1	20.73	21632	张文瑞	詹飞
螺蛳垵	7	216	549	260	35.1	18.81	21606	孟永福	林会荣
源口	14	772	1932	3789	48.9	171.08	21290	李君平	李发长
仙岩	8	326	907	876	61.1	39.57	17898	陈水法	—
七山头	6	339	864	684	84.6	26.64	17876	周根胜	华法土
合计	180	10755	26414	13729	780.3	4402.20	21413	27人	25人

【产业、建设、民生】2020年，妙高街道茶叶种植面积676.1公顷，产量1238吨，实现产值9538万元。年末生猪存栏4484头、家禽存栏13295羽。全年肉类产量698.6吨，禽蛋产量14.1吨。全街道有工业企业120家，其中规模以上企业37家。

推进57个省、市、县重点项目，占全县重点项目一半以上。完成土地征收24宗、184公顷，完成房屋征收79幢、3.36万平方米，挂牌出让12宗土地。公安处突中心、飞鹤家园、源口社区中心、遂昌三中迁建、人民医院迁建、遂昌客运中心迁建项目有序施工。完成528国道改建工程妙高段和殡仪馆迁建工程土地、房屋的征收签约。城市更新南街区块、古院后江区块征收全面启动。完成衢宁铁路火车站市政配套工程遗留房屋和环城南路遗留房屋拆除。

出台《妙高街道“美丽城乡”人居环境治理工作督查考核办法》，将环境整治与项目安排、资金补助、干部考核、奖励绩效挂钩。集中推进大桥区块、金岸区块、环城北路、上江段等重点区域环境整治，对各村环境治理情况开展督查，评议“美丽村”“邋遢村”，设流动红旗。全面完成中央环保督察组交办点位整改工作。东峰村、古院村、东红村自来水改造提升工程完工，污水零直排区建设基本完成。“三改一拆”全年拆除违建116宗，处置违建面积11.7万平方米，拆后土地利用29宗，面积4万多平方米。

2020年，妙高街道27个村实现集体经济总收入4402.2万元，平均经营性收入23.65万元，比2019年增长60%。16个村高质量完成“消薄”任务。龙潭村创业大楼建设完工，西街村吴乐畈综合楼竣工并对外出租。10个村入股余新“两创”中心项目，7个村投资南湖“飞地”项目，均取得明显效益。28户109人完成“大搬快聚”签约，“一户多宅”拆除房屋175宗9584平方米，可复垦面积5000平方米。新建5个农村文化礼堂（学堂）。推进慈孝文化、和谐邻里、志愿服务等特色活动，开展社区邻里节、慈孝重阳节、“春泥计划”等新时代文明实践活动70余场次。东峰村获评“第三批中国少数民族特色村寨”。

做好“一户一策一干部”结对帮扶，402户596名低收入农户实现“一对一”精准帮扶。完成38户低保群体危房解危，13个移民项目完成验收，创建100户健康家庭示范户，8部既有住宅加装电梯。全街道有365户514人享受低保，发放低保金319万元，参保“浙丽保”27995人，参保率91%。参加基本医疗保险30668人，参保率99%。

充分发挥“四个平台”和网格员作用，推进社会治安、安全生产、食品药品安全等立体化防控体系建设，各村、社区排摸风险隐患153件，稳控153件。“四个平台”上报事件27818条，办理上级转办来信来访208件、“12345”来电268件。精准稳妥推进企业复工复产，派出“驻企服务员”进企帮办，走访服务辖区内98家企业，完成400余家企业的企业码申领和规下企业样本户申报。

2020年，妙高街道被评为丽水市抗击新冠肺炎疫情先进集体、丽水市无违建乡镇（街道）、全市创建星级“平安金鼎”工作突出贡献集体。金岸村党总支被评为“丽水之干”模范集体。妙高街道东红村被评为丽水市文明村。

【疫情防控】妙高是遂昌抗击新冠肺炎疫情的重要战场，是全县疫情防控工作量最大的乡镇街道。街道发动村（社）党员、志愿者1200余人，成立了78支巡逻队伍，设立卡口136个，对652人实施居家医学观察，对26149名外来人员进行排摸，辖区内91%的人口申领了健康码。1月23日晚开始，全街道疫情防控进入战时状态。1月24日，在龙丽高速遂昌出口、遂昌东出口，遂昌和松阳交接处均设立卡口，街道干部24小时值守。1月26日，街道、社区干部组成筛查小组，对8万多名县城常住人员进行地毯式排摸，对所有湖北方向返遂人员一律实行居家隔离观察和“三对一”联合管控。千名党员干部实现所有村（社）卡口全覆盖，全面开展定点集中隔离、居家监测管控、小区（村）坚决实行封闭式管理“三大硬招”，确保外防输入无漏洞、内防扩散无盲区。至2月19日，遂昌县全面启用丽水健康码，疫情防控由封闭管理转向精密型智控。

【土地房屋征收签约】7月4日，妙高街道全面完成528国道新路湾至石练段改建工程涉及土地、房屋征收签约“双百”任务。该项工程妙高街道范围内长9.2千米，涉及6个行政村、24个生产队、626户农户，需征迁土地近40公顷，需拆除房屋8幢。征迁工作开展以来，街道党员干部用5天5夜时间完成了涉及土地、房屋征收签约“双百”任务。

8月25日，妙高街道后江村第六生产队最后一位农户签字，标志着妙高街道完成县殡仪馆、公墓迁建工程土地征收签约工作。该工程位于后江村内庄、荷山湾两个自然村境内。迁建工程涉及1个行政村、3个生产队、148户农户，需征用土地52.91万平方米。

【完成村（社）组织换届选举】9月，妙高街道经过精心准备和认真组织实施，全力克服项目多、任务重、历史遗留问题多、选情复杂等问题，全面完成村（社）组织换届选举工作。实现组织意图人选当选率和一次性选举成功率“两个100%”目标，在信息专报上获县委书记批示，受邀在全市村（社）组织换届工作会议上作经验交流。全街道231名新任村（社）干部平均年龄44周岁，其中35周岁以下51人（“一肩挑”干部6人），大专及以上学历占比41.56%，女性占比40.69%，年轻化趋势凸显，人员结构进一步优化。开始实施村支部书记、村委会主任“一肩挑”决策。

【妙高街道首届议政会召开】10月30日，妙高街道第一届议政会第一次会议召开。46名街道议政会成员出席，街道班子成员、机关干部、村（居）主职干部、各站所及企业负责人列席会议。会议宣读了妙高街道工作委员会任命文件；表决通过了妙高街道议政会章程（草案）；听取了妙高街道办事处2020年上半年的工作报告、妙高街道办事处2020年上半年环境综合情况报告、妙高街道2020年民生实事项目进展情况的报告；会议还对以上报告进行了分组讨论并表决通过了以上报告。

【东峰文化礼堂获评“书香文化礼堂”】10月，东峰村文化礼堂通过省委宣传部组织验收，被评为全省首批“书香文化礼堂”。东峰村是少数民族特色村寨，其文化礼堂建筑面积450平方米，附属楼建筑面积700平方米。礼堂内设演绎厅、图书馆、耕读书吧。音响、灯光等设备齐全，配有LED背景大屏和游字屏。“耕读书吧”面积200余平方米，藏有图书1万余册，报纸杂志60多种，设座席40余个。东峰村文化礼堂辐射新东村、后江村7000余名群众，是浙江省五星级文化礼堂。

【“芝麻绿豆”志愿服务获评省最佳】2020年，妙高街道庄山村“芝麻绿豆”志愿服务项目获全省最佳志愿服务项目。庄山村“芝麻绿豆”志愿服务队成立于2012年11月，至2020年底有注册志愿者35名，核心成员16名。志愿服务队从小事、身边事做起，长期服务庄山村180余名老人，困难群众20多人，留守儿童30余人，对残疾、患病人员，孤寡和留守老人进行走访慰问。8年来，组织开展了孝道文化节、孝老爱亲模范评选、重阳节系列活动等大型活动上百次，服务老人数千人次。（谢 静）

附：城市社区

【概况】遂昌县妙高街道下辖8个城市社区：城东社区、城西社区、城南社区、城北社区、城中社区、前山社区、叶坦社区、腾龙社区，共有81个居民小组，共建单位88家。8个社区总面积20.44平方千米。2020年，社区户籍人口35349人，年内出生191人，死亡180人，人口自然增长率0.29‰。

8个社区有低保户117户147人，持证残疾人691人。设有来料加工场所16个，专职从业人员124人。2020年，社区居委会走访慰问孤寡老人、低保户772人次，慰问生病和生活困难党员208人次。

2020年遂昌县城市社区基本情况表

表14

社区名	户籍人口（人）	出生人数（人）	死亡人数（人）	党支部（个）	党组织书记	居委会主任
城东社区	5276	31	40	7	黄晓香	叶 春
城南社区	3264	21	11	6	刘冬梅	黄淑英
城西社区	4305	17	39	7	毛爱平	唐美华
城北社区	5004	40	22	8	鲍丽君	黄海红
城中社区	3342	22	20	4	张 芳	张 芳
前山社区	5843	29	34	9	梁启明	李素娟
叶坦社区	5827	31	14	7	郑巧媚	阙晓艳
腾龙社区	8331	0	0	1	周晓玲	—
合 计	35349	191	180	49	9人	7人

【党建工作】每月召开党委会、支部书记会，依托“学习强国”App、主题党日、微信推送等方式开展党员教育活动。抓好党组织换届选举，推选出社区党组织班子38人，其中35周岁及以下6人，大专及以上学历21人，推选出来自机关、企事业单位及农村的兼职委员30名。全年发展社区及“两新”企业党员8名。每月开展志愿服务活动，每半年召开组织生活会。推行基层组织“网格化”管理，实现党员服务群众全覆盖。开展“足印农户、情到万家”活动，社区党委书记、居委会主任走遍辖区结对居民，其他成员走遍网格结对人员，普通党员每季度走访一次结对户。

【文体活动】常年利用黑板报、宣传窗、楼院公示栏、科普长廊等宣传法律法规，刊登百科知识。开展慈孝文化、食品安全、乡风文明、应急急救、茶道文化、中医保健等主题讲座，开展创卫知识、消防安全知识问答等。社区与共建单位联合开展宪法宣传活动、防灾减灾日活动、助残日活动、暑期白马少年进社区活动、重阳节老人运动会、新春送对联活动等。

【民生建设】为居民办理户籍迁移、公租房申请资格初审、开具各类证明、代办老年优待证等。开展居民养老、医疗保险缴费工作。宣传低保政策，掌握低保对象信息，为低保户申办最低生活保障，做到“应保尽保”“应退尽退”，实行民主评议。组织共建单位开展认领“微心愿”、夏送清凉冬送暖活动，以及调解民事纠纷，普法宣传等。发挥爱心超市作用，筹集爱心款、衣物、食品等，救助城镇低保户和因突发事件造成困难的居民。结合居家养老，为老年人提供爱心食堂。

积极宣传既有住宅加装电梯惠民工程，通过入户走访、宣传发动，城中、城西、前山社区累计保障9台加装电梯开工建设，其中8台加装电梯年底投入使用。做好垃圾分类宣传工作，组织居民开展垃圾分类讲座39场，发动居民小组长走家入户发放“两定四分”垃圾分类宣传资料1.18万份，在社区宣传栏及各楼院、小区张贴垃圾分类宣传海报。结合主题党日和党员志愿服务活动，向居民、商户宣传垃圾分类知识。在城区主干道设立垃圾分类集中投放点位36处，安排专职人员管理。

11月，城中社区通过市残联验收，成功创建省级无障碍社区。12月，华鸿锦园小区召开首届业委会选举大会，小区业主代表61人参加投票选举，选举产生小区业委会主任、副主任、秘书长及委员。

2020年，城东社区党委被评为丽水市先进基层党组织、丽水市抗击新冠肺炎疫情先进集体。妙高街道社区慈善爱心超市被丽水市慈善总会评为“最美义工”。

【卫生健康】2020年，8个社区婚姻登记85对，出生191人，死亡180人，新增享受计划生育家庭特别扶助4人。社区利用宣传栏、楼院公示栏、黑板报、微信等，大力宣传人口和计划生育政策，宣传优生优育、家庭保健知识等。开展育龄妇女户口变动“四项”表登记，建立育龄妇女台账。落实流动人口造册及验证工作，实行有效的动态管理。开展妇女健康检查和育龄妇女“两癌”筛查。开展特殊家庭责任医生续签工作，定期上门为特殊家庭进行健康体检。开展计生困难家庭走访慰问活动。

【综合治理】8个社区划分为47个网格，配备47名网格员，形成网格长—专兼职网格员—志愿者的工作模式。社区两委成员、网格员定期召开综治会议。网格员每日开展网格巡查，每月参加街道组织的网格员例会。开展平安维稳、扫黄打非、扫黑除恶、“五水共治”、禁毒知识、消防安全、食品安全等宣传活动。在节假日期间，走访老旧小区、空巢老人、宾馆酒店、来料加工点、出租房及人员密集场所，张贴和发放平安创建、消防安全等宣传资料，进行消防安全检查和维稳巡查。

【垃圾分类撤桶并点】10月31日，在前山社区举办垃圾分类撤桶并点启动仪式，引导居民正确垃圾分类，营造垃圾分类的好氛围。即日起，八大社区设固定垃圾分类点位69个。居民按照“两定四分”（定点、定时，可回收物、易腐垃圾、其他垃圾、有害垃圾）的分类方式，按标准投放垃圾。集中投放点安排有专门督导员。街道配合各部门做好垃圾分类投放、收集、运输、处理等环节工作，真正实现垃圾处理“减量化、资源化、无害化”。

12月11日，妙高街道召开生活垃圾分类督导员上岗动员会，全城60余名督导员参加会议。会上，工作人员介绍了垃圾分类工作推进情况，讲解了督导工作的具体要求和考评机制，对可能遇到的问题给出了意见和建议。本批督导员于12月14日开始陆续上岗。（谢 静）

云峰街道

【概况】云峰街道位于遂昌县东部，区域面积214平方千米，辖17个行政村、136个自然村，新设1个社区。街道办事处驻地湖边洋浩工业区块产业孵化园，距离县城14千米。濂溪为主要河流。

2020年末，云峰街道有农业户9375户，农业人口23873人。年内出生206人，死亡181人，人口自然增长率1‰。

全年完成工业总产值39.11亿元，比2019年增长29.1%。其中34家规模以上企业总产值35.51亿元，增长27%。实现财政收入3472.93万元；农村居民人均可支配收入20682元，比2019年增长9.7%。

遂昌县将云峰街道纳入新城开发规划，定位为东城工业新区，“十三五”期间，龙板山区块、毛田区块开发力度空前，云峰面貌日新月异。遂昌—诸暨“山海协作”产业园坐落其中。石材园区经过整治，纳入有序开发。

景观和名胜古迹有：鞍山书院、千年银都、门阵国共和谈旧址、长濂历史文化街区等。

2020年云峰街道各行政村基本情况表

表15

村名	自然村（个）	户数（户）	人口（人）	山林面积（公顷）	耕地面积（公顷）	集体经济（万元）	人均收入（元）	党组织书记	村委会主任
社后	1	656	3065	40	70.2	51.66	22030	刘起贵	石德华
湖边	2	536	1353	53	20.8	22.83	22021	黄小英	叶益华
洋浩	2	363	911	207	4.1	149.59	22015	姜志华	吴伟根
古亭	3	579	1358	67	48.6	14.34	21979	郑仙其	潘方明
东亭	3	173	390	0	15.1	25.80	22010	余广生	汪月飞
长濂	3	434	1096	380	30.6	33.80	22201	—	张黎明
银都	15	539	1324	1020	63.2	48.65	21093	刘仙明	雷金水
东姑	14	891	2108	429	207.1	45.20	21054	鲍富华	潘石金
下马	12	711	1654	2967	148.7	44.30	20305	鲍宣华	徐建龙
龙口	12	935	2185	209	136.6	31.16	20032	陈根明	叶升俊
龙祥	13	830	1991	801	287.2	38.50	19650	赵建华	陈方林
门阵	7	354	811	1142	25.9	28.56	17973	张志贵	张文照
连头	3	376	884	267	42.0	47.75	22009	吴柏林	吴根华
范村	7	529	1261	360	188.7	40.32	19100	陈小海	余青山

续表 15

村 名	自然村（个）	户数（户）	人口（人）	山林面积（公顷）	耕地面积（公顷）	集体经济（万元）	人均收入（元）	党组织书记	村委会主任
马 头	6	444	1026	236	101.9	27.19	20010	华兆良	杨海龙
隔 溪	10	416	1043	290	147.3	32.13	19087	张樟连	刘永岳
同 心	23	609	1413	4127	151.9	29.90	19000	陈根林	王爱法
合 计	136	9375	23873	12595	1689.9	711.68	20682	16人	17人

【产业、建设、民生】2020年，云峰街道茶园面积688公顷，产量1401吨，产值9132万元。有50亩以上种粮大户25户，粮食播种面积156.49公顷。有各类专业合作社50家、家庭农场40家，其中市级示范家庭农场6家、市级示范合作社2家。培育省级骨干农业龙头企业1家（佳禾竹业科技有限公司）、市级农业龙头企业3家、县级农业龙头企业4家。积极推广机器换人、无人机喷药等，农业生产机械化水平不断提高。筹划徐岙生猪养殖基地建设项目，生猪稳产保供措施落到实处。投资350万元打造食用菌种植基地。杂交稻制种多熟制水旱轮作模式及农机农艺融合技术示范与推广项目获2019年度浙江省农业丰收奖一等奖。

全年完成固定资产投资1100万元。新培育规模以上企业12家、亿元以上企业6家、市级企业技术中心2家，国家专精特新“小巨人”企业1家、省级单项冠军企业2家。创新探索竞价拍地，全年保障工业用地96公顷，新出让标准地30公顷。2020年，云峰街道获评淘汰落后产能和“腾笼换鸟”工作省级先进。

清水源水库项目进入动工阶段。大桥至洋浩公路工程九岭隧道全线贯通。滨水城市客厅、城东区块公交首末站、龙板山工业园区景观提升工程有序推进。连直线三期连头至古亭段改建工程完工。连头矿地综合开发利用试点项目以3.42亿元成功出让。完成4公顷土地整治任务。云峰中心学校扩建工程、县中医院医共体云峰分院病房投入使用。

实行张榜招贤工作，吸引乡贤回乡投资，盘活千年银都农庄。聘请乡贤做招商顾问，充分发挥社会人士在人脉、信息、资金等方面的优势。云峰乡贤已为遂昌县吸引投资近1.2亿元，云峰乡贤馆成为全县样板。培育“旅游+”、研学游等，以“绿水山居红色门阵”为主题，建设门阵国共和谈纪念馆暨红色学堂项目，打造“一心一带两片多节点”红色旅游基地。

全年争取美丽乡村建设专项资金1200万元，湖边村和长濂村美丽精品示范村建设、银都村新时代美丽乡村建设、长濂村中国传统村落项目、门阵村美丽乡村建设等项目有序推进。建成连头村来料加工场所并投入使用，至年底已有收益8万元。同心村、东姑村、下马村移民项目完工，完成投资500余万元。古亭小区建设有序推进，可安置搬迁户238户800余人，已开展选房工作。全力建设“书香长濂”“法治湖边”“和美社后”“耕读马头”文明实践风景线。完成长濂村古建筑群消防整改。湖边村获评省级文化示范村。

开展东城环境综合整治大提升行动，结合城市管理“百日攻坚”集中整治，推进蓝天、碧水、净土、清废专项行动，编制《遂昌县云峰街道美丽城镇建设行动方案》。完成第二轮中央环保督察迎检和整改任务，处理群众举报环境事件数12起。深化落实“河长制”，污水零直排区创建、农村饮用水提标达标工程稳步推进，完成省农业综合水价改革验收。完成2875公顷枯死松木清理和验收工作。

推进危旧房治理、“大搬快聚”工程和“一户多宅”清理整治，完成31户困难家庭危房改造。全街道“大搬快聚”签约158户481人，有80户268人参加选房。“三改一拆”拆除违法建筑36宗4.08万平方米。拆除“一户多宅”52宗。开展“垃圾分类进校园、进机关、进企业”活动。举办遂昌县来料加工技能培训暨比武活动、“品味端午粽香，传承中华文化”包粽子比赛。

全面落实“一户一策一干部”结对帮扶，推进低收入农户收入倍增计划、农民异地转移等扶贫项目。开展低收入农户技能培训10余次。17个村集体经济总收入达711.68万元，其中经营性收入374.99万元。13个村完成高质量“消薄”任务，新增“百万村”1家。

完成低保户核查，全街道有低保户303户409人，低保边缘户133户210人，全年发放低保金264.83万元，建档立卡贫困人口比2019年减少212户373人。实施医疗救助19例，发放救助资金4.53万元。全街道有持证残疾973人，享受残疾人重度护理300人，困难残疾人生活补助197人，全年补助金额51.95万元。经排查鉴定，31户危房全部完成治理改造。完成74家小微企业，107家个体工商户“两直”资金补助。2020年，云峰街道基本养老保险和医疗保险参保率分别为95.33%、99.37%。

开展各类安全检查、巡查，全年检查企业227家次，复查企业215家，完成隐患闭环896个。深化“四平台”建设，推动矛盾协调、信访代办等社会事务，强化群防群治力量。全年排查矛盾纠纷126件，信访受理142件，投诉举报受理106件，调解率、办结率均100%。2020年，湖边村获评省级民主法治示范村，入选全国民主法治示范村推荐名单。

【老年人心理关爱项目启动】1月20日，以“关爱老人，从心出发”为主题的全县首个“老年人心理关爱项目”在云峰街道社后村启动。“老年人心理关爱项目”是根据国家“十三五”健康老龄化规划确定的国家级项目，全国320个行政村列入首批实施村名单，云峰街道社后村入选。该项目通过对65岁及以上老年人开展心理评估和干预，了解和掌握老年人心理健康状况与需求，开展必要的干预和转诊推荐，实现疾病的早发现、早诊断、早治疗。

【金服集团承接东城新区保洁服务】6月30日，金服集团东城新区道路保洁项目进场启动仪式在云峰街道举行，标志着东城新区云峰街道环卫体制机制改革正式落地，也标志着云峰街道环卫工作正式进入专业化、一体化、规范化阶段。2020年，云峰街道采取市场化运作方式，面向全国公开招标，金服物业服务集团成功中标，承接了东城新区集镇和工业园区街道、河道、公厕清扫保洁等服务项目。

【鸡心李直播专场】云峰街道龙口村是全县有名的鸡心李村，7月是鸡心李上市时节，但连续多日的强降雨导致大量果子掉落、开裂，对果农造成很大经济损失。为了助农增收，弥补果农损失，提升云峰鸡心李的知名度，7月17日，县经济商务局、县融媒体中心、浙江赶街电子商务有限公司联合举办了“云峰鸡心李直播专场”。本次直播活动邀请了全县微商和电商主播，在赶街村货、抖音等多个平台上同步直播，吸引了大量观众参与，同时在线观看人数超5万人，带动鸡心李销量近2000千克。

【连头矿地综合开发利用项目签约】7月，“云峰街道连头村建筑用花岗岩矿地综合开发利用试点项目”采矿权在自然资源部网上挂牌出让，杭州兴峰石业有限公司以总价3.42亿元竞得采矿权。7月28日，兴峰石业公司与遂昌县自然资源和规划局正式签约。该矿业权出让资源储量为2284.6万吨，出让期限为5年，项目生产规模460万吨/年。此次成功签约标志着全县首宗矿地综合利用采矿权试点项目正式成功出让。

【九云社区设立】2020年7月，云峰街道九云社区正式成立。社区管辖范围东至东姑村一八湾、南至工业园区毛田区块、西至工业园区洋浩区块、北至工业园区龙板山区块，面积27.11万平方米，划分为社后小区、东亭小区、章州小区、吕家新村、云峰佳苑、亭前小区、古亭小区7个管辖区域，共涉及1553户4757人，分设9个居民小组。社区居委会办公地点设在原云峰街道办公楼。

【云峰街道首届议政会召开】8月28日，云峰街道第一届议政会第一次会议召开。47 名议政会成员出席会议，街道班子成员、机关干部、村（居）主职干部、站所及企业负责人列席会议。会议宣读了云峰街道工作委员会任命文件，表决通过了云峰街道议政会章程（草案），听取并审议通过了云峰街道办事处 2020 年上半年工作报告、2019 年国有资产管理情况报告、2019 年环境状况和环境保护目标完成情况报告，举行了分组讨论。

【佳禾竹业获评省级骨干农业龙头企业】12 月，省农业农村厅发文公布了最新一批省级骨干农业龙头企业，浙江佳禾竹业科技有限公司上榜。佳禾竹业公司于 2016 年 5 月入驻东城工业新区，占地面积 8 公顷，标准厂房 4 万余平方米。主要生产新型户外重组竹地板、竹墙板、格栅、户外竹屋等，2020 年销售额达 1.2 亿元。产品远销国内各省市和海外 80 多个国家、地区。

【全面完成村级组织换届】云峰街道村级组织换届工作从 10 月开始，12 月底结束，17 个行政村均完成换届选举，136 名村级能人当选为村干部。新当选的村党支部书记、村委会主任中，大专以上学历 8 人，女书记、女主任 6 人。“两委”成员中有经商经验的 53 人，外出创业返乡人员 13 人，致富能手 59 人。通过换届选举，村“两委”班子成员的年龄和文化层次比上届明显提高，开始实施村党支部书记、村委会主任“一肩挑”决策。（朱曜宇）

大柘镇

【概况】大柘镇地处遂昌县中部，是遂昌县中西部各乡镇通往县城的必经之地。区域面积 123 平方千米，辖 12 个行政村、133 个自然村。镇政府驻地柘溪上村，距县城 18 千米。主要河流为柘溪。

2020 年，大柘镇有农业户 4870 户，农业人口 13919 人。年内出生 113 人，死亡 123 人，人口自然增长率-0.69‰。

全年实现工农业总产值 6.0 亿元，比 2019 年增长 11 %；财政总收入 3906.97 万元，增长 5.68%。农村经济总收入 6.71 亿元，增长 4.57%；12 个村集体经济总收入 501 万元。农村居民人均可支配收入 25011 元，增长 10.56%。

名胜古迹有：遂昌革命纪念馆（泉湖寺）、汤沐园森林温泉、万亩茶园自行车赛道、车前摄影文化村等。

2020 年大柘镇各行政村基本情况表

表 16

村名	自然村（个）	户数（户）	人口（人）	山林面积（公顷）	耕地面积（公顷）	集体收入（万元）	人均收入（元）	党组织书记	村委会主任
柘溪上	12	688	2063	2544	110.0	71.95	25621	—	程苏文
柘溪下	12	601	1732	1025	67.8	56.30	25042	吴国强	尹素琴
车前	3	169	483	668	24.9	25.25	23877	范建武	范程忠
双溪新	14	442	1325	399	69.4	43.89	24585	涂岩林	王建普
永安	11	302	970	60	45.0	27.40	24879	储爱云	叶樟洪
黄垵	9	313	933	145	53.8	34.69	24820	—	吴锦明
新旦	12	654	1731	1230	83.3	54.72	24901	周仙余	叶卫平
北山	14	314	877	323	43.4	24.20	24346	包陈元	王樟明
后垄	10	257	778	394	55.4	35.42	25546	蓝根林	肖志水

续表 16

村 名	自然村（个）	户数（户）	人口（人）	山林面积（公顷）	耕地面积（公顷）	集体收入（万元）	人均收入（元）	党组织书记	村委会主任
大 田	15	582	1486	445	64.8	41.50	27780	高桂松	王余根
华 洋	10	247	672	734	28.3	53.38	22832	王建洪	吴英伟
梭溪桥	11	301	869	517	29.9	32.30	22495	王松福	黄俊星
合 计	133	4870	13919	8421	676.0	501	25011	10	12

【产业、建设、民生】大柘镇是遂昌县茶乡，茶叶产量和产值均占全县1/3以上，茶产业逐步向高品质、优质化升级。2020年，全镇茶叶种植面积1419公顷，产量2860吨，比2019年增长3.6%，实现产值2.36亿元，增长4.96%。集镇茶青交易市场功能更加完善，开工建设数字茶叶创业园。

全年接待游客近40万人次，实现旅游综合收入5100万元，分别比2019年增长2%和11%。云逸远山网红民宿、汤沐园、遂昌革命纪念馆等文旅特色主体的吸引力增强，农特产电商、中药材等产业发展加速。全面建成后垄村茶厂、柘溪下村游泳池等“消薄”项目。2020年成功签约2个总部经济招商平台，引进6家总部经济企业，牵线民宿投资、闲置土地流转等，促进各村集体经济可持续增收。召开乡贤会3次，全年接待客商团队来大柘考察洽谈30余批次。

全年拆除“一户多宅”252宗，腾出土地1.78万平方米，拆除面积全县第一。完成宅基地复垦2.8公顷。推进“大搬快聚富民安居”工程，其中大田村后重自然村整村搬迁6 户 11 人。完成宅基地复垦42亩，完成率113%。完成新旦村、车前村美丽乡村建设和柘溪大田段绿道项目。推进三际线沿线环境整治，完成永安村路段花池的地面护栏加盖。

全力服务528国道新路湾至石练段改建工程大柘镇范围内的征迁工作，实现房屋、土地征迁“两个100%”。完成永安村山树坞茶山道路硬化，新建街头—高山通行道路，茶山供电供水工程、大田村弱电序化项目动工开建。完成后垄村、双溪新村农村饮用水提标达标项目，推进后重水库建设，修复水毁设施20余处。

全面落实“一户一策一干部”结对帮扶，对388户592名低保低边人员建档立卡。全年补助农户755户1026人，享受补贴的残障人士增加至271人，实现残疾人照料中心全覆盖和居家养老配餐制，累计发放各项保障金1159.96万元。

2020年，完成大田村雷氏宗祠和黄垵村尹氏宗祠修缮；投入3000余万元完成各村文化礼堂和便民服务中心改造提升，创成浙江省农村文化礼堂建设工作示范乡镇。大柘镇武装部被评为丽水市先进基层武装部。

【未来乡村建设首批试点乡镇】2020年，大柘镇大田村入选遂昌县3个“未来乡村”试点村建设。镇里组团赴外学习交流，邀请专家团队考察规划，在构建“未来乡村”上找准目标和路径，细化为一个个具体项目和一项项任务清单。高效推进数字茶叶创业园建设，桃谷驿站、云上茶歇、岭上人家、万亩茶海绿道、万亩茶海林相彩化、茶香一条街等项目完成招投标落地开建，数字花园乡村建设蓝图全面铺开。

【数字茶叶创业园建设】12月，2020年度省级现代农业园区创建榜单公布，遂昌“柘里茶香”现代农业园区上榜。“柘里茶香”现代农业园区核心区面积1400公顷，重点推进万亩茶园基础设施提标改造，建设数字茶园示范区和数字茶业创业园，实施茶旅融合等项目，总投资额5.10亿元。

数字茶叶创业园集茶产业加工、展陈、电商等于一体，是大柘镇完成大田村村级 GEP（生态系统生产总值）和 GDP（地区生产总值）双核算后，推进生态价值转化的一项战略工程。项目位于柘溪下村，总用地面积 6.96 万平方米，规划建设 10 栋茶叶加工厂房及配套用房。11 月开工建设。

【“同心同行聚力扶贫”主题活动】 3 月 24 日，由省扶贫办、省农业农村厅联合主办的全省“同心同行、聚力扶贫”主题活动在大柘镇举行。省农信联社、省供销社、太平洋财产保险浙江分公司、浙江在线、省电商促进会、微医集团等 8 家单位在省扶贫办牵头下，向大柘农户开展以送保险强保障、送农资稳生产、送贷款渡难关、送医疗保健康、送宽带助学习、送岗位促就业、送宣传打品牌、送渠道活销售为内容的“八送”服务，对低收入农户生产生活进行帮扶。

【遂昌长粽推广订货会】 4 月 24 日，在车前文化村举办了一场遂昌长粽推广订货会，来自各地的数十位美食大咖、网红主播、自媒体、电商平台等 150 多位嘉宾齐聚一堂，共同参与遂昌长粽推广订货会。当天的订货会上，有 30 多家销售平台与浙江赶街公司签署销售协议，订单总额 500 多万元。

【浙江自行车联赛大柘茶山越野赛】 9 月 20 日，浙江首届生态运动会（丽水站）暨第九届浙江自行车联赛遂昌大柘茶山越野赛举行，比赛设山地车精英组、山地车大师组、山地车女子组、山地车大众组（1 圈）、城市组（1 圈）五个组别，赛道单圈 8.3 千米。知名山地越野车手郭鑫伟获得山地车精英组冠军，林炳雨获得大师组冠军。大柘万亩茶园自环浙江自行车公开赛办赛伊始就加入分站赛区，已持续办赛 7 年，作为备受环浙车手青睐的赛道，一直人气颇高。（林越）

石练镇

【概况】 石练镇位于遂昌县中部，区域面积 109 平方千米，辖 12 个行政村、79 个自然村。镇政府驻地石练村，距离县城 28 千米。主要河流为练溪。

2020 年末，全镇有农业户 4183 户，农业人口 12170 人。年内出生 82 人，死亡 94 人，人口自然增长率-0.98‰。

全年实现农业总产值 2.07 亿元，比 2019 年增长 6%；实现工业总产值 3.76 亿元，增长 12%；旅游综合收入 0.36 亿元，下降 20%。实现财政收入 3696 万元，完成固定资产投资 1.85 亿元。农村居民人均可支配收入 23688 元，比 2019 年增长 7%。

石练镇文化底蕴深厚，有被列入国家级非物质文化遗产的班春劝农、昆曲十番，其中班春劝农作为“二十四节气”相关内容，被列入世界人类非物质文化遗产名录。另有列入省级非物质文化遗产的石练台阁、七月会等。石练菊米是遂昌县特产，《本草纲目》有载。景观和名胜古迹有：AAAA 级旅游景区千佛山、千年古刹观音岩、太虚观等。

2020 年石练镇各行政村基本情况表

表 17

村 名	自然村（个）	户 数（户）	人 口（人）	耕地面积（公顷）	山林面积（公顷）	集体经济（万元）	人均收入（元）	党组织书记	村委会主任
石 练	3	750	1912	57	242	42.57	23669	朱香荣	徐余寿
淤 溪	18	532	1479	62	1635	33.72	23551	—	叶发喜
宏 象	9	415	1224	65	430	33.09	24528	—	王新根
迎 新	15	380	1194	79	1389	48.41	24558	胡育飞	张青文

续表 17

村 名	自然村（个）	户 数（户）	人 口（人）	耕地面积（公顷）	山林面积（公顷）	集体经济（万元）	人均收入（元）	党组织书记	村委会主任
柳 村	4	402	1122	69	146	38.53	23337	陈方明	朱耀灿
竹溪新	8	322	1043	56	1238	32.14	22061	吴文峰	唐柏勤
景 新	1	306	1028	46	0	23.91	23298	陈碎平	卞仙英
姚 埠	4	308	915	73	216	19.41	24522	黄桂兰	黄加余
金练兴	3	269	758	28	392	24.65	23655	张桂亭	陈根森
黄 皮	6	232	735	73	1204	18.05	23016	罗建军	朱文清
大茂坑	7	199	577	21	2544	31.05	24992	叶志建	吴兴贵
爱 丰	1	68	183	41	49	10.93	23399	胡 镇	—
合 计	79	4183	12170	672	9486	356.47	23688	10 人	11 人

【产业、建设、民生】2020 年，石练镇全力推进健康产业小镇建设，中药材循环有机农业试点通过省级评估，青钱柳、百合等中药材产业实现从种植到加工的全域运行。完成高标准农田建设项目，新建农田沟渠 6100 米、农业道路 1500 米。积极开展生态农业建设，推动物理捕虫等科技元素注入，姚埠村“稻蛙共育”模式被多家媒体报道。

启动石练产业园区污水处理厂建设，完成标准厂房基础设施建设。三家外贸加工企业销售收入较 2019 年增长 55%。由五养堂中医药有限公司投资 1.2 亿元实施的“绿谷精英”A 类项目——年加工 500 吨三叶青、灵芝等中药健康产品及文旅康养三产融合项目开工建设。金色食品有限公司的好川红薯条获 2020 年遂昌“天工巧匠”网络营销大赛“最受环评产品奖”。香满城酒业新品果酒广受市场青睐，线上线下销售快速提升。

坚持“招商引资”一号工程，镇主要领导带队前往上海、杭州等地招商。成功创建蚂蚁数字产业园，招引 4 家企业入驻。争取到象山县东陈乡帮扶资金 20 万元、浙江农林大学帮扶宏象村资金 10 万元。“筑巢引凤”工程储备项目 5 个。

受疫情影响，全年接待游客量约 50 万人次，实现旅游业总产值 0.36 亿元，比 2019 年下降 20%。

做好“两不愁四保障”工作，完成 277 户困难群众危旧房排查，治理危房 39 户。开展低保低边群体核查，全年发放低保救助金 176.11 万元，发放残疾人“两项补贴”63.14 万元。城乡居民基本医疗保险参保率 98.9%。“浙丽保”参保率 90%。招聘村公益性岗位人员 10 人，申报高质量就业村 2 个。

开展“党建+科创”摄像头安装行动，安装摄像头 1100 多个，辖区 2020 年发案率比 2019 年下降 41%，破案率提高到 92.3%。9 月 18 日，承办了全县“党建+科创”网格天眼建设暨平安建设工作推进会。建成镇级矛盾调解中心，化解两起长达 6 年的信访积案，累计化解矛盾纠纷 44 起。开展“信用村”创建，宏象村启动运行。

“三改一拆”拆除违章建筑 25 幢，共 7280 平方米。柳村上垵自然村拆除工作得到市、县领导点赞。推动 528 国道新路湾至石练段改建工程政策处理工作，完成 5 个村、58 幢房屋，466 户、25 公顷土地征收工作。完成茶叶小微园模拟签约，进入立项阶段。投资 500 多万元的石练大桥建成。完成宅基地复垦 2.5 公顷，新立项 2.8 公顷。推进“大搬快聚”工作，上报 54 户 185 人并通过公示，参加选房 18 户，选房成功 11 户。

2020 年，石练镇获评“五水共治”省级先进乡镇、省级污水零直排乡镇，创成农业绿色发展省级示范区。淤溪村成为省级垃圾分类治理试点村，姚埠村被评为省卫生村，柳村村入选省级美丽宜居示范村创建和传统村落风貌保护提升试点名单。竹溪新村被评为市级生态文明村。石练镇健康产业园被评定为市二星级小微园。

【扶贫明示牌制度】2020年，石练镇293户扶贫对象家中，都挂着一块扶贫明示牌，上面清楚地写着联系村领导、驻村干部、结对干部等基本信息。石练镇规定，干部需每周前往贫困户家中走访，密切干群关系，落实好“一户一策一干部”结对帮扶要求，提高结对帮扶效果。扶贫明示牌让群众有困难或问题时，能够及时与结对干部取得联系，该做法被《丽水日报》头版头条报道。

【“五步曲”助推复工复产】石练镇将茶叶、中药材、农产品精深加工产业面对突发新冠肺炎疫情的防控工作放在突出位置，切实打赢疫情防控和农业生产“两大战役”。2月11日召开茶叶种植和加工大户座谈会，听取茶叶采摘、加工、销售方面的困难和建议，就茶产业加工园项目谋划进行交流。2月13日下发致广大茶农茶商的一封信，详细指出当前茶叶生产、采摘、销售各环节注意事项，鼓励引导茶农开展线上交易。主动靠前做好茶叶加工单位的复工复产审核，指导茶农茶商推进网上申报。邀请县农业农村局、县科协等单位专家和技术人员到场指导农业项目开工工作，推进农村疫情防控和农业生产“双加强”。

【姚埠村“稻蛙共育”模式】3月，石练镇姚埠村的罗淳根、雷金泉两人共同出资，创办了淳根黑斑蛙养殖场，两人一起租田地、建基地、购蛙种，在20亩水稻田里投放蛙种150万尾，当年就有收成。第一批黑斑蛙出售5000多千克，收入20多万元。后续成熟的1.5万千克黑斑蛙和4000多千克原生态大米，总产值近百万元。

【石练大桥建成通车】石练镇爱丰小区桥梁建设工程，总投资667万元，2019年9月开工建设，2020年底建成通车。道路宽度18米，全长80米，其中石练大桥长57米。该项目建设对加快石练中心镇人口集聚，提升中心镇基础设施水平，完善县重点项目爱丰小区配套设施具有重要意义，为练溪对岸景新、宏象、爱丰、竹溪新村4个行政村4500余人的出行提供方便。（尹　滢）

新路湾镇

【概况】新路湾镇位于遂昌县北部，区域面积136平方千米，辖12个行政村86个自然村，镇政府驻地新路湾村，距离县城17千米。龙丽高速设有新路湾出口，新溪、蕉溪在新路湾村汇流，合成官溪。

2020年末，全镇有农业户4347户，农业人口11501人。年内出生155人，死亡189人，人口自然增长率-2.9‰。

全年实现农业总产值1.53亿元，比2019年增长6.2%；实现工业总产值0.27亿元，比2019年增长3.53%。服务业总产值3368万元，增长28%；完成固定资产投资6108万元，增长4%。农村居民人均可支配收入19280元，增长9.08%。年末，金融机构存款余额1.34亿元，比年初增加1300万元，贷款余额6813万元，比年初增加623万元。

新路湾镇是全省最大的杂交水稻制种基地，浙江勿忘农种业公司核心供种基地。名胜古迹和文化遗产有：白马山森林公园、蕉川古建筑群、“小方岩”常乐山、张轲纪念馆、大马埠泰船表演等。

【产业、建设、民生】2020年，新路湾镇杂交水稻制种面积273公顷、产值1474.2万元，分别比2019年增长7.9%、3.2%。全镇有茶园面积373公顷，全年茶叶产量518吨、产值1039万元。水果、蔬菜种植面积233公顷，已建成连栋大棚面积3000平方米。小马埠温室大棚建成投入使用，马埠农旅观光园、夹路畈凤凰花海、胡家畈金色花海成为网红打卡点。另有花卉、中药材、中华蜂等育苗育种基地27.7公顷。

2020年新路湾镇各行政村基本情况表

表18

村名	自然村（个）	户数（户）	人口（人）	山林面积（公顷）	耕地面积（公顷）	集体经济（万元）	人均收入（元）	党组织书记	村委会主任
新路湾	9	392	1138	1014	65	39.16	20900	朱利荣	张亚君
官溪	12	421	1183	1196	60	15.79	19746	华渭锋	傅志宏
新双溪	5	268	725	1156	41	13.67	19181	李青	卜标明
新溪	8	388	995	1294	80	40.88	17357	周瑞根	叶小华
远路口	7	264	819	1274	47	37.47	18507	宋亦坪	潘顺俊
三井	1	116	255	835	6	11.64	18561	潘法其	潘新良
社杨	18	482	1247	1716	78	23.71	18922	钟孙华	林旭明
蕉川	11	910	2196	1335	171	27.34	19903	张建宏	周春德
大马埠	2	283	731	491	58	18.15	18769	上官春清	郑武雄
小马埠	2	335	906	358	49	24.07	18411	潘小珍	吴建彬
夹路畈	10	275	834	263	92	16.18	20292	钟建俊	雷志文
胡家	1	213	472	14	36	11.97	20814	胡建军	胡荣贵
合计	86	4347	11501	10946	783	279.73	19280	12人	12人

2020年，新路湾镇突出双招双引，集聚乡村发展新动能。对返遂乡贤进行走访，通过乡贤牵线搭桥，引进江苏双马集团总部经济项目。通过“山海协作”与浙江大学合作，成立浙江槿上花生物科技有限公司，采用“乡贤+基地+村集体+农户”模式发展木槿花产业，计划3年投资2000万元建设万亩木槿花基地，已经投资1000万元，首期67公顷基地已开始采摘。

2020年，三井村农家乐有床位400张，夏季避暑游住宿客流量450人/日，旺季持续50天，全村营业收入约200万元。三井毛峰茶销售额约120万元，白茶销售额约50万元。蕉川种业展陈馆开馆迎客，小马埠农旅观光园建成投入运营，新双溪青钱柳基地、胡家榨油厂投运见效。启动大马埠美丽乡村项目建设，完成大候周历史文化村落保护利用一般村及汤公古道建设。

桐川水库集中供水工程完工并投入运行，水费收缴工作全面开展。完成四角春山塘综合整治工程和垵下源内山塘清理修复。完成馒头山高速货车停车检修区土地征收工作。完成528国道新路湾至石练段改建工程涉及征迁工作，11月30日项目正式开工。完成新路湾敬老院迁建政策处理，项目已经开工。社杨村、新双溪村办公综合楼主体工程完工。完成远路口村文化礼堂建设。

农村生活垃圾分类减量化资源化处理站投入运行。完成集镇污水零直排区创建工作。建设用地复垦立项4公顷，垦造工作基本完工，4个村复垦项目通过市级验收。蕉川骑行绿道建成，环境整治、弱电序化、智慧中心、商业街、美丽宜居等项目有序推进。拆除违章建筑88宗，拆后利用75宗，成功创建“无违建乡镇”。拆除“一户多宅”139宗。“大搬快聚”签约758人，实际安置266人，实现牛角坑、扫帚尖两个自然村整村搬迁。做好樟坪和蕉川衢宁铁路租用土地复垦工作，“炮损”补偿共签约351户，发放补偿金额196万元。

全镇已建成11家村文化礼堂。新双溪村子夏纪念馆开馆。新路湾小学建成塑胶运动场。全镇有中心卫生院1所，卫生服务站1所，村卫生室8家。城乡居民基本医疗保险参保率100%，“浙丽保”参保率90%，城乡居民养老保险扩面达98.8%。

新溪村居家养老服务中心投入使用，6个村开展养老配餐服务。完成211户在册低保边缘户资格复审，实行“一户一册一干部”，低收入农户实现全面结对帮扶。完成绿化造林68.4公顷，创建“一村万树”示范村1个。完成16幢农村危房治理。

办理人大代表议案建议6件，答复率100%。严肃查处发生在群众身边的“四风”和腐败问题，全年开展专项督查15次，约谈提醒镇、村干部10人次。严格落实中央八项规定精神，强化财政预算管理，一般性支出年压减 6%以上。

【子夏纪念馆开馆】1月2日，位于新双溪村老卜坑自然村的子夏纪念馆开馆，并举行了首届子夏文化论坛。来自各地的卜氏宗亲代表、专家学者、热心人士等300余人齐聚一堂，与两千多年前的思想文化名家进行了一场“隔空对话”。《小康》杂志社副社长赖惠能主持了首届子夏文化论坛。

卜商，字子夏，春秋时卫国人，师承孔子，为孔门七十二贤之一。少时家贫，苦学而入仕，曾做过鲁国太宰。孔子去世后，子夏设教讲学，传播儒家思想，在儒家学说中揉进法学思想，是承儒启法的先驱思想家。新双溪村老卜坑自然村大部分村民是卜氏后裔。首届子夏文化论坛上，还进行了《卜子夏考论》赠书仪式。

【“凤凰花海”成网红打卡点】“五一”小长假期间，新路湾镇夹路畈村“凤凰花海”成为乡村旅游热点，有上千名游客涌向这里打卡拍照。“凤凰花海”占地1公顷多，种植了20余个品种的月季，还有绣球花、荷花、茶花等，花期可由5月持续至9月。夹路畈村是一个少数民族聚居村，保留着原汁原味的畲族语言、服饰以及风俗习惯。在县委统战部支持下，夹路畈村勾勒未来乡村图景，引育以月季为主的品种花卉，打造“凤凰花海”。

【桐川水库集中供水】新建桐川水库是一座以供水为主，兼顾下游灌溉和水环境保护综合利用的水库工程。设计库容70.9万立方米，正常蓄水位441.55米，工程总投资2522万元，于2014年11月开工建设，历时两年多，2016年12月建成蓄水。2020年6月桐川水库开始集中供水，项目惠及新路湾、夹路畈、蕉川、胡家、大马埠、小马埠等村7000余名群众。收取的水费用于农村供水工程运行管理和维修养护费用，达到“以水养水”的目的。

【全市污水零直排区创建现场会】8月11日，全市治水办主任会议暨“污水零直排区”建设现场会在遂昌举行。新路湾镇参加会议并在会上做创建工作汇报。作为省级试点镇，新路湾镇制定“污水零直排区”创建工作实施方案，用两年时间，全面开展集镇老旧雨水管网和污水管网修复和改造，打通断头管，修复破损管，纠正错接管，改造混接管，疏通淤积管。对于生活污水、农业污水按照“能分则分、难分必截”的原则，新建污水处理终端，实施雨污分流改造。11月19日，新路湾镇“污水零直排区”创建通过县级验收。

【蕉川村金融服务站开业】9月18日，蕉川村乡村振兴金融服务站举行开业典礼。该服务站配备多功能自助机具，取代电话POS机，金融消费体验从助农取款点的“板凳式”“柜台式”，升级到“客厅式”，可为村民提供实时转账、小额存取、业务查询、金融宣传等服务。开业现场，稠州商业银行遂昌支行向蕉川村“整村授信”2000万元，助力蕉川村花海建设、生态养殖等扶贫产业做强做大。

（黄巧艳）

北界镇

【概况】北界镇位于遂昌县北部，区域面积83平方千米，辖9个行政村、48个自然村。镇政府驻地北界村，距县城27千米。主要河流为桃源、桃溪。北界镇是遂昌县的北大门和对外主要门户，龙丽高速公路设有北界出口。

2020年末，全镇有农业户2962户，农业人口8702人。年内出生45人，死亡87人，人口自然增长率-4.7‰。

全年实现工农业总产值2.19亿元，与2019年基本持平。其中农业产值0.93亿元，增长8.1%；工业产值1.26亿元。农村居民人均可支配收入21425元，增长9.17%。

名胜古迹有：白水村毕氏宗祠、王氏宗祠，王坞村王氏宗祠，苏村苏氏家庙、苏姓大屋，北界窑址，坑里潘村烟铺应槱墓等。

2020年北界镇各行政村基本情况表

表19

村名	自然村（个）	户数（户）	人口（人）	山林面积（公顷）	耕地面积（公顷）	集体经济（万元）	人均收入（元）	党组织书记	村委会主任
北界	5	515	1494	1025	66	34.68	20837	雷春华	余海银
大谷岭	10	223	622	607	17	24.64	21966	周成雄	王新林
周村	5	330	1003	306	39	38.94	21399	余小平	潘宝福
淤弓	7	340	1014	408	54	32.96	21587	华朝华	—
白水	6	453	1307	897	67	19.33	21414	郑仕军	—
苏村	2	230	668	652	52	27.75	22838	华素萍	—
登埠	5	308	950	1162	59	25.7	21023	潘华松	叶仙荣
王坞	3	318	914	667	62	21.96	21166	王冬洪	王选平
王宅桥	5	245	730	1106	55	33.27	21710	王长松	孙建雄
合计	48	2962	8702	6830	471	305.41	21425	9人	6人

【产业、建设、民生】2020年，北界镇红提、葡萄种植面积102公顷，猕猴桃种植面积106公顷，生态蔬菜种植面积213公顷。另有茶叶种植面积167公顷，香榧种植面积33公顷。开展15批次新农人培训，500余人次参训。全镇有家庭农场70个，合作社35个。和婺城区塔石乡打造跨地区“党建+农业产销”新模式。王宅桥村“山海协作”项目通过验收，惠及农户250多户700多人。苏村4.4公顷土地整治项目、桃溪周村河道美丽提升项目、淤弓和周村农村饮用水项目、登埠水厂项目、北界村3.7公顷旱改水项目完成。

发展水果采摘游、亲子游、研学游等“旅游+”项目。苏村村推出全景导览VR，利用省文保单位苏家大屋历史背景和“三苏”文化，完成苏氏三贤宋词文化展陈馆和1983年体验馆建设。加强村+企合作模式，开发集红色教育、现场教学、民兵预备役训练、青少年红色研学、应急救护培训为一体的红色研学旅游基地。

落实扶贫项目3个，涉及资金110万元，苏村美丽宜居示范村二期项目通过验收。开展“洁净家园”“清三河”等活动38次。巩固苏村和淤弓村上坪美丽宜居项目成果，淤弓村下坪国家级传统村落保护项目、王宅桥新时代美丽乡村建设项目通过验收。制止违建行为12起，拆除违法建筑1.69万平方米。推进“大搬快聚”工作，签约审核通过245人。推进“一户多宅”清理整治，拆除“一户多宅”87幢，宅基地复垦2.8公顷。

2020年，《苏村谣》获丽水市乡村文化艺术节村歌大赛一等奖，王坞村村民创作完成村史《王坞之赞》。镇文化站提升工程通过验收，开展春泥计划、送戏下乡、生态运动会等群众文化活动，开展防疫、防溺水、垃圾分类、家风建设、民法典普及等各类宣讲活动。

城乡居民基本医疗保险参保率99.9%。核查确认166户低保户，全年发放低保金147.8万元。开展临时救助26户，救助金额5.8万元，急救困难户5户、金额2.4万元。推出“10+X”扶贫清单，全镇干部累计走访低收入农户1300余次。走访慰问军属和退役军人，完成全国示范性退役军人服务中心（站）试点创建工作。开展消防安全演练和培训5场，开展专项安全检查12次、检查640余人次，实现安全生产“零的事故”。推出“乡村事务员”乡村治理新模式，聘请9名人大代表担任“一格一警”协管员。

【“乡村事务员”农村基层治理模式】2020年，北界镇在王宅桥村试点“乡村事务员”基层治理新模式。将村庄卫生保洁员、河道管理员、护林员、垃圾分类指导员、绿化管理员、自来水管理员、康庄公路养护员7类14项涉及村民日常生活的民生事务打包，聘请专人担任“乡村事务员”，开展统一工作。年末由村民票选打分，按得分高低给“乡村事务员”发放奖金。该模式以“一清单管理任务有明细、一条龙服务效率不马虎、一张票评议乡村家务事”，增强了服务管理的稳定性，节约了村庄自治成本，让村干部有更多精力为村庄谋发展，让乡村治理更加高效。

【“10+X”扶贫清单】2020年，北界镇推出“10+X”扶贫清单，以“清单化扶贫”助推“干有目标、督有标准、推有动力”。结对干部通过“十项固定扶贫清单”（一户一档清单、扶贫专班责任清单、扶持救助资金清单、安全饮用水清单、住房清单、家庭子女教育清单、基本医疗保障清单、扶贫项目建设清单、扶贫领域问题整改清单、扶贫干部学习培训清单）和“X项动态清单”（水费免缴、点亮“微心愿”等），帮扶低收入农户增收，减轻低收入农户生活负担。

【《苏村醒了》赠书仪式】6月5日，《苏村醒了》赠书仪式在苏村村警示教育纪念馆举行。《苏村醒了》共500页、35万字，记录了“9·28”苏村山体滑坡自然灾害及灾后重建的内容。作者为中国青年作家学会副主席、国家二级作家俞宸亭，历时3年多时间创作。2016年9月28日，苏村发生特大山体滑坡自然灾害，致20户家庭房屋被埋，27名群众遇难，村庄满目疮痍。灾后，在各方大力支持下，苏村人发挥“大樟树精神”，积极开展灾后重建，打造了美丽新苏村，呈现出产业兴、农民富、村庄美的新气象。

【跨地区“党建+”乡村发展】在新冠肺炎疫情防控期间，北界镇和毗邻的金华市婺城区塔石乡协作抗疫，成果显著。为推进两地党建联动，共同促进产业相连、治理相融、资源相通、人文相亲，北界镇和塔石乡探索跨地区“党建+”乡村发展新模式。11月11日，北界镇和塔石乡签署合作社产销和毗邻党建共建协议，引领区域联动发展。是日，双方共同为毗邻党建联心社揭牌。在北界镇苏村村，两地乡镇、村干部开展“忆初心、共奋斗”警示教育，参观了“9·28”军地联合指挥部和新建的苏村警示教育馆，聆听了苏村村党支部书记讲述2016年苏村山体滑坡大救援和灾后重建，以及过程中涌现出的感人故事，还邀请了金华市委党校教授给两个村新一届村党支部上了专题党课。

【1983年体验馆建成】2020年，北界镇苏村村建成1983年体验馆，吸引了不少人前往怀旧打卡。体验馆位于苏家大屋西三间原苏村公社旧址，占地面积620平方米，馆内的所有陈列，均按照20世纪80年代风格布置，有供销社、老邮局、照相馆、缝纫机、洋铁碗、永久牌自行车、回力球鞋……还有电影放映室，主打海报是“今日放映少林寺”，场景和物件都充满了年代感。体验馆已搜集到500多件展品，通过复刻20世纪80年代的衣、食、住、行、文、教场所，使其成为一个可触摸、可感知的体验空间。（周敏莉）

金竹镇

【概况】金竹镇位于遂昌县西北部，区域面积 140 平方千米，辖 14 个行政村、128 个自然村。镇政府驻地金竹村，距离县城 40 千米。

2020 年末，全镇有农业户 5041 户，农业人口 13393 人。年内出生 87 人，死亡 129 人，人口自然增长率-3.13‰。

全年实现工业总产值 2.51 亿元，比 2019 年增长 5.38%。实现财政总收入 5901 万元。村集体经济总收入 478 万元，增长 23.23%。农民人均可支配收入 19825 元，比 2019 年增长 9.45%。

金竹山茶油是遂昌县知名特产，全镇有山油茶林面积近 2000 公顷，占全县 1/3 以上。金竹镇是遂昌县主要革命老区。名胜古迹有：中共遂昌县委旧址傅正友公祠、遂昌县工农革命军武装暴动誓师大会旧址梭溪庙、局下古矿洞遗址、唐公宪故居等。

2020 年金竹镇各行政村基本情况表

表 20

村 名	自然村（个）	户数（户）	人口（人）	山林面积（公顷）	耕地面积（公顷）	集体经济（万元）	人均收入（元）	党组织书记	村委会主任
金 竹	7	565	1703	894	110	34.68	20225	罗育兵	李文园
岭 内	5	198	583	201	37	21.96	19623	王根华	吴夏林
早 坞	6	375	1021	507	94	31.24	19262	涂文魁	—
王 川	9	407	1008	693	72	32.70	20885	—	吴声武
百 胜	7	299	769	511	57	34.93	19878	曾梨萍	吴苏友
叶 村	7	348	932	630	64	26.68	20078	涂志光	—
夏 东	8	341	908	821	74	26.92	19127	包发根	曾国民
古 楼	19	634	1580	1176	100	33.88	19890	罗永仁	雷松法
龙 溪	7	213	556	370	46	23.18	19956	谢申豪	翁建兵
茶竹岭	16	366	993	1436	62	106.18	19956	谢金伟	朱志明
王 村	12	338	882	1521	90	23.20	19128	唐家松	—
兰 蓬	12	303	793	1916	43	32.82	20620	黄胜军	谢贵贤
交 塘	5	245	638	523	31	23.48	19448	郑长川	郑全辉
梭溪塘岭	8	409	1027	860	73	26.15	19068	傅国军	刘喜英
合 计	128	5041	13393	12059	953	478	19825	13 人	11 人

【产业、建设、民生】2020 年，全镇有杂交水稻制种面积 126 公顷，产量 180 吨，产值 526 万元。山茶油产量 1450 吨，产值 2480 万元，与 2019 年持平。新增油茶造林面积 101 公顷。有茶叶种植面积 660 公顷，产量 898 吨，产值 1128 万元，比 2019 年增长 25.6%。有香榧基地 34 公顷。新增三叶青种植面积 20 公顷，其他林下中药材种植面积 6 公顷。借力清华长三角研究院平台和“山海协作”结对，推广羊肚菌面积 2 公顷。“山海缘星创天地”项目列入 2021 年省级星创天地备案名单。

借力“天工之城”建设，完成污水处理厂政策处理，集镇污水零直排项目通过验收。王川村“消薄”提升项目落地。金竹叶村至高坪岱岭农村道路改建工程竣工通过验收。民警集训基地建设平稳推进。“大搬快聚”兜底安置点、金竹居家养老服务中心项目完工。完成小额工程招标17起，为村集体节约资金11万元。

全镇有工业企业155家，其中规模以上企业2家，分别是交塘电站和金竹电站。有8个来料加工点位，从业人员200余人，2020年发放来料加工费500余万元。大力发展民宿、农家乐经济。温泉养生岛项目开工建设，叶村油坊岛民宿群投入营业，茶竹岭高山避暑接待游客1.2万余人次。

集镇建设进一步加强，镇村面貌持续更新。拆除违章建筑41宗，面积15850平方米，拆后利用率94.14%。拆除旱厕138座，新建、改建96座。推进垃圾分类工作，全镇配备保洁员63人，垃圾分类处理覆盖率100%，新增垃圾分类示范村5个。定期开展“清河行动”，整治河面20余千米，累计巡河962人次2800千米。4个村饮用水达标提标工程完成建设，总投资600余万元，水费收缴率100%。“大搬快聚”签约146户541人，天门岙、翁村坑两个自然村实现整村搬迁。“一户多宅”拆除134宗、面积12906平方米。

全镇养老保险参保率98.89%，基本医疗保险参保率99.58%，“浙丽保”参保率超90%。有低保户451户681人，全年发放低保金457万元。加强救助帮扶，发放救助金7.7万元，受益43户50人。完善居家养老服务，为170多名老人提供便利。受理信访举报171件，办结168件。成立矛调中心，聘请专职调解员3名，化解矛盾纠纷13起，信访积案2起。化解“陈尸案”1起、亡人事故纠纷1起，获得县委领导批示肯定。

【民情联络员架起“连心桥”】2020年，金竹镇推行民情联络员制度，让有工作热心、熟悉村情且群众基础好、服务意识强的村民代表、老党员、老干部担任联络员，发挥他们贴近群众、熟悉民情的优势和特点，协助党委、政府做好各项工作。村“两委”换届期间，民情联络员化身“千里眼”“顺风耳”，进行“上情下达、下情上达”，架起党委政府与选民沟通的“连心桥”。14个村“一肩挑”人选全部高票当选，村级组织换届工作圆满成功，得到市委组织部部长的批示肯定。

【颁发“先进奖”“蜗牛奖”】为解决村干部“不担当、不作为、慢作为”问题，金竹镇实施“重点工作点评制”，出台“先进奖”“蜗牛奖”认定办法，坚持正面激励和反面警示并重。对重点工作推进不力、履职不到位的村干部颁发“蜗牛奖”，让其红脸出汗丢面子。全年颁发先进奖9个、“蜗牛奖”3个，镇纪委约谈村干部12人次。在机制倒逼下，脱贫攻坚、“大搬快聚”工程、“一户多宅”清理整治、宅基地复垦、总部经济招商等工作全速推进，多项工作得到县领导批示肯定。在2020年全县乡镇考核中，金竹镇获一等奖。

【聘请“开门一件事”督办员】金竹镇14个村完成组织换届后，新一届的党组织班子全部签订了干事创业“军令状”，并从群众呼声高、涉及面广、可行性强的民生实事中挑选出一个最紧迫的项目，作为“开门一件事”，列出了“一件事”清单。为促使“开门一件事”高质量完成，金竹镇创新推出督办员制度，聘请退职村干部为“开门一件事”督办员，定期查看项目推进情况，对年轻干部进行传帮带。督办员制度提升了新班子的执行力、战斗力和凝聚力，加速项目推进工作。

【“山海缘”创评省级星创天地】12月，省科技厅公布了2021年省级星创天地备案名单，遂昌县“山海缘”星创天地成功入围。这是遂昌县申报的第二个省级星创天地，在丽水市三个省级星创天地中排名第一，争取到省级财政补助资金50万元。“山海缘”星创天地依托金竹镇农村集体经济发展有限公司建设，打造“红色+农业+科技+人才+培训”的发展模式，孵化相关高科技项目。下设羊肚菌、水蜜桃、中草药材、杂交水稻等新品种试验基地、产品加工区、产品检测区、产品冷藏贮存区、产品包装区等公共服务设施；建有电子商务农产品销售中心300平方米，二产加工车间1500平方米，培训室2个，检测实验室1个，提供创业工位100个，正在建设农产品展示中心。（蓝恩乐）

王村口镇

【概况】王村口镇位于遂昌县西南部，区域面积165平方千米，辖13个行政村、115个自然村。镇政府驻地钟根村坑根自然村，距离县城58千米。主要河流为乌溪江。

2020年末，全镇总户数3399户，其中农业户3075户；总人口8919人，其中农业人口8416人。年内出生52人，死亡70人，人口自然增长率-2.09‰。

全年实现工农业总产值2.1亿元，比2019年增加0.14亿元，其中农业总产值2.0亿元。接待游客超16万人次，实现旅游综合收入2360万元。实现财政总收入2890万元，比2019年降5.6%。全镇农村经济总收入19979万元，比2019年增7.5%；农民人均可支配收入20265元，增长9%。

王村口是有名的“红色古镇”。1935年，粟裕、刘英率领中国工农红军挺进师转战浙西南，创建以王村口为中心的游击根据地。宏济桥、天后宫、蔡相庙等革命遗址迄今保存完好。20世纪80年代以来，陆续建成月光山公园（粟裕同志骨灰敬撒处）、中国工农红军挺进师纪念馆、张麒麟烈士纪念碑、1935文旅街区等，共同组成王村口红军挺进师革命旧址群，是浙江省爱国主义教育基地。浙西南干部培训中心设在王村口。另有“1942遂昌民众营救美军飞行员纪念馆”。

辖区内南尖岩为AAAA级风景旅游区，云海梯田风光蔚为壮观，被联合国教科文组织授予“国际摄影创作基地”。

2020年王村口镇各行政村基本情况表

表21

村名	自然村（个）	户数（户）	人口（人）	山林面积（公顷）	耕地面积（公顷）	集体经济（万元）	人均收入（元）	党组织书记	村委会主任
桥东	17	295	724	2509	139	40.88	20282	冯礼会	季建斌
桥西	8	384	886	2858	192	30.17	19894	华秋长	方法林
钟根	7	189	495	369	75	13.66	19825	季伟松	季海斌
山枣坪	6	176	494	857	521	36.72	20443	刘根林	刘意雄
石笋头	1	130	310	425	128	10.10	20059	毛立伟	毛益清
大坑	7	203	591	1167	142	16.37	19583	吴伟明	徐火根
山前	12	321	859	2655	142	30.83	19761	朱志明	毛立文
吴处	14	194	585	981	105	24.80	20404	雷飞峰	叶良瑞
对正	9	254	694	1469	132	43.09	18776	刘建彬	刘李英
后塘	11	219	720	4184	269	14.44	20637	袁国强	卢心红
官塘	7	212	595	591	125	25.35	20716	毛必翔	刘吉富
弓桥头	11	346	1020	1025	237	23.28	21941	毛仁松	毛卫强
尹坞	5	152	443	436	37	17.60	21060	毛水根	—
合计	115	3075	8416	19526	2234	327.29	20265	13人	12人

【产业、建设、民生】2020年，王村口镇加快基础设施建设，强势推进重点项目攻坚行动。南尖岩至王村口公路改建工程竣工，集镇农贸市场改造和饮用水提升项目完工。启动总投资1.3亿元的王村口AAAAA级景区镇提升工程，吴处农业综合体、燎原红色培训营地、旅游集散中心等项目落地。

全镇有茶园面积222公顷，2020年实现产值2928万元。发展高山蔬菜、青钱柳、木槿花等健康农业和民宿经济、农村电子商务等。引进杭州今朝文化创意有限公司，实现更多农副产品、特色文创品成为旅游商品。山前村奋斗家庭农场成功申报省级示范性家庭农场，缘来香茶厂、神龙雾峰茶厂被评为国家级农民专业合作社。在吴处垦坑引入班春语·山耕田园农业项目，投资1.6亿元，打造“班春语”高山蔬菜品牌。引入浙江敏元农业发展有限公司，投资5000万元，打造“1108”农业品牌。发挥浙西南干部培训中心品牌效应，以红色培训带动美丽经济发展，举办和接待各类培训班926个5.2万人次，直接经济收入超4000万元。举办红色定向赛·越野赛、红色文化旅游节等活动。

2020年，全镇13个村集体经济总收入327.29万元，其中经营性收入137.9万元，全面完成“消薄”任务。实施扶贫项目2个，整合项目资金118万元，有效提升了村庄环境，改善了村级设施。完成70户低收入农户电气线路老化改造。报名“大搬快聚富民安居”工程265户1022人，通过审核202户734人，已搬迁67户223人，九突、社殿上、石桃源、前山4个自然村整村搬迁，涉及40户112人。完成“大搬快聚”搬迁后土地复垦2.1公顷。

全镇有低保户205户304人，发放救助金额190万元，2020年新增32户47人；有低保边缘户84户144人，2020年新增6户8人。开展临时救助26人次，金额8万元。全镇有特困供养人员26人，困境儿童10人，救助金额17万元。

打好红色堡垒锻造、民心党组织创建、支部书记擂台赛、软弱涣散党组织整转等组合拳，深化年轻干部“扎根蹲苗”行动。完成村级组织换届选举工作。开展监督执纪10次，督促整改问题7个。查办党员违纪案件1件，通报批评2人，谈话提醒3人，党内警告处分1人，1名村主职领导被停职。对接王村口在北京、上海、苏州等地的乡贤，狠抓“红色项目”取得一定成效。发挥乡贤在招商引资、创新创业、精准扶贫、社会治理、乡风文明、慈善公益等领域的积极作用，为古镇发展提供智力支持和人才支撑。

2020年，王村口镇获评国家卫生乡镇、省级美丽城镇样板镇、浙江省AAAAA级景区镇、省工会疗养基地、省关心下一代教育基地，丽水市政治生态优胜乡镇、市级红色示范乡镇等荣誉。

【跨镇引水解难题】3月，王村口镇与龙洋乡凉潭口村签订引接水源协议，决定从该村长垅口引水，解决王村口镇群众多年的饮水难题，此举也助力凉潭口村集体经济“消薄”。经过6个月施工，至9月中旬，长垅口水源的饮用水流向王村口镇，该供水改造工程受益群众2500多人，大幅度提升王村口集镇的供水能力，缓解了桥西村、桥东村、钟根村居民旱季缺水问题。

【智慧旅游“消薄”项目】2019年6月，王村口镇钟根村、官塘村、后塘村、尹坞村、吴处村合股成立遂昌县白鹤尖文化旅游发展有限公司，在中国工农红军挺进师纪念馆旅游服务接待中心建设智慧旅游“消薄”项目，通过购买智慧讲解器200套、发射器30台，出租给浙西南干部培训中心和遂昌燎原培训中心的学员及散客。至2020年3月，该旅游项目累计接待来省内外各类培训班学员9321人次，直接经济收入28万元，带动住宿、餐饮、农产品销售收入120万元，5个村各自收益超过6万元。

【南尖岩至王村口公路改建工程】王村口镇是遂昌县红色旅游“主阵地”，辖区内南尖岩是AAAA级旅游景区，但从王村口镇政府所在地到南尖岩交通不便，行车要绕县道桂王线、石阳线，车程一个多小时。2016年7月，南尖岩至王村口公路改建工程动工，该项目建设不仅改善景区的交通环境，缩短南尖岩、王村口两地距离，约减少半小时车程，还能满足大巴车直接到达南尖岩的需求，带动焦滩龙门景区、独山古寨、半岭民宿、王村口古镇等景区串点连线。经前后5年建设，2020年12月，南尖岩至王村口公路改建工程全线竣工。路线全长20.37千米，路面宽6米，其中桥梁6座。项目投资8200万元。

【百里红军古道定向越野赛】9月20日，浙江省首届生态运动会（遂昌站）暨百里红军古道定向越野赛在王村口镇举行。设计的越野赛线路从王村口集镇出发，翻过柴岙，穿过垵上，穿越经后塘、弓桥头、山井凹、大坑、大路后、对正、双溪口返回王村口，全程约50千米。这条拥有90%原始路段的赛道，是华东地区最美的红军古道，途经白鹤尖战斗旧址、挺进师师部旧址、后方基地旧址、苏维埃政府旧址、“八一”示威誓师大会旧址、群众大会旧址、张麒麟烈士纪念碑等革命遗址和AAAA级景区南尖岩。王村口镇将红色革命遗址串点成线，开发了百里红军古道，让更多年轻人重走红军路，感受革命精神，体验红色文化。

【班春语山居田园项目】2020年，王村口镇引进乡贤资本，利用吴处村复垦闲置的旱地，实施班春语·山居田园项目。规划总面积43公顷，计划投资1.6亿元，分10年实施。为生态农业、农旅融合项目，按照规划实施“一田园一高新四区块业态配套”布局。“一园”即班春田园，“一高新”即高新农业中心，“四区块业态配套”为丽山农场、田园观光区、萌宠乐园、四季有果林场。生态农业项目建设当年即有产出，2020年基地已实现农产品销售额400余万元，带动周边农户实现家门口就业。

【红军广场雕像建设】10月21日，王村口镇红军广场雕像建设开工暨捐赠仪式举行。省革命老区开发建设促进会会长、省政协副主席陈铁雄出席仪式并考察了王村口老区建设情况。2020年，经县老促会争取，省老促会牵线，省福利彩票中心为王村口红军广场雕像建设捐赠经费20万元。开工当日，省革命老区开发建设促进会常务副会长赵利民，省福利彩票中心副主任陈健，丽水市革命老区开发建设促进会会长、市人大常委会副主任杜光旻等参加仪式。11月底，王村口红军广场雕像竣工。（方 瑢）

黄沙腰镇

【概况】黄沙腰镇位于遂昌县西南部，区域面积169平方千米，下辖7个行政村、66个自然村。镇政府驻地黄沙腰村，距离县城85千米。主要河流为乌溪江支流周公源，建有一级、二级、三级电站。

2020年末，全镇有农业户2595户，农业人口7221人。年内出生52人，死亡58人，人口自然增长率-0.8‰。

全年实现农业总产值0.67亿元，比2019年增长11%。工业总产值623万元，比2019年增长41%。农村经济总收入1.34亿元，增长4.5%。农村居民人均可支配收入19524元，增长9.04%。

黄沙腰烤薯为遂昌县知名特产，连获省农博会金奖。名胜古迹有：九龙山国家级自然保护区、省级文保单位李家大屋等。

【产业、建设、民生】2020年，黄沙腰镇种植番薯面积273公顷，烤薯产量产值超过1000万元。推进农业产业结构调整，发展大洞源村“稻—渔”综合种养模式20公顷。发展高山红提、西瓜、蜜蜂、石蛙、石斑鱼、土牛等特色种养产业。在黄沙腰村引进黄粉虫养殖项目，作为石蛙养殖的上游产业，保障石蛙产业的稳定性。

新增一批固定资产投资项目，涉及交通、农村建设、旅游、健康养生等产业。大力培育“回归经济”，精准对接异地商会、重要乡贤企业，强化招才引资，在建乡贤回归项目1个，新增乡贤回归项目1个。与重庆乐融融企业管理咨询有限公司签订招商引资项目协议书，该公司帮助黄沙腰镇在全国范围内招商引资。

2020年黄沙腰镇各行政村基本情况表

表22

村名	自然村（个）	户数（户）	人口（人）	山林面积（公顷）	耕地面积（公顷）	集体经济（万元）	人均收入（元）	党组织书记	村委会主任
黄沙腰	10	420	1169	1926	49	38.7	19612	李子林	巫松柏
大熟	9	355	978	945	81	32.98	18952	黄邦荣	黄邦远
上定	20	505	1368	4487	91	33.08	19346	黄俊华	黄卫军
仙人坝	5	290	808	1462	55	50.45	19377	刘文剑	巫林祥
邵村	12	406	1207	1906	73	27.38	19833	吴开铭	刘盛全
大洞源	6	453	1215	2067	124	38.09	21037	蓝培发	王贵清
小洞源	4	166	476	443	45	19.48	18511	唐隆银	唐隆申
合计	66	2595	7221	13236	573	204.16	19524	7人	7人

建成乡贤馆、居家养老中心、“大搬快聚”兜底安置楼等。完成七树湾至杨茂源、黄黄线水毁道路修复工程。九龙山大桥竣工。完成祝家坞、小洋坑土地平整项目。完成大熟、黄沙腰、上定、邵村自来水厂建设。推进温岭至常山公路遂昌湖山至黄沙腰段政策处理工作。

实施古村落、传统村落保护，挖掘开发红色资源。完成黄沙腰村省级重点历史文化村落保护李家大屋修复项目、大洞源美丽宜居示范村项目，提升村庄环境和旅游品位。把垃圾分类、污水处理、“厕所革命”、村容村貌提升作为重点工作推进，拆除旱厕80个，新建和改建无害化厕所79个。

落实好农村五保、低保、贫困救助等民生保障工作。开展低保人员核查，全镇有“五保”对象24人、享受低保待遇251户375人。开展医疗救助102人次，发放低保、五保、优抚、救灾救济等资金278万元。为低收入农户提供免费茶产业培训，提升低收入农户的择岗就业能力和自我发展能力。通过开发公益性岗位，搭建用工对接平台，开展技能培训等方式，促进低收入农户户增收。为贫困户提供公益性岗位12个，开展培训2场。

全面完成村级组织换届选举工作，实施村支部书记、村委会主任“一肩挑”。全镇新当选村“两委”班子成员43人，平均年龄46.2周岁，比上届下降3.6周岁。其中“一肩挑”（村支部书记）人员平均年龄50周岁。大专以上学历14人；女性干部10人。35周岁以下干部9人。本届村“两委”班子队伍年龄更加年轻，结构更加合理，配置更加科学。

【温岭至常山公路征收工作】9月27日，黄沙腰镇召开温岭至常山公路（遂江公路）湖山至黄沙腰段征迁工作动员大会。该工程涉及黄沙腰镇总长20.5千米、4个行政村，土地征收602户43公顷，房屋征收34户7328平方米。黄沙腰镇成立遂江公路政策处理工作专班，召开镇、村两级动员会，镇、村干部发扬“白加黑”“5+2”精神，仅用78天完成了田地、山林分户和道路、房屋详测核对，形成草图让农户签字确认，土地和青苗征求完成签字，签约率达到99%。

【3个自然村整村搬迁】2020年，黄沙腰镇有179户622人报名“大搬快聚富民安居”工程，经审核符合条件参加腾龙三期和云峰古亭小区限价房选房的196户703人（选择古亭小区37户121人，选择腾龙三期159户582人）。在腾龙三期限价房中成功选房130户467人，在古亭小区限价房中成功选房15户53人。其中，上定村小洋坑、祝家坞和仙人坝村鹰咀3个自然村整村搬迁，共65户212人。

【迎新年农产品展销活动】12月26日，“万物开源庆丰收·九龙年货迎新年”活动暨黄沙腰乡贤“助推年货送好礼”广场展销农产品系列活动在县城平昌广场举行。烤薯、黄米粿、辣椒酱、野蜂蜜、煎香鱼 、鲜石蛙……年货节现场分为乡贤展品、农副产品、特色小吃三大展馆体验区。现场除了各类产品，黄沙腰镇村民还准备了番薯花、印板果、玉米饼、糖糕等地道小吃供市民品尝。活动结束后，黄沙腰镇召开了乡贤座谈会。

【九龙娘子军队伍】成立于2019年6月，以围绕政府工作“全覆盖”、联系妇女儿童“零距离”、服务妇女儿童“无缝隙”为服务主旨，依托镇村妇联执委队伍、网格员队伍、巾帼志愿者等，将其中有文化、有耐心、懂政策的女性成员筛选组成的一支队伍，致力解决各村小矛盾小纠纷，帮助协调推进重点工作。至2020年底，“九龙娘子军”队伍从9人扩增至55人。参与“大搬快聚”工程、“一户多宅”清理整治、疫情防控等，入户侦测宣传达136次，化解纠纷3起。协助推进“一户多宅”清理整治53宗，拆除面积2000多平方米。（叶英萍）

三仁畲族乡

【概况】三仁畲族乡位于遂昌县中部、遂昌县城西郊，区域面积79平方千米，辖8个行政村、64个自然村。乡政府驻地高碧街村，距离县城10千米。

2020年末，全乡有农业户3167户，农业人口8295人。全乡有畲族人口2044人，占全乡总人口的24.64%。年内出生43人，死亡79人，人口自然增长率-4.2‰。

全年实现工农业总产值2.23亿元，比2019年下降5.8%。其中，农业产值1.12亿元，增长4.8%；工业产值1.11亿元，下降16%。实现财政总收入2631万元。农村经济总收入2.36亿元，比2019年增长4.3%；农村居民人均可支配收入21258元，增长9.3%。

三仁畲族乡是遂昌县城“后花园”，地理条件得天独厚，文化底蕴深厚。好川遗址是国家重点文物保护单位。正在建设戏曲小镇·关雎文化园。清光绪版《遂昌县志》记载，小忠村生产的冬笋，在明清时成为朝廷贡品，有“贡笋”之称。

2020年三仁畲族乡各行政村基本情况表

表23

村 名	自然村（个）	户数（户）	人口（人）	山林面积（公顷）	耕地面积（公顷）	集体经济（万元）	人均收入（元）	党组织书记	村委会主任
高碧街	15	603	1556	225	92	28.35	21279	应水寿	陈文龙
十三都	6	278	701	908	65	67.98	22578	邱仙良	吴根松
大 觉	5	373	1007	116	75	30.07	20915	尹土松	尹土松
坑 口	10	366	1064	889	101	42.01	21322	蓝法松	邓爱梅
小 忠	9	589	1349	259	109	29.58	21246	程卫星	徐忠义
好 川	10	382	1030	745	129	70.53	21055	邓科炜	占 峰
沙 口	5	285	772	215	90	36.32	20963	王利明	徐德善
排 前	4	291	816	298	87	55.87	20979	雷月新	王东豪
合 计	64	3167	8295	3655	748	360.71	21258	8人	8人

【产业、建设、民生】2020年，全乡茶叶种植面积631公顷，产量827吨。蔬菜种植面积181公顷，水果种植面积40公顷，其他经济作物种植面积273公顷。三仁畲族乡是遂昌县重点竹产区，全乡竹林面积2200余公顷，有9家竹子专业合作社，竹产业是农村经济主导产业，收入占农民收入的35%以上。坑口村有省级毛竹科技示范园区。

全年完成固定资产投资1219万元。成立乡总部经济服务中心，统筹招商引资工作，完成总部经济纳税305.2万元。

推进坑口村“山海协作”乡村振兴示范点和坑口村畲乡大舞台项目建设，创新畲族文化沉浸式体验，促进畲族特色与乡村振兴相结合。建设坑口村田园观光线和畲族风情带，打造“生态乡村+美丽乡村+旅游乡村”新模式。完成好川畲寨茶园迷宫、小忠前寮情境乡村、坑口杉树垵水库提升、好川至排前公路沿线路灯安装等项目。建成乡本级和高碧街村、小忠村退役军人服务站、十三都村“农村家宴放心厨房”、好川村多功能运动场。高碧街村居家养老服务中心投入使用。完成高碧街村、小忠村文化礼堂提升工程。

完成528国道改建工程三仁段25公顷土地征收和28幢房屋征迁“双百”签约。实施上篁安置小区出让地块挡墙工程，全力保障外庄至高碧街道路改建、三仁加油站迁建等项目推进。完成大觉村水毁修复工程和高碧街村下寺山塘、小忠村前寮河道整治工程，以及全乡集中供水改造和坑口村单村供水工程。“一户多宅”清理整治完成率100%。完成建设用地复垦3公顷和高标准农田建设400公顷。枯死松木清理工作得到县政府主要领导批示和表扬。

举办“弘扬畲乡文化，传递浓情粽香”健康家庭庆端午、打造民族乡镇高质量绿色发展“重要窗口”文艺晚会等活动，促进文化融合发展。创新“党课＋互联网”教育模式，开通党建最前沿直播教育平台。

落实低收入农户水电费减免政策，“一户一策一干部”帮扶落地见效。完成低收入农户危房改造33户。严把低保、低边农户动态管理的入口关和退出关，全年核查取消低保38户54人、新增10户16人；取消低边25户57人、新增1户1人。全面完成“消薄”任务，实现7个村高质量“消薄”。

“浙丽保”参保率98.3%，排名全县第一。城乡居民基本医疗保险参保率99.93%，城乡居民基本养老保险参保率99.57%。

完成全乡应急四级响应体系建设，举办全市防汛防台实战模拟演练。落实残疾人“两项补贴”政策，小忠村“无障碍村”改造通过验收。完成小忠村和坑口村“仁家”多功能服务站建设，实现群众办事一站式集成服务。完成小忠村“信用村”试点建设。推进“乡贤+”机制建设，通过乡贤榜、乡贤议事、乡贤调解等形式，助力社会基层治理。

2020年，三仁畲族乡入围全省“农文旅”融合开发培育民族村名单，成功创建国家卫生乡镇。小忠村获评“全国文明村”，好川村和坑口村获评“浙江省文明村”。

【“山哈初心讲堂”开讲】1月1日，在高碧街村蓝氏宗祠内，三仁畲族乡的“山哈初心讲堂”第一课开讲，十多名身穿传统畲族服饰的党员、群众围坐一堂，聆听习近平总书记的2020年新年贺词，就下一步更好地挖掘、保护、传承畲族文化进行了交流探讨。三仁畲族乡的“山哈初心讲堂”经过大半年改造提升后，以全新的面貌展现在大家面前。清幽的环境，摆放整齐的桌椅，墙面上布置着的各类畲族传统物件和习俗介绍，两旁“习语书吧”和“畲语书吧”书架上摆满了各类书籍。

【全省村级组织换届选举试点】三仁畲族乡作为全省村级组织换届试点乡镇，7月率先启动村（社）党组织换届选举工作，乡党委、政府按照“班子成员包村联村、驻村干部驻村联心”要求，逐村制定“5有+X”招贤榜，认真研选排摸出最符合群众意愿的候选人名单，圆满完成村级组织换届试点任务。8个行政村共选举产生村级党组织班子成员35人，平均年龄47周岁。其中，女性干部7人、少数民族干部8人、35周岁以下大学生干部7人。干部平均年龄比上届小7岁，大学生占比提高至17%。换届完成后，梳理交办“百日攻坚”任务142项，期限内全部完成，充分展现了新一届村“两委”班子的新风气、新面貌。

【“健康家庭庆端午”主题活动】6月24日，三仁畲族乡在小忠村举办“弘扬畲乡文化，传递浓情粽香”健康家庭庆端午主题活动。全乡8个村分别组队进行包长粽比赛。选手们穿着畲族服饰，展现包长粽绝活。评委团以“最快、最多、最美”的标准对各组长粽进行综合打分。比赛结束后，还开展了“科普进万家”健康知识讲座、家庭健康教育培训会、垃圾分类和统战知识竞赛活动。

【党建最前沿直播教育】12月15日，三仁畲族乡开展主题党日活动。本次主题党日活动采用网络直播的方式举行，将主题党课与互联网技术相融合，各村党员通过会议室设备或手机软件观看，全乡400多名党员参与这次特别的党组织活动。三仁畲族乡开通党建最前沿直播教育平台，更好地带动外出党员、行动不便党员参与党组织生活，让党员随时随地参加党组织学习，解决了学习教育不平衡、形式单一、学习效果不佳等难题，丰富了形式，提高了学习效率。（叶婉珍）

垵口乡

【概况】垵口乡位于遂昌县南部，区域面积163平方千米，与松阳县和龙泉市接壤，辖9个行政村、65个自然村。乡政府驻地根竹口村，距离县城35千米。主要河流为十四都源。主交通干线227省道穿境而过。

2020年末，全乡农业户2139户，农业人口6560人。年内出生45人，死亡49人，人口自然增长率-0.61‰。

全年实现工农业总产值1.29亿元，比2019年增长13.2%；财政总收入1471万元。农村经济总收入331.95万元，增长10.67%；农村居民人均可支配收入20545元，增长8.95%。

名胜古迹和文化遗产有：“十八里翠”国家级水利风景区、AAAA级旅游景区神龙谷、大山村神龙谷漂流、“6636”战备油库遗址、葛程苏维埃政府旧址。

2020年垵口乡各行政村基本情况表

表24

村名	自然村（个）	户数（户）	人口（人）	山林面积（公顷）	耕地面积（公顷）	集体经济（万元）	人均收入（元）	党组织书记	村委会主任
垵口	6	279	840	2103	37	89.63	22345	林斌勇	林小伟
根竹口	8	270	897	2238	51	38.26	22008	吴良雄	吴良雄
大山	9	191	511	2122	22	21.44	20328	邹根林	陈先明
乐山头	3	125	478	1297	21	30.66	19240	李根松	吴可汉
小岩	5	123	336	1442	17	21.01	20155	范子忠	尹冰
石仓	6	171	522	2100	24	28.49	22349	周立文	周立文
桂洋	11	350	1113	1507	62	39.24	19883	周土高	廖水德
葛程	10	380	1083	620	82	32.6	18921	卓丽平	李彬连
徐村	7	250	780	370	63	30.62	20026	毛仁风	翁建新
合计	65	2139	6560	13798	379	331.95	20545	9人	9人

【产业、建设、民生】2020年，全乡茶叶种植面积199公顷，产量275吨，产值2200余万元。高山蔬菜种植面积130公顷，产值2500余万元，新增茄子种植面积11公顷，产值150余万元。全乡中蜂养殖3500桶，蜂蜜25吨，产值500余万元。中药材种植面积13公顷，实现产值300余万元。松涛家庭农场与江西百康药业签订长期合作协议，星火中草药专业合作社采用网络直播销售新模式，将三叶青销往衢州、上海、湖北等地，销售收入30余万元。全乡有竹林面积2076公顷。

全乡工业总产值3083万元。其中11家水电站产值合计1673万元，6家茶叶加工厂产值合计1250万元，德盛木业公司产值145万元。2020年，浙江水立方公司生产的“十八里翠”山泉水以当地招代理方式进行销售，主要销往江浙沪地带，用于宾馆定点用水或各种规格会议指定用水。高质量完成“两直”资金直补工作，其中小微企业5家，个体工商户46家，兑付金额37.6万元，有效帮助个体工商户纾困，帮扶小微企业渡过难关。

神龙谷景区全年接待游客3.6万人次，实现旅游综合收入270余万元。成立县级研学基地，与金华旅行社总代理签订长期旅游合作协议。全乡有农家乐经营户25家，综合收入240余万元。依托南尖岩、神龙谷景区辐射带动作用，推进石柱源、仓库坛民宿项目建设，力促桂洋、石仓、大山旅游经济带加速成型。“遂昌垵口让生活更甜蜜”新闻报道在浙江电视台教科影视频道播出，提升了“甜蜜垵口”的知名度和美誉度。

对标新时代美丽城镇省级样板，开展“家家整洁、村村清洁”洁净乡村专项行动。完成农户旱厕拆除90户，改建72户，新建28户。巩固“四位一体”河道管护模式，确保一江清水送县城。完成乐山头、大山、垵口等5个村机耕路硬化项目。完成了十四都源到大山段生态水电示范区项目。石仓村桥梁修复、桂洋村木廊亭建设、葛程村路灯安装等民生项目完工。新建文化礼堂3个，举办非遗花灯传承讲座、文化走亲等文化活动。低收入农户家庭医生签约实现全覆盖。

全乡“大搬快聚”签约1220人，实际参加选房132户497人。扎腰、横坞儿、椿后寮、山下垄、金口后5个自然村整村搬迁。推进“一户多宅”清理整治工作，实行“村干部带头拆、党员带头拆、党员干部亲戚带头拆”的“三带头”工作机制，共拆除109宗，占地面积11579平方米，建筑面积19744平方米。拆后复垦3.97公顷，领跑全县各乡镇。完成5个建设用地复垦项目，复垦面积6.53公顷，该项工作获得县政府主要领导批示肯定。

城乡居民医疗保险参保5922人，居民养老保险参保1965人，“浙丽保”参保5460人。全乡有低收入农户329户、479人。完成危房解危13户、老旧线路改造62户、饮用水安全提升4户，享受“雨露计划”12人。桂洋村居家养老中心运行，实现老有所养、老有所依、老有所乐、老有所安。基层治理“四平台”和“最多跑一次”改革持续深化，网格员全年上报事件数1372条，办结率100%。

2020年，垵口乡被评为国家级卫生乡镇、第十批浙江省生态文明教育基地。神龙谷景区被评为浙江省“乡村氧吧”。

【乡贤给705位老人送温暖】1月11日，垵口乡乡贤联谊会发起“浓浓乡贤情，温暖老人心”公益行动，由各村乡贤出资，为本村70周岁以上老人送上一床棉被。全乡有705名70周岁以上老人受益。这是垵口乡乡贤联谊会成立以来举办的第二次公益活动，目的是弘扬慈孝风尚，传承孝老美德，带动更多的年轻人孝老敬老。垵口乡有上百位乡贤，分布在上海、杭州等地经营宾馆、超市等行业。

【《国家治理周刊》关注“十八里翠”】10月，《国家治理周刊》2020年第37期刊发《遂昌县垵口乡“十八里翠”水利风景区探索“绿水青山”与“金山银山”互融互促新路径》一文，报道称：“十八里翠”水利风景区坚持生态优先、绿色发展，立足本地良好的生态优势和深厚的文化底蕴，践行“两山”理念，助力脱贫攻坚和乡村振兴，切实把山区生态优势转化为经济优势，把生态资源转化为生态资本，有力带动山区老百姓增收致富，有效推进新农村建设，为水利风景区高质量绿色发展探索出新路径。

【消失20多年的苦花鱼回来了】12月，大型融媒体新闻行动《访八大水系，寻稀客身影》节目摄制组走进垵口乡石仓村，拍摄并报道《消失20多年的苦花鱼重回垵口安家》新闻。苦花鱼是台湾铲颌鱼的俗称，对水质、溶解氧和水温要求极高，可作为判断溪流生态系统水质优劣的重要生态指示物种。20世纪70—80年代，垵口乡的溪流里活跃着成群的苦花鱼，但是到了90年代，溪水变色，苦花鱼消失不见了。近年来，垵口乡持续打好垃圾分类、污水处理、洁净乡村组合拳，生态环境不断提质，溪水重新变清，消失多年的苦花鱼又回来了。年底，该新闻报道登上了“学习强国”。

【杭州遂昌商会宾馆业分会成立】12月26日，杭州遂昌商会宾馆业分会正式成立，来自杭州、上海及周边城市的遂昌籍宾馆业主180余人参加会议。大会上，宾馆业主分组交流创业心得，选举产生第一届理事会会长、副会长、秘书长。据统计，遂昌县垵口籍创业者在杭州及周边地区投资宾馆、民宿107家，总投资约4.48亿元，年产值约2.34亿元，解决了1000多人就业问题。（叶慧娟）

濂竹乡

【概况】濂竹乡位于遂昌县东部，区域面积55平方千米，与松阳县、武义县接壤，辖9个行政村、13个自然村。乡政府驻地治岭头村，距县城 23 千米。

2020年末，全乡有农业户1407户，农业人口3987人。年内出生28人，死亡45人，人口自然增长率-4.26‰。

全年实现工农业总产值0.095亿元，比2019年增长8.5%。财政收入1798万元，增长41.37%。农村经济总收入4078万元，增长7.71 %；农村居民人均可支配收入17592元，增长6.26%。

交通主干道为县道连直线，可通往武义。名胜古迹有：遂昌金矿国家矿山公园、牛头山景区、黄金谷漂流、黄岩坑古矿址。小岱古松树长廊有保护完好的古树群22片，散生挂牌保护树龄超100年古树115株。

2020年濂竹乡各行政村基本情况表

表25

村名	自然村（个）	户数（户）	人口（人）	山林面积（公顷）	耕地面积（公顷）	集体经济（万元）	人均收入（元）	党组织书记	村委会主任
治岭头	2	135	340	854	37	54.03	17656	潘万根	周海斌
苏旺	1	37	112	139	18	24.15	17690	雷水松	—
黄坛	1	105	331	755	26	39.71	17830	潘土元	潘金水
刘坑	1	144	427	367	30	44.39	17618	刘朝旺	刘文旺
柘坑	1	92	268	374	21	37.59	17810	郑永忠	郑仁其
瓦窑岗	2	184	484	438	42	45.05	17476	郑兆岳	郑起旺
大竹小岱	2	270	760	758	63	32.92	17652	潘庆华	周发贵
横坑	2	261	781	796	62	53.19	17329	潘周沅	潘刘跃
千义坑	1	179	484	736	58	37.65	17677	刘建明	刘先华
合计	13	1407	3987	5217	357	368.68	17592	9人	8人

【产业、建设、民生】 2020年，濂竹乡推广水果玉米、皇菊、板栗等经济作物种植，发展实用花卉产业，挖掘产业转型升级潜力。线上销售高山萝卜1.65万千克、土猪20头，产值近15万元。对苏旺村固废堆场进行环境整治，制定环境整治与茶产业发展共赢的治理方案，工程已经竣工。

投资700万元，开工建设濂竹大桥。濂竹横坑至武义柳城县际联网公路竣工验收。建成一条生产机耕路和3500米生产人行道。整合“一事一议”“山海协作”等项目，实施苏旺村便民服务综合楼、刘坑村停车场扩建美化和道路延伸、千义坑村历史文化村落保护利用、瓦窑岗村和刘坑村文化礼堂等项目。完成建设用地复垦8500平方米。

完成苏旺蛋鸡养殖场提质扩容，实现投喂、捡蛋、粪便处理现代化养殖，5月正式投产，日产蛋达2500千克，年产值达1200万元，养殖规模居丽水市第一。村集体因此年均增收4万元，该项目成为濂竹乡“两山”转化发展的样板。引进贵州芳栩农业科技发展有限公司，发展高山名优茶产业。各村盘活新增耕地30.6公顷，招商引资发展农业产业，3个点位17.3公顷新增耕地成功转让出包，为村集体年均增收6.5万元。

落实“一户一策一干部”政策，结合“足印千户情到万家”活动，乡村两级干部走村入户开展帮扶。排查出12幢低收入农户危房，全部解危。建档立卡贫困人口全部脱贫。完成治岭头村农村饮用水达标提标工程。全年“大搬快聚”工程签约44户150人，进城安置17户57人。建成叶油安置小区，搬迁户已入住。

全力服务遂昌金矿国家矿山公园创建AAAAA级旅游景区工作，开展二期景区游客接待中心、博物馆、观景台政策处理工作。全年开展各类文化体育节庆活动13场。全年发放低保金83.46万元，发放重度残疾人护理补贴14.50万元，困难残疾人生活补贴11.07万元。

【“三联动”增收高标准“消薄”】 围绕村集体增收，盘活闲置资产资源，拓宽增收渠道，濂竹乡推出“三联动”增收措施（县级组团项目受益、乡村联建项目增效、村级单建项目固基）。有4个村受益于县级组团云峰光伏项目，3个省级扶贫重点村受益于县级组团购买光伏股份项目，5个村受益于遂昌—南湖“飞地”产业园项目。6个村受益于乡、村联建的濂竹水电站增效扩容改造项目和废弃厂房利用项目，效益明显。2020年，全乡村集体经济总收入368万元、村均40万元。其中经营性收入119万元、村均13万元。9个行政村全部完成高标准“消薄”任务。

【黄金长粽登陆央视直播间】 6月25日，中央电视台《朝闻天下》栏目播出《浙江遂昌：舌尖上的端午，千年矿工村黄金长粽寓平安》特别节目，同时在央视新闻客户端、官方微博、央视频、百度、今日头条、抖音等多个平台直播。节目直播了遂昌金矿国家矿山公园的祈福活动，介绍了濂竹乡村民制作黄金长粽全过程。至下午6点，点击量1207.5万人次，全程观看317.3万人次，央视官方微博点击量353万人次。遂昌黄金长粽和遂昌金矿国家矿山公园享誉全国。（张诗雨）

湖山乡

【概况】 湖山乡位于遂昌县西北部，区域面积187平方千米，辖11个行政村、124个自然村。乡政府驻地湖山村，距县城32千米。湖山乡水域面积广阔，浙江省第三大水库——衢江区湖南镇水库有一半以上水域在湖山乡境内，面积17平方千米，又称仙侠湖。

2020年末，全乡户籍人口3616户11895人。年内出生77人，死亡69人，人口自然增长率0.67‰。

全年实现工农业总产值2.93亿元，比2019年增长9.7%。其中，农业总产值0.69亿元、工业总产值2.24亿元。实现财政收入4225.49万元。农村居民人均可支配收入19850元，比2019年增长9.51%。

仙侠湖自然风光优美，生态环境良好，是休

闲、度假、观光的好去处。湖山乡是遂昌县打造“天工之城”的核心区块，拥有温泉、湖泊、森林、生态农业、非遗等丰富的农旅文化资源。湖山乡是中国最美乡镇、省级生态乡，被授予中国最美村镇循环发展奖、中国全面小康（休闲）调研基地、“丽水之干”模范集体等荣誉。名胜古迹和景点有：湖山国家森林公园、湖山窑址、奕山朱氏宗祠和朱氏谷仓、赤山塔等。

2020年湖山乡各行政村基本情况表

表26

村　名	自然村（个）	户数（户）	人口(人)	山林面积（公顷）	耕地面积（公顷）	集体经济（万元）	人均收入(元)	党组织书记	村委会主任
湖　山	10	500	1208	1071	100	26.63	20241	梁根文	王刚波
珠村畈	8	238	768	932	46	15.57	20235	梁国强	王三祖
湖　方	14	215	1020	1671	53	17.53	20095	彭火贤	黄和林
三　归	10	287	1207	1504	59	35.89	20186	翁利群	谢春旺
长　安	17	552	1678	658	111	38.91	19711	邱金源	罗时红
奕　山	10	543	2029	788	105	24.69	19731	朱苏贤	涂火祥
坪　峰	11	170	484	2892	37	20.98	21278	谢木荣	罗裕建
红星坪	8	238	607	753	49	55.36	21844	曾观明	曾　鸿
黄泥岭	18	405	1325	1639	77	22.73	18833	傅先强	叶素珍
福罗淤	9	260	735	1644	54	11.68	18452	王文瑞	叶林兵
姚　岭	9	208	834	1742	42	22.66	18443	赖义忠	—
合　计	124	3616	11895	15294	733	292.63	19850	11人	10人

【产业、建设、民生】2020年，湖山乡大力培育油茶、中药材、番薯等高效经济作物，打造环湖绿道四季鲜果产业带，形成“百花齐放、百果飘香”新湖山。全乡粮食播种面积534公顷。完成油茶、茶叶改良467公顷，发展青钱柳、蓝莓、猕猴桃等种植面积83公顷，种植番薯新品种100公顷。对沿湖主要山体进行新造、补植和抚育，补植彩色森林10公顷，彩色和珍贵树种苗1.8万株，实施森林抚育107公顷。大力推进森林乡镇建设，获评第十三批浙江省森林城镇。

2020年，全乡工业总产值2.24亿元，比2019年增长24.4%。其中遂昌圣豪矿业有限公司、遂昌湖山萤石矿两家规上企业合计总产值1.68亿元。

推出“互联网+户外”旅游团建项目，吸引阿里巴巴、飞猪旅行等20批大型企业团建。全年完成旅游投资7100万元，接待游客43万人次，旅游综合收入约2500万元。红星坪精品温泉酒店成为全省金鼎级特色文化主题饭店，溪云里民宿获评浙江省年度金宿，湖山乡获评浙江省AAAA级景区镇。

立足打赢蓝天、碧水、净土三大保卫战，全年开展环境整治72次855人次。制定《湖山乡“五水共治”督查竞赛实施方案》，做好河道水面保洁工作，定期开展库面巡查，整改落实点位50余处。拆除违法建筑70处、面积1.57万平方米。高效完成仙侠湖水面整治工作，拆除网箱面积17.91万平方米，浮排面积8574平方米。

全面实施美丽乡村、历史文化村、传统村落保护利用、美丽宜居示范村等项目建设。2020年湖山乡获评全省美丽乡村示范乡镇、省森林城镇，“湖光山色”风景线被评为浙江省美丽乡村风景线，红星坪村被评为全市首批生态价值实现示范村。“一户多宅”清理整治拆除房屋147宗，占地面积1.57万平方米。“大搬快聚富民安居”完成资料审核68户231人、异地转移18户65人。

面对新冠肺炎疫情，湖山乡率先设立居家隔离安置点，在浙江新闻联播报道，得到全面推广。推行“一日一督查一通报”制度和党员干部“双亮双领”工作机制，做好卡点值守和代办服务。发放“净嘴”倡议1000余份，劝说停办大小聚餐115次。

全乡有低保户285户441人，全年发放低保补助金额230.71万元。发放残疾人“两项补贴”22.56万元。农村医疗保险参保9364人，“浙丽保”参保8087人。11个村全部完成“消薄”任务。湖山乡列入2020年遂昌县农村集体经济数字管理系统（农村集体三资智慧监管系统）和使用村务卡试点乡镇。

全面推动“天工之城”核心区建设，重大项目建设取得阶段性成效。“天工之城·数字绿谷”建设得到省委书记袁家军，省政协主席葛慧君，省委常委、组织部部长黄建发，市委书记胡海峰等领导肯定。全年完成土地征收167公顷，包括牌坊门和塔路岭区块、龙珠岗区块、环湖绿道、遂江公路湖山段土地征收任务。完成林相改造、自来水厂、人工增雨点、白石玄下区块政策处理工作。加快黄泥岭村小学改建民宿、湖山中心敬老院改造提升、廿四都小流域治理等民生项目建设，建成5G基站并投入使用。环湖绿道、网易联创中心、西山驿、仙侠湖会展中心等一批重点项目陆续实施。

2020年，湖山乡在全市乡镇（街道）政治生态排行榜联评会和全市纪检监察系统十佳工作品牌评选会上作经验交流。建立湖山乡社会矛盾调处化解中心，在红星坪村、长安村设立村级社会矛盾纠纷调处化解服务站，处理矛盾纠纷42起。长安村宁利平获评全国“敬老爱老助老模范人物”。

【组建11支先锋队】3月13日，湖山乡召开“天工之城”建设推进会，会上组建了政策处理、“一户多宅”清理整治、“大搬快聚富民安居”工程、科学保障、环境整治、招商引资、“未来乡村”建设等11支先锋队。3月16日，湖山乡召开“天工之城建设巾帼先行”动员会，全乡妇女干部进行集体承诺：宣传引导我先行、洁净家园我带头、美丽庭院我打造、文明新风我倡导，助力“天工之城”湖山区块打造。动员会后开展了“我为天工之城建设做什么？”“我眼中的新湖山”解放思想大讨论。3月17日，湖山乡干部走村入户，将一份份号召大家支持、参与“天工之城”建设的倡议书送到村民手中。全乡11个村近万名村民在倡议书上签字。

【躬耕书院音乐筑梦班活动】8月12日，躬耕书院音乐筑梦班学员参加了上海书展“书香中国”浙江馆开馆仪式演出及电影《我和我的家乡》主题曲录音。8月29日，躬耕书院音乐筑梦班原创音乐戏剧《不要留我一个人在角落》在丽水大剧院演出。9月27日，音乐筑梦班学员参加了千岛湖《我和我的家乡》电影首映活动。11月12日，参加了浙江卫视“星空朗读”《还有诗和远方·诗画浙江篇》主题晚会。11月14日，在浙江省第十八届摄影艺术展中展出“自然生长”躬耕书院摄影班主题展。

【乡贤捐资创立“罗衿奖学金”】9月2日，湖山乡中心小学举行首届“罗衿奖学金”颁奖典礼，奖学金设一、二、三等奖各5名，15位优秀学子获得共计1.2万元奖励。“罗衿奖学金”是湖山乡贤罗衿用退休金和省吃俭用存下的钱设立的，拟每年出资1.5万元用于表彰湖山小学的优秀学子和进步学子。罗衿，1932年生，上海复旦大学退休教授，老家在湖山乡长安村罗家排自然村。

【颁发“伯乐”“绿叶”奖】11月4日，湖山乡召开村级组织换届选举转段工作推进会，为7位原村党支部书记颁发“伯乐奖”和“绿叶奖”。在2020年村级组织换届过程中，湖山乡有7个村的党支部书记因年龄、精力等问题，主动要求退休或退居二线，“让贤”给村里的优秀青年。事情一传开，村民们纷纷夸赞。湖山乡政府得知这一情况后，特别在换届选举转段工作推进会上，对7位老支书进行了颁奖，肯定和感谢他们在任职期间为村里所做的工作以及付出。

【仙侠湖弄潮节】12月12日，湖山乡举办2020年遂昌仙侠湖弄潮节（天工年货节），百余位来自深圳、上海、杭州、金华、宁波等地的汉服大咖，在湖光山影间演绎华服之美。汉服潮是当今文化全球化背景下，传统服饰的文化溯源之旅。仙侠湖“弄潮”，弄的是时尚潮。为期3天2晚的行程中，这些汉服、街舞、音乐、滑板、二次元网红达人、爱好者分别前往湖山茶园、红星坪温泉酒店、上林山舍、诗里湖山、樨乡记、樵语湖山、溪云里等点位创作演出，打卡拍摄，用镜头定格国服华裳在青山绿水间的美妙时刻。（蓝　景）

应村乡

【概况】应村乡位于遂昌县西北部，区域面积83平方千米，辖9个行政村、58个自然村。乡政府驻地应村村，距县城37千米。主要河流为桃溪。

2020年，全乡户籍人口2770户8512人。年内出生38人，死亡66人，人口自然增长率-0.4‰。

全年实现工农业总产值4256万元，比2019年下降10.5%。其中农业产值2728万元，工业产值1528万元。实现财政收入1683.7万元。农村居民人均可支配收入19160元，增长9.0%。

全乡竹林面积3300公顷，全县面积最大。西山头小辣椒为遂昌县特产。

2020年应村乡各行政村基本情况表

表27

村　名	自然村（个）	户数（户）	人口（人）	山林面积（公顷）	耕地面积（公顷）	集体经济（万元）	人均收入（元）	党组织书记	村委会主任
东　源	9	294	863	811	35	31.77	19162	傅英林	罗海军
桃　溪	4	389	1140	504	59	79.17	18839	刘顺福	肖建春
西山头	6	158	539	368	32	30.29	19041	刘余生	杨　军
应　村	8	442	1385	425	66	41.91	19884	周岳运	叶惠平
天师砝	7	257	883	442	30	45.00	19106	郑春耕	—
竹　溪	6	286	818	1032	23	29.78	20013	张良友	周根亩
双　里	4	335	1039	555	25	22.72	18067	—	谢田明
定　溪	7	262	805	667	19	19.85	18312	邹云香	傅长良
高　棠	7	347	1040	1454	51	47.76	20016	刘盛根	周焕兰
合　计	58	2770	8512	6258	340	348.25	19160	8人	8人

【产业、建设、民生】2020年，全乡茶叶种植面积44公顷，名优茶产量59吨，产值248万元。猕猴桃种植面积18公顷，产值542万元。高山四季豆、西山头辣椒、金果梨、圣女果、蟠桃等种植面积共120公顷。健康农业中药材种植面积67公顷。全年生猪出栏1.1万头，年末存栏7200头。

全年竹加工业产值502万元，占全乡工业总产值32.8%。完成固定资产投资1000万元。实施“腾笼换鸟”企业1家，“山海协作”项目3个。35千伏应村输变电站、综合能源站竣工，“兰台居”项目完成土地挂牌出让。从事来料加工业1369人，发放来料加工费1852万元，初步形成以环保袋、婴儿服、串珠手链、包袜加工为重点的来料加工产业。

2020年，应村村创成省AAA级景区村，“动感桃溪”户外拓展基地接待游客7000余人次，“竹魅智勇”研学基地获评丽水市研学基地。端午节期间，借助电子商务平台销售长情粽9万多根，销售额90余万元。“蚂蚁探路”越野线路持续升温，引入20支车队，参与车辆超500辆（台），带动沿线农家乐、民宿、餐饮、农产品增收300余万元。启动竹溪村斋堂下自然村传统落村落保护项目，开展洁净乡村工作，落实落细垃圾分类工作。

“大搬快聚”工程签约1696人，已有125户423人选房安置。完成白家岭、大垄坑、铁索岭、白岩、高山5个自然村整村腾空拆除。新增建设用地复垦面积5公顷。拆除“一户多宅”111宗，拆除面积9153平方米。完成“三改一拆”34宗，拆除面积7100平方米。通过“1+1+X”模式、四村联建、产业发展、对口扶贫、发展“飞地”等经济，9个村全部完成“消薄”任务，村集体经济总收入348万元，其中经营性收入99万元。

完成高棠村、东源村产业基地道路硬化。西山头村农村饮用水达标提标工程竣工。全面启动水费收缴工作，完成安装自来水表1450户。排查不稳定斜坡点位6个，涉及4个村18户67人，常住人口27人，实现常态化巡察管控。新增西山头避灾安置点1个，建成应村乡居家养老照料中心。开展应急队伍业务培训、自然灾害转移演练、小微企业安全生产培训，完成安全检查38次。发放残疾人“两项补贴”76万元。农村医疗保险参保率99%，“浙丽保”参保率91%。全乡重点人群家庭医生签约3242人，覆盖率91.32%。

新建双里村文化礼堂，提升桃溪村、应村村新时代文明实践点软硬件设施。完成应村村全国文明村复评工作。“民事村了”工作法获评丽水市公共管理创新十佳案例。应村乡获评全市创建“星级平安金鼎”工作表现突出集体。应村村成功创建“信用村”。应村乡中心小学“儿童之家”获评“2020年度丽水市示范型儿童之家”。

【12万株安吉白茶落户高棠村】2月，经安吉县结对扶贫干部毛自树牵线搭桥，安吉县溪龙乡黄杜村捐赠的12万株“白茶一号”扶贫茶苗落户应村乡高棠村。高棠村集体流转土地2.7公顷，全部种上了白茶苗，预计3年后可产生经济效益，不但让农户增收，村集体可以因此增收20余万元。安吉县扶贫干部和应村乡政府积极谋划，创新提出“1+1+N”扶贫模式，引进一个工商资本，带富一个村集体，带动一片低收入农户脱贫致富。除了引进12万株白茶苗外，高棠村还流转了0.7公顷土地，种下了1100余株蟠桃苗。

【“云上春笋节”劳动教育活动】4月7—10日，应村乡中心小学开展了“云上春笋节”活动，学生们在父母带领下完成了“竹林雅颂”“竹光透影”“书画角竹”“竹园寻宝”“竹娃烹饪”五大任务，并在云端展示。在“竹园寻宝”中，孩子和父母一起到竹林中挖笋；“竹光透影”中，孩子们通过摄影记录精彩瞬间；“竹林雅颂”“书画角竹”则通过诗朗诵和绘画、手工作品等，展示应村竹乡美景和孩子们的才艺。一直以来，应村小学积极倡导劳动教育，2020年抓住“超长寒假”契机，将4月的第二周定为学校劳动周。在2019年春笋节活动的基础上，将节庆活动从线下转为线上。

【农民丰收节暨猕猴桃采摘节】9月4日，由丽水市供销社主办，遂昌县供销社和应村乡党委、政府协办的“丽水遂昌农民丰收节暨猕猴桃采摘节”在应村乡举行。活动主题是“供销为农促增收，农民展颜奔小康”。活动包含供销社赠送生产物资、猕猴桃种植技术、电商带货直播等环节。活动吸引了全国30多家生鲜电商平台、媒体记者、农产品电商主播参与，并现场直播，游客4000余人，销售猕猴桃500余千克。

【百对中老年夫妻重拍婚纱照】2020年，应村乡卫计办工作人员在入户走访中发现，生于20世纪60年代之前的农村夫妻很少拍过婚纱照。因此，乡政府牵头，联系中国人像摄影家协会的志愿者们，开展为全乡45—70周岁的中老年夫妻免费拍摄婚纱照活动，为中老年夫妻圆婚纱梦。至6月底，该活动共为应村乡100多对中老年夫妻留下了“幸福”合照，每对夫妻可以当场拿到做好防水处理的24寸放大挂画1张和7寸塑封照片3张，让这份幸福永不褪色。（杜潘晨）

高坪乡

【概况】高坪乡位于遂昌县北部，区域面积 48平方千米，辖6个行政村、43个自然村。乡政府驻地高坪新村，距离县城53千米。

2020年末，全乡户籍人口1891户5606人。年内出生28人，死亡54人，人口自然增长率-4.6‰。

全年实现工农业总产值5277万元，其中农业产值5128万元。实现财政总收入1959.64万元，比2019年下降28.45%。农村经济总收入10335万元。农村居民人均可支配收入17849元，比2019年增长8.49%。年末农商银行存款余额1.32亿元，比2019年增长10%。

风景名胜有：北斗崖景区、万亩杜鹃林。高坪茶灯戏是省级非物质文化遗产。

2020年高坪乡各行政村基本情况表

表28

村名	自然村（个）	户数（户）	人口（人）	耕地面积（公顷）	林地面积（公顷）	集体收入（万元）	人均收入（元）	党组织书记	村委会主任
高坪新	6	446	1358	79.3	936	33.29	18468	—	祝建鸿
茶树坪	10	306	911	44.7	455	29.12	17994	黄久富	陈吉生
湖连	9	372	1097	33.4	806	17.89	17223	李石法	罗志峰
淡竹	4	188	511	30.8	357	20.43	17562	周文顺	周文强
石坪	9	302	911	67.3	665	23.45	17667	傅元全	罗志虎
箍桶丘	5	277	818	42.9	653	22.94	17906	张传荣	何长根
合计	43	1891	5606	298.4	3872	147.12	17849	5人	6人

【产业、建设、民生】2020年，高坪乡粮食作物播种面积297公顷，经济作物种植面积218公顷，蔬菜种植面积241公顷。茶叶种植面积33公顷，山桠皮种植面积707公顷。规模化生猪养殖场2家，全年出栏生猪780头，年末生猪存栏565头。

凭借北斗崖景区、桃源尖万亩杜鹃林、石坪花海、桃源梯田、高坪农家田园综合体等避暑休闲特色。2020年共接待游客41万余人次，实现旅游综合收入4500余万元。全乡6个村实现农家乐、民宿全覆盖。共有经营农家乐219家，床位3266张，夏季避暑休闲日均游客超2400人。杭州大成职工疗休养旅行社与箍桶丘村农家乐协会连续9年签订合作协议。2020年，高坪乡入选全市首批康养600“花林天府”小镇创建，获评省AAA级景区乡镇，高坪乡全域旅游总体规划通过评审。

在“山海协作”结对乡镇南湖区余新镇的帮扶下，全乡6个村共出资280万元，入股余新镇“两创”中心四期项目。8月，即实现首期分红4.67万元，后续每年可为6个村增加集体经营性收入28万元。该项目不仅实现了高坪乡各村“消薄”，还帮助全县14个村完成“消薄”任务，成为全市首个乡村“科创飞地”。石坪村、淡竹村、箍桶丘村“消薄”联建民宿项目总投资1000万元，已完成主体工程建设，预计2021年7月对外营业。强村公司实现年收益73.67万元，居全县第一。

开展各类环境整治20余次。推进村庄整治，拆除旱厕51个，改建无害化厕所17个，新建无害化卫生厕所14个。投入170多万元，改建集镇地下管网。整合力量对3家生猪屠宰点进行集中整治，拆除违建棚舍2处，取缔非法屠宰点位3个。

依托高坪特色乡风乡贤“好样馆”建设，开展“好样群团”“好样代表”“好样乡贤”“好样农家”“好样师生”系列争创活动。3月21日，召开了“乡创”大会暨好样作风推进会，打造偏远山乡“好样铁军”。开展“送温暖献爱心”“共护杜鹃林”“文化走亲”“农家书屋”“春泥计划”等活动。完成2020年度家庭医生签约2864人，全乡签约率59%。

排查鉴定低收入农户危房14户，已拆除重建4户，其余全部处置到位。全乡核查确定低保户182户255人，低边户74户163人，开展临时救助12户，发放临时救助金2.61万元。全乡有持证残疾人374人，享受残疾人困难补贴117人。实施“雨露计划”、爱心助学和低收入农户产业扶持等工作，全年发放各类补助231.26万元。城乡医疗保险、“浙丽保”征缴率分别为99.89%、91.52%。

推进“大搬快聚富民安居”工程，完成签约47户181人。完成茶树坪村前塘下、箍桶丘村毛竹坑2个自然村整村搬迁工作。做好“一户多宅”清理整治，累计拆除69宗，占地面积5050平方米，可复垦面积677平方米。立项宅基地复垦0.68公顷，已经竣工验收。

打开进入“天工之城—数字绿谷”的通道，总投资4551万元的金竹叶村至高坪岱岭道路改建工程全线硬化。“智慧乡村”二期建设基本完成，石坪村农村人居环境提升项目通过验收。完成高坪新村和湖连村“一事一议”项目和茶树坪、箍桶丘、淤竹3个村的扶贫开发项目。完成茶树坪村、淤竹村旅游开发项目。

【“一元扶志基金”助贫困户增收】2019年，高坪乡推出“稻梦空间”项目，鼓励低收入农户种植售卖稻谷。2020年，乡里设立“一元扶志基金”，对低收入农户售卖的稻谷在原价基础上每500克补贴一元，鼓励多劳多得，比拼勤劳美德。高坪乡负责人表示，少数贫困户存在着“等靠要”的情况，授人以鱼，不如授人以渔，“一元扶志基金”打破了以往给钱给物的窠臼，按劳动所得扶贫更扶志。为落实“一元扶志基金”扶贫更扶志的作用，在扶志金发放工作中，乡纪委全程参与，对低收入农户种植的稻谷面积、产量进行全程跟踪，确保将扶志基金发放到低收入农户手中。2020年，全乡农户售卖了2.5万千克稻谷和5000多千克高山蔬菜，22名低收入农户领取了4万余元“扶志基金”。

【好样团队和好样个人受表彰】3月21日，高坪乡召开“乡创”大会暨“好样作风”推进会。会上对2019年度“好样团队”“好样个人”进行表彰。经乡、村两级联评，全乡共评定出“大搬快聚”好样团队、新冠疫情防控好样团队、应对急难险重好样团队等12支，评定出卫生健康类、信息宣传类、洁净乡村类等共21名“好样个人”。表彰对象涵盖团员、青年、妇联、民兵等群体。在此之前，高坪乡启动“一元好样”捐献活动，党代表带头，号召全乡党员干部群众每人一年捐1元，充实进“好样基金”，重点用于表彰“慈孝耕读”好样。

【首届浙江乡村花园峰会在高坪召开】8月27日—29日，第二届中国花园论坛暨首届浙江乡村花园峰会在高坪乡召开。会议邀请国内从事花园设计与花园植物、乡村规划与乡村旅游、文化创意与康养产业的专家学者、企业家，各市、县创新办（大花园办）及部门领导、新闻记者等参会，探讨未来乡村花园和分时度假、康养旅居新趋势，推进农创、文创、科创融合发展。论坛期间，专家教授、花园达人、企业家围绕乡村经济与规划产业、乡村植物与花园设计、乡村旅游与文化创意主题作报告。还举办了高山乡村花园沙龙，专家、教授围绕丽水乡村建设展开“头脑风暴”，共谋发展之策。活动期间，21名教授专家签约成为高坪乡高山花园乡村智库。本次论坛由中国园艺学会球宿根花分会、浙江省花卉协会花园分会、丽水市创新办、丽水市风景园林学会主办，遂昌县大花园办公室和高坪乡政府承办。

【箍桶丘村以碳汇交易实现增收】公共机构会议碳中和项目是通过植树造林、节能减排、购买森林经营碳汇示范项目产生的碳减排量等方式，抵消会议培训产生的二氧化碳排放量，实现二氧化碳“零排放”。12月18日，浙江省党政机关等公共机构碳中和工作启动仪式在高坪乡举行。因高坪乡生态环境良好，森林经营碳汇资源丰富优质，碳排放减量中和作用明显，省机关事务管理局采购高坪乡箍桶丘村森林经营碳汇示范项目产生的碳减排量，中和抵消会议产生的二氧化碳排放量。本次交易的公共机构2020年度节能管理干部培训班参会人数150人，产生二氧化碳排放60.36吨，箍桶丘村因此增加碳汇交易收入0.61万元。

【蓝莓庄园开业运行】7月，投资600万元建设的聚力蓝莓庄园开业运行，为茶树坪村集体增收9.28万元年收入，带动村民劳务增收超50万元。该项目是高坪乡村集体引进的首个消薄合作项目，浙江聚力生态农业开发有限公司以房屋租赁的方式，租赁茶树坪村民居，年限为30年，租金按年支付，投资建成蓝莓种植、采摘、酒店住宿、餐饮、户外运动为一体的综合农旅项目。（杨　鸣）

焦滩乡

【概况】焦滩乡位于遂昌县西南部，区域面积85平方千米，辖5个行政村、33个自然村。乡政府驻地焦磜村，距离县城46千米。主要河流为乌溪江，注入仙峡湖。

2020年，全乡户籍人口1075户2882人。年内出生13人，死亡30人，人口自然增长率-5.90‰。

全年实现工业总产值1572万元，比2019年下降7.36%。实现农村经济总收入5714.24万元，增长4.06%。农村居民人均可支配收入18921元，增长8.58%。

独山村是中国历史文化名村、省级历史文化保护区，独山石牌坊是全国重点文物保护单位。焦滩鱼头是遂昌有名的美食。

【产业、建设、民生】2020年，焦滩乡围绕生态农业多元化、精品化立体发展，提升茶产业，发展中药材、油茶、名优桃、高山蔬菜等产业。依托大路沿村名优桃种植基地、大横岗覆盆子种植基地、大溪坝有机鱼养殖（垂钓）基地，农业产业从单一向多元化、精品化发展。全乡茶叶种植面积402公顷，产值4350万元。中药材种植面积33公顷，名优桃种植面积27公顷，油料种植面积100公顷。

2020年焦滩乡各行政村基本情况表

表29

村名	自然村（个）	户数（户）	人口（人）	山林面积（公顷）	耕地面积（公顷）	集体经济（万元）	人均收入（元）	党组织书记	村委会主任
独山	9	253	604	2900	29	24.16	18365	叶利雄	罗岳清
蔡口	4	178	421	182	27	27.77	18823	江雪峰	叶尚芳
焦磜	4	193	521	1019	35	24.43	19529	江利明	金保荣
大路沿	9	186	540	1663	39	37.93	19261	曹昌根	曹　俊
前山	7	265	796	995	36	44.13	18766	黄樟瑞	陈荣胜
合计	33	1075	2882	6757	166	158.42	18921	5人	5人

对接“天工之城”开发建设，融入“红绿融合区”，全方位发展服务业。充分挖掘焦滩乡优越自然环境和传统文化资源，形成“渔旅”“农旅”“文旅”相结合的乡村休闲旅游发展格局。全乡有农家乐37家，年接待游客22万人次，实现旅游综合收入4000万元。

强化河道、水库管理和巡查，严厉打击非法渔业和非法河道采砂活动，完成河道实时数据监控安装，发现河道问题18个，整治点位97个。全面完成仙侠湖水面整治任务，办理农林船证52艘，拆除渔船17艘，拆除浮排10个，网箱26只面积1930平方米。

完成全乡5个村饮用水达标提标工程，建成前山村、大路沿村、焦滩集镇自来水厂，受益农户覆盖全乡。完成涉及焦䃺、蔡口、独山3个村的乌溪江库尾整治三标段工程项目。完成独山村、焦䃺村美丽乡村创建工作，完成独山村弱电序化项目和焦䃺村五十步自然村环境整治项目。全年通过“大搬快聚”审核公示159人，搬迁安置15户50人。拆除危房3幢，拆除“一户多宅”52宗，拆除“三改一拆”3900平方米，完成农村改厕51户。

2020年，焦滩乡5个村联建的为农水电站并网发电，年底各村集体共获得经营分红21万元。5个村全部完成“消薄”任务，蔡口村、焦䃺村、前山村集体经济总收入超过20万元且经营性收入超过10万元。

全年发放低收入农户补助资金8.95万元，雨露计划0.6万元，发放城乡低保金59.59万元，临时救助金0.36万元，残疾人“两项补贴”30.8万元，开展困难慰问50余人次。全年城乡居民医疗保险参保2706人，参保率99.63%，“浙丽保”参保2450人，参保率90.21%。

完成蔡口村、大路沿村、前山村4个移民专项扶贫项目。完成蔡口小区边坡防护建设项目。完成丽水—遂昌10千伏练滩223线改造工程焦滩段塔基、线缆架设。完成焦䃺渔业休闲养殖垂钓基地游步道建设，启动竹邻院精品民宿（原焦滩小学校园）项目，建成独山景区新游客咨询服务中心。

【青年干部论坛】3月25日晚，焦滩乡组织开展第一期青年干部论坛。此次论坛围绕焦滩乡重点工作和干部自身实际，以谈一谈下一步“怎么学、怎么干”为主旨，全乡9名年轻干部参与。大家从各自工作经历、遇到的问题和下一步工作计划方面畅所欲言，交流心得体会，对焦滩乡的未来发展提出了许多创新意见，展现了年轻干部的干劲与朝气。

【为农水电站并网发电】6月24日，焦滩乡为农水电站正式并网发电。该电站建设结合省、市、县“消薄”资金，不足部分由焦滩乡5个行政村共同投资750万元联建，电站采用“股份制+民间资本”开发管理运营模式。为农水电站预计年发电量320万千瓦时，年总收入150万元、净收入120万元，可为5个村集体带来10万元以上经营性收入。至年底，5个村已经获得分红21万元。

【焦滩小学闲置资产盘活】7月10日，浙江盛世花园度假酒店有限公司与遂昌县“两山”投资发展集团签订不动产买卖合同，前者出资438万元收购原焦滩小学闲置资产，拟利用原焦滩小学0.52公顷土地，投资3000万元，建设集研学、民宿、休闲度假为一体的综合性旅游项目。11月9日，原焦滩中心小学教学楼整体拆除，项目进入实质性阶段。该项目建成后，将为乡村旅游注入新活力，为焦滩乡融入“天工之城”建设，承接王村口红色古镇的辐射奠定坚实基础。

【创建AAA级景区镇】12月，省文化和旅游厅公布浙江省AAA级景区镇名单，遂昌县焦滩乡榜上有名。该乡坚守绿色发展理念，紧盯吃、住、游三大要素目标，突出“传承、融合、共享”理念，通过项目引领，以“建”促新，完善基础设施；挖掘文化旅游资源，丰富旅游新业态；建成焦滩渔文化长廊（鱼头一条街）、大溪坝有机鱼养殖（垂钓）基地、乌溪江骑行绿道，新建停车休息区、旅游公厕等，打造“记住乡愁、享受安逸”慢生活小镇，取得显著成效。（蓝　岚）

龙洋乡

【概况】龙洋乡位于遂昌县西南部，与龙泉市接壤，区域面积148平方千米，辖6个行政村、70个自然村。乡政府驻地龙洋村，距离县城67千米。主要河流有乌溪江、碧龙源、住龙源。

2020年末，全乡总户数1456户，总人口4218人。年内出生24人，死亡27人，人口自然增长率-0.7‰。

全年实现工农业总产值1.35亿元，比2019年增长5.4%；实现财政总收入1486.5万元，比2019年增长0.6%。农村经济总收入7049.8万元，比2019年增长5.4 %；农民人均可支配收入18978元，比2019年增长19.1%。

名胜古迹和文化遗产有：九龙口千年古道、埠头洋中共遂昌县“一大”旧址。西滩村是全国生态文化村，茶园武术是浙江省非物质文化遗产。

2020年龙洋乡各行政村基本情况表

表30

村名	自然村（个）	户数（户）	人口（人）	山林面积（公顷）	耕地面积（公顷）	集体经济（万元）	人均收入（元）	党组织书记	村委会主任
龙洋	7	188	581	1543	18.33	10.31	19385	项伟华	邹有棋
凉潭口	7	224	764	1596	33.87	26.84	18200	朱建友	袁建峰
九龙口	23	362	1071	2801	41.73	39.85	19360	张小良	戴向伟
西滩	10	120	385	2411	9.40	25.68	21188	张根信	罗启根
埠头洋	16	316	882	1804	36.20	32.31	18631	杨兴忠	刘良卫
黄赤	7	173	535	1915	22.73	17.33	18789	程昌贵	梅善良
合计	70	1456	4218	12070	162.27	152.32	18978	6人	6人

【建设、民生】2020年，龙洋乡基本完成九龙口段河道整治、粮食功能区道路建设、西泉公路水毁修复工程、龙洋乡居家养老中心项目建设。通过联建项目和单建项目收益、村集体闲置房和场地出租等方式，增加村集体经济收入。凉潭口、西滩、埠头洋3个村出资入股的嘉兴南湖“消薄飞地”项目实现收益。凉潭口村、埠头洋村光伏联建项目完成投资。凉潭口村跨镇供水“消薄”项目2020年度收益3万元。全乡6个村均完成“消薄”任务。

“大搬快聚富民安居”工程签约349人，有43户161人到古亭安置小区、腾龙三期选房，九龙口村小方山、上洋岱、田蓬3个自然村24户91人实施整村搬迁。复垦验收土地1.73公顷。完成“一户多宅”清理整治75宗，拆除面积5087平方米。

调整乡、村级河长3名，开展乡、村两级巡河400余次。开展各类环境整治30余次，拆除旱厕11个，改建无害化厕所3个，新建旅游公厕1座。洁净乡村考核多次排名全县第一。九龙口村获2020年浙江省高标准农村生活垃圾分类示范村。

组织党员、网格员、志愿者等力量，建立疫情防控巡逻队，投入健康保卫战。协调解决企业复产中遇到的困难，解决茶园自然村房屋租用纠纷、制茶机器采购等困难10余个。推动“四个平台”“最多跑一次”改革，网格员上报事件数1661条，有效事件率100%。召开安全生产会议8次，开展安全检查20余次，实现辖区安全生产“零事故”。

重视困难群体和受灾群体救助工作，对低保和低收入农户实行动态管理。全乡有低保户93户149人、低边户63户112人、特困老人7人、困境儿童2人。全年发放低保金93.49万元、临时救助金9400

元，发放残疾人“两项补贴”37.79万元。

【“旗山模式”乡村治理】1月6日，龙洋乡西滩村茶园自然村召开民事明议、乡理襄清——旗山明理堂首场探讨会。探讨会将之前收集到的问题进行商议，并通过各界的共同努力得到有效解决。旗山明理堂是一种新型的乡村治理现代化的模式，主要以“五老”帮忙团、村情民意团、旗山精英会、民事评议庭等5支队伍组成，具体职能是宣传相关政策法规，适当引导村民自行解决问题，收集村民无法户内解决的问题，并反馈意见、处理情况等。

【“旗山侠隐”获伦敦杰出地产大奖】4月，伦敦杰出地产大奖（OPAL）公布年度获奖名单，“旗山侠隐”民宿获室内设计年度最佳称号。该项目位于龙洋乡西滩村茶园自然村，建筑设计由美籍华人、建筑大师柯卫担纲，深圳万境国际设计公司担任软装设计。万境设计以典雅不奢的隐士文化为底色，以茶园村特有的“侠气”为元素符号，将有温度感的老材料进行全新组合。室内家具禅意简约，功能完善，每间客房都设置有形态各异的窗子，民宿依山傍水，呈现出一幅天然的风景画卷。

【自然灾害预警系统建设】6月20日，龙洋乡完成两处自然灾害预警系统建设，分别位于龙洋村、埠头洋村两个专业监测点位。这两处自然灾害预警系统对河道进行24小时监控，将数据收集上报至指挥中心，当河道水位上升至预警水位时，第一时间通过喇叭、灯光等手段，提醒农户及时转移。该项目建设改变以往防汛监测信息反馈后，再由乡、村干部根据反馈情况转移农户的工作方式，提高信息传播效率，为第一时间转移群众争取更多时间，掌握防汛防洪的主动权。

【“情境乡村”入选旅游减贫案例】10月10日，“世界旅游联盟旅游减贫案例100”新闻发布会在北京举办，龙洋乡西滩村茶园“用‘情境乡村’建设新路径破解乡村活化难题”入选《世界旅游联盟旅游减贫案例》，系全市唯一，全省唯二。茶园自然村是只有40来户、150余人口的“空心村”，多年来农民增收难、留守老人多、传统文化衰落。政府引进深圳乐领公司共同探索“乡村活化”模式，推动传统农耕向历史、文化、民俗等与现代艺术融合的“情境乡村”转变，实现了旧舍翻新、荒地重耘、产业重整、村民回流。

【居家养老服务中心投入运营】11月19日，龙洋乡居家养老服务中心正式开业，该中心位于龙洋乡凉潭口村，投资30万元建成，设有老年活动室、休息室、护理室等功能区块，铺设床位11张，有工作人员4名。服务中心为入住老年人提供生活、康复护理、托养等专业服务，满足老年人多层次需求。至年底，已入住老人3名，其中本乡老人1名、周边乡镇2名。（蓝张琳）

蔡源乡

【概况】蔡源乡位于遂昌县中西部，区域面积56平方千米，辖4个行政村、37个自然村。乡政府驻地蔡和村，距离县城51千米。

2020年末，全乡总户数1175户，总人口3260人。年内出生24人，死亡26人，人口自然增长率-0.61‰。

全年实现工农业总产值5447万元，比2019年增长1.3%。其中农业总产值3459万元、工业总产值1988万元。实现财政总收入1336.78万元。农村经济总收入3543万元，比2019年增长8.2%。农民人均可支配收入19285元，增长8.6%。

景观和名胜古迹有：蔡王殿、蔡相翠谷。蔡和文化有470多年历史，其代表蔡和班、蔡和脸谱同为市级非物质文化遗产。

2020年蔡源乡各行政村基本情况表

表31

村名	自然村（个）	户数（户）	人口（人）	耕地面积（公顷）	林地面积（公顷）	集体经济（万元）	人均收入（元）	党组织书记	村委会主任
蔡和	4	451	1299	54.9	1646	26.27	19586	黄家春	郑惠仁
双溪	13	264	702	68.2	1374	30.19	19353	巫根卫	肖德军
大柯	10	196	502	100.9	444	20.07	19197	杨立忠	王兴富
永兴	10	264	757	79.9	384	21.42	19132	林建明	占春根
甚坑	—	—	—	35.7	1337	—	—	—	—
合计	37	1175	3260	339.6	5185	97.95	19285	4人	4人

【产业、建设、民生】2020年，蔡源乡有茶园面积327公顷，实现产值4344万元；有毛竹林面积305公顷，实现笋竹产值559万元；有油茶林面积130公顷，实现产值708万元；高山蔬菜种植面积123公顷，水果种植面积36公顷。

实施“一村一策”消薄攻坚计划，4个行政村均实现集体经济收入20万元以上且经营性收入10万元以上。蔡和村利用村集体资产出租、发展户外休闲运动基地的方式增加村集体经济收入；大柯村与省电力设计研究院结对帮扶，采用“自发自用，余电上网”模式，建成屋顶光伏发电增收项目。各村积极谋划通过土地、山林、水电投资获取分红，增加村集体经济收入。

盘活闲置土地，将户外休闲、健身运动、研学旅游等新业态有机结合，建成民间戏曲文化研学基地，助推乡村旅游转型升级。蔡源乡以“户外运动休闲项目赋能乡村旅游转型”的做法得到县委主要领导肯定。主动对接上海财通证券资产管理有限公司和结对乡镇上海市金山区廊下镇，争取资金建设“600+”农产品和林产品基地。

实施项目建设16个，完成率90%以上。完成蔡源乡自来水厂、水毁修复工程、大柯村便民服务中心、永兴村“一亩茶园”等重点项目建设。“大搬快聚富民安居”工程签约126人，完成选房11户42人。推动“一户多宅”清理整治，完成建设用地复垦2.07公顷。

以人居环境综合整治为抓手，全面开展洁净蔡源行动。完成国家级卫生乡镇、省级美丽城镇达标乡镇创建工作。巩固“三改一拆”行动成果，开展巡查40余次。抓好乡、村两级河长巡河工作，完成乡级巡河466次、村级巡河412次，农村污染源明显减少，环境进一步优化。成功创评2017—2019年周期国家卫生乡镇。

从“未来乡村”建设、基层党建提升等方面找载体，寻切入口，以蔡和村为试点，打造以“求和守信”为主题的基层社会治理“信用村”。通过信用村治理，推动建立基层群众和基层政权双向守信体系，为高水平打造“信用遂昌”“平安遂昌”提供蔡源经验。

全年发放低保金72.57万元、临时救助金2.39万元、残疾人“两项补贴”20.45万元。开展低保户及低保边缘户核查，新增低收入农户11户，退出14户。实施危旧房改造11户、线路改造16户。117户191人低收入农户获得产业扶持和困难救助。为6位困难大学生申请助学补助。

【“挂号对号销号”化解矛盾纠纷】2020年，蔡源乡党委、政府建立“挂号、对号、销号”矛盾纠纷化解制度，各村每月第一周上交矛盾纠纷排查化解表至乡综治办进行“挂号”。针对“挂号”的矛盾纠纷，按照“谁主管、谁负责”原则，要求各村一个月内将纠纷进行对号化解，并将矛盾纠纷排查情况与调解进度书面报告交乡综治办审核，达到办理标准的予以“销号”。实施该制度以来，全乡实现了矛盾纠纷来源清、去向清、责任清，做到“矛盾有人管，矛盾全跟踪，矛盾能化解”。

【UTV赛车休闲运动基地建成】蔡源乡大力推进户外运动休闲旅游项目开发，实施“差异发展、特色竞争”，助推乡村旅游转型升级。10月1日，蔡源民间戏曲文化研学基地和UTV（全地形越野车）赛车休闲运动基地正式对外营业，经营项目包含UTV越野车、户外烧烤、农事体验等。基地坐落在蔡和村，以打造蔡和文化为特色，将研学、户外休闲和生态保护等业态有机结合。项目以村集体入股占比30%的方式运营。至年底，接待游客4000余人，收入超10万元。

【爱心送教上门】新冠肺炎疫情防控期间，学校停课，县教育局开设“空中课堂”，让孩子们在家不停学。蔡源乡针对留守儿童家中爷爷奶奶没有智能手机且不识字、无法辅导孩子学习的实际，成立“送学上门”青年突击队。乡团委组织大学生志愿者进行一对一结对，为留守儿童辅导功课，对孩子们学习中遇到的困难，志愿者给予解答和辅导，并在心理和思想上对留守儿童进行开导。全乡有17名大学生志愿者参与送教上门，结对17位留守儿童进行辅导教学。

【行政村规模调整】2007年，蔡源乡甚坑村因遭遇泥石流灾害，实行整村搬迁，村民分别被安置到云峰、石练、大柘、妙高、湖山、蔡源6个乡镇（街道）和县城腾龙小区，但行政村建制未撤销，因为人散、点多，给管理带来不便。2020年10月，根据县委、县政府行政村规模调整工作要求，甚坑村被列为调整村，撤销建制。搬迁村民所涉及的医疗卫生、社会保障、选举权利等由迁入地所在乡镇（街道）统筹安排及保障，并纳入所在村统一社会化管理。撤销甚坑村党支部委员会、村民委员会、村务监督委员会建制。（应颖贞）

附：蔡和“信用村”治理

【概况】12月26日，第十五届中国全面小康论坛在广东省中山市举行。本届论坛以“全面建成小康社会与高质量发展”为主题，汇聚党政界领导、专家学者、地方实践者、企业领袖、战略咨询专家、媒体精英及获奖县市代表，共商发展大计，为实现高质量发展献计献策。浙江省遂昌县“信用村治理举措”获“2020年度中国十大社会治理创新典范”奖。

遂昌县蔡源乡人口仅3300余人，乡政府所在地蔡和村是中国传统村落、省级文明村、县民心党组织村。2020年，县人民法院指导蔡源乡开展“信用村”创建工作，推进“信用村”建设，推出“蔡和分”信用机制，力求将新时代“枫桥经验”落到实处。4月30日，全省首家基层社会治理“信用村”在蔡和村揭牌，标志着遂昌县“信用村”建设有了阶段性进展，“治理美”有了创新的形式与更丰富的内容。

“遂昌县蔡源乡探索建立基层群众和基层政权双向守信体系，推动‘最多跑一次’改革向基层社会治理延伸，让群众‘一次不用跑’就能在基层‘找个说法’，切实把矛盾纠纷解决在萌芽状态，化解在基层，不断创新‘新时代枫桥经验’，实现‘和为贵、信则兴’的基层社会治理现代化。”这是中国全面小康论坛组委会给出的获奖理由。

【“蔡和分”信用评分机制】村两委成立评定小组，每季度对全村250户进行“蔡和分”评价。根据得分高低，分为绿码、黄码、红码，按照《“蔡和分”惠民清单、受限清单和负面清单》执行，在每户门前张贴二维码。“蔡和分”对村民形成强大约束力。一个季度被评为绿码的家庭，可获得一颗“信用星”。根据获得“信用星”数量，授予“信用铜鼎”“信用银鼎”“信用金鼎”。5月，村民肖某因捕杀野生动物受到法律制裁，被评定小组赋予“蔡和分”推行以来的首张红码，在该红码撤销前，评定小组和村民联合对其监督。

【"解纷 100"纠纷化解机制】在建立群众守信体系的基础上，以乡镇矛调中心为终点站，设立"解纷100"服务电话，实行"三项承诺"：矛盾纠纷化解100%送上门、100%办到位、100%管到底。"解纷100"化解机制变原来的"纠纷往上走"为"纠纷往下引"，切实把村民之间的矛盾纠纷解决在萌芽状态、化解在基层，建立健全了乡镇和村级基层政权的守信体系。

成立"和团"调解组织，聘请专职调解员，即老书记和"红小二"。"和团"由经验丰富的村干部、党员、人大（党）代表、乡贤、退职村干部和网格员组成。发生纠纷后，拨打"解纷100"服务电话，老书记和"红小二"15分钟内上门调解，并跟踪服务到底。乡里成立"专家团"调解组织，聘请县矛调中心的专家，调解专业性较强的纠纷。

【党建引领、专业指导】蔡和村党支部在"信用村"创建过程中，明确"评分主体、监督主体、修复机制、申诉机制"四项机制，确保公开公平公正推进创建工作。充分发挥党员干部的先锋模范作用，以身作则开展常态化诚信教育，宣讲赋分细则，明确党员家庭户每季度均要达到"绿码"，争创"信用星""信用鼎"。

县法院全程参与指导和监督，确保制度和纠纷化解的合法性和有效性。建立员额法官联络乡镇制度，由联络法官指导创建村制定村规民约，确保不触及法律底线。对"信用村"发生的纠纷，及时指导调解。在县法院诉讼服务中心设立"专家团"办公室，用于矛盾纠纷的远程化解、疑难复杂纠纷的专业会诊等，建立诉调对接服务平台，为矛盾纠纷的化解提供专业服务。（黄晶瑛）

西畈乡

【概况】西畈乡位于遂昌县西部，与江山市和衢江区接壤，区域面积135平方千米，辖6个行政村、53个自然村。乡政府驻地西畈村，距离遂昌县城109千米。主要河流洋溪源，注入衢州市湖南镇水库。

2020年末，全乡有农业户1525户，农业人口4315人。年内出生22人，死亡26人，人口自然增长率-0.9‰。

全年实现工农业总产值7451万元。实现财政总收入1127.24万元，比2019年下降35.28%。农民人均可支配收入17108元，比2019年增长38.4%。

西畈是距离遂昌县城最偏远的乡，被称作"遂昌的西藏"。举淤口村是国家森林乡村，是中国版画大师杨可扬先生的故里，建有可扬文化公园。

2020年西畈乡各行政村基本情况表

表32

村名	自然村（个）	户数（户）	人口（人）	耕地面积（公顷）	山林面积（公顷）	集体经济（万元）	人均收入（元）	党组织书记	村委会主任
西畈	8	405	1167	56	3453	45.79	17267	罗华增	吴果财
举淤口	3	155	467	25	920	28.69	17001	杨昌兴	廖吉峰
渡口	7	277	767	49	1219	31.79	17065	徐益华	罗富江
湖岱口	20	381	1034	69	5092	23.88	17202	刘祖飞	邓万根
上西坑	10	161	435	30	1026	20.34	17060	廖水全	廖水全
独坑	5	146	445	25	1000	20.00	17055	张布祥	邓洪有
合计	53	1525	4315	254	12710	170.49	17108	6人	6人

【产业、建设、民生】2020年，西畈乡有竹林面积222公顷，实现笋竹产值75.2万元。有茶园面积153公顷，茶叶产量120吨，产值930万元。有猕猴桃种植面积11公顷，实现产值65万元。三叶青、山桠皮等中药材基地15公顷，香榧基地33公顷。全乡中蜂养殖4500桶。有家庭农场14家。

2020年，全乡外出务工经商1800余人，年收入4650万元。来料加工从业人员671人，发放来料加工费406万元。全乡有农家乐6家。

完成遂江公路西畈段土地征收工作，征收面积4.2公顷。实施湖岱口历史文化村落、渡口村新时代美丽乡村建设。完成湖岱口村饮用水达标提标项目和西畈乡自来水厂提升改造项目，受益人口2237人。开展各类环境整治活动12次、乡级巡河192次、村级巡河356次，配备防汛物资600余件。完成举淤口水库清淤工程，清理淤积砂石料5万立方米。完成湖岱口村黄连坑应急疏浚3000立方米，完成举淤口村水毁修复工程，湖岱口村、上西坑村水毁修复工程进度70%。湖岱口村新建路灯65盏，举淤口村建设休闲亭1座、仿古园路82米，渡口村完成机耕路修复及硬化，新建公厕1座。完成西畈乡人大代表联络站规范化建设，完成枫桥式退役军人服务站规范化建设。

城乡居民基本医疗保险参保率99.32%，“浙丽保”参保率91%。全年住院报销533人次，金额293万元。有低保户77户114人，全年发放补助金85.3万元。发放医疗救助金12.95万元，救助19户48人。发放残疾人“两项补贴”87人19.6万元。

“大搬快聚富民安居”工程完成资料审核182户677人，独坑村十八万自然村实现整村搬迁。拆除“一户多宅”90宗、拆除面积3336平方米。拆除违章建筑3759平方米。完成7户低收入农户危房改造。在西畈村开展基层治理信用村试点工作。

2020年，举淤口村获评省级文明村，独坑村获评2020年度浙江省善治村。西畈乡副乡长尹伟锋获评浙江省“最美公务员”称号。

【农村饮用水达标提标工程】3月11日，西畈乡组织召开西畈水厂提升改造项目和湖岱口村饮用水达标提标工程推进会。县水利局、设计单位、监理单位、施工方和涉及村主要领导参加会议。设计单位和监理单位对项目重点、要点和注意事项等进行讲解，对项目质量、进度和安全作强调。会后，一行人到西畈乡水厂实地考察。西畈乡2020年农村饮用水达标提标工程总投资261.038万元，分别是西畈乡水厂提升改造项目55.84万元，湖岱口村饮用水达标提标工程205.198万元，6月底完工。

【行政村规模调整】10月，根据县委、县政府行政村规模调整工作要求，西畈乡渡坑村正式并入渡口行政村，除去早年享受整村搬迁政策搬迁至云峰街道的村民外，原渡坑村尚有41户158人留守。在本次涉调的渡口村和渡坑村户主大会上，到会率分别达97%和92.5%，统一并村签字率100%，顺利完成村规模调整优化工作。

【闽浙二省四县护林联防工作会议召开】12月17—18日，闽浙赣毗连地区第四联防区第一分会第六十六次护林联防会议在西畈乡召开，第四联防区第一分会的闽、浙两省四县的6个成员单位代表参加会议。会议听取2020年值班单位西畈乡所作的《闽浙赣毗连地区第四联防区第一分会2020年度工作总结报告》，审议、修订联防区《闽浙赣毗连地区第四联防区第一分会第六十六次护林联防工作会议纪要》；表彰2020年度护林联防工作中涌现的1个先进单位和6位先进工作者；举行2020年值班乡镇交接班仪式。与会人员还赴西畈乡举淤口村实地考察参观美丽乡村示范村建设，赴湖山乡参观“天工之城”网易联合科创中心。（周梅清）

柘岱口乡

【概况】柘岱口乡位于遂昌县西部，与江山市和福建省忠信镇接壤，区域面积169平方千米，辖5个行政村、110个自然村。乡政府驻地柘岱口村，距离县城 90 千米。主要河流为周公源。

2020 年，全镇有农业户 2248 户，有农业人口 5969 人。年内出生 43 人，死亡 46 人，人口自然增长率-0.49‰。

全年实现工农业总产值 9838 万元，比 2019 年增长 1%；财政总收入 1848.46 万元，增长 10%。农村经济总收入 8843 万元，增长 5%；农民人均可支配收入 19645 元，增长 9%。

名胜古迹有柘岱口古寨墙、庙柘滩“观澜” 摩崖石刻、尤家墩神仙叠石、龙山老殿等。

2020 年柘岱口乡各行政村基本情况表

表 33

村 名	自然村（个）	户数（户）	人口（人）	山林面积（公顷）	耕地面积（公顷）	集体经济（万元）	人均收入（元）	党组织书记	村委会主任
柘岱口	31	608	1572	5083	55	76.66	20146	—	—
毛 阳	9	304	815	1332	39	41.01	20490	黄存法	黄贵松
尹 家	16	395	1059	4485	33	44.62	20512	尹德兴	尹厚忠
际 下	17	269	716	2596	33	54.6	22460	—	—
五 星	37	672	1807	1844	93	65.6	17204	叶益华	黄彤兴
合 计	110	2248	5969	15340	253	282.49	19645	3 人	3 人

【产业、建设、民生】2020 年，柘岱口乡紧扣“一块番薯实现乡村振兴”发展定位，深化与浙江农林大学、浙江薯类作物研究所校乡合作，注册“柘岱口”商标，完成“柘里薯乡”省级星创天地项目建设，建成农业创新创业“一站式”综合服务平台和食品生产许可认证甘薯社会化服务中心，推动柘岱口甘薯产业提标提质。举办第三届番薯节，探索番薯条产销新模式。通过政策支持和宣传引导，柘岱口棘胸蛙产业实现产量和效益“双增长”。

抢抓新冠肺炎疫情防控期农户尚未外出务工时机，乡、村干部成立 5 个工作专班，逐户走访摸排、精准宣传动员，强势推进“一户多宅”清理整治、“大搬快聚”工作。全年“大搬快聚”工程签约 774 人，完成任务的 117%。2019—2020 年，完成整村搬迁 6 个自然村，已全部通过验收。“一户多宅”完成拆除面积 7505 平方米。实施土地复垦项目 4 个、面积 4.72 公顷，申报土地复垦项目 1 个，面积 1.33 公顷。

构建乡、住村组、村、片区 4 级应急体系，52 个网格 107 名巡防员，由乡里统一调度，全面落实防汛、消防、危旧房等责任制。开展无死角全覆盖隐患排查治理，加强对道路、矿山、水库、地质灾害等安全隐患点的排查、监控。深入实施“1+X”组团式服务，优化省际“六联”共建治理模式，形成事件发生后快速发现、快速反应、快速处理的高效联动模式。

全乡有低收入农户 215 户 420 人，新增低保边缘户 6 户 11 人，退出 27 户 55 人，新增低保户 30 户 63 人，退出 13 户 16 人。城乡居民医疗保险参保率 99%，养老保险参保率 95%。

【“幸福账单”助力扶贫】7 月，柘岱口乡在“一户一策一干部”和“足印农户、情系万家”帮扶基础上，推出低收入农户“幸福账单”行动，要求乡干部和村干部每季度将低收入农户应领取的资金、物资补助和其他帮助以账单形式送达农户手中。“幸福账单”一方面能够让低收入农户更为直观地感受到党和政府对他们的帮助，激励他们借助机制努力脱贫致富。另一方面能够加强乡、村干部扶贫攻坚“第一责任人”职责，织紧织密扶贫工作责任网。

【第三届柘岱口番薯节】 12 月 25 日，由柘岱口乡党委、政府主办的第三届番薯节在柘岱口村中心公园举行。本次活动以打造“一乡一品”为目的，展示特色农产品番薯条，提升品质，推动番薯条产业发展。当天，有 20 余家番薯条加工企业和种植户参加产品展示。活动邀请浙江农林大学教授和县农业农村局专家参与，有番薯条生产大户、薯条电商及许多村民前来参与活动。活动通过产品展示和专家评选，评出一、二、三等奖和优胜奖。

【省级“星创天地”建成】 12 月，“柘里薯乡”省级“星创天地”项目完成建设。该项目以浙江农林大学专家团队为技术支撑，项目包含番薯新品种试验示范基地、番薯标准化加工中心、番薯社会化服务中心 3 个子项目。“星创天地”项目的实施，为柘岱口乡如何做深番薯条产业，促进农民增收等提供科学支撑，预计可带动全乡农户每年增收 100 万元，进一步推动番薯条产业发展，实现“一块番薯推动乡村振兴”（叶姝儿）

社会新闻

《钱瓯遂昌》新闻选录

【滥伐松木 89 株补植 1288 株】4 月初，在妙高街道龙潭村龙潭湾山场，龙泉人叶某在两年前滥伐林木的地方，开始补植杉树苗。按照法院的裁定，叶某总共需要在该片山场补植杉树苗 1288 株。

2018 年，叶某从他人手中转包了龙潭湾山场清理枯死松木的工程，雇请项某、陈某等 5 人清理枯死松木。叶某说，当年 11 月，项某和陈某打电话给他，说有活松树阻挡，不利于枯死松木倒伏和运下山，问能不能砍掉几株活松树，自己法律意识不强就同意了。最终项某和陈某砍伐了 89 株活松木。

经鉴定，被滥伐立木蓄积量 23 立方米，折合材积 13.8 立方米，该山场属于国家公益林。叶某的行为违反《中华人民共和国森林法》，损害社会公共利益。经省检察院指定管辖，县检察院委托林业专家就生态修复方式和数量出具意见书，于 2020 年 3 月 27 日向市中级人民法院提起民事公益诉讼。

考虑到案件审理和宣判有个过程，会错过植树有利时节，县检察院向市中级人民法院申请先予执行补植复绿。随后，市中级人民法院依法作出先予执行的裁定。这也是县检察院在公益诉讼领域中首次探索适用先予执行措施。（4 月 10 日 3 版）

【买卖野生动物获刑又受罚】6 月 4 日，县人民法院巡回审判庭开进石练镇，对一起破坏野生动物资源案件开庭审理，被告人黄某因非法收购珍贵野生动物制品罪和非法经营罪，被判处有期徒刑 5 年，并处罚金 11 万元。

2019 年 8 月，县森林公安局接到线索举报，称石练镇村民黄某买卖野生动物，遂前往黄某住处搜查，当场查获并扣押国家二级重点保护野生动物猕猴死体 1 只，活体蛇 45 条、死体蛇 170 条、活体蛙 198 只，以及果子狸、黄麂、野猪制品等，经鉴定价值共计 98480 元。

经查，2018 年至 2019 年 8 月，黄某从肖某、郑某、黄某（均已判刑）等人处购买通过非法狩猎获得的黄麂、野猪、果子狸等野生动物及制品，再以高价出售给詹某等人，共计非法出售野生动物价值 50 余万元，非法获利 5 万余元。

经审理，巡回法庭作出了数罪并罚的判决。本案的庭审情况也通过县新时代文明实践平台共享至全县 203 个村的文化礼堂，6000 余名群众观看了这场庭审直播。（6 月 5 日 3 版）

【“品牌”化妆品成本仅 1 元】资生堂、NARS、纪梵希……知名品牌的彩妆和配件是很多爱美女孩海淘的抢手货，不过，购买时一定要擦亮眼睛，当心买到假货。近日，遂昌县警方破获了一起销售假冒注册商标商品案，捣毁制假窝点 1 处，查获假粉扑 1 万余件，涉案金额 100 余万元。

1 月初，县公安局接到群众举报，称在某购物网站上购买的资生堂旗下 CPB 和 NARS 品牌粉扑，看起来像假冒产品。警方立即组织人员开展侦查，锁定这是一起销售假冒注册商标商品案。5 月，遂昌县警方赶赴江西省赣州市龙南县，成功抓获犯罪嫌疑人廖某。

据廖某交代，其于 2019 年 3 月在淘宝上注册了一个美妆店铺，从网上购入粉扑、包装盒、标签贴纸等，在家中用熨斗将商标熨烫到粉扑盒上进行二次包装，再通过淘宝店铺冒充正品对外销售。就这样，这些成本仅 1—4 元的粉扑经过加工后，摇身一变成为“品牌”化妆品，零售价 12.8—19.9 元。短短一年时间，廖某卖出了 7 万多个粉扑，获利 75 万元以上。

在廖某家中，民警搜出 6000 多个还未出售的粉扑和各种包装用的材料。这些粉扑都是由低价劣质的原料生产，但从外包装上看难以鉴别真伪。犯罪嫌疑人廖某因涉嫌销售假冒注册商标的商品罪，被遂昌县警方依法刑事拘留，案件在进一步侦办中。

（6 月 10 日 3 版）

【三颗猫头鹰蛋的故事】6 月上旬，云峰街道葫芦岗农场主李根媛在朋友圈发了一则感叹：“小猫头鹰被接走送丽水救护站去了，心里空落落的。”这是怎么回事呢？还要从一个多月前说起。

“五一”期间，遂昌县城乌溪江小区的一居民打扫闲置已久的房子，开火做饭的时候，油烟管道里扑啦啦飞出一只猫头鹰。主人打开管道一看，里边有一个干草搭的窝，窝里还有三个热乎乎孵了一半的猫头鹰蛋。猫头鹰妈妈因为受惊吓飞走了。

接下来的故事很暖心：这户人家将三颗猫头鹰蛋小心翼翼地送到了县林业部门，可是林业人员收到三颗蛋为难了：既无法放生，又找不到猫头鹰妈妈，弃之不顾吧，又对不住市民的殷切爱心。最后林业人员灵机一动，找个老母鸡，把它孵出来！几经周转，这三颗蛋来到了在农场养殖土鸡的李根媛手上。

李根媛说：“小鸡孵了千千万，可从没孵过猫头鹰啊？”她按照孵小鸡的套路来孵猫头鹰，把三颗蛋放到了正在孵蛋的母鸡窝里，半个多月后，居然有两颗蛋破壳了。不幸的是，有一只小猫头鹰刚孵出来就死了。剩下的这只小猫头鹰重 14.1 克，白白的茸毛，嘴巴尖尖的，很可爱，但很弱小。李根媛请教专业人士，买来黄粉虫喂养小猫头鹰，一开始只能吃三四条，后面就能吃五六条了。

带着小猫头鹰生活了一个多星期后，县林业局工作人员来到葫芦岗，接走小猫头鹰，送往丽水市生态林业发展中心陆生野生动物救护中心。

（6 月 12 日 3 版）

【凭照片锁定位置解救女孩】6 月 20 日凌晨，县公安局妙高派出所接到电话报警，称遂昌县城有一女孩欲轻生，但不知家住哪里。民警凭借发过来的一张照片，准确定位了轻生女孩的位置，挽救了一条生命。

当日凌晨 4 时许，远在福建的小王收到朋友小周的“告别”微信，称和男友发生了感情问题要自杀，并发了割腕的照片，微信称如果小王报警，她就跳楼。担心朋友出事，小王果断选择了报警。

接报民警立即根据信息排查搜索，因报警人无法提供确切位置，民警只能通过小王发来的一张小周在阳台拍的夜景照来分析。经过对比照片中的背景建筑物，民警确定小周住在遂昌某小区，立即驱车前往解救。进入小区后，反复对比照片背景，寻找准确位置，果然在一幢居民楼 6 楼阳台发现了小周。经过检查，小周的手腕轻微划伤，并无大碍。

原来，23 岁的小周来自重庆，只身一人在遂昌工作，因和男友发生感情纠纷，让她觉得没有人关心自己，产生了轻生念头。经过开导，小周解开了心结，表示再也不会做伤害自己的事。

（6 月 24 日 4 版）

【警犬赛虎获评“十佳”】6 月，遂昌县公安局警犬基地的一只名叫赛虎的警犬，被公安部南京片区评为“十佳刑侦犬”。

赛虎是一只德国牧羊犬，2018 年 2 月出生，6 个月的时候被选带回遂昌警犬基地训练。每天不出警的时候，赛虎会在训导员带领下做各种训练：过人字梯、过独木桥、三级跳、爬梯炮台、障碍物跳高等，整套训练动作一气呵成。除了体能训练，断绳救人、追踪扑咬也是赛虎的训练项目。“赛虎已经掌握了血迹搜索、物证搜索、搜爆、追踪、山地搜捕、救援等技能。”遂昌县公安局警犬基地训导员黄建青介绍，从参加工作起，赛虎协助公安民警已破获了刑侦案件十余起，立下了不小功劳。

2019年底，赛虎参加全省公安系统警犬复训比赛，名列前茅，获得了“十佳刑侦功勋警犬”的荣誉。翌年6月，又被公安部南京片区评为“十佳刑侦犬”。（7月6日4版）

【转账20余万元，“女友”竟是男儿郎】因网恋被骗的例子不胜枚举，现实中，依然有不少人被天上掉下的“爱情”冲昏头脑，一头栽进陷阱。这一则故事就发生在遂昌。

2018年4月，陈先生在网络游戏中认识了一位女友，热聊一段时间后确定了恋爱关系。此后，“女友”以买手机、住院、买化妆品、开店等理由向陈先生要钱，陈先生通过微信多次转账，累计给“女友”20余万元。网恋关系持续到2019年12月，“女友”突然与陈先生失去了联系，陈先生才惊觉被骗了，遂向妙高派出所报案。警方经过缜密侦查，确定山东省梁山县的孙某明有重大作案嫌疑。7月1日，办案民警在梁山警方的协助下，成功将男扮女行骗的犯罪嫌疑人孙某明抓获归案。

原来，孙某明在一家名叫多趣网络的公司“上班”，负责在网络游戏中建立虚构女性角色，和玩家聊天并迅速建立男女朋友关系。等到时机成熟后将“线上男友”介绍到公司开发的游戏平台，怂恿他们在游戏中充钱消费，从中赚取佣金。孙某明和陈先生“恋爱”之后，发现陈先生出手大方，自己仅拿佣金赚得太少，于是瞒着公司“接私活”，以各种理由向陈先生索要钱财。整个诈骗过程，孙某明仅用一个微信、一个QQ账号，就对陈先生持续了一年多诈骗，其间陈先生从未通过语音、视频等方式进行证实。而孙某明骗来的钱，竟然也大部分打赏给了“女主播”，这一调查结果让办案民警哭笑不得。涉嫌诈骗的“多趣网络有限公司”已被山东警方捣毁。（7月13日3版）

【“驴友”山崖遇险，警方“生死营救”】7月18日凌晨，遂昌县上演一场生死营救。一对“驴友”夫妇在挑战“浙西川藏线”时翻下山崖，接报后遂昌县公安、消防部门连夜展开救援，与时间赛跑。

7月17日23时55分，县公安局接报，上海一越野车队在挑战三仁畲族乡十三都村至白马山“浙西川藏线”后，当晚返回遂昌县城休整。23时50分车队到达县城，清点人数时发现，金某夫妇驾驶的一辆车未返回，二人的手机也联系不上。因“浙西川藏线”路陡、奇窄、坡度高、落差大，失联车辆遇险概率很高。

接到报警后，县公安局启动紧急救援预案，派出消防、特警及无人机战队，连夜进山搜救，一边请求乡镇、社会力量参与救援。经过两个多小时的搜寻，救援队终于在一处小瀑布下发现了翻落悬崖的失联车辆，金某夫妇被困车内，已经受伤。车辆坠落现场距离路面落差近40米，救援队经过3个多小时努力，于18日凌晨4时将金某夫妇救出，送往医院治疗。

据了解，金某夫妇驾驶的车辆行驶过程中，由于车轮打滑冲出路面，翻落山崖。幸运的是，车子下落过程中有树木缓冲，没有直接坠落，金某夫妇大难不死。（7月20日2版）

【市民遭遇“购物退款”诈骗】7月，遂昌县北界派出所接到多起“网上购物退款”诈骗报案，被骗金额累计4万余元。

7月16日下午，市民雷女士报案称，其于6月在淘宝网上购买了一组价值190元的奶瓶，半个月前，有自称淘宝客服的人打电话给她，称其购买的奶瓶有质量问题，要给雷女士三倍的赔偿款。

“对方让我加了一个QQ号，发给我一些支付宝的截图，上面有支付宝网络科技公司的业务凭证专用章，还能说出我手机绑定了几张银行卡和卡号位数，我就相信他了。”雷女士说，对方以先交理赔金为由，要她通过支付宝扫码转账1.61万元。转完款后，对方以没打备注为借口，要求雷女士使用360借条再次汇款。雷女士这才意识到上当了，于是向派出所报案。可是款项已被转走，难以追回。

除了雷女士外，高坪乡的张女士也遭遇了类似骗局。7月初，她在网上购买了一些尿不湿，货还没到，就接到自称淘宝客服的电话，称购买的尿不湿有质量问题，要退款给她。而后对方要求张女士先交理赔金，同样骗取了1.61万元。

“这类骗术就是假冒客服人员，以能说出受害人的详细信息获取信任，进而引诱受害人转账，达到诈骗目的。”警方提醒市民，客服不会主动要求退款，不要轻信与你联系的“客服”，不要点击陌生人发过来的“理赔链接”，退款应在官方电商平台进行，不轻信“理赔专员”，网络购物要提高防范意识，切勿轻信陌生来电。（7月27日3版）

【网络赌博团伙年入百万元】7月，遂昌县人民法院公开审理一起网络赌博案，对吴某川、焦某国等13名被告人作出判决。

法院审理查明，吴某川、焦某国等人在一个名为“众发娱乐”的网络赌博平台上发展会员参与赌博赌。用户注册后，可在平台内参与推筒子、炸金花、牛牛、二人麻将、德州扑克等赌博项目。赌博过程中，平台对赢钱玩家按获利5%进行抽头。平台还大量招收代理人员，发展下线参赌。吴某川、焦某国等人明知“众发娱乐”为赌博平台，依然通过微信等方式进行推广，发展会员参赌，非法获利140余万元。

法院审理认为，被告人吴某川、焦某国等13人以营利为目的，发展会员参赌，从中收取网站支付的佣金，扰乱社会秩序，其行为应当以开设赌场罪追究刑事责任。最终，法院判处吴某川、焦某国等13人有期徒刑1年至3年不等，处罚金3万元至40万元不等。（7月29日3版）

9月，遂昌县法院审结一起涉网络跨境开设赌场案件，此案系“众发娱乐”涉网络跨境开设赌场系列案中的一起。本案中，被告人普某等16人，通过网络赌博平台“众发娱乐”非法获利40万元至371万元不等，均被判处有期徒刑，并处罚金7万元至31万元不等。据了解，犯罪团伙以“众发娱乐”App为网络赌博平台，将服务器设在美国及中国香港地区，主要工作室设置在菲律宾圣安娜市。该系列案涉案金额达4.07亿元。（9月7日3版）

【逃犯七年“洗白”成老板】杨某七年前因盗窃被抓，取保候审期间潜逃，七年后再次被抓时，杨某已改名，成为年收入过百万元的建筑老板。

2013年，杨某和同乡两人从云南到浙江台州打工，因收入不高，便动起了歪脑筋，组成流动盗窃团伙到遂昌县作案，不料被警方抓获。因盗窃数额不大，杨某认错态度较好，遂昌警方对杨某采取了取保候审措施。但到了法院开庭那天，杨某却消失了。自此被警方列入网上逃犯。

2020年，遂昌警方通过研判调查，锁定杨某目前居住位置，8月22日前往江苏省盱眙县成功抓获杨某。让警方想不到的是，杨某住在高档小区，开着豪华轿车，戴着名牌手表，年收入过百万元，已经成功“洗白”成为一名老板。

原来，2013年杨某逃跑后，来到了江苏省盱眙县，改换名字在建筑工地上干活。随着当地经济发展，工程业务越来越多，杨某结识了工程老板，一同接手工程建设项目，赚到了不少钱。七年来，他买下了多套房产、豪车，但始终不敢以真实身份示人，也很少去公众场合以及人多的地方。被警方抓获后，杨某说：“这下我可以安心了，该坐牢就坐牢，以后不用遮遮掩掩做事。”

（8月31日3版）

【假老师混进班级群收款】不少家长都有班级微信群，开学后，这些群活跃起来，老师在群内布置作业，与家长交流。谁能想到，老师在群内发消息让家长交学习资料费，交费的家长竟然上当了！因为群内混进了假老师，发消息的是个骗子！

近日，遂昌县城某校某班的英语学习群内发出一条信息，发信息的是英语林老师。“林老师”表示，学校要收取198元的资料费，让家长们将红包发在群内。这位“林老师”的微信头像，和英语林老师是一样的，连群名备注也一样。几位家长看到消息后，不多思索即在群内发了红包付款。

没过多久，真正的林老师看到了信息，马上在群里声明，消息不是自己发的，在群里发收款信息的“林老师”是假冒的。真林老师马上将假冒“林老师”移出了群聊，家长们这才发现上当了。所幸的是，只有三位家长发了红包被骗子领走，总计被骗 594 元。（9 月 21 日 3 版）

《遂阅》新闻选录

【警方捣毁“毒豆芽”生产窝点】10 月，县公安局联合市场监督管理局，成功捣毁一个“毒豆芽”生产销售窝点。此前，遂昌县市场监督管理局在抽查中发现，菜市场销售的豆芽含有国家禁止使用的 4—氯苯氧乙酸钠成分，即向警方报案并开展调查。

警方通过侦查，锁定制售“毒豆芽”窝点，经过部署开展联合行动，抓获黄某华等犯罪嫌疑人 2 人，查获成品、半成品黄豆芽、绿豆芽 32 缸，合计 500 余千克，查获无根素液体原料和粉末 86 包、AB 药粉等物资一批。这些豆芽均泡在“无根素”中催发，“无根素”含有大量 4-氯苯氧乙酸钠和赤霉素等农药成分，是国家明令禁止在豆芽生产中添加的物质。食用“毒豆芽”会在体内堆积亚硝酸盐，特别是伤害儿童肝肾脏功能，长期食用会致癌。黄某华在明知违法情况下，仍然制作、销售有毒有害食品，累计销售 1.5 万余千克，非法获利 3 万余元。

犯罪嫌疑人黄某华等两人因涉嫌生产销售有毒有害食品罪，被警方刑事拘留，接受法律制裁。

（10 月 20 日 3 版）

【及时报案追回骗款】10 月 14 日，县公安局云峰派出所接到郑女士报警，称自己被骗了 5000 元钱。事情是这样的：一名自称淘宝客服的人员打电话给郑女士，告知她之前在某购物网站上购买的口红质量有问题，要退款给她。因对方提供的信息都准确无误，郑女士便相信了对方的话，加了 QQ 群，对方通过 QQ 聊天教她在“微粒贷”里操作，申请了 1.2 万元贷款。对方告诉郑女士，必须将申请到的贷款交一部分到他们账户，才能完成统一退款程序。虽然郑女士有所犹豫，还是向对方指定账户转账了 5000 元。

对方继续让郑女士以不同方式转账。这时，浙江农商银行工作人员发现了情况，及时拨打郑女士电话，告知她银行账户正在进行多笔转帐，有可能遇到诈骗了，郑女士惊觉并立即报警。接警后，县公安局刑侦大队和反诈中心立即行动，及时冻结涉案资金，成功追回被骗资金 5000 元。

（11 月 2 日 3 版）

【“我是你领导”诈骗升级】有不法分子冒充领导人员微信头像和姓名，以主动添加好友的方式向下属、企业老板实施诈骗，遂昌已经有人被骗，警方提醒市民谨防上当！

11 月 5 日，遂昌县高坪乡一名村干部在微信上收到乡政府某位领导的好友申请，添加好友后，对方以朋友急需用钱为由向其借钱，该村干部信以为真，在转账 5 万元后，对方表示钱还不够，又向村干部索要 8 万元，村干部意识到被骗后向公安机关报案。

11 月 6 日，湖山乡一村干部也在微信上收到该乡“党委书记”的好友申请，微信头像无误，对方以急用为由要求其转账 8 万元，村干部转账后，对方又要求转账 16 万元。因数额巨大，村干部向乡党委书记电话核实，才发现被骗。记者了解到，这样的骗局在丽水各县市发生多起，青田县一个月内被骗 70 多万元，缙云县也有 30 多万元。

警方介绍，“我是你领导”骗术是老套路，此类骗局迷惑性较大，市民在遇到领导借钱时不好推脱，骗子利用这样的心理屡屡得手。警方提醒，不要轻易添加陌生微信、钉钉或者 QQ 好友申请，添加单位领导微信、钉钉、QQ 的，请进一步核实，涉及要求借款、转账或汇款的，请确认是其本人后再操作。一旦发现被骗，要及时拨打“110”报警或反诈专线“96110”。（11 月 10 日 3 版）

【为求刺激烧祠堂毁牛棚】 11月上旬，县人民法院审理判决了一起纵火案件。被告人傅某放火烧了村里的祠堂和牛棚，然而问其作案动机，傅某竟然反问法官："你不觉得这样很刺激吗？"

事情得从年初说起。1月30—31日，19岁的傅某两次在本村徐家香火堂内，点燃房间内堆放的木柴，引发火灾，造成徐家祠堂大面积损毁。2月1日，傅某又将一牛棚内的稻草点燃引发火灾，造成牛棚损毁。最终，傅某在村民报警后被抓获。

庭审过程中，傅某如实供述了事实并认罪。法官询问被告人放火动机时，傅某却意外地回答："我就是觉得这样做很刺激。"县法院对傅某进行了精神状况鉴定，经鉴定，傅某作案时无精神疾病，具有完全刑事责任能力。最终，傅某被依法判处有期徒刑三年六个月。（11月15日3版）

【违规加工疫木受处罚】"未取得林业主管部门许可，擅自加工疫木属于违法行为，对你作出如下处罚……"12月25日，县自然资源和规划局的执法人员来到北界镇某木材加工厂，下达处罚通知书，并现场对部分松材线虫病疫木进行销毁。

经查明，该木材加工厂负责人苏某某，在未经林业主管部门许可情况下，擅自收购松材线虫病疫木，将之加工成木垫出售，非法牟利2000元。并在未经除害处理的情况下，在木材加工厂内存放了7.357立方米疫木，这一行为对周边生态环境产生巨大威胁。接报后，县自然资源和规划局执法人员前往查实，并根据《浙江省松材线虫病防治条例》第三十四条第一款相关规定，对苏某某处以没收全部疫木、没收全部违法所得并罚款的行政处罚。

（12月28日3版）

人物·先进

全国劳动模范

【陈万平】男，1960年出生，山东蓬莱人，大学学历，浙江省政协委员，享受国务院特殊津贴。现任浙江凯恩特种材料股份有限公司总工程师，教授级高级工程师。1982年陈万平从山东齐鲁工业大学毕业，进入遂昌造纸厂工作。他专注特种纸制造，潜心搞科研，带领团队攻坚克难，创造了一个又一个奇迹。在陈万平及其团队的科研攻关下，凯恩集团实现华丽转身，从被列为全国500家限改关停的污染企业之一，发展成为国家重点高新技术企业、行业标杆、全球最大的电解电容器纸生产基地。38年来，陈万平15次承担国家、省部级科研项目，6次获省部级科技进步奖，起草制定了国家、行业及地方标准23项次，首创多项世界独有的技术，拥有13项发明专利。他主持攻关的系列项目及多个国家级新产品的开发，填补了国内空白，达到了世界先进水平，使中国电解电容器纸品种从不足10个发展到100多个。凯恩特材公司的电解电容器纸占全球市场份额40%左右。2016年陈万平被授予全国五一劳动奖章，2020年获评全国劳动模范。

全国敬老爱老助老模范

【宁利平】女，1958年出生，遂昌县湖山乡长安村村民。宁利平的母亲于20世纪70年代去世，之后父亲另娶。2013年宁利平的父亲去世后，留下95岁无儿无女的继母吴氏，宁利平不顾兄妹反对，坚持将年迈的继母接到家中赡养。继母对她没有生养之恩，她却将老人当作亲娘。在宁利平的悉心照料下，2020年102岁的老人精神矍铄、身体健朗。宁利平说，自己虽然没读过书，但是明白照顾老人是中华民族传统美德，每个人都会老去，照顾老人也是照顾日后的自己。2020年，宁利平获评全国敬老爱老助老模范人物。

浙江省最美公务员

【尹伟锋】男，1977年出生，遂昌县三仁畲族乡小忠村人。曾任小忠村党支部副书记、书记，2015年通过公开选拔考试进入公务员队伍，2020年提拔担任西畈乡副乡长。尹伟锋生在农村、长在农村、工作在农村，对“三农”有着深厚感情。他主动请缨担任“大搬快聚富民安居”工程政策宣讲员，白天忙业务，晚上挨家挨户为百姓答疑解惑，帮助群众申报、代办。2019年，西畈乡独坑村十八万自然村实现整村搬迁，全乡有268户农户转移致富。每年汛期，西畈乡多发小流域洪灾，尹伟锋始终记挂群众安危，以“第一时间”为工作准则，5年来有效应对大小汛情22次，转移群众上千人次。在一次强降雨转移群众时，他不慎滑倒，留下腰部伤残。2020年，温岭至常山公路遂昌段动工，当时尹伟锋被抽调参与湖山“天工之城”征迁工作，但他兼顾西畈乡征迁工作，每周都要在两个乡镇之间来回跑，湖山一西畈2.5小时车程的山路跑了数十趟。新冠肺炎疫情防控期间，除了下村排摸、宣传走访、卡点值守、信息报送，尹伟锋还承担来回6个小时车程的物资采购任务。尹伟锋心里头装着群众，想百姓所想，急百姓所急，在西畈乡工作5年，排查化解群众矛盾纠纷600余件。尹伟锋被评为2020年“浙江省最美公务员”。

浙江好人榜

【包圣军】男，1971年出生，遂昌县人，个体经营户。包圣军是遂昌民防飞鹰救援队核心成员，是遂昌县微笑志愿者服务队、无偿献血志愿者协会、路跑毅行协会会员。2016年苏村“9·28”山体滑坡自然灾害抢险救援中，包圣军表现出色，被省政府授予个人三等功。2017年遂昌民防飞鹰救援队成立以来，包圣军和队员们开展救援行动50多次、800多人次，服务总时长2500多小时，成功搜救4名走失群众、1名溺水者，解救多名被困人员。救援队还走进校园、社区开展防溺水和应急救援公益培训，受益人群4000余人次，并积极配合政府部门完成安保任务25次。2020年疫情期间，从地毯式排查外来人员，到24小时卡点值守，到社区大小事务，包圣军都是冲在最前面的一个。2月13日是包圣军的50岁生日，他是坐在居家隔离户门前吃一碗泡面度过的。包圣军还与民防飞鹰救援队的队员们，为卡点值守人员搭建帐篷60余顶。5月学校复课前，为县内10多所中小学、幼儿园开展了义务消杀工作。包圣军被评为2019年第四季度“丽水好人”，并上榜2020年1月“浙江好人榜”。

最美诚信浙江人

【朱宗鹤】男，1934年出生，遂昌大柘人，遂昌革命纪念馆管理员。朱宗鹤是一位有着65年党龄的老党员。2001年，他和同村4位党员发起募捐，修缮了浙西南第一个中共支部旧址大柘泉湖寺。2003年，70岁的朱宗鹤主动担任泉湖寺管理员，其间泉湖寺被申报为省级爱国主义和党史教育基地。2019年泉湖寺经重新布展，开辟为遂昌革命纪念馆。每天早晨，无论刮风下雨，朱宗鹤总是面对着一面国旗、一副旗杆，一个人敬礼唱国歌，举行一个人的升旗仪式。朱宗鹤还努力钻研党史知识，练习导游和讲解，兼职讲解员。这样的行为坚持了18年，泉湖寺累计接待游客25万余人次。朱宗鹤的坚守获得了社会认可，2019年，他被评为“丽水之干”杰出人物，入选“中国好人榜”和“浙江骄傲”提名人物。2020年，朱宗鹤获评“最美诚信浙江人”。

新时代最美逆行者

【周欢欢】女，1989年出生，遂昌县人。县人民医院重症医学科护师、责任组长。曾赴浙二医院重症医学科进修，多次被评为医院优秀员工。1月27日下午，接到医院关于“浙江省第二批医疗队援助湖北的报名通知”后，周欢欢第一时间报名，成为遂昌县首位奔赴湖北武汉驰援新冠肺炎患者救治的医务人员。1月28日早，周欢欢作为丽水市第三批赴湖北抗击新冠肺炎医疗队成员逆行武汉，她驰援的是武汉科技大学天佑医院的新冠肺炎患者重症监护室。在52天驰援时间里，周欢欢工作积极，表现出色，帮助多位患者稳定病情和情绪，从重症转入轻症至痊愈出院。在驰援武汉的第14天，她向组织递交了入党申请书，被批准火线入党。4月11日，周欢欢完成援鄂任务隔离14天后返回遂昌。

【郑天宝】男，1982年10月出生，遂昌县人。县人民医院感控科副科长、呼吸内科副主任医师。曾对口支援新疆新和县人民医院并任院长助理、呼吸消化科主任。在新冠肺炎疫情来势汹汹之际，郑天宝作为应急第一梯队救治组长，在医院出现高度疑似患者时，主动请战在隔离病房值守三天三夜。2月12日，医院接到上级命令要选派2名医护人员随浙大二院医疗团出征湖北，郑天宝再次主动请战。驰援武汉的47天时间里，郑天宝和浙大二院团队并肩作战，收治了60余例危重患者，有40多名患者治愈好转。结束第一阶段救治任务后，郑天宝放弃休整，又主动请战参与第二阶段危重病人救治。三次请战上“疫”线，郑天宝毫无畏惧，他说医生的使命就是在病毒肆虐的时刻，必须勇敢地冲上去。4月15日，郑天宝完成任务结束隔离后回到遂昌。他被省委、省政府表彰为“浙江省抗击新冠肺炎疫情先进个人”，被湖北省委、省政府评为新时代“最美逆行者”。

【戴乐梅】女，1982年出生，遂昌县人。县中医院内一科护理组长、主管护师。1月27日医院下发紧急驰援湖北的通知后，戴乐梅积极报名。2月9日她被入选为丽水市第四批赴湖北抗击新冠肺炎医疗队成员，当天上午从遂昌出发，到丽水与团队会合后一同逆行武汉。在鄂期间，她所在的浙江医疗组整建制接管了武汉市第四医院（华中科技大学同济医学院附属普爱医院）三个重症病区。43天里，戴乐梅和所在团队承担起了全院危重症患者的会诊及3个病区111张床位患者的救治任务，先后收治患者293人，其中重症156人、危重64人，为当地疫情防控工作作出了重要贡献。4月6日，戴乐梅完成任务结束隔离后回到遂昌。她被省委、省政府表彰为“浙江省抗击新冠肺炎疫情先进个人”，被湖北省委、省政府评为新时代“最美逆行者”。

【严丽娟】女，1994年5月出生，遂昌县人。县人民医院重症医学科护师、责任组长。曾赴浙二医院EICU进修，获评遂昌县第一届“最美护士”。1月27日，严丽娟第一次报名驰援武汉没有入选。2月11日，县人民医院发出“驰援湖北后备医疗队”紧急动员令，严丽娟再次报名并写下请战书，这一次光荣入选。2月13日，严丽娟和医师郑天宝启程出征，与浙大二院的169名专家一同奔赴武汉疫情一线。严丽娟驰援的是华中科技大学同济医学院附属协和医院肿瘤中心重症监护室，在这里坚守奋战了47天。严丽娟说，驰援武汉全身心投入，内心很踏实，在武汉奋斗的日子值得永久铭记，是一生中宝贵的财富。4月15日，严丽娟完成任务结束隔离后回到遂昌。

新闻人物

【周立寅】男，1977年出生，遂昌县人。做过中学教师，下海经过商，丽水市作家协会会员，遂昌县书法家协会会员。2005年一次交通事故中，周立寅的身体遭受毁灭性伤害，导致高位截瘫，鉴定为肢体一级残疾。经历重大变故的周立寅乐观向上，自强不息，积极康复锻炼。他热爱并坚持写作，在轮椅上、病榻上笔耕不辍，并练习书法，常有作品在县、市大展上获奖和展出。2018年以来，周立寅开始在个人微信公众号上发表散文和随笔，向社会积极传播正能量，先后创作了20余万字的作品。散文《母亲》发表于《中国作家》，散文《微光》发表于《青春》，获2020年丽水市文学创作大赛铜奖和丽水市文化精品扶持奖，散文《走亲戚》获浙江省“喜看新变化，我心永向党”征文三等奖。在《丽水日报》《丽水文学》《遂昌文学》上发表散文随笔20余篇，获丽水市作协2020年度特别奖、遂昌县文艺工作先进个人。在遂昌县宣传部门和热心网友帮助下，2020年12月，周立寅的散文集《微光》正式出版，收录了历年来精心创作的40篇散文，共16万字。作者以感恩的心态，捕捉艰难困苦时刻的微弱光芒，记录生活中的点滴温暖与美好，以较为细腻的笔触和一定的思想深度，展现了遭受人生重大打击之后积极乐观的生活态度，文字简单质朴干净，富有浓浓的乡土气息，字里行间透着向上向善的力量。

技术人才

【遂昌县第六批中青年专业技术拔尖人才】

朱俊锋（县人民医院）

江坚（县职业中专）
刘斌（浙江微通催化新材料有限公司）
余水生（县生态林业发展中心）
汪良忠（浙江利化爆破工程股份有限公司）
金哲宇（浙江凯恩电池有限公司）
鲍金平（县农业农村局）
鲍宗武（县实验小学）
林鉴强（遂昌中学）
郑天宝（县人民医院）
周　芸（县示范幼儿园）
姜晓明（县职业中专）
俞梦龙（聚力生物医药科技丽水有限公司）
黄　鑫（浙江遂金复合材料有限公司）
曹海宙（浙江遂昌汇金有色金属有限公司）
章建辉（县融媒体中心）
程晓云（县自然资源和规划局）
程希文（育才小学）
谢樟富（浙江遂昌利民药业有限公司）
潘曦明（县人民医院）

【遂昌县第五届科技新秀】
马方芳（县农业农村局）
毛卫青（菲立化学工程遂昌有限公司）
尹世平（县融媒体中心）
左嘉刚（浙江凯恩特种材料股份有限公司）
刘菊莲（浙江九龙山国家级自然保护区）
吴琴英（浙江遂昌利民科技有限公司）
王　杰（县农业农村局）
吴俊斌（县示范幼儿园）
张　婷（浙江永上特材有限公司）
范国才（县人民医院）

【遂昌县首批县级强企名师】
高厚建（元立集团新宏公司轧钢厂厂长）
严永平（凯恩特材公司品管部长）
李　峰（利民控股公司董事长兼总经理）
周琦红（凯恩电池公司财务总监）
王杏凤（万佳商贸公司总经理）

省部级以上和市委、市政府表彰表扬的先进集体

【2020年获评并表彰的先进集体】

1. 县消防救援大队妙高站团支部被共青团中央评为“全国五四红旗团支部”；

2. 国家税务总局遂昌县税务局被中央精神文明委员会评为“全国文明单位”，被全国总工会评为“全国模范职工小家”；

3. 三仁畲族乡小忠村被中央精神文明委员会评为“全国文明村”；

4. 县融媒体中心（遂昌县广播电视台）被国家广播电视总局评为“全国新闻出版广播影视系统先进集体”；

5. 县老促会获中国老区建设促进会（国家级社团）2020年度老区宣传工作三等奖；

6. 遂昌县被省政府、省军区评为“2020年度全省征兵工作成绩突出县”；

7. 县农业农村局被省政府评为“全省扶贫开发工作成绩突出集体”“全省非洲猪瘟防控工作表现突出集体”；

8. 浙江元立集团被省委、省政府评为“全省抗击新冠肺炎疫情先进集体”；

9. 市生态环境局遂昌分局被省政府授予“生态省建设突出贡献集体”二等功；

10. 县委编办、县经济合作交流中心、湖山乡党委、县国投集团、县妇幼保健计生服务中心、妙高街道金岸村党总支部被市委、市政府评为“丽水之干”模范集体；

11. 县人民医院发热门诊、县人民医院城东分院、云峰街道社区卫生服务中心、柘岱口乡际下村、妙高街道、城东社区、县公安局北界派出所、县经济商务局商务科、县卫生监督所被市委、市政府评为“丽水市抗击新冠肺炎疫情先进集体”；

12. 县委政法委、县农业农村局、县应急管理局、县教育局、县信访局、妙高街道、金竹镇、应村乡和柘岱口乡被市委、市政府评为“创建星级平安金鼎工作突出贡献集体”；

13. 县委政法委、县司法局被市委、市政府评为“指导人民调解工作成绩突出单位”；

14. 县求和人民调解委员会、云峰街道人民调解委员会、湖山乡人民调解委员会被市委、市政府评为“成绩突出人民调解委员会”；

15. 县人民检察院鲁冰花工作室被市委、市政府评为“丽水市三八红旗集体”；

16. 遂昌育才中学、王村口镇中心小学、云峰中心学校被市委、市政府评为“丽水市教育提质工作突出贡献集体”；

17. 县科技局、浙江凯恩特种材料股份有限公司特种纸创新团队、浙江遂昌汇金有色金属有限公司研发中心、浙江荣凯科技发展有限公司绿色医药中间体创新团队、聚立生物医药科技丽水有限公司被市委、市政府评为“丽水市创新引领工作突出贡献集体”；

18. 县农业农村局、后江民族小学被市委、市政府评为“民族团结进步工作突出贡献集体”；

19. 三仁畲族乡、龙洋乡、柘岱口乡被市委、市政府评为“丽水市文明乡镇”；

20. 县新华书店、浙江龙川水利水电开发有限公司、那然生命文化股份有限公司被市委、市政府评为“丽水市文明单位”；

21. 妙高街道东红村、大柘镇北山村、金竹镇兰蓬村、龙洋乡九龙口村被市委、市政府评为“丽水市文明村”；

22. 妙高街道城东社区党委、县卫生监督所党支部被市委评为“丽水市先进基层党组织”。

【2019年获评、2020年发文表彰的先进集体】

1. 遂昌县被省委、省政府评为2019年度“美丽浙江”建设（生态文明示范创建行动计划）工作考核优秀县、“五水共治”（河长制）工作“大禹鼎”优秀县、2019年“一星平安金鼎”平安县；

2. 县委政法委被省委、省政府评为“平安护航新中国成立70周年工作成绩突出集体”；

3. 三仁畲族乡被省委、省政府评为“2018—2019年度平安浙江建设先进集体”；

4. 遂昌中学被中国计划生育协会评为“2019年国家级青春健康教育示范基地”；

5. 黄沙腰镇、垵口乡、西畈乡、应村乡、蔡源乡、高坪乡、三仁畲族乡被全国爱国卫生运动委员会命名为“2017—2019周期国家卫生乡镇”。

省部级以上表彰表扬的先进个人

【2020年获评并表彰的先进个人】

1. 县人民医院郑天宝、县中医院戴乐梅、县公安局黄根寅、遂昌民防飞鹰救援队戴旭盛，被省委、省政府评为“浙江省抗击新冠肺炎疫情先进个人”，郑天宝、戴乐梅还被湖北省委、省政府评为新时代“最美逆行者”；

2. 县纪委监委舒坚阳、县公安局黄根寅、县自然资源和规划局王坚兵被省委、省政府评为“全省扫黑除恶专项斗争成绩突出个人”；

3. 国家税务总局遂昌县税务局黄根堂被国家卫生健康委评为“献血银奖”；

4. 县委统战部蓝水林被省政府评为“浙江省民族团结进步模范个人”；

5. 市生态环境局遂昌分局杨弘被省政府授予“生态省建设突出贡献个人三等功”；

6. 县农业农村局曹建章、北界镇曾勇被省政府评为“浙江省非洲猪瘟防控工作表现突出个人”；

7. 县教育局祝石玄余被省政府评为“无偿献血之江杯奖”。

【2019 年获评、2020 年发文表彰的先进个人】

1. 县委办李飞华、县纪委监委王匡政、县人力社保局徐晓峰、县市场监管局陆辉、黄沙腰镇钟菊梅被省委、省政府评为“平安护航新中国成立 70 周年工作成绩突出个人”；

2. 县委组织部潘驰被省委、省政府评为“2018—2019 年度平安浙江建设先进个人”；

3. 县农业农村局杨建伟、三仁畲族乡陈林军被省政府评为“全省消除集体经济薄弱村工作成绩突出个人”；

4. 县行政执法局罗立辉被省政府评为“2019 年度无违建县创建工作先进个人”。

其他受表彰的先进集体和先进个人

【2020 年度乡镇（街道）和部门综合考核】

乡镇（街道）综合考核一等奖：妙高街道、大柘镇、湖山乡、金竹镇、应村乡、垵口乡；

部门综合考核一等奖：县法院、县检察院、县委政法委、市生态环境局遂昌分局、县委编办、县自然资源和规划局、县总工会，县财政局、县农业农村局、县文化和广电旅游体育局、县经济商务局、县行政执法局、县发改局、县教育局、县卫生健康局、县公安局、县统计局、县应急管理局、县人力社保局；

考评部门等次：第一名九龙山保护区管理中心，第二名县公积金管理中心，第三名县人民银行。

【2020 年度遂昌县纳税大户】

纳税超 9000 万元：浙江元立金属制品集团有限公司；

纳税超 5000 万元：浙江遂昌农村商业银行股份有限公司、浙江新宏钢制品有限公司；

纳税超 4000 万元：浙江遂昌遂钢金属制品有限公司；

纳税超 3000 万元：浙江凯恩特种材料股份有限公司、国网浙江省电力有限公司遂昌县供电公司；

纳税超 2000 万元：遂昌祥生房地产开发有限公司；

纳税超 1000 万元（14 家）：浙江大金庄矿业有限公司、丽水市烟草公司遂昌分公司、遂昌县和泰房地产开发有限公司、浙江遂昌正中莹石精选有限公司、浙江利民化工有限公司、浙江丽水泰豪市政园林建设工程有限公司、浙江丽水恒业市政园林建设有限公司、浙江凯元置业有限公司、宇恒电池有限公司、浙江罗邦建设有限公司、浙江永上特材有限公司、丽水李池市政园林有限公司、浙江新元焊材有限公司、丽水中正建设有限公司；

纳税超 500 万元（28 家）：遂昌县松泰置业有限公司、遂昌凯宏置业有限公司、浙江永联民爆器材有限公司遂昌永新分公司、遂昌凯顺置业有限公司、浙江新恒金属制品有限公司、遂昌县南方建筑工程有限公司、浙江省遂昌金矿有限公司、浙江遂昌富民村镇银行股份有限公司、遂昌县明盛电业有限责任公司、浙江汇丰市政园林有限公司、浙江遂昌汇金有色金属有限公司、浙江龙川水利水电开发有限公司、遂昌县湖山莹石矿、遂昌县九龙山水电开发有限公司、遂昌东城建材有限公司、遂昌县农业投资发展有限公司、浙江荣凯科技发展股份有限公司、遂昌德鑫铸钢有限公司、浙江遂昌城兴房地产有限公司、遂昌县城发房地产开发有限公司、丽水鑫亿建设有限公司、遂昌县两山投资发展集团有限责任公司、广州通和通信建设有限公司北界分公司、遂昌县经济投资发展有限公司、浙江遂昌圣豪矿业有限公司、浙江中笠新型建材有限公司、浙江平昌矿业开发有限公司、浙江宜方建设有限公司。

【2020年度城市更新工作突出贡献集体和个人】

集体：县自然资源和规划局、妙高街道、县卫生健康局、县教育局、县行政执法局、县人力社保局、县委统战部、县财政局；

个人：上官利斌、华新荣、谢斌峰、周　慧、黄子芬、吴群林、潘文华、吴晨琳、尹根良、徐瑞祥、杨淑华、陈　永、潘郑云、应根洪、曾　悦、毛灵林、华宗新、龚艳菲、邱樟明、罗卫东、周建军、蓝文丽、兰丽慧、张　芳

【2020年度乡村振兴工作突出贡献集体和个人】

集体：新路湾镇政府、湖山乡政府、县委宣传部、县农业农村局、县自然资源和规划局

个人：毛自树、毛以林、朱婷婷、华慧荟、汪樟英、陈武文、吴云娇、应世洪、何品才、邱黎辉、巫春嵩、周世锋、周瑞禄、胡润荷、徐瑞华、徐伟军、黄兴法、章海燕、蔡琼霜、许　艳

【2020年度“天工之城”建设先进集体和个人】

集体：县科技局、县自然资源和规划局、县两山转化发展中心、大柘镇、金竹镇、湖山乡、县两山投资发展集团有限公司

个人：王羽丰、邓朝平、杨　弘、吴炜堃、余石伟、张文华、陈　放、周宝洪、胡漩璇、黄文华、范华忠、范祥祯、陈　锋、杨　捷、曾会良、曾胜平、雷勇波

【2020年度平安建设突出贡献集体和个人】

平安创建突出贡献集体：县信访局、市生态环境局遂昌分局、县统计局、县教育局、县应急管理局、县财政局、县大数据和金融发展中心、县检察院、县法院、县发改局、三仁畲族乡、湖山乡；社会治安综合治理突出贡献集体：县公安局、县文广旅体局、县司法局、县农业农村局、蔡源乡、王村口镇；信访工作“三无”单位：县卫生健康局、县人力社保局、 县行政执法局、金竹镇、垵口乡、新路湾镇；

个人：童宣明、李伟强、叶慧娟、余志远、吴伟设、汪金泉、蓝　岚、卜洪斌、杜裕明、潘兴跃、郑建设、周　楠、徐　超、黄　华、谢　静、魏大双、黄根寅、苏　毅、江　峰、毛　斌、李　刚、郑斌华、潘经纬、涂松森、刘丽梅、姜珂卿、陈宏明、黄丽莉、陈晨阳、陆　辉、黄奕骏、李上游、应旭鹏、吴翌阳、林　斌、曾　悦、章　驰、周音君、陈飞凤、李振兴、江建红、周香琴、吴　历、谢水源、吕学军、黄瑞彪、钟　泳、廖慧磊、周　劼、罗　敏、潘欢新、张树军、黄小燕、雷巧丽、钟　杰、廖承燕、江振军、朱建明、雷坛春、林荣庆

【2020 年扩大有效投资优秀集体和个人】

集体：县发改局、县建设局、县教育局、妙高街道、湖山乡、大柘镇、县交通运输局、县工业园区管委会、县民政局、县水利局、县科技局、县纪委监委、县委组织部、县文广旅体局、县自然资源和规划局、县财政局、市生态环境局遂昌分局、县统计局、县经济合作交流中心、县经济商务局、县公安局、县行政服务中心、县委办、县府办、县财政局、县自然资源和规划局、县应急管理局、县税务局、县两山集团、县市场监管局、湖山乡、云峰街道

个人：陈校勇、程延根、曹利民、单佳旻、范　军、金存序、李立军、楼映方、王佳慧、王仙发、许家辉、吴　衍、周　慧、项寅骁、叶林海、罗　亮、罗　峰、张铁诗、章君剑、钟雪飞、周长俊、曹　锋、上官献雄、陈　聪、范华忠、胡　鹏、刘夏丹、雷勇波、徐素萍、曾　臻、徐益民、余莉萍、詹旭阳、周剑辉、张朝晖、范　星、范　剑、余潘辉、曹烨晔、戴丽红、郭建平、蓝华平、彭　涛、刘芳霞、雷兴禾、李飞华、王红叶、洪　斌、徐玮珺、詹贵芳、张怡奇、朱　亮、杨　捷、杜维涛、杜跃威、余盛华、尹卫中、叶柳希、叶益剑、张文华

【2020 年度优秀政协委员】

吕慧平、朱旭明、吴素好、张瑭凤、林益锋、金哲宇、留伟峰、曹万才、雷晓霞、刘　靓

【2020 年遂昌县“最美医师”“最美护士”】

最美医师：郑天宝、叶林伟、林剑锋、李香红、周海鹤、范仙贵、包迎伟、赖新明、傅毅伟、谢水香、林　晶、柳伟英、王育平、翁建武、郑英芾、蓝梅芳、应国有、郭金梅、余春花、张翔翔

最美护士：周欢欢、严丽娟、戴乐梅、黄慧梅、潘梅燕、王　卿、陆彩儿、刘　敏、张彩红、蓝巧婷、范晓敏、李光美、施晓云、谢旭红、邝彩华、李　花、郑淑琴、廖雅倩、周钰颖、李　香、周巧敏、邹李燕、诸葛慧琳

关于给予县公安局记集体三等功的决定

遂政发〔2020〕47 号

各乡（镇）人民政府、街道办事处，县政府直属各单位：

2019 年，遂昌县公安局紧紧围绕县委、县政府决策部署和战略布局，在维护社会稳定、护航经济发展、公共安全防护、打击违法犯罪、基层治理创新等公安工作中取得了卓越成绩。圆满完成了中华人民共和国成立 70 周年大庆安保及系列重大节日安保维稳任务；紧扣“一城五区”生产力布局、“八大战役”等中心工作，有力保障金岸区块城市更新项目、古院梅溪区块房屋征迁等重点项目推进；严管严治交通违法和防患排查整改， 2019 年因交通事故死亡人数比 2018 年下降 31.57%；强力推进扫黑除恶专项斗争，持续保持对盗抢骗、黄赌毒、食药环等犯罪活动严打高压态势，成功侦破一批大案要案。2019 年 2 月被省委、省政府评为全省扫黑除恶专项斗争先进集体；2020 年 3 月被省公安厅评为全省公安机关信访优秀单位；2019 年 2 月、2020 年 3 月两次被省公安厅评为全省公安机关执法质量优秀单位；2020 年 1 月全市县级公安机关综合实绩考评通报总分第一，连续两年被丽水市公安局评为全市县级公安机关综合考评优胜单位。2019

年8月践行弘扬“浙西南革命精神”获公安部部长赵克志批示表扬；“一格一警”工作、“最多跑一次”延伸服务、“破小案、保民安”等工作多次得到上级领导批示肯定。

经研究，决定给予遂昌县公安局记集体三等功一次。

遂昌县人民政府

2020年7月23日

关于授予阙良华同志个人三等功和“见义勇为先进个人”的决定

遂政发〔2020〕52号

各乡（镇）人民政府、街道办事处，县政府直属各单位：

2020年4月4日中午11时30分许，浙江兴丰特种材料有限公司阙良华同志回家途经南门路农商银行门口时，听见南溪河对岸有个小女孩在喊“救命”，同时看见女孩旁边水里有人在挣扎。他立即以最快速度跑到河边，此时落水老太太（罗金香，女，1956年生）已经被河水冲离岸边10多米远，阙良华毫不犹豫跳入3米多深冰冷的河水中，游到罗金香的身边并抓住她的手往岸边拉，以一己之力将罗金香托举上岸，挽救了群众的生命。阙良华同志勇救落水老太太的事迹被《处州晚报》、丽水新闻客户端、《钱瓯遂昌》等媒体报道转载。

为表彰先进，大力弘扬见义勇为精神，根据《浙江省见义勇为人员奖励和保障条例》和《浙江省见义勇为人员奖励和保障工作若干规定》的有关规定，经县政府研究，决定给予阙良华同志嘉奖一次，并授予“见义勇为先进个人”荣誉称号。

遂昌县人民政府

2020年8月2日

2020年遂昌县取得正高级专业技术职务人员一览表

表34

序号	姓名	性别	工作单位	出生年月	专业技术职务	专业
1	汪良忠	男	浙江利化爆破工程有限公司	1973.05	正高级工程师	爆破
2	杨豪亮	男	遂昌县中医院	1971.10	主任医师	临床医学
3	郑天宝	男	遂昌县人民医院	1982.10	主任医师	呼吸内科
4	蓝　威	男	遂昌县人民医院	1977.05	主任医师	脑外
5	范国才	男	遂昌县人民医院	1979.10	主任医师	普外
6	董大海	男	遂昌县人民医院	1980.04	主任医师	骨外
7	陈炳柳	男	遂昌县人民医院	1974.06	主任医师	儿科
8	徐真旺	男	遂昌县森林病虫防治检疫站	1962.10	正高级工程师	林业
9	程琳菲	女	遂昌县文化馆	1979.08	群众文化研究馆员	非遗保护

2020年遂昌县取得副高级专业技术职务人员一览表

表35

序号	姓名	性别	工作单位及职务	出生年月	专业技术职务	专业
1	姜燕英	女	县中医院	1980.08	副主任护师	护理
2	张松	男	县中医院	1983.12	副主任医师	临床医学
3	江婧	女	县中医院	1983.02	副主任医师	口腔医学
4	周晓峰	男	县中医院	1971.10	副主任医师	临床医学
5	洪根华	男	云峰街道社区卫生服务中心	1969.12	副主任医师	临床医学
6	戴乐梅	女	县中医院	1982.06	副主任护师	护理
7	柳丽	女	县中医院	1983.09	副主任护师	护理
8	李香	女	北界中心卫生院	1981.07	副主任护师	护理
9	李思慧	女	县人民医院	1983.04	副主任医师	超声医学
10	严小斌	男	县人民医院	1983.08	副主任医师	放射医学
11	邵树艺	男	县人民医院	1982.08	副主任医师	传染内科学
12	应晓蕾	女	县人民医院	1984.08	副主任医师	心血管内科
13	苏素萍	女	县人民医院	1979.01	副主任医师	口腔医学
14	潘珍	女	县人民医院	1982.06	副主任护师	护理
15	李群英	女	县人民医院	1985.04	副主任护师	护理
16	张永香	女	县人民医院	1971.12	副主任护师	护理
17	潘素萍	女	县人民医院	1979.05	副主任药师	医院药学
18	廖福远	男	县人民医院医共体金竹分院	1976.09	副主任医师	全科
19	吴彩香	女	县人民医院医共体城东分院	1976.04	副主任医师	妇产科
20	施晓云	女	县人民医院医共体湖山分院	1983.03	副主任护师	护理
21	雷秋艳	女	湖山乡中心小学	1988.07	高级教师	小学数学
22	毛婵娟	女	遂昌县职业中等专业学校	1981.02	高级教师	中职计算机
23	郑建平	男	遂昌县民族中学	1975.06	高级教师	初中社会
24	郑令利	女	遂昌县民族中学	1982.10	高级教师	初中数学
25	周丽丽	女	遂昌县民族中学	1983.06	高级教师	初中英语
26	周瑾	女	遂昌县民族中学	1977.05	高级教师	初中英语
27	程爱萍	女	遂昌县民族中学	1979.06	高级教师	初中数学
28	濮美兰	女	遂昌县民族中学	1976.10	高级教师	初中科学
29	张帝剑	男	遂昌县民族中学	1973.12	高级教师	初中科学
30	徐雄镇	男	遂昌县民族中学	1974.11	高级教师	初中数学

续表 35

序号	姓名	性别	工作单位及职务	出生年月	专业技术职务	专业
31	吴坚宏	男	遂昌县民族中学	1968.12	高级教师	初中数学
32	钱慧敏	女	遂昌中学	1976.10	高级教师	高中语文
33	夏红燕	女	遂昌中学	1973.09	高级教师	高中地理
34	张克清	男	遂昌中学	1977.09	高级教师	高中政治
35	王青华	男	丽水力源建设有限公司	1981.09	高级工程师	给排水
36	张文瑞	男	浙江开创建设有限公司	1966.05	高级工程师	建筑工程管理
37	江郑燕	女	浙江盛康工程管理有限公司	1978.07	高级工程师	建筑工程管理
38	王晓波	男	浙江盛康工程管理有限公司	1972.01	高级工程师	建筑工程管理
39	曹万才	男	浙江罗邦建设有限公司	1974.05	高级工程师	建筑施工
40	邱小松	男	遂昌县国有资本投运集团有限公司	1977.08	高级工程师	建筑工程管理
41	朱锡雄	男	遂昌县城发房地产开发有限公司	1968.07	高级工程师	建筑工程管理
42	严素文	女	县城市更新服务中心	1973.09	高级工程师	建筑工程管理
43	朱菊香	女	县市政园林和智慧城管服务中心	1973.05	高级工程师	市政道路
44	毛金辉	男	遂昌县经济投资发展有限公司	1976.08	高级工程师	建筑工程管理
45	毛淑景	女	县机关事务保障中心	1975.04	高级经济师	人力资源管理
46	潘成椿	男	九龙山国家级自然保护区管理中心	1967.11	高级工程师	生态保护修复
47	王　芳	女	云峰林业工作中心站	1969.07	高级工程师	森林培育
48	姜智慧	女	北界林业工作中心站	1967.01	高级工程师	森林培育
49	付红梅	女	北界林业工作中心站	1970.11	高级工程师	森林培育
50	严志伟	男	湖山林业工作中心站	1966.09	高级工程师	森林培育
51	王海蓉	女	县生态林业发展中心	1976.10	高级工程师	森林培育
52	戚伟尧	男	石练林业工作中心站	1968.08	高级工程师	生态保护修复
53	张文超	男	浙江凯恩特种材料股份有限公司	1981.12	高级工程师	造纸技术
54	吴琴英	女	浙江遂昌利民科技有限公司	1979.01	高级工程师	化工技术研发
55	谢樟富	男	浙江遂昌利民药业有限公司	1985.08	高级工程师	有机化工
56	郑　波	男	浙江凯恩特种材料股份有限公司	1987.07	高级工程师	机电制造
57	金哲宇	男	恒宇电池有限公司	1971.09	高级工程师	蓄电池领域技术开发
58	黄焕明	男	浙江利化爆破工程股份有限公司	1975.04	高级工程师	爆破工程
59	毛香琴	女	浙江利民化工有限公司	1977.01	高级工程师	爆破器材
60	袁　伟	男	浙江永联民爆器材遂昌永新分公司	1971.09	高级工程师	爆破器材
61	翁伟忠	男	大柘镇农业推广服务中心	1966.08	高级农艺师	园　艺
62	潘火标	男	应村乡农业农村服务中心	1971.05	高级兽医师	兽　医

附录

关于高水平推进县域治理现代化 奋力谱写高质量绿色发展新篇章的决定

遂委发〔2020〕11号

中国共产党遂昌县第十五届委员会第八次全体会议，认真学习贯彻党的十九届四中全会精神，按照省委十四届六次全会和市委四届七次全会的部署要求，紧密结合遂昌实际，研究了高水平推进县域治理现代化、奋力谱写高质量绿色发展新篇章的问题，作出如下决定。

一、高水平推进县域治理现代化的重要意义和目标要求

1．重要意义。党的十九届四中全会是在中华人民共和国成立70周年、在“两个一百年”奋斗目标的历史交汇点上召开的一次具有开创性、里程碑意义的重要会议。全会通过的《决定》深刻回答了在我国国家制度和国家治理体系上“坚持和巩固什么、完善和发展什么”的重大政治问题，是我们党坚持和完善中国特色社会主义制度、推进国家治理体系和治理能力现代化的政治宣言和行动纲领，为实现我们党长期执政和国家长治久安、实现中华民族伟大复兴中国梦提供了根本制度保障。省委十四届六次全会提出“争当省域治理现代化排头兵”重要目标，市委四届七次全会对高水平推进市域治理现代化作出了全面部署，党中央、省委、市委这一系列重要决策部署为我们推进县域治理体系和治理能力现代化指明了工作方向、提供了基本遵循。全县各级党组织和广大党员干部要充分认识到，高水平推进县域治理现代化是践行习近平新时代中国特色社会主义思想的重大举措，是开辟遂昌高质量绿色发展新路的必然要求，是遂昌与全省同步实现“两个高水平”的根本保证。要把学习贯彻落实中央、省委、市委全会精神作为一项重大政治任务，不断增强推进县域治理现代化的思想自觉、政治自觉和行动自觉，坚定扛起浙西南革命史上“四个第一”的使命担当，以干得助、以干图强，奋力开创新时代县域治理新局面，为开辟“中国之治”新境界贡献更多遂昌力量。

2．总体要求。坚持以习近平新时代中国特色社会主义思想为指导，全面落实党的十九大和十九届二中、三中、四中全会及省委十四届六次全会、市委四届七次全会的部署要求，坚持全面加强党的领导，深入践行“八八战略”“两山”理论，牢固树立全领域、共同体、高效能的理念，聚焦“制度设计”“制度运行”两个关键，着力推进党的建设+现代经济、现代生态、现代社会、现代文化、现代政府“五位一体”治理体系，挥洒“遂昌之汗”、增色“丽水之干”、增辉“丽水之赞”，努力实现高质量的政府有为、社会有序，走出一条具有时代特征、遂昌特色的县域治理现代化路，为奋力谱写高质量绿色发展新篇章、打造全国“两山”转化的县域样板提供有力保障。

3．主要目标。到中国共产党成立一百年时，以高质量县域治理推动高质量绿色发展成效明显，初

步呈现出“生态优越、科技进步、产业发达、城市繁荣、乡村精致、百姓富足”的美丽情境，在县域治理上积累形成一整套更加成熟更加完善的制度体系，为与全省同步高水平全面建成小康社会提供更有效能的坚实保证。到2035年，基本实现县域治理现代化，形成与“一城五区”生产力布局相适应的高水平整体治理体系。到中华人民共和国成立一百年时，高水平全面实现县域治理现代化，形成与全省同步高水平全面建设社会主义现代化的强有力制度保障。

4. 基本原则。牢牢把握党建引领中心，充分发挥基层党组织战斗堡垒和领导核心作用，把党的领导落实到县域治理实践各领域各方面各环节。注重系统思维，树立“大治理”理念，统筹推进系统治理、依法治理、综合治理、源头治理，打造全域全员全时参与的开放治理体系，努力使县域治理更加系统全面、深入有效。注重精准思维，强化靶向治理，突出标准管控，牢牢把握“生态经济化、经济生态化”的治理方向，建立健全现代化生态经济体系，促进生态保护与经济发展的良性互动。注重群众思维，以人民为中心推进县域治理现代化，努力构建共建共治共享的社会治理新格局，不断满足人民群众对美好生活的需求。注重创新思维，始终用足用好创新引领金钥匙，充分利用大数据技术，不断革新治理思路、治理手段、治理模式，全力在感知、响应、专业、协同、高效等方面形成闭环，使改革创新成果更好转化为制度优势、制度优势更好转化为治理效能。

二、坚持以党的建设为统领，加快推进县域治理体系和治理能力现代化

党建强则治理强，党建弱则治理弱。推进县域治理体系和治理能力现代化，必须全面贯彻落实新时代党的建设总要求，充分发挥党的领导核心作用严格落实党的各项制度，不断夯实党在基层的执政根基。

1. 突出政治引领。落实和健全党的领导制度体系，构建“不忘初心、牢记使命”的长效机制，巩固并深化每周工作学习例会制度，推动广大党员干部增强“四个意识”、坚定“四个自信”、坚决做到“两个维护”，始终在思想上政治上行动上同以习近平同志为核心的党中央保持高度一致。坚持党委总揽全局、协调各方，完善党领导人大、政府、政协和监察机关、审判机关、检察机关、武装力量、人民团体、企事业单位、基层群众自治组织、社会组织等各项制度，巩固和发展最广泛的统一战线，调动乡贤、新的社会阶层代表人士等多元社会主体参与基层社会治理，确保县域治理保持正确的政治方向。压紧压实管党治党政治责任，严明政治纪律和政治规矩，完善党内政治生态评估制度，提高党组织和党员干部的政治能力。完善党中央、省委、市委重大决策部署贯彻落实机制，严格执行请示报告制度，严格落实民主集中制，加强重大决策的调查研究、科学论证、风险评估，不断增强党委（党组）把方向、谋大局、定政策、促改革的能力。

2. 突出思想引领。加强党对宣传思想工作的全面领导，完善组织领导、责任传导、考核管理等机制，全面落实意识形态工作责任制，牢牢掌握意识形态工作领导权。压实舆情管理属地责任，统筹推进网络综合治理体系建设，部署实施网络生态“瞭望哨”工程，提升全方位多维度综合治网能力。全面学习贯彻新理念新思想新战略，完善党委（党组）理论学习中心组、集中夜学、自主学习等制度，推进习近平新时代中国特色社会主义思想三十讲宣讲团、乡村文明讲师团等宣讲平台建设，大力推广应用“学习强国”学习平台。培育和践行社会主义核心价值观，大力弘扬爱国主义精神。深入推动思想大解放，着力破除定式思维的禁锢、传统路径的依赖、难以作为的束缚，加快从管理向治理转变，强化治理理念，增强治理意识，提高乡镇（街道）和部门的执行力、落实力、创造力。

3. 突出组织引领。把党支部建设作为最重要的基本建设，落实好“三会一课”、民主生活会、组织生活会等制度。推动组织升级，探索推行契约化党建新模式，建立转移党员社区和户籍地双重管理机制，深入推进“红色堡垒”锻造工程，加强民心

党组织创建、探索“红心机关”创建、实施两新组织“红色工匠”锻造等活动，高质量推进新一轮“整乡推进、整县提升”，统筹加强农村、城市、两新等各领域党建工作。推动队伍升级，制定《新时代高质量绿色发展挺进师干部考察考核办法》，完善科级领导干部考察、考评、考核“三考合一”的积分制考核机制，不断优化跨条块跨部门交流、末位淘汰、回炉培训等机制，强化退出领导岗位干部的管理和使用，高水平锻造忠诚使命、忠于职责，求是挺进、求真务实，清正为民、清廉为人，敢于担当、敢于胜利的新时代挺进师。推动能力升级，加强年轻干部在“八大战役”主战场的实践历练，大力培养讲政治、懂经济、精业务、善治理的复合型干部。深入实施“头雁工程”，建立村社党组织书记分类管理和教育培训机制，抓实村社后备干部培养使用，切实发挥基层党组织的战斗堡垒作用。

4．突出作风引领。坚持把“大学习大调研大抓落实”作为转变作风的主抓手，实施年轻干部“扎根计划”、新录用公务员到基层锻炼机制，构建全覆盖、全过程、全天候“三服务”长效机制，真正让企业轻装上阵、让群众收获满满、让基层活力迸发。落实党委（党组）主体责任、党组织书记第一责任、班子成员“一岗双责”、纪委监督责任“四责协同”机制，强化动态检查、跟踪督查、常态考核、问责追究，坚定不移地推动全面从严治党向纵深发展。深化纪检监察体制改革，健全完善纪律监督、监察监督、派驻监督、巡察监督4个全覆盖权力监督格局，积极探索交叉巡察、回访检查等监督方式，完善巡察与纪检监察、组织、审计等部门的协作配合机制，切实提升巡察监督质效。持续整治形式主义、官僚主义，深化“中层干部大家评”工作，严肃查处隐形“四风”问题，强化扶贫领域腐败和作风问题专项治理，全力推进清廉遂昌建设。

三、坚持以“一城五区”生产力布局为支撑，加快构建现代经济治理体系

优化县域生产力布局是推动高质量绿色发展的动力所在。必须运用好跨山统筹、创新引领、问海借力三把金钥匙，以“八大战役”为主抓手，加快推进“一城五区”生产力布局落地，构建以资源节约型、环境友好型、创新主导型为主要特征的现代化生态经济体系。

1．全面建设“天工之城”。构建以“天工之城”为核心的创新引领机制，重点打造“2+3+1”科技创新平台，“两中心”即上海创新中心、杭州丽水数字大厦，“三基地”即嘉兴科技城、诸暨经济开发区两个“飞地”产业园和遂昌一诸暨山海协作产业园，“一平台”即以“天工之城”为核心的丽水（遂昌）创新平台。以建设省全面创新改革联系点为契机，深化科技创新体制机制改革，研究出台科技创新促进经济转型升级政策，新建一批省级以上“众创空间”，推动向上创业园创建国家级科技企业孵化器。加快“天工之城”农创+文创+科创三创融合发展，围绕风谷、云巅、星河、月台四大主题，积极对接浙江大学、浙江工业大学、浙江清华长三角研究院、之江实验室、阿里达摩院等名校大院，发展以人工智能、区块链、云计算、大数据为核心的“ABCD”开源经济、软件产业，培育智慧经济、分时经济、研发经济等创新经济，推进温泉酒店、温泉养生岛等项目建设，举办“湖山论剑”“开源经济论坛”等高端学术会议，打造“三生融合”的科创园区、未来社区、旅游景区和主题学区，努力实现开源型数字经济三至五年产值翻番。加快培育和引进高新技术企业、科技型中小企业、高企研发中心、高层次人才，提升研发支出占收入比例，加快提升高新技术产业投资、高新技术产业增加值对发展的贡献度，加快创新引领城市、创新赋能产业的步伐。

2．全面建设“未来都市区”，按照打造山地之城典范要求，全力推进古院、东峰、梅溪、吴乐畈一源口、关睢五大组团发展。完善新城路网，加快环城南路二期、后江路网二期、梅溪路网一期、龙谷路三期、吴乐畈区块市政道路、汤显祖戏曲小镇外庄至高碧街等道路建设，拓宽北门至三墩桥、西坞滩道路，谋划建设民族中学至S212连接道路。围绕“未来社区”建设，综合运用整体改造、系统整

治、微改造等模式，促进数字智能、节能环保、绿色建筑等前沿技术大规模应用和新业态新模式大量涌现，大力发展高端商贸服务业与理想住屋。加快推进古院社区中心和上石马、源口、三溪口、吴乐畈、金岸等邻里中心和一批街坊中心建设，加快推进市民服务中心、实验小学、遂昌三中、县人民医院、殡仪馆等公共服务设施建设，筹建博物馆、乡贤馆、双创中心，复建相圃书院。着力推进东峰组团汽车、家装、农贸等专业市场集群建设，带动城市经济集束增长。

3. 全面建设“有机更新区”。加快建设文化记忆、亲水生态、文教休闲三大城市聚落，逐步提升城市整体形象和品质。优化提升老城功能布局，完成三溪口区块市政配套、城市生活垃圾收运及焚烧发电一体化等项目，实施老街道、老小区改造及各区块沿线雨污分流等工程，完善涉老、涉幼、涉残等设施，改造提升妙高山公园，谋划妙高山隧道等项目。推进城市有机更新，稳步实施城市更新三年行动计划，加快推进梅溪、金岸区块城市更新开发利用，提升城市能级。全面提升城市管理水平，深入推进城市管理整治提升八大行动， 完善中心城区停车设施建设专项规划，加快停车场建设，实现城区环境和交通出行明显改善。以“东北拉开、中部挺进”为策略，加快义金龙城际铁路、金遂松龙高速、丽衢上高速、抽水蓄能电站、通用机场等重大项目谋划推进，争取衢丽铁路落地实施，开工建设G528国道遂昌段、遂江线一期等重点项目，打造以“华东天路”为特色的“四好农村路”品牌，构建内畅外联的县域交通网络。

4. 全面建设“生态工业区”。构建以接轨上海为重点的问海借力机制，优化完善招商引资工作机制，全面加强与虹口、南湖、诸暨、象山、上虞等地的区域合作，重点招引新材料、新能源、高端装备制造等新兴产业，着力培育引进拟上市企业，重视培育“隐形冠军”“单打冠军”“专精特新”企业。围绕建设东城“产城融合、宜业宜居”的美丽新区，推进工业园区提质扩容，谋划和推进石练健康产业园、精密制造小微产业园等一批省级小微企业园建设，加快创建省级经济开发区。全面开展铸造行业、化工行业的整治提升，推动“个转企、小升规、下升上”，加强对石材、砂石等开发的标准化管控，深化“亩均论英雄”改革，逐步探索分行业综合评价办法，探索投产两年以上未上规企业的差别化措施。以人才赋能、科技赋能、数字赋能构建金属制品全产业链，完成金属制品产业创新服务综合体建设，加快共建金属级3D打印公共平台，编制实施数字经济三年规划，实施一批省级、市级重点技术改造项目，推进企业上云、机器换人、机联网建设，提升制造业智能化水平。秉承“城市合伙人”理念，落实降本减负和《推进生态工业高质量绿色发展三十条》等扶工助企政策，全力打造最佳在地政府。全面落实《关于加快集聚人才推动高质量绿色发展的意见》，完善引才用才留才机制，搭建政府、企业、人才之间的交流平台。

5. 全面建设“红绿融合区”。深耕细作红绿融合文章，围绕打造“研学、旅居、团建、会议”四大精品旅游目的地的目标，力争将遂昌纳入全省文旅产业融合试验县。培育以汤显祖文化为核心的文化体验研学产品，做深以汤莎文化交流为依托的国际研学（玩美游学）市场，加快汤显祖戏曲小镇建设和业态形成，大力推动研学实践教育营地基地建设，推进遂昌一南湖生态旅游文化产业园建设，推出革命精神“沉浸式文化体验”课程，着力打造“红色经典”“非遗传承”等主题研学游，将王村口创成全省文旅特色型美丽城镇的样板。有序建设分时办公、分时度假、医疗康养、商务会议等三创融合产品，大力推进蔡源蔡和省级文化旅游风情小镇创建，持续推进文旅“万千百”工程，建成一批红色乡村振兴示范乡镇和示范村，推动民宿和酒店标签化、品牌化、集聚化。积极培育户外拓展、文化创意、亲子游乐、运动竞技等团建产业，拓展“个性化定制”团建市场，建成万亩茶园旅游区、地标式湖山环湖绿道、自驾车风情廊道、九龙山徒步道等配套项目，打造“氧气马拉松”“茶园定向赛”“浙西川藏线”等赛事品牌。

6. 全面建设“乡村富民区”。构建推进县域一体化发展的跨山统筹机制，建立健全建设乡村振兴特色发展示范区的体制机制，坚持“活化”“退化”并行，推动资源要素的集中配置、精准配置、高效配置。全力创建“未来乡村”，探索提炼乡愁、乡容、乡里等未来乡村特征和场景，实现乡村生态空间、产业发展、人居环境、基础设施和乡村治理系统性重塑。大力打造情境乡村，加快推进“百镇样板、千镇美丽”工程，高水平建设美丽城镇和新时代美丽乡村，构建乡村雅集、垂直社交、数字生活等体验式场景，培育“一村一境”的情境村。坚决打赢“大搬快聚富民安居”工程、“一户多宅”清理整治攻坚战，大力引导整村搬迁，推进农村宅基地复垦，完善农村土地民主管理制度，持续提升农村风貌，改善人居环境。推动农业标准化生产、数字化管理和品牌化发展，大力推进茶叶市场移址改建、新路湾田园综合体、遂昌茶叶数字化生产小微产业园建设，着力培育一批农业龙头企业，推广“八个一万”的生态产业培育模式，完善“消薄”和低收入农户的长效帮扶机制，巩固提升农村电商“遂昌赶街模式”，争创全省快递物流“两进一出”工程试点，激活“产业中的山水”，壮大“山水中的产业”。

四、坚持以“两山”理念为遵循，加快构建现代生态治理体系

守住遂昌美丽生态就是守住遂昌发展命脉。必须毫不动摇地践行“两山”理念，坚持人与自然和谐共生，用最严格的制度、最严密的法治保护生态环境，不断提升生态治理能力水平，推动遂昌县新时代生态文明建设迈上新台阶。

1. 健全最严格的生态保护制度。坚持生态优先、绿色发展理念，健全源头预防、过程控制、损害赔偿、责任追究生态环境保护体系，创成全省大花园典型示范县，建设全省大花园最美核心区。坚持多规合一，建立健全县域国土空间规划体系，紧扣“一城五区”生产力布局划定县域三区三线，完善国土空间规划动态监测评估预警和实施监管机制，健全国土空间用途管制制度，完善主体功能区制度。严守“三线一单”，完善环境准入制度，深入推进“区域环评+环境标准”改革，从源头上控制不符合环保要求的建设项目准入。严格落实生态保护和修复制度，加快构建自然保护地体系，推进山水林田湖草统筹治理，深化矿地综合开发利用，推进全域土地综合整治与生态修复，开展国土绿化美化行动，实施两江源头森林生态保护和修复提升工程。加强九龙山国家级自然保护区管理，完善全县域生物多样性的调查、科研、监测、观光等工作机制，提升生物多样性保护水平。深入推进蓝天、碧水、净土、清废专项行动，大力推进“污水零直排区”建设，加强秸秆焚烧管控，力争PM2.5年均浓度控制达到发达国家水平、生态环境质量保持全省前列。

2. 完善生态产品价值实现机制。围绕生态产品价值的高效转换，开展生态资源普查工作，建立健全GDP和GEP双核算、双评估、双考核机制，完善生态产品核算技术规范，健全生态产品价值县乡村三级核算评估机制，加快建设生态产品价值实现典型示范乡镇。构建以生态系统服务价值交换为核心的市场交易机制，打造生态产品交易平台。健全生态信用管理制度体系，建立企业和自然人的生态信用档案、正负面清单和信用评价机制，探索生态信用奖补激励机制。全面探索和拓展生态产品价值实现路径，深化绿色惠农卡奖补机制，建立生态产品标准体系和质量认证体系，打造生态产品区域公用品牌。完善金融服务生态产品价值实现机制，探索土地交易生态价值实现机制，组建“两山”转化产业基金。完善自然资源产权制度，推进自然资源统一确权登记，建立自然资源统一调查、评价、监测制度，实行资源总量管理和全面节约制度。完善绿水青山的产权制度、保护制度、交易制度，探索林权、水权、碳汇权、排污权、用能权等各类产权交易机制，推动健全生态保护补偿机制，切实把绿水青山蕴含的生态产品价值转化为金山银山。

3. 压实生态环境保护工作责任。坚定扛起生态屏障地区的政治责任，构建和完善政府主导、企业主体、社会组织和公众参与的环境治理体系，形成

权责分明、共治共享的生态治理格局。 完善生态文明建设目标评价考核制度，强化环境保护、自然资源管控、节能减排等约束性指标管理，严格落实企业主体责任和政府监管责任。严格落实领导干部自然资源资产离任审计制度，实行生态环境状况报告制度。全面落实“全员执法”机制，健全生态环境保护领域行政执法与司法联动机制，全力抓好环保督察整改，不断加大环境执法力度。健全生态环境监测和评价制度，加快环境预警和风险监测信息网络、生态屏障环境监测网络工程建设。完善生态环境公益诉讼制度和生态环境损害赔偿制度，严格落实环境损害责任终身追究制。

五、坚持以“大治理”理念为导向，加快构建现代社会治理体系

社会治理是县域治理的重要组成部分。必须牢固树立“大治理”理念，坚持和发展新时代“枫桥经验”，持续推进“三治融合”（自治、法治、德治），积极探索基层社会治理新模式，努力构建共建共治共享的社会治理新格局。

1. 完善矛盾纠纷化解机制。推广运用“民事村了”“一格一警”“乡贤治理”“村企共建”等基层治理创新成果，打造一站式服务、就地解决矛盾纠纷的县级社会矛盾纠纷调处化解中心，全力推进矛盾纠纷化解“只进一扇门”“最多跑一地”。大力推进诉源治理，提升“求和”人民调解品牌，加强调解、仲裁、行政裁决、行政复议、诉讼等有机衔接，探索“互联网+”“乡贤+”等多元化人民调解模式，推动乡贤人士更多参与公共服务及乡村治理。推进乡镇（街道）基层治理“四平台”规范化建设，深化全科网格“1+X”组团式服务和责任捆绑工作机制，实施“红色领航、村格连心”工程，构建上下联动、左右协调的社会治理模式。加强“大搬快聚”等转移群体的社区化管理工作，健全社会心理服务体系和危机干预机制。坚持和完善领导干部下访、接访、包案处理制度，推行信访代办（代跑）制，探索全程跟进的社会治理问题“全生命周期”化解模式。发挥“两代表一委员”在倾听民意和反映诉求、疏导情绪上的作用，架起连通党同人民群众血肉联系的桥梁和纽带。

2. 完善防范化解各类风险机制。把维护国家政治安全特别是政权安全、制度安全放在首位，全面落实防范化解重大风险各项举措，深化应急处置规范化建设，坚决打赢防范化解重大风险攻坚战。构建更加科学的平安建设责任体系，拓宽群众参与平安建设渠道，深化“枫桥式公安派出所”创建，确保人民安居乐业、社会安定有序。完善立体化、法治化、专业化、智能化的社会治安防控体系，深入开展严打深挖、“打伞破网”、固本强基行动，确保扫黑除恶专项斗争取得实效长效。关注利益诉求群体动态信息，及时排查涉及群众切身利益、群众反映强烈的征地拆迁、环境污染、劳资纠纷、民间借贷、社会保障等方面存在的不稳定因素，确保将问题化解在基层、处置在萌芽。完善社会公共安全体系，推进小流域防汛防台预报预警机制建设，建立全天候、全方位的自然灾害防治体系和防灾减灾救灾机制。严格落实安全生产责任和管理制度，推进生产安全、消防安全、道路交通安全、食品药品安全综合治理，健全突发公共事件预警应急处置机制，推动从“平安遂昌”迈向“长安遂昌”。

3. 完善现代法治建设机制。健全党内规范性文件、政府规章和行政规范性文件备案审查衔接联动机制，优化行政决策、行政执行、行政组织、行政监督体制，严格执行重大行政决策目录清单、执行情况第三方评估、开门决策等制度，加强重大行政决定合法性审查，落实行政执法公示、执法全过程记录、重大执法决定法制审核制度。深化综合行政执法体制改革，整合优化执法事项、执法力量，完善执法联动机制，严格规范公正文明执法。深化司法体制综合配套改革，全面落实司法责任制，构建立体化、多元化、精细化的诉讼程序体系，建立有效解决执行难长效机制， 提高司法质量、效率和公信力。构建政府主导、社会力量参与的大普法工作格局，加强领导干部带头尊法学法守法用法，完善领导班子和领导干部述法制度。加快建设“普惠均等、便捷高效、智能精准”公共法律服务体系，推

进智慧法院、移动微法院建设，谋划建设综合巡回法庭，引导全社会办事依法、遇事找法、解决问题用法、化解矛盾靠法，持续营造全面依法治县浓厚氛围。

4. 完善民生保障机制。深入推进健康遂昌建设，全面实施《健康遂昌2030行动纲要》，持续深化“三医联动”改革，健全现代医院管理制度，高质量推进县域医共体建设，深化医疗卫生人才“省属县用”试点，构建整合型医疗卫生服务体系。健全重特大疾病医疗保险和救助制度，建设居家社区机构相协调、医养康养相结合的养老服务体系，完善促进全民健身制度性举措。高质量打造“学在遂昌”品牌，全面实施教育提质行动，深入推进集团化办学，推进学前教育普惠健康发展、义务教育优质均衡发展、普通高中特色高质发展，大力发展现代职业教育，创新教师素质能力提升机制，创建全国义务教育优质均衡发展县，与全省同步高水平实现教育现代化。持续解决交通堵点、梗阻，增加停车泊位，通过完善城市功能减少钟摆式交通，提升群众的出行质量。完善就业创业服务保障体系，健全“大搬快聚”等重点人群就业扶持政策，落实“治欠保支”机制，创新职业技能培训机制，打造“遂昌工匠”“天工工匠”品牌。完善新型社会保障体系，推进全民参保计划，建立城乡居民基本养老保险待遇确定和基础养老金正常调整机制，完善社会救助、社会福利、慈善事业、优抚安置等制度，更好保障和改善民生。

六、坚持以“浙西南革命精神”为引领，加快构建现代文化治理体系

传承红色精神、凝聚磅礴伟力，是推进县域治理现代化、实现高质量绿色发展的动力之源。必须坚定文化自信，坚持守正创新，进一步模范践行浙西南革命精神，以高质量的文化供给，不断提升群众文化获得感、幸福感和尊荣感。

1. 模范践行“浙西南革命精神”。对标“不忘初心、牢记使命、矢志奋斗”的要求，健全弘扬践行“浙西南革命精神”的常态化长效化机制，深入推进弘扬践行“八大行动”，打响“浙西南第一个党组织诞生地”“重建浙江革命基业发源地”“红军长征策应地”三张红色名片，培育具有遂昌特色的“浙西南革命精神”红色品牌。完善红色基因传承机制，推动浙西南干部培训中心提档升级，深入推进“革命火种源，烽火浙西南”系列活动，办好红色文化节，讲好遂昌红色故事，创作一批红色文艺精品。创新红色资源保护利用机制，筹建遂昌县浙西南红色文化研究学会，推进红色资源价值转化研究与实践，切实把忠诚使命、求是挺进、植根人民的“浙西南革命精神”化为全县广大党员干部的内心自觉、行动遵循、信念引领。

2. 深化拓展新时代文明实践试点。推进新时代文明实践中心国家级试点建设，深化实践中心四级网络建设，丰富“三传五践行”文明实践内涵，完善新时代文明实践电视等平台建设，推进智慧文化礼堂建设，把文明实践的触角延伸得更广。着力塑造现代城市文明，更加注重道德内涵建设、文明风尚培育、城市精神提炼，创新文明养成机制，培育创业创富文化。实施公民道德建设工程，完善未成年人思想道德齐抓共管机制，开展道德模范、身边好人等先进典型学习宣传，不断加强市民的社会公德、职业道德、家庭美德和个人品德。完善三级志愿服务体系，深化“微笑遂昌”志愿服务品牌，构建与时俱进的村规民约运行机制，深入推进移风易俗、垃圾分类等新规，完善诚信建设长效机制，健全覆盖全社会的征信体系，牢牢树立新时代文明新风尚。

3. 大力推动文化事业繁荣发展。打造汤显祖文化品牌，建立汤显祖一莎士比亚文化国际交流长效机制，高水平举办汤显祖文化节和汤公音乐节，打造地方参与国际人文交流合作的样板。深入挖掘提升民俗文化、好川文化、贯休文化等，构建开放包容的多元文化体系。健全公共文化服务体系，完善公共文化服务基础建设，改造提升乡镇（街道）综合文化站，加强基层公共文化队伍建设，鼓励社会力量参与文化服务，推动基本公共文化服务标准化均等化。实施文化共享工程，加强公共文化云、数

字图书馆、数字文化馆建设，持续开展文化“三下乡”和乡村村晚等文化惠民活动，满足群众的精神文化需求。完善文化产品创作生产和传播的引导激励机制，加大对原创文艺作品的政策扶持力度，激发文化创新创造活力，推出更多群众喜爱的文艺精品。健全文化产业发展体制机制，编制新一轮文化产业发展规划，加强与“山海协作”地区的文化交流，常态化举办文化产业培训班，促进文化产业高质量发展。

七、坚持以“最多跑一次”改革为牵引，加快建设现代政府治理体系

“最多跑一次”改革是推动全面深化改革、推进现代政府治理的关键路径。必须坚持把“最多跑一次”的理念方法作风运用到政府治理各方面全过程，全力打造全生命周期的群众、企业和干部服务体系，实现政府施政理念、方式、流程、手段、工具的全方位、系统性、重塑性变革。

1. 打造企业全生命周期服务体系。持续优化营商环境，深入实施优化营商环境“10+N”行动。深化商事登记制度改革，推进全覆盖“证照分离”改革。深化投资审批制度改革，积极探索“标准地指标+企业承诺制”、容缺受理、带方案出让土地等机制。牢固树立“客户经理”思维，深化企业投资项目审批全流程免费代办机制，实施中介服务事项清单化管理，不断压缩一般企业投资项目从赋码到竣工验收的审批时间。依托“一窗受理”平台，推进投资项目审批、商事登记证照联办一表申请、一网办理，加快推进“全域受理”“一证通办”“扫码办”。构建产业政策兑现“直通车”机制，实行无责任签章制，优化政策兑现流程，精减政策兑现程序。建立“最多跑一次”改革便利化指标，用量化指标评价事项办理便捷程度，建立集智能评价、自动生成、可追溯、精准化的事项便捷度指数动态评价机制。

2. 打造个人全生命周期服务体系。加强行政服务中心标准化建设，打造布局科学、智慧高效、服务周全、环境舒适的未来大厅，实现“一窗受理全域通办”。建立可信身份认证体系，扎实推进“无证明化”改革，推进县级行政服务中心实现刷脸办事。大力推进“就近能办”，实现综合性自助服务终端乡镇（街道）全覆盖，不断提高民生事项在乡镇（街道）便民服务中心可办比例。深化遂昌农村“跑小二”品牌建设，推动“最多跑一次”向农村基层和公共服务领域延伸。大力发展精准扶贫、医疗健康、社会保障、社会救助、文化旅游、法律服务、公共交通、社区服务、全民健身服务等数字化惠民应用。推进公民个人“一件事”全流程“最多跑一次”改革，推出更多系统集成的便民利企“一件事”，实现“一件事”大厅、网上、掌上三端可办理。

3. 打造机关事业单位全生命周期服务体系。围绕机关内部“最多跑一次”改革，建立办事事项动态调整机制，固化办事流程和机构设置，提高协同办事平台的事项上线率和使用率。推进机关事业单位人员从“入职”到“退休”全事业周期“一件事改革”。将数字化变革性力量融入政府建设，建立健全抓工作落实的指标体系、工作体系、政策体系和评价体系，健全党政工作周计划管理系统，完善周计划、月通报、季展示和半年报告制度，推进职能重塑、流程再造、业务协同、效能提升。充分利用互联网、大数据、区块链等技术手段进行智慧管理，积极运用思维导图、工作组网实现行政管理标准化、数字化、可视化。拓展“浙里办”功能，依托“浙政钉”移动办公平台，推动政务工作实现移动化、协同式办理。强化平台的搭载功能，构建全县统一、线上线下融合、与省市级无缝对接的政务服务体系，在场景化多业务协同应用建设上取得重大突破，全力推动政府数字化转型提质增效。

八、全面凝聚起推进县域治理现代化的强大合力

高水平推进县域治理现代化，是一项重大战略任务。全县各级党组织和广大党员干部要秉持高度的政治自觉，主动担当作为，带头克难攻坚，强化制度执行，推动县域治理现代化各项目标任务全面落到实处。

1. 确保组织领导到位。各级党组织要扛起推进县域治理现代化的政治责任，高标准定位、科学谋划，开拓创新、系统推进，确保各项制度机制全面落实。县委全面深化改革委员会要强化顶层设计和统筹谋划，深入研究谋划深化改革和推进治理现代化的重大举措，更加注重系统集成、协同高效，及时把改革和治理的成熟经验上升为制度规范。县人大、县政府、县政协和县纪委监委、县法院、县检察院及有关部门要履职尽责，落实好各方面各领域制度和治理规定，形成推进县域治理现代化合力。

2. 确保治理能力到位。各级领导干部要加强思想淬炼、政治历练、实践锻炼、专业训练，增强执政本领、斗争本领，提升制度执行力。落实新时代高质量绿色发展挺进师标准，加快建设“忠诚、干净、担当”的高素质专业化干部队伍，推动广大党员干部严格按照制度履行职责、行使权力、开展工作。坚持党管干部原则，完善干部选育管用全链条机制，注重提拔使用政治素质好、制度意识和治理能力强、工作实绩突出的干部。大力选拔优秀年轻干部，推进年轻干部常态化配备，在基层治理一线发现培养考察使用干部。扩大视野选贤任能，畅通高素质治理人才进入党政机关的渠道，健全治理人才政治引领政治吸纳机制，充分汇聚各类人才的智慧和力量。

3. 确保氛围营造到位。充分结合遂昌实际，创新方式方法和平台载体，讲好遂昌故事、发出遂昌声音，加强制度自信宣传教育，加强治理理论和实践创新研究，教育引导全县干部群众深刻认识中国特色社会主义制度的本质特征和巨大优越性，引导全县干部群众坚定中国特色社会主义制度自信，以主人翁的姿态积极参与县域治理现代化实践，推动全县上下自觉尊崇制度、严格执行制度、坚决维护制度，凝聚起以高水平县域治理推动高质量绿色发展的磅礴伟力。

县委号召，全县各级党组织和广大党员干部群众要紧密团结在以习近平同志为核心的党中央周围，高举中国特色社会主义伟大旗帜，解放思想，坚定自信，奋发有为，以高水平县域治理现代化助推经济社会转型发展，奋力谱写三创高质量绿色发展新篇章，全力打造全国“两山”转化的县域样板。

关于应对疫情支持企业共渡难关的二十条意见

遂政发〔2020〕8号

为深入贯彻落实习近平总书记关于坚决打赢疫情防控阻击战重要指示精神，全面落实党中央、国务院和省、市关于疫情防控的决策部署，积极发挥中小企业在疫情防控中的重要作用，支持企业共渡难关，结合遂昌县企业实际发展情况，特制订以下政策。

一、支持对象

遂昌县受到新型冠状病毒感染的肺炎疫情影响，生产经营遇到困难的企业和参与防疫物资生产的相关企业。

二、支持措施

（一）加大金融支持力度

1. 确保中小企业信贷余额不下降。鼓励各银行金融机构加大对中小企业的支持，确保2020年中小企业信贷余额不低于2019年同期余额。对受疫情影响较大，有发展前景但暂时受困的中小企业，不盲目抽贷、断贷、压贷。减轻企业还款转贷压力，主动给予展期、续贷或适当延期还款，确保2020年普惠型中小企业贷款余额同比增速不低于各项贷款增速。（责任单位：县大数据和金融发展中心、人行遂昌支行、丽水银保监分局遂昌监管组）

2. 降低企业融资成本。支持银行机构在原有贷款利率水平上下浮10%以上，确保2020年企业融资成本不高于2019年融资成本。强化政策性融资担保增信作用，优先对缺少抵质押物的疫情防控重点保障企业和受疫情影响大的企业给予信用担保；对受疫情影响大的中小企业扩大担保措施，加快办理效果。2020年底前，新增的政策性融资担保项目的担保费率在现行费率基础上减半，优惠部分由当地财政补贴。加大财政贴息支持，对疫情防控重点保障企业2020年新增的贷款，按人行再贷款利率的50%给予贴息，期限不超过1年，单户累计不超过200万元。对受疫情影响的个人创业担保贷款可展期一年，继续享受财政贴息支持。（责任单位：县大数据和金融发展中心、人行遂昌支行、丽水银保监分局遂昌监管组、县财政局、县经济商务局）

3. 加强企业转贷支持。对受疫情影响严重的企业到期还款困难的，主动给予展期、续贷或适当延期还款，减免逾期利息。持续推进无还本续贷等还款方式创新，确需“先还后贷”的，遂昌县企协企业服务有限公司，遂昌县中小企业金融服务中心有限公司等机构优先保障困难企业转贷资金需求，疫情影响期间企业转贷费用按平时收费标准的50%收取，差额部分由县财政补助。（责任单位：县大数据和金融发展中心、人行遂昌支行、丽水银保监分局遂昌监管组、县财政局、县经济商务局）

4. 合理调整信用记录。对因感染新冠肺炎住院治疗或隔离人员、疫情防控需要隔离观察的人员和参加疫情防控工作人员，因疫情影响未能及时还款的，经接入机构认定，相关逾期贷款不作逾期记录报送，已经报送的予以调整。对受疫情影响暂时失去收入来源的个人和企业，按调整后的还款安排报送信用记录。推广电子渠道预约开户服务和网上征信查询服务，对受疫情影响的信贷征信记录，符合有关条件经认定后可不作逾期记录。（责任单位：县大数据和金融发展中心、人行遂昌支行、丽水银保监分局遂昌监管组、相关单位）

5. 深化金融服务。组织金融机构通过走访、线上顾问、远程服务等形式，对受疫情影响的企业进行顾问服务，了解企业受疫情影响情况及金融服务需求，实现企业需求与金融供给的精准匹配和高效转化。各金融机构按照“特事特办、急事急办”原则，开辟信贷快速审批通道和疫情保险理赔绿色通道，全力保障企业正常生产经营。（责任单位：县大数据和金融发展中心、人行遂昌支行、丽水银保监分局遂昌监管组、金融机构）

（二）加大稳岗支持力度

6. 支持企业稳岗政策。对不裁员或少裁员的参保企业，可返还其2019年度实际缴纳失业保险费的50%。

鼓励市场主体为受疫情影响企业复工提供服务，本年度复工期间为遂昌县本级企业引进并签订1年及以上劳动合同、依法缴纳社会保险且实际在企业履行合同3个月以上的，按每人300元的标准给予就业创业服务补贴，其中高校毕业生、高技能人才补贴标准提高至每人500元。支持企业开展岗位技能培训，2020年12月31日前，受疫情影响企业职工参加职业技能培训并取得国家职业资格证书的，补贴标准在同类职业（工种）补贴标准基础上上浮30%；受疫情影响企业按要求自行举办职业技能培训的，补贴标准由每人300元提高到每人500元。（责任单位：县人力社保局、县财政局）

7. 缓缴社会保险费。对受疫情影响，面临暂时性生产经营困难，无力足额缴纳社会保险费的企业，可申请缓缴社会保险费，缓缴期最长不超过六个月。用人单位逾期办理职工参保业务的，允许在疫情解除后办理补办手续，不影响参保人员个人权益。（责任单位：县人力社保局、县税务局、县财政局）

8. 加大人才支持力度。对首次引进到遂昌县符合要求的工业、农业、服务业企业工作满一年的大中专毕业生给予相应的房票补贴和生活津贴，具体享受范围及奖励标准参照《关于加快集聚人才推动高质量绿色发展的意见》。（责任单位：县人力社保局、县人才办、县财政局）

（三）加大企业减负力度

9. 降低企业用能成本。减轻中小企业负担，工业用电价格根据国家政策及时调整，严格执行省关于工业用水、用天然气价格均下调10%，期限为3个月的政策（2020年2月 1日至4月30日）。县天然气公司对已执行优惠价格的用户，以县天然气公司执行的定价体系为基准最终优惠不超10%（企业自建LNG储罐进行天然气贸易结算的除外）。对因疫情原因不能正常生产的企业，供电公司可为其提供电力暂停、续停服务，并免收基本电费。（责任单位：县发改局、县建设局、国网浙江遂昌县供电公司、县供排水公司、县天然气公司）

10. 减免中小企业房租。对原承租国有资产类经营用房、工业园区厂房及临时租用国有储备土地的企业，免收租金3个月。对新承租国有资产类经营用房、园区厂房及临时租用国有储备土地的企业，5月31日前免收租金。对租用其他经营用房的，鼓励业主（房东）为租户减免租金，具体由双方协商解决。（责任单位：县国资办、县财政局、县自然资源和规划局、县工业园区管委会、各乡镇、街道）

11. 加大税费支持力度。因疫情原因致企业重大损失，正常生产经营受到重大影响，缴纳房产税、土地使用税确有困难的，可申请房产税、土地使用税困难减免。对办理纳税申报困难的企业，由企业申请，依法办理延期申报；对确有特殊困难不能按期缴纳税款的企业，由企业申请，依法办理延期缴纳税款，最长不超过三个月。（责任单位：县税务局）

12. 加大外贸支持力度。对参加发改、经信、商务、科技部门组织的国（境）内展会的企业，因疫情原因导致企业支付参展费后不能参展的，按损失参展费补助。对参加发改、经信、商务、科技部门组织的国（境）内展会的企业，其摊位费给予全额补助，每家企业每次摊位费补助不超过15万元，交通住宿费用给予定额5000元补助；对参加发改、经信、商务、科技部门组织的国（境）外展会以及自行参加其他展会的企业，按照摊位费的70%予以补助，每家企业每次补助不超过10万元，对参加境外展的企业给予交通费住宿费用定额补助1万元，对参加境内展的企业给予交通住宿费定额补助4000元。加大出口信用保险保费补贴，对2020年底前出口企业投保政策性出口信用保险的保费和重点医药企业从国外采购防疫物资购买的预付款保险给予全额补贴。（责任单位：县经济商务局、县财政局）

（四）加大创新支持力度

13. 扶持创业园企业。对原承租工业园区标准厂房、中小企业孵化园、电商小镇和各类科技企业孵化器的企业给予3个月房租减免。对新承租工业园区标准厂房、中小企业孵化园、电商小镇和科技企业孵化器的企业，5月31日前免收租金。（县经投公司、县工业园区管委会、县科技局）

14. 加大技改支持力度。2019年12月1日至2020年11月 30日经工业主管部门备案的技改项目，且在2020年底前开始实施的，按设备审计投资额12%给予奖励，单个项目最高限额300万元。（责任单位：县经济商务局、县财政局、县工业园区管委会、石练镇政府）

15. 加大科创支持力度。在疫情防控期间，企业使用科技创新券不计入总额度，但不高于原本能享受额度，对受疫情影响较大的企业，抵用比例可按70%使用。加大对参与疫情防控防护用品、消毒制品、检验检测、药物研制、应急装备等新技术、新产品研发生产企业的研发补助，不受上限约定。（责任单位：县科技局）

（五）加大服务企业力度

16. 优化项目服务。①对受疫情影响，土地使用权人面临暂时性项目建设困难的，项目开工时间或竣工时间可在土地出让合同原有约定的基础上，经申请审批同意后可适当予以延后（责任单位：县自然资源和规划局、各行业主管部门）。②对在建的政府投资项目视疫情发展顺延工期，减免相关违约金，适当调整人工费和材料费，倡议建筑施工设施租赁企业减免疫情期间的租金（责任单位：各行业主管部门、项目责任单位、县财政局）。③继续推动企业开办减环节、缩时限、降成本，向新开办企业免费赠送印章和税控设备（首年服务费）政策落地，实现全县企业开办“零成本”（责任单位：县市场监管局、各有关单位）。④在做好疫情防控的基础上，对年度计划重点项目、重点工程及重大招商项目前期工作建立协调机制（责任单位：县发改局、县财政局、县招商服务中心、县建设局、县自然资源和规划局、县行政服务中心）。

17. 加大运输保障力度。协助企业解决防控物资保障、原材料供应、物流运输等问题，加强防控监督指导，确保企业在疫情防控达标的前提下正常生产。（责任单位：县经济商务局、县公安局、县交

通运输局）

18. 加快企业资金兑现。对符合兑付条件的企业即时兑付，进一步简化资金兑付流程，精简兑付申报材料，根据实际工作需要进行流程再造，落实兑现“直通车”机制，加快推动产业政策兑现线上办理，实行无责任签章制。要开展涉企财政资金兑付情况督促检查，切实清理应拨未拨扶企资金，要求在一季度前必须全部兑付到位。对受疫情影响的企业，除发生重特大环境事件、重特大安全生产事件和疫情期间不执行相关规定造成重大影响外，其他事项原则上不作为政策兑现的否决条件。（责任单位：县财政局、县经济商务局、县发改局、县工业园区管委会、县市场监管局、县科技局等）

19. 加大政务服务利企便民力度。深化企业投资项目专业化代办机制，扩大惠企覆盖面。充分发挥12345市民服务热线作用，及时回应企业和群众诉求，提供更多“雪中送炭”的服务。全面加强智慧政务建设，推动更多政务服务事项“网上办”“掌上办”“预约办”，有效减少人员聚集，阻断疫情传播，保护人民群众的生命和健康安全。（责任单位：县委改革办、县行政服务中心、各相关单位）

20. 加大精准服务企业力度。贯彻落实省委“三服务”活动要求，持续深化“精准服务企业、振兴实体经济”专项行动。做好疫情防控工作，全力支持和组织推动各类生产企业复工复产。健全各级领导联系服务企业（项目）制度，疫情防控期间，可采取电话、邮件、微信等信息化手段，全面排摸企业（项目）受疫情影响存在的困难和问题，有针对性适时动态调整出台扶持政策措施，多开展组团式精准服务。各涉企（项目）执法部门要寓管理于服务之中，为企业（项目）解忧、为企业（项目）助力、为企业（项目）赋能。服务企业（项目）工作列入县委、县政府2020年度综合考核内容。（责任单位：县经济商务局、县发改局、各相关部门）

本政策自发布之日起施行，条款中未明确执行期限的，暂执行至2020年5月31日。各乡镇（街道）、各部门要认真贯彻落实各项政策措施，如上级新出台相关政策，遵照执行。

关于加快集聚创业创新人才助力“天工之城”建设的实施意见

遂委办发〔2020〕44号

为深入实施“人才强县”战略，更大力度集聚创业创新人才，培育以软件开发、数字服务、生命健康等为核心的战略性新兴产业，为打造科创、文创、农创“三创融合”发展，生态、生产、生活“三生融合”发展的“天工之城”，提供强有力的人才支撑和智力保障，现提出如下意见。

一、实施更加灵活的人才引进政策

1. 大力引育高校毕业生。对受邀参加见习、实习、人才交流活动的高校毕业生，按照学校到“天工之城”的距离给予180元—1800元不等的交通补贴，并按照每人每月1800元标准给予最长12个月的生活补贴（不足1个月按天折算），若由接收企业保障食宿的，直接将生活补贴发放给企业。对参加组织、人社部门组织的外出引才活动的企业，由政府承担外出所需交通住宿费；出国（境）引进高端人才的，每次给予差旅费用60%且总额不超过2.4万元补助。

2. 加大国内外智力柔性引进力度。实施“海外工程师”计划，对新引进在研发、设计、技术和经营管理等岗位担任中层及以上职位且年度在企业实际工作时间不少于1个月的高层次外国专家（相当于本政策D类及以上人才），每年给予企业实际支付年薪36%补助，最高不超过60万元，单个“海外工程师”补助期限最长不超过3年。对引进国外智力项目获得国家或省级资助的，给予引智项目单位1∶1.2配套资金支持。对新引进在研发、设计、技术和经营管理等岗位担任中层及以上职位且当年度在企业实际工作时间不少于2个月的国内高层次人才（相当于本政策D类及以上人才），每年给予企业实际支付年薪36%补助，最高不超过36万元，单个国内工程师补助期限最长不超过3年。

3. 完善市场引才机制。对企业自主引进或培育的、或通过个人中介或机构引进或培育B类以上人才的，给予1.2万元—200万元不等引才育才奖励。

二、实施更加积极的双创人才支持政策

4. 大力集聚领军型创新创业团队。对团队经评审认定为市领军型创新创业团队，按A，B.C三类给予2400万元、1200万元、600万元项目资助。对入选浙江省领军型创新团队的，在为期3年的首个资助期内，按照省级财政资助额度1∶2.4予以配套资助；对入选浙江省领军型创业团队的，给予1200万元资助。省、市两事项按照就高不就低、不重复兑现原则进行兑现。对国际一流团队和顶尖人才领衔的重大项目，具有重大经济效益的，实行“一事一议”，资助额度上不封顶。

5. 深化实施绿谷精英创新引领行动计划。对新入选的重大项目，以及A类、B类、C类创业人才项目，分别给予1200万元、600万元、360万元和120万元资助。对新入选的A类、B类、C类创新人才项目，分别按引进人才年薪84%、72%、60%给予企业引才补助。属于长期项目的每年最高补助不超过96万元、60万元、36万元，补助不超过5年；属于短期项目的每年最高补助不超过48万元、24万元、12万元，补助不超过3年。对在遂昌县创业大赛中获一、二、三等奖，大赛结束一年内在“天工之城”创（领）办企业的，按设备技术审计投资额和研发经费60%比例，给予最高480万元、360万元、240万元资助。

6. 完善国家级、省级引才育才计划人才项目奖励资助。对申报入选国家级、省级引才计划的，在分别参照本政策“绿谷精英创新·引领行动计划”A类、B类创新创业人才项目资助标准进行资助的基础上，按照国家、省资助额度分别给予1∶1.2的配套资助。对县外全职引进落户在“天工之城”内的国家级、省级引才计划创新类人才，分别参照本政策绿谷精英创新引领行动计划B类、C类创新人才长期项目资助标准给予资助；属创业项目引进落户的按设备技术审计投资额和研发经费60%比例，分别给予最高600万元、360万元资助；对成功申报入选国家级、省级育才计划的，按照国家、省资助额度分别给予入选人才1∶1.2的配套资助。

7. 积极引导战略性新兴产业人才创新创业。对新开办企业高管（总经理及以上职位管理人员）给予个人地方综合贡献部分(在该企业所产生的)100%的奖励，奖励不超过5年（每家企业奖励人数不超过3人）；对年薪超过30万元的E类及以上人才或年薪超过60万元的高薪人才，给予个人地方综合贡献部分（在该企业所产生的）50%的奖励，奖励不超过3年。

8. 支持高校毕业生创业。为自主创业的高校毕业生，提供贷款担保服务，首期基金规模为100万元，根据创业担保贷款发放规模和呆坏账情况适时补充或扩大基金规模。在校大学生和毕业5年以内的高校毕业生代表遂昌参赛并在全国、省、市创业大赛获奖且属于本政策覆盖产业的，按其获奖金额1∶1.2给予奖励；创意型获奖项目转化落地在“天工之城”内并正常运行1年以上的，按获奖等级和名次再给予5万—60万元的项目资助，符合条件的可优先享受最高60万元的创业担保贷款其有创业能力提升培训需要的，给予最高不超过6000元的培训补贴。企业融资扶持参照我县其他产业政策执行。

三、实施更加开放的人才培育激励政策

9.加强高层次人才激励培养。对自主申报入选的“两院”院士奖励1200万元，入选“两院”院士有效候选人的奖励120万元。入选国家级领军人才的奖励240万元，入选省级领军人才的给予1∶1.2配套奖励。对获得国家科技一等奖、二等奖、三等奖和省部级科技一等奖、二等奖、三等奖的创新团队，分别奖励600万元、240万元、120万元、120万元、60万元、36万元，其中，对第一完成单位予以全额奖励，第二完成单位减半奖励。对申报入选省级、市级人才工程培养对象的，分别给予省、市奖励标准1∶1.2的配套奖励。

10. 加大人才住房生活保障。符合条件的高层次人才及高校毕业生引进后，可享受15万元—480万元不等的房票补贴，并享受1.8万元—60万元不

等的生活津贴（享受5年）。对企业引进分时办公的人才，按照分时工作天数折算享受生活津贴。（具体见附件2）

四、实施更加完善的人才服务体系

11. 优化升级公共服务保障。以“最多跑一次”改革为牵引，从“一条龙服务”升级为“定制化服务”，为人才在落户、商事登记、税收、就学就医等方面提供服务。为人才子女入园和就读义务、高中教育阶段提供保障，在义务教育阶段经申请可在县教育局指定的公办学校入学。搭建高层次人才医疗保健服务平台，为高层次人才及直系亲属开辟绿色通道。协助做好高层次人才配偶在遂昌就业联系协调工作。建立一批高层次人才疗休养基地，吸引院士、海内外高层次人才或管理资产超过100亿元企业高管（副总经理及以上）来遂昌休闲养生，为企业提供智力服务。每年为专家和1—3名随行人员提供一次国内城际间往返交通补助，可在指定宾馆酒店、高端民宿享受免费食宿一周和免费门票待遇。

五、附则

12. 本政策适用范围：符合《“天工之城”推动三创融合发展的实施意见》覆盖范围的企业（项目）及人才。（即在“天工之城”湖山核心区，农创人才延伸到金竹镇。以软件开发、数字服务、生命健康等为核心的战略性新兴产业企业及其人才）

对未按时准确向有关部门报送统计等相关报表，且当年发生重大环境、安全生产事故和重大违法案件、严重失信行为情形之一的企业，取消当年享受本政策的资格。

特别重大的企业（项目）或人才，可采取“一事一议”政策。各类人才分类目录参照《中共遂昌县委遂昌县人民政府关于加快集聚人才推动高质量绿色发展的意见》（遂委发〔2019〕33号）执行。

13. 同一事项，同时符合本政策相关条款以及县内其他政策条款的，按照“就高不重复”原则执行。国资国企改革后，独立运营、自负盈亏，没有财政托底的国有企业，可以适用本政策。政府购买服务业务，不认定为财政托底事项。政府性投资项目、房地产（住宅）项目不适用上述优惠政策。企业已享受县内其他政策，且该政策明确不享受其他优惠政策的，不适用上述优惠政策。依据县内其他人才政策启动奖励资助程序未兑现完毕的，按原政策继续执行。本政策执行过程中如遇上级法律法规和重大政策变化，涉及本政策的条款作相应调整。

14. 本政策具体工作由县委人才办承担。具体按实施细则执行。

15. 本政策自发文之日起执行，试行期一年。

附件1

遂昌县引才育才奖励标准一览表

表36

人才类别	引才育才奖励标准
A	1.全职引进并自主申报入选国内顶尖人才，给予200万元奖励。 2.全职引进国内顶尖人才，给予100万元奖励。
B	1.全职引进并自主申报入选国家级引才或育才计划人才、省级领军型创业创新团队，给予100万元奖励。 2.全职引进国家级引才或育才计划人才，给予50万元奖励。 3.全职引进并自主申报入选其他国家级领军人才，给予50万元奖励。 4.全职引进其他国家级领军人才，给予25万元奖励。

续表 36

人才类别	引才育才奖励标准
C	1.全职引进并自主申报入选省级引才或育才计划人才，给予 60 万元奖励。 2.全职引进省级引才或育才计划人才，给予 30 万元奖励。 3.全职引进并自主申报入选其他省级领军人才，给予 15 万元奖励（“绿谷精英·550 引才计划”重大项目、A 类及市级领军型团队负责人除外）。 4.全职引进其他省级领军人才，给予 8 万元奖励。
D	1.全职引进并自主申报入选市级领军人才（含“绿谷精英·550 引才计划”重大项目、A 类及市级领军型团队负责人），给予 8 万元奖励。 2.全职引进并自主申报入选其他市级领军人才给予 4 万元奖励。
E	全职引进或自主申报入选市级高级人才，通过企业引进或入选的给予 2.4 万元奖励，通过机构、个人引进或入选的，给予 1.2 万元奖励。

备注：
1.引进人才应为首次新引进。
2.企业通过人力资源服务机构或个人引育人才的，享受的引才育才奖励需减去机构或个人引才育才奖励后予以兑现。
3.服务机构中劳务派遣到其他单位工作人员，不享受企业引才育才奖励。
4.全职引进后申报并入选更高人才层次项目时，核减引进时相应层次的奖励。

附件 2

遂昌县引进人才住房生活保障标准一览表

表 37

人才类别	生活津贴（按季领取，享受 5 年）	天工之城核心区域内房票补贴	县域其他区域房票补贴
顶尖人才	60 万元/年	480 万元	400 万元
国家级领军人才	30 万元/年	180 万元	150 万元
省级领军人才	18 万元/年	144 万元	120 万元
市级领军人才	12 万元/年	96 万元	80 万元
市级高级人才	6 万元/年	60 万元	50 万元
全日制硕士、高考第一分数段本科生、具有副高级专业技术职务任职资格的人才、高级技师	3.6 万元/年	36 万元	30 万元
其他全日制本科生	2.4 万元/年	24 万元	20 万元
全日制专科生	1.8 万元/年	18 万元	15 万元

备注：房票补贴对象所购房产 5 年内限制转让，在购房后需继续服务遂昌 5 年以上，提前终止在遂昌工作或提前将房屋转让的，须按比例退回房票补贴款

关于开展村级集体经济巩固提升三年行动的实施意见

遂委办发〔2020〕34 号

消除集体经济薄弱村工作是省委、省政府贯彻落实党的十九大提出的“打赢三大攻坚战”的进一步深化举措，是着眼巩固农村基层政权建设、推动农村经济发展作出的重大决策。2017 年以来，在省委、市委的坚强领导下，遂昌县严格遵照省、市《消除集体经济薄弱村三年行动计划》，不断地将“消薄”工作向纵深推进，在发展壮大村级集体经济方面取得了明显成效。为进一步巩固提升遂昌县“消薄”工作质量和水平，增强村级自我保障和服务群众能力，夯实农村执政根基、促进乡村振兴，根据中央、省委、市委工作部署，现就开展村级集体经济巩固提升三年行动提出如下意见：

一、行动目标

（一）高质量完成中央和省委、市委部署的任务。根据中央和省委、市委部署，每年将安排 21 个村纳入中央和省、市、县四级财政资金壮大村级集体经济扶持范围，对纳入中央和省、市、县四级扶持范围的村，将作为县村级集体经济重点扶持村，进一步加大县、乡镇（街道）两级帮扶力度，高质量完成村集体经济巩固提升任务。

（二）全面巩固提升“消薄”成果。在已完成全县所有村级集体经济年收入达到 10 万元以上且经营性收入达到 5 万元以上的基础上，全面贯彻落实省委、市委要求，进一步拉高标杆、步步深化、持续发力、奋力攻坚。分三步走，第一步，到 2020 年底，年收入达到 20 万元以上且经营性收入达到 10 万元以上的村占比达到 60%以上；第二步，到 2021 年底，年收入达到 20 万元以上且经营性收入达到 10 万元以上的村占比达到 80%以上；第三步，到 2022 年底，年收入达到 20 万元以上且经营性收入达到 10 万元以上的村占比达到 100%，年收入超过 100 万元的村力争达到 10 个以上，培育一批经营性收入超过 50 万元的村，奋力迈进全市第一阵营。

二、具体举措

（一）坚持项目引领。加快推进县级统筹项目的谋划和建设，每年新谋划县级统筹项目不少于 2 个，对已纳入各级财政扶持且尚未完成建设的乡镇（街道）联建项目和村级自建项目要求 2020 年底前完成建设。对已纳入各级财政扶持完成建设且尚未产生收益的乡镇（街道）联建项目和村级自建项目要求 2020 年底前完成招商引资并产生收益。

（二）精选扶持对象，根据中央和省委重点扶持村选点要求，结合我县实际，每年选择确定一批符合条件的村实施精准帮扶。“领导班子好、党员干部队伍好、工作机制好、建设业绩好、农村群众反映好”的村和有“村企结对”任务的村优先纳入实施范围。2016 年以来已经列入中央试点的村或村级集体经济年收入达到 50 万元以上且经营性收入达到 20 万元以上的村一般不再纳入实施范围。

（三）因村施策谋划项目。县级要建立高质量的村级集体经济发展项目库，项目入库要经专家预审。各乡镇（街道）要切实担负起主体责任，党政主要负责人要亲自抓。以乡镇（街道）为主体，加强扶持发展项目的统筹谋划，逐村分析研究、排出项目、落实责任、推进实施。“消薄”领导小组成员单位要加强研判、科学指导、统筹谋划，切实走出一条长效可持续的村级集体经济发展路子。要将弘扬践行“浙西南革命精神”，打造乡村振兴作为项目谋划实施的重要内容。重点扶持村所在乡镇（街道）主要负责人要亲自领办，明确 1 名党政班子成员为具体负责人，做到认识到位、谋划到位、管理到位、行动到位。

（四）大力发展“飞地抱团”项目，大力支持发展跨乡、跨县、跨市的“抱团”项目。推进村级融资、国企担保、财政贴息机制落地开花，多渠道筹措资金，抱团到发达地区购买物业项目或投资水电等优质项目，将资源有限、通过其他办法难以“消薄”或易“返薄”的村，纳入“飞地抱团”发展项目，各乡镇（街道）和有关部门要合力落实好村发展村级集体经济项目融资，确保投资资金足额、及时到位。要优先保障“飞地抱团”发展项目建设用地，鼓励开展全域土地综合整治，对村内闲置、低效的存量建设用地进行复垦，利用土地综合开发和农村宅基地整理复垦产生的增减挂钩节余指标，用于“飞地抱团”发展项目。

（五）建强“头雁”队伍，2020年是村级组织换届选举年，要把有思路、有能力、有干劲的人才选入村级组织中，把“消薄”工作能力和力度作为对下步村党组织书记资格审查的重要依据。尤其要大力拓宽优秀“头雁”来源渠道，选优配强村党组织书记，努力使每个村都有一名懂经营、善管理的“领头雁”。加强对村干部村集体经济巩固提升工作培训，充分发挥“兴村名师”“千名好支书”作用，通过集中培训、交流学习、结对和“消薄”项目大比拼等方式，切实提高发展村级集体经济的本领和能力。将村级集体经济发展情况作为村干部绩效考核奖励的重要内容，激发村干部发展村级集体经济的积极性。

（六）深化结对帮扶工作。强化“部门结对村”工作，将村集体经济巩固提升工作纳入驻村第一书记、农村工作指导员管理和考核，加强科技特派员对村级集体经济发展指导和帮助。推动县级部门资源力量下沉到底到边，精准帮助发展壮大村级集体经济。充分发挥国有企业、非公有制企业等社会力量作用，统筹整合各方资源，助推农村发展壮大村级集体经济。进一步落实“百企结百村、消灭薄弱村”专项行动，逐村做好跟踪落实，切实发挥有结对任务村的联系指导团队作用，共同为联系村做好项目谋划和实施工作。

（七）加快村级集体经济市场化经营步伐。县强村公司实体化运作、每年新增2个以上乡镇（街道）强村公司实现高质量实体化运作，推进“党组织+村集体经济组织+N个新型农业主体”的合作发展模式，加快职业经理人队伍建设，发展多种形式的适度规模经营，做强做大县乡两级强村公司，增强造血功能。探索村集体经济组织发展社会化服务，坚持依法自愿有偿的原则，由村集体经济组织提供包括闲置农房激活、土地流转托管、农村饮用水维管、乡村旅游服务配套、农资配送、产品销售、生态产品转化等服务，并按照市场价值收取服务费用。发挥党组织在农村集体经济发展中的领导作用，探索由乡村集体经济组织领办新型农业经营主体，收益由村集体和农民共同享有。

（八）积极开展生态产品价值转化实践。坚持生态优先、绿色发展，促进经济发展与生态保护的协调统一。依托生态环境、气候条件、山区资源等天然优势，充分发挥生态系统供给功能，借力“互联网+”“两山银行+”发展模式，打造区域性农业品牌。立足生态优势，着力将绿色循环经济理念植入发展进程，依托农村生态、文化遗存和民俗村落，通过“生态旅游+”“文化保护+”“民宿农家乐集群+”等，大力促进村级集体经济发展。

（九）加大要素扶持保障力度，县级对每个重点扶持村统筹安排50万元补助资金，其中，中央给予每村10万元补助、省级财政给予每村20万元补助、市、县财政给予每村20万元补助。根据村集体经济巩固提升目标任务，县每年统筹安排不少于2000万元专项扶持资金，推动乡镇、村扎实抓好村集体经济巩固提升工作。要充分保障村级集体经济发展项目建设用地指标和已落实的农村留用地指标用于村级集体经济发展，要整合政策资金向村级集体经济发展倾斜。

（十）借力整改推进提升工作。乡镇街道、村和部门要严格对标各级巡视、巡察和审计中反馈的问题，切实开展村集体经济巩固提升各项工作。坚持实事求是，坚决防止形式主义和滋生腐败，坚决防止弄虚作假和数字“消薄”、技术“消薄”。要以增强村级集体经济自我“造血”能力为目标，加快村级集体经济项目建设、加快体制机制创新、深化农村产权制度改革，不断优化村级集体经济的收入结构。加快推动农村集体经济工作标准化、规范化，实行“村级申报、乡级审核、县级验收、市级抽查”申报验收制，达标一个验收一个，一级对一级负责。

（十一）强化“三资”管理，进一步完善“三资”管理制度，强化制度执行。实行以收定支内控制度、先提后用核算制度、委托审计监督制度、公开招标项目建设制度，控制村级债务规模，合理化解旧债，严格控制新债。落实省财务规范年建设要求，创新“三资”管理技术，实行网上审批直付办法，推行“村务卡”小额支付。加强对村干部、村报账员、乡镇（街道）领导干部和“三资”管理中心会计、出纳每年进行“三资”培训，不断提升“三资”管理思想认识、制度执行、管理技术等各方面的综合水平，确保村级集体经济又好又快发展。

（十二）责任压实到位。各乡镇（街道）是村集体经济巩固提升工作的“阵地指挥部”，担负主体责任，主要负责人要切实把职责扛在肩上、抓在手上，主动研究政策，分析研判进度，统筹资源力量，协调解决问题，亲力亲为抓好工作推进和项目实施。村集体经济巩固提升工作纳入县委、县政府对乡镇（街道），部门年度综合考核，没有完成任务的不得参与评优，乡镇（街道）主要负责人不得调离岗位。村集体经济巩固提升工作作为村干部年度考核的重要内容。

（十三）强化宣传推广。总结宣传推广村集体经济巩固提升的好经验好典型，县融媒体中心要加强宣传力度，并大力向上推送报道。部门借助各类媒介大力总结宣传结对帮扶举措及成效。乡镇（街道）要大力总结宣传各种村集体经济巩固提升亮点，对省级结对部门帮扶关心要深入总结宣传。

三、加强组织领导

（一）强化责任和组织实施。坚持县委统一领导，组织、财政、农业农村等部门统筹推进，乡镇（街道）、村具体落实的工作格局。组织和农业农村部门要制定实施方案，财政要落实安排资金情况及资金使用方向等。乡镇（街道）、村要做好具体的组织实施工作，乡镇（街道）主要负责人是攻坚提升行动具体责任人，各村党组织书记、村委会主任是攻坚提升行动直接责任人。要加强县消除集体经济薄弱村工作办公室力量，选拔优秀年轻干部上挂县消薄办锻炼。

（二）加强部门协作。建立扶持发展壮大村级集体经济工作会商机制，定期召开工作例会，加强有关部门间协调配合，合力推进扶持壮大村级集体经济工作。县委组织部要发挥牵头抓总作用，加强统筹协调和整体推动。县农业农村局要承担具体工作职责，做好组织指导和日常工作。县财政局要加强对扶持壮大村级集体经济的资金保障和监管。县自然资源和规划局要在指导推进全域土地综合整治、加强用地保障上积极为发展壮大村级集体经济创造条件。县工商联要牵头负责村企结对工作。项目审批主管部门要最大限度简化扶持壮大村级集体经济项目的行政审批，促进有关项目早落地、早开工、早产出。

（三）严格考核评估。将扶持壮大村级集体经济工作纳入县委、县政府对乡镇（街道）、部门年度综合考核内容。将考核结果作为乡镇（街道）主要负责人、领导班子综合考核评价以及乡镇（街道）党（工）委书记抓基层党建述职评议重要内容，作为县级补助依据和干部使用的重要参考。对扶持壮大情况进行不定期通报，对不能按期完成任务的单位和个人，给予通报批评或追究相应责任。

“我眼中的新遂昌”解放思想大讨论活动方案

遂委办发〔2020〕9号

为深入学习贯彻县委十五届七次全会、八次全会和县委经济工作会议暨深化“三服务”工作会议精神，广泛凝聚推动遂昌高质量绿色发展的智慧和力量，根据县委总体部署，决定在全县范围内广泛开展“我眼中的新遂昌”解放思想大讨论活动。具体方案如下：

一、活动目的

以习近平新时代中国特色社会主义思想为指引，深刻把握新理念、新思想、新战略在遂昌的转化实践，以“两山”理念提出15周年、丽水撤地设市20周年为契机，充分查找遂昌县存在的长处与短板，充分凝练遂昌特质与精神，充分激发遂昌新征程的奋斗激情与实干担当，为确保完成全年经济社会发展目标任务，确保与全省同步高水平全面建成小康社会和“十三五”规划圆满收官，奋力迈向全市第一阵营，打造全国“两山”转化的县域样板提供强大精神动力、思想保证和智力支持。

二、活动内容

活动由县委宣传部总牵头，结合遂昌县发展实际，以“我眼中的新遂昌”为主题，以开展“我为遂昌……”系列活动为载体，努力推动思想观念和思维方式的大解放，推动工作方法和工作作风的大转变，推动深化改革和绿色发展的大提速，不断加快遂昌高质量绿色发展步伐，形成浓厚的进取氛围。

（一）我为遂昌评一句。为进一步弘扬践行“浙江精神”“浙西南革命精神”，凝练遂昌特质与精神，树立新遂昌在平昌大地百姓心中的新形象。以组织开展“我为遂昌评一句”系列活动为依托，发动社会各个群体以“我眼中的新遂昌”为主线，从经济、政治、文化、社会、生态文明等方面，对比找寻遂昌历史发展中的长处，充分展现遂昌打造山水城一体、跨越现代与未来的山地之城典范的城市特色，提升城市活力，增强遂昌百姓的荣誉感、幸福感和获得感，为家乡喝彩点赞。

责任单位：县委宣传部；协同单位：县文化和广电旅游体育局、县文联

（二）我为遂昌找一短。敢于向短板叫板，善于把短板变为长板。摒弃小富即安、小进即满、小胜即喜的心态，跳出舒适区，勇于在不舒服、不熟悉、不习惯、不适应中挑战自我、突破极限、拒绝平庸。以开展千名干部、万名党员找短板活动为依托，侧重主观能动性，既查找自身短板，也查找他人短板，既查找单位短板，也查找县域短板，把短板劣势转化为长处优势，补齐短板，扬长避短。

责任单位：县纪委监委

（三）我为遂昌献一策。作为“两山”理念重要萌发地和先行实践地，实现“两山”之路越走越宽、越走越快是摆在遂昌面前的时代命题。以组织开展建言献策活动为依托，侧重项目谋划、生成和落地，从生态、工业、科技、农旅、民生等不同方面遇到瓶颈和难题入手，采取多种形式，广泛听取民意、集中民智、凝聚民力，动员广大干群，提出具有针对性、可操作性的意见建议并转化为责任清单予以落实推进。

责任单位：县发改局

（四）我为遂昌践一诺。巩固“不忘初心、牢记使命”主题教育成果，把主题教育成果作为加强党的建设的永恒课题和全体党员、干部的终身课题常抓不懈。以开展党员亮初心承诺、践使命担当活动为依托，让党员干部在践行初心过程中为民办实事、办好事、解难事，办好身边事、关键事，在践行过程中评价考察识别党员干部。

责任单位：县委组织部

（五）我为遂昌学一技。牢牢把握新经济、新基建、新治理的重要机遇期。以开展创新创造、赋能转型、活化转化、开放合作、善治良治等不同领域区块技能素养提升活动为依托，采取灵活的学习方式，着力提升不同群体对新思想、新经济、新发展、新机遇的把握能力和业务水平，为县域社会经济发展提供有力的智力支撑和技能保证。

责任单位：县人力社保局；协同单位：县委组织部

（六）我为遂昌牵一线。招商之梦就是发展之梦，“大招商、招大商”是遂昌经济腾飞的根本之策，坚持招商引资“一号工程”“一把手工程”定位，充分激发不同群体资源优势。以开展一把手招商、以商引商、精准招商，百名干部驻百企、千人合力引资智等活动为依托，确保全年招引项目100亿以上，确保实现年度人才引进培育目标，确保本地技改、扩产、新兴项目的生成和推进。

责任单位：县经济合作交流中心；协同单位：县委统战部

（七）我为遂昌跑一次。志愿服务是现代社会文明进步的重要标志和全社会精神文明建设的重要内容与重要载体。围绕“微笑遂昌小园丁”志愿服

务品牌建设，以志愿服务为深化“最多跑一次”改革补充力量，组织开展各领域各群体志愿服务跑一次活动，推进遂昌新时代文明实践全国试点，在全社会形成我为人人、人人为我的浓厚氛围。

责任单位：团县委；协同单位：县精神文明建设指导中心、县全面深化改革服务中心

（八）我为遂昌解一难。一切美好不是想出来的，更不是等出来的，而是干出来的。要以“推不得”的责任感、“等不得”的紧迫感、“慢不得”的危机感，用心用情用力做好“三服务”文章，深化“精准服务企业、振兴实体经济”专项行动，深入项目一线真正为企业和群众解决一批难事、办好一批实事、做成一批好事。

责任单位：县委办；协同单位：县府办

（九）我为遂昌立一功。要保持“结束就是开始”“起步就是冲刺”的精气神，拿出比拼赶超和力争上游的决心斗志，结合本地本单位年初制定的工作目标和计划安排，对标对表在“一城五区”“八大战役”等重点工作中的角色定位、目标任务，以各个领域、各个群体的争先进位、再立新功，兑现遂昌又好又快发展的目标。

责任单位：县府办；协同单位：县委办

（十）我为遂昌守一方。坚持以党建引领“五位一体”县域治理现代化，建立健全社会预警体系和联防联控工作机制，增强应对突发事件和抗风险的能力。以组织开展基层社会治理创新与经验典型总结活动为依托，加快打造全域全员全时参与的开放治理体系，构建共建共治共享的社会治理新格局。

责任单位：县委政法委

三、活动形式

（一）方法。1. 制定方案。各责任单位要根据活动目的、要求及意义，对开展活动载体制定细化活动方案，于4月10日前上报县活动办。县活动办对细化方案进行分类指导反馈。

2. 步骤时间。各责任单位、协同单位要把大讨论活动贯穿全年工作，各方案要明确活动完成的时间节点，不分步骤阶段，形式灵活多样，坚持虚实结合，始终把实干创新作为活动的着眼点和落脚点。

3. 把握导向。各责任单位、协同单位要坚持问题导向、目标导向、过程导向、结果导向，根据活动细化方案，强化工作机制，落实责任分工，奖优罚劣，以硬规矩、硬措施狠抓各项活动的开展，有效落实，有效评价。

（二）评价。1. 开展系列展示。对各项活动开展采取晒一晒、亮一亮、比一比等形式，展示最佳金句、最佳案例、最佳项目、最佳勇士等系列，县委、县政府定期予以通报。

2. 开展系列整改。对查找出的短板、查摆出的问题，开展各领域“整改一批、整治一批、整顿一批、规范一批”系列整改活动，着力提升县域经济社会发展水平与县域治理能力。

四、活动保障

（一）强化督查考核。各级党组织在搞好自身大讨论的同时，还要加强对下属单位大讨论的领导和指导。县委、县政府督查室要对大讨论活动进行全程督查并列入年度考核。县委巡察办把活动开展情况列入巡察范围。县委宣传部将活动开展情况列入意识形态工作考核内容。

（二）营造浓厚氛围。充分发挥新闻媒体和社会宣传阵地的作用，切实加大舆论引导力度。县委宣传部和县融媒体中心要制定宣传方案，县融媒体中心要充分发挥自身优势，采取专题报道、新闻评论等多种形式，全程跟踪大讨论活动，开展线上与线下、传统与新兴互动，做好正面舆论引导。各乡镇(街道)、部门要利用各自的宣传阵地，做好活动氛围宣传营造。

（三）务求实干实效。各乡镇(街道)、部门要严肃纪律，切忌搞形式主义，防止坐而论道，防止走过场。真正把大讨论的过程变成解放思想、更新观念、实干担当、推动发展的过程，变成理思路、定目标、定措施、抓落实、得实效的过程。以各项活动扎实开展推进解放思想大讨论往深里走、往实里走，见人见事、真刀真枪解决问题，取得实实在在的、让人民满意的效果。

文件目录

中共遂昌县委及办公室文件一览表

表 38

文 号	发文日期	文件标题
遂委〔2020〕2 号	1 月 23 日	关于市纪委交办的“关于县建投公司项目发包”问题办理情况的报告
遂委〔2020〕3 号	2 月 28 日	关于遂昌县 2019 年度法治政府建设情况的报告
遂委〔2020〕4 号	3 月 6 日	关于省委全面从严治党主体责任检查反馈整改落实情况的报告
遂委〔2020〕7 号	5 月 22 日	关于落实扶贫领域巡视回访检查问题整改情况的报告
遂委〔2020〕9 号	6 月 10 日	关于落实省纪委省监委扶贫工作调研督导反馈问题整改情况的报告
遂委〔2020〕13 号	8 月 27 日	关于遂昌县违建别墅问题清查整治自查自纠和重点整治工作情况的报告
遂委〔2020〕14 号	8 月 25 日	关于省委巡视回访检查反馈意见整改落实情况的报告
遂委〔2020〕21 号	12 月 16 日	关于贯彻落实袁家军书记在遂昌调研山海协作工程升级版时的讲话精神的报告
遂委〔2020〕23 号	12 月 25 日	关于 2020 年度落实党风廉政建设主体责任情况的报告
遂委发〔2020〕01 号	1 月 10 日	关于高水平推进新时代人大工作和建设的意见
遂委发〔2020〕10 号	2 月 18 日	关于新时代加强和改进人民政协工作的实施意见
遂委发〔2020〕11 号	2 月 19 日	关于高水平推进县域治理现代化奋力谱写高质量绿色发展新篇章的决定
遂委发〔2020〕17 号	6 月 1 日	关于建立政治生态（清廉指数）量化评价体系的实施意见（试行）
遂委发〔2020〕19 号	6 月 10 日	关于县委落实全面从严治党主体责任检查考核反馈意见的整改方案
遂委发〔2020〕21 号	7 月 8 日	关于推进新时代民政事业高质量发展的实施意见
遂委发〔2020〕23 号	9 月 15 日	关于落实丽水市“市域社会治理现代化试点工作”的实施意见
遂委发〔2020〕27 号	11 月 6 日	关于学前教育改革发展的实施办法
遂委发〔2020〕28 号	11 月 24 日	关于印发《遂昌县容错裁定工作实施办法（试行）》的通知
遂委发〔2020〕35 号	12 月 28 日	关于新时代加快推进哲学社会科学发展的实施意见
遂委办发〔2020〕4 号	1 月 21 日	关于印发《遂昌县机关事业单位编外用工管理办法（试行）》的通知
遂委办发〔2020〕5 号	2 月 14 日	关于印发《遂昌县 2020 年度乡镇（街道）岗位目标责任制综合考核实施意见》《遂昌县 2020 年度部门岗位目标责任制综合考核实施意见》的通知
遂委办发〔2020〕7 号	2 月 21 日	关于印发《遂昌县全方位深度接轨上海高质量融入长三角区域一体化发展行动方案》的通知

续表 38

文 号	发文日期	文件标题
遂委办发〔2020〕9 号	3 月 25 日	关于印发《“我眼中的新遂昌”解放思想大讨论活动方案》的通知
遂委办发〔2020〕11 号	4 月 9 日	关于印发《“天工之城”体制机制方案》的通知
遂委办发〔2020〕14 号	4 月 17 日	关于印发《2020 年度重点工作清单》和《2020 年度工作任务指标体系》的通知
遂委办发〔2020〕15 号	5 月 12 日	遂昌县关于进一步促进建筑业持续健康发展的若干意见（试行）
遂委办发〔2020〕18 号	5 月 31 日	关于印发《遂昌县落实“三服务”活动深化精准服务企业“365”专项行动方案》的通知
遂委办发〔2020〕23 号	6 月 29 日	关于印发《乡镇（街道）岗位目标责任综合制考核细则》《部门岗位目标责任综合制考核细则》的通知
遂委办发〔2020〕24 号	6 月 29 日	关于印发《遂昌县 2020 年度乡镇（街道）部门个性工作考核细则》的通知
遂委办发〔2020〕27 号	7 月 30 日	印发《关于进一步加强专职社区工作者队伍建设的指导意见》的通知
遂委办发〔2020〕28 号	8 月 1 日	关于印发《推进新时代遂昌产业工人队伍建设改革实施方案》的通知
遂委发办〔2020〕30 号	8 月 18 日	关于印发《第二轮中央生态环境保护督察协调保障工作方案》的通知
遂委办发〔2020〕31 号	9 月 1 日	关于印发《遂昌县生活垃圾治理攻坚实施方案》的通知
遂委办发〔2020〕33 号	9 月 18 日	关于开展“未来乡村”建设试点工作的实施意见
遂委办发〔2020〕34 号	9 月 11 日	关于开展村级集体经济巩固提升三年行动的实施意见
遂委办发〔2020〕35 号	9 月 11 日	关于印发《遂昌县全面打赢低收入农户增收攻坚战行动方案》的通知
遂委办发〔2020〕36 号	9 月 17 日	关于印发《遂昌县“生态工业智能制造攻坚战”三年试点示范实施方案》的通知
遂委办发〔2020〕37 号	9 月 22 日	关于厉行节约坚持过紧日子的通知
遂委办发〔2020〕38 号	9 月 24 日	关于深化遂昌县工业园区体制机制调整的补充意见
遂委办发〔2020〕39 号	10 月 19 日	关于开展行政村规模调整优化工作的指导意见
遂委办发〔2020〕40 号	10 月 19 日	关于印发《“天工之城”推动三创融合发展的实施意见》的通知
遂委办发〔2020〕41 号	10 月 26 日	关于印发《遂昌县红十字会改革实施方案》的通知
遂委办发〔2020〕43 号	12 月 3 日	关于印发《遂昌县仙侠湖综合管理长效保障机制》的通知
遂委办发〔2020〕44 号	12 月 3 日	关于加快集聚创业创新人才助力“天工之城”建设的实施意见
遂委办发〔2020〕45 号	12 月 10 日	关于遂昌县规范乡镇（街道）“属地管理”的实施意见
遂委办发〔2020〕47 号	12 月 28 日	关于印发《关于加强遂昌新型智库建设的实施办法》的通知
遂委办发〔2020〕48 号	12 月 28 日	关于印发《遂昌县清廉村居深化提升三年行动计划》的通知

遂昌县人民政府及办公室文件一览表

表 39

文 号	发文时间	文件标题
遂政通告〔2020〕1 号	3 月 24 日	关于发布森林禁火期的通告
遂政通告〔2020〕2 号	11 月 10 日	关于《遂昌县综合行政执法事项统一目录》的通告
遂政公告〔2020〕1 号	3 月 7 日	关于划定柘岱口乡五星村占庄38号滑坡等15个地质灾害隐患点的公告
遂政公告〔2020〕2 号	11 月 1 日	关于遂昌县城市更新古院未来社区区块房屋征收的公告
遂政公告〔2020〕3 号	11 月 1 日	关于遂昌县城市更新南街区块房屋征收的公告
遂政发〔2020〕8 号	2 月 13 日	关于应对疫情支持企业共渡难关的二十条意见
遂政发〔2020〕17 号	3 月 20 日	关于印发《遂昌县人民政府重大行政决策程序规定等九项制度》的通知
遂政发〔2020〕20 号	3 月 25 日	关于开展第七次人口普查的通知
遂政发〔2020〕30 号	5 月 9 日	关于公布第七批非物质文化遗产增补项目和第五批非物质文化遗产项目代表性传承人的通知
遂政发〔2020〕31 号	5 月 11 日	关于印发《528 国道遂昌新路湾至石练段改建工程征收集体土地房屋征迁补偿安置方案》的通知
遂政发〔2020〕33 号	5 月 17 日	关于表彰 2019 年度十强工业企业、十佳进步企业和制造业亩税贡献先进企业的通报
遂政发〔2020〕35 号	5 月 21 日	关于下达 2020 年扩大有效投资计划的通知
遂政发〔2020〕36 号	5 月 21 日	关于下达 2020 年政府及国企投资项目资金预算的通知
遂政发〔2020〕41 号	6 月 22 日	关于调整全县征地区片综合地价补偿标准的通知
遂政发〔2020〕57 号	8 月 19 日	关于 2019 年度“三改一拆”“无违建县”创建工作先进集体和先进个人的通报
遂政发〔2020〕62 号	8 月 27 日	关于 2020 年扩大有效投资计划年中调整的通知
遂政发〔2020〕73 号	11 月 2 日	关于下达 2020 年度符合政府安排工作退役士兵接收安置计划的通知
遂政发〔2020〕82 号	12 月 24 日	关于印发《遂昌县“三线一单”生态环境分区管控方案》的通知
遂政发〔2020〕86 号	12 月 30 日	关于印发《湖山湖（遂昌段）生态环境保护总体实施方案》的通知
遂政办发〔2020〕4 号	2 月 25 日	关于印发《遂昌县关于开展居家和社区养老服务改革试点工作方案》的通知
遂政办发〔2020〕5 号	3 月 1 日	关于公布县政府及办公室行政规范性文件清理结果的通知
遂政办发〔2020〕6 号	3 月 9 日	关于下达 2020 年国土绿化美化行动计划的通知
遂政办发〔2020〕8 号	3 月 6 日	关于印发《遂昌县重点区域和进城道路两侧专项整治行动方案》的通知
遂政办发〔2020〕9 号	3 月 12 日	关于印发《遂昌县农村土地整治实施办法（修订）》的通知
遂政办发〔2020〕10 号	3 月 13 日	关于印发《遂昌县扶持绿色生物医药化工研发与转化功能型平台建设管理办法（修订稿）》的通知

续表 39

文 号	发文时间	文件标题
遂政办发〔2020〕11 号	3 月 23 日	关于印发《遂昌县民间投资项目落地协调会商机制》的通知
遂政办发〔2020〕12 号	3 月 26 日	关于印发《遂昌县招商选资中介机构奖励实施办法》的通知
遂政办发〔2020〕14 号	4 月 27 日	关于印发《遂昌县美丽城镇建设实施方案（2020—2022 年）》的通知
遂政办发〔2020〕16 号	5 月 21 日	关于印发《遂昌县生态价值转化（城乡融合发展）产业基金管理暂行办法》的通知
遂政办发〔2020〕18 号	6 月 12 日	关于印发《2020 年县民生实事》及《2020 年县政府工作报告重点工作责任清单》的通知
遂政办发〔2020〕19 号	6 月 19 日	关于印发《遂昌县高层建筑消防安全专项整治工作方案》的通知
遂政办发〔2020〕21 号	7 月 7 日	关于印发《遂昌县行政事业单位国有资产管理暂行办法》的通知
遂政办发〔2020〕22 号	7 月 7 日	关于印发《遂昌县部门浮动预算管理办法（试行）》的通知
遂政办发〔2020〕23 号	7 月 8 日	关于印发《遂昌县全域“无废城市”建设工作实施方案》的通知
遂政办发〔2020〕24 号	7 月 20 日	关于转发《浙江省人民政府办公厅关于健全行政裁决制度加强行政裁决工作的实施意见》的通知
遂政办发〔2020〕25 号	7 月 20 日	关于印发《遂昌县健全行政裁决制度加强行政裁决工作实施方案》的通知
遂政办发〔2020〕26 号	7 月 24 日	关于印发《遂昌县 2020 年度土地征收计划》的通知
遂政办发〔2020〕27 号	7 月 29 日	关于公布遂昌县 2020 年重大行政决策事项目录的通知
遂政办发〔2020〕28 号	8 月 24 日	关于印发《2020 年遂昌县深化“最多跑一次”改革推进政府数字化转型工作实施方案》的通知
遂政办发〔2020〕29 号	8 月 14 日	关于印发《遂昌县“两山银行”试点实施方案》的通知
遂政办发〔2020〕30 号	8 月 25 日	关于印发《县政府十六届六次全体（扩大）会议 重点工作责任清单》的通知
遂政办发〔2020〕31 号	9 月 1 日	关于印发《2020 年遂昌县法治政府建设工作要点》的通知
遂政办发〔2020〕32 号	9 月 1 日	关于印发《遂昌县推进“无证明城市”改革工作方案》的通知
遂政办发〔2020〕33 号	9 月 22 日	关于遂昌县湖山乡姚岭村油麻塘等五个土地整治项目验收合格的通知
遂政办发〔2020〕34 号	10 月 15 日	关于印发《遂昌县深化制造业企业资源要素优化配置改革实施意见》的通知
遂政办发〔2020〕35 号	10 月 15 日	关于印发《遂昌县进一步深化“证照分离”改革全覆盖试点工作实施方案》的通知
遂政办发〔2020〕37 号	10 月 28 日	关于印发《遂昌县自然资源统一确权登记工作方案》的通知
遂政办发〔2020〕40 号	12 月 5 日	关于印发《遂昌县房屋建筑和市政基础设施项目工程总承包实施细则（试行）》的通知
遂政办发〔2020〕42 号	12 月 8 日	关于印发《遂昌县数字经济发展三年行动计划（2020—2022 年）》的通知
遂政办发〔2020〕43 号	12 月 23 日	关于印发《遂昌县电镀行业发展规划(2020—2025)》的通知

续表 39

文　号	发文时间	文件标题
遂政办发〔2020〕44 号	12 月 16 日	关于印发生活垃圾分类活动实施方案的通知
遂政办发〔2020〕45 号	12 月 21 日	关于印发《遂昌县国有企业监督管理办法》的通知
遂政办发〔2020〕46 号	12 月 23 日	关于印发《关于确定民宿范围和条件的指导意见》的通知
遂政办发〔2020〕47 号	12 月 30 日	关于印发《遂昌县地质灾害“整体智治”三年行动方案（2020—2022 年）》的通知
遂政办发〔2020〕48 号	12 月 30 日	关于印发《遂昌县化工园区突发环境事件应急预案》的通知
遂政办发〔2020〕49 号	12 月 30 日	关于印发《遂昌县生态破坏与环境污染突发环境事件应急预案》的通知

中央、省级主流媒体有关遂昌报道一览表

表 40

刊播媒体	标　　题	刊播时间	版面/栏目
《浙江日报》	小山村又通放心水	1 月 3 日	第四版
《市场导报》	遂昌优化重大活动食品安全保障机制	1 月 3 日	第十版
中央电视台	周功斌：“蚂蚁探路”再造魅力新故乡	1 月 6 日	遍地英雄
《市场导报》	遂昌突出精准发力，筑牢食品安全防护网	1 月 7 日	第十一版
浙江新闻客户端	遂昌大田成全国首个“双核算”村	1 月 8 日	浙江新闻
《钱江晚报》	乡村“共享厨房”除了办村宴还能派更大用场	1 月 11 日	第二十二版
《新民晚报》	美丽遂昌过大年	1 月 15 日	第九版
《浙江日报》	坚决向群众身边“微腐败”亮剑	1 月 16 日	第八版
中央电视台	创新提效社会治理，忠诚守护平安中国	1 月 18 日	新闻联播
浙江新闻客户端	遂昌绘制“疫情防控作战图”，火力全开阻击疫情	2 月 1 日	浙江新闻
浙江新闻客户端	遂昌“土洋结合”传递防疫“最强音”	2 月 3 日	浙江新闻
《浙江日报》	这就是我们的请战书	2 月 4 日	第四版
浙江新闻客户端	遂昌抓源头保供给，不让市场断了菜	2 月 6 日	浙江新闻
浙江新闻客户端	遂昌推出“最多跑一次”专属化服务	2 月 8 日	浙江新闻
浙江新闻客户端	遂昌防疫一线医护人才有了家庭服务专员	2 月 9 日	浙江新闻
中国新闻网	遂昌“红色代办”暖人心	2 月 9 日	浙江新闻
浙江卫视	遂昌 1800 多人义务献血缓解全省临床用血紧张	2 月 10 日	浙江新闻联播
浙江日报	撸起袖子助力抗“疫”	2 月 11 日	第四版
浙江新闻客户端	遂昌“复工一本通”为企业送上“办事指南”	2 月 13 日	浙江新闻
《人民日报》海外版	浙江遂昌：无偿献血市民踊跃	2 月 13 日	第二版
浙江新闻客户端	45 家工业企业“开工”，遂昌有序推进复工复产	2 月 14 日	浙江新闻

续表 40

刊播媒体	标　　题	刊播时间	版面/栏目
浙江新闻客户端	遂昌 528 名“驻企服务员”下沉精准助企	2 月 18 日	浙江新闻
浙江新闻客户端	遂昌“金融活水”助力企业开复工	2 月 21 日	浙江新闻
《检察日报》	浙江遂昌：办结一起非法狩猎案	2 月 24 日	第七版
浙江新闻客户端	工作不停摆服务不断线，遂昌启动“不见面招商”	2 月 28 日	浙江新闻
《市场导报》	巫巧娟：战“疫”一线的餐饮监管人	3 月 3 日	第十三版
《中国教育报》	春耕生产，教授帮忙	3 月 5 日	第一版
《浙江日报》	遂昌：精准智控，全力复工	3 月 5 日	第二十一版
浙江新闻客户端	遂昌县中小学教职工持“绿码”返岗！	3 月 5 日	浙江丽水
《中国邮政报》	徐璐敏：防疫复工两手抓	3 月 6 日	第四版
中国新闻网	浙江遂昌建立互助组温暖海外侨胞心	3 月 10 日	华人新闻
中国新闻网	安吉 12 万株白茶苗落户遂昌应村乡高棠村	3 月 13 日	中新网
浙江卫视	民宿创新自救，积极培育新场景新模式	3 月 16 日	正午播报
《中华工商时报》	元立集团：尽社会责任，显民企担当	3 月 17 日	第三版
浙江新闻客户端	遂昌“惠企二十条”为企业减负超 1.4 亿元	3 月 20 日	浙江丽水
《法制日报》	对企业关键岗位人员慎用强制措施	3 月 20 日	第一版
浙江新闻客户端	以纸传情遂昌剪纸手艺人助力战“疫”	3 月 24 日	浙江丽水
中国新闻网	浙江遂昌“春日图景”：花海经济催热乡村游	3 月 25 日	记者看浙江
中国小康网	“解码浙江”智囊团为遂昌出招！	3 月 26 日	独家专稿
新华网	浙江省“同心同行聚力扶贫”主题活动在遂昌举行	3 月 26 日	浙江频道
《市场导报》	遂昌推动餐饮业复工复产	3 月 27 日	第七版
浙江卫视	遂昌：“抗疫法官释法”在线解答企业关心的问题	3 月 29 日	时代先锋
《市场导报》	遂昌加快发展消费新业态新模式	3 月 31 日	第二三版
《市场导报》	遂昌“政银企”合作助 7 家企业融资超 1 亿元	4 月 3 日	第八版
新华网	浙江遂昌“三改一拆”攻坚战这样打	4 月 7 日	浙江频道
《浙江日报》	一朵羊肚菌，种出一片金	4 月 10 日	第八版
《检察日报》	浙江遂昌：在公益诉讼案中首次适用先予执行	4 月 13 日	第二版
《浙江法制报》	民事村了，打造“乡村版枫桥经验”	4 月 13 日	第二十三版
《市场导报》	遂昌全方位开展积压食品清查显成效	4 月 14 日	第十二版
新华网	浙江遂昌的“开学第一课”	4 月 14 日	浙江频道
新华网	在遂昌集中隔离点的他们回家了	4 月 14 日	浙江频道
《浙江法制报》	拯救“诚实不幸”的债务人	4 月 16 日	第三版
《中国县域经济报》	浙江遂昌探索建立个人破产制度	4 月 20 日	第四版
新华网	浙江遂昌：三支队伍全程“督”好返校复学工作	4 月 23 日	浙江频道

续表 40

刊播媒体	标　题	刊播时间	版面/栏目
中国新闻网	浙江遂昌推行殡葬一件事网上联办	4月26日	丽水
中国新闻网	减税降费助力浙江遂昌企业按下复工复产“加速键”	4月26日	丽水
浙江新闻客户端	遂昌小伙的致富路苦中带甜	4月27日	浙江频道
《市场导报》	遂昌县王村口镇入选第四批新型城镇化标准化国家试点	4月28日	第九版
《浙江日报》	遂昌：汤公莎翁一园现	4月29日	第九版
浙江新闻客户端	遂昌数字化“三资”监管为村级微腐败带上“紧箍咒”	4月29日	丽水频道
《农民日报》	“个人债务重整” 打开诚信修复之门	4月30日	第八版
浙江新闻客户端	遂昌景点优惠多多等你来！	5月1日	浙江在线
中国小康网	看遂昌如何“点水成金”	5月1日	独家专稿
中国新闻网	“筑巢”引得“金凤”栖，撬动发展新引擎	5月5日	浙江
《农民日报》	以“两进两回”机制建设“未来乡村”	5月14日	第五版
浙江卫视	遂昌九龙山保护区拍摄到多种珍稀动物影像	5月14日	正午播报
《浙江老年报》	列入国家级非遗的“遂昌十番”，丽水一家三代致力于传承	5月15日	第三版
中国新闻网	山海协作的“遂昌故事”：剪不断兄弟情横跨山海同心发展	5月15日	财经
浙江新闻客户端	遂昌高坪：接近天空的云上村庄	5月15日	遂昌旅游
《浙江教育报》	遂昌：教育系统赛微型党课	5月18日	第二版
中国新闻网	探高质量绿色发展“遂昌路径”	5月18日	浙江
中国新闻网	唯有“绿富美”不负大地容颜	5月18日	丽水
中国小康网	文化走亲让遂昌通江越走越“亲”	5月18日	县域要闻
中国新闻网	浙江遂昌“天工系统”：全时智控打破部门藩篱	5月19日	社会新闻
浙江卫视	遂昌县北界镇淤弓村	5月20日	浙江新闻联播
海外网	浙江遂昌民政局：多措并举兜牢民生保障底线	5月21日	生活频道
中国网	遂昌育才中学特色鲜明的学校文化建设效果显著	5月21日	中国视窗
浙江在线	遂昌县王村口镇“红黄绿”三色预警法强化重点工作推进	5月21日	浙江在线
《浙江日报》	上山割蜜，上网带货	5月22日	第六版
浙江在线	丽水遂昌：创新路径着力拓宽文旅融合	5月22日	浙江在线
天目新闻客户端	丽水遂昌优质山货，等你买买买	5月23日	浙江在线
浙江在线	遂昌王村口镇倾力打造浙西南红色旅游风情小镇	5月25日	浙江在线
中国新闻网	基层治理的“遂昌实践”：巧绘“山水人和”共同体	5月28日	国内新闻

续表 40

刊播媒体	标　题	刊播时间	版面/栏目
中国新闻网	浙江遂昌创推“编制银行”化解“无编可用”窘境	5 月 28 日	浙江频道
中国新闻网	浙江遂昌“四访”机制让群众信访“最多跑一地”	5 月 28 日	浙江频道
《浙江工人日报》	一卷青山水、一段慢时光	5 月 30 日	第四版
浙江卫视	遂昌红星坪村：试水乡村发展“合伙人” 深耕资源抱团发	5 月 31 日	浙江新闻联播
中国新闻网	遂昌发力“未来乡村”新变革：乡愁可寄未来可期	6 月 1 日	浙江
浙江卫视	遂昌车前村：搭乘电商快车 长粽飘香“云”端	6 月 1 日	浙江新闻联播
浙江新闻客户端	“12309”检察服务中心进驻遂昌农村文化大礼堂	6 月 4 日	浙江新闻
浙江新闻客户端	遂昌开启政策兑现“线上通道”企业领取上亿红包“一次不用跑”	6 月 4 日	浙江新闻
浙江新闻客户端	遂昌农村文化礼堂直播涉野生动物犯罪案	6 月 5 日	浙江新闻
浙江新闻客户端	遂昌老母鸡变身“猫头鹰妈妈”孵出一只小猫头鹰	6 月 10 日	浙江新闻
浙江新闻客户端	监测预警会商研判遂昌立足“5 个到位”把好防汛关键点	6 月 11 日	浙江新闻
浙江新闻客户端	南湖—遂昌“飞地”产业园一期竣工	6 月 11 日	浙江新闻
中国新闻网	浙江遂昌亿元基金为科创企业发展提供保障	6 月 12 日	浙江
中国新闻网	遂昌创新推出信用码机制打开基层“智治”新思路	6 月 12 日	浙江
中国新闻网	浙江遂昌上线“读地云”：足不出户即可“云上看地”	6 月 12 日	浙江
天目新闻客户端	“遂昌长情粽”直播出镜，网红直播助农续梦牡丹亭	6 月 12 日	天目新闻
《青年时报》	绿水青山都有“价”让村民得实惠更多	6 月 15 日	第四版
《浙江日报》	“天工系统”一网提效能	6 月 15 日	第四版
中国新闻网	打卡“两山”路走进丽水遂昌	6 月 16 日	浙江
中国新闻网	浙江遂昌农民让药苗变“金条”	6 月 17 日	浙江
中国新闻网	浙江遂昌：乡村振兴需“多点开花”	6 月 17 日	浙江
中国新闻网	野生黑熊偷吃蜂蜜，红外相机记录“犯罪”过程	6 月 18 日	浙江
浙江卫视	遂昌县新路湾镇小马埠村	6 月 18 日	浙江新闻联播
浙江新闻客户端	制长粽盼安康，遂昌金矿欢乐迎端午	6 月 25 日	浙江新闻
央视新闻频道	浙江遂昌千年矿工村“黄金长粽”寓平安	6 月 25 日	24 小时栏目
浙江卫视	端午节遂昌乌饭、长粽、蚊子粽	6 月 25 日	浙江新闻联播
新华网	丽水遂昌：“红绿”融合在乡村看见未来	6 月 27 日	新华社
《人民日报》海外网	丽水市遂昌县第三中学：在开拓创新中彰显特色发展	6 月 28 日	—
《中国文化报》	浙江遂昌：一根长粽，打开一条致富路	6 月 29 日	第三版
新蓝网	遂昌县：打出“组合拳”确保“长效机制”	6 月 29 日	—

续表 40

刊播媒体	标　　题	刊播时间	版面/栏目
中国新闻网	浙江遂昌三名“90 后”回到乡村筑梦启航	6 月 30 日	浙江
《市场导报》	遂昌全面开展专项整治“疫苗”行动	6 月 30 日	第十三版
《浙江日报》	同心筑梦谱新篇	6 月 30 日	第三版
《农民日报》	遂昌县以共享理念推进农村智慧文化礼堂建设	7 月 2 日	第七版
中国网	遂昌县第三中学孝敬感恩教育促进学校和谐发展	7 月 2 日	中国网
《人民公安报》	遂昌：警务共同体为基层社会治理“造血塑形”	7 月 2 日	第七版
《四川经济日报》	浙江遂昌县县长率党政代表团赴通江对接东西部扶贫协作工作	7 月 2 日	第二版
《浙江日报》	遂昌大田村通过 GEP 核算走高质量绿色发展之路小山村里“点绿成金”	7 月 4 日	第一版
中国新闻网	赖惠能的小康独家报道：见证着，记录着，追求着	7 月 7 日	中国新闻网
《浙江法制报》	检察助力名木认定	7 月 8 日	第四版
《人民公安报》	遂昌：警务共同体为基层社会治理“造血塑形”	7 月 9 日	第六版
中国新闻网	十位丽水遂昌文旅“小代言人”首次亮相推动研学游发展	7 月 9 日	浙江
中国新闻网	浙江遂昌，一个库区的美丽蝶变	7 月 9 日	浙江新闻
《中国旅游报》	遂昌文旅（杭州）亲子研学资源推介会暨宣传推广季启动	7 月 10 日	第六版
《浙江日报》	田间地头助农解忧	7 月 11 日	第二版
《浙江法制报》	法官送《民法典》上门	7 月 13 日	第四版
中国新闻网	浙江遂昌送“智”战“贫”：种下玉米棒长出致富果	7 月 15 日	浙江
浙江在线	遂昌县完善社会治理，落实长效管理	7 月 15 日	浙江在线
《中国矿业报》	遂昌金矿上半年实现营收 2.53 亿元	7 月 16 日	第二版
《市场导报》	落实优惠政策包容审慎监管遂昌助推小微经济发展	7 月 17 日	第五版
学习强国	研学旅行在浙江丽水遂昌县	7 月 20 日	浙江学习平台
央视新闻客户端	走向我们的小康生活丨走！回遂昌！开民宿！	7 月 22 日	中央电视台
《浙江日报》	创新实践“标准化+”改革助推大花园示范县建设	7 月 24 日	第十一版
《浙江日报》	遂昌携手阿里云共建未来科创岛	7 月 24 日	第三版
《中国县域经济报》	浙江遂昌建设“天工之城”精品旅游目的地	7 月 30 日	第三版
《浙江法制报》	司法保护生态环境	7 月 31 日	第五版
中国新闻网	浙江“两山”转化观察：人与青山两不相负	8 月 1 日	浙江
浙江新闻客户端	遂昌有群为民服务的“夜行侠”	8 月 1 日	浙江新闻
《中国县域经济报》	浙江遂昌红星坪村“集体+企业”实现合作共赢	8 月 3 日	第七版

续表 40

刊播媒体	标　　题	刊播时间	版面/栏目
浙江新闻客户端	关注遂昌数字化管理服务人才	8月4日	浙江新闻
浙江新闻客户端	遂昌87岁退伍老兵这一举动坚持了13年	8月4日	浙江新闻
浙江新闻客户端	遂昌县全面超额完成农村家宴放心厨房建设	8月6日	浙江新闻
《人民邮电报》	5G让防汛抗洪“更智慧”	8月7日	第八版
浙江新闻客户端	遂昌：高温天水上浆板受青睐	8月12日	浙江新闻
新华网	浙江遂昌“三治”融合构建渣土运输管理新机制	8月12日	浙江
中国新闻网	浙江遂昌躬耕书院音乐筑梦班亮相2020上海书展	8月13日	浙江
《中国邮政报》	华洋村加“邮”跑出“加速度”	8月14日	第一版
浙江新闻客户端	听！遂昌山里娃唱响家乡原创儿童音乐戏剧	8月14日	浙江新闻
中国新闻网	便捷交通让小县城拥有高雅戏剧	8月17日	浙江
《市场导报》	遂昌成立全省首个生态经济知识产权保护服务中心	8月18日	第十二版
浙江新闻客户端	从负债村到小康村遂昌这个小山村是怎么做到的	8月18日	浙江新闻
中国新闻网	浙江遂昌公开征集“万物开源·遂昌”城市形象	8月21日	浙江
《浙江工人日报》	云海梯田高山巅人间仙境南尖岩	8月22日	第四版
浙江新闻客户端	遂昌“草根作家”创作23万字小说描写家乡变化	8月22日	浙江新闻
浙江新闻客户端	遂昌县创新推进项目智能化管理	8月26日	浙江新闻
《浙江教育报》	遂昌：新教师自主找“东家”	8月26日	第二版
《浙江法制报》	网格里守平安“遂”得繁荣“昌”盛	8月27日	第一、二、六版
小时新闻客户端	遂昌举办演讲大赛，保护传承畲语	8月27日	小时新闻
《浙江日报》	遂昌县深化矿产开发管理	9月1日	第十二版
新蓝网	遂昌县龙洋乡：民宿品牌助力美丽城镇建设	9月1日	—
《法治日报》	浙江遂昌创新破产和解程序助企业再生	9月2日	第六版
《浙江日报》	遂昌发布“未来乡村”建设路线图	9月6日	第二版
中国新闻网	浙江遂昌“猕猴桃爸爸”种出的致富经	9月7日	浙江
《市场导报》	遂昌加强“餐饮浪费”监管	9月8日	第十三版
《老年日报》	88岁老人设奖学金	9月9日	第二版
《浙江日报》	打造“万物开源·人才”遂昌情境	9月10日	第十版
《浙江工人日报》	遂昌“三考合一” 助推教师成长	9月13日	第三版
《健康报》	浙江遂昌：卫生人才“省属县用”	9月15日	第三版
《浙江日报》	“鲁冰花”开满城香	9月17日	第八版
《平安时报》	遂昌：“网格天眼+天网工程”守护山区平安	9月22日	第二版
中国新闻网	浙江遂昌以赛为媒积蓄发展新动能	9月22日	浙江
浙江之声	浙江省首届生态运动会（遂昌站）赛事成功举办	9月26日	浙江之声

续表 40

刊播媒体	标　题	刊播时间	版面/栏目
《浙江工人日报》	“天工之城” 绽放美丽	10 月 1 日	第四版
中国新闻网	打通涉企部门“梗阻”，浙江遂昌免职多名干部	10 月 3 日	浙江
中央电视台	浙江遂昌：黄金长粽	10 月 8 日	新闻直播间
中国新闻网	浙江遂昌启动养老护理员素质“补短”工程	10 月 11 日	浙江
《浙江教育报》	遂昌：幼儿园也有了课后托管服务	10 月 12 日	第二版
《浙江工人日报》	“江南第一金矿”遂昌金矿国家矿山公园	10 月 17 日	第四版
《浙江工人日报》	遂昌积极打造精品疗休养胜地	10 月 17 日	第四版
中国新闻网	“三两声”山青水清，山区县“只等风来”	10 月 17 日	浙江
浙江新闻客户端	遂昌“80 后”荣获“全国技术能手”称号	10 月 18 日	浙江日
海外网	遂昌县积极推进枢纽型支持型社会组织登记注册	10 月 19 日	—
海外网	丽水市遂昌县慈善总会开展重阳敬老活动	10 月 26 日	海外网
《农民日报》	创新传统技艺，促进茶产业发展	10 月 26 日	第六版
《浙江教育报》	遂昌为 4 万余名学生家长开课	10 月 28 日	第二版
新蓝网	丽水遂昌多措并举提升农村生活垃圾终端处置能力	10 月 28 日	—
学习强国	30 秒！带你领略遂昌之美	10 月 29 日	—
《浙江日报》	“示范生”的乡村振兴新答卷	11 月 1 日	第四版
《平安时报》	遂昌公安联合美团、饿了么 App 上架“反诈套餐”	11 月 3 日	第三版
《农民日报》	浙江遂昌：农户制种无后忧	11 月 3 日	第七版
《青年时报》	遂昌网络营销大赛发出“英雄帖”	11 月 5 日	第九版
《市场导报》	遂昌着力培养全科型青年干部	11 月 10 日	第五版
《浙江日报》	大小公交摆渡车 遂昌畅通有新招	11 月 12 日	第十五版
央视科教频道	奇趣大自然·九龙山探幽	11 月 12 日	中国教育科技
《人民公安报》	遂昌：打造特训营 助力“青苗成长”	11 月 16 日	第三版
《浙江老年报》	“银耀之江”志愿服务走进遂昌北界	11 月 17 日	第二版
《中国旅游报》	2020 遂昌文旅杭州宣传推广活动启动	11 月 19 日	第六版
《市场导报》	遂昌奏响农村家宴试点工作“三部曲”	11 月 20 日	第十版
浙江卫视	遂昌数字生态产业峰会在杭举行	11 月 25 日	浙江新闻联播
《中国旅游报》	遂昌县加快推进“浙西南革命文化+旅游”发展	11 月 26 日	第十版
《市场导报》	遂昌“标准化+”推动未来乡村发展	11 月 27 日	第五版
中国新闻网	浙江遂昌：47 个项目加速“绿色山区”新裂变	12 月 1 日	浙江
中国新闻网	全国交通安全日浙江遂昌现场：3 小时 200 余人违法受教育	12 月 3 日	浙江

续表 40

刊播媒体	标　题	刊播时间	版面/栏目
《市场导报》	知识产权、质量品牌、标准化齐上阵	12 月 4 日	第十版
浙江卫视	遂昌打造“天工之城”探索创新发展新路径	12 月 6 日	浙江新闻联播
浙江在线	遂昌严控违建行为，确保违建“三无”！	12 月 7 日	浙江
学习强国	浙江遂昌：建设“四好农村路”的“遂昌经验”	12 月 7 日	—
《农村信用合作报》	遂昌农商银行，信贷支持美丽乡村建设	12 月 8 日	第四版
《市场导报》	遂昌开展市场及周边环境“百日攻坚”整治行动	12 月 11 日	第十五版
《浙江日报》	走进丽水遂昌——果韵飘香“甜”农家	12 月 11 日	第四版
浙江新闻客户端	遂昌 573 名新任村社党组织班子履新“第一仗”	12 月 11 日	浙江新闻
浙江新闻联播	遂昌与 11 家数字经济头部企业集中签约	12 月 14 日	浙江新闻联播
中国小康网	浙江遂昌：“数字变革”助力山区县跨越式发展	12 月 14 日	—
中国网	网易联合创新中心落地遂昌“天工之城”	12 月 15 日	—
《检察日报》	迟到的工伤赔偿款终于到位	12 月 16 日	第五版
央视新闻频道	品浙江遂昌火锅，尝四川富顺羊汤	12 月 18 日	24 小时
《浙江日报》	电商“赶街”助农增收	12 月 22 日	第七版
《市场导报》	遂昌加强进口冷链食品“物防”安全	12 月 22 日	第八版
《中国组织人事报》	浙江遂昌中层干部跨单位交流	12 月 29 日	第二版
浙江新闻客户端	寒潮来袭 遂昌党群干部齐奋战	12 月 30 日	浙江新闻
《浙江工人日报》	“一日研学”成遂昌今冬爆款	12 月 31 日	第三版

统计资料选录

2020年遂昌县生产总值一览表

表41　　　　单位：万元

项目内容	本年实际	同比增长(%)	比重(%)
地区生产总值	1308052	3.4	100
农林牧渔业	122952	2.6	9.4
农林牧渔服务业	1114	10.4	0.1
工业	378716	1.3	29.0
建筑业	89701	-5.0	6.9
批发和零售业	158900	10.8	12.1
批发业	72018	21.4	5.5
零售业	86882	3.2	6.6
交通运输、仓储和邮政业	38395	9.1	2.9
住宿餐饮业	52924	-3.2	4.0
住宿业	7884	-3.8	0.6
餐饮业	45040	-3.1	3.4
金融业	81524	18.2	6.2
房地产业	106989	4.0	8.2
K门类房地产业	35527	2.1	2.7
自有房地产经营	71463	5.0	5.5
其他服务业	277950	2.6	21.2
营利性服务业	77805	3.2	5.9
非营利性服务业	200145	2.3	15.3
第一产业	121839	2.5	9.3
第二产业	468370	0.4	35.8
第三产业	717843	6.1	54.9

2020年遂昌县社会经济主要指标一览表

表 42

项　　目	单位	2016年	2017年	2018年	2019年	2020年
一、年末总人口	人	231908	231819	230912	230121	229139
其中，非农业人口	人	72266	73916	85061	84874	88222
常住人口	万人	19.06	19.19	19.19	19.27	19.44
城市化率（常住口径）	%	48.67	50.24	52.15	54.20	55.03
年出生人口	人	1974	2561	2074	1779	1511
年死亡人口	人	1585	1869	1785	1745	1744
年末总户数	户	86964	87343	86730	85761	84852
人口自然增长率	‰	1.68	2.99	1.24	0.15	-1.02
二、年末单位就业人员(不含私营企业、个体户)	万人	2.04	1.96	1.85	1.92	1.94
其中:在岗职工	万人	1.89	1.82	1.73	1.79	1.85
其中:国有单位职工	万人	0.88	0.88	0.87	0.85	—
城镇集体单位职工	万人	0.00	0.00	0.01	0.01	0.01
其他经济单位职工	万人	1.15	1.07	0.98	1.06	0.08
三、生产总值(当年价格)	万元	957171	1038049	1147558	1259416	1308052
第一产业	万元	106125	111743	111996	119355	121839
第二产业	万元	375951	398231	450132	477044	468370
其中，工业	万元	318826	325172	361759	385515	378716
第三产业	万元	475095	528075	585430	663017	717843
人均生产总值（按常住人口）	元	50484	54277	59800	65492	67582
人均生产总值增长	%	6.7	7.9	9.3	7.6	2.7
四、工农业总产值(当年价)	万元	1881099	1582027	2017108	2044229	—
工业总产值	万元	1712391	1407314	1842307	1856773	—
农业总产值	万元	168708	174713	174801	187456	191921
五、农业						
造林面积	亩	6611	3932	1141	971	11415
主要农产品产量						
粮食	吨	46123	46548	48968	53163	54503
其中，谷物	吨	34833	35048	37904	40130	41778

续表 42

项　　目	单位	2016 年	2017 年	2018 年	2019 年	2020 年
油料	吨	951	1090	1136	1198	1282
其中，油菜籽	吨	639	797	846	878	962
茶叶	吨	9951	10963	11793	12266	12732
蔬菜	万吨	9.14	9.26	9.37	9.37	9.91
水果	吨	8097	9817	9932	9499	9746
其中，柑橘	吨	858	650	543	508	526
水产品	吨	1483	1730	2326	2491	2090
畜禽肉	吨	6224	6243	5830	5767	4714
猪年末存栏数	万头	4.16	3.78	3.72	3.70	3.76
六、全部工业总产值	万元	1712390	1407314	1842307	1856773	—
规模以上工业总产值	万元	1416814	1096940	1516420	1691518	1739256
其中，轻工业	万元	70355	78488	83098	101985	107440
重工业	万元	1346459	1018452	1433321	1589532	1631816
规模以下工业总产值	万元	295577	310374	325887	165255	—
主要工业产品产量						
发电量	万千瓦时	28938	21827	14608	27590	21505
人造板	立方米	123440	43052	—	—	—
机制纸纸板	吨	27356	29012	26254	26725	29112
成品钢材	吨	329624	234255	392214	1661231	1682680
规模以上工业企业家数	家	53	60	66	82	83
规模以上工业企业平均人数	人	9485	10753	10826	11356	11705
全社会用电量	万千瓦时	81949	85877	102386	102554	107483
其中，工业用电量	万千瓦时	59010	61213	72555	72795	76841
七、邮电业务收入	万元	15112	15701	15911	16981	17930
其中，邮政	万元	2112	2534	2431	2877	3162
八、全社会固定资产投资额						
限额以上固定资产投资总计	万元	630340	694727	—	—	—
1. 房地产开发完成	万元	131878	130898	—	—	—
其中，土地购置费	万元	36993	22613	—	—	—

续表 42

项　　目	单位	2016 年	2017 年	2018 年	2019 年	2020 年
2. 投资项目完成	万元	498462	563829	—	—	—
其中，基础设施投资	万元	260024	316605	—	—	—
工业投资	万元	186075	190239	—	—	—
九、内外贸易、节能降耗						
社会消费品零售额	万元	457535	515200	568315	621014	631523
进口额	万美元	2454	5182	5598	1604	13084
自营出口额	万美元	21240	7847	9991	16091	159340
实际利用外资	万美元	1072	1095	1010	0	0
单位 GDP 能耗	吨标煤/万元	0.63	0.60	0.62	0.58	0.58
单位 GDP 能耗降低率	%	2.8	4.8	-1.9	8.0	0.0
单位 GDP 电耗	千瓦时/万元	860	824	899	862	872
单位 GDP 电耗降低率	%	4.1	3.7	-8.6	7.0	-1.4
单位工业增加值能耗	吨标煤/万元	1.02	0.97	1.29	0.84	0.94
单位工业增加值能耗降低率	%	9.9	8.7	-2.5	14.5	-0.2
十、财政总收入	万元	114248	133890	172496	190216	185850
其中，地方财政收入	万元	77978	83707	100968	109590	114325
财政支出	万元	348015	355812	411486	502916	426611
十一、职工工资总额	万元	143451	154896	219530	249628	124114
其中，国有单位	万元	85363	93688	102089	113944	—
城镇集体单位	万元	91	96	501	649	294
其他经济单位	万元	57998	61112	66912	76492	123820
职工平均工资(含劳务派遣工不含规上私营)	元	73385	82269	91922	99803	76381
职工平均工资(不含规模以上私营企业)	元	75708	84939	94716	99275	77080
其中，国有单位（不含劳务派遣）	元	99716	112013	122776	134925	—
城镇集体单位	元	82727	106556	57563	58450	36750
其他经济单位	元	53435	61961	69370	71541	77534
职工平均工资(含规模以上私营企业)	元	65377	66272	78449	82699	63740
职工社会平均工资(含私营企业)	元	38611	43282	48735	—	—

续表 42

项　　目	单位	2016 年	2017 年	2018 年	2019 年	2020 年
十二、年末金融机构存款余额	万元	1355239	1465894	1642510	1934659	2440007
其中:居民储蓄存款年末余额	万元	752684	838256	936731	1088189	1293816
年末金融机构贷款余额	万元	1052249	1084556	1252888	1443217	1858119
十三、居民收入						
农民人均纯收入	元	15545	17100	18811	20749	22264
城镇居民可支配收入	元	36955	40355	44108	48254	50425
十四、各类专业技术人员	万人	0.8365	0.8195	0.7698	0.8087	0.0325
其中，中级技术职称以上	万人	0.3128	0.3092		0.2601	0.007
十五、在校学生数	人	22407	22046	21688	21350	21055
其中，普通中学	人	8537	8826	8967	8893	8874
职业中学	人	2395	2393	2254	2248	2305
小学	人	11475	10827	10462	10209	9876
初中升高中段比例	%	98.0	98.15	98.23	98.38	99.15
十六、卫生机构数	个	133	137	139	144	145
其中，医院、卫生院	个	23	23	25	26	25
床位数	张	765	764	801	880	908
其中，医院、卫生院	张	765	764	801	816	886
卫生技术人员	人	1076	1242	1204	1407	1450
其中，医生	人	503	519	585	622	639
医院、卫生院诊疗次数	万人次	104.30	116.63	118.29	124.99	140.96
婴儿死亡率	‰	2.78	1.32	3.33	4.49	2.39
十七、旅游						
旅游总人数	万人次	1603.59	1761.32	1802.55	1880.20	1383.50
旅游总收入	亿元	95.67	114.86	135.08	156.82	127.31
国内旅游人数	万人次	1602.08	1759.77	1802.48	1880.10	1383.50
国内旅游收入	亿元	94.99	114.20	135.07	156.81	127.31

2020年全国、浙江省、丽水市、遂昌县经济主要统计指标一览表

表43

指 标	单 位	全国		浙江省		丽水市		遂昌县	
		本年	比上年±%	本年	比上年±%	本年	比上年±%	本年	比上年±%
年末常住人口	万人	141178		6456.76		250.80	1.33	19.44	0.9
地区生产总值	亿元	1015986	2.3	64613	3.6	1540.02	3.4	130.81	3.4
其中，第一产业	亿元	77754	3.0	2169	1.3	104.61	2.5	12.18	2.5
第二产业	亿元	384255	2.6	26413	3.1	555.19	1.0	46.84	0.4
工业	亿元	313071	2.4	—	—	434.37	2.8	37.87	1.3
第三产业	亿元	553977	2.1	36031	4.1	880.22	5.4	71.78	6.1
三次产业结构	—	7.7∶37.8∶54.5		3.3∶40.9∶55.8		6.8∶36.0∶57.2		9.3∶35.8∶54.9	
农林牧渔业增加值	亿元					105.76	2.6	12.30	2.6
规模以上工业增加值	亿元	—	2.8	16715	5.4	297.20	4.5	34.41	4.2
固定资产投资	亿元	518907	2.9	—	5.4	—	6.7	—	8.1
民间投资	亿元	289264	1.0	—	2.6	—	9.9	—	-7.8
交通投资	亿元	—	—	—	6.1	—	-8.1	—	34.0
生态环保和公共设施投资	亿元	—	—	—	2.0	—	-4.0	—	6.2
高新技术产业	亿元	—	10.6	—	7.4	—	-6.3	—	-11.3
社会消费品零售总额	亿元	391981	-3.9	26630	-2.6	727.48		63.15	
进出口总额	亿元	321557	1.9	33808	9.6	343.65	16.5	17.24	41.0
其中，出口额	亿元	179326	4.0	25180	9.1	300.71	12.4	15.93	43.3
财政总收入	亿元	182895	-3.9	12421	1.2	240.15	5.3	18.59	-2.3
其中，地方财政收入	亿元	—	—	7248	2.8	143.86	2.9	11.43	4.3
财政支出	亿元	245588	2.8	10082	0.3	527.10	0.1	42.66	-15.2
全融系统人民币存款余额	亿元	2126万	10.2	—	15.1	3474.18	17.6	243.50	26.2
全融系统人民币贷款余额	亿元	1727万	12.8	—	18.2	2763.72	23.8	185.81	28.8
旅游总收入	亿元	22286	-61.1	8275	-24.2	655.99	-16.0	127.31	-18.8
全社会用电量	亿千瓦时	75110	3.1	4830	2.6	118.10	5.1	10.75	4.8
其中，工业用电量	亿千瓦时	50297	2.5	3300	1.8	73.97	3.9	7.68	5.6
城镇常住居民人均可支配收入	元	43834	3.5	62699	4.2	48532	4.5	50425	4.5
农村常住居民人均可支配收入	元	17131	6.9	31930	6.9	23637	7.8	22264	7.3